邵阳年鉴 2022

SHAOYANG NIANJIAN

邵阳市地方志编纂室 编

方志出版社
Publishing House of Local Records

图书在版编目（CIP）数据

邵阳年鉴. 2022 / 邵阳市地方志编纂室编. —北京:
方志出版社, 2022.12
ISBN 978-7-5144-5582-3

Ⅰ. ①邵… Ⅱ. ①邵… Ⅲ. ①邵阳－2022－年鉴
Ⅳ. ①Z526.43

中国版本图书馆 CIP 数据核字(2022)第 256624 号

责任编辑：王海荣
责任校对：刘玉霞
责任印制：梅中英
出 版 者：方志出版社
地　　址：北京市朝阳区潘家园东里 9 号（国家方志馆 4 层）
邮　　编：100021
网　　址：http://www.zgfzcb.cn
发　　行：方志出版社图书营销中心（010-67110500）
印　　刷：邵阳市华彩印刷有限公司
开　　本：889 毫米×1194 毫米　1/16
印　　张：23.25
字　　数：735 千字
版　　次：2022 年 12 月第 1 版
印　　次：2022 年 12 月第 1 次印刷
定　　价：280.00 元

《邵阳年鉴》编纂委员会

主　　任　王永红

副主任　陈秋良　肖治国

编　　委　唐宏华　吴卫红　王大松　陈英杰　黄光荣
　　　　　刘文兰　曾爱武　肖　潇　陈业华　王智刚
　　　　　王兰鹏　罗　颢　陵建华　殷继东　陈学先
　　　　　刘华中　罗　杰　吴方定　许新华　王永红（北塔区）

《邵阳年鉴(2022)》编纂人员

主　　编　肖治国

执行主编　曾爱武

执行副主编　邓　艳

编　　辑　郭勇华　伍斌能　李国维

编　　务　朱佑祥　鞠　柯　蒋俊彬

邵阳市行政区划图

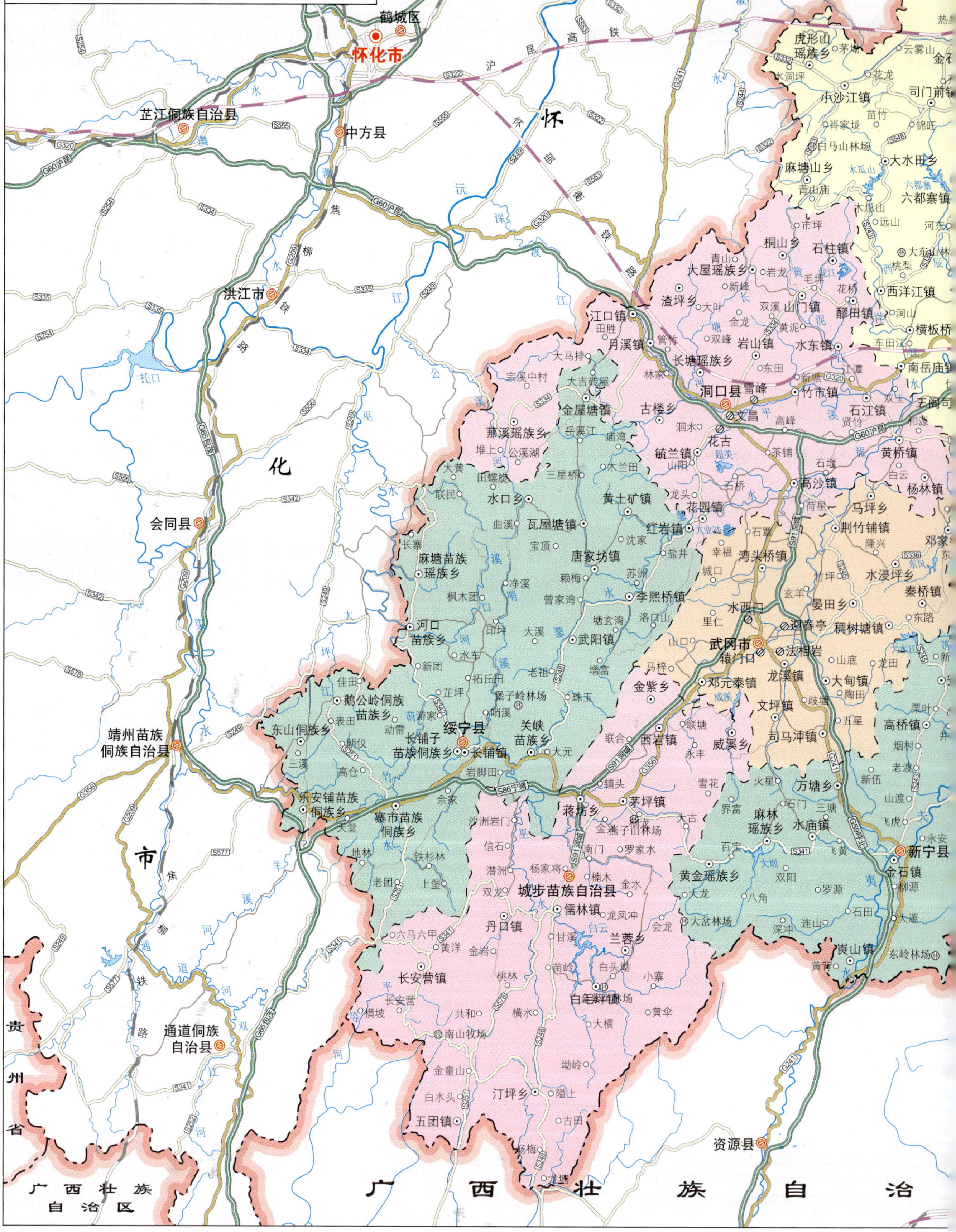

审图号：湘S[2021]第178号

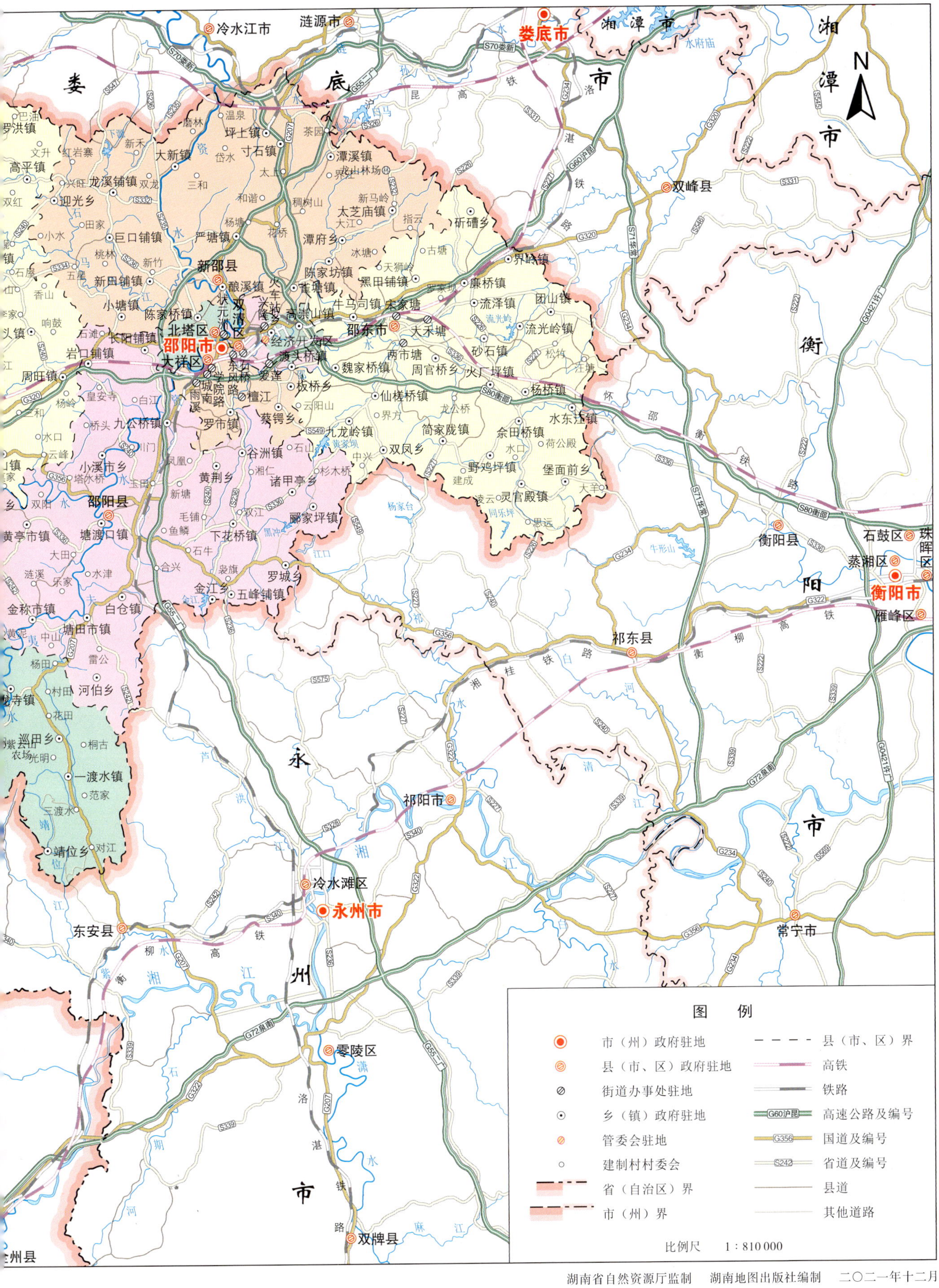

湖南省自然资源厅监制 湖南地图出版社编制 二〇二一年十二月

编辑说明

一、《邵阳年鉴》是由邵阳市人民政府主办、邵阳市地方志编纂室编纂的地方综合年鉴，1998年首次出版，一年一卷，《邵阳年鉴（2022）》为第25卷。

二、《邵阳年鉴》以马克思列宁主义、毛泽东思想、邓小平理论、“三个代表”重要思想、科学发展观、习近平新时代中国特色社会主义思想为指导，坚持辩证唯物主义和历史唯物主义的立场、观点和方法，全面、客观、系统地记载邵阳市自然、政治、经济、文化、社会等方面概貌和发展状况。本卷记述时限为2021年1月1日至12月31日。

三、本卷年鉴采用分类编辑法，设类目、分目、条目3个层次，部分分目下设子目，条目为记述基本形式。主体部分有图表，书中插排彩色图片。

四、依次并列设特载、大事记、邵阳概览、中国共产党邵阳市委员会、邵阳市人民代表大会、邵阳市人民政府、中国人民政治协商会议邵阳市委员会、中共邵阳市纪律检查委员会 邵阳市监察委员会、民主党派与工商联、群众团体、法治·军事、综合监督管理、农业、工业、商贸流通、金融、交通·邮政·通信、城乡建设与生态环境、教育·科技、文化·旅游·体育、卫生健康与医疗、区县市情、人物、统计资料、附录，共25个类目。

五、文中未标明党派的“市委”均指“中共邵阳市委”，“党员”（群众团体中除外）均指“中共党员”，“党建”工作均指“中国共产党建设”工作。收录的组织机构及领导名录，限于篇幅只收录正处以上（含正处）单位及其班子成员，党政领导分设的，标明党委书记或副书记，当年任免的分别予以注明。

六、数字用法、标点符号用法分别采用国家标准《出版物上数字用法》（GB/T 15835—2011）、《标点符号用法》（GB/T 15834—2011），计量单位采用国家技术监督局1993年12月发布的《量和单位》系列国家标准。

七、所载内容和数据均由各部门、各单位提供，并经撰稿单位领导审核后，由邵阳市地方志编纂室组织编纂，最后由邵阳年鉴编纂委员会审定。由于统计数据的来源、口径、方式、时间不同，所载数据存在不一致，请读者以统计局提供的统计资料为准。

数字邵阳2021

县级行政区划：12个
乡级行政区划：202个

年末户籍人口总数：816.89万人
市区户籍人口总数：68.54万人
年末常住人口总数：646.83万人
市区常住人口总数：80.56万人
城镇人口：343.05万人
全年新增城镇就业人员：5万人

区域总面积：20824.37平方公里
市区面积：434.52平方公里

地区生产总值：2461.53亿元
第一产业增加值：408.88亿元
第二产业增加值：786.17亿元
第三产业增加值：1266.48亿元
人均地区生产总值：37783元

全市农林牧渔总产值：696.97亿元
农业产值：358.53亿元
林业产值：20.92亿元
牧业产值：263.16亿元
渔业产值：19.43亿元
农林牧渔服务业增加值：34.93亿元
耕地面积：448.81千公顷
林地面积：1232.46千公顷
全年粮食播种面积：498.7万公顷
全年粮食总产量：336万吨

全市一般公共预算收入：193.88亿元
市本级一般公共预算收入：60.61亿元
全市一般公共预算支出：583.87亿元
市本级一般公共预算支出：98.03亿元

社会消费品零售总额：1382.35亿元
全市进出品总额：240.25亿元

公路总里程：22615公里
全社会运输周转量：71.58亿吨公里
全年公共交通客运总量：2129.48万人次
国际国内旅游收入：339亿元
接待国内游客人数：3290万人次

市区天然气供气总量：7956.34万立方米
全市液化气供气总量：4100吨

市区空气质量优良天数：327天
城市污水处理率：97%
城市生活垃圾无害处理率：100%

绿地面积：10175公顷
城市人均公园绿地面积：14.45平方米
森林覆盖率：61.02%

金融机构存款（本外币合计）：3586.8亿元
金融机构贷款（本外币合计）：2297.45亿元

城镇居民人均可支配收入：33374元
城镇居民人均消费性支出：20974元
农村居民人均可支配收入：15700元
农村居民人均生活消费支出：15685元

城镇居民人均住房面积：55.6平方米
农村居民人均住房面积：70.7平方米

普通高校：3所
在校学生：5.12万人
中等职业教育学校：69所
在校学生：8.49万人
普通中学：475所
在校学生：46.17万人
普通小学：904所
在校学生：57.07万人
幼儿园：1620所
在园幼儿：19.67万人

全市公共图书馆：14个
博物馆：1个
公共体育场地：15508个
全市卫生机构：5662个
实有床位：48230张
医疗卫生技术人员：42197人

全市用电量：113.33亿千瓦时
市区城市供水量：5432万立方米

新闻纪要2021

2021年1月4日，邵阳经开区举行湖南三一智慧新能源项目签约活动，湖南三一智慧新能源设计有限公司（总部基地）正式落户邵阳

（申兴刚 供图）

2021年3月1日，2021年全省重大项目集中开工活动邵阳经开区分会场

（申兴刚 供图）

2021年4月8日，G59呼北高速新化至新宁段高速公路建设动员大会邵阳隆回分会场

（市交通运输局 供图）

2021年4月22日上午，党史学习教育市委宣讲团宣讲报告会在邵阳市委办公室举行

（市委办公室 供图）

2021年6月4日，邵阳市在新邵县白水洞研学小镇举行“庆祝建党百年·助力‘三高四新’”社科普及主题活动周活动

（市社科联 供图）

2021年6月10日，邵阳市天然水域水生生物人工增殖放流活动在资水岸边举行

（申兴刚 供图）

▲ 2021年7月8日，国家级邵阳经济技术开发区揭牌　（申兴刚 供图）

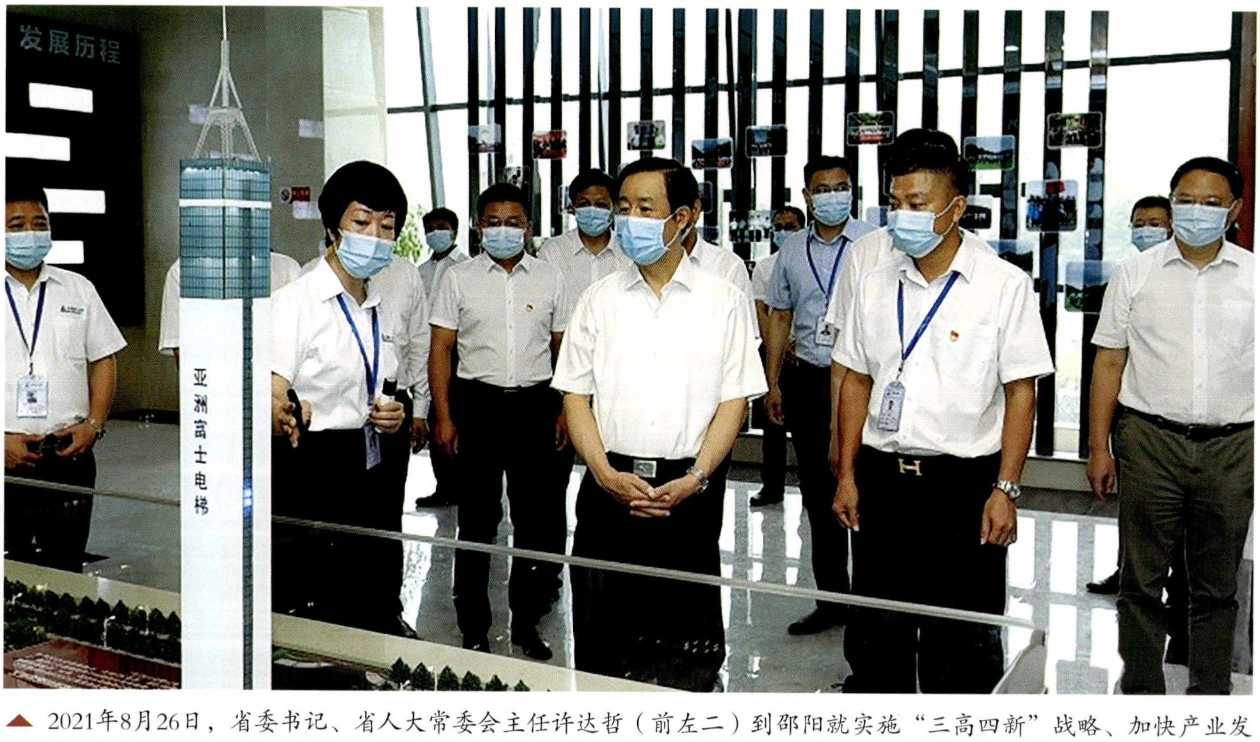

▲ 2021年8月26日，省委书记、省人大常委会主任许达哲（前左二）到邵阳就实施“三高四新”战略、加快产业发展等进行调研。图为许达哲在亚洲富士电梯公司调研　（新湖南 供图）

2021年9月1日，犬木塘水库工程九龙岭项目3号支洞提前75天进入主洞施工

（申兴刚 供图）

2021年，隆回县羊古坳镇羊古坳村农户首次种植“玮两优8612”和“玮两优7713”两个新品种，百亩示范片平均亩产分别达1114.8公斤和1083.6公斤，创造水稻高产新奇迹。图为9月14日，全市超级水稻高产攻关暨优质稻品比试验交流观摩会现场

（申兴刚 供图）

2021年9月28日，中国共产党邵阳市第十二次代表大会在市文化艺术中心贺绿汀大剧院开幕

（申兴刚 供图）

▲2021年10月19日，邵阳维克液压股份有限公司完成首次公开发行股票并在深圳证券交易所创业板挂牌上市（市政府金融工作办 供图）

▲2021年10月21日，省委副书记、省长毛伟明（前右）到双清区、邵阳经开区、新邵县等地调研经济社会发展情况。图为在湖南启恒环保科技有限公司调研（刘湘霞 供图）

▲2021年10月26日，省重点建设项目大湘西片区协调推进会在邵阳召开

▲2021年12月1日，由邵阳市人民政府和湖南财信金控集团共建的“专精特新”中小企业金融服务中心成立揭牌，图为签约仪式现场

（市政府金融工作办　供图）

庆祝中国共产党成立100周年

2021年4月25日，2021年邵阳共青团五四表彰大会举行

（共青团市委 供图）

2021年6月15日，“欢乐潇湘 颂歌向党”邵阳市庆祝中国共产党成立100周年市直单位合唱比赛在市文化艺术中心大剧院举行

（申兴刚 供图）

2021年6月22日，邵阳市直机关庆祝建党100周年暨“两优一先”表彰大会举行

（申兴刚 供图）

▶ 2021年6月23日，“翰墨颂党恩 永远跟党走”邵阳市直机关书法大赛作品展开幕式举行

（市直机关工委 供图）

▲ 2021年6月24日，“颂歌献给党”邵阳市庆祝中国共产党成立100周年文艺晚会在贺绿汀大剧院举行

（申兴刚 供图）

▶ 2021年，邵阳市近4万名老党员获颁“光荣在党50年”纪念章。图为6月29日，邵阳市政协“光荣在党50年”纪念章颁发仪式暨庆祝中国共产党成立100周年座谈会举行

2021年7月1日，市“四大家”领导班子成员在市委常委会议室集中收看庆祝中国共产党成立100周年大会直播

（刘其洁 供图）

2021年7月5日，邵阳市庆祝中国共产党成立100周年座谈会召开

（申兴刚 供图）

2021年9月30日，十二届市委领导班子参观邵阳党史陈列馆，集体重温入党誓词

目 录 >>>

邵阳市人民代表大会

邵阳市人民政府

中共邵阳市纪律检查委员会 邵阳市监察委员会

民主党派与工商联

群众团体

工　业

商贸流通

金融

交通·邮政·通信

城乡建设与生态环境

卫生健康与医疗

区县市情

人　物

统计资料

附　录

索　引

特 载

在全市领导干部大会上的讲话

市委书记 严 华

（2021 年 8 月 1 日）

邵阳是个人杰地灵的地方，能到邵阳工作，成为邵阳的一员，是我人生莫大的际遇与荣幸。踏入邵阳大地，我深深为之自豪。邵阳历史悠久，迄今有 2500 多年历史；邵阳底蕴深厚，晚清魏源著《海国图志》发中国近代“改革开放”之先声，民国蔡锷护国讨袁、再造共和，五四先驱匡互生火烧赵家楼，现代诞生了马克思主义史学家吕振羽、人民音乐家贺绿汀；邵阳山水绮丽，新宁崀山是世界自然遗产、“丹霞瑰宝”、国家 AAAAA 级旅游景区，城步南山是湖南唯一的国家公园，绥宁黄桑被联合国誉为“神奇绿洲”；邵阳交通便捷，已形成“铁公机一体化”的现代立体交通网络，是全国三、四线城市中为数不多的始发直达北上广深高铁的城市；邵阳开放包容，这里是全省民营经济的重要发祥地，民营企业贡献了 73% 以上的 GDP、75% 以上的税收、80% 以上的就业和 90% 以上的市场主体数量。近年来，在省委、省政府的坚强领导下，以文密同志为班长的市委，团结带领全市干部群众，坚持以习近平新时代中国特色社会主义思想为指导，深入学习贯彻习近平总书记关于湖南工作重要讲话指示精神，认真落实党中央和省委、省政府各项决策部署，紧扣“三个新发展”，大力实施“三高四新”战略，加快建设“二中心一枢纽”，经济总量时隔 14 年重返全省第二方阵首位，社会治安综合治理 2004 年实行考核以来 2019 年首次、2020 年再次获全省先进，成功创建国家卫生城市，产值过百亿、投资过百亿工业企业、上市企业、国家级经开区取得历史性突破，为“十四五”及今后一段时期的发展奠定了坚实基础。

从今天起，我接过了推进邵阳高质量发展的“接力棒”，将与邵阳的一切休戚相关、荣辱与共。能在“两个一百年”奋斗目标交接之期，投身新时代邵阳改革发展的火热实践，与大家一起，与邵阳人民一道，同甘共苦，风雨同舟，我深感这是无比光荣的使命，也是重若千钧的责任。我一定以恒心守初心，视使命为生命，倍加珍惜省委、省政府对邵阳的关心关怀，倍加珍惜历届市委、市政府带领全市人民取得的成就经验，倍加珍惜全市干部群众的信任期待，不变调、不折腾、不懈怠，一张蓝图绘到底、一任接着一任干、一以贯之抓落实，踏踏实实、认认真真做好自己的事情，着力在融入邵阳中服务邵阳、发展邵阳、造福邵阳，把自己全部的忠诚、智慧和力量，毫无保留地奉献给新时代邵阳改革发展的宏伟事业，努力为党和人民争取更大光荣。

1. 永葆忠诚之心，旗帜鲜明讲政治。天下大德，莫过于忠。作为一名共产党员，心中有党是政治灵魂，对党忠诚是第一要求。我将持续强化“革命理想高于天”的坚定信仰，把对党绝对忠诚铸入灵魂、融入血脉，坚持用习近平新时代中国特色社会主义思想武装头脑、指导实践、推动工作，不断增强“四个意识”，坚定“四个自信”，做到“两个维护”，持续提高政治判断力、政治领悟力、政治执行力，在情感上爱戴核心、思想上认同核心、政治上维护核心、组织上服从核心、行动上紧跟核心，更加自觉地同以习近平同志为核心的党中央保持高度一致，任何情况下都做到党中央提倡的坚决响应、党中央决定的坚决照办、党中央禁止的坚决不做。坚持严字当头、全面从严、一严到底，把抓好党建作为最大政绩，全力当好全面从严治党的市委书记，以“永远在路上”的执着和韧劲，推动全面从严治党向纵深发展，坚决整肃干部作风突出问题，坚决抵制歪风邪气，推动形成清清爽爽的同志关系、规规矩矩的上下级关系、干干净净的政商关系，着力涵养风清气正、山清水秀的政治生态。坚持以党的政治建设为统领，持续深化政治巡察、强化政治监督，认真落实省委“十必严”要求，切实加强“一把手”和领导班子监督，确保习近平总书记重要讲话指示精神、党中央和省委各项决策部署，在邵阳条条落实、件件落地、事事见效。

2. 永葆进取之心，满怀激情干事业。梦想承载希望，奋斗成就未来。我将秉承“事思敬”“执事敬”的敬业精神，崇尚“光阴迫”“从来急”的精进态度，时刻保持赶考状态、强化答卷意识，牢牢把握发展第一要务不动摇，认真贯彻落实习近平总书记关于湖南工作重要讲话指示精神，把“三高四新”战略作为总纲领、总目标、总抓手和指挥棒、新航标、源动力，紧扣立足新发展阶段，贯彻新发展理念，构建新发展格局，围绕推动高质量发展、创造高品质生活、实现高效能治理，锚定建设“二中心一枢纽”，以钉钉子精神统筹做好稳增长、促改革、调结构、惠民生、防风险各项重点工作，持之以恒锻长板、补短板、强弱项，奋力推动邵阳高质量发展行稳致远。继续深入开展党史学习教育，不断发扬革命传统，传承红色基因，从党的光辉历史中汲取砥砺奋进的精神力量。大力弘扬“马上就办、办就办好”的优良作风和“安、专、迷”精神，把主要精力和功夫下在狠抓落实上，真抓实干、精抓细干、埋头苦干，切实以永不懈怠的精神状态和一往无前的奋斗姿态，把邵阳各项工作抓到实处、抓出成效。

3. 永葆感恩之心，坚定不移惠民生。“羊有跪乳之恩、鸦有反哺之义”。人民是历史的创造者，是国家的主人。心有感恩，热爱人民，才能保持为人民服务的不竭动力。我将坚持站稳人民立场，全面践行以人民为中心的发展思想，保持一颗百姓心，常怀一份百姓情，多办一些百姓事，把为民造福作为根本政治担当，把“老百姓的事当作天大的事”，把人民认可、人民满意、人民高兴作为一切工作的出发点和落脚点，全心全意为邵阳人民谋利益、增福祉，让民生更有质感、发展更有温度。坚持践行党的群众路线，虚心向群众学习，尊重人民首创精神，深入开展调查研究，切实做到用脚步丈量民情，用诚心倾听民意，用真情温暖民心。坚持用心用情用力解决“学位、床位、车位、厕位”等群众反映强烈的急难愁盼问题，持续深化和巩固脱贫攻坚成果同乡村振兴有机衔接，加快推动城乡融合发展，全力补齐民生领域短板，让全市人民有越来越多的获得感、越来越大的幸福感、越来越强的安全感。

4. 永葆敬畏之心，严以律己守底线。正人者必先正己，律人者必先律己。我在邵阳，除了尽职尽责、干事创业，别无他求，决不搞任何特权，决不谋一私一利，坚决做到以身作则、身体力行，请大家监督我的行为、支持我的自律。我将坚持以“捧着一颗心来，不带半根草去”要求自己、以“不要人夸颜色好，只留清气满乾坤”激励自己、以“鼎彝元赖生成力，铁石犹存死后心”鞭策自己，带头立政德、明大德、守公德、严私德，自觉接受监督和约束，切实筑牢拒腐防变的坚固防线。坚持深入践行新时代党的组织路线，坚持以好的作风选作风好的人，坚持用循吏不用清流，坚持为官不为严问责、不换状态就换人，决不让老实人吃亏、决不让投机取巧的人占便宜，真正使那些吃苦的干部吃香、有为的干部有位、能干的干部能上，切实以正确用人导向引领干事创业导向。坚持严管与厚爱相结合，坚持激励约束并重，坚决落实“三个区分开来”要求，持续减轻基层负担，让广大干部既有压力、更有动力，既感压头、更有奔头。坚持带头严肃党内生活，带头开展批评与自我批评，带头执行民主集中制，坚决做到民主决策、科学决策、依法决策。坚持注重家庭、家教、家风建设，从严教育管理亲属和身边工作人员，绝不允许任何亲友和身边工作人员谋特权、谋私利。如果有人打我的旗号在邵阳办事，无论身份真假、来头大小，请大家一律不信、不见、不理、不办，及时向组织报告。

同志们，当前邵阳正站在一个新的历史起点上，前景广阔、大有可为。让我们更加紧密地团结在以习近平同志为核心的党中央周围，在省委、省政府的坚强领导下，在历届班子打下的坚实基础上，接好历史的“接力棒”，走好脚下的“长征路”，团结带领全市人民，不忘初心、牢记使命，砥砺前行、接续奋斗，努力做出无愧于历史、无愧于时代、无愧于人民的新业绩，不断开创邵阳高质量发展的新局面。

政府工作报告

——在邵阳市第十七届人民代表大会第一次会议上

市人民政府代市长 华学健

（2021 年 12 月 30 日）

各位代表：

现在，我代表市人民政府向大会报告工作，请予审议，并请各位政协委员提出意见。

一、过去五年工作回顾

市十六届人大一次会议以来的五年，是邵阳发展进程中极不平凡、极其珍贵的五年。面对错综复杂的外部环境、艰巨繁重的改革发展稳定任务，尤其是新冠肺炎疫情严重冲击，我们坚持以习近平新时代中国特色社会主义思想为指导，认真贯彻习近平总书记对湖南重要讲话重要指示批示精神，在省委、省政府和市委的坚强领导下，在市人大、市政协的监督支持下，坚持稳中求进工作总基调，切实做好“六稳”“六保”工作，全面落实“三高四新”战略定位和使命任务，扎实推进“二中心一枢纽”建设，经济发展和社会事业取得全面进步。这五年，令人自豪的是——我们一鼓作气夺取脱贫攻坚伟大胜利，彻底甩掉了区域性绝对贫困帽子，与全国、全省同步全面建成小康社会；令人振奋的是——我们奋力赶超重返全省第二方阵首位，实现了百亿制造企业、百亿工业项目、国家级经开区、千亿园区和上市公司历史性突破；令人鼓舞的是——我们争先创优擦亮邵阳名片，成功创建国家卫生城市、全国双拥模范城市，成功获批湘南湘西承接产业转移示范区；令人难忘的是——我们众志成城抗击新冠肺炎疫情，医务人员舍生忘死，党员干部冲锋在前，人民群众万众一心，与时间赛跑，同病魔较量，快速实现确诊病例清零，持续保持零新增，在大战大考中彰显了邵阳力量、邵阳担当。

五年来，我们坚持产业兴邵，经济实力跨越提升。地区生产总值跃上两千亿元台阶，达到 2460 亿元（预计数，下同），年均增长 7.2%；地方一般公共预算收入达到 118 亿元。工业提质增效。沪昆百里工业走廊基本建成。湘商产业园建设领跑全省，园区主要经济指标年均增速超过 15%。建成省级工程（技术）研究中心 13 家、重点实验室 4 个、省级企业技术中心 24 家。培育专精特新“小巨人”企业国家级 7 家、省级 69 家。净增规模工业企业 688 家、排全省第二。净增高新技术企业 384 家。有效注册商标总量、增量和发明专利申请量增速均居全省前三。农业稳步提升。粮食播种面积和产量连续五年实现“双增”，生猪出栏、存栏全面完成省定任务。十大百亿优势特色产业初具规模，金银花种植面积居全国之首，中药材市场成交额全国第四。新增农业产业化国家重点龙头企业 3 家。“邵阳红”地理标志集体商标成功获批。服务业发展壮大。文旅融合加快，新增国家 AAAA 级旅游景区 6 家，成功举办湖南省乡村文化旅游节、湖南（南山）六月六山歌节等品牌节庆活动。湘西南农产品物流中心、金罗湾国际商贸城、友阿国际广场、步步高新天地等投入使用。9 个县市全部跻身全国电子商务进农村综合示范县。

五年来，我们坚持精准发力，三大攻坚战成效显著。风险防范化解有力。全面摸排、及时应对、果断处置各领域隐患，杜绝了重大风险发生。专项整治“一非三贷”，防范和处置非法集资工作居全省前列。化债工作绩效考核排全省第一。脱贫攻坚全面胜利。坚持以脱贫攻坚统揽经济社会发展全局，落实五级书记抓脱贫，尽锐出战，全力攻坚，8 个贫困县（市）全部摘帽，1074 个贫困村全部出列，114 万农村建档立卡贫困人口全部脱贫，减贫人口全省最多。7 个单位被评为全国脱贫攻坚先进集体，14 人被评为全国脱贫攻坚先进个人。污染防治扎实推进。“散乱污”企业全部关闭或转产，黏土砖厂全部退出，“僵尸船”全部清理，城区“黄标车”、10 蒸吨以下燃煤锅炉全部淘汰，建筑扬尘、采石采砂有效治理，市城区空气优良率由 83.9% 提升到 93.4%。全市所有监测断面水质达标率 100%。在全省率先出台河长制“两长两员”管理办法，率先完成禁捕退捕任务。

五年来，我们坚持改革开放，市场活力不断释放。重点改革持续深化。扎实推进供给侧结构性改革，落实“三去一降一补”。完成市本级国企改制验收 42 户。“放管服”和“一件事一次办”改革加速落地。市县乡机构改革和公车改革全面完成。南山国家公园体制改革试点任务圆满完成。对外开放持续扩大。发制品、打火机、箱包三个基地获批国家外贸转型升级示范基地。邵阳海关开关运行，结束本地企业异地报关历史。完成保税改革试点，保税仓、监管仓实现省级园区全覆盖。进出口实绩企业 672 家，落户“三类 500 强”企业 27 家。连续四年获评全省发展开放型经济先进市。营商环境持续优化。调整下放行政权力1861项，行政审批时限整体压缩30%以上。出台减税降费、迎老乡回家乡创业发展、支持民营经济高质量发展等政策措施，净增市场主体22.5万户，总量38万户，分别居全省第三、第四名。

五年来，我们坚持统筹协调，城乡面貌焕然一新。城市建设明显加快。推进新型城镇化建设，城镇化率由44%提高到52%。国家卫生城市顺利通过复审，全国文明城市获得提名。蔡锷故里文化博览园、西苑公园等一批主题公园建成，魏源路、新城大道、学院路二期等一批骨架路网贯通，主干道路“白改黑”完成，雪峰桥、桂花桥、桃花桥通车，市文化艺术中心、市体育中心投用。农村环境明显改善。实施农村人居环境整治三年行动，完成3327个村集中整治，获评全国乡村治理示范村9个，新增省级美丽乡村示范村23个。建成乡镇污水处理厂54座、垃圾中转站104座。基础设施明显加强。高速公路通车里程582公里、居全省第四，干线公路里程2944公里、居全省第二。“气化邵阳”一期建成，城镇燃气普及率达80%。实现220千伏变电站县市全覆盖、5G网城区全覆盖、宽带网行政村全覆盖。

五年来，我们坚持人民至上，民生福祉持续增强。民生支出占地方一般公共预算支出比例达77%，全体居民人均可支配收入从1.48万元增长到2.32万元。新增城镇就业25.5万人、农村劳动力转移就业25万人。社会保障扎实有力。被征地农民养老保险全面推行，城乡低保、城乡特困供养、残疾人“两项补贴”标准逐年提高。保障农民工工资支付工作评为省A级。居家和社区养老在全国率先试点，关爱儿童邵阳做法在全国推介。住房公积金管理工作跻身全国50强。社会事业加快发展。高水平承办省第十三届运动会（成年组）。高标准建好湘中幼专。建成公办幼儿园523所、芙蓉学校16所，全面化解义务教育大班额。新增三级甲等综合医院1家、三级综合医院4家、三级中医类医院1家。社会治理更加有效。“一村一辅警”写入中办国办文件。“邵阳快警”经验在全省推广。扫黑除恶战果居全省前列。创建全国信访“三无”县2个。平安建设（综治工作）连续两年获评全省先进。“一村（居）一微型消防站”实现全覆盖。安全生产形势稳步向好。

五年来，我们坚持忠诚履职，政府自身建设明显加强。强化政治能力建设，深入开展“两学一做”学习教育、“不忘初心、牢记使命”主题教育和党史学习教育。主动接受市人大法律监督、工作监督和市政协民主监督，认真听取和采纳民主党派、工商联、无党派人士和人民团体的意见建议，人大代表建议及政协提案办复率100%、满意率99%以上。持续纠治“四风”，深入整治形式主义、官僚主义，全面开展违规发放津补贴、违规借贷、工程建设项目招投标等专项整治，政府系统党风廉政建设不断加强。

同时，我们高标准完成了第四次全国经济普查、第七次全国人口普查、第三次全国国土调查。退役军人事务、国防动员、人民防空、机关事务、民族宗教、外事侨务、地方志、气象、水文、档案、保密、对台、国安等工作取得新进展，老干、工会、青年、妇女、慈善、红十字等事业有了新进步。

各位代表！2021年是党和国家历史上具有里程碑意义的一年。一年来，我们认真落实中央、省委、市委决策部署，贯彻“稳进高新”工作方针，以“三重点”为抓手扎实推进各项工作，全市经济社会发展稳中向好、稳中有进、稳中提质，在“十四五”开局之年迈好了第一步、见到了新气象。18项主要经济指标增速，绝大多数高于全省，6项排名全省前三。这一年，我们在打造“三个高地”上聚焦聚力，高质量发展迈出坚实步伐。推进制造强市，七大工业新兴优势产业链产值占制造业总产值73%。开展“五好”园区创建，入园企业3105家，其中规模以上工业企业1364家。邵阳经开区成功晋升国家级经济技术开发区。邵阳液压成功上市。实施创新驱动，邵纺机纤维干法纺成套设备研发与应用、G8.5超薄玻璃基板研发等纳入全省重大科技攻关项目，新增技术创新中小企业110家。深化各项改革，27大项170小项改革任务全部按时序推进。努力扩大开放，积极参加第十二届中博会、港洽周等招商活动，新签约项目227个、总投资688亿元。完成“十四五”规划纲要和36个专项规划编制。这一年，我们在项目建设上善作善成，有效投资实现快速增长。坚持市级领导联系重点项目制度，项目建设加快推进，固定资产投资增长10%。三批次集中开竣工5000万元以上重大项目169个，总投资701亿元。36个省重点项目完成投资300亿元，6个“三高四新”重大产业项目完成投资68亿元，283个市重点项目完成投资580亿元。中电彩虹特种玻璃第二条生产线建成投产，邵阳火车站综合交通枢纽工程完成基础建设，白新、永新、新新、城龙高速开工建设，“气化邵阳”二期顺利推进，犬木塘水库枢纽工程一期围堰提前30天合龙，新邵、邵东、洞口垃圾焚烧发电项目开工。这一年，我们在推进乡村振兴上精准精细，“三农”工作开启崭新局面。建立防返贫动态监测和帮扶机制，加大政策扶持和综合保障力度，守住了不发生规模性返贫底线。新建就业帮扶车间101家，新增脱贫劳动力就业1万余人。深入开展乡村振兴重点帮扶和示范创建，启动3个省级重点帮扶县、1个省级示范创建县、338个省级重点帮扶村、209个省级示范创建村建设，驻村工作队实现重点村和示范村全覆盖。完成760个村庄规划编制。中国油茶科创谷首个示范基地落户邵阳县。这一年，我们在统筹发展与安全上担当担责，社会大局保持和谐稳定。狠抓污染防治和生态修复，环保督察及“回头看”、长江经济带警示片反馈和披露问题整改全部按时序完成。强力化解政府债务，市本级债务风险等级由一类降至二类。集中开展“春雷2021”“秋季攻势”

等专项整治行动，生产安全事故、死亡人数同比分别下降16.8%、16.4%。缉毒执法工作全省领先，反电诈退出全国重点市域前30名。落实落细常态化疫情防控，压实“四方责任”，突出闭环管理，加强流调溯源和基层基础工作，重点人员排查管控率100%，新冠疫苗全程接种率99.7%。这一年，我们在解决“急难愁盼”上用心用情，民生实事取得较好成效。深入开展“我为群众办实事”实践活动，办理各类实事13.6万件。省定20项重点民生实事全部完成。新增公办幼儿园学位1.06万个，新增注册医疗床位1284张，新增城区停车位2.4万个，新（改）建农村户厕4.9万座，群众反映强烈的“四位”问题得到有效缓解。改造老旧小区431个，改造危房3441户，竣工棚改4329套。建设充分就业社区135个，提供“311”就业服务14.6万人次。

各位代表！五年的工作，为高质量发展打下了坚实基础；五年的实践，为继续前行积累了宝贵经验。我们深刻体会到，做好邵阳工作：要始终坚持党的全面领导。这是做好一切工作的前提。必须把讲政治摆在首位，坚决维护习近平同志党中央的核心、全党的核心地位，坚决维护党中央权威和集中统一领导，始终用政治眼光、政治思维来看问题、做决策、谋发展。要始终贯彻实事求是思想路线。这是做好政府工作的基础。必须坚持一切从实际出发，理论联系实际，尊重市场规律，坚持实践标准，注重实际效果和可持续性，把“国之大者”与邵阳实际紧密结合起来。要始终突出高质量发展主题。这是做好经济工作的根本要求。必须全力办好发展经济这个最大实事，深入贯彻新发展理念，促进质量变革、效率变革、动力变革，努力在推动高质量发展上闯出新路子。要始终注重激发市场主体活力。这是增强发展动能的基石。必须坚持“两个毫不动摇”，持续解放思想、大胆开拓创新，发扬邵阳人“善思敢干”特质，发挥邵商资源人脉优势，充分挖掘民间资本潜力，全面释放市场主体活力。要始终做到“事上见”“马上办”。这是干在实处走在前列的关键。必须以干为先、以干为要、干出成效，努力提高抓落实的思想境界、增强抓落实的能力本领、弘扬抓落实的工作作风，把事上见当作标尺，使马上办成为习惯。

各位代表！五年团结奋斗、砥砺前行，每一分收获都凝聚着心血、浸润着汗水，都是大家拼出来、干出来的。这些成绩的取得，是以习近平同志为核心的党中央坚强领导的结果，是认真贯彻落实党中央国务院、省委省政府和市委决策部署的结果，是市人大、市政协监督支持的结果，是全市人民奋力拼搏的结果。

在此，我代表市人民政府，向全市广大干部群众，向各民主党派、工商联、无党派人士、人民团体，向中央和省驻邵单位，向驻邵人民解放军指战员、武警官兵、政法干警、消防救援队伍指战员，向所有关心支持邵阳改革发展稳定的各界人士，表示衷心的感谢！

各位代表！在总结成绩的同时，我们也清醒认识到，发展中还面临一些问题和挑战：一是外部环境不确定因素增多。世纪疫情和百年变局交织，经济发展面临需求收缩、供给冲击、预期转弱三重压力，稳增长难度加大；二是发展不充分不平衡比较明显。经济总量不大、人均量偏低，实体经济不强，头部企业、骨干企业不多，县域之间、城乡之间发展差距较大；三是财政收支压力增大。财政总量较小，刚性支出增加，可用财力不足。此外，少数政府工作人员思想观念、能力素质、工作方法与新形势新任务新要求不相适应。对这些问题，我们一定高度重视、认真解决，决不辜负全市人民的期望。

二、今后五年目标任务

今后五年，是我国全面建设社会主义现代化、向着第二个百年奋斗目标进军的起步期，也是我市推进高质量发展、实现赶超进位的关键期。重振邵阳雄风，争取更大荣光，是时代和人民赋予我们的崇高使命。市第十二次党代会科学描绘了现代化新邵阳的宏伟蓝图，提出了“七个新”的工作目标，我们要保持战略定力，坚定信心决心，坚决贯彻落实市委决策部署，永葆“闯”的精神、“创”的劲头、“干”的作风，奋力推进经济社会高质量发展。

今后五年政府工作的总体要求是：以习近平新时代中国特色社会主义思想为指导，全面贯彻党的十九大和十九届历次全会精神，深入落实习近平总书记对湖南重要讲话重要指示批示精神，弘扬伟大建党精神，全面落实省市第十二次党代会部署要求，坚持稳中求进工作总基调，完整、准确、全面贯彻新发展理念，服务和融入新发展格局，全面深化改革开放，坚持创新驱动发展，推动高质量发展，全面落实“三高四新”战略定位和使命任务，坚持以供给侧结构性改革为主线，积极融入西部陆海新通道建设，着力打造湘南湘西承接产业转移和特色优势产业集聚区、大湘西脱贫地区高质量发展先行区，奋力谱写现代化新邵阳精彩华章。

今后五年经济社会发展的主要目标是：地区生产总值年均增长7.5%、突破3400亿元，地方一般公共预算收入年均增长7.5%、突破160亿元，规模工业增加值年均增长8%，全体居民人均可支配收入增速高于经济增速，综合实力跻身全省第一方阵。成功创建全国文明城市、国家园林城市、全国民族团结进步示范市。

各位代表！重任在肩，使命如磐。今后五年，政府工作的主要任务是紧紧围绕高质量发展主题，全面建设富强民主文明和谐美丽的现代化新邵阳。

（一）聚焦打造“三个高地”，持续提升高质量发展水平。提升先进制造业综合实力。加快传统产业转型升级，培优育强战略性新兴产业，建设国家重要先进制造业高地协同发展区。奋力打造工程机械、新型显示器件等国家级产业集群，打造邵酒、中医药、小五金、发制品等省级产业集群，打造农副产品加工、特色轻工、新型建材等传统优势产业集群，全面建成沪昆百里工业走廊。开展“专精特新”企业梯度培育行动，打造细分领域隐形冠军、单项冠军。实施新增规模以上工业企业行动，推动企业小升规、规改股、股上市，做强大企业、培育小巨人，新增制造业百亿元企业2家、50亿元企业5家、上市企业5家、税收过亿元企业10家。争创“五好”园区标杆，建设技工贸收入突破1500亿元园区2个。提升科技创新核心竞争力。实施科技创新平台提升行动，实现国家级创新研发平台零的突破。以彩虹盖板玻璃、邵虹基板玻璃项目为牵引，打造国际先进水平的中国（邵阳）特种玻璃谷。实施区域创新中心创建行动，推动产学研用深度融合，支持邵东经开区创建国家级高新区，新增2家省级高新区。实施关键核心技术攻关行动，落实“揭榜挂帅”机制，推进一批重大科技专项，重点攻克“卡脖子”技术难题。实施高新技术企业倍增计划，培育引进一批高新技术企业、入库一批科技型中小企业。实施“宝庆人才”行动，打造近悦远来的人才高地。提升改革开放水平。推进重点领域和关键环节改革，深化“放管服”、农业农村、国企国资、财税金融、投融资体制、要素市场化配置等领域改革。主动融入西部陆海新通道，积极对接湖南自贸区、粤港澳大湾区、东盟和非洲。扩大保税改革试点成果，建成邵阳进口商品保税展示中心和保税物流中心。营造市场化法治化国际化营商环境，用“软实力”“巧实力”打造投资洼地，吸引全球邵商回归。我们要树雄心、立壮志，时不我待抢占高地，攻坚克难勇攀高峰，用大工业重振雄风，凭硬实力赶超进位，让邵阳的发展更有底气。

（二）聚焦扩大内需战略，持续增强高质量发展活力。强化投资拉动。对接国家“两新一重”建设，完善“五张网”，优化升级传统基础设施，优先发展新型基础设施，优质补齐民生基础设施。积极扩大产业投资，强力激活民间投资，赋予民营企业“非禁即入”平等参与权。强化消费带动。加快中心商贸区、区域消费中心、商业综合体建设，提档升级实物消费，提质扩容服务消费，打造时尚消费、品质消费，建设城乡融合消费网络节点，鼓励新业态新模式新场景消费，促进线上线下消费有机融合。强化市场驱动。打通生产、分配、流通、消费各环节堵点，推动上下游、产供销有效衔接。发展智慧物流、保税物流、冷链物流，打造省级现代物流枢纽城市。坚持扩大出口和增加进口同步发力，推进跨境电商产业园和海外仓建设，鼓励企业抢占国内国际市场，嵌入全球产业链、供应链。我们要敢于向“两个市场”要份额，善于向“两种资源”要红利，努力在构建新发展格局中赢得先机，让邵阳的发展更有活力。

（三）聚焦区域协调发展战略，持续夯实高质量发展基础。协同推进“一群一圈”发展。实施东部城镇群扩容提质工程，推动中心城区东连、西扩、南延、北融，推进基础设施一体化建设，构建“三区一县”区域中心城市格局。实施西部生态圈聚力融合工程，支持武冈打造西部生态圈中心城市，支持西部县市发展农产品精深加工等低碳产业；主动融入张崀桂精品旅游圈，全域全链发展旅游产业，打造全国知名的生态康养旅游度假目的地。深入实施乡村振兴战略。持续推动巩固脱贫攻坚成果与乡村振兴有效衔接，推进农业农村现代化。发展壮大村级集体经济，全面消除集体经济空白村。实施乡村产业振兴计划，推动一二三产业融合发展，建成邵阳国家现代农业产业园。开展乡村建设行动，抓好美丽乡村县乡整域推进试点。推进乡村人才振兴，引导能人回乡、乡贤助乡、市民下乡，努力造就一批新型职业农民。落实最严格的耕地保护制度，坚决遏制耕地“非农化”、防止“非粮化”，切实保障粮食安全。着力推动县域经济提质。实施县域经济高质量发展工程。推进“一县一特”，壮大特色产业。坚持以产兴城、以城促产、产城融合，提升县城综合承载力，培育建设50个特色小镇。大力实施“三高四新”财源建设工程，做大做强县级财政。我们要全力做好上下联动、东西齐动、城乡互动，携手共创全域融合发展、平衡发展、充分发展新局面，让邵阳的发展更有魅力。

（四）聚焦增进民生福祉，持续擦亮高质量发展底色。着力提高保障水平。实施就业优先战略，完善重点群体就业支持体系，促进创业带动就业，实现更加充分更高质量就业。实施全民参保专项行动，推动基本养老、医疗、工伤、失业等保险应保尽保。全面落实三孩生育政策及配套支持措施，突出抓好“一老一小”服务保障。全面做好残疾人等困难和特殊群体关爱服务工作，推进慈善事业健康发展。大力发展社会事业。坚持教育优先，实施学前教育普及普惠、义务教育质量提升、普通高中扩容建设工程，构建优质均衡、城乡一体的公共教育服务体系；规范民办教育，办好职业教育。加快省级区域医疗中心、县域医共体建设，推进县级医院临床重点专科建设，全面完成市县疾控中心标准化建设，着力创建国家健康城市。以全国文明城市创建为统揽，实施公共文化服务体系高质量发展五年行动，补齐公共文化体育设施，持续提升社会文明程度；深入挖掘邵阳红色文化，发展壮大本土特色文化；大力发展文体旅游事业，推进“十个一批”文旅融合建设。全力打造绿色名片。一体推进山水林田湖草沙系统治理，扎实推进“三线一单”精准落地，全面落实长江流域“十年禁渔”，加快实施雪峰山生态保护修复工程和资江、邵水流域系统治理，筑牢湘西南生态安全屏障。成功设立南山国家公园，打造国家公园湖南样本。稳步实施“双碳”行动，严格落实能耗双控，推进清洁生产，推行绿色制造、建造，倡导绿色低碳生活方式。深入打好污染防治攻坚战，切实解决各类环境污染问题，让邵阳的山更绿、水更清、天更蓝、空气更清新，使良好的生态环境成为全市人民共享的普惠性福祉。我们既要做多予少取的好事，又要办帮困解难的实事，每年建好一批民生工程、解决一批民生难题，让邵阳的发展更有温度。

（五）聚焦建设平安邵阳，持续筑牢高质量发展保障。积极防范化解各类风险。加强对经济、金融、社会、意识形态等领域风险的预研预判，推进风险防控工作科学化、精准化、高效化。健全战略物资和应急物资储备体系，完善突发事件应急响应和处置机制，提高城乡防灾减灾抗灾救灾能力。有力有效防范化解金融债务风险。牢牢守住安全稳定底线。突出抓好安全生产，努力防范各类安全事故，有效遏制较大事故，坚决杜绝重特大事故，确保安全生产形势持续稳定向好。坚持不懈抓好常态化疫情防控，保障公共卫生安全。加强食品药品和特种设备安全监管，保护人民群众生命财产安全。深入推进网络综合治理，积极做好群众来信来访，维护社会大局安全稳定。加快法治邵阳建设。扎实推进社会治理创新，增强全民法治观念，充分发挥“五治”作用，积极创建全国市域社会治理现代化合格城市。巩固拓展“一村一辅警”“邵阳快警”创新成果，坚决防范和打击各类违法犯罪活动。我们要坚持人民至上、生命至上，坚决扛起“促一方发展、保一方平安”的政治责任，让邵阳的发展更有保障。

三、2022 年主要工作

2022 年是党的二十大召开之年，也是全面落实省市第十二次党代会精神开局之年。我们必须坚持稳字当头、稳中求进，统筹疫情防控和经济社会发展，统筹发展和安全，继续做好“六稳”“六保”工作，推动经济实现质的稳步提升和量的合理增长，持续改善民生，保持社会大局稳定。主要预期目标是：地区生产总值增长 8%，规模工业增加值增长 8.5%，固定资产投资增长 10%，地方一般公共预算收入增长 8%，全体居民人均可支配收入增长 9%，居民消费价格涨幅控制在 3% 以内。城镇新增就业 4.7 万人，城镇调查失业率控制在 5.5% 以内。粮食产量 325 万吨以上。生态环境质量持续改善。

围绕上述目标，重点抓好以下工作：

（一）做大做强实体经济。坚持产业兴邵不动摇，持续开展产业项目建设年行动，突出抓好企业、产业、产业链、产业生态，加快构建现代产业体系，全力以赴扩总量、提质量。着力壮大产业实力。继续实施制造强市“123”工程，推动资金、人才、技术、项目等要素向先进制造业聚集。扎实推进“千百十”工程，重点建设十亿产业项目 20 个。全力推动邵虹基板玻璃、三一配套产业园、湘窖百亿产业园、比沃电子技术产业园、邵阳国际数控机械产业园、液压产业园、中非经贸产业园等重点产业项目建设。健全完善市级领导联系产业链的链长制，持续推动产业链延链补链强链。着力培育市场主体。实施优质企业梯度培育行动、市场主体倍增工程，狠抓企业入规入统，力争新增规模工业企业 200 家以上。培育专精特新“小巨人”企业国家级 3 家、省级 20 家以上。大力发展民营经济，推进“六个一”工作，壮大民营企业。开展“纾困增效”专项行动，落实减税降费政策，促进中小微企业融资增量、扩面、降本，帮助企业解决缺煤、缺电、缺钱等问题。着力建设“五好”园区。坚持“三生融合”“三态协同”“五化并重”，加快推进调区扩区，科学布局园区空间和产业。推进产城、产教、产金融合，打造产业综合体，提升园区综合实力和承载力。突出绿色发展和亩均效益导向，全面推进园区人事、薪酬、绩效考核等改革。新增入园重点企业 300 家以上。邵阳经开区建设重点产业项目 40 个以上。着力提升创新水平。推进大众创业、万众创新，以企业、高校、科研院所为主战场，抓好关键核心技术攻关。加快生产换线、机器换人、设备换芯步伐，推动特色轻工等传统产业数字化改造、网络化协同、智能化升级。用好用足研发费用税前加计扣除政策，培育引进高新技术企业 180 家，完成科技型中小企业评价入库 600 家。建成新型研发机构 2 家，申报省级工程技术研究中心项目 3 个。着力发展数字经济。加快“数字邵阳”建设，建好政务云平台，整合数据资源，推行共享共用，促进产业数字化、数字产业化。坚持数字技术和应用场景两端发力，全方位、全链条推动各产业全要素生产率提升。实施智能制造赋能工程，支持企业“上云用数赋智”，推动 550 家企业深度“上云”、270 家企业深度“上平台”。

（二）积极拉动投资消费。充分发挥投资关键作用和消费基础作用，提高投资效益，释放消费潜能，实现需求牵引供给、供给创造需求的良好互动。扩大有效投资。着眼国家宏观政策落实，重点聚焦“五张网”建设，适度超前开展基础设施投资，抓在建、促开工、保竣工，形成更多实物量。实施市级重点建设项目 280 个、投资 500 亿元。交通网：加快推进邵阳火车站综合交通枢纽工程，开工建设邵永高铁，争取启动娄邵高铁、怀邵桂高铁、兴永郴赣铁路前期工作；加快白新、永新、新新、城龙高速公路建设，持续推进国省干道提质改造。能源网：竣工投产邵东城东 220 千伏输变电工程，加快建设新邵花桥、隆回雷音观、武冈荆竹 110 千伏输变电工程等项目，开工建设隆回北 220 千伏输变电工程；加快邵阳—新宁（经隆回、洞口、武冈）、永州—邵阳县、邵东—双峰三条长输管网建设。水安全网：加快犬木塘水库、秀水水库等项目建设，推进大圳灌区、六都寨灌区续建配套与现代化改造，实施中型灌区改造和病险水库除险加固工程，加强城区备用水源建设；加快城市防洪圈闭合达标建设。物流网：推进邵阳东货场大宗货物物流园、邵阳经开区物流园等项目建设；推动网络数字货物物流平台建设，完善县乡村三级物流配送体系建设，推进“快递进村”。信息网：推进 5G 基站和 5G 智慧园区建设，持续推进边远地区 4G 网络补热、补盲。促进消费升级。实施农村客货邮融合发展行动，打通农产品进城“最初一公里”和工业品下乡“最后一公里”。培育消费新热点，拓展消费新场景，促进新能源汽车消费，鼓励绿色智能家电下乡和以旧换新，开展“乡品进商超、上高铁、入名店”行动，激活县乡消费。积极举办湘西南汽车文化节等系列促销活动。坚持“房住不炒”，推进保障性住房建设，促进房地产业良性循环和健康发展。

（三）加快推进农业农村现代化。坚持把乡村振兴战略作为新时代“三农”工作的总抓手，强化产业支撑，激发内生动力，打造农业强市，促进农业高质高效、乡村宜居宜业、农民富裕富足。巩固拓展脱贫攻坚成果。严格落实“四个不摘”要求，加强农村低收入人口常态化帮扶和易地扶贫搬迁后续扶持，突出抓好脱贫人口稳岗就业，落实防返贫致贫动态监测和帮扶。深入开展乡村振兴“七大专项行动”，抓好重点帮扶和示范创建，发挥好驻村帮扶和对口帮扶作用，推动乡村振兴取得新成效。发展乡村产业。深入开展“六大强农”行动，培育壮大农业优势特色百亿产业。做大农产品加工，新增省级及以上农业产业化龙头企业15家。积极发展蔬菜水果、茶叶油茶、烤烟、奶牛奶羊等绿色生态种养基地，支持城步发展壮大奶业。做强中药材产业，力争全产业链产值突破180亿元。突出“邵阳红”优质农产品公共品牌建设，力争“两品一标”产品达到300个以上。全面落实粮食安全责任制，狠抓高标准农田建设，提高农业综合生产能力，粮食播种面积稳定在750万亩以上，出栏生猪650万头以上，有效保障重要农产品供给。促进种业提质振兴。加强种质资源库建设，重点抓好邵阳无籽西瓜、崀山脐橙、雪峰蜜橘、黔邵花猪等种质资源的保护与利用。巩固提升绥宁、武冈两个国家级杂交稻制种基地，做大做强邵阳市西甜瓜、邵东中药材两个国家级区域性良种繁育基地。建设好市农科院无病毒柑橘种苗繁育基地。支持武冈鱼类健康养殖科研基地发展。加快特色小镇建设。巩固提升仙槎桥五金小镇、廉桥中药材小镇、崀山文旅小镇、黄龙脐橙小镇等省级特色小镇，培育发展虎形山花瑶文旅小镇、白水洞旅游康养研学小镇、长安营奶业小镇、古楼茶叶小镇、813军旅小镇，规划引导一批有潜质的特色小镇。

（四）大力提升城市品质。围绕建设宜居宜业、精致精美城市，推进以人为核心的新型城镇化，推动城市更新、功能完善、特色塑造，使城市既有“面子”、又有“里子”，既有历史回味、又有文化韵味。强化规划引领。深入推进“多规合一”，完成国土空间规划和专项规划编制，统筹划定永久基本农田、生态保护红线、城镇开发边界三条控制线。强化规划的前瞻性、严肃性和连续性，坚持铁规发力，坚决打非治违，确保一张蓝图管到底。启动片区建设。立足城区实际，突出人、文、产、城联动发展，统筹推进双清白马、大祥桃花、北塔雪峰、犬木塘四大片区开发，打造资源聚集、功能完善、文脉传承、特色鲜明的城市片区。开展城市双修。深入实施城市更新行动，加快城区水、电、气等基础设施改造，完善城市防洪排涝体系，建设海绵城市。持续推进老旧小区改造，加快福源、星湖花苑等安置小区建设。实施留白增绿、景观提质、立面添彩、口袋公园建设，提升城市绿色容量。启动屈原路、福源路、电机路、马蹄塘路、三里桥路、佘湖桥匝道建设，推进白马大道、大祥路、北塔路等主干道后续建设，完成迎春路、客村路等半截路，拉通资江南岸沿江路（雪峰桥至西湖桥段），打通断头路、畅通微循环。深化创建活动。巩固提升国家卫生城市和省级园林城市创建成果，创成国家森林城市。全域、全员、全程、全面创建全国文明城市，加强城市网格化管理，提升社区管理服务水平，深化居民院落、背街小巷、城乡接合部专项整治，建成一批完美社区；积极构筑街道社区精神文明阵地，全面开展新时代文明实践中心建设。

（五）持续深化改革扩大开放。发挥好改革的先导和突破作用，推进更高水平的对外开放，向改革要动力，向开放要活力，为全市经济社会发展注入强劲动能。以更大魄力深化改革。深化“放管服”改革，全面落实“一件事一次办”，推行“即来即办”。深化项目审批制度改革，实施“拿地即开工”、“交房即交证”和工业用地“标准地”改革。深化财税改革，推动预算绩效管理提质增效，加强税收征管，增强公共服务保障能力。全面完成国企改革三年行动任务。完成市国投与宝城投战略重组。加快完善政府性融资担保体系。以更实举措扩大开放。大力实施“走出去”战略，争取湘欧班列、中老班列、湘粤非铁海联运延伸至邵阳，推动邵企出海、邵品出境。申报湖南自贸区首批联动发展区，修建铁路货栈查验场。扩大高新机电产品、关键零部件和先进技术进口，支持大型商超进口优质消费品。继续加大外贸企业精准帮扶，帮助外贸企业保市场、保订单、保份额。持续开展“迎老乡回故乡建家乡”行动，办好全球邵商大会和首届湖南—东盟投资贸易洽谈会，力争新引进招商项目160个以上，其中亿元项目110个以上、10亿元项目20个以上、“三类500强”企业6家以上。以更严要求优化环境。严格规范执法检查，除环保、安全生产外，对入园企业一律免检查、零打扰；落实典型案例挂牌督办，对损害营商环境的人和事坚决查办、一办到底；净化项目施工环境，对“三强”“三堵”行为露头就打、穷追猛打，还企业一片清朗宁静。

（六）全面加强生态文明建设。坚持保护优先、节约优先，深度挖掘生态红利，促进绿色低碳发展，推进“两山”双向转换，以生态之美引领发展之变。持续加强生态环境综合治理。突出打好蓝天、碧水、净土保卫战和污染防治攻坚战“夏季攻势”，狠抓中央、省交办问题及长江经济带生态环境突出问题整改。统筹抓好饮用水源、重点区域生态保护和黑臭水体、尾矿库、农业面源污染治理工作。深入推进河湖林长制工作，推进以国家公园为主体的自然保护地体系建设。推进绿色矿山建设，建成绿色矿山9个。贯彻落实好《邵阳市邵水保护条例》《邵阳市乡村清洁条例》等生态环境保护地方性法规。有序推进碳达峰碳中和。出台全市碳达峰行动方案和“双碳”工作实施意见，积极参与碳汇交易。稳步推进新能源充电基础设施、“新能源+储能”及隆回、邵阳县整县光伏发电等项目建设。推广节能低碳型交通工具、装配式建筑和建材。全面促进资源节约、集约、循环利用，积极推进生活垃圾分类管理利用。广泛开展绿色家庭、绿色机关、绿色社区和绿色出行等行动。大力发展全域旅游。以崀山、南山、黄桑、罗溪、云山、白水洞、虎形山为重点，优化旅游精品线路。推进雪峰山山地度假旅游区、天子湖国家湿地公园、长征公园（邵阳段）建设，创成牛天岭国家AAAA级旅游景区。打造一批示范性研学基地、旅游基地，培育旅游新增长点。持续开展“邵阳人游邵阳”活动，办好湖南崀山脐橙文化旅游节和全市旅游发展大会。

（七）统筹推进社会事业。坚持以人民为中心，始终把人民群众对美好生活的向往作为我们的奋斗目标，着力满足人民所思所盼，在创造高品质生活上展现新作为。强化就业优先导向。统筹抓好高校毕业生、退役军人、下岗失业人员、农民工等各类群体就业，加大对就业困难人员帮扶。鼓励多渠道灵活就业，持续做好重点企业和产业园区常态化用工保障。健全欠薪零容忍制度体系，切实保障劳动者合法权益。办好人民满意教育。加大公办教育资源投入，推进公办幼儿园建设，加快乡镇标准化寄宿制学校建设。推动普通高中和职业教育协调发展。加快建设市第十七中学和邵阳工业职业技术学院。落实“双减”政策，规范民办教育和线上线下校外培训机构。加强师德师风建设，提升教师教书育人能力素质。深化健康邵阳建设。实施“三医联动”改革。稳步推进基本药物制度综合试点，建设紧密型县域医共体。启动市第三人民医院、市级公共卫生救治中心建设。推进中医药传承创新发展，建强体系、充实力量、打造品牌，建设中医药强市。推进乡镇卫生院服务能力达标建设。开展爱国卫生运动和群众文化体育活动，加强体育公园建设。提升社会保障水平。落实社保费率下调、城乡居民医保财政补贴提标政策，铁腕整治骗保行为，守护好群众每一分养老钱、保命钱。健全残疾人“两项补贴”标准动态调整机制。完善分层分类社会救助体系，抓好三级以上救助站创建。加强婴幼儿照护、养老服务，实施乡镇敬老院提质改造三年专项行动。提质公共文化服务。完善文艺惠民机制，开展“送戏曲进万村、送书画进万家”活动。持续推进基层综合性文化服务中心建设，实施智慧图书馆、数字文化馆进村入户等项目。继续推进上堡、大团侗寨申遗，做好以红军长征为核心的革命文物连线连片保护利用。办好重点民生实事。一是完成市区超期安置2000户；二是新建市区燃气干管40公里、改造70公里；三是改造老旧小区319个3.26万户；四是新增城区停车位1.2万个；五是完成市区农贸市场改造升级32家；六是新增乡镇全科医生300名、乡村教师3500名；七是完成农村公路提质改造260公里、安防工程400公里；八是建成乡镇污水处理厂53个；九是完成农村厕所改造4.5万座；十是完成困难残疾人家庭无障碍改造1000户，建成困难重度残疾人集中照护服务机构12家。

（八）着力提升安全发展水平。坚持底线思维，增强忧患意识，下好先手棋，打好主动仗，有效防范和化解各种风险，牢牢守住安全发展底线。扎实做好疫情防控工作。始终绷紧疫情防控这根弦，坚持“外防输入、内防反弹”，优化完善常态化防控措施，落实网格化管理，增强疫情监测预警和应急处置能力，加快推进疫苗接种，守护好来之不易的防疫成果。有效防范化解重大风险。加强政府债务风险管控，坚决遏制新增地方政府隐性债务。加强食品药品安全监管，推进“放心早餐”工程。落实路长制，持续推进交通问题顽瘴痼疾集中整治。推进应急管理体系和能力建设，健全安全生产监管、自然灾害综合防范、应急救援等联防联控机制，高效应对气象、地质灾害，有效遏制生产安全事故和非生产经营性安全事件。坚决维护社会稳定。推进信访“治重化积”行动，推动信访交办件逐步清零。常态化开展扫黑除恶斗争，坚决打赢禁毒与反电诈人民战争。依法严厉打击非法集资、盗抢骗、黄赌毒等违法犯罪，促进社会大局和谐稳定。

四、切实加强政府自身建设

各位代表！打铁必须自身硬。站在“两个一百年”奋斗目标历史交汇点，走好新时代赶考路，必须全面加强政府自身建设，倾力打造人民满意政府。

（一）坚持政治引领，增强发展凝聚力。旗帜鲜明讲政治，忠诚捍卫“两个确立”，增强“四个意识”、坚定“四个自信”、做到“两个维护”，坚定不移沿着习近平总书记指引的方向前进。坚持从党的百年奋斗重大成就和历史经验中汲取奋斗力量，用好党史学习教育成果，不断提高政治判断力、政治领悟力、政治执行力。自觉把党的全面领导贯穿政府工作全领域、全过程，中央有号令、省委有决策、市委有部署，政府见行动。善于从讲政治的高度思考和推进经济社会发展工作，善于从党中央决策部署中明方向、定政策、争项目，在高站位中增强战略定力，在新起点上再创发展新局。

（二）坚持依法行政，增强政府公信力。推进法治政府示范创建，抓好地方性法规实施，强化权力清单、责任清单和负面清单管理，完善行政决策程序和政府议事规则，严格依法依规依程序办事，把权力关进制度笼子。依法接受市人大及其常委会监督，自觉接受市政协民主监督，强化监察监督、司法监督、审计监督、统计监督，主动接受社会监督和舆论监督，高质量办好人大代表建议和政协提案，充分听取吸收各方面意见建议，确保政府工作在法治轨道上运行，进一步提升群众对政府的信心和信赖。

（三）坚持实干为要，增强工作执行力。始终把抓落实作为政府工作的生命线，树牢“事上见”工作导向，该做的事，知重负重、攻坚克难，顶着压力也要干；该负的责，挺身而出、勇往直前，冒着风险也要担，事上见本事、见作风、见智慧、见成效。坚持以“三重点”为纲，实行清单式管理、讲评式推动、跟踪式落实，始终保持一抓到底的狠劲韧劲，定一件抓一件、件件落实，干一项成一项、项项争先。着力提升干部专业能力，拓视野、长见识、强素质，不断提高抓经济工作的水平。以实干实绩论英雄、排座次、定奖惩，在全市上下营造真抓实干、精抓细干、埋头苦干和敢担事、会做事、能成事的干事创业氛围。

（四）坚持廉洁从政，增强自身免疫力。坚决落实全面从严治党要求，严字当头、全面从严、一严到底，以永远在路上的定力和韧劲推进党风廉政建设和反腐败斗争。持续推进清廉邵阳建设，加强重点领域、重要部门和关键岗位廉政风险管控，强化一把手监督，坚决整治群众身边的不正之风和腐败问题。驰而不息纠治“四风”，锲而不舍落实中央八项规定及其实施细则精神和省委实施意见，让权力在阳光下运行，锻造为民务实清廉的干部队伍。严肃财经纪律，强化预算管理，扎紧政府花钱的口子，拓宽助企惠民的路子，用政府紧日子换取老百姓好日子！

各位代表！万里征程风正劲，千钧重任再扬帆。让我们更加紧密地团结在以习近平同志为核心的党中央周围，高举习近平新时代中国特色社会主义思想伟大旗帜，在省委、省政府和市委的坚强领导下，不忘初心、牢记使命，埋头苦干、勇毅前行，全面落实“三高四新”战略定位和使命任务，奋力建设现代化新邵阳，以优异成绩迎接党的二十大胜利召开！

大事记

1月

4日　邵阳经济技术开发区举行湖南三一智慧新能源项目签约揭牌活动，湖南三一智慧新能源设计有限公司（总部基地）正式落户邵阳。

5—8日　政协邵阳市第十二届委员会第六次会议在市文化艺术中心开幕。市委书记、市人大常委会主任龚文密出席会议并讲话，市政协主席鞠晓阳代表政协邵阳市第十二届委员会常务委员会作工作报告，市政协副主席郑再堂代表政协邵阳市第十二届委员会常务委员会作十二届五次会议以来提案工作情况报告。

6—9日　邵阳市第十六届人民代表大会第七次会议在市文化艺术中心召开。市委书记龚文密主持会议，市长刘事青作政府工作报告。

6日　全国优秀农民和农民工工作先进集体表彰大会在北京召开。武冈市民富中药材专业合作社理事长周作枚、城步苗族自治县蒋坊乡延委蔬菜专业合作社理事长杨小树和湖南军杰食品科技有限公司董事长范时军获"全国优秀农民工"称号。

7日　中国水利报社第十届年度"中国水利记忆·TOP10"评选结果揭晓，犬木塘水库入选"大地河源杯"2020有影响力十大水利工程。

13日　市长刘事青主持召开全市蓝天保卫战工作推进讲评会。会议通报2020年全市蓝天保卫战工作情况，分析2020年度全市空气质量状况，部署2021年工作。

14日　市长刘事青与到邵阳调研的国网湖南省电力有限公司党委副书记、副总经理晏治喜一行举行会谈，双方就迎峰度冬、电力基础设施建设和电网提质升级改造等工作交流意见。

15日　邵阳军分区党委第十四届六次全体（扩大）会议召开。

16日　省文化和旅游厅、省工业和信息化厅联合发布湖南省第一批传统工艺振兴目录，邵阳市有隆回花瑶挑花、蓝印花布印染技艺、宝庆竹刻、洞口木雕、隆回滩头木版年画、隆回滩头手工抄纸技艺和武冈市卤菜制作技艺7个项目上榜。

19日　市城区基准地价更新成果听证会召开，会议就新一轮土地定级与基准价更新成果公开听证，听取社会各界意见与建议。

20日　市委经济工作暨产业发展大会召开。市委书记龚文密总结2020年经济工作，分析当前形势，部署2021年经济工作，全面落实"三高四新"战略，推进"二中心一枢纽"建设。

21日　第三届邵阳市培育和践行社会主义核心价值观主题教育"双十最美"评选活动颁奖典礼在市委礼堂举行。

是日　国家知识产权局商标业务邵阳受理窗口正式挂牌。

是日　计划总投资1.2亿元的安踏智能制造产业邵阳基地在邵阳经开区开工建设。

23日　省文明办公示湖南省2020届文明城市、文明村镇、文明行业、文明单位、文明标兵单位、文明家庭、文明校园、文明标兵校园等名单。邵阳县、新邵县、绥宁县入围省文明城市名单。

25日　邵阳市首创的"一村一辅警"工作连续三年被写入湖南省政府工作报告。

26日　武冈市司法局龙溪镇人民调解委员会主任熊贤政获评"全国模范人民调解员"。

27日　湖南省六地首批获"湖南省森林城市"称号，新邵县、武冈市、邵东市三地获此荣誉。

29日　市人民政府与湖南建工集团在长沙市签订战略合作框架协议。市委书记龚文密出席并讲话，市长刘事青，湖南建工集团党委书记、董事长蔡典维代表双方签署战略合作框架协议。

2月

1日　市安委会向各县市区人民政府、邵阳经开区、市安委会各成员单位及部省属驻邵阳和市属有关企业下发《邵阳市安全生产委员会〈关于开展"春雷2021"安全生产集中整治行动〉的通知》，决定从2月1日至3月31日，在全市开展"春雷2021"安全生产集中整治行动。

3日　省委常委、常务副省长谢建辉到国网邵阳供电公司、新邵县新田铺镇桥当头村、邵阳三化有限责任公司等地督导能源保供和安全生产工作，走访慰问老劳动模范、老干部和脱贫攻坚一线干部。

7日　市委召开县市区和市直行业系统党（工）委书记抓基层党建暨落实意识形态工作责任制述职评议会议，市委书记龚文密现场点评并讲话。

是日　市月清"三地"工作先进经验在全省自然资源工作会议上推广，市政府作典型发言，市自然资源和规划局被评为落实重点工作优秀等次。

9日　云邵阳第一届线上春节联欢晚会在云邵阳移动新闻客户端首播，首创线上线下融合模式。

18日　新春上班第一天，市委、市政府在市委礼堂召开全市"管行业必须管安全百日行动"动员会。市委书记龚文密作动员讲话，市长刘事青作具体部署。

19日　龚文密、刘事青等市领导到市体育新城邵水西路沿江风光带，与200余名干部职工及志愿者一起参加春节义务植树活动。

23日　快线航空一架P750飞机从株洲芦淞机场起飞，在武冈机场降落再起飞，飞往张家界荷花国际机场，标志着"株洲—邵阳—张家界"低空旅游航班正式开通。

25日　全国脱贫攻坚总结表彰大会召开，邵阳市曹权文、杨韶辉、郭华满等14人被评为全国脱贫攻坚先进个人，市扶贫开发办公室、邵东市人力资源和社会保障局、隆回县三阁司镇中洲村支部委员会等7个集体被评为全国脱贫攻坚先进集体。

是月　中国林学会竹子分会发文公布第三批“中国竹业特色之乡”，新宁县麻林瑶族乡被列入“中国楠竹之乡”。

3月

1日　2021年全省重大项目集中开工邵阳分会场在邵阳经开区国际数控机械智能产业园举行，全市共有54个项目参加全省重大项目集中开工，总投资额151亿元。

3日　“四季同行·一路有我”——湖南文明实践志愿服务先进典型发布仪式在长沙举行，全市9个先进典型上榜。

4日　邵阳市“欢乐潇湘·百团百角唱百年”文艺院团竞演活动在全市全面启动。

10日　全市领导干部学习贯彻党的十九届五中全会精神专题研讨班在市委党校开班，市委书记龚文密作开班动员和辅导报告。

12日　市委书记龚文密率队到浏阳经济技术开发区考察产业项目建设情况，长沙市委常委、浏阳市委书记黎春秋陪同考察。

是日　“策游潇湘‘营’出花YOUNG”湖南文旅推广活动暨“湖南之心·康寿新邵”网络文化旅游节启动仪式在新邵举行。

18日　市长刘事青到邵阳经开区数控产业园、三一智能生态汽车城、湖南良诚新材料科技有限公司、富兰地工具有限公司等地调研重点产业项目建设情况。

20日　市妇联、市文旅广体局、市家庭和儿童发展服务中心在市少儿图书馆联合举办首届“扣好人生第一粒扣子”家庭教育杯辩论赛。

23日　全市政法队伍教育整顿政治轮训班开班，市委书记、市政法队伍教育整顿领导小组组长龚文密为政治轮训班学员讲专题党课。

26—27日　省第六督导组组长、省委外事办副主任叶劲松一行到邵阳督导新冠肺炎疫苗接种工作。市委副书记、市长刘事青参加汇报会。

29日　2020年下半年湖南好人榜发布，邵阳市14人上榜湖南好人。

30日　全市“交房即交证”改革首证颁发。

是日　全国农技中心发布第二批全国农作物病虫害“绿色防控示范县”名单，新宁县上榜。

是月　城步苗族自治县红色景点老山界入选潇湘“红八景”，武冈市法相岩街道独山村入选2021年湖南油菜花节“十大最美油菜花乡村旅游点”。

是月　双清区邵水石桥街道段、新宁县紫溪河、邵东市黄家坝水库、邵水大祥区段、武冈市赧水邓元泰镇段、洞口县超美水库6个河库获评全省“美丽河湖”。

4月

1日　《邵阳市文明行为促进条例》即日起施行。

7日　省委党史学习教育第十一巡回指导组进驻邵阳，开展党史学习教育指导工作。全市党史学习教育会议召开。省委党史学习教育第十一巡回指导组组长邓三龙出席会议并讲话，市委书记龚文密汇报全市党史学习教育开展情况，市长刘事青主持会议。

8日　新化至新宁高速公路工程开工。新新高速全长192.38公里，估算总投资271.22亿元，其中邵阳境内主线168.8公里，5条连接线55.3公里，12处互通立交，投资约230亿元。

8—12日　2020—2021赛季中国篮球发展联赛（邵阳站）在市体育中心体育馆开赛。广东东莞大益、浙江广厦、南京同曦、广州龙狮、新疆广汇5支CBA预备队及来自CUBA东南赛区豪强华东交通大学（特邀大学队）等6支队伍参赛，新疆广汇队以五战全胜摘得桂冠。

9日　党史学习教育省委宣讲团宣讲报告会在市委礼堂举行。省委宣讲团成员、湖南广播影视集团（湖南广播电视台）党委副书记、总经理、台长、总编辑龚政文作宣讲报告，市委书记、市人大常委会主任龚文密主持，省委党史学习教育第十一巡回指导组组长邓三龙出席。

是日　市委书记龚文密与彩虹集团有限公司党委书记、董事长司云聪一行座谈，就深化双方合作、加快项目建设交换意见。

是日　深圳证券交易所上市审核中心发布公告，邵阳维克液压股份有限公司创业板IPO顺利过会。

13日　副省长谢卫江一行到武冈市、新宁县调研文旅产业发展和退役军人事务工作。

是日　市委书记龚文密与三一集团董事、三一重工有限公司总裁向文波一行座谈，双方就加快推进三一智能生态汽车城和三一国家级汽车试验场项目建设达成一致意见。

是日　湖南湘窖酒业有限公司，以及刘韦达、朱锦芳、周志梅、刘诚入围“全国五一劳动奖”表彰名单；国家税务总局洞口县税务局第一税务分局、国家能源集团宝庆发电有限公司继保维修班、国网湖南省电力有限公司邵阳供电分公司客户服务中心（计量中心）现场稽查（检查）班入围“全国工人先锋号”表彰名单。

14日　永州市政协党组书记、主席蒋善生率调研组到邵阳考察学习“大力实施产业强链、培育壮大优势产业集群”方面的经验和做法，市政协党组书记、主席鞠晓阳参加考察交流活动。

14—15日　省人大常委会副主任叶红专率调研组到

邵阳，就新侨和留学人员回国到湘（到邵阳）创新创业政策环境进行调研。

15 日　市委书记、市人大常委会主任龚文密主持召开全市市县乡领导班子换届工作会议，深入学习贯彻习近平总书记关于换届工作的重要讲话指示精神，落实中央和省委关于市县乡领导班子换届工作部署要求，安排部署换届工作。

是日　全省首家县级专业国家安全教育基地——北塔区国家安全教育展厅在北塔区青少年活动中心揭牌开馆。

17 日　市文旅广体局主办，市体育总会、市武术协会承办的“体彩杯”邵阳市第一届武术比赛暨第十四届省运会选拔赛在市体育中心体育馆开幕。

19—20 日　省政协主席李微微一行到邵阳县围绕“巩固脱贫攻坚成果与实施乡村振兴战略有效衔接”进行调研，并在帮扶对象的庭院开展义务植树活动。

20 日　市长刘事青与到邵阳考察项目建设的慕容集团董事长邹格兵一行举行座谈，双方就慕容集团已在邵阳落地的家居项目和拟在邵阳发展的“木星云智慧护理生态系统”项目相关事宜洽谈磋商。

21 日　全国人大常委会委员、全国人大环境与资源保护委员会副主任、农工党中央专职副主席龚建明率调研组到邵阳开展农工党思想政治建设调研。

是日　水利部监督司副司长曹纪文一行到绥宁县调研水利工作。

25 日　市委书记龚文密一行到邵阳县督办中央生态环境保护督察通报典型案例整改落实情况。

28 日　省人大常委会党组副书记、副主任黄关春一行到邵阳调研考察县乡人大换届选举工作、《湖南省乡镇人民代表大会工作条例》贯彻实施情况和乡镇民生实事人大代表票决制推进情况。

是日　由湖南省商务厅组织开展的“乐享消费　湘当韵味”2021 湖南消费促进季活动在邵阳市步步高新天地广场举行启动仪式。省商务厅党组书记、厅长陈恢清出席仪式并宣布活动启动。

是日　邵阳市召开 2021 年五四表彰大会，会议表彰 15 名“邵阳青年五四奖章”个人和 5 个“邵阳青年五四奖章集体”；表彰一批市优秀共青团员、优秀共青团干部、五四红旗团委（团支部）、青年志愿者先进集体和先进个人。

29 日　湖南省妇联公布 2021 年“湖南省最美家庭”名单，邵阳县何桂云家庭、邵阳县邓新华家庭、邵东市周应该家庭、大祥区王玉莲家庭、武冈市霍仁坤家庭、周恭友家庭、双清区郑永湘家庭、隆回县周丽民家庭 8 个家庭上榜。

是月　在 2021 年中国节庆与旅游大会上，湖南（南山）六月六山歌节获评“中国优秀当代节庆”称号，成为全国最具代表性的节庆活动之一。

是月　市中心医院在艾力彼第十一届中国医院竞争力大会上，跻身“2020 年中国医院竞争力地级城市医院 100 强”第 78 名。

5月

4 日　湖南七七科技股份有限公司总经理、城步苗族女青年杨淑亭获第 25 届“中国青年五四奖章”。

6 日　邵阳市扶贫开发办公室重组为市乡村振兴局，并正式挂牌。

7 日　省人大常委会党组成员、副主任周农一行到邵阳专题调研扫黑除恶“打伞破网”工作。

11 日　全市禁毒和反电诈人民战争动员大会召开，市委书记龚文密讲话，市长刘事青作动员部署。

10—12 日　省委老干部局副局长、省委离退休干部工委专职副书记孔寅湘率调研组到邵阳开展“我为老同志办实事”专题调研活动。

12 日　公安部党委委员、副部长杜航伟到邵阳督导调研公安队伍教育整顿和打击治理电信网络诈骗犯罪工作。

13 日　全国政协常委、省政协副主席、九三学社省委会主委张大方率省政协调研组到邵阳开展“在 RCEP 框架下深化湖南与东盟经贸合作”调研。

14 日　中国民主建国会邵阳市第九次代表大会召开。蒋志南当选民建邵阳市第九届委员会主任委员。

18 日　中国农工民主党邵阳市第九次代表大会召开。毛学雄当选为农工党邵阳市第九届委员会主任委员。

19 日　中国民主促进会邵阳市第七次代表大会召开。刘承智当选为民进邵阳市第八届委员会主任委员。

19—21 日　绥宁县举行以“神奇绿洲 醉美绥宁”为主题的“四月八姑娘节”。

20 日　“青春兴湘 何必远方”湖南省农村青年致富带头人协会助力乡村振兴系列活动（邵阳专场）举行，团省委书记李志超、副书记钟娜，市委副书记汤立斌出席活动。

22 日　2021 潇湘 100 第五届湖南·崀山越野赛在世界自然遗产地、国家 AAAAA 级旅游景区崀山举行。赵家驹获 100 公里男子组冠军，邓荣华获 100 公里女子组冠军，岑万江获 55 公里男子组冠军，田海区获 55 公里女子组冠军。

23 日　湖南南山国家公园管理局对外发布，在辖区发现全球新物种——直颚突蛉蛾，世界蛉蛾属的记录由 7 种升至 8 种。

是日　“红色潇湘·奇美邵阳”2021 世界旅游文化小姐大赛邵阳赛区暨邵阳市文旅大使评选正式启动。

24 日　九三学社邵阳市第八次代表大会召开。晏丽君当选为九三学社邵阳市第八届委员会主任委员。

是日　在第十八届中国科学家论坛和第四届中国企业首席科学论坛会上，邵阳公路桥梁建设有限责任公司获“科技创新发明优秀成果奖”。

25—27日 省委常委、政法委书记、省政法队伍教育整顿领导小组第一副组长李殿勋到邵阳检查调研政法队伍教育整顿工作，并到所联系的乡村振兴重点帮扶县与示范创建县调研乡村振兴工作。

26日 袁国平115周年诞辰纪念日，邵阳市举行党史英雄人物事迹报告会。袁国平之子袁振威将军作袁国平英雄事迹报告，市领导刘事青、汤立斌、王昌义等出席。

27日 全市劳动和技能竞赛暨宝庆工匠、五一劳动奖表彰大会在市委礼堂举行。24人被授予“宝庆工匠”称号，15家单位被授予“邵阳市五一劳动奖状”，103人被授予“邵阳市五一劳动奖章”，40个集体被授予“邵阳市工人先锋号”。

是日 在省公安厅“利剑斩黑恶，忠诚铸警魂”扫黑除恶专项斗争中，王学武获一等功，陈鑫获评全国公安系统二级英雄模范，市公安局扫黑除恶专项斗争领导小组办公室获评全国公安机关扫黑除恶斗争成绩突出集体，张武健获评全国公安机关扫黑除恶专项斗争成绩突出个人，陈参、李克获个人二等功。

28日 由中共邵阳市委主办、邵阳市纪委监委承办的市廉政警示教育中心正式开馆。

是日 湖南省天香生物科技有限责任公司董事长、公司科协主席黄名勇作为中国科协十大代表，参加在京召开的中国科协第十次全国代表大会。

29日 政协邵阳市第十二届委员会第七次会议在市文化艺术中心召开。市委书记龚文密出席会议并作讲话，市长刘事青出席。

是日 水利部水库移民司副司长谭文一行到邵阳调研犬木塘水库移民安置工作。

30日 邵阳市第十六届人民代表大会第八次会议在市文化艺术中心召开。会议由市委书记、市人大常委会主任龚文密主持，市长刘事青出席。

是日 国务院联席办督导组到邵东市开展打击治理电信诈骗工作专项督导。

6月

1日 “中国共产党领导科技发展”2021年邵阳市科技活动周启动仪式在湘中幼专师范高等专科学校举行。

2日 市妇女联合会、市网信办和市文明办联合举办的2021年邵阳市三八红旗手（集体）、三八红旗手标兵、最美文明家庭、最美巾帼标兵表彰大会暨庆祝建党100周年朗诵大赛在楚雄大剧院举行。授予30户家庭“最美文明家庭”、10人“最美巾帼标兵”、46人“三八红旗手”、9人“三八红旗手标兵”、18家单位“三八红旗手集体”称号。

3日 中国国民党革命委员会邵阳市第九次代表大会召开。丰新妹当选民革邵阳市第九届委员会主任委员。

8日 全市民营经济统战工作会议暨民营经济高质量发展大会召开。市委书记龚文密出席，市长刘事青作工作部署。

9日 省政协党组成员、副主席李民带队到邵阳开展“政协委员联系服务界别群众”“政协委员工作室建设”走访调研和“乡镇（街道）政协委员工作室对接基层协商”课题调研活动。

9—10日 省政协主席李微微到邵阳县指导党史学习教育工作、调研乡村振兴工作，并以省人大代表身份参加“学党史做表率，为群众办实事”代表小组主题活动。

10日 邵阳市岩鹰拳和传统中医药文化（龙山药王医药文化）入选第五批国家级非遗代表性项目名录及扩展项目名录。

11日 市统计局、市第七次全国人口普查领导小组办公室公布邵阳市第七次全国人口普查公报。

是日 中国民主同盟邵阳市第十一次代表大会召开。孙清良当选民盟邵阳市第十一届委员会主任委员。

15日 “欢乐潇湘·颂歌向党”邵阳市庆祝中国共产党成立100周年市直单位合唱比赛在市文化艺术中心大剧院举行。市教育局合唱团获特等奖，市财政局合唱团、市交通局合唱团获一等奖。

16日 由市人民政府主办，市科学技术局、市工业和信息化局、邵阳经开区管理委员会联合承办，市创业指导服务中心组织实施的以“创新创业 圆梦邵阳”为主题的第四届邵阳市创新创业（创客中国）暨2021年湖南省创新创业大赛（创新中国）邵阳市分区赛总决赛在市区湘窖酒业公司落幕。邵阳先进制造技术研究院有限公司获初创组一等奖，湖南宝东农牧科技股份有限公司获成长组一等奖。

是日 市第二人民医院举行“邵阳市脑血管病医院”挂牌仪式，全省首家地级市脑血管病医院落户邵阳。

17日 “欢乐潇湘·颂歌向党”邵阳市庆祝中国共产党成立100周年合唱比赛在市文化艺术中心大剧院举行。邵东市合唱团、隆回县金银花合唱艺术团获特等奖，市教育局春雨合唱团、大祥教育合唱团获一等奖。

22日 中共邵阳市委新闻发布会举行，发布全市庆祝建党100周年10项活动安排并答记者问。

23日 邵阳市委召开全市领导干部大会。省委组织部分管日常工作的副部长肖百灵宣布省委关于邵阳市有关领导干部调整的决定：华学健任中共邵阳市委委员、常委、副书记；刘事青不再担任中共邵阳市委副书记、常委、委员职务，另有任用。

是日 全市防止干预司法“三个规定”集中宣讲暨党政领导干部公开承诺大会召开。

是日 “颂歌献给党”全市庆祝建党100周年文艺晚会在贺绿汀大剧院举行，市委书记龚文密观看演出并致辞，市领导华学健、汤立斌、王昌义等现场观看。

25 日 2021 年邵阳市第二次重大项目集中开工活动在邵阳经济技术开发区中非经贸产业园项目现场举行，全市 46 个重大项目集中开工，总投资 143.81 亿元。

是日 市工商业联合会（总商会）第十六次会员代表大会召开。陈博文当选为市工商联（总商会）第十六届执行委员会主席（会长）。

26 日 市委副书记、市长提名人华学健到湖南湘窖酒业有公司、拓浦精工智能制造（邵阳）有限公司、三一专用汽车有限责任公司、中电彩虹（邵阳）特种玻璃有限公司、九兴控股集团邵阳连泰鞋业有限公司等单位调研市区重点企业项目建设情况。

27 日 全省困难群众救助资金管理工作座谈会在邵阳市召开。

28 日 市十六届人大常委会第四十二次会议召开。会议决定任命华学健为副市长；决定接受刘事青辞去市长职务的请求，报市人民代表大会下一次会议备案；决定副市长华学健为代理市长。

是日 省“洞庭清波”专项行动督查组到邵阳，对邵阳市“洞庭清波”专项行动工作开展情况进行为期 4 天的督查。

29 日 全市优秀共产党员、优秀党务工作者和先进基层党组织表彰大会召开。会议对 100 名优秀共产党员、100 名优秀党务工作者、100 个先进基层党组织予以表彰，并为 22 名老党员代表颁授“光荣在党 50 年”纪念章。

是月 市水利局被水利部评为“全面推行河长制湖长制工作先进集体”。

7月

1 日 邵阳党史陈列馆开馆。市委书记、市人大常委会主任龚文密，市委副书记、代市长华学健共同揭牌。

3 日 市委副书记、代市长华学健专题调度全市学生防溺水工作，传达贯彻省长毛伟明和市委书记龚文密关于学生防溺水工作的批示精神。

5 日 全市庆祝中国共产党成立 100 周年座谈会召开。市委书记龚文密强调要深入学习贯彻习近平总书记在庆祝中国共产党成立 100 周年大会上的重要讲话精神，市委副书记、代市长华学健主持会议。

6 日 市委书记龚文密、代市长华学健一行到邵阳经开区国际数控机床产业园、富兰地工具、亚太宝瑞、东盟科技产业园、三一智能生态汽车城、时代联合锂离子动力电池等项目建设现场，调研重点产业项目建设情况。

6—8 日 省人大常委会副主任叶红专率调研组到城步苗族自治县、绥宁县调研民族工作。

7 日 省委常委、组织部部长王成到邵阳就市县换届、基层党建、党史学习教育等开展调研。

8 日 国家级邵阳经济技术开发区正式挂牌。市委书记、市人大常委会主任龚文密，省商务厅一级巡视员罗双锋共同揭牌，市委副书记、代市长华学健主持揭牌活动。

12 日 公安部、农业农村部、自然资源部联合组成的国务院督导组到邵阳督导“大棚房”问题专项清理整治行动“回头看”工作。

15 日 2021 年湖南省青少年田径锦标赛（市州组）在市体育中心体育场开赛。全省 14 个市州及省体校、株洲、常德、娄底后备人才基地共 18 支代表队 977 名运动健儿参加比赛。

16 日 市委书记龚文密主持召开国家级邵阳经济技术开发区重点企业负责人座谈会，市领导华学健、李万千、彭华松、仇珂静出席。邵阳先进制造技术研究院等 22 家重点企业负责人发言，提出建设性意见和建议。

17 日 市委副书记、代市长华学健专题调研市城市建设投资经营集团有限公司发展运营情况。

22—23 日 省政府妇儿工委第六督导组组长、省民政厅党组成员、副厅长张自银一行对全市实施 2016—2020 年妇女儿童发展规划终期评估工作进行评估督导。

27 日 2021 年湖南省青少年游泳锦标赛在市体育中心游泳馆开赛，全省 16 支代表队 600 余名选手参赛。

是日 市委副书记、代市长华学健率队考察深圳部分企业，与在深的邵商代表座谈交流。

28 日 由省政府主办，以“携手大湾区，奋进新时代”为主题的湖南“三高四新”战略暨中国（湖南）自由贸易试验区推介会在深圳举行。广东比沃新能源有限公司与国家级邵阳经济技术开发区现场签约。

是月 中国文明网公示第八届全国道德模范候选人名单，隆回县花门街道排头村村民彭艮凤入选孝老爱亲类候选人名单。

8月

1 日 市委召开全市领导干部大会，省委组织部宣布省委关于邵阳市主要领导干部调整的决定，严华任中共邵阳市委委员、常委、书记，龚文密不再担任中共邵阳市委委员、常委、书记职务，另有任用。

3 日 省乡村振兴局副局长王建球率调研组到邵阳就乡村振兴考核工作开展调研并召开省乡村振兴考核工作调研座谈会，听取乡村振兴考核工作意见和建议。

4 日 市委书记严华先后到新邵县雀塘产业园、新邵经开区、新邵县疾控中心调研产业发展情况，督导检查疫情防控工作。

11 日 中电彩虹（邵阳）盖板玻璃项目第二条生产线良品下线活动举行，副省长陈飞、市委书记严华为产品揭牌，市委副书记、代市长华学健主持活动。

是日 副省长陈飞到邵阳经济技术开发区、邵阳县高新技术产业开发区调研工业项目运行情况。

17日 市委书记严华先后到南山国家公园、城步苗族自治县丹口镇桃林村、湖南南山牧业有限公司、湖南龚牧营养品科技有限公司等地就南山国家公园体制试点、乡村振兴、县乡人大换届等工作开展调研。

19日 省人大常委会副主任、省总工会主席周农到隆回县三阁司镇天子山村考察调研乡村振兴等工作。

20日 市委常委会暨市委新冠肺炎疫情防控工作领导小组召开会议，研究部署文明创建和疫苗接种等工作，审议通过《邵阳市国企改革三年行动实施方案（2020—2022年）》。

是日 代市长华学健与到邵阳调研的湖南建工集团有限公司党组书记、董事长蔡典维举行座谈，双方以共同推动实施“三高四新”战略为目标，就如何深化务实合作，深入交换意见。

24—25日 省信访联席办调研组分别到新邵县、隆回县、邵阳县、洞口县开展治理重复信访、化解信访积案专项工作调研。

26日 省委书记、省人大常委会主任许达哲到邵阳就实施“三高四新”战略、加快产业发展等进行调研，考察新邵县雀塘循环经济产业园建设，走访湖南启恒环保科技有限公司、亚洲富士电梯股份有限公司和邵阳维克液压股份有限公司。

28日 代市长华学健到双清区东风路街道、宝东社区、三眼井农贸市场、双清区科技创新服务平台和八路军驻湘通讯处旧址等地调研，重点督导检查联系点街道、社区和农贸市场创建全国文明城市工作。

31日 全市全面推行林长制工作动员会议召开，标志着全市全面推行林长制工作正式启动。

9月

1日 代市长华学健与到邵阳调研的中国农业银行湖南省分行党委书记、行长陶伟梁举行会谈，双方就如何进一步深化政银合作深入交换意见。

2—3日 省政协党组成员、副主席李民带队到邵阳开展“线下线上政协委员工作室运行情况”“习近平总书记七一重要讲话精神学习宣讲活动开展情况”走访调研，并召开调研座谈会。

是日 市委副书记、代市长华学健一行到城步苗族自治县调研，并就南山国家公园创建工作开展现场办公。

4日 全市变电容量最大的220千伏云水变电站投产送电。

7日 中国油茶科创谷油茶鲜果加工与交易物流示范基地在邵阳县落户并授牌。

8—9日 省人大常委会党组书记、副主任刘莲玉率省人大执法检查组到邵阳开展《中华人民共和国农村土地承包法》《湖南省实施〈中华人民共和国农村土地承包法〉办法》《湖南省耕地质量管理条例》实施情况执法检查。

13—14日 湖南证券局党委书记、局长李宇白率队到邵阳调研企业上市工作，市委副书记、代市长华学健出席座谈会。

14日 市第十七中学重建项目举行开工仪式，市委副书记、代市长华学健出席仪式并宣布开工。

15日 隆回县羊古坳镇羊古坳居委会农户首次种植的“玮两优8612”和“玮两优7713”两个新品种，百亩示范片平均亩产分别达1114.8公斤和1083.6公斤，创造水稻高产新奇迹。

18日 代市长华学健会见到邵阳考察调研的中国电建集团水电八局董事长朱素华一行，双方就深化政企合作深入交换意见，并会商洽谈集团水电八局拟在邵阳投资合作项目的具体事宜。

22日 在陕西省宝鸡市举行的第十四届全运会女子水球决赛中，洞口籍选手邓泽文与队友勇夺第十四届全运会水球金牌。

23日 洞口县黄桥镇永发村谢尚军获评“湖南省十佳农民”。

24日 市委副书记、代市长华学健先后与到邵阳考察的华润燃气集团副总裁殷小军一行，彩虹集团公司党委书记、总经理阳元江一行举行座谈。

28—29日 中共邵阳市第十二次代表大会在市文化艺术中心贺绿汀大剧院召开。市委书记严华主持会议并讲话。大会通过《中国共产党邵阳市第十二次代表大会关于中国共产党邵阳市第十一届委员会报告的决议》《中国共产党邵阳市第十二次代表大会关于中国共产党第十一届纪律检查委员会工作报告的决议》。

是日 “邵阳液压”首次公开发行股票并在创业板上市，标志着邵阳市首家上市公司诞生。

30日 中共邵阳市第十二届委员会举行第一次全体会议。选举产生第十二届市委常务委员会委员：严华、华学健、汤立斌、周爱国、于金旺、曾市南、王永红、王学武、肖拥军、仇珂静、龚红果当选第十二届市委常务委员会委员，严华当选市委书记，华学健、汤立斌当选市委副书记。

是日 中共邵阳市第十二届纪律检查委员会举行第一次全体会议。会议选举产生新一届市纪委领导班子：曾市南、刘厚见、苏远刚、龙明主、唐小富、杨桂林、李顺桥、邓闽榕、田晶当选中共邵阳市第十二届纪律检查委员会常务委员会委员，曾市南当选第十二届纪律检查委员会书记，刘厚见、苏远刚、龙明主当选副书记。

10月

8日 2021年全省第三次重大项目集中开竣工邵阳分会场在邵阳举行，异地同步推进69个重大项目开竣工，总投资406亿元。

12日 市高速公路和国省干线项目建设协调指挥部与湖南省永新高速公路建设开发有限公司正式签订征地拆迁包干协议，标志着永新高速公路（新宁段）建设项目全面进入“提速加档”阶段。

12—13日 省禁毒委工作组到邵阳检查评估验收全市禁毒整治工作。

14日 市老干局主办，市老干部活动中心承办的“倡导敬老之风、促进文明和谐”重阳节文艺活动在北塔区新滩镇街道资新社区举行。

15日 代市长华学健一行到邵阳经济技术开发区新经济产城融合小镇项目、智能终端产业园、兴悦科技、国际数控产业园、富兰地工具产业园、北创光电、中非经贸产业园等重点项目调研产业发展工作。

是日 县市区四大家“一把手”及配偶在市廉政警示教育中心开展“弘扬优良传统、树立清廉家风”为主题的廉政警示教育和家庭家风教育。

14—15日 “追梦中华·幸福湖南”2021海外华文媒体湖南采访行活动走进邵阳。美国、法国、俄罗斯和阿根廷等国家和地区的20名海外华文媒体及中央涉侨媒体的编辑记者组成的采访团聚焦千年古城的魅力和发展变化，向世界宣传推介邵阳。

18日 在第二届湖南省中小学青年教师教学竞赛决赛中，邵阳市选送的10名青年教师全部获奖，其中双清区高崇山中心完小教师蒋慧君获小学英语学科一等奖第一名，并被省总工会授予“湖南省五一劳动奖章”。

21日 省委副书记、省长毛伟明先后到双清区、邵阳经济开发区、新邵县、邵阳县调研经济社会发展情况。

25日 市委副书记、代市长华学健到邵阳县督导人大、政协“两会”换届选举和会风会纪等工作。

是日 “邵阳红”集体商标成功获得国家知识产权局批准，全市首个区域性集体商标诞生。

是日 农业农村部对2021年中国美丽休闲乡村名单进行公示，新邵县严塘镇白水村上榜。

26日 省委常委、常务副省长谢建辉在邵阳市主持召开全省重点建设项目大湘西片区协调推进会，并调研市部分重点项目建设。

是日 市市场监管领域率先对11大类共77种危害后果轻微违法行为实行“首错免罚”。

是日 国家林业和草原局批复湖南南山风景区将新建国家陆地生态系统定位观测研究站。

27日 副省长何报翔调研邵阳开放型经济，并开展巡河工作。

28日 省人大常委会副主任彭国甫率省人大常委会执法检查组到邵阳检查《中华人民共和国职业教育法》《湖南省职业教育条例》贯彻实施情况。

29日 在陕西省西安市举行的全国第十一届残运会暨第八届特奥会上，邵阳市残疾运动员共获得5枚金牌、17枚银牌、8枚铜牌。

是日 湖南省光影育人邵阳市启动仪式暨德育电影《红领巾飘飘》首映礼在北塔区芙蓉学校举行。

11月

1日 新宁县夫夷江湿地、洞口县平溪江湿地、新邵县筱溪湿地、邵阳县天子湖湿地、隆回县魏源湖湿地5处湿地入选湖南省第二批省级重要湿地名录。

2—5日 全国扫黑办第18特派督导组组长张宣东率队到邵阳市中级人民法院、市公安局及邵东市、武冈市、洞口县等单位和县市开展“点穴式”督导。

5日 隆回县花门街道彭艮凤获评第八届全国道德模范提名奖并在京参加第八届全国道德模范座谈会。

8日 湖南幸福时代新能源项目在邵阳经济技术开发区举行奠基仪式。市委副书记、代市长华学健出席并宣布项目开工。

9日 省政协党组成员、副主席李民到邵阳县五峰铺镇新田村开展助力乡村振兴调研。

11日 市总工会、市城管局、市邮政管理局联合举行邵阳市“工会进万家·新就业形态劳动者温暖行动”服务月暨工会户外劳动者服务站点揭牌启动仪式，全市首批8个工会户外劳动者服务站点揭牌。

是日 城步苗族自治县长安营镇、隆回县虎形山瑶族乡、绥宁县关峡苗族乡花园阁村和洞口县长塘瑶族乡4地入选湖南省首批民族乡村振兴试点单位。

13日 代市长华学健到邵阳彩虹特种玻璃股份有限公司、三一智能生态汽车城、湖南幸福时代新能源项目、北创光电等重点项目现场督战建设工作。

15—17日 邵阳市第29届中小学生田径运动会在新邵县第一中学举行。全市12支代表队384名运动员分别参加高中组、初中组、小学组三个组别的比赛。

16日 代市长华学健专题调度六岭公园恢复性建设及周边棚户区改造项目，并与大汉集团董事长傅胜龙举行座谈。

17日 副省长隋忠诚到邵阳调研粮食收储、犬木塘水库项目建设工作。

18—19日 省政协调研组到邵阳市调研工业新兴优势产业发展情况，并到邵阳县五峰铺新田村调研乡村振兴整体发展情况、召开党的十九届六中全会精神专题学习暨乡村振兴规划建设座谈会。

20日 “百里脐橙连崀山”2021中国·崀山第七届脐橙文化旅游节在新宁县金石镇月汉村举行开园式。

是日 市第三届校园武术大赛在市体育中心体育馆举行，全市共22支代表队的1000余名选手参加比赛。

是日 邵阳市第二届“最美乡村小学教师”和“最美乡村小学生”表彰大会在湘郡铭志学校举行，22名“最美乡村小学教师”和102名“最美乡村小学生”获表彰。

22日 省政府2021年重点工作综合大督查第四督查组到邵阳开展督查。市委副书记、代市长华学健参加工作汇报会。

是日 代市长华学健会见到邵阳交流访问的老挝驻长沙总领事本·印塔巴迪一行，双方就进一步深化交流合作交流意见。

25日 市矿山救护支队在第三届湖南省应急救援技能竞赛中获团体第一名。

25—26日 邵阳市首届全民健身知识竞赛在市体育中心举行，12个县市区代表队、市全民健身服务中心队、市民代表队共14支代表队参加。洞口县文旅广体局代表队获一等奖。

28日 2021年全国“最美家庭”揭榜，邵阳县邓新华家庭、何桂云家庭及武冈市霍仁坤家庭上榜。

12月

1日 由市政府和湖南财信金控集团共建的邵阳市“专精特新”中小企业金融服务中心正式揭牌成立。

2日 全省拓展新时代文明实践中心建设工作座谈会在邵阳市召开。省委宣传部副部长、省文明办主任肖凌之出席会议并讲话。省委宣传部副部长，省广电局党组书记、局长张严参加参观活动。市委常委、市委宣传部部长于金旺，省文明委22个挂点联系成员单位分管负责人，各市州文明办主任、文化旅游广电（体育）局分管负责人，全省22个试点县（市、区）的宣传部部长等参加活动。

是日 市卫健委党组成员、副主任焦劲松被授予“全国最美公务员”称号。

3日 湖南省十三届人大常委会第二十七次会议表决通过关于批准《邵阳市资江保护条例》的决定，该条例是邵阳市获省人大常委会审查批准的第9部地方性法规。

4日 代市长华学健与到邵阳市考察的上城投资控股集团董事长曾高伟一行举行座谈，双方就新能源产业发展方面的合作交换意见。

8日 《邵阳市志（1978—2004）》志稿省级评审会在湘林温德姆至尊豪庭大酒店召开。市委副书记、代市长华学健出席开幕式并致辞，省地方志编纂院党组成员、副院长邓建平出席会议并讲话，市委常委、市政府党组副书记王永红介绍编纂工作情况。

8—9日 经省级验收组验收，绥宁县成为全省应急广播体系建设项目建成第一县。

9日 副省长、省公安厅厅长许显辉一行到新邵县调研督导公安工作。

是日 邵阳市医疗保障局被国家医保局评为国家DIP付费示范点。

9—10日 副省长陈文浩一行到邵阳调研，重点督导长江经济带生态环境突出问题整改销号工作。

9—11日 省政协主席李微微到邵阳向政协委员宣讲党的十九届六中全会精神和省第十二次党代会精神，调研线上线下政协委员工作室建设、乡村振兴等工作。

13—14日 省委落实教育优先发展专项督查组到邵阳市就落实全省教育优先发展工作情况展开专项督查。

15—19日 湖南省青少年田径锦标赛（传统校组）在邵阳市体育中心体育场举行。全省国家级、省级体育传统项目学校（田径项目）118个代表队的1400余名运动健儿围绕58个项目参加比赛。

16日 邵阳市举行“携手聚势 启航未来”为主题的金融助力高质量发展座谈会暨合作项目签约仪式。省金融管理部门和省内各大金融机构负责人受邀出席。

20日 第七届湖南艺术节开幕，邵阳市选送的大型现代祁剧《种子方舟》获“田汉大奖”，花鼓戏《豆腐西施》获“田汉新剧目奖”。

21—22日 市妇联召开第十五届五次执委会议，市委副书记汤立斌出席会议并讲话。会议增替补市妇联第十五届执委，选举产生市妇联主席、副主席和常委。周玲当选市妇联主席，并作表态发言。

22日 洞口县大湾国有林场被授予“湖南省秀美林场”称号。

23日 城步苗族自治县成立65周年暨民族团结进步表彰大会举行。

24日 市委经济工作会议召开，会议深入学习贯彻中央、省委经济工作会议精神，全面落实省、市第十二次党代会部署要求，总结2021年经济工作，分析经济形势，部署2022年经济工作。市委副书记、代市长华学健出席并讲话。

29日 根据省委、市委的部署要求和会议安排，召开市“两会”全体人大代表、政协委员、列席人员和工作人员集中警示教育会议。市委副书记、代市长华学健参加会议，省委督导组组长朱盛世到会指导，市委副书记汤立斌主持，市委常委、市纪委书记、市监委主任曾市南作警示教育讲话。与会人员集体观看警示教育片《警钟长鸣》。

是日 “味道湖南”湘菜产业创新发展论坛暨“味道湖南”美食品牌发布会在长沙举行，邵阳市美食腊味合蒸猪三宝、武冈卤铜鹅、珍夷膰、宝庆大蒸盆4个菜品获金牌菜称号，金牌菜数量与长沙并列全省第一名。

30日 隆回县皮纸制作技艺（八角楼皮纸制作技艺）、宝庆烙画、梅山养身太极拳、李氏八极拳、六月六山歌节、青钱柳茶制作技艺、滩里水龙灯会、瑶族木偶戏8个项目被公布为第五批省级非物质文化遗产代表性项目。

是月 隆回县被水利部认定为2021年度国家水土保持示范县。

是月 双清区检察院获评全国妇联组织的“全国维

护妇女儿童权益先进集体”、最高人民检察院和共青团中央联合举办的“全国未成年人检察工作社会支持体系示范建设单位”。

（邓 艳 李国维）

邵阳概览

自然地理

【区域位置】 邵阳市位于湘中偏西南、资江上游，资江自西南向东北流贯全境。地域范围为北纬25° 58'～27° 40'、东经109° 49'～112° 57'。东与衡阳市为邻，南与永州市和广西壮族自治区桂林市接壤，西与怀化市交界，北与娄底市毗连。2021年，全市土地总面积20824平方公里，东西长234公里，南北宽168公里，其中市城区位于市境东北，邵水与资江汇流处，建成区面积93平方公里。

【地质地貌】 邵阳的总体地质特征：地层出露齐全，地质构造复杂，矿产资源丰富。地层从前震旦系至第四系均有出露，共有13个系、17个统、2个阶、19个组、10个段，最古老的地层为板溪群。总体地貌特征：地貌类型多样，市境北、西、南面高山环绕，中、东部丘陵起伏，平原镶嵌其中，由西南向东北倾斜，形成向东北敞口的筲箕形盆地，岩溶地貌广布、丹霞地貌壮观。邵阳市为江南丘陵向云贵高原过渡地带，南岭山脉绵亘南境，雪峰山脉耸峙西、北，中、东部为衡邵丘陵盆地。最高峰城步苗族自治县东部二宝顶，海拔为2021米；最低处是邵东市珍龙村测水岸边，海拔仅125米。山地主要分布在西、南、北三面边缘地区。

【水文】 邵阳市溪河密布，分属资江、沅江、湘江与西江四大水系。大气降水是地表水资源的唯一来源，年降水量1218.5～1473.5毫米。资江干流两源逶迤，支流纵横，自西南向东北呈“Y”字形流贯全境，流域面积遍及市辖3个区7个县2个市。巫水源出城步，横贯绥宁，西入沅江，为西南部主要水道。资江及其支流邵水流经市区，把市区一分为三，后市辖3个区即依此划分。2021年年末，全市有5公里以上的大小河流633条，河流长度1199.7公里，淡水面积6.71万公顷。天然水资源总量171.6亿立方米，地表水源总量126.34亿立方米，地下水（浅层）总量45.26亿立方米。

【自然资源】 邵阳地下矿藏种类繁多，已发现的有煤、铁、锰、钨、锑、金、银、铅、锌、硫铁、石膏、大理石、优质石灰岩等80余种（含亚种）。其中，探明储量的矿产34个，矿产地600余处；石膏储量居全国第一位，滑石保有资源储量居全省第一位，硫铁矿居全省第二位，锌矿居全省第三位。邵阳土地构成约为“七分山地二分田，一分水、路和庄园”，土壤种类多样，共有10个土类，以红壤土、水稻土为主，分别占土地总面积的45%和17%。其余有菜园土、山地黄壤土、山地黄棕壤土、山地灌丛草甸土、石灰土、河潮土等。邵阳动物地理区划为东洋界华中区丘陵平原亚区，生态分类属亚热带林灌草地—农田动物群。全市野生脊椎动物397种，分属5纲、33目、102科。其中，鱼类103种，分属6目、16科；两栖类26种，分属2目、11科；爬行类53种，分属2目、11科；鸟类155种，分属15目、39科；哺乳动物60种，分属8目、25科。国家Ⅰ级保护动物有云豹、金钱豹、林麝、白鹳、黄腹角雉和白颈长尾雉。植被地理成分南北兼有，以热带—亚热带北沿成分为主，亚热带—温带成分次之。植被类型以针叶林、常绿阔叶林、常绿落叶阔叶林为主，高等植物有245科、792属、2826种。其中，用材林树种210种，以杉木、马尾松和阔叶用材林为大宗；经济林树种432种，楠竹、油茶、油桐、漆树、板栗、乌桕、白蜡树、山苍子树等成片分布。国家Ⅰ级保护植物有银杉、资源冷杉、伯乐树、南方红豆杉、红豆杉、银杏等。2014年，邵阳市第十五届人大常委会通过，邵阳市人民政府公布香樟树为市树、紫薇花为市花。

【气候】 邵阳市地处亚热带，属典型中亚热带季风湿润气候，气候温暖，四季分明，光照充足，生长期长，春温多变，寒流频繁，雨季明显，夏秋多旱，同时受地貌多样、高低悬殊影响，既有东、西部的地域差异，又有山地与丘平区的垂直差异，形成一定的小气候环境和立体气候效应。20世纪90年代中期以前气温偏低，从90年代中期开始平均气温变化呈上升趋势，90年代中期之后总体上呈偏高态势。2000年以后，仅2012年年平均气温低于常年平均值，其他年份均高于常年平均值。降水量年际变化大，90年代中期以前主要呈偏少态势，90年代中期到2004年降水量主要呈偏多态势，2005年以后降水量主要呈偏少态势，仅2006 年、2015年、2020年、2021年降水量偏多。年日照时数90年代中期以前呈下降趋势，90年代中期到2010年呈上升趋势，2014年后又呈下降趋势。

2021 年，邵阳全市年平均气温18.2℃，比上年偏高 0.6℃，其中冬季、夏季、秋季平均气温均偏高 1℃以上，创 1960 年以来年平均气温新高，年最高气温 38.9℃，最低气温 -5.2℃。年平均降水量 1262.3 毫米，比 2020 年偏少 109 毫米，其中冬季、夏季降水偏少，春、秋降水偏多。平均日照时数 1409.3 小时，属于正常的年份，比 2020 年偏少 179.1 小时，其中秋、冬日照时数偏多，春、夏偏少。全年市区空气质量优良天数 327 天，优良率 89.6% 。

全年邵阳主要天气气候事件有暖冬、风雹、倒春寒、五月低温、暴雨、高温热浪、干旱、寒潮、暴雪等。据统计，各类气象灾害造成全市 144.7 万人受灾，直接经济损失 8.43 亿余元。

“暖冬”逆袭 2020—2021 年冬季气温前冷后暖，2020 年 12 月 1 日至 2021 年 1 月 12 日全市平均气温 5.5℃，较常年同期偏低 1.5℃，出现 3 次寒潮大风低温雨雪天气过程。1 月 13 日后气温回升迅速，截至 2 月 28 日，全市平均气温 10.3℃，较常年同期偏高 4℃，居

1961年以来历史同期第一高位。冬季全市平均气温8.1℃，较常年同期偏高1.5℃。各县市冬季平均气温均达到暖冬标准。

“倒春寒”“五月低温”齐上阵　2021年4月1—10日受持续冷空气影响，全市平均气温13℃，较常年同期偏低2.4℃，10个县市区达到倒春寒标准。5月17—24日，全市出现“五月低温”天气，10个县市区均达到中度“五月低温”标准。

阴雨寡照　4月1—28日，全市气温偏低，日照偏少（创历史同期新低），雨日偏多，出现长时间阴雨寡照天气。其中武冈、新邵、洞口、新宁、城步、绥宁出现重度连阴雨，市区、邵东、隆回出现中度连阴雨，邵阳县出现轻度连阴雨。10月7—22日全市出现长时段阴雨寡照天气，不利于晚稻收割和晾晒。10月28日至11月8日出现一段阴雨寡照天气，市区、新邵、洞口、邵东、武冈、城步达到中度连阴雨标准，其余县市达轻度连阴雨标准。

暴雨　全市出现12次暴雨过程，暴雨出现早（3月10日出现第一次暴雨过程）、强度大，其中2次暴雨过程综合强度等级为强，7次为较强，3次为一般。5月16日全市平均降雨量53毫米，全市范围普降大到暴雨，其中最大过程累计雨量出现在洞口醪田205.4毫米，最大小时雨强出现在隆回麻塘山69.3毫米；6月2—3日出现一次暴雨天气过程，集中在市西北部，过程最大降雨量出现在隆回木瓜山水库176.4毫米，小时最大雨强出现在隆回岩口镇井鹅72.6毫米。

高温热浪、干旱　各县市在7月中旬至8月上旬出现轻度高温热害，其中邵阳县出现3次轻度高温热害，其余地区出现1至2次轻度高温热害。夏季气象干旱逐步发展，8月9日干旱最为严重，邵阳县特旱，洞口、新邵、隆回重旱，市区、城步、武冈中旱，绥宁、邵东轻旱；8月中旬出现降水，大部分地区干旱得以缓解；8月下旬干旱又开始逐渐发展。9月全市高温日数12.5天，较常年偏多0.8天，各县（市）月平均气温26.6℃ ~ 28.2℃，居1961年以来同期第一高位。

寒潮、暴雪　1月16—18日48小时内全市平均最低气温下降9.3℃，新宁达11.9℃，新宁、城步达寒潮标准，其余县市达强冷空气标准，其中洞口、绥宁、城步出现小雪；2月24—26日出现一次降温降水天气过程，48小时内全市平均最低气温下降9.4℃，武冈最大达11℃，10个县市区均达到强冷空气标准；10月6—7日48小时内全市平均气温下降9.3℃，整体达区域中

2021年邵阳市自然资源情况表

表1

指标名称	计量单位	数量	指标名称	计量单位	数量
一、土地			四、水文、水利		
土地面积	平方公里	20824.37	5公里以上河流	条	633
其中：耕地	千公顷	448.81	境内河流长度	公里	1199.7
园地	千公顷	69.44	淡水面积	万公顷	6.71
林地	千公顷	1232.46	其中：可养殖面积	千公顷	—
牧草地	千公顷	9.09	天然水资源总量	亿立方米	171.6
水域	千公顷	66.92	地表水源总量	亿立方米	126.34
二、气候			地下（浅层）总量	亿立方米	45.26
市区年平均气温	℃	18.2	水能资源蕴藏量	亿千瓦	0.0207
市区年日照时数	小时	1380.6	其中：可开发量	亿千瓦	0.0119
市区年降水总量	毫米	1178.3	五、矿产资源		
三、森林			锰矿	万吨	147.3
林地面积	万亩	1981.95	石膏矿（矿石）	万吨	4792
有林地面积	万亩	1743.15	铅锌矿（金属量）	万吨	3.01
森林覆盖率	百分比	61.02	锑矿（金属量）	万吨	2.09
林木蓄积量	万立方米	8403.23			

等强度冷空气标准；11月7—8日出现一次寒潮天气过程，48小时内全市最低气温平均下降13.9℃，新邵最高达15℃，绥宁、武冈达强冷空气标准，其余县市达到寒潮标准；12月25—26日全市出现一次寒潮天气过程，48小时内全市最低气温平均下降9.8℃，洞口、市区、新邵、邵东、武冈达寒潮标准，其余地区达强冷空气标准；12月25日—27日出现暴雪天气，各县市区累计降雪量9.3～22毫米，最大积雪深度达10厘米，全市受灾人口2.64万人，直接经济损失777.88万元。

【区位交通】 邵阳市位于湘中偏西南，资江上游，自古为"上控云贵、下制长衡"的交通要塞。明清时期，宝庆府城依资江黄金水道和数条驿道而成为水陆要冲、湘中重镇；民国时期，湘黔公路干线贯穿境内，邵阳县城成为东南与西南商品物资转运枢纽。2002年12月，潭邵高速正式通车，邵阳进入高速公路时代。2014年12月，邵阳高铁北站投入使用，邵阳驶入高速铁路时代。2017年6月，邵阳武冈机场顺利通航；12月，武靖高速建成通车，邵阳市进入"县县零距离上高速"的"新高速时代"。2018年，怀邵衡铁路开通运行，联通东西沪昆、南北京广两大高铁大动脉，邵阳成为高铁交通枢纽，全面进入"高铁时代"。2020年，实现省内1小时左右直达娄底、怀化、永州、衡阳、湘潭等地市，省外4小时左右达江西、贵州、广西、广东等地。2021年年末，邵阳市公路总里程22615公里。建成潭邵、邵怀、邵永等10条高速公路，通车里程582公里；竣工运营沪昆、怀邵衡、娄邵3条快速铁路，通车总里程273公里，实现8个县市区通高铁。邵阳武冈机场与北京、上海、深圳等11个城市实现通航，旅客年吞吐量30.11万人次。

（邓　艳）

建置区划

【建置沿革】 邵阳在秦代时分属长沙郡及黔中郡。西汉初设置昭陵县。东汉末属零陵郡，三国吴宝鼎元年（266）置昭陵郡，为境内建郡之始。西晋太康元年（280）更昭陵为邵陵。唐代设邵州，与邵阳县在今城区同城而治。北宋崇宁五年（1106），分邵州西部置武冈郡。南宋宝庆元年（1225），升邵州为宝庆府。元代设宝庆、武冈2个路。明初设宝庆、武冈2个府，后降武冈为州。1913年，废宝庆府设宝庆县，境内各县隶湘江道；1922年直隶于省。1928年，宝庆县复名邵阳县。1937年，在邵阳县城设置湖南省第六行政督察专员公署。

1949年10月10日，邵阳解放。13日设置湖南省邵阳区督察专员公

2021年邵阳市行政区划汇总表

表2　　　　　　　　　　　　　　　　　　　　　单位：个

区县市	镇	乡	其中：民族乡	街道办事处	居委会	村
大祥区	1	2		11	60	38
双清区	2	1		9	59	33
北塔区	1			4	30	14
邵东市	18	4		3	62	518
新邵县	13	2			47	366
隆回县	18	5	2	2	66	506
洞口县	14	6	3	3	30	334
绥宁县	8	9	8		20	215
城步苗族自治县	7	5			30	158
武冈市	11	3		4	28	287
新宁县	8	8	2		17	299
邵阳县	12	8			28	391
合　计	113	53	15	36	477	3159

2021 年邵阳市各区县市行政区划一览表

表 3

区县市	镇、乡、街道
大祥区	罗市镇，蔡锷乡、板桥乡，中心路街道、红旗路街道、城北路街道、城西街道、翠园街道、百春园街道、城南街道、火车南站街道、学院路街道、雨溪街道、檀江街道
双清区	高崇山镇、渡头桥镇，火车站乡，石桥街道、滨江街道、爱莲街道、桥头街道、东风路街道、龙须塘街道、小江湖街道、兴隆街道、汽车站街道
北塔区	陈家桥镇，状元洲街道、田江街道、新滩镇街道、茶元头街道
邵东市	牛马司镇、九龙岭镇、仙槎桥镇、火厂坪镇、佘田桥镇、灵官殿镇、团山镇、砂石镇、廉桥镇、流光岭镇、流泽镇、魏家桥镇、野鸡坪镇、杨桥镇、水东江镇、黑田铺镇、简家陇镇、界岭镇，双凤乡、斫曹乡、周官桥乡、堡面前乡，大禾塘街道、两市塘街道、宋家塘街道
新邵县	严塘镇、雀塘镇、潭溪镇、巨口铺镇、坪上镇、小塘镇、寸石镇、陈家坊镇、大新镇、酿溪镇、新田铺镇、龙溪铺镇、太芝庙镇，潭府乡、迎光乡
隆回县	小沙江镇、金石桥镇、司门前镇、高平镇、六都寨镇、荷香桥镇、横板桥镇、周旺镇、滩头镇、鸭田镇、西洋江镇、岩口镇、北山镇、三阁司镇、南岳庙镇、七江镇、羊古坳镇、罗洪镇，虎形山瑶族乡、麻塘山乡、大水田乡、荷田乡、山界回族乡，花门街道、桃花坪街道
洞口县	高沙镇、山门镇、竹市镇、岩山镇、石江镇、花园镇、毓兰镇、醪田镇、黄桥镇、水东镇、江口镇、杨林镇、石柱镇、月溪镇，罗溪瑶族乡、古楼乡、桐山乡、渣坪乡、长塘瑶族乡、大屋瑶族乡，雪峰街道、文昌街道、花古街道
绥宁县	长铺镇、武阳镇、李熙桥镇、红岩镇、唐家坊镇、金屋塘镇、瓦屋塘镇、黄土矿镇，东山侗族乡、鹅公岭侗族苗族乡、寨市苗族侗族乡、乐安铺苗族侗族乡、关峡苗族乡、长铺子苗族侗族乡、麻塘苗族瑶族乡、河口苗族乡、水口乡
城步苗族自治县	儒林镇、丹口镇、茅坪镇、西岩镇、五团镇、长安营镇、白毛坪镇，蒋坊乡、金紫乡、威溪乡、兰蓉乡、汀坪乡
武冈市	稠树塘镇、邓元泰镇、荆竹铺镇、龙溪镇、秦桥镇、司马冲镇、文坪镇、邓家铺镇、双牌镇、大甸镇、湾头桥镇，马坪乡、晏田乡、水浸坪乡，辕门口街道、迎春亭街道、法相岩街道、水西门街道
新宁县	金石镇、水庙镇、崀山镇、黄龙镇、高桥镇、回龙寺镇、一渡水镇、马头桥镇，黄金瑶族乡、麻林瑶族乡、万塘乡、清江桥乡、安山乡、丰田乡、巡田乡、靖位乡
邵阳县	塘渡口镇、白仓镇、金称市镇、塘田市镇、黄亭市镇、长阳铺镇、岩口铺镇、九公桥镇、下花桥镇、谷洲镇、郦家坪镇、五峰铺镇，小溪市乡、蔡桥乡、长乐乡、河伯乡、金江乡、罗城乡、诸甲亭乡、黄荆乡

署，同时建立邵阳市，隶邵阳县。11 月，邵阳区督察专员公署更名为行政专员公署。1950 年 7 月，邵阳市升格为县级市。1955 年 4 月，邵阳区行政专员公署更名为邵阳专员公署。1958 年，邵阳专员公署辖邵阳市和邵东、新邵、邵阳、隆回、洞口、武冈、城步、新宁、绥宁、新化、涟源、双峰、湘乡县 14 个市县。1965 年划湘乡县归湘潭地区管辖。1968 年 2 月，成立邵阳地区革命委员会，邵阳专区改称邵阳地区。1977 年 7 月，邵阳市升格为省辖市，由邵阳地区代管；10 月，划出东北部邵东、新邵、新化、涟源、双峰等县及冷水江市置涟源地区。1980 年 1 月，邵阳市由省直管，领东区、西区、桥头区、郊区 4 个区。1983 年，邵阳市增领邵东、新邵 2 个县。1986 年 1 月，撤销邵阳地区建制，实行市领导县体制，原邵阳地区所辖邵阳、隆回、洞口、武冈、绥宁、城步、新宁 7 个县归邵阳市管辖。1987 年桥头区并入东区。

1994年2月，国务院批准撤销武冈县，设立县级武冈市，属邵阳市代管。1997年10月，市辖3个区重新调整区划，更名为大祥区、双清区、北塔区。2019年7月，国务院批准撤销邵东县，设立县级邵东市，由邵阳市代管。至此，邵阳市辖3个区、7个县，代管2个县级市。

【行政区划】 2021年年末，邵阳市辖大祥区、双清区、北塔区3个区，新邵县、隆回县、洞口县、绥宁县、城步苗族自治县、新宁县、邵阳县7个县，邵东市、武冈市2个县级市（代管），共12个县级行政区划；设113个镇、53个乡（其中15个民族乡）、36个街道办事处，共202个乡级行政区划，有477个居委会、3159个村。

（邓 艳）

历史文化

【史迹遗存】 邵阳人文历史源远流长，名胜遗址众多。自新石器时代即有人口在境内居住，城步西岩遗址、武冈市上头园遗址、四季岩遗址、万家塘遗址、邵阳县水西遗址、隆回县小坳遗址、樟树峁遗址、坪上院遗址、新宁县白面寨遗址，均被鉴定为新石器时代文化遗址。战国时期邵阳十二诸侯国属楚国，已有2500多年建城史。宝庆府古城墙，始建于汉代，现仅存北面临江一线1300米墙段及庆丰、临津两道城门（宋至清代建筑）。武冈城墙，始建于宋代，现幸存城垣四段（内、外城各两段）总长1450米，以及济川、迎恩、清渠、庆成4座城门。邵东市黄陂桥西汉昭阳侯国城址，现存墙体厚5米、高5米，长248米、宽137米，城内平整规则，为湖南省保存较好的汉代城址之一。

邵阳市古墓葬较多，李熙山墓、杨正缩夫妇合葬墓、杨再兴墓、邓肃墓等名人墓葬均保存完好。绥宁黄桑坪苗族乡子岩崖墓，悬崖高50米，墓葬位于悬崖中部30米高处的洞穴中，葬于清乾隆三十四年（1769年），是研究绥宁古代民俗的重要实物。2021年，邵阳市有全国重点文物保护单位12处，分别是宝庆府古城墙、武冈城墙、塘田战时讲学院旧址、武冈中山堂——黄埔军校第二分校旧址、魏源故居、蔡锷故居及蔡锷公馆、洞口宗祠建筑群、作为湘西雪峰山抗战旧址的洞口县陆军第74军湘西会战阵亡将士纪念塔、中国工农红军第七军指挥所旧址、丹口苗文石刻、邵阳北塔、荫家堂；有省级文物保护单位78处。

【传统文化】 邵阳市建有国家、省、市、区（县市）四级非物质文化遗产保护名录体系。截至2021年年底，全市有国家级非物质文化遗产保护项目16项，有省级非物质文化遗产保护项目36项。国家级、省级、市级“非遗”代表性传承人分别有12人、25人、156人。

邵阳饮食习俗一日三餐，主食大米。特色菜肴有腊肉、血浆鸭、邵东黄花菜、绥宁玉兰片等，尤以豆腐最具特色。农村几乎家家会打（磨）豆腐，产品有活络豆腐（豆腐花）、水豆腐、干子豆腐、腊豆腐、煎豆腐、卤豆腐、霉豆腐，尤以“豆腐丸子”最具特色。制作“豆腐丸子”（又称猪血丸子、“血粑”），始于清康熙年间，民间历代相传。将新鲜豆腐捏碎，压干水分，拌进适量猪血（未凝固）、肉丁、食盐、辣椒粉等，搅拌均匀，捏成馒头大小椭圆或圆形的丸子，经日晒或文火熏干，鲜红色慢慢变得乌黑油亮，散发出诱人香味，炒着吃或清蒸吃，各有其特殊风味，也便于收藏、携带。邵阳人爱吃辣椒，有“邵阳一大怪，没有辣椒不算菜”之说，爱制各种特色辣椒，如干辣椒、剁辣椒、白辣椒、酸辣椒、辣椒酱、辣椒粉、煨辣椒等，还直接以“爆辣椒”“擂辣椒”为菜。

邵阳过汉族的所有节日，其中一些节日有地方特色。最隆重的是春节，邵阳人的春节，民间从上年的农历十二月二十四开始，一直延续到来年的元宵节。二十四日夜，家家户户祭祀灶神，祭灶后，全家团聚吃饭，称过小年。是日起，家家春米做粑，煮酒，打豆腐，杀年猪，送年节，备点心，筹备年货。大年三十，户户剪彩纸，贴春联，全家团圆聚饮吃团年饭，菜肴有余有剩，长辈给小孩压岁钱，全家欢坐待旦“守岁”。正月初一，雄鸡初鸣做饭菜，将“年庚”摆放于正堂屋厅桌上，祭祀祖宗天地，然后吃年羹，吃年羹时讲求忌讳，忌打烂碗，忌桌上菜碗成单数，忌说不吉利的话，菜中必有鱼有青菜，预示新年富足有余、清平顺利，饭后天亮，放炮开门，开始拜年。邵阳拜年有“初一崽，初二郎，初三初四拜姑娘”的习惯。农历正月十五，家家吃元宵，城乡耍花灯、龙灯、狮灯，灯火辉煌，又称灯节、闹元宵。春节活动自此才全部结束。

邵阳流传最广的地方戏剧为祁剧。祁剧是湖南地方大戏剧种之一，因形成于祁阳而得名，但其成名、落脚于邵阳。明万历年间祁剧宝河派传入邵阳后，融合了邵阳当地的民间艺术、生活习俗和地方语言，逐渐发展成为有昆腔、高腔、弹腔三大体系的地方大戏。祁剧传统剧目非常丰富，既有阳刚之气，又有温柔之美，深受人民群众喜爱 。

邵阳花鼓戏旧称“花鼓”，为湖南民间小戏剧种，兴起于旧时邵阳县境，20世纪50年代开始称为邵阳花鼓戏。其音乐源于当地山歌小曲，在发展过程中曾受祁剧音乐、宗教音乐和说唱音乐的影响，演出风格诙谐、活泼、明快清丽，主要流行于邵阳市区和邵东、新邵、邵阳、隆回、洞口、新化等县市，以祁剧宝河派戏白结合邵阳地方语言为舞台语言。

【历史名人】 邵阳历史悠久，人才辈出。晚唐时期，胡曾著《咏史诗》3卷，为自两宋至明代最有影响的启蒙读物。宋代，谏议大夫周仪，刚直敢言，史称“嘉祐直臣”；岳飞军前统制杨再兴，屡立战功，成一代抗金名将。元代，“苗帅”杨完者，驭溪峒之兵，驰骋吴越。明代，黔宁王沐英、凉国公蓝玉，佐朱元璋平南扫北，开创明朝基业。明末清初，宝庆车氏一族，人才鼎盛，首起者车大任和兄弟车大敬以下7代，以学术成家者35人，著作达1000余卷。清代，李沅发揭竿反清，率众转战湘、桂两省20个余州、县，给清王朝以沉重打击；魏源率先倡导“师夷之制夷”，主张改革弊政，被公认为中国19世纪中叶著名的启蒙思想家。晚清，出现湘军初期统帅江忠源，两广总督刘长佑，两江总督刘坤一，两江总督、南洋大臣魏光焘等一批清廷军政重臣。20世纪初，面对外患内忧的现实，樊锥率先投身维新运动，著书撰文痛斥时弊，第一个提出“公天下”口号；贺金声举旗募兵，拒教驱洋，宁死不贰。辛亥革命武昌起义，谭人凤任武昌防御使，誓与城池共存亡；袁世凯窃国称帝，蔡锷自云南率师讨袁，护国成功，再造共和。五四运动爆发，匡互生第一个冲进国贼曹汝霖住宅，举火焚烧赵家楼。民国时期，贺民范鼓励并支持毛泽东创办文化书社，首任湖南自修大学校长，积极宣传马克思主义。彭述之、彭粹夫便投身革命，成为最早的党员之一。袁国平、李林、谢嵩等担任工农红军领导职务，驰骋疆场，英勇献身。罗卓云、彭钟泽、向暄、欧阳秋曝、刘惊涛等优秀共产党人在与国民党右派势力殊死斗争中壮烈牺牲。20余年革命和抗日战争期间，邵阳培育出开国中将姚喆、李寿轩，少将袁也烈、石新安等人民解放军名将；也哺育出音乐家贺绿汀、历史学家吕振羽、中国历史上第一个女兵作家谢冰莹、建筑史学家刘敦桢、物理冶金学家李薰、声学家魏荣爵等文化、科技名人。

【邵阳方言】邵阳方言是湘语的代表性方言之一，属老湘语娄邵片，包括今大祥区、双清区、北塔区、邵阳县、邵东市、新邵县、武冈市、新宁县、城步苗族自治县及隆回县、洞口县南大部，绥宁县另属吉溆片。邵阳俗有“隔条江不同腔，隔座坳不同调”之说，各地方言差异不可尽述。1956年国家推行普通话后，邵阳方言受普通话影响较大，诸多方言词汇逐渐被普通话词汇代替，但依然并存着老湘语色彩。邵阳方言与西南官话较为相近，属于小众语言，分新老两派，老派仍保留古浊音声母，新派全浊声母趋于消失。邵阳方言有声母28个，含零声母；韵母36个，含自成音节的鼻音韵；声调6个，去声分阴阳，入声不带塞音韵尾。

（邓　艳）

人口和民族宗教

【人口总量】2021年年末，邵阳市户籍人口总户数253.26万户，比上年（下同）增加0.37万户；总人口816.89万人，减少5.43万人，其中男性432.14万人、女性384.75万人，分别减少2.27万人、3.16万人；人口密度392人／平方公里。常住人口总户数230.56万户，减少3.28万户；总人口646.83万人，减少9.32万人，其中男性335.38万人、女性311.45万人，分别减少3.75万人、5.57万人；城镇人口343.05万人、农村人口303.78万人，分别增加0.83万人、减少10.15万人；城市化率53.04%，提高0.88个百分点。全年平均户籍人口819.61万人，减少4.44万人；平均常住人口651.49万人，减少9.28万人。

【人口变动】2021年，邵阳市年内出生人口60682人，与上年相比，减少16744人；其中男性32741人、女性27941人，分别减少8794人、7950人；出生人口性别比117.18，比上年115.73上升1.45；出生率7.43‰，减少1.97个千分点。死亡人口74612人，其中男性40705人、女性33907人，死亡率9.13‰。自然增长人

2021年邵阳市人口情况表

表4　　单位：万人

指标名称	总人口	男性人口	女性人口
年末户籍人口	816.89	432.14	384.75
其中：市区户籍人口	68.54	34.68	33.86
年末常住人口	646.83	335.38	311.45
其中：市区常住人口	80.56	40.7	39.86
出生人口	6.07	3.27	2.8
死亡人口	7.46	4.07	3.39
自然增长人口	–1.39	–0.8	–0.59

口-13930人，其中男性-7964人、女性-5966人，自然增长率-1.7‰。全年省外迁入人口6247人、迁往省外人口30119人，分别比上年减少144人、956人。

【年龄结构】 2021年，邵阳市户籍人口中，0～17岁人口192.57万人，18～34岁人口175.74万人，35～59岁人口303.26万人，60岁以上人口145.32万人；分别比上年减少6.14万人，减少3.43万人，增加7.18万人，减少3.04万人；占比分别为23.57%、21.52%、37.12%、17.79%。

【民族宗教】 邵阳是一个多民族杂居之地，共有51个民族，其中少数民族50个。2021年，邵阳市有1个少数民族自治县（城步苗族自治县）、1个少数民族人口过半县（绥宁县）、15个民族乡、6个民族村。少数民族人口占全市总人口的6.89%。世居的主要有苗族、瑶族、回族、侗族4个，人数分别为41.35万人、5.24万人、3.88万人、3.75万人；邵阳少数民族呈现族别多、分布广、民族风俗习惯保持较为完整等特点。

邵阳市佛教、道教、伊斯兰教、基督教并存，信仰宗教总人数20.52万人，有隆回县、洞口县、武冈市、邵东市4个湖南省宗教工作重点县（市）。

（邓　艳）

国民经济和社会发展

【概况】 2021年，邵阳市完成地区生产总值2461.6亿元，增长8.5%（与2020年比较，下同）。其中第一产业完成增加值408.9亿元，增长9.4%，第二产业完成增加值786.2亿元，增长7.7%，第三产业完成增加值1266.5亿元，增长8.6%。三次产业结构比为16.6：31.9：51.5，经济结构持续优化。民营经济实现增加值1798.8亿元，增长8.4%，占地区生产总值的比重为73.1%。全社会用电量113.3亿千瓦时，增长9.9%；工业用电量44.5亿千瓦时，增长9.8%；居民生活用电量43.9亿千瓦时，增长4.0%。全市一般公共预算收入193.47亿元，增长14.3%。地方一般公共预算收入118.49亿元，增长12.5%，其中税收收入75.97亿元、增长15.1%，非税收入42.52亿元、增长8.1%。上划中央收入61.97亿元，增长18.5%，上划省级收入13亿元，增长11.1%。一般公共预算支出582.78亿元，下降1.3%。

夯实发展根基 产业投资占固定资产投资的比重保持在60%以上。全市193个重点产业项目完成投资350亿元，为年计划的109.21%；6个省“三高四新”重大产业支撑项目（三高：着力打造国家重要先进制造业高地；具有核心竞争力的科技创新高地；内陆地区改革开放高地。四新：在推动高质量发展上闯出新路子；在构建新发展格局中展现新作为；在推动中部地区崛起和长江经济带发展中彰显新担当；奋力谱写新时代坚持和发展中国特色社会主义的湖南新篇章）、2个科技创新攻关项目、4个产品创新强基项目均超额完成年度投资计划，引进“三类500强”企业项目10个。邵阳维克液压股份有限公司成功上市，实现本土上市企业“零”的突破。中电彩虹特种玻璃第二条生产线建成投产，邵虹基板玻璃第一条生产线、三一专用车、电子信息产业园、雀塘循环经济产业园等一批重大产业项目加快推进。早稻收获面积168.39万亩，面积和产量增速排全省第一位。粮食播种面积778.7万亩，总产量334万吨，均排全省第二位。年末存栏生猪465万头，出栏生猪600万头，均超额完成省定任务。完成2020年高标准农田建设任务。“邵阳红”公共品牌获批国家知识产权总局全域公共品牌集体商标，“邵阳红”企业溯源系统正式启用，97家企业198个产品入选“邵阳红”产品目录。规模以上服务业营业收入增速为26%。推进省服务业“双百工程”，湘窖酒业、正大邵阳骨伤科医院获评省“双百”重点企业，中国崀山文化旅游产业园、阳光国际时尚科技信息产业园项目获评省“双百”重点项目，邵阳经开区获评省“两业融合”发展试点园区。

巩固发展载体 邵阳经开区获批国家级经济技术开发区，实现邵阳市国家级经开区园区“零”的突破。邵阳经开区、隆回高新区获评省高质量发展先进园区。全市入园企业发展到3105家，技工贸总收入突破3000亿元，“135”工程升级版有序推进。全市新开工标准厂房97.91万平方米，竣工111.67万平方米，投产102.42万平方米，新增签约企业130家，入驻116家，投产125家，厂房开工率126.13%，竣工率99.31%，企业入驻率94.2%。全市省级园区实现保税仓、监管仓全覆盖。建成省级工程（技术）研究中心13家、重点实验室4个、省级企业技术中心24家。

增强发展动力 全年争取中央及省预算内资金近30亿元、地方政府专项债近100亿元支持项目建设，全市36个省重点项目完成投资300亿元，283个市重点项目完成投资580亿元，邵阳火车站综合交通枢纽站房建设有序推进，白新、永新、城龙、新新高速公路建设进展顺利，其中白新高速完成年计划的180%。完成安防工程820.2公里，提质改造农村公路337公里。邵阳市中心通用机场选址方案通过审核。犬木塘水库枢纽工程一期围堰提前30天合拢。完成电网投资25亿元，新建10千伏配电线路931公里，建成141个配网标准示范台区，绥宁220千伏变电站完工，实现全市220千伏变电站全覆盖；雅江±800千伏特高压直流输电工程（邵阳段）贯通投产；推进新邵、邵东、洞口共3个生活垃圾焚烧发电项目。推进“气化邵阳”二期建设。推进新能源建设，建成风电项目装机118万千瓦，城步、洞口、隆回等在建风电项目装机35万千瓦。新建充电桩797个，

全市充电桩达1482个。全市新建成5G基站2285个，市辖三区及县城实现5G网络连续覆盖。先后举办湘西南汽车文化节暨“邵阳红”优质农产品公共品牌推介会、湘窖封坛、“乐享消费·湘当韵味”等促销活动；全市累计接待国内游客7198万人次，增长67.37%，旅游总收入实现683亿元，增长62.01%。社会消费品零售总额实现1378亿元。

缩小发展差距 新建易地扶贫搬迁就业帮扶车间101家，覆盖92个脱贫人口过百的易地搬迁安置点。改造农村危房3441户，拆除“空心房”5640户，新建乡镇污水处理厂32座、乡镇垃圾中转站19座。推进集体经济发展壮大扶持项目，共扶持119个村。创建37个美丽乡村。推进农村人居环境整治，1492个行政村开展生活垃圾分类，清理农村生活垃圾61.4万吨，新（改）建农村户厕4.9万个。

激发发展活力 推进27大项170小项改革任务。深化供给侧结构性改革，落实“三去一降一补”。推进物流降本增效综合改革。深化农业农村改革，推进农村产权制度和要素市场化配置改革，重点推进农村承包地“三权分置”改革，深化供销合作社综合改革以及农业领域综合执法改革。推行交房即交证试点改革。深化行业协会、商会和中介机构改革。推进13家党政机关和国有企事业单位培训疗养机构改革。深化国有文艺院团改革。进一步完善公共资源交易体制。同时，深化财税金融体制、医疗卫生体制、国企国资等改革。东盟科技产业园一期基本建成，中非经贸产业园正式开建。举办“港洽周”活动和第二届中非经贸博览会，新签约项目227个，总投资688亿元。连续第四年获评全省发展开放型经济先进市。

补齐民生短板 新增城镇就业4.64万人、失业人员再就业2.71万人、农村劳动力转移就业5.3万人，建设充分就业社区135家。宝庆电厂、风电、光伏、水能等发电企业做到满负荷生产，电力迎峰度夏、迎峰度冬工作完成，保障燃气供给。加强对主要商品价格监测分析，确保肉、粮油、果蔬等生活必需品供应充足及重要防护、消毒等医疗物资的价格稳定。提前完成省、市、县三级储备粮轮换收储任务。省定20项重点民生实事全部完成，新增公办幼儿园学位1.06万个，注册医疗床位1284张，市城区新增停车位2.4万个。推进湘中职业技术学院、市十七中学、市妇幼保健院等项目建设。开展教育“双减”工作，排查校外培训机构1202家，查处600家。全面完成16所芙蓉学校建设任务。推进“放心早餐”工程，为早餐从业人员免费办理健康证1739张。

（市改革委办公室）

【农业】 2021年，邵阳市完成农林牧渔业总产值696.9亿元，增长10.6%。其中，农业产值358.5亿元，增长4.2%；牧业产值263.2亿元，增长20.3%；林业产值20.9亿元，增长7.9%；渔业产值19.4亿元，增长2.9%；农林牧渔专业及辅助性活动产值34.9亿元，增长7.0%。

全市农村用电量11.4亿千瓦时，增长0.6%；年末拥有农业机械总动力521.6万千瓦，增长1.5%；基本农田面积499.24万亩，高标准农田建设面积54万亩，增长35.0%；农村完成10千伏及以下配电网改造15000万元；改（新）建农村户用和公共厕所4.81万个；年末拥有农产品加工企业6912家，实现销售收入1622.8亿元，增长9.5%，实现利润94.7亿元，增长3.0%；休闲农业经营主体1916个，收入19.91亿元；名优特水产品养殖面积5.7万亩，产量0.8万吨，增长0.54%。

【工业和建筑业】 2021年，邵阳市规模工业企业2067户，规模工业增加值增长9.9%，其中民营经济增长9.7%。大中型企业增加值增长10.0%。规模工业企业实现主营业务收入2651.8亿元，增长18.1%；实现利润总额129.4亿元，增长20.2%，亏损企业亏损额3.8亿元，亏损面2.3%；利税总额169.3亿元，增长21.6%；工业产品销售率96.8%，下降1.3%；出口交货值增长53.0%。

全市具有建筑业资质等级的总承包和专业承包企业264户，完成总产值651.14亿元，增长13.3%；实现利润总额18.4亿元，增长12.1%；房屋建筑施工面积5137万平方米，增长12.4%，其中新开工面积1857.8万平方米，下降13.7%；房屋建筑竣工面积1724.7万平方米，增长4.6%。

【固定资产投资】 2021年，邵阳市固定资产投资同比增长8.2%。其中，国有投资下降8.7%，非国有投资增长15.1%，民间投资增长13.2%；第一产业投资额下降9.3%，第二产业投资额增长17.5%，第三产业投资额增长5.1%。施工项目2793个，计划总投资5053.8亿元，增长4.3%，本年投产项目1922个。工业投资增长17.3%；工业技改投资增长38.9%；高新技术产业投资增长39.7%；基础设施投资增长7.0%。

全市房地产开发企业333户，完成投资276.8亿元，增长14.8%。商品房施工面积2004.9万平方米，增长13.6%；销售面积607.3万平方米，增长21.4%。其中，住宅销售面积561.3万平方米，增长24.4%；商品房销售额280.7亿元，增长19.9%，每平方米均价4621.4元，下降1.2%。

【国内贸易和物价】 2021年，邵阳市完成社会消费品零售总额518.1亿元，增长14.4%。按经营单位所在地分，城镇实现零售额497.2亿元，增长15.2%；乡村实现零售额20.9亿元，增长13.3%。按消费类型分，批发和零售业487.8亿元，增长15.6%；住宿和餐饮业30.3亿元，增长7.4%。

限额以上批发零售法人企业1318户，完成零售额518.1亿元，增长15.1%。分类别看，粮油、食品类77.5亿元、增长23.9%，饮料和烟酒类33.5亿元、增长24.9%，服装、鞋帽和针纺织品类25.5亿元、

2021年邵阳市社会消费品零售总额及分类情况表

表5

指标名称	绝对数（亿元）	比上年增长（%）
社会消费品零售总额	1382.35	14.4
限额以上单位零售额	608.2	15.9
其中：法人单位零售额	518.06	15.1
1. 按地区分		
城镇	497.2	15.2
#城区	307.45	14.7
乡村	20.86	13.3
2. 按行业分		
批发和零售业	487.79	15.6
住宿和餐饮业	30.27	7.4

增长22.4%，日用品类25.7亿元、增长4.3%，家用电器和音像器材类28.3亿元、增长2.1%，金银珠宝类8.6亿元、增长17.1%，汽车类99.9亿元、增长11.3%，家具类38亿元、增长16.9%，石油及制品类59.3亿元、增长17.1%。

全市居民消费价格上涨0.2%。其中食品烟酒价格下跌2.0%，衣着类上涨0.8%，医疗保健类上涨0.9%，居住类上涨0.4%，教育文化及娱乐类上涨1.9%，生活用品及服务类上涨0.3%，交通和通信类上涨4.0%，其他用品和服务类下跌4.6%。商品零售价格上涨1.4%。

【对外经济贸易】 2021年，邵阳市实现进出口总额240.3亿元，下降8.7%。实现出口额234.3亿元，下降9.2%。其中，一般贸易出口额220.2亿元，下降9.8%，加工贸易出口额14.2亿元，增长0.1%；实现进口额5.9亿元，增长15.6%。其中，一般贸易进口额2.1亿元，增长26.3%，加工贸易进口额3.8亿元，增长10.6%。

全市实际利用外商直接投资3316.9万美元，增长645.7%。实际利用省外境内资金748.0亿元，增长30.3%。对外实际投资额667万美元，增长102.1%。实际到位外商资金3000万美元以上项目1个，新引进世界500强企业15家。引进2亿元以上省外境内项目36个，实际到位资金215.6亿元。

【旅游】 2021年，邵阳市新增国家AAAA级旅游景区1家、全国乡村旅游重点村镇1个，10个省重点文旅项目完成投资17.01亿元，13个市重点文旅项目完成投资20.06亿元，争取2021年大湘西地区文化生态旅游精品线路建设项目投资补助资金1390万元。全年接待国内游客3290万人次，同比增长24.11%，实现旅游收入339亿元，同比增长48.81%。

【交通和邮电】 2021年，邵阳市交通运输业完成投资101.07亿元。干线公路建成通车83公里，完成率102.5%。安防设施建设870公里，完成率102.4%。武冈汽车西站提质改造完工，洞口山门汽车站扫尾，新开工建设站场4个。

年末民用车辆保有量122.86万辆。铁路完成货运量491万吨，增长23.0%，客运量1309.7万人，增长4.1%；公路水路完成货运量10314.4万吨，货物周转量71.58亿吨公里，客运量2129.5万人，旅客周转量15.5亿人公里。

全市完成邮电业务总量66.5亿元（采用2020年不变价），增长31.9%。其中，邮政业务总量19.6亿元，增长31.3%；电信业务总量46.9亿元，增长32.2%。年末固定电话用户28.47万户，比上年年末减少2.13万户；移动电话用户599.15万户，比上年年末增加24.27万户。

【金融】 2021年年末，邵阳市金融机构本外币各项存款余额3586.8亿元，比年初增加288.6亿元，增长8.8%，其中住户存款2782.53亿元，增长12.0%。金融机构本外币各项贷款余额2297.5亿元，比年初增加335.9亿元，增长17.1%，其中住户贷款1109.8亿元，增长16.8%。人民币消费贷款694.0亿元，增长19.4%；个人住房消费贷款492.1亿元，增长19.1%；房地产开发贷款56.8亿元，增长1.1%；中小微企业贷款856.2亿元，增长16.8%。

年末全市境内上市公司1家。全年直接融资总额79.37亿元，比

2020年增长24.7%。年末A股上市公司总市值26.64亿元。年末证券公司营业部24家，同比持平；证券交易额3657.85亿元，增长1.8%。年末期货证券营业部1家，成交金额1204.3亿元，增长126.8%。

全市保费收入98.99亿元，增长4.5%。其中，财产险20.82亿元，下降4.5%；寿险50.97亿元，增长5.6%；健康险24.87亿元，增长11.8%；人身意外伤害险2.33亿元，下降3.4%。各项保险赔付支出34.71亿元，增长11.2%，其中财产险14.92亿元，增长13.7%；寿险7.45亿元，下降5.3%；健康险11.63亿元，增长22.2%；人身意外伤害险0.71亿元，增长2.4%。

【教育和科学技术】 2021年，邵阳市普通高等教育招生1.21万人，增长3.1%，在校生4.35万人，毕业生0.96万人。各类中等职业教育招生3.15万人，增长6.5%，在校生8.49万人，毕业生2.26万人。普通高中招生5.68万人，增长13.8%，在校生15.52万人，毕业生4.51万人。初中和小学共招生18.75万人，增长1.8%，在校生87.72万人，毕业生21.2万人。特殊教育招生0.02万人，在校生0.23万人。幼儿园在园幼儿19.7万人，下降1.7%。各类民办学校（包括民办幼儿园）1028所，在校生22.78万人。小学适龄儿童入学率和毕业生升学率均达100%。

年末全市拥有高新技术产品生产企业1195家，比上年增加115家，其中省科技厅认定的高新企业426家，增加203家。实现高新产值2159.0亿元，实现增加值524.77亿元，增长22.9%。签订技术合同311项，成交金额25.3亿元，增长163.8%。全年专利授权量5395件，增加1012件，增长23.1%，其中发明专利授权量350件，增加167件，增长91.3%。市级工程技术研究中心19个，增加3个；科技成果登记69项，增加19项。

【文化、卫生和体育】 2021年，邵阳市年人均接受文化场馆服务达1.5次。5家文化馆被评定为国家一级文化馆，8家文化馆被评定为国家二级文化馆，上级别率达100%。全市1个乡镇综合文化站和3个村（社区）综合文化服务中心获评“最美潇湘文化阵地”。岩鹰拳、传统中医药文化（龙山药王医药文化）新入选第五批国家级非物质文化遗产代表性项目名录，八极拳等8个项目新入选第五批省级非物质文化遗产代表性项目名录，全市国家级非物质文化遗产增至16项，省级非物质文化遗产增至36项。

年末全市有卫生机构5662个，其中医院143个。拥有医院床位数3.69万张，增长7.2%。卫生技术人员4.22万人，下降0.6%。全市有疾病预防控制中心（防疫站）13个，有疾病预防控制中心（防疫站），有卫生技术人员600人。有卫生监督所（中心）13个，有卫生技术人员261人。

全年投放健身路径器材130多套，全市新建成10个多功能运动场，全市人均体育场地面积达1.8平方米。举办全民健身系列联赛等群众体育比赛活动80多场次，全市经常性参加体育锻炼的人数占比达36%。承办湖南省青少年锦标赛田径、游泳等4个项目赛事，组队参加全省青少年锦标赛22个项目比赛，获金牌33枚。

【社会保障】 2021年，邵阳市城乡居民基本养老保险登记参保人数414.6万人，减少4.1万人。基本医疗保险参保人数706.5万人，减少7.7万人，其中，城乡居民648.5万人，减少9.1万人。参加工伤保险职工人数56.1万人，增加1.5万人；参加失业保险职工人数35.2万人，增加2.1万人；参加生育保险职工人数35.2万人，增加1.4万人。领取失业保险金职工人次数4.99万人次。农村低保人数19.1万人，共发放低保金5.5亿元；城镇低保人数5.3万人，共发放低保金2.6亿元。

【重点民生实事项目】 2021年，邵阳市省定27项重点民生实事项目全部完成。其中，建成芙蓉学校16所，为省定任务的100%；新增公办幼儿园学位10624个，为省定任务的114.2%；政府补贴性职业技能培训51091人次，为省定任务的189.2%；农村转移就业劳动者培训34195人次，为省定任务的342%；新增护理型服务床位383张，为省定任务的119.7%；提质改造农村公路426.56公里，为省定目标任务的114.1%；建设农村公路安防设施870.98公里，为省定任务的102.5%；农村低保标准和救助水平分别达到人均4380元/年、242.32元/月，分别高于省定目标任务80元、12.32元；孕产妇免费产前筛查35552人次，为省定任务的101.6%；农村及城镇低保适龄妇女“两癌”免费检查10.16万人，为省定任务的103.4%；办理法律援助案件7957件，为省定任务的165.8%。

说明：地区生产总值（GDP）及各产业增加值绝对额按现行价格计算，增长速度按可比价格计算。

（肖人蜚）

城乡居民生活

【概况】 2012年中共十八大以来，邵阳市落实全面建成小康社会和精准扶贫战略部署，有效应对艰巨繁重的改革发展稳定任务特别是新冠肺炎疫情的严重冲击，不断加大民生保障力度。随着社会经济水平的不断提高，居民分享到更多改革开放和经济发展的红利，居民收入增长与经济增长基本保持同步，呈现持续较快增长，提前完成到2020年实现城乡居民人均收入比2010年翻一番目标，城乡居民收入差距逐步缩小。居民消费水平稳步提升，消费结构不断优化。其中农村居民消费支出增速快于城镇居民，发展享受型消费较快增长，服务性消费占比提高。居民生活条件设施显著改善，生活质量明显提升，其中食品消费更趋营养高品质，生活家电普及率提高，汽车等代步工具快速进入百姓家，移动通信工具在高拥有量基础上继续增加。

全市全体居民人均可支配收入23118元，增长9.7%，人均消费支出17905元，增长8.7%。城镇居民人均可支配收入33374元，增长8.2%，人均消费性支出20974元，增长5.5%。农村居民人均可支配收入15700元，增长11.2%，人均消费性支出15685元，增长11.7%。全体居民恩格尔系数25.3%，下降1.2个百分点。城镇居民人均住房面积55.6平方米，农村居民人均住房面积70.7平方米。

【居民收入】 2021年，邵阳市全体居民人均可支配收入23118元，比2012年名义增长1.38倍，年均名义增长10.1%。按现价看，2021年全体居民人均可支配收入为23118元，是2010年的3.28倍；按可比价看，2018年邵阳全体居民人均可支配收入（2010年不变价）15147元，相较2010年的7053元增加114.8%，于2018年实现翻番目标，比全省提早一年实现翻番，比全国提早两年。

城乡居民收入差距持续缩小。随着脱贫攻坚工作的推进，农村居民收入保持较快增长，增速快于城镇居民。2021年城镇居民人均可支配收入33374元，比2012年名义增长1.08倍，年均名义增长8.5%；农村居民人均可支配收入15700元，比2012年名义增长1.59倍，年均名义增长11.2%。农村居民人均可支配收入年均名义增速快于城镇居民2.7个百分点。城乡居民收入比（以农村居民收入为1）从2012年的2.60持续缩小到2021年的2.13。

【居民消费】 中共十八大以来，党中央、国务院多措并举促进消费市场平稳较快增长，营造便利、安心、放心的消费环境，有效增强了居民消费信心，释放了居民消费潜力。同时，随着农村改革全面推进，乡村振兴战略逐步实施，极大改善了农村居民的生产生活条件，农村居民消费增速快于城镇居民。2012年城镇居民人均消费支出10278元，首次超过1万元。2021年城镇居民人均消费支出20974元，首次迈过2万元大关，比2012年增长1.04倍，年均增长8.3%。2021年农村居民人均消费支出15685元，比2012年增长2.97倍，年均增长16.6%，年均增速快于城镇居民8.3个百分点。

随着居民收入水平的提高和服务消费市场供给的不断增加，教育、医疗、文化、旅游等领域的服务性消费成为人民迫切的美好生活需要。2021年城镇教育文化娱乐支出2810元，比2012年增加1.5倍，年均增长10.9%；人均教育文化娱乐支出占人均消费支出的比重为13.4%，比2012年上升2.6个百分点；农村教育文化娱乐支出2022元，比2012年增加9.2倍，年均增长29.4%；人均教育文化娱乐支出占人均消费支出的比重为13.5%，比2012年上升8.2个百分点；2021年城镇和农村医疗保健支出分别为1705元、1730元，比2012年分别增加1.3倍、4.4倍，年均增长9.8 %、20.6%；人均医疗保健支出占人均消费支出的比重分别为8.1 %、11.0%，比2012年分别上升1.0个百分点、2.9个百分点。

【居民生活条件设施】 到2021年，随着居民食品消费水平的提高，消费结构更加均衡营养健康。城镇居民人均猪肉、牛羊肉、鸡、鱼消费量分别为38.73公斤、5.12公斤、10.47公斤、12.52公斤，分别比2012年增加13.68公斤、2.0公斤、3.21公斤、4.22公斤。农村居民高蛋白食品消费量显著增加，人均肉禽及其制品、蛋类及其制品、奶类及其制品、水产品消费量分别为56.56公斤、11.48公斤、3.24公斤、9.48公斤，分别比2012年增加29.56公斤、7.48公斤、1.24公斤、6.48公斤。

随着居民收入水平的持续较快提升，基本生活家电全面普及，空调等提升生活品质的耐用品拥有量以及汽车等代步工具、移动通信工具快速增加。2021年城镇居民平均每百户拥有电冰箱103台、洗衣机101台、空调108台、热水器100台，分别比2012年增加12台、7台、54台、18台；农村居民平均每百户拥有电冰箱97台、洗衣机90台、空调35台、热水器73台，分别比2012年增加40台、37台、32台、61台。2021年城镇居民平均每百户拥有家用汽车38辆，比2012年增加27辆；农村居民平均每百户拥有家用汽车22辆，比2012年增加20辆。2021年城镇居民平均每百户拥有移动电话268部，比2012年增加74部；农村居民平均每百户拥有移动电话264部，比2012年增加137部。

（安　艳）

图1　2012—2021年邵阳市全体居民可支配收入情况示意图

2021年邵阳市城乡居民人均可支配收入与总支出情况表

表6 单位：元

指标名称	城乡住户	城镇住户	农村住户
第一部分 可支配收入	23118.3	33374.35	15700.41
一、工资性收入	11317.33	16997.24	7209.17
（一）工　资	11031.95	16472.93	7096.6
1. 按月发放的工资	6574.21	12139.43	2549.01
2. 补发工资	154.57	240.48	92.44
3. 不按月发放的奖金津贴过节费等	4303.16	4093.02	4455.15
（二）实物福利	98.67	143.9	65.95
（三）其　他	186.72	380.41	46.62
二、经营净收入	3886.21	4355.34	3546.91
（一）第一产业经营净收入	1179.8	22.08	1829.1
（二）第二产业经营净收入	374.32	565.37	236.13
（三）第三产业经营净收入	2332.1	3507.89	1481.67
三、财产净收入	1764.07	3703.33	361.44
（一）利息净收入	117.03	148.1	94.57
（二）红利收入	195.97	334.47	95.79
1. 集体分配的红利	12.07	28.75	0
2. 其他红利收入	183.9	305.72	95.79
（三）储蓄性保险净收益	2.73	0.7	4.2
（四）转让承包土地经营权租金净收入	9.2	0.06	15.81
（五）出租房屋财产性收入	704.55	1631.56	34.07
（六）出租机械专利版权等资产的收入	33.52	18.26	44.56
（七）其他财产净收入	105.39	150.94	72.44
（八）房屋虚拟租金	55.67	1419.23	0
四、转移净收入	6150.75	8318.44	4582.9
（一）转移性收入	7670.54	10191.76	5846.99
1. 养老金或离退休金	3195	6213.64	1011.68
2. 社会救济和补助	220.14	217.41	222.11

续表 6

指标名称	城乡住户	城镇住户	农村住户
3. 政策性生活补贴	51.43	44.74	56.27
4. 报销医疗费	361.31	371.09	354.25
5. 家庭外出从业人员寄回带回收入	2380.52	2354.76	2399.15
6. 赡养收入	1359.25	898.39	1692.59
7. 其他经常转移收入	43.96	53.31	37.19
8. 从政府和组织得到的实物产品和服务折价	22.65	31.94	15.92
9. 现金政策性惠农补贴	36.28	6.5	57.82
（二）转移性支出	1519.79	1873.32	1264.09
1. 个人所得税	30.53	60.28	9
2. 社会保障支出	1301.12	133.98	1132.7
3. 外来从业人员寄给家人的支出	29.07	67.63	1.17
4. 赡养支出	110.56	182.91	58.22
5. 其他转移性支出	48.52	28.52	62.99
（1）经常性捐赠支出	0.61	1.08	0.28
（2）经常性赔偿支出	0	0	0
（3）其他经常转移支出	47.91	27.44	62.72
第二部分 总支出	25772.36	30370.03	22446.96
一、消费支出	17904.92	20974.11	15685.03
（一）食品烟酒	5853.86	7297.59	4809.64
（二）衣 着	978.68	1434.05	649.33
（三）居 住	4072.77	4246.78	3946.91
（四）生活用品及服务	881.88	1061.58	751.91
（五）交通通信	1709.19	2059.29	1455.97
（六）教育文化和娱乐	2410.57	2810.17	2121.55
（七）医疗保健	1719.26	1704.71	1729.79
（八）其他用品和服务	278.69	359.93	219.93
二、生产经营费用支出	1247.85	525.82	1770.07

续表 6

指标名称	城乡住户	城镇住户	农村住户
（一）第一产业经营费用支出	839.21	179.35	1316.47
（二）第二产业经营费用支出	54.34	3.28	91.27
（三）第三产业经营费用支出	354.3	343.19	362.34
三、财产性支出	19.78	30.86	11.77
（一）生活贷款利息支出	14.67	22.72	8.84
（二）其他财产性支出	5.11	8.13	2.93
四、转移性支出	1519.79	1873.32	1264.09
（一）个人所得税	30.53	60.28	9
（二）社会保障支出	1301.12	1533.98	1132.7
（三）外来从业人员寄给家人的支出	29.07	67.63	1.17
（四）赡养支出	110.56	182.91	58.22
（五）其他转移性支出	48.52	28.52	62.99
五、部分商业保险支出	65.47	108.48	34.36
六、购置资产及非经常性转移支出	4381.74	6036.15	3185.14
（一）购置资产支出	1714.69	2647.93	1039.69
（二）非经常性转移支出	2667.06	3388.22	2145.46
七、借贷性支出	632.81	821.3	496.48
（一）存入储蓄款	206.28	338.95	110.32
（二）借出款	29.94	20.07	37.07
（三）归还借款	156.88	92.06	203.76
（四）购买有价证券	0	0	0
（五）其他投资支出	2.46	5.35	0.38
（六）归还住房贷款	170.93	278.98	92.77
（七）归还汽车贷款	41.66	60.91	27.73
（八）归还教育贷款	0	0	0
（九）归还其他贷款	24.26	24.01	24.44
（十）其他借贷支出	0.41	0.97	0

2021 年邵阳市城乡居民家庭主要经济指标情况表

表7

指标名称	单位	城乡住户	城镇	农村住户
调查样本住户数	户	1340	550	790
可支配收入	元	23118	33374	15700
消费支出	元	17905	20974	15685
（一）食品烟酒	元	5854	7298	4810
（二）衣着	元	979	1434	649
（三）居住	元	4073	4247	3947
（四）生活用品及服务	元	882	1062	752
（五）交通通信	元	1709	2059	1456
（六）教育文化娱乐	元	2411	2810	2122
（七）医疗保健	元	1719	1705	1730
（八）其他用品和服务	元	279	360	220

2020 年、2021 年邵阳市居民消费价格总指数对比表

表8　　单位：%

指标名称	2021 年	2020 年
居民消费价格总指数	100.2	102.2
一、食品烟酒	98	107.3
粮　食	103	101.3
鲜　菜	104.2	101
畜　肉	79	137.9
水产品	111.6	103.4
蛋	106.1	91.5
鲜　果	102.8	90.2
二、衣　着	100.8	99.3
三、居　住	100.4	98.7
四、生活用品及服务	100.3	100.8
五、交通和通信	104	97.4
六、教育文化和娱乐	101.9	101
七、医疗保健	100.9	102.7
八、其他用品和服务	95.4	103.6

中国共产党邵阳市委员会

综 述

【概况】 2021年，邵阳市贯彻落实习近平总书记对湖南重要讲话重要指示批示精神，紧扣省第十二次党代会部署要求，全面落实“三高四新”战略定位和使命任务，推动“十四五”实现良好开局。全市实现地区生产总值2461.5亿元，增长8.5%，固定资产投资增长8.2%，规模工业增加值增长9.9%，社会消费品零售总额增长14.4%，地方一般公共预算收入增长12.5%，全体居民人均可支配收入增长9.7%。全市有41项工作获省政府2021年度真抓实干表彰。

【绩效考核】 2021年，邵阳市在省绩效评估中被评为优秀等次，综合得分87.6934分，全省排第二位，得分仅次于长沙市，超额完成市委、市政府“保三争二”的年度目标任务。同时省重点民生实事工作在全省被评为优秀等次。

【政治建设】 2021年，邵阳市委建立健全“第一议题”学习制度，召开市委常委会会议55次、安排学习议题120项，市委理论学习中心组开展专题学习15次，第一时间跟进学习习近平总书记重要讲话重要指示批示精神。建立县处级以上领导干部领学述学制度，按照分级负责、全面覆盖原则，推动系统学、深入学、跟进学。对标对表习近平总书记对湖南重要讲话重要指示批示精神，召开市委全会审议出台落实意见，推动贯彻落实具体化、责任化、清单化；对党的十八大以来党中央、国务院决策部署和中央、省委、省政府领导的批示，建立台账，实行清单式管理，开展落实情况“回头看”，及时查漏补缺。开展党史学习教育。发布就近就地开展党史学习教育现场教学场地16个，推出4条精品红色旅游线路，挖掘整理100个红色经典故事，各级党组织开展现场研学1.8万场次；邵阳党史陈列馆揭牌开馆，《百年党史图说邵阳》编纂出版。开展“我为群众办实事”实践活动，各级各单位为群众办实事13.6万件、圆梦“微心愿”10万余个。

【打造“三个高地”】 2021年，邵阳市突出产业引领，聚力打造国家重要先进制造业高地。实施装备制造业智能化改造、机械零部件配套、新能源新材料培育等“八大行动”，装备制造、新型显示等七大工业新兴优势产业链产值占制造业总产值的73%。开展“专精特新”企业梯度培育行动，推动“个转企、企升规、规改股、股上市”，新增规模工业企业300家；有国家级“专精特新”企业7家、省级69家；维克液压成功上市，实现上市公司零的突破。推动“五好”园区创建，累计入园企业3105家。邵阳经开区升级为国家级经开区。全市分3批集中开工5000万元以上重大项目169个、总投资701亿元。强化创新驱动，聚力打造具有核心竞争力的科技创新高地。实施优化创新生态、创新主体增量提质、创新平台建设等计划，8个项目列入中央引导地方科技发展资金项目，邵纺机纤维干法纺成套设备研发与应用、特种玻璃G8.5超薄玻璃基板研发纳入全省100个重大科技攻关项目，新增技术创新中小企业110家，建成省级工程（技术）研究中心13家、重点实验室4个、省级企业技术中心24家。深化改革开放，聚力打造内陆地区改革开放高地。铺开27大项170小项改革，落实要素市场化配置、投融资体制、“一件事一次办”等重点领域改革事项，市场主体总量达38万户。完成南山国家公园体制改革试点任务。抢抓湘南湘西承接产业转移示范区建设机遇，主动融入西部陆海新通道建设，加强与粤港澳、东盟、非洲等地区深度合作，发挥百万邵商优势，新签约项目227个、总投资688亿元。实施“优化营商环境提升年”行动，出台减税降费等7条“纾困增效”措施，投资吸引力不断增强。

【城乡融合发展】 2021年，邵阳市巩固拓展脱贫攻坚成果。按照“四个不摘”要求，健全常态化帮扶机制，精准锁定监测对象18050户45888人，全面落实低保、五保、产业、就业、医疗等针对性帮扶措施，消除返贫致贫风险10752户29730人，实现应帮尽帮、动态清零。开展巩固提升就业帮扶车间等专项行动，累计建设就业帮扶车间1111家、吸纳就业42917人（其中脱贫劳动力11705人）。开展重点帮扶和示范创建。启动3个省级重点帮扶县、1个省级示范创建县、338个省级重点帮扶村、209个省级示范创建村建设，从财政、土地、基础设施等方面给予集中支持，实现驻村工作队全覆盖。抓好“三农”工作。加大高标准农田建设、耕地抛荒治理力度，完成粮食总播种面积746.7万亩、超省定任务2.7万亩，总产量336万吨；出栏生猪683.37万头、存栏470.39万头，分别超省定任务83.37万头、30.39万头；持续推进“六大强农”行动，发展茶叶、柑橘、油茶等十大农业优势特色百亿产业，全产业链产值1980亿元。推进美丽乡村建设。开展农村改厕、危房改造、“空心房”整治、“三清一改”村庄清洁等行动，完成改厕48064户、危房改造3441户、拆除“空心房”12256户，清理农村生活垃圾73.6万吨，有效解决农村“脏乱差”问题。加快城乡基础设施建设。国家重大水利工程犬木塘水库枢纽工程一期围堰提前30天合龙，邵阳火车站综合交通枢纽完成基础工程建设，白新、永新、城龙、新新高速加快建设，所有乡镇、县城及市辖区实现5G网络全覆盖。

【改善民生福祉】 2021年，邵阳市20件省重点民生实事项目提前或超额完成。全市新增城镇就业5.07万人，城镇登记失业率同比下降0.7个百分点；解决“学位、床位、车位、厕位”等群众“急难愁盼”问题，新增学位3.31万个、床位1.06

万张、停车泊位2.4万个、城镇公共厕位1146个，16所芙蓉学校全部交付使用，义务教育超大班额全部清零。打好蓝天碧水净土保卫战，生态环境质量持续向好，市区空气质量优良天数比率92.8%，国控、省控断面水质优良率100%。第一轮中央环保督察反馈问题全部完成整改，第二轮中央环保督察、省环保督察“回头看”等反馈和披露问题整改均按要求有序推进。城乡居民基本养老保险实现法定人群全覆盖，城乡低保和残疾人“两补”提标任务全面落实。有供养意愿的特困人员和孤儿全部落实集中供养政策。

【统筹发展和安全】 2021年，邵阳市坚持“外防输入、内防扩散”，压实“四方责任”，全面落实常态化疫情防控措施。加强闭环管理，筑牢五道防线，落实人物环境同防；全面提升流调溯源、核酸检测等能力；推进疫苗接种，全市全程接种完成率排名全省第一，加强针接种比率排名全省第三，60岁以上人群接种覆盖率排名全省第二。防范化解政府债务风险。开展“化风险、防反弹、保先争优”百日攻坚行动，加强工作调度，完成化债任务。严格财政支出管理，市本级一般性支出和非急需、非刚性支出在预算基础上再压减30%。集中开展“春雷2021”“秋季攻势”等专项行动，专题部署管道燃气、道路交通、危险化学品等重点行业领域整治，及时消除风险隐患，全市未发生较大及以上生产安全事故。开展备汛防汛工作，成功应对21轮强降雨，无人员伤亡，不垮一库一坝。全面加强社会综合治理。开展信访积案“百日攻坚”、领导干部“无会周”带案下访等行动，全国“两会”和中国共产党成立100周年特护期以及省第十二次党代会期间实现“零非访、零登记、零通报”。推进全国市域社会治理现代化试点合格城市创建，构建党员主联、群众互助、党群共治的基层治理模式，群众安全感和满意度大幅提升。扫黑除恶专项斗争战果居全省前列，禁毒工作全省领先，反电诈退出全国重点市域前30名。开展政法队伍教育整顿，打造建设平安邵阳的政法铁军。

【加强党的建设】 2021年，邵阳市加强市委班子建设，出台《中共邵阳市委关于加强新一届市委班子建设的决定》，明确7个方面25条具体措施要求，推动全面从严治党走深走实。落实意识形态工作责任制，率先出台建立网络综合治理体系实施办法，建成全国示范性地市级网络安全应急指挥中心，加强网络舆情监测和风险排查，意识形态领域总体形势稳中向好、有序可控。夯实基层基础。建立横向调度、纵向指导制度，推进省委“1+5”文件落实落地。新一届乡镇（街道）领导班子和村（社区）“两委”人员培训率100%，1.2万个党支部全部“五化”达标，基层公共服务（一门式）全覆盖。村“两委”换届在全省率先完成，工作经验获中组部推介。市县乡党委、人大、政府、政协换届，做到“零失误”“零差错”“零事故”“零违纪”。加强干部队伍建设。集中举办县市区新任领导班子能力素质提升轮训班，由全体市委常委授课，339名县市区四大班子成员脱产学习。树立正确选人用人导向，重用敢于担当作为、善于攻坚克难、工作成效突出的干部。出台《中共邵阳市委关于进一步加强年轻干部队伍建设的十三项工作机制》，加强年轻干部队伍建设。推进干部作风建设。制定加强对“一把手”和领导班子监督30条措施，落实“两单一书”，压紧压实各级党委（党组）主体责任；对标省委要求，制定出台《市委常委会关于进一步贯彻落实中央八项规定及其实施细则精神的实施意见》，巩固和拓展作风建设成果；进一步严明纪律“约法三章”，执行最严禁酒令。推进清廉邵阳建设，深化“廉洁单位”创建，建成市廉政警示教育中心。持续正风肃纪反腐，全市立案2350件，处分2175人，其中立案县处级干部99人。

重要会议

【市委经济工作暨产业发展大会】 2021年1月20日，市委经济工作暨产业发展大会在邵阳召开。会议总结全市2020年经济工作，分析当前经济形势，部署全市2021年经济工作及产业发展工作，明确2021年经济工作总体要求和目标任务。市主会场设在市委礼堂，各县市区设分会场，市委常委会会议成员、副市长出席主会场。市委书记龚文密、市长刘事青分别在会上讲话。会议宣读全市平安建设（综治工作）、信访、湘南湘西承接产业转移示范区建设、年纳税5000万元以上制造业企业等工作表彰通报，以及安全生产和消防工作考核结果通报。龚文密就做好2021年经济工作讲四点意见。一要把思想和行动统一到中央对经济形势的判断和重大决策部署上来；二要提出2021年经济工作的总体要求和目标；三要加快产业发展的重点工作；四要加强党对经济工作的全面领导，持续深入营造产业发展优良环境。

【全市党史学习教育宣讲动员会】 2021年3月16日，全市党史学习教育宣讲动员会在邵阳市委礼堂召开，市长刘事青主持。市委书记龚文密就学史明理作专题辅导，动员部署全市党史学习教育工作。龚文密以“重温百年党史，赓续奋斗初心”为题，以党课的形式与大家作交流，要求要深刻感悟党的百年非凡历程，要从党的百年征程中汲取奋进的智慧和力量，要着力推动党史学习教育取得实实在在效果。全体在职副市级以上领导出席会议。

【邵阳市创建全国文明城市工作推进会】 2021年4月7日，邵阳市创建全国文明城市工作推进会在市委礼堂召开，市委副书记汤立斌主持。

2021年9月29日下午，中国共产党邵阳市第十二次代表大会在市文化艺术中心贺绿汀大剧院闭幕 （申兴刚 供图）

会议观看创建全国文明城市工作专题片；市委宣传部部长周迎春对下一步创建全国文明城市工作作安排部署；大祥区、市城市管理和综合执法局、市交警支队单位负责人分别发言；市委书记龚文密、市长刘事青分别讲话。龚文密提出三点意见：一要深入学习贯彻习近平总书记关于精神文明建设的重要论述，切实增强创建工作责任感和使命感；二要聚焦重点难点，坚持稳扎稳打，不断推动文明创建工作取得扎实成效；三要坚持全域、全员、全程，形成同心同向、共建共享的生动创建局面。刘事青指出，要明确“问题整改、工作测评、全面创建”三项要求，落实“强化保障、包联包创、网格化创建”三大机制，精准发力补短板、全力以赴促提升，力争邵阳早日跻身全国文明城市行列。

【市委全体会议】 2021年，中共邵阳市委共召开全体会议4次。

6月29日上午，市委十一届十二次全体会议在市文化艺术中心主会场召开。会议审议通过十一届十二次全体（扩大）会议《关于召开中国共产党邵阳市第十二次代表大会的决议（草案）》。市委书记龚文密主持会议并作讲话。市委委员、市委候补委员58人出席。

7月23日，市委十一届十三次全体会议在市委礼堂召开。会议传达贯彻省委十一届十三次全体会议精神，听取市委常委会2021年上半年工作报告，通报2020年度市委干部选拔任用工作民主评议结果有关情况。龚文密就做好下半年工作提出七点意见。市委委员、市委候补委员共56人出席。

9月17日，市委十一届十四次全体会议在市委礼堂召开。会议审议通过关于召开中国共产党邵阳市第十二次代表大会的有关事宜和酝酿确定邵阳市出席省第十二次党代表大会代表候选人预备人选名单。市委委员、候补委员共56人出席。受市委书记严华委托，市委副书记、代市长华学健作总结讲话。

9月30日，市委十二届一次全体会议在湘林酒店1号会议室召开。会议通过中国共产党邵阳市第十二届纪律检查委员会第一次全体会议选举结果的报告，选举产生第十二届市委常务委员会委员。市委委员、候补委员共68人出席。会上，严华当选市委书记，华学健、汤立斌当选市委副书记。严华、华学健、汤立斌、周爱国、于金旺、曾市南、王永红、王学武、肖拥军、仇珂静、龚红果当选第十二届市委常务委员会委员。

【中国共产党邵阳市第十二次代表大会】 9月28日，中国共产党邵阳市第十二次代表大会在市文化艺术中心贺绿汀大剧院召开。大会的主题为高举中国特色社会主义伟大旗帜，坚持以习近平新时代中国特色社会主义思想为指导，真抓实干勇担当，凝心聚力促发展，为实施“三高四新”战略、建设现代化新邵阳不懈奋斗。市委委员、市委候补委员出席，主席台就座的有严华、华学健、汤立斌、鞠晓阳、王昌义、李万千、周迎春、李志雄、周爱国、曾市南、王永红和省委派驻邵阳市党代会现场督导组组长、省纪委监委第三监督检查室主任张朝，党代表中的市级领导，列席人员中的市级领导和担任过副市级以上职务的党员老领导，大会主席团其他成员。

上午的开幕会应到代表484名，实到代表478名。会上，严华代表中国共产党邵阳市第十一届委员会向大会作题为《真抓实干勇担当 凝心聚力促发展 为实施“三高四新”战略建设现代化新邵阳不懈奋斗》的报告；曾市南作十一届市纪委工作报告（书面）；龚红果作党费收缴使用管理情况报告（书面）。次日下午的闭幕式会实到代表479名。会议通过中国共产党邵阳市第十二次代表大会关于中国共产党邵阳市第十一届委员会报告的决议；通过中国共产党第十二次代表大会关于中国共产党邵阳市纪律检查委员会工作报告的决议；汤立斌作党代表提案审查报告。

【市委经济工作会议】 2021年12月24日，邵阳市委召开市委经济工作会议。深入学习贯彻中央、省委经济工作会议精神，全面落实省、市第十二次党代会部署要求，总结2021年经济工作，分析当前经济形势，部署2022年经济工作。市主会场设市委礼堂，各县市区设分会场。会议提出，2022年邵阳市经济社会发展的主要预期目标是：地区生产总值增长8%，规模工业增加值增长8.5%，固定资产投资增长10%，地方一般公共预算收入增长8%，居民消费价格涨幅控制在3%以内。城镇新增就业4.7万人，城镇调查失业率控制在5.5%以内，全体居民人均可支配收入增长9%。粮食产量325万吨以上。生态环境质量持续改善。

重要文件

2021年1月19日，市委办、市政府办关于印发《邵阳市驻外办事处改革总体方案》的通知。

4月1日，市委、市政府印发《关于巩固拓展脱贫攻坚成果全面推进乡村振兴加快农业农村现代化的实施意见》。

4月12日，市委办、市政府办关于印发《在全市党史学习教育中开展学史知岗爱岗活动的实施方案》的通知。

5月10日，市委办、市政府办印发《关于成立健康邵阳行动推进委员会的通知》。

5月24日，市委办、市政府办印发《关于进一步加强教育督导工作的通知》。

6月23日，市委印发《关于加强和改进新时代全市机关党的建设的实施意见》。

6月27日，市委、市政府关于印发《邵阳市贯彻落实省生态环境保护督察"回头看"及城乡环境基础设施建设专项督察反馈意见整改方案》的通知。

6月28日，市委办、市政府办关于印发《邵阳市党政领导干部食品安全工作责任清单》的通知。

6月29日，市委办、市政府办关于印发《市级领导联系乡村振兴村工作制度》的通知。

7月19日，市委印发《关于追授曾宪忠、欧定良同志"邵阳市优秀共产党员"称号的决定》。

8月27日，市委办、市政府办印发《关于全面推行林长制的实施方案》的通知。

9月11日，市委办、市政府办关于印发《邵阳市安全生产和消防工作考核办法》的通知。

10月18日，市委办、市政府办关于印发《邵阳市减轻义务教育阶段学生作业负担和校外培训负担实施方案》的通知。

10月20日，市委办关于印发《市第十二次党代会报告重点任务分解责任清单》的通知。

12月28日，市委办关于印发《邵阳市县处级及以上领导干部领学述学制度（试行）》的通知。

（龙宝华）

督查工作

【概况】 2021年，邵阳市委督查室针对粮食生产和治理耕地抛荒、遏制违法乱占耕地、生态环境问题整治、防学生溺水、农村饮水安全、重点民生实事项目建设、蓝天保卫战、交通顽瘴痼疾整治、疫情防控疫苗接种等31个方面重点工作开展专项督查，形成33篇督查报告，发出10期《督查通报》，查实8起有代表性的典型案例，查处41名渎职失责党员干部。

开展全市性会议会风会纪督查29次，发出通报6期，督查问责党员干部54人。办理领导批示件6件，其中省委书记4件、市委书记2件，均已办结；办理"人民网地方领导留言板"、"问政湖南"网民留言涉邵阳留言交办件，其中办理省委书记"地方领导留言板"涉邵阳留言44条、市委书记网民留言64条。收到党委系统政协委员提案24件，全部办结，办结率、满意率、回访率均100%。

是年，市委督查室获评"2021年度全省党委督查工作先进单位"。

【督战疫情防控】 2021年，邵阳市委督查室根据疫情防控形势需要和市委主要领导的批示指示，全员出动，随时奔赴抗疫前线开展督查暗访。特别是7月28日省内部分市州再次出现确诊病例后，以市委督查室为主体的督导组第一时间开展督查暗访，准确全面地向市委、市政府主要领导报告全市疫情防控工作开展情况。先后对全市疫情防控和疫苗接种工作开展4次专项督查，实现本土确诊病例无症状感染者连续682天为零，同时扭转疫苗接种落后局面，其中加强针接种占比排全省市州第一位。

【督办民生实事】 2021年8月4日，邵阳市委副书记、市长华学健在《关于1—8月全市重点民生实事项目进展情况的通报》上作出批示："请市委督查室迅速对4件民生实事项目建设进度滞后开展专项督查"。根据批示要求，市委督查室派出督导组分赴各县市区开展专项督查，推动4件滞后重点民生实事项目建设。截至11月25日，开工建设183个城镇老旧小区开工率、农村公路提质改造374公里完成率、特困供养服务床位建设完成率、乡村"雪亮工程"建设乡村公共部位安防设备完成率均100%完成和超额完成。

【督促环保问题整治】 2021年，邵阳市委督查室围绕第二轮中央环保督察反馈问题整改滞后的7个问题、省级环保督察"回头看"反馈问题整改滞后的3个问题，开展4轮专项督查。截至12月31日，隆回县西洋江镇南岳庙村断面铊浓度异常问题、9座垃圾填埋场问题、采石采砂破坏生态环境问题、3个工业园污水处理设施未建成投运问题、污染防治攻坚战"2021夏季攻势"等10个方面35个重点难点问题中的32个完成市级复核，上报省级销号，3个问题加快整改。

（李彬豪）

对台工作

【对台经济】 2021年，邵阳市围绕重点产业发展方向，主动对接沿海台资企业，引导支持台企参与

“十四五”规划实施，承接产业转移。先后3次组织招商队伍到台商台企密集地区上门招商，邀请到东莞智仪电子等台企负责人6批次30余人到邵阳考察洽谈。年内共招引智仪电子、博科震旦数码科技等4家台企入驻邵阳，其中3家入驻邵阳经开区东盟产业园，实现对台招商重大突破。4家台企一期投资1.8亿元，投产后预计年产值2.5亿元，预期新增税收1000万元。

【对台交流】 2021年，邵阳市创新打造对台交流品牌，举办“邵籍陆配娘家行·学邵史、忆乡恩暨湘台青年联谊”“第二届邵台青少年围棋交流赛”交流活动，增进与台湾邵阳籍配偶、台湾青年等群体感情，夯实邵阳与台湾青少年交流平台。创建邵阳市对台交流精品路线，成功申报“蔡锷故居和陈列馆”为省级对台交流基地、武冈“中山堂”为省级涉台教育基地，形成邵阳市“蔡锷故居—武冈中山堂—崀山”对台交流精品路线，该路线东接衡阳抗战遗址省级对台交流基地，西临怀化芷江国家级海峡两岸交流基地。

【涉台宣传教育】 2021年，邵阳市持续抓好中央和省委系列惠台措施的宣传贯彻，利用微信公众号、涉台网站、微信群等推送惠台政策，将涉台教育纳入各级党委（党组）理论学习中心组学习内容和党校培训内容。邀请省委台办领导到邵阳授课，安排专人到北塔区党校就台海形势作专题讲座。组织全市台办系统赴全国对台干部培训中心参加涉台知识培训学习，提升其理论水平和业务能力。

【涉台服务】 2021年，邵阳市落实各项惠台措施，不断增强台商台胞获得感。将在邵阳台胞纳入新冠疫苗接种优先人群，享受大陆同胞接种新冠疫苗同等福利。全市涉台活动、涉台领域实现零感染。及时化解涉台矛盾纠纷，协助邵阳九兴鞋业有限公司在邵阳企业解决高管子女就学，妥善处理农业台企受灾事宜。年内接待台企台胞台属来信来访50余人次，矛盾纠纷均妥善化解。建立健全涉台审判工作机制，市委对台办公室联合市中级人民法院成立“邵阳市涉台审判法官工作室”，依法保护台胞权益。

【全市对台工作会议】 2021年3月29日，全市对台工作会议在邵阳市宝庆山庄6号会议室召开。会议学习贯彻全省对台工作会议精神，总结2020年全市对台工作，交流对台工作经验，部署2021年全市对台工作。市委副书记汤立斌、副市长晏丽君、市委党校常务副校长李小坚，以及市委对台工作领导小组成员单位负责人、市直和省属驻邵阳有关单位主要负责人、各县市区委分管负责人，县市区委台办主任参加会议。会议由副市长晏丽君主持，市委副书记汤立斌就统筹做好邵阳市对台工作讲话，市委副秘书长、市委台办主任赵步高作工作报告，新邵县、洞口县、邵东市作交流发言。

（龙宝华）

政策研究

【概况】 2021年，中共邵阳市委政策研究室（以下简称邵阳市委政研室）加强对“一带一路”、长江经济带、中部地区崛起、湘南湘西承接产业转移示范区、对接粤港澳大湾区等政策的收集和研判，促进宏观政策红利转化为邵阳发展动力。承办的市委刊物《邵阳工作》全年出版12期，刊发文章300余篇、80余万字。开展乡村振兴工作，投资30万元，帮助武冈市江背岭村发展茶叶种植和铜鹅养殖产业，村级集体经济达5万元。结合党史学习教育，开展“我为群众办实事”活动，帮助铜铃社区群众解决实际问题5项、满足群众“微心愿”21个，平安建设民意调查得分100分，在市直单位排名第一位。

【重要文稿起草】 2021年，邵阳市委政研室撰写领导讲话稿、署名文章、工作汇报等各类重要文稿400余篇，累计170余万字，其中《坚持以党的十九届六中全会精神为指引 奋力谱写邵阳高质量发展新篇章》《大力实施“三高四新”战略 谱写邵阳高质量发展新篇章》等署名文章在《湖南工作》《新湘评论》《红星云》等主流刊物、官方网站发表，《建党100周年以来中国共产党对国家精神的重塑》理论文章获评全市建党100周年党建成就与经验理论研讨征文一等奖。

【调查研究】 2021年，邵阳市委政研室聚焦全市中心工作和工作推进中的热点难点问题开展调研，其中“十三五”时期全市税收收入情况、规范发展学前教育、组建邵阳供销集团等调研活动实现成果转化。筹备召开市委财经委员会第一次、第二次、第三次会议，围绕产业项目、三大攻坚战、乡村振兴、融入西部陆海新通道建设、打造湘南湘西承接产业转移和特色优势产业集聚区等开展专题调研，为全市经济社会高质量发展提供智力支撑。牵头制定邵阳市高质量发展综合绩效指标体系，围绕稳中求进、创先争优，进入全省先进行列目标要求，实行周调度、周督查、月讲评，邵阳市高质量发展综合绩效考核全省优秀、二类地区排名第一位。

【改革工作】 2021年，邵阳市委政研室组织召开3次深改委会议，审议出台《关于深化新时代教育督导体制机制改革的实施办法》等重大改革方案15个，听取关于加快构建现代公共法律服务体系建设等5项重点改革事项情况汇报，谋划推进一批关键性、标志性、突破性、引领性改革。省委改革办督察组两次到邵阳实地督察，对邵阳市改革工作特别是有线电视网络机构事业人员分流安置改革予以肯定。改革工作被省委改革办评定为优秀等次。

（胡方实）

保密工作

【概况】 2021年5月8日，中共邵阳市委保密委员会全体会议暨全市保密工作会议召开，保密委成员单位负责人、各县区保密办负责人出席。会议传达上级指示精神和通报失泄密典型案例，保密委员会部分委员述职，安排部署2021年保密工作，审议《中共邵阳市委保密委员会2021年工作要点（审议稿）》。

2021年，市国家保密局（市委保密办）利用全市开展“4·15”国家安全日宣传契机，开展为期2个月的保密宣传月活动；主任李福信先后到市公安局、市委党校、邵阳职院等单位进行保密形势教育授课。从5月13日到6月中旬，对市直机关各单位的计算机及激动存储介质的保密管理和涉密介质清理工作进行检查，实地查看各单位涉密文本、资料的制作、收发、传递、阅办、清退、保存、复制、销毁等情况，对密件进行清查、核对，对须上缴的涉密文件进行整理移交。开展各单位涉密计算机网络和设备清理核查，推进保密技术防护专用系统的配备，并利用已有设备，搞好涉密信息恢复和涉密计算机维修维护，增加对智能手机、平板电脑的技术检查手段。

加强涉密人员岗前审查、出国（境）备案审批、离职离岗脱密期保密管理等业务指导，对涉密人员进行分类管理。完成全市涉密人员数据统计。

市委保密办（局）依法依规监督国家统一考试试卷入库、分发等全过程，全市高考、成人高考、学考、研究生考试、自学考试等各项考试无失泄密事件发生。

年内，市国家保密局按照相关保密法律法规对违法违规行为进行处置，查处失泄密案件4起、违规违纪案件13起，处理人员34人次。

【保密自查自评工作督查检查】 2021年，市国家保密局依据中央保密办《自查自评工作规则》，结合邵阳实际和工作实际，细化自查规则，规定自查方法和程序，并要求各单位及时上报自查情况。加大培训力度，对市级部门开展自查自评集中培训，应邀对各县市区部门进行分批培训9次。全年共自查单位1261家、自查人员63406人。市委保密办对28个市级部门进行保密自查自评专项督查，实现市级部门全覆盖。将机关、单位保密自查自评纳入各类保密检查必查内容，实现三年内市直部门和县市区单位全覆盖。

【规范定密管理】 2021年，邵阳市国家保密局按照权责清晰、程序规范、依据充分、监督有力的要求，加强对保密事项范围的宣传、培训和指导监督，督促机关、单位抓紧制定工作秘密事项清单。10月，组织全市定密工作培训，并在培训结束后当场发卷考试。严格定密授权，规范确立指定定密责任人，督促抓好派生定密，重点检查“该定密不定密”的违规现象，使定密工作进一步规范化、精准化。

（丁念喜）

组织工作

【学习教育】 2021年，中共邵阳市委组织部落实2021年全市干部教育调训方案，选送223人次参加调训。开展党的十九届五中全会精神集中轮训，市本级举办4期示范培训班，培训2000多名领导干部，县市区、市直单位举办23期集中轮训班，培训8156人次，实现培训对象全覆盖。市县两级举办各类主体班次165期，培训2.7万人次。因岗施教举办4期县市区新任领导班子成员培训班。坚持把学习贯彻习近平总书记重要讲话重要指示批示精神作为部务会会议“第一议题”，健全落实结合重大工作对照学习习近平总书记有关重要论述机制，及时把习近平总书记在庆祝中国共产党成立100周年大会上的重要讲话等最新重要讲话精神纳入培训范畴。在全省创新出台《邵阳市县处级以上领导干部领学述学制度（试行）》，合理量化考核标准，提高领导干部学习自觉性。落实领导干部“上讲台”制度，59名党员厅级领导结合党史学习教育，到基层联系点或所在支部讲授党课。贯彻落实《全市组织系统深入贯彻习近平总书记考察湖南重要讲话精神全面落实新时代党的组织路线的具体措施》，清单化落实6个方面28项具体措施，定期盘点对账、查漏补缺。以深入学习贯彻党的十九届六中全会精神、省市党代会精神为重点拓展党史学习教育，将党史学习教育作为干部教育培训的重点任务，纳入“三会一课”、主题党日等内容。将《中国共产党组织工作条例》的学习贯彻与党史学习教育相结合，纳入各级党委（党组）理论学习中心组学习和市县两级干部教育培训内容。

【庆祝中国共产党成立100周年】 2021年，中共邵阳市委组织部推荐被表彰全国优秀共产党员1名、先进基层党组织1个，湖南省优秀共产党员15名、优秀党务工作者15名、先进基层党组织14个。组织召开全市“两优一先”表彰大会，表彰100名优秀共产党员、100名优秀党务工作者和100个先进基层党组织。组织开展“中国共产党建党100周年党的建设成就与经验理论研讨”征文活动，评选出获奖论文18篇进行通报表彰。采取召开表彰大会、座谈会颁发、结合七一走访慰问现场颁发等方式，为4万多名党员颁发“光荣在党50年”纪念章。向市管党员干部寄送七一党员贺卡和红色书籍3800多份，广泛宣传“两优一先”表彰对象的先进事迹。

【市、县、乡、村四级班子集中换届】 2021年，邵阳市完成村（社区）“两委”换届，“一肩挑”比例达96.8%，班子平均年龄41.2岁，较上届降低8.2岁，30岁左右、大专以上学历达39%，较上届增加1

倍。完成乡镇党委换届，实现所有组织提名人选100%满票或高票当选，166个乡镇党委100%一次选举成功，7项结构性配备指标100%完成，《湖南日报》专题推介邵阳市乡镇党委换届经验做法。推进市县两级领导班子换届，对全体市党代表、市党代会换届工作人员等开展谈心谈话，其中集中谈2轮、个别谈1068人次。279名县市区人大、政府、政协领导班子成员（含法院院长、检察院检察长）全部满票当选；新一届市委59名市委委员及12名候补委员、33名市纪委委员，53名出席湖南省第十二次党代会代表，新一届市委常委、书记、副书记和市纪委常委、书记、副书记全部满票当选；540名分配到县市区选举的市人大代表全部实现满票当选；完成市政协委员推荐提名工作，提交市委常委会研究确定428名提名人选，人选结构比例均符合有关规定。

【推进省委文件落实落地】 2021年，邵阳市持续推进省委“1+5”文件落实落细落地。减轻基层负担，全市“一票否决”和“责任状”事项全面取消，基层干部人均微信工作群从21.5个减少到4.7个。规范乡镇（街道）职责权限，重点扩大乡镇（街道）产业发展、民生事业等方面管理权限，确定116项法定责权、52项经济社会管理权限，9个县市区调剂675名事业编制周转使用。扩宽基层干部晋升渠道，择优比选74名“五方面人员”进入乡镇领导班子，面向基层遴选（选调）公务员（事业编制人员）935人，面向村（社区）干部、大学生村官、退役军人招录乡镇（街道）公务员和招聘乡镇（街道）事业编制人员215人。促进人才向基层流动，基层事业单位中级、高级专业技术岗位结构比例分别增加5个百分点、3个百分点；择优招聘在基层医疗卫生机构连续工作5年以上、已经取得执业（助理）医师资格的临聘人员13人，招聘急需紧缺医学人才31人；完成基层中小学教师高级职称评审，1275人获中小学教师高级职称。提高基层干部待遇，各级财政安排资金3.4亿元，确保提高乡镇机关事业单位人员的工资收入高于县（市、区）直机关事业单位同职级人员20%以上政策落地落实，所有贫困县（市）村党组织书记基本报酬超过本地上年度农村居民人均可支配收入2.5倍；各县市区村级组织运转经费总体预算安排7.8亿元，同比增长12.21%。

【基层公共服务（一门式）全覆盖】 2021年，邵阳市完善村（社区）服务中心配套建设，增强服务功能，将服务中心打造成集党务、政务、村务、商务、公共文化和社会服务于一体的综合服务阵地，全市3634个村（社区）服务中心水电路网等配套设施实现全覆盖。政务外网连到村（社区），实现村（社区）“一门式”办理、“一站式”服务。

【整体推进各领域党建工作】 2021年，邵阳市推行建设坚强党支部，开展信访“三无”、文明、廉洁、平安、美丽乡村创建，建立健全“一支部、五创建、八协会”模式，强化村级党组织整体功能。实施“标杆党组织”创建活动，推荐省级创建对象25个（确定表彰对象4个），选树市级标杆创建对象100个。开展“党建引领、助力千企”行动，确定53家有代表性的企业，开展送服务、送培训、送政策等专项服务活动70余场次。推动“我为群众办实事”活动走实走深，开展“感党恩送光明暖人心”“健康饮水惠民行”等公益活动。突出抓好3个全省基层党建示范点和54个全市基层党建示范点，推进24个小区党建示范点建设。

【推进脱贫攻坚与乡村振兴有效衔接】 2021年，邵阳市全市选派1429支驻村工作队（含中直、省派工作队46支）、3400名驻村队员，覆盖204个乡村振兴示范创建村、338个乡村振兴重点帮扶村、1074个已脱贫村和2个全国红色美丽村庄建设试点村。举办全市乡村振兴驻村帮扶干部重点培训班，对新一轮派驻村工作队队长和县市区驻村办负责人共294人进行培训，对所有驻村队员进行兜底轮训。村级集体经济实现空壳村清零，5万元以下的薄弱村相比2020年减少30%。

【发展党员和党员教育管理】 2021年，邵阳市新发展党员11480名，组织发动村（社区）“两委”班子成员、驻村干部、党员参与3期全省村（社区）“两委”班子成员在线培训、自主学习，累计培训52.3万人次。

【专业化干部队伍建设】 2021年，邵阳市委组织部完成17批次571名干部的任免（不含县市区领导班子换届调整），其中提拔117名，进一步使用33名，晋升二级巡视员6名、一级调研员23名、二级调研员49名，交流任职67名。14名长期在基层一线工作、工作成效明显的乡镇（街道）党委书记提拔到市直单位担任副处级领导职务。执行干部能上能下若干规定，取消2名在任前公示有举报且查实影响任用的干部任职，取消3名提名人选的资格。组成9个政治建设考察组，入驻34个政府工作部门开展政治建设考察。培养选拔优秀年轻干部。创新出台《中共邵阳市委关于进一步加强年轻干部队伍建设的十三项机制》，建立2682名优秀年轻干部资源库，实行动态管理。将年轻干部纳入政治建设考察内容，通过政治建设考察，掌握74名42岁以下正科级优秀干部。分类别开展4批次98名年轻干部面谈，全方位进行体检，了解年轻干部队伍综合素质和试岗情况。各县市区、乡镇在班子换届时均满足有关年轻干部的配备要求。全面贯彻公务员法及其配套法规，制定《邵阳市职级职数核定、使用和动态管理办法》，分期、分批、有序开展职级晋升。重新认定参公单位，确定机构改革后拟重新认定参公单位394个，参公单位与非参公单位合并需重新认定的单位70个，原参照管理机关（单位）整合相关职责组建的单位县市区6个，退出管理169个。开展公务员登记，审批办理362人的公务员登记事项。推进公务员招录，新录用公务员557名。规范公务员调任，完成22人的调任审批。市卫健委焦劲松获评全国“最美公务员”；申报13名湖南省第七届“人民满意的公务员”“人民满意的公务员集体”和记一等功拟推荐对象。全面从严管理监督干部。落实《干部选拔任用工作监督检查和责任追究办法》，审批任前事项162批次，暂缓、否决20批次。加大举报查核力度，收到各类举报件41件，办结34件，其中查实4件、取消1人任职资格，结合举报查核开展函询5人次，属实1人次。开展领导干部报告个人有关事项工作，1335名市管干部按要求填报个人事项，实现应报尽报；围绕换届工作，抽查核实39批825人次，如实报告762人，如实报告率92.36%。

【人才培养、引进与使用】 2021年，中共邵阳市委组织部落实高层次人才相关待遇，解决38名高层次人才子女和企业人才子女就学需求。破除“唯学历、唯资历、唯论文、唯奖项”倾向，210人获工程师任职资格。落实《邵阳市领导干部联系服务专家实施办法》《邵阳市专家服务组工作制度》等制度，市级领导、市委人才工作领导小组成员与专家“结对子”97对。建立完善专家荐才和靶向引才机制，强化柔性引才理念，采取共建产学研用联合体等方式，引进、招录人才3650人，其中研究生以上学历322人、副高以上职称154人、技能人才174人。成功引进华南理工大学副教授、工业技术研究院副院长张晓元博士，华南农业大学科学研究院院长谢青梅教授、田兴国教授及其博士等五大团队，开展校企科研合作。支持12个县市区通过“龙头企业+人才”“种养基地+人才”“合作社+人才”以及医联体建设等模式，引进各类人才262人，其中博士20人、副高级以上职称人才150人。推动省级45名科技特派员、132名“三区”科技人才、市县两级781名科技特派员组成科技专家服务团，为基层提供技术支持。通过“村播带货”培训班等方式，完成各类农民科技培训10.13万人次。8个贫困县市通过“国检”验收，减贫人口全省最多。举行智汇潇湘·邵阳市“宝庆人才卡”首发仪式，为湖南粮安科技股份有限公司董事长王杰等全市439名高层次人才颁发“宝庆人才卡”，提供在邵阳境内优先落户、子女入学、医疗保障、免费旅游等7项优待服务。

（黄梁清）

宣传工作

【理论武装】 2021年，邵阳市各级党委（党组）理论学习中心组按专题系统学习，市委理论学习中心组围绕中共十九届六中全会精神、党史学习教育等开展集中学习15次。开展专题学习研讨，形成“自学+研学”“实践+理论”“讲授+体会”的学习模式。依托“学习强国”学习平台、报告会、“屋场会”、“五老”微课堂等载体，面向基层开展党史学习教育、中共十九届六中全会精神集中宣讲、“六进六促”微宣讲、“党史知识进基层”专题宣讲等5万余场次，直接受众120余万人。推出“小布说党史”“团团学党史”等短视频44期，在各媒体平台传播。开展“我为省党代会建言献策”活动，搜集意见建议1.5万余条，上报意见建议565条，其中16条被《湖南日报》《新湖南》《红网时刻》等媒体采用，省简报第62期专题刊载邵阳市意见建议。围绕落实重大理论和现实问题，推动形成一批研究成果，收到申报课题130多项，推出17期智库成果专报。

【庆祝中国共产党成立100周年】 2021年，邵阳市推进“学史知岗爱岗”活动，围绕住房安全、医疗健康等9个方面内容，点对点解决一批群众“急难愁盼”的具体实事。全市新增学位3.31万个、床位1.06万张、停车泊位2.4万个、城镇公共厕位1146个；处级以上领导干部拟办实事项目2069件，完成率100%；各地各部门深入乡村振兴点、基层社区、企业等开展认领“微心愿”志愿服务活动，圆梦微心愿100458条。以播放一批红色电影、编排一批红色文艺节目、编发一批红色党史书籍、召开一批学习交流分享会、参观一批红色遗迹遗址、送学一批特殊党员群体的“六个一批”

2021年6月24日，“颂歌献给党”邵阳市庆祝中国共产党成立100周年文艺晚会在贺绿汀大剧院举行（申兴刚 供图）

工作举措，实现农村党员党史学习教育全覆盖，获省委宣传部推介。推出4条旅游精品红色线路，市博物馆、贺绿汀故居获评省级爱教基地，蔡锷故居和陈列馆革命文物保护工作被中央学教办重点推介。

推进“永远跟党走”群众性主题宣传教育活动，举办“颂歌献给党”庆祝中国共产党成立100周年文艺晚会、“欢乐潇湘·颂歌向党”合唱比赛、“百团百角唱百年”全市文艺院团竞演、红色旅游故事讲解大赛等庆祝中国共产党成立100周年主题系列活动。

整理挖掘《萝卜眼里长铜钱》《一座红军墓 四代守墓人》等红色故事，推出专题片《红色热土 幸福邵阳》、图书《党建百年·图说邵阳》，全市媒体推出庆祝建党百年报道9300余篇，制作新媒体产品234个，其中《最可爱的人进邵阳 听抗美援朝老战士讲故事》《一条棉裤的初心》等被人民网、新华网、“学习强国”学习平台等媒体转载，点击量超过1210万次，1600余篇稿件在人民网、“学习强国”、《湖南日报》及湖南卫视等主流媒体刊播。

【正面宣传】 2021年，邵阳市加强正面宣传。围绕中共十九届六中全会、省市党代会宣传，推出系列短视频和H5，其中专题片《信仰的力量》被央视网、“学习强国”学习平台等采用，在中央级、省级主流媒体上稿3900余篇，位居全省各市州前列；举办建党100周年新闻发布会7场次。推进媒体融合。邵阳日报社融媒体建设提质增效，邵阳广播电视台整合频道资源成立融媒体新闻中心。打造抖音、快手等短视频社交平台账号，抖音号播放量突破2亿次，“邵阳发布”微信公众号综合指数排名位居全省市州第二。全市12个县市区县级融媒体中心完成验收。加强新闻媒体导向和内容管理，建立健全重大舆情应急处置协调机制、舆情应急重点单位联络体系。妥善处置新宁、武冈、邵东、邵阳县等地突发事件。

2021年1月21日，邵阳市举行社会主义核心价值观教育活动“双十最美”颁奖典礼
（市委宣传部 供图）

【文明创建】 2021年，邵阳市拓展精神文明创建。常态长效推动全国文明城市“全域、全员、全程、全面”创建，在全省城市文明程度指数测评中以91.22分位居全省第二，在全国文明城市测评中综合得分87.97分，在全国97个地级提名城市中排第21名；未成年人思想道德建设工作综合得分97.78分，全国排第六名。各县市区100%参与文明县城（城区）创建，邵阳县、新邵、绥宁等3个县成功创建省级文明城市。

推进思想道德建设。推荐彭艮凤获评第八届全国道德模范提名奖，肖剑锋、曾令超、杨淑亭3人获评第八届湖南省道德模范；举办第七届全市道德模范和第四届“双十最美”评选表彰活动，“邵阳好人”暨新时代好少年发布仪式；推动出台《邵阳市文明行为促进条例》，市级校外未成年人心理健康辅导中心揭牌运营。

推进志愿服务。全市注册登记志愿者125万余人，位居全省第三，志愿服务团队4710支。常态化开展“四季同行·雷锋家乡学雷锋”“文明创建·志愿邵阳”等志愿服务活动，“关爱心灵助力成长”志愿服务项目获评全国百佳志愿服务项目。全市累计开展各类志愿服务活动13.8万场次，参与志愿服务的志愿者超过116.7万人，惠及群众42万人。

全域推进新时代文明实践。建立健全“四级联动”工作机制，推动市县乡村全覆盖。其中，武冈市“善星小集”志愿服务入选中央文明办《建设新时代文明实践中心工作方法100例》，成为全省入选的三个典型案例之一；隆回县三阁司镇新时代文明实践所获评湖南省首批“学雷锋活动示范点”，隆回县承办全省拓展新时代文明实践中心建设工作推进会。

【群众文化】 2021年，邵阳市实施“个十百千万”文艺创作工程。新增湖南文艺人才“三百工程”3人；在第七届湖南艺术节上，大型现代祁剧《种子方舟》获“田汉大奖”，花鼓戏《豆腐西施》获“田汉新剧目奖”，共斩获奖项25个；在全省庆祝建党100周年美术书法摄影大展上，书法囊括60%金奖，获奖总数和等级奖个数位居全省第二。文学作品《回家地图》、歌曲《信仰》等5件作品获第二届湖南省文学艺术奖；《涛声依旧》在“百团百角唱百年”全省文艺院团竞演中获“优秀节目”，独具花瑶民族特色电影《父母的城市生活》上映。

开展“欢乐潇湘”“宝庆群艺汇”“美丽邵阳我的家”等品牌群众文化活动；开展送戏下乡900余场、周末剧场48场，惠及观众50万余人次。健全公共文化服务体系，实施智慧图书馆、数字文化馆、公共数字文化进村入户等建设项目，邵阳市“以民族节庆助推公共文化建设项目”被命名为第四批国家公共文化服务体系示范项目。

文旅产业融合发展，推荐虎形

山瑶族乡参选省级特色文旅小镇，蔡锷故里景区获评国家AAAA级旅游景区，全市有国家AAAAA级旅游景区1家、国家AAAA级旅游景区6家。岩鹰拳、龙山药王医药文化入选第五批国家级非物质文化遗产代表性项目名录，隆回花瑶挑花、蓝印花布印染技艺等7个项目入选《湖南省第一批传统工艺振兴目录》。

【意识形态领域管理】 2021年，邵阳市将意识形态和网络意识形态工作纳入政治巡察、绩效考核、全面从严治党的主体责任和党建工作责任推进落实。实行清单管理、量化考评，细化17类55项具体任务，组织召开意识形态工作联席会议暨形势分析研判会4次，下发专题通报7期。巩固运用巡视巡察成果，十一届市委开展9轮意识形态专项巡察，覆盖全市109个单位，整改销号问题872个。组织开展巡察整改工作“回头看”，完成39个单位相关问题整改销号。强化日常监管。建成网络安全应急指挥中心，承办全省网络平台建设现场会。强化广播电视安全播出、新闻出版、文艺文化等阵地监管。开展“扫黄打非”斗争，打击非法出版物和有害信息，查办“扫黄打非”案件56起，基层工作站点实现全覆盖。

（周小旭）

统一战线工作

【概况】 截至2021年年底，邵阳市有民主党派市级组织6个，党派成员3622人。有非公企业79947家，其中规模以上工业企业2068家。全市市场主体增长到38.5万户，民营经济从业人员超过70万人，新的社会阶层人士数量超过3万人，统一战线“点多、线长、面广”的特点明显。辖1个苗族自治县、1个少数民族人口过半县、15个民族乡、6个民族村，少数民族50个，人口56.62万人。有佛教、道教、伊斯兰教、基督教四大宗教，已登记赋码的宗教活动场所627处，爱国宗教团体23个，认定备案宗教教职人员423名，信教群众20.51万人。海外华人华侨13.78万人，归侨侨眷15万余人，紧密联系的海外侨社团18家。

2021年，市县两级党委常委与286名统一战线代表人士联谊交友，市政府领导及其有关部门与各民主党派市委会、市工商联开展对口联系，为党外代表人士履职创造条件、提供保障。

6月8日召开市民营经济统战工作会议暨民营经济高质量发展大会，市委书记龚文密、市长刘事青、市委副书记汤立斌等市领导出席；升级“民营企业家沙龙”；动员337家民营企业参与“万企兴万村”行动，创建同心美丽乡村37个；引导48家异地邵阳商会助力家乡发展；推动“追梦中华·幸福湖南”2021海外华文媒体湖南采访行活动走进邵阳，助力“邵企出邵”“邵品出海”。

支持党外人士开展专题调研，落实政党协商计划，完成各民主党派市委会、市县工商联换届工作；4个乡镇（村）入选首批省级民族乡村振兴试点单位，城步、隆回成功创建为“全省民族团结进步示范县”；19座清真寺完成中国化风格改造，开展“万企大走访 同心促发展”优化涉企服务；建成新的社会阶层人士统战工作实践创新基地19个，指导基地组建“同心服务团”，开展创新创业、社会服务、公益助农等活动；建立海外统战工作协作机制，做好港澳台统战和侨务工作。

推动县级侨联组织实现全覆盖，各县市区委统战部普遍设立民族宗教事务中心；建立统战干部党史学习教育“领学”“述学”“考学”制度，举办全市统战干部专题培训班；推动统战工作向商会组织有效覆盖，建立健全县乡村三级统战工作网络。

是年，邵阳统战工作跻身全省“第一方阵”，多项实践创新成果获省委统战部表彰，成为同时包揽信息工作“一等奖”、调研工作先进单位的三个市州之一。在全省率先建立党委统战工作领导小组述职评议制度、推进新的社会阶层人士统战工作实践创新基地建设、多措并举铸牢中华民族共同体意识、维护宗教领域安全稳定等经验做法，在全省乃至全国宣传推介。邵阳市归国华侨联合会被授予“全国侨联系统抗击新冠疫情先进集体”称号。

【民族工作】 2021年，邵阳市统战部门完善涉疆服务管理工作机制，建立涉疆服务管理工作联席会议制度，召开联席会议成员单位全体会议，推动涉疆服务管理工作开展。组织新疆籍少数民族群众开展“感党恩 庆百年 促交融 保稳定”宣讲

2021年10月14—15日，“追梦中华·幸福湖南”海外华文媒体湖南采访行活动走进邵阳

2021年12月10日，邵阳市委统战部、市工商业联合会联合举办邵阳市民营企业家沙龙（第十三期）活动 （市委统战部 供图）

活动，帮助12名新疆籍外来务工人员子女解决就近入学问题。5月，新疆驻湘工作组党委书记肖志东一行到邵阳调研新疆籍少数民族服务管理工作，对邵阳工作给予肯定。

推进民族团结进步创建。制定完善《邵阳市民族团结进步创建工作方案》，围绕市委提出的2023年创成“全国民族团结进步示范市”目标，指导各地开展民族团结进步进机关、进企业、进乡镇、进社区、进学校、进连队、进宗教活动场所“七进”工作。截至年底，邵阳市成功创建5个全国、10个全省、61个全市民族团结进步示范单位。

促进民族地区经济社会事业全面发展。争取中央、省级少数民族发展专项资金1761万元，市本级少数民族发展资金增加到每年780万元，支持民族地区发展，隆回县虎形山瑶族乡等4个乡镇（村）入选首批省级民族乡村振兴试点单位；引导民族地区培育特色产业，形成“一乡一品”“一村一特色”产业发展格局；推动民族节日文化和旅游融合发展，其中城步苗族自治县接待游客485万人次，实现旅游综合收入45亿元。

【宗教事务】 2021年，邵阳市贯彻落实党的宗教工作理论和方针政策，坚持以“导”的态度对待宗教，加强党对宗教工作的集中统一领导。

持续推进“五进五好”主题活动（“五进五好”即“党的十九大精神、国旗国歌、社会主义核心价值观、政策法规、中华优秀传统文化进宗教活动场所，宗教教职人员努力做到政治品格好、守法遵规好、文明友善好、传承文化好、服务社会好”）。在宗教界深入开展爱国主义、集体主义、社会主义教育，有针对性地加强“四史”学习教育，举办庆祝中国共产党成立100周年系列活动。

防范化解宗教领域风险。开展宗教领域常态化疫情防控及安全隐患排查，实现宗教领域“零疫情”“零事故”，维护宗教领域安全稳定的邵阳经验在全省民宗系统安全生产工作会议上获推介。

整治宗教领域突出问题。落实宗教工作三级网络和两级责任制，加强宗教活动场所管理；推动19座清真寺完成中国化风格改造，中国伊协制作专题片在全国宣传推介邵阳经验做法。

加强宗教界自身建设。5个全市性宗教团体、13个全县性宗教团体成功换届，新成立3个爱国宗教团体。市道协会长吴理之当选中国道教协会副会长，市伊协会长张小林提名为中国伊协理事。

【涉企服务】 2021年，邵阳市先后召开全市民营经济统战工作会议、全市民营企业家座谈会，支持民营经济发展；在民营企业中开展“我心向党 忠诚为国”教育活动；建立健全党政领导联系企业、商会制度，畅通政企协商渠道。

升级“民营企业家沙龙”活动，建立“前期摸底—集中走访—专题座谈—问题交办”的工作机制。举办第十二、十三期邵阳市民营企业家沙龙，把沙龙反馈问题纳入市委、市政府重点督查内容，向27家单位下发交办函，反馈回复率达100%，按时办结率达92.69%，帮助民营企业解决“急难愁盼”问题90余个。其中美丽来发制品反映融资难的问题在半个月内得到解决，获银行贷款500万元。

在全市开展优秀民营企业评选表彰活动，组织参加“新湖南贡献奖”等评选，3家企业和6名企业家分别被评为“第一届新湖南贡献奖先进集体、先进个人”，湘林集团上榜“2021三湘民营企业百强榜”；建立民营经济统战工作协调机制，成立邵阳市民营企业服务中心，增设全额拨款事业编制5名，为企业提供一站式、全方位、保姆式服务，助推邵阳民企维克液压公司成功上市；推动召开全市知识产权成果转化对接会，22家省市企业与邵阳学院签订战略合作协议。

深化“迎老乡 回故乡 建家乡”活动，创新召开全球异地邵阳商会会长视频会议暨招商引资推介会，以“敢闯邵商、共建邵阳”为主题开展政企“云对话”，引导48家异地邵阳商会发挥桥梁纽带作用，助力家乡发展。全年邵商直接投资及与邵商有关的投资项目199个，投资金额达576.66亿元。

【“学党史 筑同心 跟党走”演讲比赛】 2021年5月17日，心中的话儿对党说——邵阳市统一战线“学党史 筑同心 跟党走”演讲比赛决赛在市文化馆举行。市委常委、组织部部长、统战部部长王永红出席并致辞。来自全市统一战线各领域的代表将心中的话儿对党说，颂党恩、表忠诚、诉心声，升华对党的恩情、对人民的大爱、对责任的担当，宣誓了不忘初心跟党走、牢记使命报党恩的坚定信念。

（王建波）

市直机关党建

【概况】2021年，邵阳市直属机关工作委员会（以下简称市直机关工委）牵头开展为期3个月的调研，与市委组织部、市委编办、市人社局、市财政局等部门协作，代拟市委《关于加强和改进新时代全市机关党的建设的实施意见》并于6月正式出台。根据该意见，市委明确将市工信局、市教育局、市卫健委、市国资委机关党组织关系纳入市直机关工委统一管理，批准在市直机关工委增设二级机构——市直机关党员教育中心。

批复成立7家机关工会，指导32家机关工会换届改选。开展“学雷锋”志愿服务、移风易俗、禁烟控烟等活动，推进市直党员志愿服务体系建设。牵头组织“翰墨颂党恩，永远跟党走”市直机关书法比赛，收到来稿227件，评选出20件获奖作品、80件入展作品，并结集出版。联合举办市直单位干部职工全民健身联赛，共100家单位1500多名运动员先后参加羽毛球、篮球、气排球和乒乓球比赛。

【党建引领】2021年，邵阳市发挥基层党组织战斗堡垒作用和党员先锋模范作用。引领疫苗接种。推进机关疫苗接种，召开市直单位疫苗接种工作推进会，通过发函督办、电话催办、现场交办等方式压实市直单位责任，实现全市第二剂疫苗接种排名后发赶超至全省第一；持续推进加强针接种，确保不漏一人、不少一针、全面“清零”。引领文明城市创建。下发《邵阳市党建带文明创建工作实施方案》，组织5000余名党员志愿者到社区、学校、企业等地，开展交通疏导、垃圾分类、反电诈等为民办实事活动，开展组织活动2000多场次，服务群众10万人次。市直机关工委专项督导2次，督促整改问题37个。引领乡村振兴。组织93个市直单位前往乡村振兴联系村开展支部“手拉手”、党群“心连心”和“支部共建”活动。完成党代表选举工作。选举市直属机关党代表204名，召开中国共产党邵阳市直属机关工作委员会代表会议，选举产生市党代表131名。推荐产生省党代表11名，上报省党代表提案3件。

【宣传引导】2021年，市直机关工委采取线上宣传和线下指导相结合、传统手段和现代技术并用等方式创新宣传工作。重点打造3个专栏，在“邵阳机关党建”微信公众号开设党建理论专栏，密集宣传重要讲话重要会议重要指示批示精神；在市委大院设置机关党建宣传专栏，让党员、群众方便快捷地了解党建最新精神；在《邵阳工作》开办“创建模范机关——党组（党委)书记大家谈”专栏，24名党组（党委)书记参与理论学习研讨、交流工作经验。《机关党建工作虚化的表现及对策研究》获全省机关党建理论研究成果一等奖。举办市直机关党的建设工作成就展，组织市直65个单位参展，吸引8000多名党员群众观展。在“邵阳机关党建”公众号上推送疫苗接种知识宣传等，其中《朋友，你接种新冠疫苗了吗？》在主流媒体阅读量近30万次，《@邵阳全体机关党员，市直机关工委喊你去这里打卡啦！》霸屏朋友圈。在人民网、省直机关工委网站、《邵阳日报》等主流媒体上稿30多篇，《突出“四抓”提升党员教育实效》在全省机关党的工作会议上作经验交流，并被人民网、《党建文汇》推介。“邵阳机关党建”微信公众号共推出64期224篇，全面展示机关党建工作成效和形象。

【党员教育管理】2021年，市直机关工委注重教育要求与党员需求相结合，不断创新党员教育管理服务。编印《党员学习教育一本通》《党员应知应会500题》《机关党建实务300问》《机关纪委工作实务手册》，解决“多头记录”“学什么”“怎么做”等问题。突出思想政治教育和政治训练，举办机关纪委业务培训班、发展党员培训班、党务干部轮训暨党员教育示范培训班等主体班次，培训党员发展对象195人、入党积极分子120人、党务干部和新党员共265人、发展党员203人。挖掘整合市红色资源，打造市直机关党性教育现场教学点7个，拨付经费50万元。全年组织市直机关各基层党组织前往红色教育基地开展现场教学750多场次。开展“党内激励关怀帮扶”，召开市直机关庆祝建党100周年表彰大会，表彰党员157名、党组织50个。2人被市委追授为全市优秀共产党员。21名党员、5个党组织获省、市“两优一先”称号。颁发“光荣在党50年”

2021年6月4日，邵阳市举行市直单位干部职工全民健身联赛羽毛球比赛

（市直机关工委 供图）

纪念章1546枚。安排慰问资金近百万元慰问困难党员、老党员等群体近1000人。开展“百年辉煌 红色邵阳”教育活动，确定5个主题56个场地，市直机关623个党支部开展活动1136场次，参与2.1万人次。开展“光影铸魂”主题党日活动450多场次。市直工委选派选手代表邵阳参加全省“学习强国”学习达人挑战赛获一等奖。

【组织建设】 2021年，市直机关工委新成立1个机关党委、2个党总支，批复和指导12个机关党委、4个党支部进行换届选举，调整充实基层党组织班子成员200余人。落实党建“联述联评”制度，通过现场与书面相结合的方式全覆盖开展市直单位党组（党委）书记抓党建述职评议考核。2020年度党组（党委）书记抓党建述职评议，“好”“较好”等次分别为44名、39名，约谈“一般”等次5人。下发工作提示12期，坚持每月对机关党建的重点工作进行安排部署。督促基层党组织按期换届、落实“三会一课”、主题党日等基础性工作。将机关党建考核细则细化成12部分46个项目，组织5个调研组对全市93个单位逐个进行实地调研，通过查阅资料、实地考察、个别访谈，重点对各单位的组织设置、班子建设、换届选举、工作机制、意识形态、“五化”建设、清廉邵阳建设7个方面进行调研检查。推进机关纪委建设，实现市直机关纪委设置全覆盖，形成同频共振、同向发力的监督执纪工作格局。从严选拔机关纪委干部，推行市直机关纪委书记、副书记任前审查和集中谈话制度。全年审理案件103件。

（刘文豪）

2021年3月2日，市直机关党组（党委）书记抓基层党建暨落实意识形态工作责任制述职评议会议召开

（市直机关工委 供图）

机构编制

【机构编制管理】 2021年，中共邵阳市委机构编制委员会办公室（以下简称邵阳市委编办）进一步细化和明确机构编制审批事项与程序，制定《邵阳市机构编制审批事项与程序清单》；遵循《编委工作规则》《编办工作细则》，在动议、论证、审议决定、组织实施等各个环节，严把程序和权限关口；聚焦人才强市战略，探索行政编制周转池、人才编制池等周转使用办法，市本级行政编制周转审批管理实施办法完成前期调研、论证、起草工作；转变工作作风，在机构编制事项动议环节，从领导部署、单位报告转变为主动上门、靠前服务，加强机构编制前期调查研究和管理评估，推动建立机构编制执行情况、使用效益评估机制，拟定《邵阳市机构编制管理评估实施细则（草案）》。

推进开发区管理机构清理规范，精简3个管理机构、17个派驻机构、21个内设机构，在开发区统一配置1~2个直属事业单位；

聚焦“学位”“床位”等民生问题，中小学教职工编制余编率从年初的8.2%降至5.3%，各县市区全面达到国家标准；优化市卫健委、市中心医院、市中医院等单位的内设机构，市中西医结合医院升格为副处级，两次邀请省委编办赴邵阳专题调研市县两级公立医院及乡镇（街道）卫生编制情况。

【议事协调机构管理】 2021年，邵阳市委编办印发《关于清理规范市级议事协调机构的通知》，按照自查上报、审核审议和审定实施三个步骤，推进议事协调机构清理规范，对市本级各类领导小组、指挥部、联席会议、委员会、协调小组等跨部门议事协调机构及其下设的各类专项小组全部纳入清理规范范围，做到“应清尽清，应规尽规”，清理规范后，市本级共调整保留市级议事协调机构203个。

【体制机制改革】 2021年，邵阳市委编办调整优化市本级经济发展环境职责、县市区山林纠纷调处机制，规范县市区群团机构管理，增强校外教育培训监管机构职能和工作力量，健全国家安全、疾病预防控制、无线电管理、文物保护和考古等工作机制。推动乡村振兴与脱贫攻坚机构调整，全市乡村振兴机构于5月10日前全部完成挂牌，构建脱贫攻坚成果同乡村振兴有效衔接的体制机制，在全省属于前列。推进行政复议体制改革，在县市区行政编制紧缺情况下，采取内部调剂、部门划转、本级统筹等方式，按要求按标准足额保障各级行政复议工作人员力量。推进综合行政执法改革和公益类事业单位改革，开展应急管理、自然资源等执法机构和全市所有公益类事业单位的前期调研谋划。持续深化基层管理体制改革，落实省委加强基层建设“1+5”文件精神，调整优化乡镇街道类别、调整规范乡村振兴等挂牌机构，进一步增强基层管理动力。

【事业单位登记管理】 2021年，邵阳市委编办聚焦提升事业单位登记管理绩效，全面推行“一件事一次办”和“不见面”办理，办结时限法定30日以上的压缩至5日、30日以内压缩至当日办结。全年市直共计办理事业单位设立登记14家、变更登记66家次、注销登记4家、年度报告249家，机关群团统一社会信用代码初领或变更发证22家，受理单位或个人对法人登记信息查询100余次。

【机构编制监督检查】 2021年，邵阳市委编办推进机构编制监督检查和巡视巡察发现问题整改。全面完成机构编制核查，涉及行政机构991个、事业机构5582个，市本级修正信息1334条次，涉及156477人次，全面摸清家底，为编制数据向“数字编制”转化打下基础。推进超编制限额进人提级整改，单项工作的整改成效在14个市州居首位。首次将机构编制监督检查纳入市委巡察工作范围，从全市机构编制系统选出30名干部组建市委编办巡察工作人才库，并选派4人参加第十一届市委第十轮巡察，标志着邵阳机构编制监督检查常态化制度化实现大进展。

（尹毅林）

老干部工作

【老干部党建工作】 2021年，邵阳市委老干部局组织老同志收看7场全国离退休干部网上专题报告会和中央组织部、中央广播电视台推出的3期《党课开讲啦》活动，观看学习的离退休干部党员达8万多人次。开展党史学习教育。市县两级老年（老干部）大学开设党史学习教育专题课程，集中开展党史学习教育50多场次。以老干部先进事迹为题材，拍摄两部党员教育电视片。全面强化对离退休干部党支部工作的指导，市本级到基层指导离退休干部党组织建设20多次，为15个离退休干部党组织解决工作经费3万元，成功创建3个省级示范支部和16个市级示范支部。市本级投资近40万元建设功能完善的美在金秋邵阳市老党员之家，为市直单位离退休干部党支部开展组织生活提供场地便利。扩大县级老党员之家建设覆盖面，划拨5万元支持基层老党员之家建设，新增建成10个老党员之家，另有8家在建中。

【发挥老干部正能量】 2021年，邵阳市委老干部局在老党员中开展“中国共产党建党100周年的建设成就与经验研讨征文”和“我的入党那一天”征文活动，分别收到征文31篇、107篇，2篇在省老干部局评选中获奖，其中洞口县退休干部谭树木的《永葆入党初心》在中国基层网刊载。举办全市离退休干部庆祝中国共产党成立100周年唱红歌和讲红色故事比赛，选出代表队参加全省比赛，获二等奖1个、三等奖2个、优胜奖1个。市县两级老年大学举办庆祝中国共产党建党100周年文艺演出50场次。在离退休干部中组织开展“我看建党百年新成就”座谈会20余场。市关工委和市党史联络组老同志共同编纂《红色阵地》一书，印制2000本捐赠给青少年。以《夕阳红》报和宣传橱窗为载体刊登老党员学党史心得体会50余篇。举办2021年“情暖重阳新变化·共话邵阳新发展”重阳节座谈会，离退休老领导、老同志针对市第十二次党代会、邵阳经济社会发展、离退休干部待遇及活动开展等建言献策。关心下一代，组建“党史国史”宣讲团到社区学校、城镇社区和农村向青少年宣讲红色故事322场次，组织近6万名青少年到红色教育阵地接受红色教育；市县两级举办隔代家庭教育讲座300多场次；划拨近50万元用于农村爱心书屋、农村办学条件改善、社区心理咨询室建设等。

【为老干部办实事】 2021年，邵阳市委老干部局开展“我为老干部办实事”实践活动，围绕解决老干部关心的实际问题开展调研，撰写《为老干部办实事的几点建议》，提交市委常委会和市政府常务会研究通过，市直离退休干部生活补贴由按在职干部绩效奖的26%发放标准提高到按50%的标准发放，离退休干部帮扶资金和厅级退休干部去世家属慰问金纳入财政预算，提高厅级退休干部生日祝寿金标准。年内走访慰问离退休干部347人次（其中易地居住离休干部7人），看望住院老干部80人次，生日祝寿85人，吊唁去世老干部20人，建立短信平台，在各重大节日向老同志发送祝福短信。完善老干部健康档案，组织厅级离退休老同志开展集中健康体检。接待来访老同志80多人次。

组织召开全市离退休干部先进集体和先进个人表彰大会，表彰30个先进集体和60名先进个人。做好离休干部、新中国成立初期参加工作退休干部的生活补贴、医疗补贴发放及困难企业无固定收入离休干部遗孀配偶医疗保险费缴纳、老干部医疗保障等工作。推进市老年大学建设。

（伍一锴）

党校教育

【干部培训】 2021年，邵阳市委党校（市行政学院、市社会主义学院）举办主体班14个，其中处级干部进修班4个、中青年干部培训班2个，妇女干部培训班1个、党校系统师资培训班1个、选调生素质提升班1个、乡镇党委书记进修班1个、乡镇长进修班1个、党外干部培训班1个、组织系统干部能力素质提升专题研讨班1个、2021年新录用公务员初任培训班1个。举办4期全市县处级领导干部学习贯彻党的十九届五

2021 年 12 月 3 日，邵阳市县市区新任政协领导班子成员能力素质提升培训班在市委党校开班

中全会精神培训班和4期邵阳市县市区新任领导班子成员能力素质提升培训班，共培训学员2477人。每期培训班均结合学员的工作特点安排课程，有教学计划、有实地观摩、有调研报告、有学员总结、有结业考核，取得良好的教学效果。

【教学】 2021年，邵阳市委党校教师授课实行“一换一评一听一说明”的“四个一”机制，即教师教学内容必须每年一换，把习近平总书记新的指示要求、最新的政策法规及新情况新形势融入授课当中，不得“炒现饭”；每名教师每年课程上讲台之前，必须通过学校评审团共同评审；校委成员务必对所有老师的课听一遍，每个教研部长对所属部教师的课听一遍，并及时提出反馈意见；每名教师课前都得对学员说明课是怎么备出来的，最近一次是什么时候进行修改的等。以此提升专题更新率及教师授课水平，全年新增专题29个，专题更新率达39.8%，1名教师在全省党校（行政学院）学院系统第十四届教学比赛暨精品课评选中获三等奖，2名教师入围湖南省干部教育培训“三百工程”优秀教师人选。

推行教学新模式。推行“研究式、案例式、情景模拟式、互动式、参与式”教学方式，增强趣味性，增加现场感，提高教学效率；同时设置学员讲坛，每天课前 20 分钟安排两位学员讲述工作、学习、生活中的感悟和启示，进行经验分享。改革考试制度，入校和结业均实行闭卷考试，其中结业采取 AB 卷模式，机关纪委参与全程监考。

开展现场教学，依托市红色资源、产业资源等优势，对邓小平征战绥宁指挥所旧址、邵阳智能终端产业园等近 20 处现场教学基地进行挂牌，覆盖党性教育、乡村振兴、产业发展、数字经济、科技创新等方面，组织每期主体班学员前往参观见学，在实地接受教育，促进教学成果的转化。

全面推行学员评课制，每堂课一结束，学员在系统中对教师上课情况按“很满意、满意、一般、差”四个类别当场进行无记名测评，促使教师备课、讲课质量，并根据学员的意见建议，及时修改完善相关课程，不断提高教学效果。下半年学员对教学评估很满意率达 90%。

【科研】 2021年，邵阳市委党校省市级课题结项25项，其中省委宣传部思政课题3项、全省党校系统课题9项、省社会主义学院课题6项（含重点智库课题1项），市社科规划课题7项；省市级课题立项26项，其中省社科联课题3项、省委党校课题8项，省社会主义学院课题5项，市级课题10项。在省级以上公开刊物发表论文30篇，其中在《湖南日报》发表文章2篇、北大核心来源期刊2篇，各类学报10篇，其他刊物16篇；获全省党校系统及省级专业学会理论研讨会优秀论文一、二、三等奖16人次，获市级优秀论文一、二、三等奖14人次。市委党校被评为全省党校系统科研工作先进单位。

（肖承武）

网络安全和信息化管理

【概况】 2021年，邵阳市网络宣传、网信信息报送等工作位居全省前列，网络安全应急指挥中心建设经验在全省推介。市委网络安全和信息化委员会办公室（以下简称市委网信办）增设网络管理执法科，增加2名事业编制。

是年，市委网信办获“2021 年度全省网络综合治理工作成绩突出单位”“2021 年度全省网络舆情信息工作先进单位”“2021 年全市绩效考核评估先进单位”等称号 22 项。

【党管互联网】 2021年，邵阳市委两次召开市委常委会专题研究网信工作。市委网信办领导就网络意识形态工作先后指示批示155件次。市委书记严华、市长华学健等市级领导关注、调度、指导处置较大敏感舆情，市委网信办领导多次出席网信工作会议和网络安全宣传周等活动。把各级党委（党组）落实网络意识形态工作情况纳入年度绩效和平安建设考核、政治巡察和意识形态专项检查、述职评议范畴。制定下发《2021年县市区、市直和省属派驻邵阳单位网络意识形态工作考核实施方案（试行）》等文件，加大考核力度。举办网络意识形态工作等专题培训班，常态化开展“一周一课一学”岗位大练兵，提升网信干部业务能力。

【网络综合治理和网络执法】 2021年，邵阳市委网信办在全省率先将网络综合治理体系建设纳入市委深化改革重点项目推进，出台《关于加快建立网络综合治理体系的实施办法》，成立市网络综合治理工作协调小组，12个县市区均对标对表出台任务落实方案。12月省委网信办对邵阳市网络综合治理体系建设进行督查，邵阳市被评为全省网络综合治理工作成绩突出单位。开展非公有资本介入政务类“两微一端一网”采编业务专项整治，严禁政务类采编托管给非公有资本或委托临聘人员运营。开展互联网新闻信息服务许可审批，全面完成12个县市区融媒体中心互联网新闻信息服务许可申报工作。下发《邵阳市网络综合治理专项整治工作方案》，聚焦属地自媒体监管、党员干部网络行为、网络综合治理体系建设组织开展专项整治行动。在全省率先开设行政罚款账户，依法开展网络行政执法工作。创新探索建立涉网跨部门执法协调工作机制，组建网络综合执法队伍217人，开展“清朗”等专项行动17次，处置有害信息1387条，关停违法违规网站平台账号15个。

【有害信息专项举报】 2021年，邵阳市委网信办建立有害信息专项清理和举报工作周调度机制，定期召开网信办主任例会进行部署安排，压实县市区属地责任，采取技术加人工的方式对突出重点平台全网清查。

【防范化解网络意识形态领域风险】 2021年，邵阳市委网信办建立健全网络意识形态跨部门协商处置工作机制，召开市委网络舆情工作领导小组会议专题研判分析网络舆情形势，预知预警预置各类网络风险隐患，制定下发《关于进一步加强网络舆情风险排查和研判化解工作的通知》，每月定期开展网络舆情风险排查，梳理排查防范各类风险5000余条，形成风险评估报告10期。制定防范各类网络风险方案预案23个，提前预置预处各类风险，妥善化解“文星佳苑”房产证办理等网络舆情。

【建立网络问政部门联动督办机制】 2021年，邵阳市委网信办创新机制体制，与市纪委监委、市信访局联合制定《“纪检+网信”监督服务微信群管理工作方案》，整合职能和信息资源。与市委督查室建立联合督办机制，提升网上群众工作覆盖面和实效。对群众网上反映的“急难愁盼”民生问题全面交办、专项催办督办，力促妥善解决拖欠农民工工资等一批民生问题，共办理回应网民诉求12524条次，办结率100%。

【重大网络主题宣传】 2021年，邵阳市委网信办策划实施“产业兴旺新宝庆 乡村振兴在邵阳”重大主题宣传活动，吸引流量超21.7亿人次，助销新宁脐橙720余万元，经验做法被省委宣传部、省委网信办和中央、省级主流媒体多次宣传推介。成功举办“策游潇湘‘营’出花YOUNG”之“武冈云山不一样·网上畅游”和“湖南之心·康寿新邵”活动，传播受众1.3亿人次，掀起全网推介邵阳旅游产业的热潮。组织开展“湖南为什么这样红”网络主题宣传活动，制作刊发12个红色故事视频，数量居全省第一，集纳制成《H5丨红色邵阳 党史地图》，广为传播。《夏天游泳固然High 生命安全更重要》防溺水宣传短视频被新华社、人民日报等多家中央、省级主流媒体平台转发，全网累计播放2亿多次，经验做法在省委网信办《阅评简报》刊发。

【互联网法律法规宣传】 2021年，邵阳市委网信办全面推进互联网法律法规宣传教育，将网信普法工作纳入市委依法治市委员会2021年工作要点，推进网信普法进机关、进社区、进企业、进学校、进广场系列宣传活动。常态化开展“网信普法进网站”活动，在全市新闻网站开设“网信政策法规”“以案说法”等普法专栏。发动全市各级各部门全面开展国家网络安全宣传周校园日、电信日、法治日、青少年日、个人信息保护日等主题活动，发送公益短信497万余条，发放宣传资料37万余份，宣传《中华人民共和国网络安全法》《中华人民共和国数据安全法》《中华人民共和国个人信息保护法》等法律法规。开展《湖南省网络安全和信息化条例》的学习宣传，组织属地新闻网站和新媒体平台全网推送，并制作15个新媒体产品广泛宣传。

【网络安全应急指挥体系建设】 2021年，邵阳市委网信办建成全国示范性市级网络安全应急指挥中心，工作经验《湖南邵阳高质量完成指挥中心建设 打造技术管网新高地》获中央网信办专栏刊发，全省网络安全应急指挥中心建设现场推进会在邵阳市召开。下发《关于进一步推进县市区级网络安全应急指挥中心规范化建设的通知》，实行绩效考核和目标管理考核“一票否决”，推进各地12月底前全部建成县级网络安全应急指挥中心并投入使用，初步构建起中央、省、市、县四级“一盘棋、一张网”的技术管网和应急指挥体系。

【网络安全保障】 2021年，邵阳市委网信办建成全网安全态势感知系统平台，全年预警通报整改网络风险漏洞2748起。为确保全市网络安全，联合开展覆盖重点市直单位、各县市区委网信办共48个单位的“网络安全百日行动”，检测发现督促整改高危风险漏洞401个、各类风险隐患问题项429个。市直网络安全管理执法部门、行业监管部门和各县市区委网信办落实网络安全属地监管、行业监管责任，组织对672个属地单位、595个网络信息系统进行网络安全检查。组织召开全市网络安全暨应急演练工作部署会，在全省率先组织开展LED屏幕网络安全专项检查，共检测发现、指导整改木马病毒4个、高危漏洞18个、未设置密码等管理问题5个。全年全市没有发生网络安全事件。

【互联网行业党建】 2021年，邵阳市委网信办全面摸清互联网企业、建立健全常态化摸排组建机制和动态化整顿提升机制，精准摸排，分类建立互联网企业、网络媒体9项台账，实行动态更新管理。常态化开展互联网从业人员座谈、培训、联谊等互动活动，指导互联网企业常态化开展“三会一课”、党史学习教育等系列活动40余次，增强企业网民自律意识。开展“解读三湘红色密码”系列活动，组织全市网信系统15家单位深挖本地红色资源，完成19个调研选题的报送，“解读三湘红色密码微党课视频创作暨推优观摩会”获省委网信办“优秀组织奖”。互联网企业家陈明安被评为省互联网行业优秀共产党员。

（李兴桂）

邵阳市人民代表大会

综 述

【概况】 2021年，邵阳市人民代表大会常务委员会（以下简称邵阳市人大常委会）完成市十六届人大七次会议确定的各项目标任务。全年召开代表大会2次、常委会会议9次、主任会议10次；听取和审议专项工作报告6个，制定地方性法规1部，开展执法检查1次、专题视察2次、专题调研8次。依法选举市人大常委会代理主任1名、副主任2名，任免国家机关工作人员147人次。选举产生540名新一届市人大代表。其中，男性345人，女性195人；中共党员349人，无党派人士68人，民主党派20人，群众 103人；邵东市69人，新邵县49人，隆回县67人，洞口县51人，绥宁县30人，城步苗族自治县28人，武冈市49人，新宁县41人，邵阳县57人，大祥区32人，双清区30人，北塔区25人，解放军和武警部队12人。

2021 年，邵阳市人大常委会坚持党的领导，服务高质量发展大局，围绕“加快邵阳文旅产业、中医药产业和康养产业发展”等主题，组织全国、省、市代表参加集中视察和专题调研活动，引导广大代表零距离了解民意、化解矛盾、促进发展。全市各级人大代表积极参与脱贫攻坚与乡村振兴有效衔接，发展油茶、蜜橘、脐橙、茶叶、药材等产业，推进“邵阳红”优质农产品公共品牌六大体系、五个统一建设。统筹用好法定监督方式，先后听取审议市“十四五”规划及二〇三五年远景目标纲要、市人民政府、市人民法院和市人民检察院的专项工作报告，听取和审议国民经济和社会发展计划、审计工作报告等，对审议意见进行跟踪督促落实。加强预决算全口径审查和全过程监管，运用预算联网监督平台，及时了解预算收支动态，向财政部门反馈涉及一般公共预算、政府性基金预算收支执行情况的预警信息 29 条。助力解决事关人民福祉的紧要问题，跟踪监督市人民政府对关于农村违法占用耕地建房问题、市城区义务教育均衡发展及市第十七中学重建事项、市城区行车难停车难问题、全市中小学校幼儿园规划建设、基层公共卫生体系建设、全市民族乡经济社会发展情况和民族村村集体经济发展情况等常委会审议意见落实情况，听取并审议研究处理结果报告。

【市人大常委会机关建设】 2021年，邵阳市人大常委会第一时间召开市人大机关党史学习教育宣讲动员会，围绕“学史明理、学史增信、学史崇德、学史力行”四个专题开展学习研讨，组织机关党员干部赴新邵湘西南特委旧址纪念馆、双清八路军驻湘通讯处等地现场教学；开展“我为群众办实事”实践活动，机关31名副处级以上领导干部认领实事项目36件；制作《一生跟党走》专题片和《开国将军回乡探母感人故事》PPT。深化机关作风建设，持续开展日常警示教育，推进“廉洁机关”创建，制定并全面落实“廉洁机关”十条规定、机关作风建设规定并签订承诺书。完善干部评价考核机制、定期学习机制、委室负责人年度工作述职机制，开展法律知识学习讨论，提高人大干部队伍法治意识、程序意识和履职能力。市人大常委会机关被评为2016—2020年湖南省普法工作先进单位。

重要会议

【市第十六届人民代表大会第七次会议】 2021年1月6—9日，邵阳市第十六届人民代表大会第七次会议在市文化艺术中心举行。会议听取和审查市委副书记、市人民政府市长刘事青作的《政府工作报告》；审查和批准市国民经济和社会发展第十四个五年规划和二〇三五年远景目标纲要草案的报告，批准市国民经济和社会发展第十四个五年规划和二〇三五年远景目标纲要（草案）；审查和批准市2020年国民经济和社会发展计划执行情况与2021年计划草案的报告，批准市2021年国民经济和社会发展计划；审查和批准市2020年预算执行情况与2021年预算草案的报告，批准市2021年市级预算；听取和审查市第十六届人民代表大会常务委员会代理主任王昌义作的《邵阳市人民代表大会常委会工作报告》；听取和审查市中级人民法院院长曾鼎信作的《邵阳市中级人民法院工作报告》、市人民检察院检察长黄劲作的《邵阳市人民检察院工作报告》；审议通过《邵阳市第十六届人民代表大会第七次会议选举办法(草案)》；补选罗建南为市人大常委会副主任，邓波涛、李秀清、杨起帆、唐耀平为市人大常委会委员。

【市第十六届人民代表大会第八次会议】 2021年5月30—31日，邵阳市第十六届人民代表大会第八次会议在市文化艺术中心举行。会议审议通过《邵阳市第十六届人民代表大会第八次会议选举办法(草案)》；补选阳晓华、周乐彬为市人大常委会副主任。

【市十六届人大常委会第三十八次会议】 2021年1月15日，邵阳市第十六届人大常委会第三十八次会议在市人大常委会五楼会议室召开。会议通过人事任免事项。决定接受石光明辞去湖南省第十三届人民代表大会代表职务。任命肖霞为市中级人民法院民事审判第三庭庭长；彭淑婷为市中级人民法院未成年人案件综合审判庭庭长；廖高飞为市中级人民法院刑事审判第一庭庭长；姚云为市中级人民法院刑事审判第二庭庭长；李铁英为市中级人民法院民事审判第一庭庭长；肖竹梅为市中级人民法院行政审判庭庭长；周红旆为市中级人民法院审判监督第二庭庭长；莫佩华为市中级人民法院审判监督第一庭副庭长；刘劲松为市中级人民法院刑事审判第一庭副庭长。免去肖霞的市中级人民法院民事审判第二庭副庭长职务；廖高飞的市中级人民法院刑事审判第二庭庭长职务；姚云的市中级人民法院审判监督第二庭庭长职务；李铁英的市中级人民法院审判监督第一庭庭长职务；周红旆的市中级人民法院刑事审判第一庭庭长职务；莫佩华的市中级人民法院民事审判第三庭副庭长职务；刘劲松的市中级人民法院未成年人案件综合审判庭副庭长职务；郭文彪的市中级人民法院审判委员会委员、民事审判第一庭庭长职务；吴又如的市中级人民法院立案第二庭庭长职务；曾昭远的市中级人民法院未成年人案件综合审判庭庭长职务；谭晓飞的市中级人民法院民事审判第三庭庭长职务；蒋红玲的市中级人民法院行政审判庭庭长职务；罗庆群的市中级人民法院刑事审判第一庭副庭长职务；李俊刚的市中级人民法院行政审判庭副庭长职务。

【市十六届人大常委会第三十九次会议】2021年2月24日，邵阳市十六届人大常委会第三十九次会议在市人大常委会五楼会议室召开。会议通过人事任免事项；讨论并通过市人大常委会2021年工作要点和监督工作计划。决定任命刘文龙为市林业局局长，决定免去谭学军的市人民政府副市长、市公安局局长职务。

【市十六届人大常委会第四十次会议】2021年4月21日，邵阳市十六届人大常委会第四十次会议在市人大常委会五楼会议室召开。会议听取市十六届人大常委会代表资格审查委员会关于个别市十六届人大代表的代表资格审查报告；通过人事任免事项；听取和审议市人民政府关于居家和社区养老服务体系建设的工作情况汇报、市人民政府关于提请审议《关于全面推动地方性法规进入执法融入司法列入普法工作的决定（草案）》的议案、关于扫黑除恶专项斗争工作情况报告及贯彻实施禁毒法情况报告的审议意见研究处理结果的报告、市人民政府关于农村违法占用耕地建房问题报告的审议意见研究处理结果的报告、市人民政府关于民族乡经济社会发展情况和民族村村集体经济发展情况报告的审议意见研究处理结果的报告；审议《邵阳市资江保护条例（草案·一次审议稿）》。决定任命王学武为市人民政府副市长、市公安局局长，曾剑萍为市商务局局长；决定免去许红梅的市商务局局长职务。任命梁栋为市人民代表大会民族华侨外事委员会副主任委员，何再弟为市监察委员会委员，谭莉娜为市中级人民法院审判委员会委员、审判员，陈小芹为市中级人民法院立案第一庭副庭长，廖莎菲为市中级人民法院民事审判第一庭副庭长，胡文彬为市中级人民法院民事审判第二庭副庭长，申杰为市中级人民法院民事审判第二庭副庭长，王彦懿为市中级人民法院民事审判第三庭副庭长，黄毅为市中级人民法院行政审判庭副庭长。免去廖莎菲的市中级人民法院立案第二庭副庭长职务，彭莎娜的市中级人民法院民事审判第二庭副庭长职务。决定接受秦立军辞去市第十六届人民代表大会常务委员会副主任职务，报下一次市人民代表大会会议备案。

【市十六届人大常委会第四十一次会议】 2021年5月27日，邵阳市十六届人大常委会第四十一次会议在市人大常委会五楼会议室召开。会议听取市十六届人大常委会代表资格审查委员会关于个别市十六届人大代表的代表资格审查报告；通过人事任免事项；审议并通过关于召开邵阳市第十六届人民代表大会第八次会议的决定（草案）；讨论并原则通过市第十六届人民代表大会第八次会议议程（草案）、市第十六届人民代表大会第八次会议日程（草案）、市第十六届人民代表大会第八次会议主席团和秘书长名单（草案）；讨论并通过市第十六届人民代表大会第八次会议列席人员名单（草案）、第十六届人民代表大会第八次会议应邀在主席台就座人员名单（草案）。决定任命谢宇为市人大常委会预算工作委员会副主任。决定免去吴韬的市自然资源和规划局局长职务。任命谢宇为市第十六届人民代表大会财政经济委员会副主任委员。免去毛学雄的市中级人民法院副院长、审判委员会委员职务。决定接受赵为济辞去市第十六届人民代表大会常务委员会副主任职务的请求，报市第十六届人民代表大会第八次会议备案；接受赵开勤辞去市第十六届人民代表大会常务委员会委员职务的请求，报市第十六届人民代表大会第八次会议备案；市第十六届人民代表大会第八次会议于5月30日在市区召开。

【市十六届人大常委会第四十二次会议】2021年6月28日，邵阳市十六届人大常委会第四十二次会议在市人大常委会五楼会议室召开。会议通过人事任免事项；听取和审议市人民政府关于市地方政府性债务管理情况的报告、关于2020年规划年度计划实施情况的报告、关于2020年度环境状况和环境保护目标完成情况的报告、关于放心早餐“百店千户”大调研报告的审议意见研究处理结果的报告（书面）、关于市城区义务教育均衡发展及市十七中重建事项专题询问审议意见研究处理结果的报告（书面）。决定任命华学健为市人民政府副市长，王大松为市自然资源和规划局局长，曹红旗为市住房和城乡建设局局长、阳恩平为市乡村振兴局局长。决定免去佘芝云的市人民政府金融工作办公室主任职务，谢益林的市工业和信息化局局长职务，王大松的市住房和城乡建设局局长职务。因机构调整，罗广洪的市扶贫开发办公室主任职务自然终止。会议决定接受刘事青辞去市人民政府市长职务的请求，报市人民代表大会下一次会议备案；华学健为市人民政府代理市长。

【市十六届人大常委会第四十三

次会议】2021年8月19日，邵阳市十六届人大常委会第四十三次会议在市人大常委会五楼会议室召开。会议通过人事任免事项；听取和审议市监察委员会关于扫黑除恶“打伞破网”工作情况的报告；听取和审议市人民政府关于市民族团结进步创建工作情况的报告、关于市2021年上半年国民经济和社会发展计划执行情况的报告、关于2021年上半年全市主要经济指标运行情况分析报告、关于2020年市级决算草案和2021年上半年预算执行情况的报告、关于2020年市级预算执行和其他财政收支的审计工作报告、关于市城区行车难停车难专题询问建议清单落实情况的报告、《关于市级国有资产管理专项工作评议的审议意见》研究处理结果的报告；审查和批准2020年市级决算；审议并通过《关于邵阳市第十七届人民代表大会代表名额分配和选举问题的决定（草案）》；二审《邵阳市资江保护条例（草案）》。会议决定任命罗玉梅为市人大常委会副秘书长，杨博理为市人大常委会副秘书长兼办公室副主任，杨平为市工业和信息化局局长，谢卫东为市人民政府金融工作办公室主任，唐远伟为市医疗保障局局长。决定免去杨起帆的市人大常委会研究室主任职务，罗志元的市人大常委会研究室副主任职务，杨建平的市人大常委会选举任免联络工作委员会副主任职务，黄海蓉的市医疗保障局局长职务。免去向树华、何再弟的市监察委员会委员职务。决定接受龚文密辞去市第十六届人民代表大会常务委员会主任职务，报市人民代表大会下一次会议备案；推选王昌义副主任为市第十六届人民代表大会常务委员会代理主任；接受申志勇辞去市第十六届人民代表大会监察和司法委员会主任委员职务，报市人民代表大会下一次会议备案。

【市十六届人大常委会第四十四次会议】2021年10月29日，邵阳市十六届人大常委会第四十四次会议在市人大常委会五楼会议室召开。会议听取市十六届人大常委会代表资格审查委员会关于个别市十六届人大代表的代表资格审查报告（书面）；增补市人大常委会代表资格审查委员会组成人员；通过人事任免事项；听取和审议市人民政府《关于全市基层公共卫生体系建设工作情况的报告》审议意见研究处理结果的报告；听取和审议市人大常委会执法检查组关于检查《中华人民共和国农产品质量安全法》实施情况的报告；听取承办单位对2021年重点处理建议的办理情况汇报，并进行测评；听取和审议市人民政府关于2021年市级预算调整方案（草案）的报告，听取市人大财政经济委员会关于2021年市级预算调整方案（草案）审查结果的报告（草案），审查和批准2021年市级预算调整方案；听取和审议市人民政府关于2020年度财政资金绩效评价情况的报告和2020年度国有资产管理情况的综合报告；三审《邵阳市资江保护条例（草案）》，并予以表决通过；一审《邵阳市传统美食品牌传承保护条例（草案）》。会议决定任命陈名洋为市生态环境局局长。决定免去罗玉梅的市人大常委会副秘书长职务，杨博理的市人大常委会副秘书长兼办公室副主任职务，邓江南的市生态环境局局长职务，谢治辉的市文化旅游广电体育局局长职务。任命刘厚见为市监察委员会副主任，吴青山为市中级人民法院副院长、审判委员会委员、审判员，李冰寒为市中级人民法院副院长、审判委员会委员、审判员，周盖雄为市中级人民法院副院长、审判委员会委员，蔡明清、刘建明为市中级人民法院审判委员会委员、审判员，焦毕华为市人民检察院检察委员会委员、检察员，王晟芳、贺东桢、陈江荣、许雁军、李舒为市人民检察院检察委员会委员。免去杨卫平的市监察委员会副主任职务，吴纲要的市中级人民法院副院长职务，莫争春的市中级人民法院副院长职务；唐保良的市中级人民法院审判委员会委员、审判员职务；肖竹梅的市中级人民法院行政审判庭庭长、审判员职务，李铁英的市中级人民法院民事审判第一庭庭长、审判员职务，蒋志强、陈平军的市中级人民法院审判员职务，刘亦龙的市人民检察院副检察长职务，吴青山的市人民检察院副检察长、检察委员会委员职务，姚柳荣、申文侠、欧阳升、李文兵、杨建国的市人民检察院检察委员会委员职务。批准夏业伟辞去邵东市人民检察院检察长职务，焦毕华辞去新邵县人民检察院检察长职务，刘朝洪辞去邵阳县人民检察院检察长职务，唐杰辞去城步苗族自治县人民检察院检察长职务，刘建明辞去隆回县人民检察院检察长职务，唐贤辞去大祥区人民检察院检察长职务，伍顺亮辞去双清区人民检察院检察长职务，田晶辞去北塔区人民检察院检察长职务。

【市十六届人大常委会第四十五次会议】2022年11月26日，邵阳市十六届人大常委会第四十五次会议在市人大常委会五楼会议室召开。会议审议并通过关于召开市第十七届人民代表大会第一次会议的决定（草案）；听取市十六届人大常委会代表资格审查委员会关于市第十七届人民代表大会代表资格的审查报告；通过人事任免事项；听取和审议市人民政府、市中级人民法院、市人民检察院关于市十六届人大七次会议以来代表建议、批评和意见办理情况的报告；听取和审议市人大常委会联工委关于市十六届人大七次会议以来代表建议、批评和意见办理和督办工作情况的报告。会议决定任命唐前启为市人大常委会副秘书长兼办公室副主任，黄红禹为市人大常委会研究室主任，周卫长为市人大常委会研究室副主任（试用期一年），李长跃为市公安局局长，蒋志南为市科学技术局局长。决定免去陈智英的市人大常委会副秘书长职务，王学武的市公安局局长职务，段邵宁的市科学技术局局长职务。任命许海清为市监察委员会委员。免去黄红禹的市第十六届人民代表大会农业与农村委员会副主任委员职务、唐小富的市监察委员会委员职务。批准任命唐杰为邵东市人民检察院检察长，唐贤为新邵县人民检察院检察长，刘朝洪为隆回县人民检察院检察长，李学礼为洞口县人民检察院检察长，杨尊永为绥宁县人民检察院检察长，舒增辉为城步苗族自治县人民检察院检察长，吴学田为武冈市人民检察院检察长，龙武陵为新宁县人民检察院检察长，夏龙欢为邵阳县人民检察院检察长，李铁英为大祥区人民检察院检察长，马凌峰为双清区人民检察院检察长，刘晓红为北塔区人民检察院检察长。

【市十六届人大常委会第四十六次会议】 2021年12月24日，邵阳市十六届人大常委会第四十六次会议在市人大常委会五楼会议室召开。会议通过人事任免事项；听取和审议市人民政府关于2021年市级第二次预算调整方案（草案）的报告；听取市人大财政经济委员会关于2021年市级第二次预算调整方案（草案）的审查报告（草案）；审查和批准2021年市级第二次预算调整方案；听取和审议市人民政府关于2020年市级预算执行及其他财政收支审计查出问题整改情况的报告；听取市民族宗教事务局、市行政审批服务局、市乡村振兴局、市文化旅游广电体育局、市城市管理和综合执法局、市住房和城乡建设局关于2020年市级部门预算执行及其他财政收支审计查出问题整改情况的报告（书面）；讨论并原则通过市第十七届人民代表大会第一次会议日程（草案）、主席团和秘书长名单（草案），市第十七届人民代表大会第一次会议关于设立本次会议议案审查委员会和计划、预算审查委员会的决定（草案），市第十七届人民代表大会第一次会议议案审查委员会主任委员、副主任委员、委员名单（草案），计划、预算审查委员会主任委员、副主任委员、委员名单（草案），市第十七届人民代表大会第一次会议列席人员名单（草案）、应邀在主席台就座人员名单（草案）；讨论和修改市人大常委会工作报告；听取和审议市人大常委会法工委关于2021年备案审查工作情况的报告（书面）；二审《邵阳市传统美食品牌传承保护条例（草案）》，一审《邵阳市乡村公路条例（草案）》，一审《邵阳市传统村落保护条例(草案）》。决定任命吴卫红为市人大常委会办公室主任，张尚庚为市人大常委会法制工作委员会主任，王华南为市人大常委会预算工作委员会主任。决定免去禹志加的市人大常委会办公室主任职务，张尚庚的市人大常委会副秘书长、办公室副主任职务，唐耀平的市人大常委会法制工作委员会主任职务，刘金花的市人大常委会法制工作委员会副主任职务，蒋建龙的市人大常委会预算工作委员会主任职务。任命曾立忠为市监察委员会委员。会议决定接受龚文密、刘事青、王昌义、张皓辞去湖南省第十三届人民代表大会代表职务；接受周某鹏辞去湖南省第十三届人民代表大会代表职务。

立法保障

【立法工作】 2021年，邵阳市人大常委会探索推行从调研、视察、听取审议到立法、监督一体推进的工作模式，深入推进科学立法、民主立法、依法立法。全年确定5部立法工作任务，《邵阳市资江保护条例》获湖南省十三届人大常委会第二十七次会议表决审查批准，是全省首次协同立法在邵阳的成功实践。《邵阳市传统美食品牌传承保护条例》完成二审；《邵阳市传统村落保护条例》《邵阳市农村公路建设管理条例》完成一审；《邵阳市城市规划建设条例（草案）》开展立法调研工作。

【促进公平正义】 2021年，邵阳市人大常委会支持审判机关、检察机关依法独立公正行使审判权、检察权。7月下旬，全体主任会议成员对市中级人民法院和市人民检察院开展专项视察，并听取法检两院的工作报告。首次听取和审议市监察委员会关于扫黑除恶“打伞破网”工作的专项报告，促进社会公平正义，维护社会和谐稳定。

【执法监督】 2021年，邵阳市人大常委会采取法律巡视的方式，抓好与经济社会发展及群众生活密切相关的法律实施情况执法检查。配合省人大常委会，开展《中华人民共和国安全生产法》《湖南省安全生产条例》执法检查，制定具体方案，采取明察与暗访相结合、检查“旧安全法”与宣传“新安全法”相结合的方式，深入检查法规实施情况，形成专题调研报告报省人大。坚持问题导向，实现市县联动，对《中华人民共和国农产品质量安全法》贯彻实施情况开展执法检查。

调查研究

【专题调研】 2021年，邵阳市人大常委会把握全市经济社会发展的重点，开展“乡村振兴战略实施及特色小镇建设”“特色产业发展”“地方特色历史文化资源保护与利用情况”“市级政府债务情况”“农民专业合作社发展”等专题调研；破解经济社会发展的难点，围绕协同推进高质量发展和债务化解、抓好地方特色历史文化资源保护与利用等方面开展调查研究，努力推动难点问题解决；聚焦人民群众关心关注的热点，顺应人民群众的新要求、新期待，针对性地开展“全市物业管理与社区管理融合发展”“全市居家和社区服务体系建设”“市城区街道地名的设置情况”等专题调研。组织高规格的专题调研组，由市人大常委会主任会议成员带队，邀请常委会组成人员、政府有关部门、专业人员参与，实地调查走访企业业主、人民群众、人大代表3000余人次，召开座谈会170余场次，广泛收集第一手资料，经过多轮分析研究，形成一批高质量的专题调研报告。

【调研成果转化】 2021年，邵阳市人大常委会注重调研成果的转化。在课题调研完成后，常委会主任会议专题听取情况汇报，并召开市人大常委会专题调研成果转化座谈会，市政府领导、相关部门单位主要负责人、市人大调研组成员面对面进行深入交流，部署调研成果转化工作。围绕八大重点专题，下发问题清单33项，相应提出解决问题的建议意见，建立健全常态化的沟通机制、反馈机制、督导机制，跟踪抓好调研成果转化。

代表工作

【服务代表履职】 2021年，邵阳市人大常委会制定《邵阳市人大代表活动经费管理办法》，落实代表联系群众工作制度，全市建立254个代表联系群众工作室，基本做到乡镇全覆盖。推进民生事项代表票决制，全市166个乡镇全部推行票决制，覆盖率100%。印发《关于组织五级人大代表参与创建全国文明城市“四个一活动”的通知》，发挥人大代表广泛联系群众优势，激发代表履职活力。

加强基层人大履职能力建设，组织县市区人大新任领导班子成员参加能力素质提升培训班，全面提升政治理论和人大工作业务水平。学习贯彻《湖南省乡镇人民代表大会工作条例》，将《条例》纳入干部教育培训计划和各级党委中心组、党校主体班学习计划，制定专门的调研方案，年初由常委会领导分组带队，深入各县市区对《条例》贯彻落实情况进行全面调研。

【代表建议交办及督办】 2021年，邵阳市人大常委会对收到的178件代表建议进行分类交办，除1件在法定期限办理中外，177件均在规定时限内办结，面商率、答复率均为100%。常委会领导牵头对10件重点处理建议进行跟踪督办，重点处理建议均通过满意度测评。

（杨向军）

2021年邵阳市人大常委会重点处理代表建议一览表

表9

序号	具体建议编号	具体建议标题	领衔代表	代表团
1	165	关于支持本地实体经济企业发展的建议	李林波	隆回
2	140	关于加强我市行政事业单位会计队伍建设的建议	陈智英	隆回
3	112	关于做大做强邵阳柑橘产业的建议	罗早林	邵东
4	078	关于解决邵阳职业技术学院基本建设发展难题的建议	李小平	大祥
5	013	关于进一步加强我市少数民族传统体育工作的建议	丰新妹	绥宁
6	113	关于加快推进智慧物业管理服务平台建设的建议	罗早林	邵东
7	050	关于利用医保政策推动分级诊疗的建议	马莉莉	隆回
8	012	关于重新确定我市市区大街小巷名称的建议	张小林	城步
9	026	关于在龙山路居民集中区新建农贸市场的建议	罗剑秋	新邵
10	111	关于加强非遗文化保护和传承，为邵阳“二中心一枢纽”建设贡献文化力量的建议	刘展艳	绥宁

邵阳市人民政府

重要会议

【市政府全体会议】 2021年，邵阳市人民政府召开2次全体会议。

4月1日，市政府召开第六次全体（扩大）会议暨廉政工作电视电话会议。会议以电视电话形式召开，各县市区设分会场。会议传达贯彻习近平总书记系列重要讲话精神，系统学习中央、省、市纪委全会精神，安排部署全市经济工作和政府系统党风廉政建设工作。会议列出实施乡村振兴战略、加快推动产业项目建设、抓好春耕生产等各方面工作具体任务清单。市长刘事青强调，要旗帜鲜明讲政治，坚持党对经济工作的领导，要强化制度建设，严格依法依规管理，要坚持不懈纠治“四风”，持续整治发生在群众身边的腐败和作风问题，要扎实深入开展党史学习教育，确保按时完成经济社会发展各项目标任务。

7月23日，市政府召开第七次全体会议。会议以电视电话形式召开，各县市区设分会场。会议深入贯彻习近平总书记在庆祝中国共产党成立100周年大会上的重要讲话精神和考察湖南重要讲话精神，落实省委十一届十三次全体会议、省政府第八次全体会议和市委十一届十三次全体会议工作部署，总结当年经济社会发展情况，安排部署下阶段工作。代市长华学健强调，要围绕重点工作、重点项目、重点任务，抓就业促稳定、抓防疫护健康、抓整改优生态、抓实事惠民生、抓农业兴乡村、抓安全保稳定，扎实做好下半年工作，全力以赴完成全年目标任务。

（阳小朋）

【市政府常务会议】 2021年，邵阳市人民政府召开28次常务会议。

1月12日第1次会议，重点研究《2021年市政府工作报告》重点工作责任分解、特色小镇、安全生产和消防、“十四五”大圳灌区续建配套与现代化改造、平安建设、市职工帮扶中心和市工人文化宫建设等事项。

1月14日第2次会议，重点研究长江经济带生态环境警示片披露问题整改、安全生产和消防工作考核、信访评先评优、湘西承接产业转移示范区建设等事项。

1月19日第3次会议，重点研究房地产信访、基础教育、邵阳县桂竹山粮食储备库、陈家桥乡撤乡设镇等事项。

2月3日第4次会议，重点研究农业农村、安全生产等事项。

2月24日第5次会议，重点研究制造强省、残联、企业生活区公房职工住户搬迁、住建和人防、禁毒、武冈机场、永久烟田规划建设与保护、自然资源和规划等事项。

3月15日第6次会议，重点研究统计、生态环境、财政、商务、科技创新、未成年人保护等事项。

4月15日第7次会议，重点研究粮食和物资储备、真抓实干督查激励、重点民生实事项目、中央生态环境保护督察、评比达标表彰、邵阳经开区设立产业基金等事项。

4月21日第8次会议，重点研究隆回县西洋江铊浓度异常处置、扫黑除恶专项斗争、交通问题顽瘴痼疾集中整治、巡视巡察发现共性问题提级整改、邵阳维克液压股份有限公司IPO上市等事项。

5月7日第9次会议，重点研究优秀民营企业评选表彰、残疾儿童康复、卫片违法用地整治等事项，审议《邵阳市国有企业改革三年行动实施方案（2020—2022年）（送审稿）》等方案。

5月19日第10次会议，重点研究行政复议体制改革、强制隔离戒毒所、构建现代环境治理体系、食品安全、知识产权、质量发展和放心消费创建、养老服务、城区城镇基准地价更新及市辖三区农用地基准地价评估等事项。

6月4日第11次会议，重点研究国有金融资本管理和收购市中小企业融资担保有限责任公司股权、“2·13”大型游乐设施事故调查、文旅广体等事项。

6月9日第12次会议，重点研究湖南—东盟经贸博览会、市直周转住房住宅楼项目和城市园林绿化项目建设等事项。

7月7日第13次会议，重点研究产业园区高质量发展等事项。

7月26日第14次会议，重点研究粮食收购、爱莲池路街旁绿地绿化建设、市餐厨废弃物资源化利用和无害化处理项目运营等事项，审议《2020年市级财政决算草案和2021年上半年预算执行情况的报告》《邵阳市人民政府 五凌电力有限公

2021年4月1日，市政府第六次全体（扩大）会议暨廉政工作电视电话会议召开

司〈合作框架协议〉（送审稿）》。

8月9日第15次会议，重点研究疫情防控、真抓实干督查激励、省重点民生实事项目、“三重点”、高质量发展、既有住宅加装电梯，审议《邵阳市传统美食品牌传承保护条例（送审稿）》。

8月18日第16次会议，重点研究我为老干部办实事、林长制、医疗保障等事项。

8月23日第17次会议，重点研究未成年人思想道德建设等事项。

8月30日第18次会议，重点研究8月份“三重点”工作。

9月13日第19次会议，重点研究重点领域安全风险、第三次国土调查、市城区农贸市场提质、南山国家公园管理局市级行政权力授权延期等事项。

10月9日第20次会议，重点研究9月份“三重点”工作。

10月13日第21次会议，重点研究交通问题顽瘴痼疾集中整治、人工影响天气工作高质量发展、被征地农民社会保障、城乡失能半失能特困人员集中供养等事项，审议《关于2021年市级预算调整方案（草案）的报告》。

11月1日第22、23次会议，重点研究10月份“三重点”工作、岁末年初安全生产百日大会战、防范化解政府债务、邵阳广播电视大学更名、“数字邵阳”等事项。

11月19日第24次会议，重点研究优化营商环境、行政审批和政务服务等事项，审议《邵阳市集体土地征收及房屋拆迁补偿安置办法》。

12月2日第25次会议，重点研究《政府工作报告》起草工作。

12月3日第26次会议，审议《邵阳市人民政府2022年立法计划》《邵阳市传统村落保护条例》及多个发展规划，重点研究市国投与宝城投整合组建、“纾困增效”等事项。

12月6日第27次会议，重点研究11月份“三重点”工作。

12月15日第28次会议，审议《邵阳市2021年国民经济和社会发展计划执行情况与2022年计划工作报告（送审稿）》《2021年市级预算执行情况和2022年市级预算安排方案的报告（草案）》《2021年市级第二次预算调整方案的报告（草案）》《市人民政府与省级金融机构战略合作协议（送审稿）》《邵阳市乡村公路条例（送审稿）》，重点研究市政府与彩虹集团合作事宜。

（陈　澜）

【市政府专题会议】 2021年，邵阳市人民政府召开37次专题会议。

1月5日，研究宋家塘煤矿棚改有关问题。

1月6日，研究省级区域医疗中心建设项目有关问题。

1月9日，研究市属改制（破产）企业生活区公房职工住户搬迁有关问题。

1月11日，研究《2020年长江经济带生态环境警示片披露问题整改责任分工表》反映邵阳市洋溪桥污水处理厂外水体问题。

1月19日，研究大祥区夕阳红老年公寓信访案件处置工作。

1月25日，研究湘才学校搬迁有关问题。

2月26日，研究牛马司公司两个煤矿和宝电群力煤矿安全生产有关问题。

3月15日，研究湖南省邵阳宝兴科肥有限公司债务化解及项目推进问题。

3月24日，研究支持湖南省湘中制药有限公司发展有关问题。

4月1日，研究解决市一中新校区配套教职工住房建设用地抵押问题。

4月2日，研究市十七中重建项目建设有关问题。

5月18日，研究市城区客村路、大祥路、迎春路等道路建设遗留问题。

5月18日，研究湘林酒店项目建设遗留问题。

5月18日，研究邵阳高铁南站扩改工程有关问题。

5月26日，研究重振邵东黄花菜产业发展有关问题。

5月26日，研究部署“百里脐橙连崀山”工作。

5月27日，研究中石化邵阳分公司与市县两级城投公司合资合作项目落地有关问题。

7月1日，研究解决市城区交通顽瘴痼疾集中整治和交通秩序专项整治工作有关问题。

7月2日，研究犬木塘水库工程建设有关问题。

7月9日，研究邵阳县黄荆乡农村饮水安全有关问题。

7月23日，研究市城建投公司发展有关问题。

8月7日，研究邵阳县长乐乡长阳矿区第二轮中央环保督察交办问题整改工作有关问题。

8月9日，研究犬木塘水库工程建设有关事项。

8月19日，研究湘窖酒业2万吨酱酒项目建设有关事项。

8月23日，研究市十七中学重建项目建设污染土壤修复后填埋有关问题。

9月9日，调度首届湖南—东盟投资贸易洽谈会筹备工作。

9月17日，加快推进南山国家公园建设工作有关问题。

10月1日，研究维克液压、湘中制药公司扩产能工作。

11月4日，研究湘窖酒业扩产能工作。

12月2日，调度推行集中屠宰取缔活禽交易工作。

12月2日，研究北塔区属地三级综合医院项目建设有关问题。

12月19日，研究上城投资控股集团投资磷酸铁锂项目。

12月19日，研究维克液压项目建设有关问题。

12月20日，研究计划生育特殊困难家庭有关问题。

12月20日，审议《邵阳市“十四五”农业农村发展规划》等三个专项规划。

12月20日，研究邵阳市非税收入征管职责划转有关问题。

12月21日，研究原湖南建筑装修机具总厂家属区69户住宅楼应急抢险和拆迁安置等历史遗留问题。

（陈　澜）

政府综合事务

【概况】2021年，邵阳市人民政府办公室以“三重点”工作（重点工作、重点项目、重点任务）为导向抓政务服务，开展“三重点”综合督查5次，组织召开“三重点”讲评会5次。

全年撰写各类领导讲话稿、汇报材料、调研报告等文稿800余篇，处理领导批示件、督办函500余件，编发《邵阳政务信息》23期、《政府公报》12期，向省政府办公厅报送政务信息214篇，处理来往文件2983个，以市政府和市政府办名义印发编号文件352个。

组织承办各级各类电视电话会议120余场次，参与保障市长会议（活动）100余场，筹备召开市政府常务会议28次、全市性会议11次，召开党组理论学习中心组（扩大）学习会议12次，组织政府党组会议12次，机关党组会议23次，服务在市政府召开的各类会议400余场。

组织督查8次、配合参与督查40次，发布邵阳督查通报6期，办理人民网“领导留言板”网民给省长留言64条、中国政府网网民给总理留言89条，国务院“互联网＋督查”平台72个办理件全部办结。

成立党史学习教育领导小组，开展理论学习中心组专题学习研讨6次，组织集中学习10次，集中观看红色电影2次，集中到红色基地参观学习5次，开展“光荣在党50年”上门为老党员颁发纪念勋章等“七一”系列活动。为群众办实事项目24个，实现群众微心愿15个。

接待来访群众348批2216人次，集体访72批1556人次；劝导110余批次信访群众通过诉讼、行政复议、仲裁等途径解决合理诉求，实现全年无刑事治安案件、无交通安全事故、无火灾事故。

开展邵阳县塘渡口镇蔡山团村帮扶工作，选派3名干部到村担任村第一书记和驻村工作队队员，在该村设置51个微网格，拆除旱厕、废弃猪牛栏728座，拆除空心房92座，改造卫生厕所184座。

率先试用OA自动化办公系统，更新保密电脑7台，更换国产安可电脑103台、安可打印机26台，实现安可替代全覆盖，发布《市政府办2021年政府信息公开工作年度报告》，更新公开机构信息1条、通知公告9条、规范性文件、政策解读文件13个，发布工作动态40条。

【创新推行“三重点”工作】2021年，邵阳市政府办公室创新推行“三重点”工作机制，助推全国市域社会治理现代化试点合格城市

2021年邵阳市政府文件（市政发）一览表

表10

文　号	标　题	发文日期
市政发〔2021〕1号	关于启动邵阳市突发环境事件3级应急响应的通告	1月21日
市政发〔2021〕2号	关于终止邵阳市突发环境事件3级应急响应的通告	2月1日
市政发〔2021〕4号	关于印发《支持湖南邵虹特种玻璃股份有限公司人才引进八条政策》的通知	3月16日
市政发〔2021〕5号	关于贯彻落实《湖南省无障碍环境建设管理办法》的实施意见	4月15日
市政发〔2021〕6号	关于启动邵阳市突发环境事件Ⅲ级应急响应的通告	4月17日
市政发〔2021〕7号	关于健康邵阳行动的实施意见	4月29日
市政发〔2021〕8号	关于贯彻落实行政复议体制改革有关文件精神的意见	5月26日
市政发〔2021〕9号	关于进一步规范成品油市场秩序的通告	6月17日
市政发〔2021〕10号	印发《邵阳市关于推进职业教育现代化服务“三高四新”战略的若干措施》的通知	10月13日
市政发〔2021〕11号	关于印发《邵阳市集体土地征收及房屋拆迁补偿安置办法》的通知	12月6日
市政发〔2021〕12号	关于划定禁止使用高排放非道路移动机械区域的通告	12月15日
市政发〔2021〕13号	关于印发《邵阳市打造百亿白酒产业园五年行动方案（2021—2025年）》的通知	12月20日

2021年邵阳市政府重要文件（市政办发）一览表

表11

文号	标题	发文日期
市政办发〔2021〕1号	关于印发《邵阳市新建商品房“交房即交证”改革试点实施方案》的通知	2月21日
市政办发〔2021〕2号	关于开展2021年民兵组织整顿工作的通知	3月19日
市政办发〔2021〕3号	关于印发《邵阳市市直行政事业性国有资产管理暂行办法》的通知	4月28日
市政办发〔2021〕4号	关于修订印发《邵阳市市长质量奖管理办法》的通知	4月29日
市政办发〔2021〕5号	关于进一步落实党政机关过“紧日子”严格财政支出管理的通知	4月29日
市政办发〔2021〕6号	关于印发《犬木塘水库工程建设征地移民安置实施管理办法》的通知	5月7日
市政办发〔2021〕7号	关于印发《邵阳市烟草制品零售点合理布局管理规定》的通知	5月6日
市政办发〔2021〕8号	关于印发《邵阳市基本烟田规划建设与永久保护实施方案》的通知	5月19日
市政办发〔2021〕9号	关于印发《邵阳市财源建设工程服务“三高四新”战略实施方案》的通知	5月23日
市政办发〔2021〕10号	关于印发《邵阳市特种设备安全事故应急预案》的通知	6月4日
市政办发〔2021〕11号	关于印发《邵阳市推进养老服务高质量发展若干措施》的通知	6月15日
市政办发〔2021〕12号	关于印发《邵阳市交通运输领域市与县市区财政事权和支出责任划分改革实施方案》的通知	6月15日
市政办发〔2021〕13号	关于印发《邵阳市标准化工作创新创优奖励办法》的通知	6月17日
市政办发〔2021〕14号	关于创建“五好”园区的实施意见	7月16日
市政办发〔2021〕15号	关于印发《邵阳市生态环境损害赔偿制度改革实施方案》的通知	9月6日
市政办发〔2021〕16号	关于延长湖南南山国家公园管理局行政权力清单（邵阳市直）授权期限的通知	9月18日
市政办发〔2021〕17号	关于进一步做好限额以上商贸流通企业培育工作的通知	9月6日
市政办发〔2021〕18号	关于印发《邵阳市优化营商环境攻坚行动方案》的通知	9月30日
市政办发〔2021〕19号	关于修订印发《邵阳市区被征地农民社会保障办法》《邵阳市区被征地农民社会保障工作实施方案》的通知	10月25日
市政办发〔2021〕20号	关于印发《邵阳市深化证照分离改革实施方案》的通知	11月12日
市政办发〔2021〕21号	关于印发《邵阳市自然资源统一确权登记工作实施方案》的通知	11月15日
市政办发〔2021〕22号	关于印发《邵阳市多种形式消防队伍建设管理规定》的通知	11月30日
市政办发〔2021〕23号	关于印发《邵阳市妇女发展规划（2021—2025年）》《邵阳市儿童发展规划（2021—2025年）》的通知	12月31日
市政办发〔2021〕24号	关于印发《邵阳市放宽市场主体住所（经营场所）登记条件的规定》的通知	12月31日

续表 11

文号	标题	发文日期
市政办发〔2021〕26 号	关于印发《健康邵阳“十四五”建设规划》的通知	12 月 31 日
市政办发〔2021〕28 号	关于印发《邵阳市促进中医药传承创新发展实施方案》的通知	12 月 21 日
市政办发〔2021〕29 号	关于印发《邵阳市“十四五”科技创新规划》的通知	12 月 30 日
市政办发〔2021〕30 号	关于印发《邵阳市“十四五”教育事业发展规划》的通知	12 月 31 日
市政办发〔2021〕31 号	关于印发《邵阳市工业“十四五”发展规划》的通知	12 月 31 日
市政办发〔2021〕32 号	关于印发《邵阳市“十四五”消防救援事业发展规划》的通知	12 月 31 日
市政办发〔2021〕33 号	关于印发《邵阳市“十四五”人力资源和社会保障事业发展规划》的通知	12 月 31 日
市政办发〔2021〕34 号	关于印发《邵阳市“十四五”商务和开放型经济发展规划》的通知	12 月 31 日
市政办发〔2021〕35 号	关于印发《邵阳市“十四五”及展望到二〇三五年综合交通运输体系规划》的通知	12 月 31 日
市政办发〔2021〕36 号	关于印发《邵阳市“十四五”生态环境保护规划》的通知	12 月 31 日
市政办发〔2021〕37 号	关于印发《邵阳市“十四五”西部生态圈发展规划》的通知	12 月 31 日
市政办发〔2021〕38 号	关于印发《“十四五”交通运输发展规划（公路、水路）》的通知	12 月 31 日

创建。研究出台《关于推进“三重点”实施办法》《邵阳市人民政府“三重点”考核暂行办法》《关于进一步压实“四方”责任推进市政府“三重点”的实施意见》等制度，实行“周调度”“周督查”“月考核”“月讲评”常态化工作机制。对标当前社会治理难点痛点堵点，将安全生产、道路交通安全、防学生溺水、禁毒、反电诈、信访维稳等社会治理六项重点工作单列纳入“三重点”月度工作清单，将考核权重提升到20%。定期到各县市区及有关市直单位开展综合督查和专项督查，对发现的问题以提示函形式及时交办，并要求限期上报整改情况，将督查发现的突出问题作为每月考核排名的扣分点。以市长为组长的“三重点”工作领导小组对市政府“三重点”工作完成情况实行一月一考核、一排名、一奖惩、一通报，对完成、超额完成的进行表彰表扬，对进度慢、工作滞后的约谈问责，并将考核结果纳入市委管理的领导班子和领导干部年度考核内容，同时抄送市纪委监委、市委组织部，作为党政领导干部考核、奖惩、任用的重要参考依据。

【真抓实干督查激励获1项国务院奖项和41项省奖项】 2021年，邵阳市获国务院老工业基地调整改造真抓实干表彰激励，实现获国务院奖项“零”的突破。在省真抓实干督查激励中，消除上年获奖空白县市区（邵阳县、洞口县、新宁县、大祥区、北塔区），首次实现县市区获奖全覆盖。湖南省人民政府出台31项真抓实干督查激励措施，奖励523次，总奖金额7.383亿元，市州本级获奖141次激励奖金3.873亿元。邵阳市本级和县市区共获奖41次（含6条经验推荐），获奖金额6470万元，获奖次数和获奖金额占全省的8%和9%，分别排全省第五位和第四位。其中市本级获奖9次（含经验推荐），全省排第十位，获奖金额3020万元，占8%，全省排第六位。各县市区获奖32次，占9%，奖金3450万元，占10%。各县市区中，邵东市7项（含1条经验推荐），奖金600万元；新邵县4项，奖金500万元；武冈市4项，奖金800万元；隆回县4项（含1条经验推荐），奖金450万元；洞口县3项，奖金250万元，新增用地指标100亩；双清区3项，奖金300万元；北塔区2项（含1条经验推荐），奖金50万元；城步苗族自治县1项，奖金100万元；新宁县1项，奖金100万元；邵阳县1项，奖金100万元；绥宁县1项，奖金200万元；大祥区1条经验推荐。

（达小车　刘可欣）

机关事务管理

【概况】2021年，邵阳市机关事务管理局将3.4万平方米闲置办公用房调剂给33家市直单位使用，解决部分单位办公用房紧缺的问题。针对市直机关单位干部职工中餐补助标准低、不平衡、不规范等问题，向市政府专题汇报，促成下发《关于进一步规范和落实市直机关干部职工工作餐待遇的通知》。执行推进党政机关厉行节约反对浪费规定，全面贯彻落实节约型机关建设规范、评价规范等标准，加强对党政机关办公用房维修、周转住房装修及家具家电配置、国有资产配置、公务接待用餐等监督检查，严控支出。推行标准化服务，完善机关事务经费管理、资产管理、后勤服务等标准体系，加强对标准掌握情况、执行过程、运用程序等评价。在用餐、用车、用房等方面推行标准化服务，对每一个环节、每一个程序实行标准管控，程序约束，不断提升机关服务保障水平。开展清廉单位创建，出台清廉建设责任清单、负面清单，建立健全建设工程招投标、大额资金使用、财务开支、节约型机关建设系列制度，守住廉洁底线。

【服务保障】2021年，邵阳市机关事务管理局管活管好资产、房子、院子、车子，形成完整的服务保障链条。组织对市直单位土地、房屋和公务用车等实物资产开展多轮次专项调查与重点复核，摸清资产底数和资产情况。推进国有资产集中统一管理，开展资产划转，已归集划转29家市直行政事业单位132处资产，并对划转后的43处房屋、97处资产补办不动产登记证书。坚持依法依规、公开透明处置盘活资产，完成资产转让处置54处，实现收入1.18亿元。截至年底，平台集中车辆累计出车1902台次，行驶58.56万公里，安全无事故。推进处置划转，市直机关事业单位车改后已完成106辆公车的规范处置，其中平台归集车辆中过户40辆、调剂派驻21辆、分三批公开拍卖45辆，处置收益全部按照非税收入管理规定上缴市财政。巩固全省公务用车“一张网”格局，市直党政机关及参公事业单位普通公务车辆北斗安装率实现100%全覆盖，全市公车上线使用率达90%。抓好市行政中心区域的水电气保障，进一步规范安保、保洁服务，加强绿化美化工作和干部职工食堂管理。改善领导干部居住条件，启动厅级领导干部周转住房项目建设。

【节能减排】2021年，邵阳市机关事务管理局结合“节能宣传周”“低碳日”“中国水周”“世界环境日”等活动，以多种形式、多个方位和角度开展宣讲节能环保知识，不断推进节能环保知识进单位、进医院、进学校。开展节约型机关创建，2020—2021年全市创建节约型机关418家，超额完成节约型机关年度创建指标任务。全面推进市本级城市公共机构生活垃圾分类，按照“减量化、资源化、无害化”要求实施生活垃圾分类，实现生活垃圾分类设施设备投放率100%。全市公共机构的人均综合能耗完成质量名列全省第一位、人均水耗完成质量名列全省第三位、平均建筑面积能耗完成质量名列全省第三位。根据全市实际，运用整体式节能指导全市公共机构绿色低碳工作，塑造全市公共机构节能核心架构，同时特聘节能专家深入各县市区开展宣讲培训，推进全市公共机构从管理节能、行为节能、技术节能及自动化控制各方面取得实效。

（刘　磊）

乡村振兴

【概况】2021年，邵阳市落实中央和省委、市委决策部署，全面实施乡村振兴战略，加快推动城乡区域协调发展，打造乡村振兴邵阳样板。成立市委实施乡村振兴战略领导小组，统筹推进乡村振兴工作；以防止返贫为底线，巩固脱贫成果；以乡村建设为重点，打造美丽乡村。5月，邵阳市扶贫开发办公室重组为邵阳市乡村振兴局，并挂牌成立；各县市区也完成重组挂牌。

5月6日，召开市“巩固拓展脱贫成果 防范脱贫后风险”工作调度会，全市将利用2个月时间开展以防返贫监测与帮扶、驻村结对帮扶、“五类人员”保障、饮水安全、住房安全、产业后续培育、稳岗就业、易地搬迁后扶等方面为主要内容的防止返贫监测帮扶和问题排查整改

2021年6月5日，邵阳市机关事务管理局开展“6·5”环境日宣传活动

（市机关事务管理局 供图）

行动；6月23日，举行为期3天的邵阳市乡村振兴驻村帮扶干部重点培训班开班仪式，中直、省派、市派驻村工作队队长参加重点培训班；6月30日，召开“邵阳红”年度工作总结暨下半年工作推进会，全市已有56家企业的90个优质农产品进入“邵阳红”品牌目录；8月14日，市委书记严华主持召开市委实施乡村振兴战略领导小组2021年第一次会议，审议《巩固提升就业帮扶车间专项行动实施方案》等7个全面推进乡村振兴专项行动实施方案；8月19日，召开邵阳市乡村振兴工作推进会，市委书记严华、代市长华学健讲话，市委副书记汤立斌作工作报告；10月13日，召开全市防止返贫监测与帮扶工作讲评会；11月3—4日，市直相关单位和邵阳经济技术开发区有关负责人、各县市区委副书记和分管副县市区长分成2组分别赴各县市区和邵阳经济技术开发区现场观摩6个重点帮扶村、8个示范创建村的“多规合一”村庄规划编制、农村“空心房”整治、“三清一改”村庄清洁等工作开展情况，并召开邵阳市实施乡村振兴示范创建工作现场观摩讲评会议；12月17日，召开全市巩固拓展脱贫攻坚成果工作推进会。

【统筹推进乡村振兴】 2021年，邵阳市以强化领导为关键，高位统筹推进乡村振兴工作。加强组织领导，调整成立市委书记严华任组长，市长华学健任第一副组长，市委、市人大、市政府、市政协分管副职任副组长，相关行业部门负责人为成员的市委实施乡村振兴战略领导小组。建立市级领导联系乡村振兴工作机制，严华、华学健联系省级重点帮扶县，市委常委分别联系1个乡村振兴重点帮扶村和1个乡村振兴示范创建村，其余市领导分别联系1个乡村振兴重点帮扶村或示范创建村。优化机构设置，5月6日在全省率先挂牌成立市乡村振兴局，县市区均于5月10日前完成重组挂牌，配强配齐乡村振兴局班子和干部力量。加强督导考核，制定出台《2021年全面实施乡村振兴战略“七大专项行动”考核办法》《2021年县市区党委政府实施乡村振兴战略实绩考核和市直单位（中央和省驻邵阳单位）实施乡村振兴战略责任制考核方案》，实行“一月一考核、一月一讲评、一月一通报”，对排名靠后的县市区进行通报批评或约谈，推动工作落实。

【巩固脱贫成果】 2021年，邵阳市以防止返贫为底线，巩固脱贫成果。加强防止返贫监测帮扶，坚持“一月一筛查、一月一研判、一月一审核、一月一动态”，精准锁定监测对象18050户45888人，对所有监测对象和脱贫户开展结对联系帮扶，落实低保、五保、产业、就业、医疗、住房等针对性帮扶措施，实现应帮尽帮、动态清零。巩固“两不愁三保障”成果。实施重点产业项目57个、投资6130万元，带动脱贫人口稳定增收；推进稳岗就业工作，用活用足公益性岗位政策，加大有组织劳务输出力度，实现脱贫劳动力就业39.79万人，新建就业帮扶车间139家，104个100名以上脱贫人口的易地搬迁安置点全部建设就业帮扶车间；建立健全“三帮一”劝学复返机制，全面落实义务教育阶段资助政策，资助学生456.5万人次，资助金额约33.55亿元，确保无一人因贫失学辍学；落实脱贫人口和监测户的家庭医生签约服务，签约率达100%，全面落实大病保险等医疗保障政策，困难群众住院24.39万人次，住院总费用15.12亿元，综合报销费用达12.82亿元；健全完善农村低收入群体等重点对象住房安全动态监测机制，完成3441户农村危房改造；完成安全饮水巩固提升工程50处，巩固和新增自来水人口约3.85万人，农村饮水安全实现全域保障。

【打造美丽乡村】 2021年，邵阳市以乡村建设为重点，打造美丽乡村。推进重点帮扶和示范创建，确定邵阳县、城步苗族自治县、绥宁县3个省级重点帮扶县，武冈市1个省级示范创建县，以及338个省级重点帮扶村、209个省级示范创建村。选派各级驻村工作队1442支3984人，实现重点帮扶村和示范创建村全覆盖。开展巩固提升就业帮扶车间专项行动、扶贫项目资金管理“回头看”专项行动、农村改厕秋冬攻坚专项督导行动、农村危房改造专项行动、“多规合一”实用性村庄规划编制专项行动、农村“空心房”整治专项行动、“三清一改”村庄清洁秋冬战役专项行动七大专项行动，7760个村庄均完成村庄规划准备、基础调查和方案编制，完成改厕48064户，拆除空心房12256户，清理农村生活垃圾73.6万吨、畜禽养殖粪污等农业生产废弃物148.7万余吨。加强和改善乡村治理，在基层推行“一支部、五创建、八协会”（一支部：建设坚强党支部；五创建：创建信访“三无”、文明、廉洁、平安、美丽乡村；八协会：建立健全村民议事会、红白理事会、道德评议会、孝善理事会、老年协会、禁赌协会、禁毒协会、志愿服务协会），发挥全市3631个村级新时代文明实践站和“一村一辅警”作用，不断提升乡村治理水平。

【湖南省农村青年致富带头人协会助力乡村振兴系列活动（邵阳专场）】 2021年5月20日，“青春兴湘 何必远方”湖南省农村青年致富带头人协会助力乡村振兴系列活动（邵阳专场）举行。团省委书记李志超、副书记钟娜，邵阳市委副书记汤立斌出席活动。上午举行农村青年致富带头人领头雁培训活动，省市专家教授为全体会员解读乡村振兴政策，解答金融贷款相关知识，共同探讨短视频、直播等内容。钟娜率省市两级青农协会员代表到大祥区进行现场调研，参观走访湖南粮安科技股份有限公司、湖南优农找生态农业发展有限公司，举行“乡村振兴 青春建功”座谈会，就如何在乡村振兴中更好发挥协会作用、带动广大会员建功立业进行交流讨论。下午召开邵阳市农村青年致富带头人协会乡村振兴青年人才培育中心成立会议，李志超为首家湖南省乡村振兴青年创新创业示范基地授牌。

【邵东市开展“迎乡贤振乡村”活动】 2021年，邵东市发挥民营经济发达、乡贤资源丰富的优势，出台《邵东市迎乡贤建家乡、改陋习树新风、兴产业振乡村实施方案》，开展“迎乡贤振乡村”活动，激发乡贤回报家乡热情。截至年底，邵东市组织乡贤座谈、对接、领办乡村振兴事宜1820场次，摸底登记在册乡贤2.3万名，成立各类乡贤组织642个，招引乡贤乡村振兴帮扶资金3.5亿元，规划项目1450个。乡贤投身农村“一拆二改三清四化”行动，累计为“多规合一”村庄规划献计献策1949条，协助拆除“空心房”2920多间，拆除乱搭乱盖483处。579个村（社区）均制定乡村振兴公约，组建乡村振兴志愿服务队1322支，调解矛盾纠纷663起，为实施乡村振兴战略注入活力。邵东市“迎乡贤振乡村”典型经验做法获省政府真抓实干督查表扬激励。

【武冈市创建幸福美丽村庄】 武冈市以农村人居环境整治为突破口，以“一拆二改三清四化”（拆除“空心房”、改水改厕、清垃圾清沟塘清粪污、硬化绿化美化亮化）为总抓手，坚持“十村示范、百村整治”，制定出台《武冈市幸福美丽村庄创建方案》《幸福美丽村庄创建观摩评比方案》，规划用5年时间全域推进全市299个幸福美丽村庄创建全覆盖。2021年，该市从31个省级乡村振兴示范村、27个省级重点帮扶村中遴选出32个村作为幸福美丽村庄创建村，全面整合涉农资金1.9亿元用于幸福美丽村庄创建和环境卫生整治。第三季度对12个精品村、20个示范村、27个重点村，分别安排300万元、100万元、60万元用于启动幸福美丽村庄创建工作。通过第三季度和第四季度2次观摩评比，对15个创建效果好的村，每村奖励100万元。

【洞口县全面推进防止返贫动态监测工作】 2021年，洞口县聚焦“早发现、早干预、早帮扶”等环节，结合实际开展“六个到位”（倡议书发放到位，征求意见分类管理到位，“支部+协会”介入到位，封建迷信整治到位，跟踪管理到位，积分奖惩到位），全面推进防止返贫动态监测工作。探索建立“日监测、月研判”监测模式，设立县级申报热线“7232317”，24小时受理农户的申报需求。选配6923名“防返贫致贫监测员”，实行网格化监测，组织各级党员干部每个季度开展集中走访排查活动。细化责任，县、乡、村三级层层签订防返贫监测与帮扶工作承诺书，压实工作责任。县、乡、村、组四级明确专人负责，挂牌上岗，确保工作力量全覆盖。县财政每年安排一定的工作经费，保障村组干部参与防返贫监测与帮扶工作。按照“缺什么补什么”的原则，因人因户制定针对性的帮扶措施，精准帮扶到位。加强督查考核，实行“一月一督查一通报”，通报情况纳入年底绩效考核内容。

【隆回县发展壮大村级集体经济】 2021年，隆回县在全省率先成立村级建筑劳务服务有限责任公司，通过“一二三四”措施，即全县每个村（社区）成立一个建筑劳务服务有限责任公司，明确村集体经济合作社与县重点建设项目事务中心的全资公司隆回县隆利建筑工程有限公司两个股东，把握规范管理、合理分配、防范风险三个关键，主营建筑施工、劳务输出、服务创收和其他经营四大板块，实行“一村一公司”，发展壮大村级集体经济。截至年底，全县572个村（社区）均成立公司，通过前期试点，有效增加村级集体经济收入和农民家庭经济收入，探索出一条发展壮大农村集体经济的新路子。

（邱海华）

行政审批服务

【概况】 2021年，邵阳市行政审批服务局全面贯彻落实党中央、国务院、省委、省政府和市委、市政府系列决策部署，以深化“放管服”改革优化营商环境为统揽，稳步推进各项工作，取得“改革红利持续释放、政府职能持续转变、营商环境持续向好、群众满意度持续提升”的良好成效。继续获评省文明单位，市平安建设先进单位、工业企业“纾困增效”专项行动优秀服务单位；所属二级单位市政务服务中心获评2021年湖南省“文明窗口单位”“邵阳市最美新时代文明实践基地”；所属两个二级单位2021年度绩效考核均被评为“优秀单位”。

【“放管服”改革】 2021年，邵阳市将深化“放管服”改革优化营商环境作为持续推进政府职能转变的重要抓手，围绕重点任务层层分解，压实工作责任，逐步实现重点任务清单化、放权赋能精细化、政务服务标准化、政务公开规范化的目标。建立健全高频调度、季度通报和年度考核等工作机制，不断完善和落实权责清单和动态调整制度，编制并动态调整市本级权责清单等十大类政务清单，市本级权责清单从2020年梳理公布的2804项动态调整到2140项。组织开展“放管服”改革专题调研，确保放权赋权政策落实落地。

【“一件事一次办”改革】 2021年，邵阳市将“一件事一次办”改革作为“最多跑一次”升级版，打造政务服务品牌形象。截至年底，已梳理和落地“一件事一次办”事项360件、跨域通办事项287件，创新设计“一件事一次办”邵阳政务专递信封，为企业和群众提供免费寄递服务。与广东中山等7个省15个市实现跨省通办，提升为民服务的精准性和实用性。持续推动“一件事一次办”微信小程序应用推广，不断提高企业群众对小程序知晓率。全年全市“一件事一次办”总办件量634.46万件，跨域通办事项办件量40.55万件，“一件事一次办”小程序注册用户数达88.91万户，全省排名第五。

【“三集中三到位”改革】2021年，邵阳市持续深化“三集中三到位”（部门许可职能向一个科室集中、审批科室向政务大厅集中、审批事项网上办理集中，做到事项进驻大厅到位、审批授权窗口到位、电子监察到位）改革，坚持全市一盘棋谋划，市县同步发力、全面推进。市政务大厅入驻单位、事项和审批人员增幅均近30%，企业开办、工程建设项目审批等一站式服务功能不断完善，印章刻制、银行开户等服务不断拓展，审批服务事项办理流程不断优化。完善审批服务流程，实现政务服务事项标准化、规范化、便利化，并积极推广“三化”（标准化、规范化、便利化）成果。市县两级政务大厅面积和软硬件设施得到较大改善和提升，入驻单位、进驻人员、进驻事项大幅增加，功能日趋完善，全市审批服务效能大为提升。全年市本级政务服务事项实施清单填报率、发布率达100%。

【“线下一门”服务】2021年，邵阳市加快推进企业群众办事“只进一扇门”，市政务服务中心办事大厅不断完善服务功能，分类设置公共服务、商事登记、24小时自助服务等六大功能区域，集中办理相关部门审批服务事项，避免群众“多头跑”。进一步拓展服务范围，设置“帮代办”专窗，为群众提供“一对一”贴心服务，为企业量身定制个性化服务方案，全年共为77个建设项目提供帮代办服务，回访满意度100%。13个县市区（含邵阳经开区）全部实现基层公共服务（一门式）全覆盖，全市3634个村（社区）实现电子政务外网全覆盖，打通服务群众“最后一公里”。

【“一网通办”】2021年，邵阳市不断强化线上线下融合，加快政务信息交流整合和资源共享，逐步实现政务服务“一网通办”。市本级“互联网+政务服务”一体化平台功能持续升级，先后建成“一件事一次办”功能模块、在线支付平台，在全省率先实现网上统一支付，企业群众“获得感”不断增强。截至年底，一体化平台已覆盖至全市207个乡镇（街道）政务服务中心、3634个村（社区）。基层便民服务机构通过一体化平台和帮代办服务推行“一站式服务”“一门式办理”。

【便民热线】2021年，邵阳市行政审批服务局加快推动市政务服务便民热线归并升级，起草《邵阳市进一步归并优化“12345”政务服务便民热线工作方案》，在市政府第24次常务会议审议通过并印发实施。建立“12345”疑难工单领导包案制度和督办会商制度，重点针对群众反复投诉久拖未决的疑难工单进行集中督办。加快推进“好差评”系统建设和应用，建立定期调度和通报机制，开展“好差评”线上监管。发挥“市长信箱”综合枢纽作用，构建并完善受办网络，提高流转速度，提升群众满意率。年内市本级热线办理工单90963件，满意率99.61%；解决疑难工单90个；“好差评”系统评价办件数354.41万件，办件评价率97.94%；市长信箱受理各类信件1793件，办结率83%。

【优化政务环境】2021年，邵阳市行政审批服务局坚持把优化政务服务环境作为优化营商环境的“一号工程”，瞄准“放权更活、审批更快、环节更少、服务更优”目标，着力解决政务服务领域的难点堵点问题。以市政务服务大厅为依托，在全省创新设置营商环境协调专窗，收集企业群众反映涉及营商环境的问题和意见建议，解决审批和政务服务方面的困难，并加强后期跟踪落实，为企业纾难解困。全年为企业协调处理审批服务相关问题27件，涉及企业205家。

【深化政务公开】2021年，邵阳市行政审批服务局强化市政府门户网站第一公开平台功能，指导基层做好政务公开标准化规范化工作。全面推进政府网站集约化建设，打通发布、互动、服务三大功能，实现政府信息“一网通查”。加强政府重点信息主动公开，不断完善平台功能，开设专题专栏，改版升级市政府门户网站“文件库”栏目，集中统一公开政府规章、规范性文件，并根据立改废情况动态更新效力状态。组织开展依申请公开工作，全年收到并办结依申请公开件23件。组织全市行政机关及时、规范、准确编制并发布2020年度政府信息公开工作年度报告。全市集约化平台上45个政府网站共发布信息17.9万条，网站总访问量达7694万余次。

【打造政务“云平台”】2021年，邵阳市行政审批服务局依托智慧化服务手段，全方位提升行政审批服务，创新开展“数字邵阳”建设，建成市政务云平台，提升全市信息化建设统筹水平。规范政务信息化项目建设，组织起草《邵阳市政务数据共享暂行管理办法》《邵阳市政务信息系统项目建设管理办法》，并通过市政府第24次常务会议审议。推进“互联网+监管”，汇聚监管数据13.14万条，监管事项认领率和实施清单填报率、翔实度均达100%，汇聚政务服务办件数据301.03万条。

（李芸云）

政策研究

【文稿服务】2021年，邵阳市人民政府发展研究中心积极发挥“以文辅政”作用，为市政府和市政府主要领导提供文字材料服务，牵头撰写市政府主要领导讲话、汇报、经验推介等各类文稿120篇，总字数100万字以上，包括《邵阳市政府工作报告》《邵阳市政府工作总结》等各类重要文稿。

【调查研究】 2021年，邵阳市人民政府发展研究中心集思广益、精准选题，聚焦经济社会重点难点问题，通过请市领导点题、征求部门意见出题、自主选题等方式，确定8个调研课题，其中完成邵阳宏观税负、政府性融资担保体系建设2个课题和外贸通关服务便利度等4个委托课题调研报告，获市领导多次批示给市直相关部门主要负责人参阅借鉴。联合市直相关部门就有关热点难点问题开展联合调研，形成《关于提升财政收入质量的调研报告》《关于学习考察长株常防范化解债务风险和平台公司转型发展的调研报告》等调研成果，获市政府主要领导批示。会同市统计局、市工信局组成联合调研组，赴邵阳经开区等地开展规模工业企业退规调研，撰写《邵阳市规模工业企业退规情况调研报告》。

【经济形势分析】 2021年，邵阳市人民政府发展研究中心建立经济形势分析季报制度，健全完善部门协作机制，每月定期开展全市经济信息收集和分析并编发每月经济分析快报，每季度开展经济形势分析和研判并编发季度经济形势分析报告，在《邵阳发展调查研究》中编印经济分析快报12期、季度经济分析报告4期，为市委、市政府决策提供信息参考。其中《第一季度经济形势和预测研判》获市政府主要领导批示，《第二季度经济形势分析和预测研判》的主要观点和数据在全市“双过半”暨安全生产工作调度会上被主要领导讲话采用。

【助力产业经济发展】 2021年，邵阳市人民政府发展研究中心按照“抓谋划、抓推进、抓督导、抓宣传”思路，参与市产业办工作，推动市承接产业转移示范区建设各项工作落实落地。针对企业退规、园区管理体制改革、亩均投入产出等问题开展专题调研，拟定《2021年度全市示范区建设工作要点》，特别是围绕落实全省“浏阳会议”精神、创建“五好”园区，参与起草邵阳市《产业园区“十四五”发展规划》，草拟《创建“五好”园区实施意见》。在全市组织开展“六个一批”专项行动，在各个园区开展“两抓两比”活动，参与组织开展全市重点项目集中开工活动和全市创建“五好园区”动员部署大会相关会务工作。会同市产业办对重点项目定期开展现场督查，利用“五大数据库”实时掌握示范区建设进度，定期研究分析问题，印发《示范区建设情况通报》4期。

（李 棋）

人力资源和社会保障

【概况】 2021年，邵阳市通过坚持创新创业带就业、优化就业服务促就业、实施积极政策稳就业、帮扶重点群体保就业等全方位开展就业服务，全市就业局势稳定。城镇新增就业4.31万人，农村劳动力转移就业180.11万人。全市企业养老保险参保人数57.76万人，保险基金征缴31亿元，发放基本养老金80亿元；机关事业单位养老保险参保人数16.6万人，发放基本养老金43.12亿元。城乡居民养老保险参保人数423万人（含全年终止7万人），缴费人数303.27万人，领取待遇人数113万人。完成失业保险参保总人数35.13万人，发放失业保险金5810万元，缴纳职工医保1327万元，发放失业补助金2413万元。支付工伤待遇18483万元。受理工伤事故2049起，门诊835起，住院1159起，工亡事故55起。

市人力资源和社会保障局（以下简称市人社局）门户网站发布各类信息578篇，总访问量166.74万次，独立用户访问量54.24万个。“邵阳人社”微信公众号5.34万关注，发布信息1028篇。收到“12345”政府服务热线群众来电工单385件，全部完成，满意率达95%。网络问政（市长信箱）收到信件109件，均及时回复。所有信访案件均按规定及时处理，没有出现处置不当引发规模集体上访事件。

市人社局推动“互联网+政务服务”工作，落实“一件事一次办”，对办事大厅整合机关和企业个人账户、退休管理等业务经办窗口，设置19个办事窗口，30余名工作人员集中实行一站式办公、一条龙服务，设置座位、饮水机、志愿服务岗、母婴室等便民设施。全年受理各类业务57万余起，办结56.47万余起，办结率99.89%，满意率100%。

全年全市累计完成622.1万人社保卡基础数据采集，持卡人数为569.4万人；配合省人社厅、合作银行建设社会保障卡即时制卡环境，在全市共建296个即时制卡网点，实现社会保障卡即时制卡县市区全面覆盖。完成社保卡核查总数631.69万张，其中新卡578.88万张，老卡52.81万张。

开展“三支一扶”工作，省人力资源和社会保障厅分配招募计划的43人全部招募到位并上岗。全面规范各单位借用人员问题，并办理备案手续。加强流动人员人事档案管理及改制企业档案托管，市就业服务中心托管学生档案6423份，事业单位档案3596（含362份改制档案）份，死亡档案189份，改制企业档案101013份，档案室托管档案111221份。

是年，邵阳市劳动人事争议仲裁院获评湖南省2021年度劳动人事争议调解仲裁先进单位、第七届湖南省“人民满意的公务员集体”；邵阳市社会养老保险服务中心邹莉军获评“全省人社系统2021年度‘五型双一流机关’建设工作服务标兵”；邵东市根治拖欠农民工工资工作获得省人社厅通报表彰；北塔区社会养老保险服务中心获评“全国人力资源社会保障系统优质服务窗口”。

【社会保险基金管理专项整治】 2021年4月，邵阳市开展社保基金管理防风险堵漏洞专项整治整改，人社部风险排查整改、全省防风险堵漏洞专项整治整改、全省养老保险待遇核查“回头看”整改完成率均为100%。其中人社部风险排查整改涉及金额305.28万元全部追回，资金追回率100%。全省防风险堵漏洞专项整治整改涉及金额15692.23万元，应追回金额15288.82万元全部追回。其间发现社保基金要情8起并移交纪委监委调查。全市纪检监察机关立案13人，处分处理16人，其中留置3人，5人主动到纪检监察机关投案自首。

【就业再就业】 2021年，邵阳市城镇新增就业完成年度目标任务的107.75%。失业人员再就业、就业困难人员就业分别为33030人、10075人，分别完成年度任务的121.88%、111.94%。第三季度城镇登记失业率5.3%，比上年同期下降0.7个百分点，在全省排名第七位。农村劳动力转移就业180.11万人，其中新增转移就业52990人，完成年度目标任务，全市发放创业担保贷款31443万元。

【就业服务】 2021年，邵阳市人社系统全方位开展就业服务。坚持创新创业带就业。全市发放创业担保贷款1752笔31443万元，扶持创业1762人，带动就业7588人；完成创业培训375个班、创业培训11711人；建设充分就业社区135家，实现就业10479人。

优化就业服务促就业。为园区量身定制2次大规模招工专项行动，推荐13986人，成功入职7702人；发出免费专车83趟，帮助3068名农民工返岗，确保有就业意愿的返乡回流农民工实现动态清零。组织开展线上线下招聘活动318场次，发布岗位信息28.23万个，可吸纳就业37.39万余人，求职人员达16.79万人，其中6.35万人求职成功；提供“311”就业服务10.4万人次，其中就业推荐成功3703人，职业培训推荐成功1196人。

实施积极政策稳就业。支出创业培训补贴、社会保险补贴、公益性岗位补贴、就业见习补贴和就业创业服务补助等各项就业资金2.53亿元；为参保单位降低工伤保险费1.69亿元，降低失业保险费1.47亿元；为808家企业共计6.76万名企业职工发放稳岗返还2215万元；为169名企业在职参保职工发放技能提升补贴25.66万元。

帮扶重点群体保就业。市内3所高校毕业生就业8805人，就业率90.19%；退捕渔民实现“应就尽就，应保尽保”；农村劳动力转移就业180.11万人，其中新增转移就业52990人；安排公益性岗位4713人次。

【农村就业】 2021年，邵阳市人社系统依托已建立的一支3000人就业“红娘”队伍，探索出“政府+劳务公司+劳务经纪人+劳动力”四位一体的就业巩固脱贫成效新模式，采取“征询到户、预招到岗、稳岗到人”招聘模式，开展“保姆”式就业服务，搭建起脱贫劳动力、企业、人社部门之间劳务巩固脱贫攻坚成效桥梁，探索出破解转移农村剩余劳动力就业难题的“邵阳方案”。邵阳“农村劳务经纪人”做法先后被中央电视台《新闻联播》、新华网、《湖南日报》、头版头条报道，并在全省推广。

引导各县市区利用乡镇、村集体老厂房、学校旧址等闲置土地、房屋，在闲置的农家庭院、民居民宅、易地搬迁安置地建设帮扶车间，打造“家门口”的帮扶车间。全市新建就业车间138家，累计建设就业扶贫车间1110家，吸纳42720人就业，其中脱贫劳动力11686人，位居全省第一位。

加强与江浙等沿海地区的劳务协作，通过专列、专车等方式组织贫困劳动力免费出行，推动贫困劳动力返岗复工，与山东、浙江、上海、广东、福建等省市以及省内市州、县市区政府部门和企业单位签订劳务协作协议；发挥华南人力、湖南航荣等人力资源中介机构作用，推动劳动力合理流动；搭建线上线下平台，组织企业、劳动力双向交流选择，推动因地、因企、因人劳务有序输出。

【民办职业培训机构年检年审】 2021年，邵阳市人社局对市直的民办职业培训机构进行督导评估，实行优胜劣汰，清理空壳型、僵尸型等不符合条件的民办培训机构，引导民办培训机构健康有序发展。邵阳市博达职业技能培训学校有限公司等17所培训机构为年度评估合格单位，邵阳市创青春职业培训学校有限责任公司等4所培训机构没有达到年度评估标准。对评估未达标的培训机构限期整改。

【职业技能培训】 2021年，邵阳市人社系统创新培训载体和培训方式，坚持“线上”“线下”相结合，“一企一策”，送培训到田间地头、生产车间。完成政府补贴性职业技能培训5.82万人次，完成为民办实事目标任务的215.5%（完成真抓实干目标任务数4.5万人次的129.3%），农村劳动力转移培训3.84万人次，完成目标任务数1万人次的384%。

4月，市人社局举办全市所有培训机构的家政服务、中式烹调、育婴师3个工种共80名学员的师资培训班，聘请长沙相关行业知名专家授课，并对所有学员进行说课、授课等结业考核，63名学员获师资培训合格证书，未获师资培训合格证书的学员不再担任培训机构的培训教师。

【技工院校管理】 2021年5月，邵阳市人社局和市教育局召开邵阳市中等职业学校招生办学行为突出问题专项整治工作会议，重点整治违法违规招生、虚假招生广告宣传、违规联合办学、违规设置专业、违规组织实习、违规校外设点及学籍管理混乱等问题，强化信息公开，对各学校在湖南省中等职业教育阳光招生信息平台上发布的宣传资料从校园面积、教学场地、设施设备、师资队伍、招生专业人数、收费标准逐项核实。会同市财政局开展技工院校学生资助核查工作，对符合资助条件的学生逐个进行清点，审核补贴对象，落实技工院校助学金和免学费、实训补贴政策，杜绝挤占、挪用、套取、骗取补助资金行为。

【职业技能竞赛】 2021年，邵阳市人社系统举办2021年邵阳市现代服务业技能竞赛，并组织优秀选手参加第三届武陵山片区技能竞赛，获一等奖1个、二等奖8个、三等奖4个，获团体二等奖。组织第三届马兰花全国创业培训讲师大赛邵阳市选拔赛，选送的《收集顾客信息的方法》获第三届马兰花全国创业培训讲师大赛微课赛三等奖。

【企业养老保险】 2021年，邵阳市企业养老保险参保人数57.76万人，企业养老保险基金征缴31亿元，超额完成目标任务，企业养老保险发放基本养老金80亿元，企业退休人员养老金连续 17 年实现上调，月人均2251元。

市人社局审核审批市本级各类退休 2905 人，其中正常退休 2097 人、特殊工种提前退休 609 人、因病提前退休 199 人。完成 20 多万名企业退休职工的待遇调整。调整后，企业退休人员人均增加 119.01 元 / 月、人均养老金达 2251.06 元 / 月，其中市本级人均增加 131.39 元 / 月，达 2768.45 元 / 月。

【机关养老保险】 2021年，邵阳市机关事业单位养老保险参保人数16.6万人，发放基本养老金43.12亿元。7月正式启动职业年金记实工作，对办理年金记实的单位和人员进行定期梳理，当月申请当月记实当月上解省中心。全年办理记实业务1.46万人次，记实资金1.48亿元。继续开展降低市本级机关事业单位养老保险费率工作，从2019年5月1日起，市本级机关事业单位养老保险单位缴费比例由20%降至16%。完成全市7万多机关事业单位退休职工的待遇调整，调待后，机关事业单位退休人员人均增加165.3元/月、人均养老金达4562.96元/月，其中市本级人均增加173.05元/月，人均达4950.8元/月。

【城乡居民养老保险】 2021年，邵阳市城乡居民养老保险参保人数423万人（含全年终止7万人），缴费人数303.27万人，领取待遇人数113万人。“12333”电话咨询服务热线受理各类咨询22654次，群众满意率98%以上。在全省率先实现退捕渔民的“应保尽保”，119名符合参保条件的退捕渔民100%参加基本养老保险。

市辖三区建立丧葬补助金制度，标准为 1000 元。全市困难群体社保帮扶实现应保尽保，为返贫致贫人口、低保对象、特困人员、重度残疾人员等缴费困难群体代缴 100 元的城乡居民养老保险费，其中市辖三区政府将重度残疾人代缴标准提高到 300 元。全年为 15.27 万名返贫致贫人口、低保对象、特困人员、重度残疾人实行财政代缴城乡居民养老保险费 1623.66 万元，代缴率达 100%。全市困难群体参保人数 25.82 万人，参保率达 100%，其中领取待遇人数 10.55 万人。

落实被征地农民社会保障，督促所辖县市区对历史征地审批、被征地农民身份甄别、资金筹集、违规补缴等进行再审核，有 6 个县市区共查出 304 人不符合纳入被征地农民社会保障对象条件，予以清理。北塔区、双清区分别对其中 12 人、5 人启动待遇资金追回程序。全市新增被征地农民保障对象 1.05 万人，累计确定 22.38 万人，已确定的被征地农民社会保障对象基本养老保险参保率达 100%，累计享受被征地社保补贴 19.08 万人。

【失业保险】 2021年，邵阳市完成失业保险参保总人数35.13万人。发放失业保险金5810万元，缴纳职工医保1327万元，发放失业补助金2413万元。

全市共计为参保单位降低失业保险费 1.47 亿元；通过稳岗返还审核优先、公示时间缩短等“绿色通道”，助企纾困解难，全年为 808 家企业、6.76 万名企业职工发放稳岗返还 2215 万元，为 5.28 万人次发放失业人员待遇 5807 万元、发放失业补助金 2413 万元。其中市本级累计发放灵活就业社会保险补贴资金 337.01 万元，受益人数 774 人。

【工伤保险】 2021年，邵阳市人社系统受理工伤事故2049起、门诊835起、住院1159起、工亡事故55起。一般工伤事故调查率在85%左右，重大事故、工亡事故、上下班交通事故等工伤事故调查率达100%。

推进“快捷调查”机制，坚持重大事故、有疑问事故及伤情可能继续恶化事故必调查原则，对于事实清楚，证据确凿的工伤案件，参保单位把资料交齐后立即送行政审批。

督促协议医疗机构落实《邵阳市工伤保险协议医疗机构医疗服务协议书》条款，同时实行协议医疗机构工伤保险医疗费用总额控制和工伤职工医疗次均费用控制制度，规范单例病例结算方式和老工伤人员待遇管理，实行工伤人员住院结算可在医院结算或在市工伤保险处结算科结算的便民结算办法，全市支付工伤待遇 1.85 亿元。为企业减免工伤保险单位缴费部分，共计为参保单位降低工伤保险费 1.69 亿元。为 169 名企业在职参保职工发放技能提升补贴 25.66 万元。

工伤保险基金实现市级统收统支，各县市工伤保险费收入按月统一归集到市财政专户。各县市于每个季度的最后一个月提出下一个季度的工伤保险待遇支出申请计划，再由市本级按季度下拨到各县市工伤保险待遇支出户。全市进行工伤、失业保险基金财务系统升级，实现基金财务数据省级集中。

【劳动监察】 2021年，邵阳市人社部门开展清理整顿人力资源市场秩序专项检查和根治欠薪冬季专项检查行动。全市劳动监察机构主动巡查各类用人单位1156家，立案查处28起，为426名劳动者追讨工资493.76万元，办结全国欠薪线索反映平台线索973条，涉及人数1879

人，涉及欠薪金额2164.17万元。

开展劳动保障诚信等级评价，实行分类分级动态监管，定期将重大劳动保障违法行为向社会公布，结合“双随机、一公开”工作要求，对所有在建项目开展巡察。全市共向公安机关移送涉嫌拒不支付劳动报酬案件24起。对13起重大劳动保障违法行为及劳动保障失信单位进行集中曝光，对违法失信企业，在政府资金支持、政府采购、招投标、资质审核、评优评先等方面依法予以限制。

加强法律法规政策宣传，12个县市区和邵阳经济开发区同步启动《保障农民工工资支付条例》实施一周年集中宣传日暨送法进园区、企业、社区为农民工提供就业岗位系列活动。对25起重大劳动保障违法行为及劳动保障失信单位进行集中曝光，并及时推送国家企业信用信息系统、信用邵阳等平台，向公安机关移送案件71起。

人社与住建、公安等多部门联合开展根治欠薪冬季专项行动，组建工作专班，对在建项目、校外培训机构及新就业形态用人单位开展全面排查，消除欠薪隐患。联合住建、市场监管等部门开展清理整顿人力资源市场秩序专项行动、排查整顿就业招聘中不合理限制条件专项行动和维护女职工产假等权益专项执法行动，累计核查各行业用人单位413家，涉及劳动者2万余人。

【劳动人事争议仲裁】 2021年，邵阳市处理劳动争议案件1790件，案外处理402件，立案受理案件1388件，其中裁决结案347件，调解结案672件。到期结案率达96%，调解结案率达68%，终结率达73%。没有因为劳动争议仲裁引发不稳定事件。

市人事劳动争议仲裁院与市法律援助中心共同制定《劳动人事争议仲裁法律援助制度》，在市人事劳动争议仲裁院设立专门的法律援助工作点，公示法律援助办公地址、联系方式，并定期安排法律援助中心工作人员或者律师坐班，引导劳动者拨打“12348”法律服务热线进行法律咨询，帮助符合法律援助条件的劳动者申请法律援助。征集典型案例，11月召开仲裁系统骨干座谈会，探讨疑难案件。对接待窗口文明礼仪进行培训；开展全市“金牌调解组织”评选活动。

完善争议处理机制，市人事劳动争议仲裁院倡导劳动争议调解结案，引导当事人以调解形式解决纠纷；突出调解程序，确保调解工作落到实处。办案人员在当事人来访时、立案后至庭审前和庭审后都多次组织调解，尽可能实现调解结案。

【劳动关系】 2021年，邵阳市人社局制定出台《邵阳市劳动关系“和谐同行”能力提升三年行动计划实施方案（2020—2023年）》，实施工资集体协商“春季要约”行动，开展劳动关系风险监测，强化欠薪源头治理，加大案件执法和法律宣传力度。全市劳动用工备案单位2116家，职工人数80286人，比上年新增备案单位113家，新增人数5000多人，动态覆盖率达90%以上。

5月开展全市劳动关系领域风险排查和防范化解工作，并及时上报省人社厅。加强对监测企业的劳动关系风险监测，并通过信访、劳动监察、劳动仲裁等多种途径进行劳动关系日常风险监测，做到有重点情况及时上报，无风险每日零上报。

劳务派遣行政许可按照人社部、省人社厅关于审批劳务派遣项目的规定所设置的条件，逐项进行审核。9月，市人社局对辖区内劳务派遣单位开展2020年度劳务派遣经营许可证年度书面核查，并要求网上系统登录相关情况及资料。符合条件劳务派遣单位88家，上报书面资料及网上上传资料73家，涉及劳务派遣人员1.56万人。年内完成48家劳务派遣单位许可申请（含延续申请）、8家变更许可申请的审批。

【专业技术人员管理】 2021年，邵阳市人社局完成省人社厅分配的推荐5名关键人才任务，其中湖南三一智慧新能源设计有限公司全职引进博士1人，邵阳纺织机械有限责任公司等4家企业柔性引进教授3人、博士1人。

完成高层次人才选拔推荐，组织7名专家组成专家评审委员会，对全市各单位推荐的6名专业技术人才和1名高技能人才申报材料进行评审，同意其中2人为专业技术人才推荐人选、1人为高技能人才推荐人选。

开展年度职称评审、认定、推荐和备案，完成28个系列（专业）高、中级职称5124人的评审、推荐和认定工作，其中高级职称参评4388人。完成工程、政工、艺术、群文、图书、教练等系列（专业）的评审，拟通过274人。开展专业技术类职业资格考试的资格审查，审查9622人，审查通过8683人，115人待审，824人审查不通过。

加强专家服务管理和基地建设。与市委组织部联合举办2021年度邵阳市专家人才“学党史、悟思想”研修班，30余名专业技术骨干、专家参与研修；拨付1994年以前享受国务院政府特殊津贴人员的津贴和科技创新人才的奖补资金；开展专家服务基层活动，组建本年度湘西特聘专家服务团，重点针对城步苗族自治县和绥宁县畜牧养殖、农业产业化等方面遇到的困难开展技术指导和帮扶；推荐湖南盛世丰花生物科技股份有限公司（隆回县）申报国家级专家服务基地。

完成首次高层次人才分类认定，与市委人才办等部门联合复审市高层次人才分类认定的专家530位，认定439人，其中A类人才1人、C类人才12人、D类人才22人、E类人才404人。加大基层人才政策倾斜力度。在中小学、卫生、农业、林业工程等系列（专业）全面实施“定向评价、定期服务、定向使用”的基层职称制度，实行总量控制、比例单列，不占当地专业技术中级、高级岗位结构比例。

【事业单位人事管理】 2021年，邵阳市人社局审核发布市教育局、市卫生健康委员会等28家市直主管部门所属74家事业单位公开招聘公告，共645个招聘计划，完成159人。指导76场次（含县市区）事业单位公开招聘考试，新聘人员2316人。

审核并发布2021年度市本级人才引进方案，引进计划数68个。经面试，引进高学历、高职称各类人才20人。审核县市区的人才引进方案8个，计划数368个，完成引进93个。

10月22日，组织市直事业单位及主管局负责教育培训工作人员培训会议，县市区相继召开培训会议，全面启动全市事业单位11.5万人线上、线下教育培训。10月29日，组织全市事业单位、人社部门参加省视频部署会议，对全市县以下事业单位建立管理岗位职员等级晋升制度相关工作进行再动员、再部署，完成县市区事业单位管理岗位人员统计以及相关台账和资金预算等工作。

落实省委关于全面加强基层建设“1+5”文件精神，对乡镇事业单位招聘专业技术人员执行“三放宽一允许”政策，全市放宽年龄计划176个、放宽学历计划22个、放宽专业计划766个、允许限制户籍计划418个。对卫生健康专业人才采取考核方式招聘，考核招聘取得执业（助理）医师资格或卫生技术中级及以上职称或全日制医学本科及以上学历等卫生健康专业人才185人；从优秀村（社区）党组织书记、干部中招聘乡镇事业编制人员，招聘1名村干部，1名村党组织书记进入乡镇事业单位。

审核、聘用事业单位年度专业技术三级岗位人员聘用资格5名。完成编制发生变化单位的岗位设置1002家（含县市区）；办理市直170家事业单位岗位异动733次，为4094人办理岗位异动。

完成市直243家事业单位的2020年度考核，优秀等次2139人；全市记功378人，其中市直单位47人、县市区331人。

【人事考试】 2021年，邵阳市人社局配合市委组织部组织实施公务员考试11154人、职称计算机考试689人次、二级建造师9264人次、二级造价工程师766人次、注册安全工程师967人次、社会工作者1294人次、执业药师4232人次、一级造价工程师1835人次、一级注册消防工程师1118人次、经济专业技术考试1272人次以及“三支一扶”笔、面试。各项考试均实现零差错、零事故。

【工资福利】 2021年，邵阳市人社局全面推进公立医院薪酬制度改革，制定并下发《邵阳市公立医院薪酬制度改革实施办法》，将市中医医院、市妇幼保健院、市第二人民医院、市中西医结合医院、市脑科医院5家市直公立医院纳入改革范围，年底市直公立医院2020年度薪酬总量全部核定审批到位，医护人员薪酬待遇得到提高。

落实保障义务教育教师工资待遇工作，按照义务教育教师不低于公务员收入水平核算市直中小学教师绩效考核奖金增量所需资金，核算数据及落实情况及时报省人社厅、省教育厅和省财政厅，实现义务教育教师收入水平不低于当地公务员收入水平的目标任务。

按照坚持制度的统一规范性、坚持体现消防救援特点、坚持工资水平不降低、坚持向基层一线倾斜等原则，完成消防救援队伍工资体系套改的组织实施工作。

落实市属国有企业职教幼教退休教师待遇。办理机关事业单位新进人员工资核算、工资系统录入528人次，查阅各类档案1584份；办理市直单位相互调动手续814人次；办理转正人员工资手续249人次；办理晋升职务（职称）工资2248人次，正常晋级、正常晋档12897人；办理退休人员审批手续357人次，查阅退休人员档案368份；审批机关事业单位一次性抚恤金137人；办理机关事业单位遗属困难补助159人；办理辞职、开除手续102人。

（刘伟军）

民政

【社会救助】 2021年，邵阳市全面建立以城乡低保、城乡特困供养、临时救助为基础的新型城乡社会救助体系，救助范围扩大，供养和补助标准提高。城乡低保实现动态管理下的“分类施保”“应保尽保”，城市低保标准由2020年的每人每月530元提高到570元（省定标准550元），农村低保标准由每人每年4080元提高到4380元（省定标准4300元），城乡特困供养标准由每人每年6552元、3200元分别提高到8892元、5694元（省定标准8580元、5590元）。在全市推行社会救助综合改革并纳入绩效管理，双清、北塔、新邵、邵阳县、隆回、新宁、武冈、邵东8个区县市将低保审批权限下放至乡镇，构建制度健全、统筹联动、社会参与、数据共享、服务便捷的综合救助格局。全市保障城市低保对象53543人、农村低保对象190866人；保障城市特困供养对象777人，其中集中供养185人（失能半失能113人）；保障农村特困供养对象35254人，其中集中供养3721人（失能半失能2210人）。

【养老服务】 2021年，邵阳市出台《邵阳市推进养老服务高质量发展若干措施》（邵市政办发〔2021〕11号），推进养老服务高质量发展。全国第五批居家和社区养老试点工作被评为2020年全国优秀，全市养老服务体系建设真抓实干获省政府表彰激励；连续4年开展养老院服务质量提升专项行动，重大安全隐患全部清零。推行“公建民营”新模式。2020—2021年，全市新增居家和社区养老服务设施60个，全部交由社会力量运营管理；养老床位建设连续两年纳入省市重点民生实事项目，新增床位800张。组织全市养老护理员、机构管理人员集中培训和全省线上护理员培训，有养老护理员4124人，持证上岗率

100%。截至2021年年底，全市有养老机构181家，其中公办福利机构8家、乡镇敬老院121家、民办养老机构52家，入住老年人7367人；有城乡养老服务示范点167个、农村幸福院672个；各类养老床位5.3万张，每1000名老人拥有床位数38.6张。

【社会事务管理】 2021年，邵阳市民政局推进殡葬基础设施项目建设。指导各地按要求申报农村公益性公墓建设项目12座；督促指导5个县推进殡仪馆建设项目。推进殡葬改革，对违法违规私建“住宅式”墓地、硬化大墓等突出问题进行执法整改。将文明操办婚丧喜庆事宜作为实施乡村振兴战略的重要内容，全市所有行政村（居）红白理事会建会率达100%，将移风易俗纳入村规民约，进一步树立群众婚事新办、丧事简办、喜事俭办意识。推进精神障碍社区康复服务，建成示范性精神障碍社区康复服务点4个；督促指导贫困地区“福康工程”项目实施。提升残疾人福利水平，全市保障困难残疾人生活补贴7.78万人、重度残疾人护理补贴10.93万人，残疾人“两项补贴”标准由2020年的65元/人·月提高至70元/人·月。加强流浪救助管理，开展生活无着的流浪乞讨人员救助管理服务质量大提升专项行动，为176名救助人员进行落户安置，对175名易流浪人员进行回访并给予帮扶。规范开展婚姻登记工作，指导6个县创建国家AAA婚姻登记机关，补办证合格率100%。联合开展邵怀线第四轮界线联检，完成4条县界线联检。完成邵阳市地名图、录编纂并交付出版社出版，推进地名普查成果转化。完成北塔区陈家桥乡撤乡设镇，行政区划调整稳妥开展。

【基层社会治理】 2021年，邵阳市完成新一轮村（社区）“两委”换届选举和培训，全市3634个村（社区），书记、主任实现“一肩挑”的3511个，占比96.62%，同步推选产生村（居）民小组长、村（居）民议事会、村（居）务监督委员会。创新“民事民议、民事民办、民事民管”工作形式，100%的村（社区）建立村（居）民会议、村民代表会议、村（居）民议事会、理事会等议事协商载体，完善民情恳谈日、民情沟通日、百姓说事、村民议事、居民票决制、妇女议事等民主协商管理制度并开展协商活动。村（居）务监督委员会重点对村（居）务决策和公开、集体“三资”管理、工程项目建设等进行监督，推动落实相关重大事项。完善线上线下村（居）务监督机制并建立健全长效管理机制，常态化推进“雁过拔毛”式专项整治。全市所有村（社区）完成村规民约（居民公约）的制（修）订和法制审核，组织参加全省“寻找最美村规”“湘约我的村”等主题宣传活动，新邵县潭溪镇玄本村村规民约被评为省第二届“十佳”村规民约，北塔区状元街道柘木社区等的8篇村规民约被评为省第二批优秀村规民约（居民公约）。开展创建省城乡社区治理和服务创新实验区活动，3个实验课题通过省民政厅验收。31个社区、36个村成功创建省和谐社区、省农村幸福社区。截至年底，全市登记注册的社会组织2908家，备案社区社会组织20743家。加强社会组织综合监管，开展行业协会商会乱收费情况整治，对社会组织管理软弱、年检不合格或基本合格的社会组织进行行政约谈和行政告诫40次，撤销登记9家，打击非法社会组织18家。

【关爱儿童】 2021年，邵阳市初步建成“政府主导、民政牵头、社会参与、家庭尽责”的儿童关爱服务体系。2020—2021年，引导2万多名留守儿童家长在家门口就业，留守儿童由14万名减少到8万名，邵阳市留守儿童关爱保护工作在全国、全省多次被作为典型推介报道。加强儿童关爱服务阵地建设，村级儿童之家实现全覆盖，打造县级以上示范“儿童之家”911个，省级示范“儿童之家”20个。乡镇儿童督导员、村（居）儿童主任实现全覆盖，打造一支守护工作末端执行的主力军。持续开展“文明创建·大爱邵阳”农村留守儿童关爱保护活动，累计完成5万余场次留守儿童关爱活动，受益人数达6万多人。建成儿童关爱智慧平台，探索打造全方位服务、全过程管理、全天候响应的“互联网+助幼”儿童智慧关爱服务模式。全面贯彻实施《中华人民共和国未成年人保护法》，建成“邵阳市未成年人保护中心”并投入使用。强化关爱留守儿童经费保障，市财政每年预算200万元专项

2021年7月22日，全省农村留守儿童和困境儿童关爱服务工作现场经验交流会在邵阳市召开
（市民政局 供图）

经费，同时要求县级财政每年不低于100万元，用于购买第三方专业服务。市财政投入500万元初始基金，发起成立“邵阳市儿童关爱保护基金”，已募集资金近1000万元。7月22日，全省农村留守儿童和困境儿童关爱服务工作现场经验交流会在邵阳市召开。

全市保障孤儿1649人，其中集中供养85人、散居1564人；保障事实无人抚养儿童3978人。集中供养孤儿生活保障标准1350元/人·月、散居孤儿950元/人·月，事实无人抚养儿童参照散居孤儿标准实行分类保障。

【慈善社工事业】 截至2021年年底，邵阳市探索市场化运营模式，12个区市县均建立慈善会，建成经常性社会捐助站点、慈善超市34个。动员社会力量参与慈善社工事业，动员召集各类会员企业近100家。推进社工站建设，已建成乡镇（街道）社工站212个，招聘社工384人。有专业社工组织30家，加大社工人才培训力度，5年培训社工2000余人次。全市注册志愿者数达113.8万人。常态化开展“春风行动”“微笑列车”“守护光明——关爱抗疫人员眼健康公益行”等慈善项目活动，累计募集慈善款物近1000万元，扶贫济困助弱惠及近20万人次。

【新冠肺炎疫情防控】 2021年，邵阳市民政系统对部分有安全隐患的民办养老机构实施检查整改，对无法达到基本运营标准的机构进行人员转送和关停。及时足额发放各类服务对象保障资金，社会救助、儿童福利、残疾人“两项补贴”、老年人补贴等各类民政保障资金及时保障到位。募集和接收抗疫款物合计549.64万元，组织慰问一线抗疫人员435名，其中援鄂一线医务人员87名、每人慰问1000元，市定点医护人员348名，每人慰问600元；组织开展志愿服务500余次，为全市街道（乡镇）202名民政助理员和3631名社区（村）工作者每人购买一份价值10万元的“战疫爱心保”。民政系统工作人员和服务对象新冠疫苗接种实现应接尽接。

（金　锦）

退役军人事务

【“法律政策落实年”活动】 2021年，邵阳市退役军人事务局开展“法律政策落实年”活动，强化法治思维和法治观念，提升依法决策、依法行政的自觉性和能力水平。征订《退役军人保障法辅导读本》《退役军人保障法释义》1000套，组织全系统干部职工开展学习。结合七一建党、八一建军等重要节日开展学法宣传，组织集中宣传和走访活动，推动《中华人民共和国退役军人保障法》进机关、进企业、进学校、进社区、进农村、进军营。联合市委宣传部、邵阳军分区政治工作处、市国防办等部门开展“爱国拥军、心系国防”知识抢答赛，将《中华人民共和国退役军人保障法》纳入题库，全市近1万人参与网络答题，16支队伍参加现场竞赛。组织“老兵永远跟党走·党旗飘扬在心中”知识竞赛，促进保障法的学习宣传。开展“12·4”国家宪法日集中宣传活动，提升民众法治水平。

【思想政治建设】 2021年，邵阳市退役军人事务局强化6个工作支部建设，要求各县市区结合当地实际，分层级在重点群体中成立工作支部，做到全市统筹建设，一盘棋推进，构建起市县乡村四级退役军人群体工作支部体系。培养选拔推荐优秀退役军人担任“兵支书”，全市建档立卡“兵支书”2272人，其中担任村(社区）党支部书记的618人。树立先进典型，向省退役军人事务厅推荐“模范退役军人”1名，5名优秀“兵支书”入选全省“百名优秀兵支书”宣传报道。提升网评员队伍建设水平。

【权益维护】 2021年，邵阳市开展退役军人和其他优抚对象走访慰问和“春风行动”，发放慰问金；开展困难帮扶援助，帮助困难退役军人解决燃眉之急。

【移交安置】 2021年，邵阳市按照“量化评分、排序选岗”原则，完成转业军官、转业士官安置任务，做好伤病残士兵移交安置工作。推进退役士兵社保缴费。开展军休工作。推广军休App的使用；开展庆祝建党100周年系列庆典活动；落实军休人员政治待遇和生活待遇；推进军休服务大楼项目建设。

【优待抚恤】 2021年，邵阳市完成全市“两参”内部核查工作。办理审核、审批业务，办结残疾等级评定276件、带病回乡306件、“两参”认定23件、“三属”定期抚恤27件，其中上报省退役军人事务厅伤残档案通过率高达98%。开展全市优抚数据中问题数据清理，实现“应清尽清”。争取优抚事业单位项目，组织开展全市优抚资金管理使用情况核查。

关心关爱优抚对象。及时足额发放优抚待遇；开展“关爱老兵·守护健康”活动，为部分优秀退役军人进行免费体检；组织27批次重点优抚对象短期疗养，医疗巡诊8个县市区，为重点优抚对象免费送医送药下乡。中国共产党成立100周年之际，对全市烈士遗属进行上门走访慰问，按1000~2000元/户标准发放慰问金。

【就业创业】 2021年，邵阳市召开退役军人培训工作会议，加大退役军人教育培训政策宣传力度，将全市30家培训机构信息编印成册，印发到县市区，引导尚未参加职业技能培训的自主就业退役士兵报名参加，全市完成自主就业退役士兵职业技能教育培训，为退役军人开展适应性培训。引导符合条件的退役军人参加学历教育，参加高职单招、推动退役士兵复学。扶持退役军人就业创业。组织春节专场招聘会，市退役军人事务局联合六部门开展民营企业招聘月活动，与人社等部门联合举办“退役不褪色 就业再启航”退役军人专场招聘，全年举办各类退役军人专场招聘会30余场，300多家企业累计提供岗位数8000余个，多名退役军人与企业签订就业（意向）协议。建立市县乡村四级一体的招聘信息共享平台和就业帮扶台账，新建立退役军人就业台账。推进“一村一网店”新型创业模式，开展市退役军人“十佳创业能手”评选表彰，举办第二届退役军人创业创新大赛，支持退役军人创业创新。

【双拥共建】2021年，邵阳市为913户立功受奖军人家庭送喜报，强化奖励机制。开展“情系边海防官兵”拥军优属活动，共走访180户。春节、八一建军节期间，走访慰问现役部队物资价值200余万元，走访慰问退役军人和其他优抚对象15万余人次，慰问金额2000余万元。修订完善《邵阳市军人子女教育优待实施细则》，对现役军人子女、残疾军人、因公牺牲军人子女、烈士子女落实教育优待政策。安置正师职干部随军家属1名、随调随军家属8名，全部安置到市直下属事业单位，做到接收单位、部队和个人都满意。推动落实军地互提需求、互办实事的“双清单”制度，协调解决军地相关难点问题。

【褒扬纪念】2021年，邵阳市组织清明祭英烈活动，全市160余个单位、团体，约6万余人到市烈士陵园祭扫，4万余人参与线上祭扫。组织“9·30”“烈士公祭”“12·13”国家公祭日活动，在全社会营造尊崇英烈的良好氛围。开展烈士评定，开展县级及以下烈士纪念设施管理保护专项行动，全市摸排出烈士墓及相关纪念设施856座（处），推进烈士纪念设施提质改造。

【服务保障】2021年，邵阳市巩固深化“五有”“全覆盖”成果，推动示范型服务中心（站）创建工作，12个县市区退役军人服务中心、205个乡镇（街道）退役军人服务站，建设4家省级红色退役军人服务站，全部完成示范建设和验收。发挥基层中心（站）服务性、保障性、延伸性作用，提高运行效能和服务质量。大祥区板桥乡退役军人服务站被评为“全国优秀退役军人服务保障先进单位”，双清区、邵阳县2名基层工作人员被评为“全国优秀退役军人服务保障先进个人”。加强退役军人志愿服务队组建。完善招募、登记、日常教育、退出等管理制度，科学制定年度志愿服务计划。全市新组建退役军人志愿服务队伍50余支，志愿者2200余人，开展志愿活动60余次。组织申报“十四五”重大项目储备和“十四五”规划编制前期工作，通过汇报、召开领导小组会议等方式，争取党委政府重视和相关部门支持，将烈士纪念园、军人公墓建设纳入邵阳市总体规划和专项规划。

（谭希晨）

民族宗教事务

【推进民族地区经济发展】2021年，邵阳市积极争取少数民族发展项目资金，其中争取中央和省脱贫攻坚衔接乡村振兴资金1761万元，争取市级少数民族专项资金由560万元提高到780万元。主动申报民族贸易企业、民族特需商品定点生产企业贷款贴息800多万元。推动民族地区乡村振兴，城步长安营镇、绥宁花园阁村、洞口长塘瑶族乡、隆回虎形山瑶族乡被评定为首批省级民族乡村振兴试点乡村，绥宁县九溪山庄被确定为民族客栈。为市民族宗教事务局乡村振兴联系点绥宁县东山侗族乡东山村安排工作经费6.5万元。

【推动民族地区社会事业发展】2021年，邵阳市落实高考考生民族优惠政策，审核享受普通高校招生民族优惠政策考生4026人，其中聚居区少数民族考生1967人、汉族考生947人、过半县少数民族考生617人、散居区少数民族考生495人。审核初中升高中民族优惠加分考生266人。促进少数民族体育事业发展，推荐申报新宁麻林瑶族乡中学为省级少数民族体育示范基地。办理市人大《大力发展少数民族传统体育》重点建议。组队参加湖南省民族健身操比赛，获三等奖。筹备市第五届少数民族传统体育运动会，备战湖南省第十届少数民族传统体育运动会。指导市少数民族传统体育优势项目射弩代表队开展暑期训练。创新思路选聘民族体育人才，射弩项目全国冠军黄秀娟进入洞口县罗溪中心学校工作。编纂邵阳“少数民族文物图谱·湖南卷”，收集少数民族文物信息1128条，编辑少数民族文物目录860条。宣传民族政策和发展成果，参加省第七届“建设伟大祖国，建设美丽家乡”演讲比赛，获两个三等奖。整理图片资料参加《促改革发展、创伟大业绩——邵阳市辉煌“十三五”、奋进“十四五”庆百年华诞大型图片展》，全面宣传展示民族地区经济社会发展成果。

【民族团结进步工作】2021年，邵阳市城步苗族自治县、隆回县创建为全省民族团结进步示范单位。组织省级以上民族团结进步示范单位开展互观互检。绥宁县在县城中心广场举办“铸牢中华民族共同体意识，从我做起、从现在做起、从小事做起”主题活动启动仪式暨万人签名活动。开展散居地区民族团结进步创建。其中新邵县陈家坊镇东江村设置20多处宣传栏、宣传牌、宣传标语，自发成立民族团结进步创建理事会；邵阳县编写《开展民族团结进步创建，铸牢中华民族共同体意识宣传手册》；邵东市开展民族团结进步创建进学校，组织“回汉一家亲”民族联谊交流活动。到邵阳的新疆少数民族群众自发对大祥、双清、北塔等37户困难户进行慰问；组织在邵阳的60多名新疆籍少数民族群众在大祥区开展民族团结进步大宣讲；邵阳电视台、邵阳新闻网、邵阳日报社开展民族团结进步事迹和各民族交往交流交融先进典型的宣传报道。加强市级民族团结进步教育基地建设。9月10日全市首个市级民族团结进步教育基地揭牌启用；举行“践行社会主义核心价值观，倡导文明新风尚——迎国庆·我为祖国送祝福”活动以及“共创和谐、共享和谐”专题讲座。

【民族事务依法治理】 2021年，邵阳市加强清真“三食”和回民公墓管理。开展清真“三食”检查，处理5家假冒清真“三食”餐饮企业。邵阳市回民公墓管理与支持当地经济建设迁移坟墓的工作经验获兄弟省市同行参观学习。做好民族成分管理工作，办理55人次民族成分更改手续，受理100多人次政策法规咨询。加强少数民族发展资金管理。市民族宗教事务局会同市财政局制定出台市级少数民族发展资金管理办法，按规定完善少数民族发展资金项目库；协助省民族宗教委员会委托的第三方机构对各县市区2020年度省级少数民族发展资金的使用情况进行检查。

【依法管理宗教事务】 2021年，邵阳市强化宗教场所新冠肺炎疫情防控。加大宗教场所管控措施，按要求严防死守新冠肺炎疫情在宗教活动场所传播。第一时间启动除城步、新宁以外的10个县市区宗教活动场所和民间信仰场所全部暂停对外开放、暂停举办聚集性宗教活动。市民宗局赴各地宗教活动场所实地督察，各县市区民族宗教工作部门按属地管理原则赴各乡镇村开展督查指导，确保防控措施落到实处。发挥基层优势，健全“三网两责”机制，做好劝返工作，每天实行“日报告”和“零报告”制度。指导各县市区民宗局发挥乡村两级宗教工作网络预警作用。落实4个市级宗教团体和市民宗局机关符合接种条件的人员接种新冠肺炎疫苗，接种率100%。

【宗教工作专项调研】 2021年，邵阳市印发《邵阳市民族宗教工作部门党员干部开展2021年“新春走基层”乡村调研活动实施方案》，制定《调研活动调查参考提纲》，局机关在职干部春节返乡期间，就近走访了解所在乡镇（街道）、村（社区）社情民意，听取对宗教工作的意见和建议，形成调查日记30余篇。

【制止非法宗教活动】 2021年，邵阳市民族宗教事务局贯彻落实习近平总书记1月25日关于宗教工作的重要批示精神和市委常委会专题研究制定的“十条措施”，开展“制止非法宗教活动遏制宗教渗透蔓延”专项工作，成立局党组书记任组长、局长任常务副组长的工作专班，明确责任分工，建立工作机制，开展一系列专项工作。全市未发生一起境外敌对势力利用宗教渗透情况。

【治理宗教领域各类突出问题】 2021年，邵阳市坚持以2018年中央宗教工作督查整改“回头看”和制止非法宗教活动“百日行动”排查问题及整改落实为方向，持续深入开展宗教领域各类突出问题的巩固和治理。从严治理佛教道教“商业化”，进一步加强佛教道教活动场所和教职人员的规范化管理。

【宗教行业安全管理】 2021年，邵阳市民族宗教系统开展“管行业必须管安全百日行动”和“安全生产月”活动。召开“管行业必须管安全百日行动”工作推进会，印发《邵阳市民族宗教领域“管行业必须管安全百日行动”实施方案》，将宗教活动场所消防安全、房屋建筑安全、宗教活动安全等安全工作细化为31个小项进行排查，立查立改一般安全隐患68个，纳入“一单四制”重点整治安全隐患26个。全市宗教活动场所（民间信仰活动场所）没有发生消防、建筑、自然灾害等方面安全事故。邵阳经验在省民宗委召开的“全省安全生产会议暨宗教活动场所消防安全应急演练会”上获推介。

【宗教界自身建设】 2021年，邵阳市民族宗教事务局指导宗教团体持续、深入开展以“国好·法大”为主题的“五进五好”活动，加强常态化政治理论和政策法规学习。七一当天，组织全市宗教团体、宗教活动场所、宗教教职人员收看庆祝中国共产党成立100周年大会电视直播。引导宗教界开展学“四史”教育活动。市佛教协会赴武冈市革命历史博物馆、新宁县宛旦平烈士故居等红色教育基地开展研学活动；市道教协会举办庆祝建党100周年传统文化公益活动；市伊斯兰协会开展学“四史”教育活动，在各清真寺统一制作安装“中国共产党党史学习教育宣传栏”“爱国主义教育宣传栏”“民族团结进步创建宣传栏”，举办中国共产党党史专题学习研讨会，组织教职人员赴邵阳县塘田战时讲习所、中共湘西南特委遗址等红色教育基地开展学“党史”研学活动，开展建党100周年有奖征文活动。

（马艳超）

信　访

【概况】 2021年，邵阳市信访总量12162件人次，占全省信访总量的5.87%。到国家信访局走访登记量和到省信访局走访登记量从全省第二位分别退至第七位和第四位，其中到国家信访局走访登记473人次，同比下降56.49%；到省信访局走访登记1842人次，同比下降38.72%。

持续开展信访“三无”创建活动，市信访联席办每半月对县市区创建工作开展情况进行一次梳理，全面掌握进度，针对问题短板，加大培训指导力度。各县市区探索新时代“枫桥经验”本土化新路径，形成新宁县的“崀山经验”、洞口县的“背包式处访”、新邵县的“公德教育”、绥宁县的“三色管理”、武冈市的“三个一线”等一大批经验做法。新宁、隆回、武冈、新邵4个县市成功创建省级信访“三无”县。

【信访工作齐抓共管】2021年，邵阳市抓住“关键少数”，推动信访工作齐抓共管。市委书记严华每天通过电话、短信、微信听取、了解、掌握信访工作情况，对重点突出信访问题亲自调度县市区委书记和市直部门一把手；市委副书记、市长华学健将信访工作纳入市政府“三重点”工作，坚持一月一调度、一月一排名，统筹一体推进；市委副书记汤立斌多次主持召开专题会议，研究信访事项回访核实、重复信访治理等重点难点工作；市委常委、政法委书记王学武深入基层调研督导，牵头协调处理超期安置、企业改制、涉众金融等重点领域信访问题。其他市级领导和市信访联席会议召集人主持召开协调会议36场次，推动化解一批重点诉求和重点个案。

【“治理重复信访、化解信访积案”专项工作】2021年，邵阳市实行“挂图作战”，推进“治理重复信访、化解信访积案”专项工作走深走实。对中央信访联席办交办的重复信访件，按照依法依规、精准精细、用心用情的总要求，紧盯时间节点，提升办理质量，确保案结事了。根据化解难易程度，划分高中低三个风险等级，对高风险信访件密切关注、加大化解力度，对中风险信访件实行清单管理、挂图销号，对低风险信访件跟进措施、防止反弹。同时，根据信访问题的不同属性，按照处理类别、领域分布、诉求合理性等进行分类划分，做到一案一策、分类施策、不打乱仗。中央信访联席办第一批交办的1673件重复信访件，全部化解上报；第二批交办的377件，上报化解229件。

【信访突出问题集中攻坚行动】2021年，邵阳市推动信访疑难问题逐个解决。开展信访突出问题集中攻坚行动，对超期安置、房产开发、企业改制、涉众金融、涉法涉诉、环保整治、“民代幼”群体等疑难复杂信访问题，明确市分管领导牵头，相关职能部门参与，属地全力配合，组建工作专班，进行合力攻坚。通过集中交办一批、启动约谈一批、重点化解一批、源头治理一批，推动问题逐个消化解决。全市涉法涉诉信访积案化解“两年攻坚”行动全面铺开，推进超期安置和企业改制信访问题的化解及煤炭改制企业水电改造工作，开展房地产办证难专项治理行动。

【督查问效】2021年，邵阳市推动信访工作责任落实落地。市信访联席办9次深入县市区实地督导信访重点工作，与51个乡镇、县直相关部门党政主要负责人进行座谈，对41件再次信访件进行逐案分析研判。市信访工作联席会议召集人对上半年信访积案化解力度不大的邵阳县、城步苗族自治县、双清区、邵阳经开区党政主要负责人进行约谈。

（贺　军）

住房公积金管理

【概况】2021年，邵阳市缴存住房公积金43.24亿元，同比增长6%；当年提取住房公积金同比增长11%；当年发放个人住房公积金贷款创历史新高，达33.47亿元，同比增长18%，完成全年任务的129%，当年个贷率218%。全年使用住房公积金61.4亿元，推动房地产市场消费184.2亿元，对全市生产总值贡献156.57亿元，增加财政收入24.56亿元。截至年底，有3315个单位、25.77万人缴存住房公积金，累计缴存总额311.93亿元，累计提取151.12亿元，缴存余额160.80亿元；累计发放个人住房贷款243.69亿元，贷款余额144.54亿元，累计向市县两级提供廉租住房保障资金10.99亿元。邵阳市住房公积金综合发展再次跻身全国50强，列第17位，较上年提升14位。

是年，市住房公积金管理中心被评为“2021年度平安建设先进单位”，连续五年被评为市直机关党建工作优秀单位

【管理】2021年，邵阳市住房公积金管理中心坚持“稳增长”主线，多举措释放管理效能。截至年底，全市新开户单位237家，新开户职工2万人，惠及人群稳步增长。进一步发挥资金使用效益，下放贷款审批权限，实行贷款自主核算，支持职工购建房109.24万平方米，为0.86万户家庭解决住房困难，增加“既有住宅加装电梯提取”“大病提取”等服务事项。强化住房保障功能作用，采取“认房认贷”的办法，同时推行“存贷挂钩”贷款新政，有效抑制低缴存高贷款的“蹭贷”行为和突击高缴存套贷行为。突出“防督控”重点，全覆盖强化资金效能。针对较突出的小面积、小金额二手房交易骗提骗贷现象和非法中介小广告问题，开展打击骗提骗贷专项工作。通过公安局调查取证、立案侦查，开展网上追逃，加大对骗提住房公积金的处罚力度，“堵”“查”结合从源头上进行惩治。持续强化风险管控措施，制定出台岗位风险点清单，推行全员、全岗位风险点清单管理，推进反腐倡廉关口前移。自觉接受监督部门监督。

【服务】2021年，邵阳市住房公积金管理中心推进信息化建设，加快“智慧公积金”建设步伐。增设12个跨省通办服务窗口，实现住房公积金8项业务“跨省通办”，“跨省通办”工作走在全省前列。加强文明窗口建设，全年中心窗口服务“好差评”评价率100%，满意率100%。增设“群众办事专用车位”、无障碍停车位，改造完善无障碍设施，高规格配备母婴室。在疫情形势严峻期间推行“网上办”“预约办”。市住房公积金管理中心被授予全市首个也是唯一一个“文明行业”称号。

（马　军）

库区移民事务

【帮扶移民致富】 2021年，邵阳市加大对一些具有区域特色、品牌优势的移民产业的扶持力度，帮助建立种养基地和专业合作社，成为行业“领头雁”，辐射和带动更多移民增收受益。年内新建或改建油茶基地1300亩、水果生产基地1000亩、楠竹基地500亩、中药材基地550亩、蔬菜基地1000亩。多渠道、多形式开展移民培训，推动不同层次移民劳动力向技术型人才转变，促进移民劳务就业创收。全年投入移民培训资金776.79万元，完成培训5078人；举办短期就业技能培训班37期1107人，补助中长期职业教育人员和自主培训获证人员1138人次，完成农村实用技术培训2565人，培训新型职业农民268人。投入经费和完成培训人数均超额完成省移民事务中心下达的移民培训任务。推进移民美丽家园建设，完成申报2022年度重点移民村22个、乡村振兴示范村3个、省级移民产业示范项目3个。

【犬木塘水库移民安置】 犬木塘水库工程是国家重点水利工程、新中国成立以来湖南省投资规模最大的单体水利工程。建设征地与移民安置是该工程建设的重点和难点。2021年，邵阳市坚持维护移民合法权益与服务工程建设需要相统一，提前1个多月完成坝区移民征地拆迁工作，完成永久性征地535.91亩、临时用地408.45亩，完成移民搬迁62户187人，房屋拆迁完成10052.51平方米，拆除农村工商企业厂房343.61平方米。并积极化解矛盾，移民征地拆迁实现零上访。同时，按照移民安置到位、权益维护到位、遗留问题处理到位目标要求，依法依规组织移民安置。加强资金保障，全年协调省移民事务中心下达项目资金计划4.66亿元，已到位3.25亿元，完成移民安置投资2.09亿元，全面完成市政府年初确定的投资任务。夯实项目管理，大祥区、北塔区建立健全移民项目台账，并对23个项目923万元进行项目变更审查；完成犬木塘水库库岸防护工程技施阶段设计及给排水设施复建工程施工图设计审查、犬木塘水库库区抬填防护工程及路桥工程技施阶段设计审查。组织邵阳县、大祥区、北塔区相关县、乡、村三级50余名干部参加犬木塘水库移民安置业务培训。根据市政府《犬木塘水库工程建设征地移民安置（邵阳市部分）实施管理办法》推进移民安置验收。11月底签订灌区三方协议，并组织邵东市、邵阳县、大祥区、双清区、邵阳经开区签订灌区工程建设征地拆迁责任书。

（罗伦国）

公共资源交易

【概况】 2021年，邵阳市公共资源交易中心推动工程建设项目招投标突出问题专项整治，实现交易信息公开，交易机会公平，交易程序公正。全年完成入场交易1987宗，交易金额265.6亿元，财政节资9.06亿元，财政溢价增收3.94亿元，收退保证金154亿元，收取交易服务费3962万元，减免交易服务费945万元，推行电子保函释放投标保证金近3251万元，退付保证金利息121万元，实现零排队、零举报。

是年，市公共资源交易中心获评全国综合竞争力100强交易机构，脱贫攻坚集体记功。

【提升数字化水平】 2021年，邵阳市公共资源交易中心国土、产权、工程建设项目交易全面实现全流程电子化和不见面开标，交易项目“应进必进”，远程异地评标实现常态化，运用区块链技术共享全省14个市州专家资源，破除“熟面孔”“专家常委”难题，建成“马上办、线上办、最多跑一次”的电子化平台。打通省市住建监管和审计监督平台，交易数据监管数据网上互通互认，实现全程“一链式”协同监管。新建专家专用通道、专家等候区和智慧人脸识别门禁，专家抽取终端联通省综合评标专家库和省财政库，交易场地实现全程闭环管理，交易行为实现全域无死角监控，交易数据实现全时段电子留痕。升级6间“投标无纸化、开标无人化”不见面开标室，新增1间智能总控室、3间开标室、8间评标室和1间不见面开标大厅，改造后共有21间评标室，15间开标室，每天可承载40个项目在中心开标评标，保证交易“零排队”，交易速度处于全省先进水平。完成“等保三级”认证和网络安全攻防演练，“交易上云”在全国移动系统推广。向市委、市政府和市纪委报送《2020年交易数据分析》《2021年上半年交易数据分析》《工程建设大数据分析报告》等多篇行业专题报告。

【交易制度建设】 2021年，邵阳市公共资源交易中心加强现场管理，出台现场复核、现场管理制度，规范现场管理秩序和工程建设项目复核流程，抓好一项目一考评，考评项目1267宗，发现和移送问题线索8条，与监管部门形成联动处置、督查督办、成果共享、互相制约的工作机制。业主、监管、代理机构、评标专家、投标人、工作人员场内实行六色马甲着装，亮明身份相互监督，增加秩序感、敬畏感、仪式感。制定存疑项目会商制度，邀请业主、监管、行业专家共同商议存疑项目，凝聚各方智慧，统一处置意见，消除矛盾风险，共开展项目会商13次。制定异常情况处置制度，明确异常情况处置标准化流程，强化应急处突能力。制定社会民主监督制度，从人大代表、政协委员、有关专家中聘请80名监督员，全年观摩10次12个项目。制定轮岗交流制度，实行现场管理岗位一天一轮换，物业安保岗位一周一轮换，业务对接县市区一月一轮换，关键业务部室人员一年一轮换的“四轮换”。制定内部再监督制度，开展内控标准化管理，定期巡察工作人员出勤履职情况，梳理消除廉政风险点。加强法制宣传教育，拍摄宣传片2部，制作动漫（微视频）3个，设计PPT课件9个，在全省率先编写行业法律法规汇编。

【优化营商环境】2021年，邵阳市公共资源交易中心在全省首创建立中介代理机构现场考核平台，实现“一个平台、全市共用，一处失信、全市受限”。搭建智慧金融平台，上线智慧保证金管理系统，即收即退。退还2020年9095笔保证金的121万元利息，受到省纪委表扬。通过公开抽签方式轮流上线保证金银行。上线电子保函平台，引入4家担保公司、1家保险公司，年内开具电子保函136笔，担保金额3251万元，和14家银行签订保函保贷意向合同。市场主体办事更加便捷优质，实现“当天报、当天办、不过夜、零跑路”。政府采购公开征集供应商，优化流程压缩采购时长从28天到21天。减免工业用地和公益用地等项目交易服务费945万元。

（欧阳鹏伟）

无线电管理

【无线电监测检测】2021年，邵阳无线电管理处完成国家和省下达的监测任务，3个固定监测站完成日常监测5938小时，其中中心站1600小时、城南站1600小时、华天站2369小时、移动站369小时。监测频率涵盖公众通信、数传通信、广电发射、铁路调度及GSM—R、民航导航及通信、气象、人防、对讲机等。完成无线电安全保障考试任务24次，出动无线电监测车64次、保障人员253人次、设备106套次，发现并压制存在疑似作弊信号的考试1场，可疑信号2个。对广电、公众移动通信基站在用无线电发射设备进行检测，完成59台设备的检测，其中广播电视台基站3台、邵阳移动通信基站21台、邵阳电信通信基站21台、邵阳联通基站14台，均及时出具检测报告。维护电波秩序，开展打击非法设台专项行动（黑广播、伪基站）12次1486小时，完成打击非法设台专项月报12分。排查无线电干扰案件1起，主动排查不明信号1起。

【基础设施建设】2021年，邵阳无线电管理处在原无线电科普基地扩建近200平方米，作为无人机的展示、演练和宣传学习场所；聘请原铁塔制作安装单位对存在安全隐患的邵阳中心站的31米铁塔、邵阳城南站的31米铁塔和18米铁塔进行拆除，消除安全隐患；拆除监测大楼楼顶违章建筑并做防水处理和维修。

【无线电协调】2021年，邵阳无线电管理处加强辖区内无线电电磁环境监测，及时清除非法设台，为区内提供良好的电磁环境；按照全省电磁频谱管理军地协作工作联席会议的部署，完成为火箭军驻邵阳部队和空军邵东机场相关服务和协调工作；为邵东机场进行电磁环境保护性监测，连续出动监测小队分两个时段对邵东机场跑道正北、跑道西南、跑道东南三个方向15公里连线进行监测，并将测得的数据第一时间上报省办，派专人赴省撰写机场电磁环境报告。

（贺新龙）

中国人民政治协商会议
邵阳市委员会

综 述

【政协委员构成】2021年，中国人民政治协商会议邵阳市委员会（以下简称政协邵阳市委员会）完成换届工作，产生430名第十三届政协委员，来自25个界别。按界别分，中共41人，民革13人，民盟16人，民建15人，民进13人，农工党14人，九三学社12人，无党派20人，工会11人，共青团青联9人，妇联8人，工商联57人，科协5人，文艺体育新闻出版16人，科技16人，经济37人，哲学社科5人，农业24人，教育24人，医卫15人，社会福利6人，少数民族17人，侨联6人，宗教5人，特邀25人。委员学历构成分别为：研究生88人，本科174人，大专43人，中专以下125人。委员的年龄构成分别为小于35岁31人，36~45岁149人，46~54岁224人，55~60岁26人，60岁以上0人。

【履职能力建设】2021年，政协邵阳市委员会推进委员工作室建设，实现全市12个县市区187个乡镇（街道）委员工作室建设全覆盖，28名住邵阳的省政协委员、430名市政协委员和2839名县市区政协委员参与委员工作室全覆盖，301个线下委员工作室入驻政协云全覆盖。线下委员工作室开展宣讲习近平总书记在中国共产党成立100周年大会上的重要讲话等精神1355场次，开展公益服务、协商等各类活动1300余次，线上委员工作室回复群众留言953条。加强政协云履职应用，推进“互联网+政协”，将政协云运用纳入委员履职、机关考核范畴，实现履职信息化。畅通微建议办理机制，实现微建议与市长信箱无缝对接，委员提交微建议75条，通过领办、督办，办结62条，办结率82.7%。积极反映社情民意，编印专报33期。开展“坚持‘双向发力’，强化政协凝聚共识职能”试点工作，制定《委员联系服务界别群众工作办法》。肖笑波等4名住邵阳的省政协委员被表彰为省政协优秀委员，赵海燕等3名政协系统干部被表彰为全省政协工作先进个人，马丽娅委员工作室被评为全省27个“最受群众关注委员工作室”之一。

【发挥团结统战功能】2021年，政协邵阳市委员会密切与各民主党派、工商联和无党派人士的经常性联系，承办各界人士春节座谈会，加强与东盟、粤港澳地区友好交往和经贸合作。通过联合调研、共同举办协商活动等方式，为民主党派、无党派人士在人民政协更好发挥作用创造条件。对民主党派、工商联提交和报送的提案、大会发言、社情民意信息重点督办、重点安排、重点反映。年内各党派团体提交的大会发言、提案、社情民意信息件分别占总数的66.4%、69%和76%。组织召开各界人士庆祝中国共产党成立100周年座谈会。发挥文史工作存史、资政、团结、育人作用，收集整理红色遗址遗迹资料32处，整理编辑20万字的《邵阳文史资料丛书——古代史札记》。

重要会议

【政协全体会议】2021年，政协邵阳市委员会共召开2次全体会议。

1月5—8日，政协邵阳市第十二届委员会第六次会议召开。会议期间，市委书记、市人大常委会主任龚文密在会上讲话，市委副书记、市长刘事青等市领导出席会议并参加分组讨论，与委员们共商邵阳发展大计。会议协商了市政府工作报告、常委会工作报告、提案工作报告、市中级人民法院工作报告、市人民检察院工作报告以及其他报告。大会通过了《政协邵阳市第十二届委员会第六次会议关于市政协十二届常务委员会工作报告的决议》《政协邵阳市第十二届委员会提案委员会关于十二届六次会议提案审查情况的报告》《政协邵阳市第十二届委员会常务委员会关于十二届四次会议以来提案工作报告的决议》《政协邵阳市第十二届委员会第六次会议政治决议》。委员们针对邵阳经济、政治、文化、社会和生态文明建设中的重大问题，积极协商议政，提出许多建设性的意见和建议。邓联日、蒋志南、李志文、谢岸炀、罗莉、伍丹丹、黄家胜七名委员作大会发言。龚文密、刘事青对《打造中医药强市建设好健康邵阳》等10篇委员发言和《关于重视特色小镇建设，助力乡村振兴的建议》等4件重点提案作出批示。

5月28—29日，政协邵阳市第十二届委员会第七次会议召开。会议听取龚文密讲话；选举政协邵阳市第十二届委员会副主席2名、常务委员1名。全体政协委员表示此次会议是在迎来中国共产党成立100周年的重要时刻，在“十四五”规划开局起步、市县乡领导班子换届的重要时间节点召开的一次会议。圆满完成选举任务，充分彰显政协委员履职为民、奋发有为的时代风采，展现人民政协团结联合、协商民主的生机活力。

【政协常委会会议】2021年，政协邵阳市委员会召开8次常委会会议。

1月7日，政协邵阳市第十二届委员会常务委员会召开第二十三次会议。市政协主席会议成员、全体市政协常委出席。会议听取各小组协商讨论各有关报告和酝酿协商有关人事事项的情况汇报；协商通过有关人事事项；审议通过政协邵阳市第十二届委员会第六次会议选举办法（草案）和总监票人、监票人建议名单，《政协邵阳市第十二届委员会提案委员会关于十二届六次会议提案审查情况的报告（草案）》《政协邵阳市第十二届委员会常务委员会关于十二届四次会议以来提案工作报告的决议（草案）》《政协邵阳市第十二届委员会第六次会议关于常务委员会工作报告的决议（草案）》《政协邵阳市第十二届委员会第六次会议政治决议（草案）》；对6个省级、15个市级示范性政协委员工作室进行授牌。

4月27日，政协邵阳市第十二届委员会常务委员会召开第二十四次会议。围绕“促进我市制造业转型升级”进行专题协商议政。会议听取市政协党组副书记李放文作调研情况的说明，部分企业视频发言，委员现场议政发言和视频发言；市委副书记、市长刘事青在会上讲话；审议通过《市政协常委会关于促进我市制造业转型升级向市委、市政府的建议案（草案）》。

5月26日，政协邵阳市第十二届委员会常务委员会召开第二十五次会议。会议协商通过政协邵阳市第十二届委员会委员辞免增补事项（草案）；审议政协邵阳市第十二届委员会第七次会议程序性事项；审议政协邵阳市第十二届委员会第七次会议组织性事项；通过有关人事事项。

5月28日，政协邵阳市第十二届委员会常务委员会召开第二十六次会议。审议通过政协邵阳市第十二届委员会第七次会议选举办法（草案）。

5月29日，政协邵阳市第十二届委员会常务委员会召开第二十七次会议。会议听取中共邵阳市委有关人事事项的说明；协商有关人事事项；审议总监票人、监票人建议名单；部署小组讨论有关工作。

5月29日，政协邵阳市第十二届委员会常务委员会召开第二十八次会议。会议听取各小组协商讨论的情况汇报；通过有关人事事项；通过总监票人、监票人建议名单。

10月18日，政协邵阳市第十二届委员会常务委员会召开第二十九次会议。会议围绕“打造我市科技创新平台”进行专题协商议政，并通过网络媒体同步直播互动。会议听取市政协副主席郭好就市政协开展的“打造我市科技创新平台”专题调研作的情况说明、“大家说”视频发言、委员现场议政发言；市委副书记、市人民政府代市长华学健在会上讲话；审议通过《政协邵阳市委员会关于打造我市科技创新平台向中共邵阳市委、市人民政府的建议案（草案）》；协商决定政协邵阳市第十二届委员会委员增补事项及有关人事事项。

12月17日，政协邵阳市第十二届委员会常务委员会召开第三十次会议。会议第一阶段对市政协2021年度重点提案办理进行民主评议。第二阶段先后审议政协邵阳市第十三届委员会委员名单（草案）、第一次会议有关程序性事项、第一次会议有关组织性事项、常务委员会工作报告（草案）、常务委员会关于提案工作情况的报告（草案）、第一次会议提案审查委员会委员名单（草案）；协商人事任免事项。

【市政协助推实体经济发展“四个一”主题活动现场经验交流会】 2021年4月27—28日在邵东市召开。会议回顾五年间全市政协系统开展“四个一”（即“一名领导挂点、组建一个帮扶小组、联系一名专家学者、帮扶一家企业或产业项目、产业基地”）活动成效，交流经验，表扬先进，进一步推进活动纵深发展。2021年全市政协有针对性地帮助100家实体企业解决用地、融资、矛盾纠纷等实际问题137个。会议对评选出的3个优秀组织单位、19个先进帮扶小组和31位先进个人进行通报表扬；邵东市政协等6个单位在会上作经验交流发言。市政协党组书记、主席鞠晓阳作工作部署。强调要把“四个一”主题活动与落实“三高四新”战略、与“我为群众办实事”活动、与更好联系和服务界别群众、与委员履职考核结合起来，进一步推进这一特色履职品牌建设；要建立健全联系服务帮扶企业的工作机制，发挥好经济界别委员的示范引领作用，发挥好设在园区的委员工作室作用，搭建更多与企业“面对面”、与民意“零距离”的协商平台，让“四个一”主题活动成为宣传党的主张、凝聚共识的重要渠道。

参政履职

【服务中心大局】 2021年，政协邵阳市委员会服务全市中心大局。围绕打造“三个高地”献计出力，召开“促进制造业转型升级”“打造科技创新平台” 2次专题议政性常委会，全程网络直播，组织委员线上线下发言，近70万人次参与收看，留言1902条，形成相关调研报告和建议案报送市委、市政府。组织委员继续参加“四个一”主题活动，有针对性地帮助100家实体企业解决用地、融资、矛盾纠纷等实际问题137个。发挥政协优势，积极向省政协和省直有关单位汇报衔接，促成首届湖南东盟贸易投资洽谈会拟在邵阳举办。围绕创建全国文明城市，组织委员深入实地，明察暗访，就背街小巷整治、农贸市场管理等工作开展监督视察、协商座谈，协助解决邵水东路拥堵、祥凤学校周边环境治理等问题11个。围绕乡村振兴汇智聚力，开展“建设美丽乡村，助力乡村振兴”专项视察，并全程网络直播，网络关注量达120万人次。开展“优化提升义务植树行动，助力乡村振兴”活动，全市政协系统捐赠、种植、认养树木45270株。

【政治协商】 2021年，政协邵阳市委员会规范开展政治协商，组织委员就老龄人力资源开发利用、种业安全和发展、在RCEP框架下深化与东盟经贸合作、加强校外培训机构监管、餐厨废弃物利用和无害化处理、矿山治理与修复、推进5G建设、宗教场所“五进五好”、做好城市社区民族工作等课题进行调研协商，开展议政性常委会协商2次、专题协商13次、对口协商4次、界别协商2次。

【民主监督】 2021年，政协邵阳市委员会加大民主监督力度，坚持问题导向，围绕市委、市政府重大决策部署和重点民生实事落实情况，

2021 年 4 月 27 日，市政协召开"促进我市制造业转型升级"调研座谈会
（市政协 供图）

组织市政协委员、有关专家学者对创建文明城市、城区"断头路"、传统村落保护、构建多元解纷机制等主题进行协商式监督。

持续开展"优化经济发展环境，促进实体产业发展"专题民主监督。通过委派民主监督小组、设立监测点、视察调研、开展民主评议等监督手段，共组织优化营商环境调研协商 5 次，督促办理政协云微建议 7 个，发出民主监督函、民主监督简报 12 件（期），督办优化经济发展环境事项 35 项。

围绕市民文明素质提升、城市管理综合推进、政务环境优化、未成年人思想道德强化、经济社会发展保障、全域创建基础工程、以城带乡、城乡共建和网报资料提标八个方面，就推进创建全国文明城市开展专题民主监督。组织委员明察暗访，就背街小巷整治、窗口单位创文宣传、农贸市场管理、病媒生物防制等工作实地开展监督视察、协商座谈，协助解决优化和谐小区公交站设置、邵水东路拥堵、祥凤学校周边环境治理等问题 11 个，发动委员和干部开展志愿服务，宣传文明创建，示范遵守文明条约，共同助推全国文明城市创建。

【参政议政】2021 年，政协邵阳市委员会提高参政议政实效，就产业转型升级、科技创新、健康养老、职业教育改革、建设长征国家文化公园（邵阳段）等课题，开展深度调研，形成专题调研报告14篇，为市委、市政府提供决策参考。委员在政协全会作大会发言21人次、小组讨论发言287人次，在议政性常委会发言29人次，提出意见建议500余条。加大提案征集办理，共收到提案229件，其中集体提案44件、委员联名提案39件、委员个人提案146件、平时提案18件，立案213件，确定重点提案6件，重要提案14件，重大民生提案5件，跟踪督办提案6件。在"政协云""云邵阳""邵阳发布""爱上邵阳"4个平台对5件重大民生类提案办理开展网上公众测评。

开展促进邵阳市制造业转型升级和打造科技创新平台专题调研。采取远程网络调研收集资料、市内实地走访、召开企业家座谈会、利用政协云征集建议等形式进行调研，发动市县政协委员参与线上"促进我市制造业转型升级——请您建言"活动，收集汇总意见建议 629 条，以网络直播和线上线下发言的形式召开 2 次市政府主要领导参加的专题议政性常委会，累计 69.45 万人参与收看，59.15 万人次点赞，留言 1902 条，形成相关调研报告和建议案报送市委、市政府。

【围绕乡村振兴汇智聚力】 2021 年，政协邵阳市委员会通过调研协商、视察考察、联系帮扶，集中政协力量和资源，服务乡村振兴战略实施。反映乡村振兴类社情民意25篇，安排全会大会发言5篇。将巩固拓展扶贫产业、现代种业体系建设等课题纳入协商计划，开展专题调研，形成调研报告，组织委员与农业、发改、财政、市场监管等相关部门联动开展对口协商。开展"建设美丽乡村，助力乡村振兴"专项视察，采取设计视察线路、政协委员自主报名、分批组织视察的方式，组织322名委员视察全市33个美丽乡村示范点。全程开展网络直播、网红地打卡、抖音小视频传播、视频号直播，开展"我为美丽乡村代言"政协委员摄影作品网络评选活动，有效推介美丽乡村，网络关注量达120万人次。持续开展"委员帮千户"活动，做好贫困户返贫预警监测，巩固脱贫攻坚成果。开展"优化提升义务植树行动，助力乡村振兴"活动，组织无偿赠绿、义务植树、认养护绿、宣传爱绿、云上晒绿等行动，全市政协系统捐赠、种植、认养树木45270株。市政协机关联系帮扶新邵县花亭子村，组织市政协机关干部点对点解决群众微心愿65个，村级珍稀花卉苗木产业纳入全省"一村一品"目录，积极申报大湘西旅游精品线路增补景点集群，带动发展乡村旅游产业。

（许小松）

2021 年邵阳市政协优秀提案一览表

表 12

序号	编号	提案标题	提案者
1	0001	关于打造具有核心竞争力的科技创新高地的建议	民建邵阳市委
2	0002	关于重视特色小镇建设助力我市乡村振兴的建议	谢　涵
3	0003	关于加快职业教育集团组建运行、助力我市制造业转型升级的建议	张远红
4	0004	关于全面推动我市工业文化遗产保护与利用的建议	民盟邵阳市委
5	0005	关于盘活乡村“沉睡”资产的建议	九三学社邵阳市委
6	0006	关于推进“百里脐橙连崀山”促进三产融合发展的建议	新宁县活动组
7	0011	关于着力解决农业机械化中机耕道建设滞后问题的建议	李新启
8	0019	关于增设“和谐家园”公交车站点的建议	刘吉元
9	0035	关于加强我市二次供水管理的建议	民进邵阳市委
10	0037	关于尽快补齐铁路短板，大力提升我市铁路枢纽地位的建议	王建军
11	0040	关于整顿市区电动车交通秩序的建议	周后卿
12	0044	关于开展适婚青年婚前教育的建议	刘凌宇
13	0069	关于推进我市城区垃圾分类工作的建议	市政协人口资源环境委员会
14	0071	关于提升城区路面通行能力的建议	李江晖
15	0078	关于传承保护和开发利用我市红色文化资源的建议	洞口县活动组
16	0097	关于加快乡村民宿发展，培育乡村振兴新动能的建议	市政协社会法制与民族宗教委员会
17	0099	关于加强邵阳经济开发区生活服务设施配套建设的建议	王晚秋
18	0102	关于进一步扶持我市优势成长型企业和小微企业发展的建议	曾识时
19	0110	关于进一步改善现代服务业发展环境的建议	农工党邵阳市委
20	0111	关于打造我市地理标志农产品千亿产业的建议	曾胜程
21	0114	关于筑牢粮食生产安全防线的建议	罗　莉
22	0123	关于在市区设置夜间停车位缓解停车难的建议	李　沁
23	0127	关于深入推进中小学生心理健康教育的建议	尹广雄
24	0140	关于发展壮大村级集体经济的建议	兰　平
25	0157	关于加快把邵阳融入长江经济带发展范畴的建议	王小波
26	0185	关于促进我市“医养结合”养老服务发展的建议	尹业波
27	0192	关于加强我市普惠性幼儿园建设的建议	唐艳梅
28	0195	关于打造中医药强市，建设好健康邵阳的建议	民革邵阳市委
29	0202	关于高规范筹建“智慧物流园”的建议	谢岸炀
30	0204	关于构建“三治融合”基层社会治理体系的几点建议	陈国雄

中共邵阳市纪律检查委员会
邵阳市监察委员会

综 述

【概况】 2021年，中共邵阳市纪律检查委员会邵阳市监察委员会（以下简称邵阳市纪委监委）加强政治监督，开展对中共中央重大决策部署落实情况的监督检查，问责安全生产责任事故，坚持请示报告制度，加大对“关键少数”监督力度。严惩腐败，处置问题线索7400件，立案2711件，处分2709人，移送司法机关59人。深化作风建设，查处“四风”问题369个，处理处分623人，免职39人。对17个单位开展巡察，完成十一届市委巡察全覆盖，移送问题线索90件，巡察整改率98.7%。

年内召开4次市纪委全体会议，在十二届一次全会上选举产生新一届市纪委领导班子。加强纪检监察干部队伍建设，抽调255名纪检监察干部参与专案办理，派驻（出）机构立案220件，是上年的3.3倍，实现审查调查安全工作零事故，立案纪检监察干部17人。

是年，市纪委监委先后获评全省脱贫攻坚先进集体、全省扫黑除恶专项斗争先进单位，高效使用留置措施依法反腐的经验做法被省纪委推介；在全省纪检监察系统领导干部培训班上作《坚持守正创新，强化系统施治》经验发言；7名干部获省级以上荣誉。

【清廉邵阳建设】 2021年，邵阳市纪委监委运用“两单一书”推动以案促改促治，发出任务提示单858份、问题清单448份、纪检监察建议书345份。拍摄《初心迷失（3）》警示教育片，建成市廉政警示教育中心，组织227批11350人次接受警示教育。运用“廉洁单位”创建经验推进清廉邵阳建设，制定各系统、行业责任清单和十条监督保障措施，开展专题调研督导和“六个一”活动，开展县市区委书记、市直单位党委（党组）书记“清廉邵阳建设访谈”活动。

重要会议

【市十一届纪委全会】 2021年3月30日，中国共产党邵阳市第十一届纪律检查委员会第六次全体会议在邵阳市区召开，31名市纪委委员出席，340人列席。市委书记、市人大常委会主任龚文密出席会议并讲话，要求以清廉邵阳建设为统揽，坚定不移推进全面从严治党，为实施“三高四新”战略、高质量建成“二中心一枢纽”（二中心：湖南省城副中心，湘中湘西南经济文化体育中心。一枢纽：全国区域性综合交通枢纽）、加快建设现代化新邵阳提供坚强保障。市委副书记、市长刘事青主持会议。全体在职在邵阳市级领导出席会议。市委常委、市纪委书记、市监委主任曾市南代表市纪委常委会作工作报告。与会人员会上集中观看警示教育片《初心迷失2》和“廉洁单位”创建专题宣传片《弊绝风清会有时》。

6月27日，市第十一届纪律检查委员会第七次全体会议召开，曾市南主持。会议传达贯彻中央和省委关于换届考察工作的重要决策部署精神，对市纪委领导班子换届人选进行民主推荐。

9月17日，市第十一届纪律检查委员会第八次全体会议召开，曾市南主持。会议审议通过《中共邵阳市第十一届纪委向市第十二次党代会的工作报告（审议稿）》。

【市十二届纪委一次全会】 2021年9月30日，中共邵阳市第十二届纪律检查委员会第一次全体会议召开。曾市南受中共邵阳市第十二次代表大会主席团委托，主持第一次全体会议。会议以无记名投票方式，选举曾市南、刘厚见、苏远刚（回族）、龙明主、唐小富、杨桂林、李顺桥、邓闽榕、田晶（女、土家族）9人为中共邵阳市第十二届纪律检查委员会常务委员会委员。曾市南当选为第十二届纪律检查委员会书记，刘厚见、苏远刚、龙明主当选为副书记。选举结果经市委十二届一次全会通过。

监督、巡察

【政治监督】 2021年，邵阳市纪委常委会坚持“第一议题”制度，学习习近平总书记重要讲话重要指示批示精神36次。新一届市纪委重温学习习近平总书记考察湖南重要讲话精神，对具体落实情况从五个方面汇总分析。加强对中共中央重大决策部署落实情况的监督检查，开展违建别墅、农村乱占耕地建房问题专项监督，以及社保、医保、人防、供销、粮食购销、校外培训、高标准农田建设等领域专项整治，查处背后的腐败、作风和责任问题。开展“洞庭清波”专项行动，严查邵阳县长阳矿区、双清区灰坝填埋场等环境污染典型案件，处理处分62人。问责安全生产责任事故95人。对犬木塘水库等18个重点项目建设开展挂牌监督。坚持请示报告制度，全年呈报市委书记审批的市管正职函询、初核件和市管干部立案件126件。严把换届党风廉政意见回复关，对41名处级干部、86名科级干部提出否决或暂缓意见。加大对“关键少数”监督力度，出台加强对“一把手”和领导班子监督“三十条措施”，全市立案各级“一把手”199人，其中处级“一把手”43人。对全市“一把手”信访举报、年轻干部违纪违法案件进行剖析通报。

【惩治腐败】 2021年，邵阳市纪检监察机关处置问题线索7400件，立案2711件，其中立案处级干部101人、科级干部551人，处分2709人，移送司法机关59人。严查周某鹏、唐某贵等腐败案件，严惩龙某平、朱某新等政法队伍害群之马。办理中央纪委指定管辖“9·25”专案，协助省纪委监委办理“7·3”专案。协同开展政法队伍教育整顿，立案政法干警416人，126名政法干警主动投案。常态化开展扫黑除恶“打伞破网”，立案“保护伞”案件45件，查处涉及肖某文涉黑案的公职人员104人。坚持受贿行贿一起查，以涉嫌行贿犯罪移送司法机关11人，建立行贿人“黑名单”信息库。开展“一人多证”专项清理。整治工程建设领域顽疾，在招投标领域立案94件，处理处分194人，收缴和处罚违规资金3025万元。

【作风建设】2021年，邵阳市纪委监委落实中央八项规定及其实施细则精神和省委、市委“约法三章”，工作日和非工作日执行公务全面禁酒，邵阳市做法被省纪委在全省推广。全市查处“四风”问题369个，处理处分623人，免职39人。严查省纪委挂牌交办的9件违规吃喝问题线索。对洞口县政府二级调研员张某平等12人违规饮酒吃喝问题、北塔区人大常委会机关违规组织公款旅游问题予以严肃处理。严惩公职人员涉酒驾、涉毒、涉电诈行为。严查损害营商环境案件，处理处分90人。全面清查领导干部违规经商办企业问题，处理处分42人。激励干部担当作为，对26名干部进行容错纠错，对43起不实举报进行澄清正名。

【护航乡村振兴】2021年，邵阳市纪委监委推行“一县一清单”“一领域一专题”监督，指导各县市区制定132项监督清单，开展巩固拓展脱贫攻坚成果同乡村振兴有效衔接专项治理，全市查处基层“微腐败”问题1354个，党纪政务处分542人。开展“带着板凳进村”接访活动、化解重复越级信访举报“双百”和“四个一批”等专项行动，用好“互联网+监督”“监督服务微信群”等平台，把问题解决在群众家门口，纪检监察业务内信访举报大幅下降。开展惠民惠农资金“一卡通”专项监督和“四位”突出问题专项整治，处理处分200人，追缴违纪违规资金648万元，退还群众资金92万元。

【巡察工作】2021年，邵阳市纪委监委对6个单位开展常规巡察，对4个单位开展巡察“回头看”暨食品安全专项巡察，对2个单位开展医保社保领域专项巡察，对5个单位开展安全生产“机动式”巡察，有效完成十一届市委巡察全覆盖，移送问题线索90个，巡察整改率98.7%。协助省委巡视市辖三区区委，统筹推进上下联动试点工作，省市县三级联动开展涉粮问题专项巡视巡察，发现问题453个，移送问题线索58个，留置国有粮食企业管理人员5人。创新开展提级整改，解决一批巡视巡察发现的突出共性问题。开展省委巡察指导督导反馈意见整改，完善巡察工作领导小组职责分工，出台巡察整改监督、验收评估办法，与相关部门建立常态化协作配合机制，探索派员列席县市区巡察工作有关会议，全面推进巡察工作规范化建设。市县两级巡察办主任全部由同级纪委领导班子成员担任。

（龙玉源）

民主党派与工商联

中国国民党革命委员会邵阳市委员会

【概况】2021年，中国国民党革命委员会邵阳市委员会（以下简称民革邵阳市委）下辖武冈市委会，大祥总支（下辖大祥一支部、大祥二支部）、双清总支（下辖双清一支部、双清二支部）、北塔总支（下辖北塔支部）3个区总支，四中支部、职业技术学院支部、邵阳学院附属第一医院支部、中心医院支部、机关支部、邵阳学院支部、邵东支部7个区域或行业支部。市委会内设办公室，设组织处、参政议政处、宣传处、社会服务处、法制服务处5个兼职工作机构。截至年底，有党员515人。党员中，有市人大常委会委员2人、市政协委员21人（市政协副主席1人，常委7人），县市区人大代表6人、政协委员42人。

完善管理制度，制定《支部工作目标管理考核方案》《民革邵阳市委会参政议政课题管理办法》《信息工作管理办法》。开展中国共产党党史学习教育，组织民革党员参观八路军驻湘通讯处旧址、塘田战时讲学院。12月20—22日开展纪念辛亥革命110周年活动，邀请专家授课并召开座谈会。

是年，徐慧民被民革中央授予助力脱贫攻坚工作先进个人称号，魏姬苗被评为民革全国机关工作先进个人，赵英在民革省委演讲比赛中获第二名、在市统一战线“心中的话儿对党说”暨“学党史 筑同心 跟党走”演讲比赛中获三等奖，石莎被评为第一届湖南民革党员十大榜样人物。

【参政议政】2021年，民革邵阳市委提交2件集体提案，23件个人提案，1件议案。在市政协十三届一次会议的发言《加强邵阳与东盟深度合作助力打造内陆地区开放高地》《建设好健康邵阳打造中医药强市》，分别获市委书记、市长批示；9件提案得到落实，其中李志文的《建设健康邵阳，打造中医药强市》被评为2021年度市政协优秀提案。完成《关于实施“三高四新”战略背景下如何探索现代公共文化服务体系建设助推我市乡村建设》《推行移风易俗传扬文明乡风为乡村振兴注入正能量》《借力“邵阳红”品牌建设推进青钱柳产业发展》《关于我市制造业如何实现信息化的调研》《关于南山国家公园建立的调研报告》《农村养老问题的调研》《邵阳乡村旅游空间优化调查与建议》7个调研报告。2020年调研课题《关于湖南中药材市场发展情况的调研报告》获2021年民革省委会课题评比二等奖。

【组织建设】2021年5月，民革武冈市委完成换届，欧阳智当选为主任委员。6月1—3日，民革邵阳市委召开第九次代表大会，选举产生14名市委委员，剩余3个名额留待届中增补，丰新妹当选为主任委员。加强党员实职及政治安排推荐工作。2人任副县长、1人任区人大常委会副主任；担任各级人大代表、政协委员71人，比上届多10人。年内发展新党员18人，其中研究生学历4人，本科学历14人。

【社会服务】2021年，民革邵阳市委继续开展关爱抗战老兵活动。春节前夕组织民革党员走访慰问12个县市区64名抗战老兵，送去总计9.5万元的米油、防疫物资及慰问金；其他重要节日或纪念日，对部分特别困难老兵进行慰问，送达慰问金约1万元。7月，民革市委会在渡头桥镇开展“学党史、办实事，义诊助学暖人心活动”，捐助10名困难学生，每人发放资助金1000元及价值200元的学习用品，组织中心医院支部的医疗专家服务队为当地群众义诊，参与就诊群众500多人；11月，邵东支部在仙槎桥镇贺家村开展免费送医送药义诊惠民活动，为190余人进行免费健康体检及治疗，捐赠急救包150个，发放免费药品7000元、宣传资料500余份；机关支部党员何顺京捐助10名困难大学生，发放资助奖金20万元。市委会联合市司法局、邵阳监狱等单位开展“情暖高墙、关爱孩子”活动，走访慰问隆回、邵东等地困难服刑人员未成年子女并送去文具及生活用品。参与乡村振兴，市委会为乡村振兴结对点——北塔区陈家桥乡李子塘村解决经费5万元，为陈家桥学校医务室争取到价值5万元的医疗设备，并对学校老师开展急救培训。参与新冠肺炎疫情防控，7月下旬湖南疫情期间，20余名民革党员深入一线开展防控。

（魏姬苗）

中国民主同盟邵阳市委员会

【概况】2021年，中国民主同盟邵阳市委会（以下简称民盟邵阳市委）下辖民盟武冈市委、邵阳学院总支、市二中总支、民盟湘中幼专总支、民盟邵阳市大祥总支、民盟邵阳市双清总支、民盟邵阳市北塔总支及38个支部，有盟员906人。盟员中高级职称306人，特级教师3人；担任县处级以上领导职务10人，其中市人大常委会副主任1人、市政协副主席1人；有省人大代表3人、常委会委员1人；市级人大代表4人、常委会委员3人，市级政协委员30人、常委7人；县级人大代表2人，县级政协委员38人、常委12人。

有5名盟员担任实体经济发展民主监督监督员，参加听证会、执法活动，为联系企业协调解决各类问题；有6名盟员政协委员担任民主创建全国文明城市民主监督员，参与市政协组织的现场视察评议活动。主委、专职副主委分别参加在市委、市政府召开的相关座谈会，就第十二次党代会报告、政协工作报告和“十四五”规划编制提出的多个建议被采用。

【参政议政】2021年，民盟邵阳市委提交政协提案15件，其中集体提案2件。《建议全面推动全市工业文化遗产保护与利用》获市委书记批示，被列为2021年全市政协主席会议成员领衔督办的重点提案；《推动邵阳市西部生态文化旅游圈建设的建议》获市委常委、宣传部部长批示，被列为2021年各民主党派市委、市工商联督办的重点提案；参加副主席带队的重点提案调研督办。报送社情民意信息20余件，《加强学生疫苗接种风险管控的建议》《建议加强校园直饮水工程管理》《关于加强对贺绿汀及纪念馆保护、建设和利用的建议》等10余件被市政协采用，获市级领导批示。承担的农产品品牌建设与乡村振兴、红色文化资源与助力乡村振兴调研、"双减"政策及乡村振兴战略背景下家庭教育问题等调研课题，形成调研成果。

【组织建设】2021年，民盟邵阳市委发展新盟员35名，其中大学本科29名、研究生学历5名，副高以上职称3名，副科以上职务2名。成立民盟经开区支部。建立组织工作部、参政议政工作部、社会服务工作部、思想宣传工作部。建立健全市委会班子成员联系基层组织制度。举办市委会委员和基层组织班子成员反映社情民意信息专题培训，召开全市青年骨干盟员座谈会。武冈市委会和邵阳学院总支完成换届工作。

【思想建设】2021年，民盟邵阳市委举行"学党史 筑同心 跟党走"演讲比赛；联合湖南民盟书画院，在邵阳职业技术学院举办庆祝中国共产党成立100周年书画名家交流笔会。在市委会委员、基层组织班子、市县两级人大代表、政协委员中，开展"知足感恩，淡泊名利，担当作为"心态教育。加强政治理论学习，集中学习习近平新时代中国特色社会主义思想和重要会议文件精神10次。

【社会服务】2021年，民盟邵阳市委开展交通文明劝导、协助主要路段卫生保洁和"门前三包"志愿者服活动；联系支持白泥田社区文明创建活动及开展各类法治宣传教育活动，资助经费2万元用于社区基础设施建设。深入联点的陈家桥镇李子塘村开展乡村振兴，拨款5万元用于村风文明建设。新注入邵阳民盟爱心基金1万元，为4名困难盟员送去爱心资金4000元；邀请省内医学名家，与邵阳珂信肿瘤医院联合举办防癌抗癌公益讲座。

【民盟邵阳市第十一次代表大会】2021年6月10—11日，中国民主同盟邵阳市第十一次代表大会召开。108名盟员代表参加会议，全国政协常委、省人大常委会副主任、民盟省委会主委杨维刚出席会议，会议选举产生由21名委员组成的民盟邵阳市第十一届委员会及出席民盟湖南省第十五次代表大会的13名代表，孙清良满票当选第十一届市委会主委，邹建山、尹子武、唐文林、邱小妹当选副主委。

（王琴）

中国民主建国会邵阳市委员会

【概况】2021年，中国民主建国会邵阳市委员会（以下简称民建邵阳市委）发展会员26名，其中研究生学历2人、本科学历18人。截至年底，有会员705人，设1个县级市委会，3个总支，28个支部。会员中，男性511人、女性 194人，平均年龄53.6岁；高级职称56人、中级职称309人；省政协委员3人（其中常委1人），市人大代表4人（其中常委2人）、政协委员24人（其中副主席1人，常委5人），县市区人大代表5人（其中常委4人）、政协委员48人（其中副主席2人、常委10人）；政府机关任副处以上干部22人，中共交叉党员18人，享受国务院政府特殊津贴3人、市政府特殊津贴1人。民建邵阳市委会委员19人。

【参政议政】2021年，民建邵阳市委主委蒋志南等多次参加市委、市政府召开的制定"十四五"规划意见征求会、座谈会、专题情况通报会等，在建设邵阳湘商产业园、创建全国文明城市、循环经济、外贸经济、乡村振兴等方面提出意见和建议。

界别各级人大代表、政协委员撰写提案和建议 106 篇，其中《关于打造具有核心竞争力的科技创新高地的建议》《关于构建"三治融合"基层社会治理体系的建议》等提案获市领导批示，《关于打造具有核心竞争力的科技创新高地的建议》被列为主席重点督办提案。6 名民建界别政协委员被市政协选派为民主监督员，参与行风评议、政府专项工作评议。民建市委组织界别市政协委员对《关于做大做强邵阳种业的建议》重点提案进行督办。

民建市委针对市循环经济、外贸经济、乡村振兴等课题进行调研，组织相应班子，成立 3 个课题小组，走访相关单位 40 多个，召开调研座谈会 9 次，撰写《努力打造大湘西承接循环经济产业转移新高地》《关于促进邵阳市外贸经济产业发展的调研》《实施乡村振兴战略应完善村级组织治理体系》《关于推进邵阳市工业园区集中供热基础设施建设的调研报告》4 篇调研报告，其中《努力打造大湘西承接循环经济产业转移新高地》作为市政协全会发言并获市委书记、市长批示。

民建市委主委、专职副主委分别带队多次对大祥区、邵阳县乡村振兴工作中的政策落实情况进行民主监督调研，调研组深入产业基地、易地扶贫安置点、贫困农户家中了解情况，召开乡村振兴座谈会，剖析问题，研究对策，并及时向大祥区和邵阳县反馈问题。继续开展对口联系，与市交通运输局、市环保局、市市场监管局、市农业农村局召开对口联系工作会，相互通报工作情况并开展联合调研。

10 月民建市委专门赴衡阳开展参政议政工作交流，深化资源共享。全年收集各类社情民意 26 篇，其中被民建中央采纳 1 篇、省委办公厅采纳1篇、民建省委会采纳6篇、市政协采纳8篇。周峥嵘撰写的《防汛抗灾要标本兼治》获常务副省长谢建辉批示，被省委办公厅通讯全文刊发。

【组织建设】2021年，民建邵阳市委创新工作思路，抓好会员发展、代表人士和后备干部队伍建设，推进组织工作的规范化和制度化。发展会员26名。把新社会阶层和公务员队伍作为后备干部培养重点，有4名会员担任副处级领导干部，选送10名骨干会员到省社会主义学院、市委党校学习。5月14日召开民建邵阳市委第九次代表大会，选举产生第九届市委会，确立今后五年的工作目标。民建武冈市委会完成换届。对组织建设工作制度进行修订，确定支部考核办法，形成适合自身特点又有利于各项工作规范化运行的制度体系。加强对基层支部的指导，基层支部会务活动每次确保1名副主委以上领导到会指导。大祥、双清、北塔、智丰、环保等总支、支部“会员之家”挂牌。各基层支部围绕中国共产党成立100周年、乡村振兴、创建文明城市等中心工作，开展中国共产党党史学习教育、主题聚会、考察调研等会务活动。民建市委举办3次大型中国共产党党史学习教育；组织老会员“学党史、悟思想”“重阳看邵阳”等活动；走访探望慰问因病住院治疗和生活困难老会员；成功创建市级文明单位。

【思想建设】2021年，民建邵阳市委持续开展学习贯彻习近平新时代中国特色社会主义思想。贯彻落实习近平总书记关于“从党的光辉历史中汲取砥砺奋进的精神力量”指示要求，并结合民建市委具体实际开展党史学习教育，先后邀请市委党校教授、市委党史学习教育宣讲团成员等宣讲党史、中共十九届五中、中共十九届六中全会精神和民建会史，多次组织会员赴邓小平征战绥宁指挥所、老山界长征路等地实地学习。围绕庆祝中国共产党成立100周年主题开展政党理论课题研究，撰写《从百年党史中汲取智慧和力量，全面推进民建邵阳市委会工作》《民建会员践行社会主义核心价值观的实践与探索》等理论调研报告。以“学党史、悟思想、办实事、开新局”为主题，宣传民建邵阳市委和会员优秀事迹。邵阳电视台、《邵阳日报》、《邵阳晚报》跟踪采访民建市委在市政协的大会发言《关于打造具有核心竞争力的科技创新高地的建议》。

【社会服务】2021年，民建邵阳市委落实班子成员企业联系制度，班子成员多次赴会员企业开展调研，重点支持邵阳市东昇超硬材料有限公司，湖南航天旺材新型建材有限公司、邵阳恒远混凝土有限公司、邵阳市阳光发品有限公司、分享通信集团有限公司邵阳分公司等会员企业。引导会员参与“邵阳统一战线凝心聚力‘十四五’行动”，支持会员企业做大做强。

助力李子塘村乡村振兴。开展民建会员企业爱心助农活动，邀请民建会员企业家谢扬军、罗顺林投资北塔区李子塘村柿林花海建设、达成投资200多万元合作种植养心菜100多亩的协议，养心菜丰产后能每年为村增收100多万元；帮助发展旅游经济，为水果产业设计广告标识，以诗歌、散文、视频等方式在多平台推广水果产业和美丽风景，吸引市民周末游；协助销售杨梅、黄桃、柰李等水果1500多公斤；争取资金为村民解决入户道路300米。

巩固“四同创建”成果。组织会员对樟树垅社区贫困残疾家庭进行帮扶。开展会员送法律、送温暖等活动。该社区“同心法律援助联系站”坚持每周二上午为群众免费服务，接待群众咨询120余人次。民建市委法律援助中心接待来信来访196余人次，调处非诉纠纷11起。组织“同心创业”培训班16期，举办创业大讲坛3次，培训农村致富带头人650多名。

开展疫情防控和文明创建。民建市委组织民建志愿者队伍督导北塔区李子塘村、桂花社区疫情防控；对会员企业进行摸排，督促做好疫情防控，确保正常运行。多次组织志愿者到桂花社区开展文明联创活动，参与社区“敲门行动”，讲解创文知识，宣传反诈骗信息；发挥民建优势，实现民主党派和社区“资源共享，优势互补，互助共赢”，收集并帮助解决社区和居民反映的问题和困难。

（刘成生）

中国民主促进会邵阳市委员会

【概况】2021年，中国民主促进会邵阳市委员会（以下简称民进邵阳市委）辖1个县级市委会，2个总支，24个基层支部，有会员486名。会员中具有中、高级职称316人，占总数的65%；副厅级干部2人、正处级干部1人、副处级干部8人；有79人次兼任社会职务，其中省政协委员2人；市人大代表4人，市政协委员21人，其中市政协副主席1人、常委5人；县市区人大代表3人、政协委员49人。

完成民进邵阳市委、民进武冈市委换届工作。组织会员参加“心中的话儿对党说”——邵阳统一战线“学党史 筑同心 跟党走”演讲比赛，李艳演讲的《与党同心同向同行——民进邵阳市委原主委严农的故事》获第二名；3月30日举办70余名会员参加的“我身边的先进”宣讲活动及社情民意信息培训。

【参政议政】2021年，民进邵阳市委开展重点课题调研，撰写完成重点调研成果3个，其中《加快构建现代种业体系 抢占种业制高点 为粮食安全保驾护航》执笔人周后卿于7月29日参加省政协主席李微微主持的“做强现代种业体系，为粮食安全做贡献”专题协商会，《加强邵阳地方种质资源保护和开发利用》在十三届政协一次大会上发言，提交《建设沪昆高铁隆回北站 助推邵阳文旅融合发展》；根据会省委议政性常委会主题要求对雪峰山文化开展调研，形成《关于设立国家级雪峰山文化生态保护实验区的建议》调研报告。年内提交集体提案4个、个人提案21个，建议案1个。

【组织建设】 2021年5月19日，民进邵阳市委召开第七次代表大会，选举产生由17名委员组成的民进邵阳市第八届委员会，刘承智当选为主任委员，杨喜国、陈博文、夏丹波当选为副主任委员，决定任命黄一萍为秘书长；成立民进邵阳市委会第一届监督委员会。

召开民进武冈市委第一次代表大会，选举产生民进武冈市第六届委员会班子。年内新发展会员15人，其中博士1人、硕士2人、本科10人、大专2人，平均年龄40.2岁。

加强会员推荐力度，主委刘承智在市政协十三届一次会议上当选市政协副主席，推荐76名会员分别担任市人大常委会委员、市政协常委、市人大代表、市政协委员，县市区人大代表、政协委员，区人大常委会副主任、县市区政协副主席等。

【社会服务】 2021年，民进邵阳市委专职副主委杨喜国带领会内书法家，到坐落于大祥区城南街道清风村的邵阳市优农找农产品公司开展“第四届邵阳市消费扶贫年货节——迎新春送春联公益活动”，为当地居民免费撰写春联200多副。市文艺支部到隆回县开展公益文化下乡活动，应邀为“邵阳红”公共区域农产品品牌入选企业湖南青山梯田农业发展公司和隆回兴隆丰农业开发公司进行文化策划，撰写诗词春联、品牌名称，泼墨作画，利用平台带货。联合中共洞口县委统战部、岩山镇主办《雪峰问道》第五期“乡村振兴，你我同行”专题论坛，邀请民进中央经济委员会委员、民进湖南省委会经济科技委主任张早平教授等4名嘉宾为洞口和岩山乡村振兴找问题，开方子，谋出路。

【获评民进全国反映社情民意信息工作先进集体】 2021年，民进邵阳市委按照民进中央加强社情民意信息工作主题年统一工作部署和民进湖南省委要求，切实加强社情民意信息工作。3月，下发《民进邵阳市委会2021年反映社情民意信息主题年工作方案》，举办班子成员、市委委员及骨干会员70余人参加的社情民意信息培训；8月11日，召开参政议政、社情民意工作中期推进会，通报上半年社情民意工作基本情况，骨干会员介绍社情民意工作心得体会，与会人员就参政议政、社情民意工作进行交流。全年上报社情民意信息48条，其中民进中央采用3条、全国政协采用1条、市政协采用4条。民进邵阳市委被评为民进全国反映社情民意信息工作先进集体，会员周后卿被评为民进全国反映社情民意信息工作先进个人。

（肖胜男）

中国农工民主党邵阳市委员会

【概况】 2021年，中国农工民主党邵阳市委员会（以下简称“农工党邵阳市委”）发展新党员18人、转入2人。截至年底，有党员607人，其中在市直部门单位担任副处级以上领导职务的7人。各级人大代表、政协委员55人，其中省人大代表1人、省政协委员1人，市人大常委会副主任1人、常委2人，市政协常委5人；设有1个基层委员会（下设5个支部）、2个总支委员会、13个直属支部。

是年，农工党邵阳市委会获“农工党脱贫攻坚民主监督工作先进集体”称号，被表彰为“农工党脱贫攻坚工作先进集体”；毛学雄获“农工党脱贫攻坚民主监督工作先进个人”称号，汤芳萍、杨石清被表彰为“农工党脱贫攻坚工作先进个人”。

【参政议政】 2021年，农工党邵阳市委组织医疗卫生、生态环保、人口资源和经济建设等方面的党内外邵阳学者，成立联合调研组，围绕邵阳市委、市政府中心工作开展调查研究，提交提案建议。撰写完成调研报告13篇报送有关单位和部门。参与省委会“完善我省城市低收入群体救助机制”课题成果在省“两会”获副省长朱忠明阅批。各级“两会”上，党员中人大代表、政协委员提交个人提案建议40多件。其中《关于进一步改善现代服务业发展环境的建议》被市政协评为2021年度优秀提案。市委会就组建邵阳市紧密型城市医疗集团，分别到市区各家医院及市卫健委调研，形成“加快组建邵阳市紧密型城市医疗集团”建议，在市“两会”上作大会发言，发言材料分别获市委书记、市长批示。党员张伟在4月27日市政协常委会上就邵阳市制造业转型升级作议政性发言。

【组织建设】 2021年，农工党邵阳市委按照发展一批医卫、教育、经济、行政等领域的专家学者、代表人士入党要求，发展新党员18人、转入2人，其中具有博士学位1人、硕士学位2人，具有副高以上职称8人。

5月17—18日，召开农工党邵阳市委第九次代表大会，选举产生毛学雄、赵忠明、龙达等17人为第九届委员会委员。九届一次市委全体委员会议选举毛学雄为主任委员，赵忠明、龙达、李艳伟、龚艳（女）为副主任委员，任命张程为秘书长。换届时同步成立第九届市委会监督委员会，选举赵忠明为主任，张程、李涛为副主任。开展2021年度市委会领导班子成员述职和民主评议，组织省、市监督委员10余人次参加农工党中央举办的党内监督网络培训班，对市委会委员履职情况、市委会2020年民主生活会整改落实情况进行监督，常态化开展廉洁风险预警提示活动，累计开展主委班子谈心活动20余次。

强化培训，九届主委会班子全员到上海参加农工党省委举办的骨干党员培训班学习，推荐23名骨干党员参加组织部门、统战部门开展的培训学习。推荐2名党员担任国有企业和大专院校的副处级实职、1名党员担任医院院长，市委会主要领导进入市级领导班子。在县市区换届中推荐29名骨干党员担任县市区人大代表、政协委员，推荐26名骨干党员担任市级人大代表、政协委员。

【思想建设和参政党理论研究】 2021年，农工党邵阳市委开展中共党史学习教育。举办各种专题讲座、读书会以及参观红色教育基地等活动15次；组织党员123人次参加省委会举办的网上中共党史知识竞赛活动；向省委会“中共党史教育”公众号专栏报送宣传稿件11篇。2人获省委会“庆祝中国共产党成立100周年”党史、党章知识网上竞赛二等奖，1人代表市委会参加邵阳市统一战线“学党史 铸同心 跟党走”演讲比赛获三等奖。市委会通过各级报刊、网站和各类新闻媒体刊发稿件50篇次，其中中国政协网、农工党中央、湖南红网、三湘统战网、湖南农工等主流网站和《邵阳日报》宣传报道10篇次。

组织参政党理论研究小组，围绕农工党自身建设和参政履职面临的理论和实践问题开展研究，形成理论研究成果26篇，其中金武军、胡丹、赵文撰写的理论文章分别获农工党中央2021年理论研究优秀征文二等奖、三等奖。市委会组织党员就中医药强省战略、提高对中药产业的认识和重视等开展调查研究，撰写关于中医药发展论文4篇，推荐何泽民、杨石清、陈萍参加省委会举办的“2021年度湖南省中药产业链发展论坛”，陈萍撰写的《浅谈中药饮片生产加工存在的问题及对策》获三等奖。

【社会服务】 2021年，农工党邵阳市委开展多场爱心医疗服务活动、“健康与环境宣传周”活动，为社区和农村居民开展讲座和爱心义诊、服务群众300余人次。组织和发动各基层组织和党员、爱心人士参与省委会倡导的腾讯公益“99公益日”活动。市委会机关干部5次到新宁县清江村和北塔区李子塘村走访慰问，送上慰问金及油、米等生活物资。全市农工党员分别主持开展或参加各类社会公益活动20余场次。市中医院支部发挥联合全国30多个省份100多个城市的300多家医疗单位，在市城南公园广场开展“白金十分钟——全国自救互救活动日”活动，向全市老百姓宣传心肺复苏术、气道异物汉姆里克手法及各种止血包扎技术，《邵阳日报》《邵阳晚报》、邵阳论坛及邵阳电视台进行跟踪报道。市第二人民医院支部等医院支部及市疾控中心支部参与疫苗接种工作，服务群众1500多人。市疾控中心支部刘赞荣驰援张家界，参加流调溯源队，奋战抗疫一线。市脑科医院支部组织党员参加下乡评残鉴定活动，为新邵县心灵星特殊儿童康教中心提供免费鉴定、看诊等关爱活动。

【农工党邵阳市委获评“农工党脱贫攻坚民主监督工作先进集体”】 2021年6月15日，农工党中央召开脱贫攻坚民主监督工作总结表彰大会，农工党邵阳市委获评“农工党脱贫攻坚民主监督工作先进集体”。从2016年12月开始，农工党市委协助农工党湖南省委在邵阳开展为期4年的脱贫攻坚民主监督工作，主要领导担任省委会脱贫攻坚民主监督小组副组长。农工党省委在监督的同时，为邵阳争取各类项目建设资金2215.79万元，帮助建设4个村卫生室，推促25个政府扶贫项目落户邵阳。农工党市委对口隆回县、洞口县开展脱贫攻坚民主监督工作，脱贫攻坚全面胜利后有效衔接乡村振兴，推荐党员杨石清担任邵阳县正兴村乡村振兴工作队队长，争取省委会支持，协调省水利厅安排30万元用于该村开展乡村振兴工作，并从机关经费中安排2万元用于北塔区李子塘村开展乡村振兴。

（张 程）

九三学社邵阳市委员会

【概况】 2021年，九三学社邵阳市委员会（以下简称九三学社邵阳市委）发展新社员16人，其中博士1人，硕士5人，平均36.06岁。截至年底，有社员407人，其中具有副高以上职称125人、占30.71%，平均年龄45岁。设基层委员会1个、支社21个。

【参政议政】 2021年，九三学社邵阳市委整合内外资源开展调查研究，围绕市委、市政府中心工作，通过调研考察、提案议案等形式建言献策。在市级“两会”上，提交集体提案6篇，大会发言3篇，个人提案20篇。其中《关于盘活乡村沉睡资产的建议》《加快推进我市村庄规划工作的建议》作为重点提案获市长刘事青批示并交市政协督办，《关于打通资水航道 融入长江经济带》的调研报告被九三学社湖南省委采纳并形成建议，以直通车形式获省委书记张庆伟，省委常委、常务副省长谢建辉，副省长陈飞批示。

【组织建设】 2021年，九三学社邵阳市委除发展有代表性的科技界高中级知识分子外，加强对高等教育界、经济界、医药界及政府机关代表性人士的发展，使社员专业更趋合理。加强后备干部培养，积极推荐优秀人才。5月召开九三学社邵阳市第八次代表大会，完成市级组织换届。11月召开九三学社双清区第三届委员会第一次代表大会，完成双清区基层委员会换届。

【思想建设】 2021年，九三学社邵阳市委坚持“逢会必学”常态化学习机制，召开主委会、市委会等会议期间首先安排学习；主委班子带领广大社员、机关干部通过召开专门会议、实地教学、专题讲座、“社员之家”、“政协云”App等形式学习。传达学习最新的中共中央会议精神、全国“两会”精神以及习近平新时代中国特色社会主义思想等，并要求社员以实际工作助推重要讲话精神、学习成果落实落地。组织社员开展党史学习教育，推进“我为群众办实事”实践活动。组织社市委委员，各基层委员会主委、副主委、委员，市、县两级人大代表、政协委员及社员代表现场教学赴邵东市贺渌汀故居、八路军驻湘通讯处旧址开展“感党恩、听党话、跟党走”中国共产党党史学习教育。组织社员参加社中央庆祝中国共产党成立100周年中共党史学习暨五史知识竞赛活动。选送的《永远的红色》获社中央“新征程 同心行——九三学社庆祝建党100周年线上文艺展演”优秀作品三等奖。

【社会服务】2021年，九三学社邵阳市委开展进同心美丽乡村、对接社区义诊、捐赠图书活动6次，为1000余名村民、市民进行义诊，举办3场健康讲座，捐赠图书1000余册。组织社员为省级同心美丽乡村新邵县白水洞村、隆回县虎形山崇木凼村村民、瑶胞开展送医送法、“我为群众办实事”活动。为60名留守儿童送去书包、文具及阅读书籍；推动中信湘雅生殖与遗传专科医院与邵阳学院附属第二医院合作，建立“中信湘雅专科联盟”，通过双向转诊、远程会诊、专家义诊、业务培训等多种途径，开展辅助生殖和遗传优生等专科协作；与湖南“一家一”助学就业·同心温暖工程对接，由湖南省温暖工程基金会、湖南和亚各捐资10万元，开办第二个“九三·和亚”同心班，资助隆回2021级 50名贫困学生提升能力并推荐就业；建立邵阳首个“九企合作”工作站——湖南省草食动物产业体系营养与饲料研发基地、武冈铜鹅农业发展有限责任公司；促进社中央实施南山国家公园草甸生态系统保护修复工作。开展“为群众办实事”活动，获广东奥妙洗护用品有限公司对市相关单位、8个县市、李子塘社区免费捐赠除菌洗衣液近4000箱、价值100余万元。重点联系单位社员企业湖南天香生物科技有限公司申报省级同心项目获批。天香生物通过“公司+基地+农户”现代农业合作模式，在洞口、邵阳县建设紫薯基地3000亩，带动1000多户农民发展产业增收近1000万元。天香生物赞助的“天香杯·人与环境”摄影比赛颁奖活动在九三学社湖南省助学群举行。社员企业粮安科技对5个乡镇敬老院进行“献爱心 送温暖”活动，赠送2000多公斤优质粮安香米。

（陈碧蓉）

邵阳市工商业联合会

【概况】截至2021年年底，邵阳市工商业联合会（以下简称邵阳市工商联）有会员20842个，其中企业会员6573个、个人会员13999个、团体会员270个（市直属行业商会21个、市异地邵阳商会48个、县级商会201个），有县级工商联组织12个。市工商联本级推荐执委担任市人大代表6名，市政协委员16名。

6月24—25日，召开邵阳市工商业联合会（总商会）第十六次会员代表大会。选举产生执委211名（其中民营经济代表人士193名，占比91%），常委83名，兼职副主席17名，兼职副会长18名。兼职副主席（副会长）中，第一产业2名，为国家级农业产业化龙头企业负责人，第二产业16名，为市战略性新兴产业、高技术产业、先进制造业典型代表，第三产业17名，商贸流通等现代服务产业显著增加；博士1名、研究生9名、本科7名、大专12名。

【议政建言】2021年，邵阳市工商联调研文章《年轻一代民营经济人士思想政治引领方式路径研究》获评省工商联系统优秀调研成果一等奖，《关于尽快补齐铁路短板 大力提升我市铁路枢纽地位的建议》《对邵阳县城区房地产去库存情况的调查与思考》获三等奖。组织14家上规模民营企业参与省工商联做好上规模民营企业调研和三湘民企百强榜的评选，湘林集团入选百强。持续开展民营企业社会责任调查和民营企业政策落实情况和运行情况的调研。组织900余家企业参与全省、全国营商环境主观评价，形成《邵阳市民营经济发展报告》。

【思想建设】2021年，邵阳市工商联开展“我心向党忠诚为国”教育活动，引导民营经济人士参与党史学习教育。组织市家居商会义务植树活动、设计商会蔡锷故居爱国主义教育活动、青年企业家商会伟人故里韶山行活动，直属商会党委单独组织所属党组织负责人赴新邵太芝庙和八路军驻湘通信处旧址参观学习。3月23日，组织市工商联全体党员干部和市直属商会党组织负责人聆听《学史明理，筑牢理想信念再出发》主题党课；4月28日，组织市工商联全体党员，市直属商会党组织委员、会长、秘书长，商会入党积极分子共80余人聆听党史学习教育市委宣讲团的党史宣讲报告会。5月17日，市工商联机关全体干部带领直属商会党员代表到联点双清区桥头街道肖家排社区开展党史学习教育“学史崇德”专题研讨和民情恳谈活动；7月1日，指导各直属商会组织200余人在各商会会议室收看庆祝中国共产党成立100周年大会。

【招商引资】2021年，邵阳市工商联组织参加全国工商联和湖南省政府共同主办的“2021中国民营企业500强峰会暨全国知名民营企业助推湖南实施‘三高四新’战略大会”，9月25日邵东市和北塔区现场签约项目2个，总投资23.2亿元。组织召开邵阳市全球异地邵阳商会会长视频会议暨招商引资推介会，市领导以视频方式与各异地邵阳商会会长互动交流，凝聚发展共识。

【经济服务】2021年，邵阳市工商联发挥桥梁纽带作用，服务会员与民营企业健康发展。6月8日，组织召开市委书记参加的全市民营经济统战工作会议暨民营经济高质量发展大会。8月24日，与市委、市政府、市委统战部共同举办全市民营企业家座谈会，市委书记参加会议，会后对13名民营企业家47条诉求进行梳理并形成台账，以市政府、市委统战部、市工商联的名义给27个部门单位下发交办函，推动企业家诉求的解决。12月10日，市委常委、组织部部长、统战部部长龚红果主持举办第十三期民营企业家沙龙，10名企业家代表分别表达各自的建议和诉求，会后对企业家诉求进行整理分别交办给相关的职能部门，38个问题全部办理完成。

【社会服务】2021年，邵阳市工商联开展“万企兴万村”助力乡村振兴，在市工商联（总商会）换届大会上发出《助力乡村振兴 建设美丽邵阳倡议书》，全年动员337家民营企业结对帮扶1338个村，投入帮扶资金20.1亿元，惠及贫困村群众20.5万人。免费为民营企业进行法治体检，先后到8家商会、23家企业进行调研，为企业进行法治体检，有效防范法律风险。多次开展送法进商会、进企业活动，在大祥区政府会议室给企业家讲授《如何防范刑事法律风险》，在市青年企业家商会和邵阳口味王科技发展有限公司讲授《中华人民共和国民法典》，累计宣讲11次，听众400多人。

【会员服务】2021年，邵阳市工商联加强非公党建，为直属商会党组织配置10余台党建一体机，做到线上线下有机结合，让商会党建活动更加规范有序。主动做好委员和会员服务，利用“市政协工商联界别委员工作室”，定期举办委员活动倾听委员声音，了解思想动态。激励会员发展，全市工商联会员达20842个，市直属行业商会21家，保持联络的异地邵阳商会36个。提升服务会员能力，探索行业商会法律服务调解机制，引导会员企业在法律维权时正确发声。其中第一家商会人民调解委员会——邵东市浙江商会人民调解委员会累计为会员企业、合作企业会员提供法律咨询和服务25次，调解受理各类经济纠纷和暴力伤害事件15次。推行商会动态管理，加强对商会工作的指导和服务，对活动异常商会发送整改函，对“僵尸”型商会进行清理。6月6日，邵阳直属商会邵阳市金罗湾商会正式授牌成立。开展“四好”商会建设，市创业商会、市浙江商会、市文昌商会、邵阳广告行业商会被评为省“四好”商会，市创业商会被评为全国“四好”商会。

（马谢亲）

群众团体

邵阳市总工会

【概况】 2021年3月12日，邵阳市总工会召开第十六届委员会第八次全体委员会议。5月，召开邵阳市劳动和技能竞赛暨宝庆工匠、五一劳动奖表彰大会，授予15个单位“邵阳市五一劳动奖状”，授予103名职工“邵阳市五一劳动奖章”，授予40个集体“邵阳市工人先锋号”，授予24人“宝庆工匠”称号。

8月19日，省人大常委会副主任、省总工会主席周农到隆回县三阁司镇天子山村考察，看望慰问村里的干部群众，调研检查省总工会驻村帮扶工作开展情况，研究如何做好天子山村的乡村振兴工作。

年内，市总工会班子成员带队深入企业车间开展党的十九届六中全会精神微宣讲20余场次。在全省工会系统率先开展百年党史红色工运宣讲报告会，在宝庆工韵开辟“讲党史 铭初心”专栏。联合市委宣传部、市文化旅游广电体育局开展“欢乐潇湘·颂歌向党”全市庆祝建党100周年合唱比赛活动。

【劳动和技能竞赛】 2021年10月上旬，邵阳市总工会举办首届“我为家乡代言 助力乡村振兴”直播带货主播大赛，当天将近30种邵阳优质农产品通过各个直播平台推荐给广大网友，销售总额近10万元。年内先后联合市人社局等市直部门，在茶叶制作、养老护理员、农机驾驶操作员、导游、清扫工、绿化工、消防、邮政、不动产登记等10余个行业（工种）开展职业技能竞赛，赛出一批技术能手，评选出一批“邵阳市五一劳动奖章”人员。

【走访慰问活动】 2021年，邵阳市总工会慰问全国、省、市三级劳模698人次，发放慰问金309.6万元。七一前夕走访慰问劳模工匠314名、困难职工360名，发放慰问金52.94万元。按照省总工会部署，安排全国劳模和全国五一劳动奖章获得者分批前往都江堰、云南疗休养，组织一批省部级以上劳模赴灰汤疗休养。7—11月组织全市各级工会开展劳模基本生活状况调查，对劳模身体、收入、家庭等基本生活状况进行摸底，及时规范发放全国、省、市三级劳模专项资金。

市领导严华、华学健、汤立斌等分头慰问困难企业和职工，走访劳模工匠代表。全体在职市级领导都联系企业实行结对帮扶，40名市级领导862个参联单位共联系566家企业。19272名机关干部联系帮助17927名困难职工，投入帮扶资金8033万元，帮助企业解决困难和问题2744个次，为困难职工办好事实事11725件。春节期间全市各级工会筹措送温暖资金656.25万元，走访307家企业慰问职工9559人次。

9名市级领导带队开展高温送清凉活动，为重点建设项目现场施工人员、环卫工、城管、交警、快递员和抗疫医务人员及一线工作者送清凉。开展“迎新春送温暖、稳岗留工”春节慰问活动，为三一重工、彩虹集团等14家企业坚守岗位职工发放脐橙800件；对市区4家主要春运客运企业一线工作人员和志愿者进行慰问，发放慰问物资价值5.2万元。

市总工会开展进企入户为困难职工常态化送温暖活动，发放省财政送温暖资金181.82万元，对市直27家企业困难职工、农民工代表进行走访慰问，惠及困难职工1800余人。为快递员、外卖配送员、网约车司机、货车司机等新业态劳动者开展“八送活动”，举办现场关爱行动。市、县两级工会筹集资金75万元，慰问企业88家、职工7082人，市总工会发放慰问礼包650份。

【基层工会组织建设】 2021年，邵阳市总工会开展工会组织和会员实名信息采集工作。完成工会组织实名录入4260家，会员录入67.8万人。推进六大领域、八大群体建会入会工作，共建8家工会联合会和联合工会，覆盖单位187家，发展会员近10000人。新建工会组织605家，新增工会会员51494人，其中农民工28878人。全市4532家企事业单位建立职代会、厂务公开制度，国有企事业单位厂务公开、职代会推行面达100%。推行区域（行业）职代会制度，扩大民主管理制度对小微非公有制企业的覆盖。

【庆祝中国共产党成立100周年系列活动】 2021年，邵阳市总工会组织开展庆祝中国共产党成立100周年“千万职工颂歌献给敬爱的党”群众性歌咏活动360余场次，参加活动职工达10.6万人次，录制视频300余个。选送的《石油工人心向党》节目在“千万职工颂歌献给敬爱的党”全省总展演中获金奖。邀请书法家进7家中大型企业开展春节“送万福、进万家”书法公益活动，送出春联、福字1200余份。开展“邵阳人游邵阳”春秋游活动，10余万名职工参与，举办“邵阳人游邵阳”手机摄影大赛，收到参赛作品500余张。联合市文联举办“爱莲说”全市职工廉政主题书画比赛，收到参赛书法类作品112件、美术类作品76件，分别评选优秀作品20件和入展作品50件。

（唐怡桂）

中国共产主义青年团邵阳市委员会

【概况】 2021年，中国共产主义青年团邵阳市委员会（以下简称共青团邵阳市委）辖12个县市区、市教育系统团工委、89家市直、3所高校、6家国企、3家非公企业团委，基层团组织1.2万余个，团员21.3万余人。

年内组织省、市、县三级青年讲师和红领巾讲师团，重点面向基层和学校开展5000余场党史主题宣讲，线上“团团学党史”、线下“团团讲党史”专题学习人数达1100余万人次。开展青年大学习、红领巾讲党史、演讲比赛、知识竞赛、传

2021 年 12 月 4 日国际志愿者日，市青年志愿者在街头文明劝导、帮扶老人过马路（申兴刚 供图）

承红色基因永远跟党走少儿书法绘画大赛、“清明祭英烈”、我和党旗同框、《唱支山歌给党听》MV 制作以及研学实践等系列特色活动。

围绕新媒体矩阵建设，通过微信公众号、微博、抖音等编发稿件、短视频等 1.2 万余篇（条），阅读量超过 4.5 亿次。微信公众号在全省率先上线“邵青平”栏目，全网粉丝数 89 万。围绕“邵阳人游邵阳”主题，开展邵阳市第一届青年短视频大赛，近 1000 人参加比赛，参赛作品全网播放量 1200 余万次。推报杨淑婷等 10 余人和武冈市税务局团支部等 10 余个集体获团中央和团省委表彰，召开五四表彰大会并创新推出邵阳五四青年说・网上访谈特别节目，邀请表彰对象分享先进事迹。

加强少先队工作，10 月 22 日市委召开全面加强新时代少先队工作座谈会，共青团邵阳市委召开《中共邵阳市委关于全面加强新时代少先队工作的措施》座谈会。

助力乡村振兴。组织开展“出手吧，宝庆人！第四届邵阳市消费帮扶年货节”，销售邵阳优质农产品 2050 万元；举办省青农协助力乡村振兴系列活动（邵阳专场），帮助市青农协与金融机构签署战略合作协议，并授信 5 亿元；成立市青农协乡村振兴学院，组织 120 余名农村青年致富带头人进行领头雁培训活动；组建 6 个青联委员乡村振兴服务团结对乡村；组织 30 名青年乡贤和 7 名菲律宾商会企业家代表参加“迎乡贤・建家乡”资源对接会；邀请北京大学学生骨干调研团一行 12 人到邵开展“乡村振兴中特色产业发展路径探究”实践调研。

开展文明劝导、疫情防控、环境保护、扶贫帮困等青年志愿服务活动 150 余场次，参与人数 8000 余人次。联合市直机关工委等单位拍摄交通劝导志愿服务教学视频，被市直各单位组织集中学习；新建占地 1021 平方米的市青少年活动中心。开展预防青少年溺水、暑期“青春自护”“圆梦工程——助力青少年阳光成长”“逆风飞翔”——关爱事实无人抚养儿童和禁毒、反电诈等法治宣传活动 300 余场次。为 566 名贫困中小学生资助 119.85 万元；拨付 162 万元援建 4 所希望小学；联合湖南汀汀公益基金会，发动爱心企业通过“听见未来”公益项目向邵阳各县市区 50 所乡村学校捐赠总价值 200 余万元的“数字有声图书馆”项目。举办“红色记忆 缘定七夕”青年联谊和“团团帮你找对象”等活动。

推进县域基层团组织改革试点工作，其中国家级试点县隆回县、省级试点县邵东市和洞口县阶段性工作完成；完成市青年联合会换届选举并召开市青联六届二次常委会；推动市委常委会专题研究少先队工作，并以市委名义印发《关于贯彻落实〈中共湖南省委关于全面加强新时代少先队工作的实施意见〉的责任清单》；完成 3615 个村（社区）团组织换届选举，成功回引 486 名优秀青年回村参选；对接两新工委，加强行业协作，通过团干包片联点的方式推进县市区社会领域建团，实现社会领域团组织增长 710 个，非公企业团组织增长 320 个；依托全市 124 家“青年之家”开展“我为青年做件事”主题活动 550 余场次，招募人数 2 万余人，影响青年群体 6 万余人。

【宣传思想文化工作】 2021年，邵阳共青团官方抖音号“邵阳共青团”获评湖南省青媒奖“年度影响力共青团抖音”、新媒体中心编辑朱江获评省青媒奖“湖南青年好网民”；官方微信开设“邵青平”“团团电台”等栏目，粉丝数突破60万；官方微博参与“我和党旗同框”“纪念毛主席诞辰128周年”等话题；以抖音为主阵地组织开展2021年“湘窖杯”邵阳市第一届青年短视频大赛。加强与邵阳学院团委的合作交流，聘请一批大学生青年为“团团电台”主播；指导市直学校团委建设，其中“你好，大学生”开学季直播活动湘中幼儿师范高等专科学校站在线观看人数达84.6万元；监督县市区团委建立宣传工作台账，完善机制，清理“僵尸号”。

【北大学子邵阳行】 2021年7月23日至8月2日，由共青团邵阳市委牵头北京大学组建的“圆梦先锋”鸿雁计划湖南邵阳实践团一行12人，前往隆回、洞口、城步、新宁和邵阳县等地，以实地走访、座谈了解等方式，重点围绕“乡村振兴中特色产业发展路径”主题，在每个县选取1个乡村振兴示范村、2~3个重点村、1~2家农业产业化龙头企业进行调研。8月3日实践团关于“乡村振兴中特色产业发展路径”调研实践

2021年7月23日至8月2日，由共青团邵阳市委牵头北京大学组建的"圆梦先锋"鸿雁计划湖南邵阳团在邵阳开展活动（共青团市委 供图）

活动总结报告会召开，市委副书记汤立斌出席会议并讲话。

【青春兴湘活动举行】 2021年5月20日，"青春兴湘 何必远方"湖南省农村青年致富带头人协会助力乡村振兴系列活动（邵阳专场）举行。上午在邵阳市宝庆山庄举行2021年农村青年致富带头人领头雁培训活动，特邀省市专家教授为全体会员解读乡村振兴政策，解答金融贷款相关知识，培训短视频、直播等内容。下午召开邵阳市农村青年致富带头人协会乡村振兴青年人才培育中心成立会议，团省委书记李志超、副书记钟娜，市委副书记汤立斌、市直有关部门负责人出席。会上，李志超为首家湖南省乡村振兴青年创新创业示范基地授牌，市青农协会为6名导师颁发聘书，省青农协会会长刘超致辞，3名省市优秀农村青年致富带头人代表分享乡村振兴故事，市青农协与建设银行邵阳市分行签署战略合作协议。

【汀汀公益·数字有声图书馆捐赠仪式举行】 2021年9月10日，共青团邵阳市委联合市教育局、市乡村振兴局在洞口县杨林镇中学举行"构筑书香邵阳·助力乡村振兴"全市农村中小学"数字有声图书馆"捐赠仪式。湖南汀汀公益基金会、喜马拉雅和爱心企业为全市50所农村学校捐赠总价值200万元的"数字有声图书馆"；湖南汀汀公益基金会向全市32所农村学校捐赠校服，并向洞口县杨林镇中学捐赠64台电风扇、64个储物柜等爱心物资；首届"湖湘青年英才"叶锋向杨林镇中学捐赠600套秋季校服；湖南省青联副主席罗碧波在洞口县结对持续资助3名困难学生，每人每月1000元至大学毕业。市委副书记汤立斌出席捐赠仪式。

【百年正青春活动举行】 2021年10月27日，学习宣传习近平总书记在庆祝中国共产党成立100周年大会上的重要讲话精神"百年正青春"全省青少年主题对话活动在邵阳职业技术学院举行。团省委副书记刘静，邵阳职业技术学院党委副书记、院长段雪梅出席。此次大会由中共湖南省委宣传部、共青团湖南省委指导，共青团邵阳市委主办、邵阳职业技术学院团委承办，旨在庆祝建党100周年，激励和引导全省广大青年师生、少先队员学党史、强信念、跟党走，勇担时代使命，坚定理想信念，矢志投身新时代。下午，刘静一行参观湖南省青少年教育基地——蔡锷故居。

（周志杰 肖品）

邵阳市妇女联合会

【概况】 2021年，邵阳市妇女联合会（以下简称邵阳市妇联）完成邵阳市2016—2020年妇女儿童发展规划终期评估督导，实现规划中的主要目标。将新周期妇女儿童发展规划纳入邵阳市"十四五"规划，出台《邵阳市妇女发展规划（2021—2025年）》和《邵阳市儿童发展规划（2021—2025年）》。妇女儿童受教育水平稳步提高。全市学前三年女童毛入园率达85.3%，小学学龄女童入学率为100%，初中女生毛入学率为99.93%，高中阶段女性毛入学率93.1%；高等教育女性毛入学率

2021年9月10日，"构筑书香邵阳 助力乡村振兴"公益捐赠活动在洞口县杨林镇中学举行（共青团市委 供图）

50.64%。

全市妇女儿童健康状况明显改善。孕产妇系统管理率达 92.77%，婚前医学检查率达 95.58%，妇女常见病定期筛查覆盖率达 92.98%。新生儿听力筛查率达 96.3%，5 岁以下儿童贫血患病率控制在 2.03% 以下，5 岁以下儿童生长迟缓率控制在 0.36% 以下。

妇女参与决策管理氛围日趋良好。县级领导班子中配有女干部 50 名，党政领导班子中配有女干部 24 名，党政领导班子中女干部配备率 100%。全市 3634 个村（社区）选举产生村（社区）妇联主席 3634 名、妇联副主席 7223 名、妇联执委 55597 名，村支书（主任）兼任妇联主席人数 193 人，选举产生的妇联主席 100% 进入村（社区）“两委”班子。

【政治引领】 2021年，邵阳市妇联强化理论武装，召开党组会29次，党组理论学习中心组学习13次，专题研讨会5次，班子成员讲党课3次，邀请市委党校、宣讲团专家到单位开展专题辅导5次。开展“学史增信”四个党史专题学习研讨，推行科级干部授课，联合邵东市、新邵县太芝庙镇、大祥区宝庆中路社区等四级妇联干部听党课、谈体会，共同接受红色教育；6名处级干部聚焦妇女儿童“急难愁盼”问题，分别认领、实施、办结10个为民办实事项目。

组织庆祝建党 100 周年系列活动。联合市委网信办开展“宝庆巾帼心向党”大型群众性朗诵活动，在省级评选获一等奖 1 个、二等奖 1 个、三等奖 2 个、优秀奖 4 个，邵阳市妇联获评优秀组织奖。联合市委网信办、市文明办举办 2021 年邵阳市三八红旗手（集体）、三八红旗手标兵、最美文明家庭、最美巾帼标兵表彰大会暨庆祝建党 100 周年朗诵大赛，市委副书记汤立斌出席并讲话。

传播传承红色湘女精神。通过“云”游红色湘女纪念场馆的方式，组织全市妇联干部听“红色湘女情景云课”。动员 1000 余人组建红色宣讲队，深入基层开展“巾帼初心耀三湘·红色宣讲”活动 945 场次，开展永远跟党走群众性活动 476 场次，覆盖人群达 39 万余人。发挥示范引领作用。组织观看“百炼成钢——党史上的今天”故事集；在邵阳女性微信公众号展播三八红旗手（集体）先进事迹 10 期、“献礼建党百年”——讲巾帼英雄故事 20 余期。

【乡村振兴巾帼行动】 2021年，邵阳市妇联选派优秀青年干部担任驻村工作队长到邵东市仙槎桥镇青山村驻点帮扶；联合人社部门开展种植养殖、家政服务、农村电商等实用技术、就业技能培训318期，培训妇女25955人。制定出台邵阳市“湘妹子能量家园”项目实施办法，给每个试点村下拨工作经费1万元。全面启动“美丽庭院”创建评比活动，联合市农业农村局评选表彰市级“最美庭院”60户。

【巾帼健康行动】 2021年，邵阳市妇联牵头实施“两癌”免费检查重点民生实事，完成“两癌”免费检查101567人，完成比例103.39%。争取全国妇联中央彩票公益金“低收入妇女两癌”救助资金308万元，救助金额排名全省第一。推广“湘女关爱保”女性健康保险，发动5.6万余名妇女参保，获理赔金403万余元。

【巾帼双创行动】 2021年，邵阳市妇联成功创评全国巾帼文明岗6个、全国巾帼建功先进集体3个、全国巾帼建功标兵3个。制定下发“岗村共建 助力乡村振兴”结对帮扶活动工作方案，推行省级以上巾帼文明岗、巾帼建功先进集体与村（社区）、企业、困难家庭结对帮扶机制。开展行业技能比武活动，联合相关部门举办大型技能竞赛活动4场，邵阳市妇联获省第三届巾帼创新创业大赛组织奖。开展春风送岗活动，举办“邵阳市2021年春风送岗暨巾帼专场招聘会”，各县市区妇联和乡镇（街道）妇联开展“春风行动”暨“就业援助月”专项招聘活动80余场次，为2万余名妇女提供就业机会。

【维护妇女儿童合法权益】 线下开展《中华人民共和国民法典》《中华人民共和国反家庭暴力法》等集中宣教活动2316场次，发放宣传资料12.68万册，为市民提供法律咨询7.5万余人次。推行女童权益保护“百场宣讲三年行动”，进乡村、进社区、进学校开展女童权益保护宣讲3506场。线上以邵阳女性微信公众号为主要平台，推送法律知识系列解读；与邵阳广播电视台合作开设“法律小课堂”专栏，每周解读2期《中华人民共和国民法典》

2021年6月2日，市“三八红旗手标兵”“三八红旗手”“三八红旗集体”“最美文明家庭”“最美巾帼标兵”表彰大会在宝庆山庄召开（市妇联 供图）

等法律法规。加强与政法部门的联系，制定出台《邵阳市侵害未成年人案件强制报告制度联席会议及工作协商机制》等制度性文件，开出人身保护令30份、家暴告诫书50份。在双清区建立全市首个未成年被害人“一站式”询问救助中心，该项目获湖南省“巾帼暖人心”十大维权创新项目。

【家庭家教家风建设】 2021年，邵阳市妇联推进家庭文明创建活动。评选表彰市级“最美文明家庭”30户、最美巾帼标兵10人，8户家庭被评为“湖南省最美家庭”。举办“颂百年风华 传红色基因”家庭亲子阅读活动，2000余户家庭参与，20多万市民通过网络关注或点赞。联合邵阳广播电视台开展“有声家书”征集、“手写家书”展览系列活动，征集好家风好家训5000余条，择优录播优秀家书58篇。加强社区家长学校建设。全面实施“家庭教育580”项目，以购买服务的形式，委托市家庭和儿童发展服务中心在三区及乡村振兴驻点村高质量开展家庭教育指导活动151场，受益人员达2万余人。面向社会公开招募家庭教育志愿讲师130余名，成立邵阳市家庭教育讲师团。关心关爱妇女儿童。督促指导10个“知心屋”项目点运行顺畅、12个“儿童快乐家园”、14个“小候鸟读书角”项目常态化开展，承办第六届“关爱雏鹰·呵护健康”预防儿童意外伤害知识讲座7场，申报第五届“温暖微行动·舞蹈公益百校行”35个项目点。争取省妇儿基金会专项资金，为困难女性、困境儿童捐赠总价值6.24万元的“母亲邮包”208个。参与省妇联发起的“出手吧姐姐——温暖2021”公益项目，筹集善款102万余元，全部捐赠给困境女性。

【妇联改革】 2021年，邵阳市妇联做好村（社区）妇联与“两委”同步换届工作。将妇联换届的“四个确保、两个力争”工作目标纳入全市村（社区）“两委”换届工作方案，选举产生的3634名村级妇联主席100%进入村（社区）“两委”班子。同时利用换届契机，推荐优秀妇联干部，县级妇联主席提拔重用2名，交流主席2名、其他班子成员4名。做好妇女干部培训。将女性人才的培训纳入全市干部教育培训整体计划，40名副科级及以上优秀女性干部参加市委组织部、市委党校和市妇联组织的妇女干部培训班；组织10名县市区妇联的挂兼职副主席参加省妇干校培训班。强化基层妇联组织建设。实施团体会员倍增计划，在社会组织中新建立妇女组织12个，在新领域建立妇女组织25个，新增团体会员29个。适应新媒体发展趋势，新建妇女微家197个。将工作经费向基层倾斜，采取项目申报的方式，建立基层妇联组织改革示范点、家庭教育创新实践基地、巾帼暖人心维权创新项目各5个，以奖代投拨付30万元经费。

（杨　超）

邵阳市科学技术协会

【概况】 2021年，邵阳市科学技术协会（以下简称邵阳市科协）推进科协组织建设，12个县市区均建立科协组织；建立企业科协645个、省级以上工业园区科协11家，高校科协4家，加强市企业科协联合会建设，会员单位发展到43个；市属学会（协会、研究会）23个，院士专家工作站4家。申报湖南省科协科普信息化融合发展项目，编印下发《邵阳市基层科普宣传教育一本通》，“科普中国”“科普湖南”县市区及乡镇街道、村（社区）落地应用达100%，实现“两个全覆盖”。年底全市注册“科普中国”科普信息员数位居全省市州第三。

开展《全民科学素质行动规划纲要（2021—2035年）》学习宣传活动。编制《邵阳市全民科学素质行动规划纲要实施方案（2021—2025年）（审议稿）》。组织市属学会（协会、研究会）和高校科协的科技志愿者、科技专家100余人次，先后到新邵县陈家坊镇富阳村、潭府乡玉辉农林开发公司、邵东市野鸡坪镇石云村、双清区滨江街道寒梅村、大祥区罗市镇开展送科技下乡、送技术上门、科技咨询等活动。在湖南汽车技师学院举行邵阳市2021年“全国科普日”启动仪式暨集中宣传活动，开展科普讲座、科普展教活动。举办2021年邵阳市青少年机器人竞赛暨第二届邵阳市青少年创意编程与智能设计竞赛、第42届邵阳市青少年科技创新大赛。推进“科创中国”湖南行动和“智汇中国”湖南行动。推动“科创中国”湖南分中心平台推广应用，建立市、县（市、区）联动工作机制，至年底，超额完成注册入驻任务，其中企业注册入驻数位居全省第一。组织全市23.74万人参加湖南省第五届科学素质网络大赛，参赛人数全省市州排名第二，参与竞赛139.31万人次。

开展学会组织清理整顿工作，23个市属学会（协会、研究会）中有22个建立党组织，1个研究会因无党员配备党建指导员，实现党组织和党建工作全覆盖。指导市农学会、市风景园林学会、市心理学会围绕农业产业发展和乡村振兴，在武冈建立市级学会服务站3个。建成实体科技工作者之家1处。举办科学道德与学风建设讲座，全市200余名科技工作者参加。

是年，邵阳市科协获评湖南省第四届科学素质网络大赛优秀组织奖、湖南省全国科普日优秀组织单位、“科创中国”湖南中心推广应用先进单位、企业创新达人推选表彰优秀组织单位、邵阳市平安建设优秀单位。全国科普中国信息员科学素质网络竞赛排名全国前三十；湖南省市州科协绩效评估“优秀”等次、邵阳市2021年度绩效考核评估“良好”等次；市科技馆获第十三届湖南省青少年机器人竞赛暨第三届湖南省青少年创意编程与智能设计优秀组织单位。

【科技创新】2021年，邵阳市科协开展“爱国·创新·奉献”系列学用活动，结合庆祝中国共产党成立100周年在全市科协系统开展“最美科技工作者”等“五美”评选宣传活动。推荐欧小球、唐佐阳获全省表彰。黄名勇创新团队获全国创新方法大赛三等奖、湖南省创新方法大赛一等奖。联合《邵阳日报》、邵阳新闻网对新当选的邵阳籍院士蒋建新、于登云及全省最美学会工作者唐佐阳、企业创新达人黄名勇等进行宣传报道。组织开展2021年“科创中国”邵阳市企业“创新达人”评选活动，评选出企业“创新达人”22人；推荐5名企业科技工作者获2021年湖南省企业“创新达人”称号。举办2021年市青少年科技创新大赛，收到各类参赛作品累计375项，评出一、二、三等奖318个，推荐作品参加省第42届青少年科技创新大赛，获三等奖以上项目66个，其中一等奖15个；举办2021年市青少年机器人竞赛暨第二届青少年创意编程与智能设计竞赛。其中，机器人竞赛166支队伍、254名学生参赛，决出机器人成果项目一、二、三等奖113项，推荐35支队伍参加省青少年机器人竞赛，获三等奖以上34个，其中一等奖7个；创意编程与智能设计竞赛486名学生参赛，竞赛决出一、二、三等奖429项。

【科学普及】2021年，邵阳市科协开展“科普进校园”系列活动。4月30日，邀请邵阳籍中科院院士、国家空间科学中心主任王赤在新宁县开展“乐享科学、智志双扶”科学家进校园活动。邀请湘潭大学、湖南中医药大学、湖南师范大学的专家教授在市六中举办“青春飞扬·走向未来——青年科学家进校园”巡回演讲活动。利用科普大篷车平台，在全市15所小学举办科普进校园展览，传播物理、化学、生物、环境等各基本学科门类的科学知识，普及青少年及群众超10万人次。市科技馆面向社会免费开放达260天，开展“科学思维大讲堂”科普讲座，每期选择一个科技作品，对青少年免费提供作品并利用课堂进行培训，培养青少年科学实践能力，全年讲座培训人数超5万人次。启动“小小科学家——爱科学、学科学、用科学”起点培养计划，市科技馆面向全市小学组织选拔300名品学兼优的学生，进行为期一年的免费科学思维培训，培训内容包含创意编程与智能设计、机器人、科技创新等。

【专家人才工作】2021年，邵阳市科协完善“邵阳籍科技创新专家库”和“邵阳市科技创新人才库”数据资料，收集掌握1000余名邵阳科技创新人才信息、200余名邵阳籍专家学者信息，围绕全市“七大工业新兴优势产业”，点对点开展订单式服务。推进“三站”建设及人才引进工作。指导隆回县军杰食品科技公司院士工作站成功申报“2021年度湖南省模范院士专家工作站”；指导湖南天香生物科技公司引进中科院研究员，并建立专家工作站。邀请中科院院士王赤到新宁县、中国工程院院士印遇龙到洞口县开展院士邵阳行活动。为湖南天香生物科技公司引进华南理工大学副教授张晓元博士团队；为洞口县农佳好伙计公司引进华南农业大学科研院院长谢青梅博士团队；帮助洞口经开区与中国农业大学理学院建立战略合作关系，引进中国农业大学博导潘灿平教授的纳米硒技术。邀请中国工合理事长田玉萍、省企业科协联合会理事长彭英等5名专家，到邵阳开展一期创新能力提升暨“小巨人”计划培训活动。

【十届六次全委会暨科普信息化业务培训】2021年10月24日，邵阳市科协十届六次全委会暨科普信息化业务培训在维也纳酒店召开。会议增补谭小武为市科协十届委员会委员、常委、副主席，增补刘伯成为委员、常委，增补付日晖、谭琳虹、杨武军、蒋咏梅4人为委员；选举省科协十一大代表、委员；省科协普及部副部长蒋电波作《全民科学素质行动计划纲要（2021—2035年）》解读，省科协四级调研员莫鼎对科普信息化融合发展项目工作进行培训。

（邓小勇）

邵阳市归国华侨联合会

【概况】邵阳是侨务资源大市，2021年有海外侨胞13.78万人，归侨侨眷15万余人，位居全省第二位。邵阳市归国华侨联合会（以下简称邵阳市侨联）组织侨界群众收看庆祝中国共产党成立100周年大会实况，发动撰写心得体会70余篇；举办“2021年邵阳市基层侨联干部和侨界代表人士培训班”；推荐侨界优秀代表人士向晖、罗富民分别获评“2021年度‘五四’湖南优秀侨界青年人物”和提名人选；向家村推介为“湖南省华侨文化交流基地”；组织和参加气排球比赛、“侨系三湘四水”、唱红歌向党献礼、党史学习教育知识抢答赛等“侨心向党”系列庆祝活动。

是年，邵阳市侨联被评为“全国侨联系统抗击新冠疫情先进集体”。

【助力经济社会建设】2021年，邵阳市侨联组织侨界人士向基层捐赠新冠肺炎抗疫物资，安排专职副主席驻扎云南边境参与防疫。对接香港道德会捐助邵阳学院医技楼项目1000万元，对接香港应善良基金会捐赠项目159.32万元，为河南汛情组织捐款37.5万元。专人专资助力北塔区李子塘村乡村振兴，争取省华侨事业专项资金建设“侨胞之家”。承接海外华文媒体到邵阳采访，美国、瑞典等15个国家和地区的海外和中央涉侨媒体发文近30篇，向海内外宣传邵阳改革开放和脱贫攻坚等方面的成就。

【为侨服务】2021年，邵阳市侨联增补3名常委、遴选3名工作人员，充实服务力量；推动三区批准成立侨联，实现组织全覆盖；指导新宁等县侨联换届，规范组织设置。利用换届推荐市级侨界人大代表、政协委员10名，拓宽参政议政渠道。在全省率先同步成立侨青委、侨青会，为新侨、归国留学生搭建联络联谊平台，涵养侨务资源。向上争取资金建设邵东、新邵、隆回、城步、武冈、大祥、北塔7个县市区“侨胞之家”，延伸基层服务平台。与市委统战部联合开展“学党史、访侨企、问侨需、助发展”活动，深入侨企了解情况，帮助解决实际困难15个，助推东盟、中非产业园建设，为侨企发展保驾护航；安排扶侨帮困资金16万余元，救助困难归侨侨眷160余人，有针对性地开展产业帮扶和大病救助，为侨排忧解难。

（唐　园）

邵阳市社会科学界联合会

【概况】 2021年，邵阳市社会科学界联合会（以下简称邵阳市社科联）推进“我为群众办实事”实践活动，组织社科工作者到乡村、学校、社区开展“学百年党史，感家国情怀”百场宣讲。推出智库成果专报17期，确立市社会科学成果评审委员会2020—2021年度补充科研课题立项102项，开展邵阳市第十六届社会科学优秀成果的评审评选。举办“庆祝建党百年·助力‘三高四新’”社科普及主题活动周，评选第一批市级社科普及基地17家，授牌成立第一批社科专家工作站6家、第一批社科普及示范点3家，组织完成“庆祝建党百周年 助力邵阳‘十四五’社科好文章”征稿评奖活动和中国共产党建党100周年党建理论主题征文活动，组织“邵阳红”品牌宣传与推广。加强社科类社会组织管理，注销5家不年检、不开展活动的学会，开展“党建引领 助力千企”活动，助力企业文化发展。

【课题立项】 2021年，邵阳市社科联进一步研究2020年确立的5项智库课题，推出17期智库成果专报。鼓励专家学者围绕如何落实“三高四新”战略定位和使命任务等经济社会发展中的重大理论和现实问题开展研究，确立市社会科学成果评审委员会2020—2021年度补充科研课题立项102项，其中资助课题10项、自筹课题92项。重点针对应用性社科成果，开展市第十六届社会科学优秀成果的评审评选，收到各单位和县市区组织申报的成果100多项。

【社科普及】 2021年6月，邵阳市社科联在新邵县白水洞研学小镇举办邵阳市“庆祝建党百年·助力‘三高四新’”社科普及主题活动周暨全市中小学生“从小学党史，永远跟党走”读书征文大赛启动仪式，市委常委、宣传部部长周迎春，市人大常委会副主任周乐彬，市政协副主席郭妤等出席。启动式后组织召开全市社科工作座谈会，指导各学会、研究会和县市区社科联开展系列主题活动。加强科普阵地建设，评选第一批市级社科普及基地17家，授牌成立第一批社科专家工作站6家、第一批社科普及示范点3家。将市地方志编纂室主任、原社科联主席肖治国主编的《马克思主义通俗化读本》作为社科成果申报2021年省科普读物评选，并作为科普资料在市科普周上发放。市社科联主席张千山在省社科普及主题活动周启动式暨全省社科普及工作经验交流会上做主题发言，介绍近年邵阳市社科普及工作的经验和方法。通过组织“六进”活动等宣传推广“邵阳红”品牌；全程指导新邵白水洞研学小镇建设邵阳红文化馆；完成《茶香邵阳红》《猪血丸子香》MV拍摄制作，并通过抖音、微博、微信视频号等新媒体平台进行传播，推广“邵阳红”茶叶、猪血丸子品牌。

【两新党建】 2021年，邵阳市社科联加强对社科类学会、协会、研究会的管理，开展“僵尸型”社会组织专项整治，注销5家不年检、不开展活动的学会。通过行业党委，组织各社科类学会开展社科宣讲、进红色基地参观学习、上党史学习教育专题党课、参观党史陈列馆等活动；组织学会代表、社科专家开展“党建引领 助力千企”活动，通过实地走访调研和召开员工代表座谈会，了解企业党建情况、生产经营状况、员工对企业发展的思考及疫情带给企业的影响，交流探讨企业发展良策。

（黄蓝青）

邵阳市残疾人联合会

【概况】 2021年，邵阳市残疾人联合会（以下简称邵阳市残联）深入社区、学校开展“手语进”活动6场，组织200余名残疾人和150多名工作人员参加；组织优秀残疾人代表到市特殊教育学校、邵东特殊教育学校开展“榜样的力量”宣讲，引领和号召广大残疾人发扬“四自”精神；录制手语课堂礼貌用语、社会主义核心价值观短视频，在市残联微信公众号上推送，在步步高新天地等人流聚集的商场滚动播放，营造全社会关心关爱听力残疾人的良好氛围。推介优秀残疾人典型、优秀残疾人工作者和助残先进集体、个人，邵东多重残疾人刘红辉当选助人为乐类“中国好人”，新邵县鸿远金属加工有限公司被评为全省助残先进集体，4人获评全省自强模范，3人获评全省助残先进个人。

【省重点民生实事项目】 2021年，邵阳市省重点民生实事项目“残疾儿童康复救助”任务是为980名有康复需求和适应指征的听力、言语、肢体、智力残疾儿童和孤独症儿童提供人均不低于8个月的机构康复训练服务（7840个月）。邵阳市残联结合疫情防控工作需要，采取“线上训练+线下训练”相结合的方式开展康复训练，全市实际救助有相应康复需求和适应指征残疾儿童1509

名，累计康复训练服务时长12406个月，任务完成率达158%。残疾儿童康复评估与训练建档率100%、残疾儿童家长培训率100%、残疾儿童康复训练总有效率95%、家长对培训工作的满意度95%、家长对残疾儿童康复满意度超过99%。省重点民生实事项目“困难残疾人家庭无障碍改造”任务数1350户，实际完成1359户，任务完成率100.7%，完成数量和进度均居全省第一位。省残联编印的《湖南省“十四五”困难重度残疾人家庭无障碍改造经验做法分享》推介邵阳市经验。邵阳市“残疾儿童康复救助项目”“困难残疾人家庭无障碍改造”项目分别获评2021年省重点民生实事项目优秀等次。

【乡村振兴工作】2021年，湖南省残联转发《邵阳市残联巩固拓展残疾人脱贫成果 防范脱贫后风险工作方案》，肯定邵阳市残疾人脱贫成果的巩固拓展和防返贫致贫监测工作。邵阳市残联开展乡村振兴对口帮扶，促成长沙市天心区残联和爱心企业一行专程赴邵阳县、城步苗族自治县、绥宁县结对帮扶；认定新宁县小伍种养专业合作社等5家单位为“邵阳市2021年度残疾人阳光助残示范基地”。同时强化典型引领，培育并推介一批在全省、全国有影响力、感召力的脱贫典型。市残疾人杨淑亭参加中国残疾人脱贫故事分享会，向国际社会介绍邵阳扶贫经验；刘红辉当选为2021年助人为乐类“中国好人”，获评2021年度中国残疾人事业十大新闻人物。经中国残联推荐，邵阳市残联承担第三届全球减贫案例课题研究。

【残疾人精准康复】2021年，邵阳市实施260名残疾儿童康复救助市级项目，救助年龄扩面到17岁，开展假肢适配项目260例，实施儿童矫形器项目120例、低视力儿童康复训练200名、“集爱三湘·光明助残——爱眼公益行”眼疾救助项目1904例，残疾人家庭医生签约服务稳步推进。开展精准康复服务25487人，康复服务满意率达95%以上，残疾人基本康复服务率和残疾人辅具适配率均达98%以上。组织11家残疾儿童定点康复机构进行星级评定，其中1家被评定为四星级康复机构。

【残疾人教育】2021年，邵阳市残联联合教育部门核查全市8225名6~15岁持证残疾儿童少年入学情况，并配合开展入学安置，其中为1644名适龄残疾儿童少年提供送教上门服务。全市残疾儿童入学率达98%。推荐37名生源到省特殊教育中专读书，超额完成省定25名任务；投入327.58万元，资助残疾学生和贫困残疾人家庭子女1111人次，其中高中阶段725人次、大学以上阶段学生386人次。

【残疾人就业】2021年，邵阳市举办残疾人就业现场招聘会，吸纳用工单位23家，提供岗位100多个；以“就业帮扶，真情相助”为主题，启动残疾人职业技能培训工作，实施7个培训项目受训280人；邀请省残联创业孵化基地“创客说直播室”到邵东市云岭德美农业进行专场带货直播；为全市170名残疾人提供创业扶持。选送8名选手参加第三届全省残疾人岗位能手比赛，获第二名和第六名，并获全国第七名；参加省第三届盲人保健按摩技能比武，选手分获两个类别第一名，邵阳市获优胜单位奖。

【残疾人合法权益维护】2021年，邵阳市残联为到期残疾人证换证16841人，两补对象换证率77.48%。落实发放残疾评定补贴资金发放30.3万元。重点办理大祥区非法营运2起、医患矛盾1件、市区群访3件、市政府接访3件、市委接访2件，邵阳市残联被评为全市信访工作先进单位。超额完成残疾人家庭无障碍改造任务。为6071名残疾人发放机动车燃油补贴156万余元。残疾人两项补贴均提标到70元/人·月，惠及全市223.52万人次。

【残疾人宣传文化体育】2021年，邵阳市残联推荐残疾人17幅书法、15幅绘画作品参加全省“红心向党、致敬百年”书法绘画比赛；《世界骄傲，中国冬奥》等9幅作品入选全国残疾青少年冬奥、冬残奥主题绘画作品；邀请专业田径教练到12个县市区，初筛出30名适龄残疾青少年运动员选拔测试对象；许能等6名市残疾人运动员获全国第十一届残运会金牌3枚、银牌14枚、铜牌2枚，雷家树等5人获第八届特奥会金牌2枚、银牌6枚、铜牌6枚。

（肖　杰）

邵阳市文学艺术界联合会

【概况】2021年，邵阳市12个县市区除北塔区外均设立文联机构，邵阳市文学艺术界联合会（以下简称邵阳市文联）下属文艺类社团28个，其中直属协会13个，挂靠社团15个。直属协会共有国家级会员180人，省级会员470人，市级会员5000余人。

持续推动党史学习教育，组织各协会党员到红色基地实地参观学习5次，邀请市委宣讲团专家上门授课3次，举办专题研讨学习班4次。发挥文艺优势，为群众办实事8件。市文联行业党委首创并坚持“导向审查”制度，文艺创作和主题活动没有出现任何导向性问题。

10月29日召开邵阳市文联第五届委员会第三次全体会议，集中学习省文联《关于在全省文艺界开展学习著名民俗摄影艺术家刘启后（老后）同志先进事迹活动的通知》，宣读并通过《崇德尚艺 守正铸魂——致全市广大文艺工作者倡议书》，宣传刘启后先进事迹，树立“德艺双馨”典范。制定出台《邵阳市文联所属文艺类协会管理办法》，对各协会积压数十年的矛盾和问题开展全面整顿。

【文艺活动】2021年，邵阳市文联开展党的十九届五中全会精神文艺宣讲活动，在三区反响热烈。以“美丽邵阳我的家”为主题，举办第四届“邵阳市美术节”，展出美术书法摄影作品300件，在省内创出独家品牌。举办庆祝中国共产党成立100周年“鸿图”大展，以“百年、百幅”为框架，展出本土艺术家的书法、美术、摄影作品各100幅，分别在市美术馆、邵阳学院艺术设计学院、市宝庆艺术馆展出，为期7天。举办“爱莲说”全市职工书画大赛，评出书法、美术优秀作品各10件，入展作品各25件，入选书法作品56件、美术作品13件。举行由市直机关工委、市总工会、市文联举办，市书法家协会承办的“翰墨颂党恩·永远跟党走”市直机关书法大赛，收稿227件，评选出获奖作品20件、入展作品80件。创新开展“我们的节日”系列创文主题活动。首次举办“‘闻过则喜’邵阳国展书家批评展”，为国内首个市级书法批评展。举办“邵阳株洲书法联展”，以书写脱贫攻坚丰硕成果、讴歌党的丰功伟绩为创作主题，共展出作品160幅（两市各80幅）。举办“邵阳黄石文艺交流”，两地文艺工作者共议文艺发展思路，畅谈文艺创作体会，为文化交流开辟新途。

【文艺惠民】2021年，邵阳市文联推进“文艺家六区行”，动员各文艺家协会组织小分队，集中进社区、进山区、进园区、进校区、进景区、进营区。组织文艺志愿者开展“文艺惠民”等志愿服务活动62场次。其中，1月21日，在新邵县陈家坊镇富阳村组织开展2021年“三下乡”文艺惠民活动，市文联主席曾伟子、副主席申翊君及10多名书法家、摄影家在活动现场开展迎新春、献温暖、送春联活动。9月3日，组织市舞协、市剧协、市美协、市书协、市曲协等文艺团体志愿者，在双清区石桥街道立新村举办“文艺下乡”新时代文明实践暨文化惠民志愿服务活动。

【人才培养】2021年，邵阳市曾伟子、刘诚龙、邹宗德3名文艺家入选湖南文艺人才“三百工程”，邵阳新增人数在此批次中占各市州的五分之一。曾伟子、肖笑波、张映龙、周伟4名文艺工作者作为邵阳市代表参加中国文学艺术界联合会第十一次全国代表大会、中国作家协会第十次全国代表大会。邵阳市文联组织专家团队先后赴各县市区开展主题文艺创作巡回辅导活动，全面督导并推进优秀文艺作品创作工作。支持举办胡建国山水画展、周冰花鸟画展、庆祝建党100周年陈白水、李月秋、马文新三大文艺名家联展、青年美术家作品展，既推名家出名作又扶新人出新作。

【庆祝中国共产党成立100周年“个十百千万”文艺创作工程】2021年，邵阳市文联动员全市文艺界推出邵阳市庆祝中国共产党成立100周年“个十百千万”文艺创作工程，成为全省文艺界样板。其中，《同心同德·一道文脉兴百年》以文艺专题片形式呈现各门类文艺家代表的心声与感言；《载歌载舞·十大名角唱百年》以视频专辑形式呈现刘淮保、肖笑波等10名艺术家精编的十个舞台艺术作品；《美轮美奂·百件书画绘百年》从市美术家协会、书法家协会、民间文艺家协会面向全市征集评选的260件展览作品中优选书法作品50件、美术作品30件、民间工艺作品20件编入；《云卷云舒·千篇美文写百年》由市作协组织专家评审委员会评审选出小说56篇（长篇小说以存目方式入编），散文、报告文学131篇，现代诗153首，传统诗词曲赋240首，楹联300副，文艺评论50篇，歌词50首，剧本20个，合计1000篇优秀作品结集出版；《多姿多彩·万张照片记百年》由市摄影家协会负责征集中国共产党成立100年来市摄影家记录经济、政治、社会、生态、文化等方面发展情况的照片1万张，通过网络媒体分期刊发，并精选100张制成精选册。

【参加省文联组织的主题创作】2021年，邵阳市文联组织市内文艺界参加湖南省文联组织的主题创作。其中，袁姣素创作的建党百年主题作品长篇小说《白驹过隙》在湖南文艺出版社出版，周伟的《驻村扶贫手记》入选古耜选编、中国言实出版社出版的《千秋伟业 百年风华——庆祝中国共产党成立100周年红色散文选粹》，廖军的《“红心”晚霞映满天》获省散文学会庆祝中国共产党建党100周年“党在我心中”主题征文作品奖。组稿参加全省庆祝建党100周年美术书法摄影大展，书法囊括60%的金奖。组稿参加“欢乐潇湘”全省美术书法摄影大赛，选送参展作品45件，26件作品获等级奖，获奖总数和等级奖个数均居全省第二，仅次于省会长沙。其中肖刚善的美术作品《勤劳致富》（农民画），廖敦涛的书法作品《毛泽东诗词》（隶书），李懿的《整装待发》、欧阳钦的《瑶山柿红》、沈君华的《乐在元宵节》等摄影作品获一等奖。

（文亮晨）

邵阳市红十字会

【组织机构改革】2021年1月23日，邵阳市委办公室、市政府办公室下发《邵阳市红十字会改革方案》，明确全市红会系统改革的指导思想、目标任务、时间节点、保障措施。市本级红会率先完成改革，根据市委下发《关于市红十字会机构编制事项的批复》，明确市本级红会增编6人，核定专职副会长、副会长兼秘书长、专职副监事长领导职数3名，设置办公室、组织宣传部、赈济救护部（捐献服务部）、筹资与财务部4个部室。8月招录3名公务员，编制10人、实有9人。随后，上下联动推进县区改革工作。省市两级红会领导率工作组督办，隆回县、洞口县、邵东市、邵阳县出台改革方案；新邵县、隆回县、洞口县对标对表，机构设置为正科，编制7~10名；新邵县、隆回县、邵阳县设置监事会，其他县市区红十字会按照相关程序进入改革方案起草、征求意见、审议阶段。

【筹资捐赠】2021年初，邵阳市红十字会接收由中国红十字基金会联合爱心企业惠氏营养发起的惠氏奶粉捐赠，共1.92万罐价值464.64万元，系市红十字会接收到的最大一次单笔物资捐赠。市红十字会遵照法规和政策，统筹安排，在最短时间分发至县市区、社区、福利院、医院、学校、癌症协会等（残疾儿童、孤寡老人、失业及低收入贫困家庭、福利院孤儿、家庭经济困难的学生以及急需营养的癌症患者等），受益8023人。

（罗志魁　傅　聪）

法治·军事

政法委与综治

【概况】2021年，邵阳市政法系统统筹推进党史学习教育，开展习近平法治思想、习近平总书记在庆祝中国共产党成立100周年大会上的重要讲话、中共十九届六中全会和省、市第十二次党代会精神大学习大研讨，举办第一期政法系统领导干部政治轮训暨政法大讲堂。贯彻《中国共产党政法工作条例》和省委实施意见，对照督查反馈问题，抓好整改落实，提高党管政法工作的制度化水平。开展政法队伍教育整顿，推进全面从严管党治警。推动落实121名政法领导干部交流任职，推选出276名先进个人、30个先进集体，举办英模报告会、事迹宣讲会103场次。开展“我为群众办实事”实践活动，推出一批便民利民新举措，解决一批群众急难愁盼问题。加强政法干警素质能力建设，举办各类培训班801期58127人次，调训送训653期9875人次。推进清廉政法建设，开展警示教育，加强对政法机关纪律作风督查巡查，查处干警违纪违法问题2213个，立案385人，采取留置措施24人。

【维护社会稳定】2021年，邵阳市政法系统推进反制、筑墙、净土、攻心“四大工程”，加强信息、专案侦查、教育管控工作，成功办理一批重大专案专项，转化一批邪教顽固分子，妥善处理一批敏感网络舆情事件。优化信访维稳工作机制，开展风险评估、矛盾纠纷调处、积案化解等活动，完成庆祝中国共产党成立100周年安保维稳任务。全年开展重大决策社会稳定风险评估166件，暂缓实施2件，未发生因评估不到位而引发涉稳涉访事件。调处各类矛盾纠纷18586件，调处成功率达97.43%。启动涉法涉诉信访积案化解“两年攻坚”行动，交办积案542件，化解率达24.48%。

【服务经济社会发展】2021年，邵阳市政法系统出台《邵阳市政法机关护航“五好园区”建设八条措施》，服务发展大局。法院系统审结各类民商事案件31823件，审结各类合同案件24171件，审结涉环境资源保护案件401件；检察机关落实平等保护和“少捕慎诉慎押”刑事司法政策，对企业涉经营类犯罪依法不批准逮捕15人、不起诉93人；公安机关立经济犯罪案件193起，破143起，追赃挽损1.55亿元；国家安全机关立足保护全市“走出去”企业海外利益，开展专项工作2起；司法行政机关组织律师与重点民营企业和中小微企业“面对面”开展“法治体检”，组建公益法律服务团为农民工提供法律服务。

【平安邵阳建设】2021年，邵阳市政法系统聚焦政法工作面临的难点痛点堵点问题，成立信访、禁毒、反电诈和道路交通安全工作专班，坚持“半月一调度”“一月一讲评”“一月一排名”，以落实责任倒逼工作加快推进。摸排掌握涉稳涉访矛盾问题4673个，化解成功率达96%；破获毒品案件1118起，同比上升73.07%，收缴毒品335.3公斤，外流贩毒同比下降75.41%，邵阳市成为被国家禁毒委预警通告后唯一成功摘帽的地级市，省禁毒委取消对邵东市、隆回县的重点关注；破获电信诈骗案件2414起，抓获3915人，刑拘3276人，分别是上年的13.84倍、4.96倍、6.33倍；狠抓交通问题顽瘴痼疾集中整治，开展“亮剑”行动，交通事故死亡人数同比下降7%。

【市域社会治理现代化】2021年，邵阳市政法系统以市域社会治理现代化试点为抓手，突出群众自治和群防群治，深化基层平安创建活动，提升社会治理能力。聚焦打击主责主业，常态化开展扫黑除恶斗争和各类严打整治专项活动，对各类犯罪形成有效震慑。全市打掉涉黑组织2个、涉恶集团13个、涉恶团伙3个；法院系统受理刑事案件7017件，审结6498件，同比分别上升12.16%、9.39%；检察机关办理刑事案件21155件，同比上升7.6%；公安机关刑事立案21257起，破案8731起，破案率上升11.44%，刑事拘留8413人，“八类刑事案件”逐年下降，连续五年实现命案全破。

【法治邵阳建设】2021年，邵阳市政法系统深化司法体制综合配套改革，完成省委部署的重点改革任务。推进诉源治理，全面推进一站式多元解纷和诉讼服务体系建设，建成诉讼服务中心13个。推进执法司法规范化建设，出台执法司法制约监督工作实施专门意见，进一步健全司法权力运行监督机制。全面落实“谁执法谁普法”责任制，宣传习近平法治思想和《中华人民共和国宪法》、《中华人民共和国民法典》等30余部法律法规，开设村民法治讲座2.1万场次、法治进校园讲座5600场次。

（市委政法委办公室）

法治政府建设

【概况】2021年，邵阳市推进依法行政，以行政执法规范化、行政程序法治化、政务服务便民化为重点，开展法治政府建设示范创建和全市法治政府建设督察。三名市级领导带队对新邵、隆回、洞口3个县和市住建局、市农业农村局、市自然资源和规划局3个市直重点执法部门进行法治政府建设实地督察。

是年，市人民政府推行“一村一辅警机制”获评全国首批法治政府建设示范项目，武冈市获评第一批“湖南省法治政府创建示范县（市、区）”。

【政府行政决策】2021年，邵阳市落实《重大行政决策程序暂行条例》，印发《邵阳市人民政府重大行政决策听证事项目录》，健全重大政策事前评估和事后评价制度。强化行政规范性文件管理，依法审查市政府文件28件、县市区报备政府规范性文件86件，“三统一”市直部门文件21件。落实政府法律顾问制度，市政府聘任5名法律顾问和1家法律顾问单位，强化合法性审查刚性约束，依法审查教育事业、房屋拆迁补偿安置等领域发展规划和文件30个、把关市政府战略合作框架协议和合同32件，有效防范法律风险。

【行政执法】2021年，邵阳市完成交通运输、城管、农业、卫健、市场监管、文化市场、应急管理等7个领域综合行政执法改革。全面推进乡镇综合行政执法体制改革，全市乡镇实现“一支队伍管执法”。全面对接全国统一的行政执法综合管理工作平台，推动市县乡三级全覆盖的行政执法监督工作体系建设。全面落实行政执法“三项制度”，完善执法案卷标准，评查市县两级案卷416件。

【“放管服”改革】2021年，邵阳市全面推行政府权责清单制度，市本级权责清单从2804项动态调整到2140项。落实全国统一的市场准入负面清单制度。公布政府定价经营服务收费目录清单，全面清理行政事业性收费项目和标准。推进“减证便民”，推动实行告知承诺制事项42项。推进行政审批中介服务标准化建设，对行政审批中介服务实行清单式管理。持续推进“一件事一次办”改革，开展审批服务“三集中三到位”改革“回头看”，推出“一件事一次办”事项360项，发布“跨域通办”事项287项，提质“互联网+政务服务”一体化平台，建设“邵阳政务”App、24小时不打烊自助服务区、政务服务旗舰店，推动政务服务更加便捷。

【行政争议化解】2021年，邵阳市出台《邵阳市人民政府关于贯彻落实行政复议体制改革有关文件精神的意见》及《实施公告》，市县两级同步完成行政复议体制改革。全市新收行政复议案件430件，同比增长75%。纠正违法或不当行政行为，直接纠错率达23%，有效倒逼行政机关依法行政。开展“复议为民促和谐”专项行动，妥善化解一批土地山林水利权属、不动产登记及土地房屋征收等涉及群众切身利益的案件。督促各单位落实行政机关负责人出庭应诉制度，全年发生一审、二审、再审、检察监督、省复议答复案件77件，市政府作为被告的行政应诉案件胜诉率达97%以上。

（蒋　凯）

公　安

【概况】2021年，邵阳市公安系统以建党100周年安保维稳为主线，贯彻落实全国、全省、全市公安工作会议精神，围绕省厅“四个大抓”警务战略，聚焦禁毒、反电诈、信访、维稳、交通顽瘴痼疾整治五项重点工作及政法队伍教育整顿、“我为群众办实事”，主动作为，实现“五个不发生”▲目标，确保全市政治稳定和社会治安大局平稳。

设立邵阳市禁毒社会化事务中心，为市公安局所属正科级公益一类事业单位，核定事业编制20名。主要负责协助市禁毒委员会办公室开展日常工作；开展吸毒人员管控、行业禁毒和毒品预防宣传教育，社会化禁毒等事务性工作；负责收集、分析禁毒信息，数据统计、评估全市毒情形势等信息化工作。

是年，市公安局扫黑办被公安部评为全国公安机关扫黑除恶专项斗争成绩突出集体。邵阳公安“猎豹突击队”当选湖南省第七届“人民满意的公务员集体”，获评全国青年文明号。全市禁毒绩效评估工作进入全省先进行列，特别在缉毒执法方面，破获毒品案件、查处吸毒人员、强制隔离戒毒、破获部省督目标案件、缴毒数、抓获钉子总量六项数据均排名全省第一；移送起诉人数排名全省第二。

▲“五个不发生”：不发生政治性事件、重大群体性事件、重大安全生产方面的事故、特种刑事案件和特种重大治安案件、不实舆情炒作。

【安保维稳】2021年，邵阳市公安系统开展以“大排查”“大管控”“大巡防”“大督察”为抓手的“平安一号”专项行动。做实县域警务。开展新一轮风险起底，将县域风险逐个细分落地到每个乡镇（街道），稳步推进风险隐患防范化解；开展涉法涉诉信访积案两年攻坚行动，出台邵阳公安护航“五好”园区建设十条举措。统筹推进专项警务。开展专项打击工作，连续五年实现现行命案全破，市、县城区“两抢”案件接近零发案；推进公安基层基础工作，常态化实施“派出所三年行动计划”和“枫桥式公安派出所”创建活动，新建新宁县巡田、安山2个派出所，邵东市公安局流泽派出所被推荐参评全国枫桥式派出所；推进社区警务工作，把社区打造成最优作战单元；深化大数据建设，在乡镇、村建成1.2万个高清摄像头。

【禁毒与反电诈】2021年，邵阳市公安系统纵深掘进禁毒与反电诈人民战争。成立市禁毒与反电诈指挥部，由市、县两级公安局局长直管禁毒和反电诈工作，成立市、县禁毒与反电诈联合指挥中心，开展每日短信通报、每周考核排名、每月定期调度。全年破获毒品部督案件9起、省督案件11起，抓获“钉子”逃犯16人（境外逃犯3人），收缴毒品335.3公斤。开展重点行业、场所从业人员毛发检毒工作；推进反电诈“断流”、“犁庭行动”、“断卡”等专项行动，破获电信诈骗案件2000余起；严格涉诈人员管控，核减缅北窝点人员2700余人，核减率排名全省第一，缅北窝点人员人数从全国排名第一降至第十三。

【打击各类违法犯罪】2021年，邵阳市公安系统常态化、机制化开展扫黑除恶，建立健全常态化扫黑除恶工作机制，巩固和深化三年专项斗争成果，持续严厉打击各类涉黑涉恶违法犯罪。全年侦办涉黑团伙2个、恶势力犯罪集团13个，破获各类刑事案件90余起；推进打击侵财“百日会战”等专项行动，实行“打、防、管、控、宣”并举，破获盗抢骗等多发性侵财犯罪900余起；打击各类涉众型经济犯罪，开展“云端2021”、打击非法集资犯罪、打击金融犯罪、打击虚开骗税违法犯罪等专项行动，更多破大案、更快破小案，全力追赃挽损，守住人民群众“钱袋子”。

【社会秩序大整治】2021年，邵阳市公安系统坚持“枪案必破、枪线必追、枪源必查”，推进缉枪治爆专项行动，全年收缴各类非法枪支200余支。常态化开展护校安园专项行动，对校园及其周边环境进行安全检查80余次，发现并整改安全隐患232起。机制化开展社会面管控“显性警务”清查行动，集中开展社会面巡逻防控及行业、场所、流动人口清查整治，净化社会治安环境。

【交通问题顽瘴痼疾集中整治】2021年，邵阳市公安交警部门联合各部门，围绕“人、车、路、企、政”五个方面存在的交通顽瘴痼疾开展集中整治。

整治超限超载。对源头企业视频监控和称重设备安装及联网情况进行排查摸底，20万吨以上重点源头企业80家全部完成联网；10万吨以上20万吨以下货物源头企业77家完成联网30家；26处不停车超限超载监测系统全部完成联网；开展联合治超行动，查处货车超载6565起，其中查处“百吨王”违法155起。

整治重点违法。组织开展“道路交通安全集中整治专项行动”“农村道路交通问题顽瘴痼疾集中整治‘亮剑’行动”“戴帽工程集中专项整治”等30余项专项整治行动，查处各类交通违法181万起（现场执法23万起、非现场执法158万起），查处重点违法行为酒醉驾7635起、行人各类交通违法4万余起、摩电不戴头盔等“野蛮驾驶”行为28万余起、疲劳驾驶230余起、“三乱”类违法21万余起。

推进“戴帽工程”。摩电骑乘人员头盔佩戴率由不足20%提升到市区达90%以上、城镇公路达80%以上，涉摩电事故亡人数同比下降31.8%。

夯实农村基层基础。全市146个农村派出所全面落实管交通业务，组织乡镇“两站两员”“一村一辅警”等力量，落实重要时间节点上路执勤劝导制止交通违法；全面推行农村道路交通安全管理和管养“路长制”，构建党政领导、部门负责、社会协同、公众参与的道路交通安全共建共享、联防联控、群防群治工作格局，农村交通事故死亡数同比下降19.5%。

【政法队伍教育整顿】2021年，邵阳市公安系统围绕“学习教育、查纠整改、总结提升”环节开展批评和自我批评，查摆问题1576个。开展谈心谈话及“回头看”活动，市局机关开展谈心谈话1580人次。通过网络向社会各界公开市公安局顽瘴痼疾专项整治内容，广泛征求对市公安局教育整顿和队伍建设的意见建议。利用执法办案平台、接处警工作平台、“12389”举报平台、警务评议等查找问题线索，摸排当前队伍中存在的问题和风险。共评查案件5057起，发现问题案件1210件，发现涉嫌违纪违法线索14条，追责民警429人次，全市1565名主动交代问题民警得到依规从宽处理，12名民警涉嫌严重违纪违法被市、县纪委监委留置审查，一大批顽瘴痼疾被彻底整治。

【全省缉毒执法工作推进会】2021年10月28日，2021年度全省缉毒执法工作推进会在邵阳召开。湖南省禁毒办常务副主任、省公安厅禁毒总队总队长赵江文对工作进行部署，市政府党组成员、市公安局党委书记李长跃致辞。省公安厅禁毒总队、市公安局相关负责人，邵阳12个县级公安机关禁毒大队负责人参加会议。会议通报2021年全省缉毒执法工作推进情况，14个市州公安局禁毒支队主要负责人先后汇报当前禁毒工作现状、问题困难和举措建议，邵阳市公安局作典型经验发言。2021年，邵阳公安聚焦“外流贩毒、毒品中转集散、毒品滥用”三大顽疾，明确三年攻坚目标，开展禁毒人民战争。全市移送起诉毒品犯罪嫌疑人完成率、破获毒品刑事案件数、抓获毒品犯罪嫌疑人数、缴获毒品数、查处吸毒人员数、强制隔离戒毒数等指标同比均大幅增长，破获部省督案件成效显著，各项业务考核排名全省前列。

【特警跨区域拉动演练】2021年12月14—15日，邵阳市公安局组织开

2021年10月28日，全省缉毒执法工作推进会在邵阳市召开
（市公安局 供图）

展2021特警跨区域拉动演练，全市公安机关260余名特警队员完成全部演练科目。14日上午在新邵县川岩山开展5公里登山越野搜索演练；15日上午在市局猎豹突击队训练场进行单人PTK徒手控制、双人协同徒手控制、团队协作徒手控制和密集型人群事件处置等实战训练科目，同时开展多目标识别、劫持人质靶、弱手、多种姿势、风车靶、摇摆靶快速射击等实战枪械演练；15日下午在江北靶场开展实弹射击训练。此次演练全面展现邵阳公安特警实战大练兵成效，检验特警队伍快速反应、长途机动、协同作战和应急处置水平，提升多单位跨区域协同作战能力。

【创新“双十二”人才培养计划】 2021年，邵阳市公安局为储备干部人才，优化干部队伍年龄结构，选拔培养年轻干部和后备人选，创新开展“双十二”人才培养工作。7月提拔12名政治思想和业务素质过硬、35岁以下、第一学历为全日制本科的干部任副科级领导干部，并确定1名市局班子成员和支援地县市区公安局局长为培养人，下派到12个县市区公安局、分局支援工作，列席公安局、分局党委会，协助局长分管禁毒、反电诈等工作。同时，选拔12名近年部属公安院校毕业分配到市区公安机关的民警，下派到市辖三区公安分局部分社情复杂、工作任务较重的派出所任副所长，确定当地分局政委和派出所所长为培养人。“双十二”人才培养工作获湖南省公安厅政治部和市委组织部肯定。

【肖某文涉黑案】 2020年9月，湖南省公安厅将肖某文涉黑案交邵阳市公安局侦办。市公安局成立专案组指挥部，指定邵阳县公安局具体侦办。通过长达一年的侦办，专案组抓获该涉黑团伙犯罪嫌疑人34人，查证个案35起，冻结涉案资金4600余万元。肖某文1989年离职后，纠集社会闲杂人员持械聚众斗殴，逞强争霸；1996年成立“文记当铺”放高利贷，采取非法拘禁等方式暴力索债；2003年开发隆回县恒丰假日酒店，成立隆回县恒丰实业有限公司，纠集多人实施非法拘禁等违法犯罪行为，形成以肖某文为组织者、领导者，以家族、同学、地域关系为纽带的黑社会性质组织。2007年该组织成立湖南恒丰龙江山水房地产开发有限公司，向社会公众大量非法吸收存款进行房地产开发，攫取巨额财富。2017年肖某文纵容、支持其子开设赌场。该犯罪组织通过有组织地实施非法吸收公众存款、故意伤害、寻衅滋事、非法拘禁、开设赌场、组织卖淫、容留他人吸毒、伪造印章等违法犯罪活动，非法聚敛巨额财富，欺压残害群众，严重破坏当地社会、经济、政治生态。2021年12月31日，邵阳县人民法院对该案作出一审判决：肖某文犯组织、领导黑社会性质组织罪、聚众斗殴罪等11罪，数罪并罚，被判处有期徒刑二十五年，剥夺政治权利五年，并处没收个人全部财产；对其他被告人判处相应刑罚。

（刘海燕）

检察

【概况】 2021年，邵阳市检察机关办理各类案件26427件，同比上升14.5%。9个案件获评全省检察机关优秀案件，未成年人司法保护、公益诉讼检察等工作被《人民日报》《湖南日报》等主流媒体宣传推介。完成换届，市检察院机关调整班子成员5名、专职委员1名；调整基层院检察长8名、其他班子成员46名；12个基层院全部配备分管日常工作的副检察长、政治部主任和检委会专职委员。加强素能培训，分层分类开展领导素能、岗位技能培训62期，培训572人次，选派33人次参加上级检察机关组织的各类培训，实现轮训全覆盖；综合采用岗位练兵、庭审观摩、业务竞赛等方式，锻炼培养一批业务专家和办案能手。

是年，市检察院获“全国维护妇女儿童先进集体”“全国检察机关文明接待室”等称号，全市检察系统14个集体、66名干警获市级以上表彰，2名检察人员被省检察院评为业务能手。

【政法队伍教育整顿】 2021年，邵阳市检察机关通过自查自纠、组织查处、专项整治等手段，对标对表开展检察队伍教育整顿。制定《邵阳市人民检察院队伍教育整顿专项整治工作方案》，确定“六大顽瘴痼疾”和执法司法不规范、工作作风不实两个自选问题共八个方面的专项整治内容及整治步骤。制定《邵阳市人民检察院整治违反防止干预司法“三个规定”工作方案》《邵阳市人民检察院关于领导干部带头填报防止干预司法“三个规定”的制度》，全面开展全市检察机关“三个规定”方面的专项整治。年内全系统开展谈心谈话1886人次，排查违反干预司法“三个规定”问题线索156件，核实认定53件，处分处理53人；排查违规经商办企业和配偶、子女及其配偶违规从事经营活动问题线索245件，核实认定17件，处分处理17人；排查违规参股借贷线索83件，核实认定5件，处分处理5人；“有案不立、压案不查、有罪不究”问题线索134件，核实认定14件，处分处理12人；排查违规“减假暂”案件45373件，核实认定9件，纠正9件；摸排检察官离任后从事律师执业或法律工作者9人，核实认定4人，处分处理3人；核实执法司法不规范案件544件，处分处理92人。核实工作作风不实情况123件，处分处理111人。依法直接立案侦查司法工作人员相关职务犯罪5件8人；倒查涉黑涉恶案件472件，发现问题10件；清查涉法涉诉信访案件288件，发现问题15件；评查重点案件5227件，发现问题779件；开展法律监督专项检察案件12370件，发现问题1093件，针对发现的问题全面整改到位。以召开民主生活会、征求意见建议座谈会等形式向社会各界收集意见建议231条，逐条交办落实。

【刑事检察（捕诉业务）】 2021年，邵阳市检察机关受理审查逮捕刑事犯罪案件5431件6992人，批捕4182件5351人，不批捕1560人，不捕率为22.6%；受理审查起诉刑事犯罪案件7253件9910人，起诉5447件7464人，不起诉（含附条件不起诉）1513人，不起诉率为16.9%。

监督公安机关立案（撤案）269件，监督立案后判处有期徒刑及以上刑罚93人；对侦查活动违法提出纠正445件，已纠正445件；在审查逮捕和审查起诉环节中，纠正公安机关遗漏提请逮捕111人，纠正公安机关遗漏提请逮捕案件中判处3年以上有期徒刑78人，纠正公安机关遗漏移送审查起诉同案犯205人、漏罪196人；对刑事审判活动违法提出纠正146件，已纠正146件；提出抗诉32件，同期法院审结24件，改判或发回重审19件。

适用认罪认罚从宽制度办理案件4924件，认罪认罚从宽案件适用率为89.22%，确定刑量刑建议提出率和采纳率分别为94.01%和95.78%，上诉率仅为2.71%，居全省最低。

受理审查逮捕涉未成年人犯罪案件474件668人，其中未成年人犯罪431人；受理审查起诉涉未成年人犯罪案件488件731人，其中未成年人犯罪475人。批准逮捕涉未成年人犯罪案件357件470人，其中批捕未成年人犯罪嫌疑人273人；审结时起诉涉未成年人犯罪案件358件510人，其中审结时起诉未成年犯罪嫌疑人279人。不批捕涉未成年人犯罪案件184人，其中不批捕未成年人犯罪146人，未成年人犯罪案件不捕率为34.84%；审结时不起诉涉未成年人犯罪35人，其中不起诉未成年人犯罪24人，对未成年犯罪嫌疑人附条件不起诉107人。

常态化开展扫黑除恶工作。受理公安机关提请批捕涉黑恶案件42件71人，其中批捕16件26人，不批捕1件3人；受理公安机关移送起诉涉黑恶案件29件133人，起诉涉黑恶案件23件100人；受理“保护伞”案件6件8人，起诉6件8人。依法精办高某等26人涉黑案、肖某文等23人涉黑案、张某航等24人涉恶案等一批重大涉黑恶案件；追诉漏犯1人，追诉漏罪4起，发出书面纠违4起。6个基层检察院、27名干警、3件案件先后获省检察院、省扫黑办表彰。

受理审查逮捕危害国家安全、危害公共安全（不包括危险驾驶、交通肇事）、故意杀人、抢劫、邪教犯罪案件（以下合并简称重罪案件）151件211人，审结140件209人，其中批准逮捕163人，批捕率（人）为77.9%；共受理审查起诉重罪案件259件349人，年内审结236件330人，提起公诉193件267人，起诉率（人）为80.91%。

审查逮捕审结毒品案件1078件1388人，批准逮捕1042件1331人，逮捕率为95.89%，比其他重罪刑事犯罪案件批捕率高17.99%；审查起诉审结毒品案件1118件1567人，提起公诉1112件1553人，起诉率为99.11%，比其他重罪刑事犯罪案件起诉率高18.2%。

受理提请批准逮捕经济犯罪案件166件263人，审查起诉187件402人，其中批准逮捕131件220人，不批准逮捕46件60人；提起公诉146件307人，不起诉19件52人。持续落实服务民营企业改革发展“20条意见”，制定服务“五好”园区建设23条措施，对企业涉经营类犯罪依法不批捕15人，不起诉93人，常态化开展涉民营企业人员羁押必要性审查、涉民营企业“挂案”清理行动，实现“挂案”清零。

受理移送审查起诉的职务犯罪案件79件90人，当年起诉44件55人，不诉3件4人。其中贪污案件9件9人，受贿案件25件31人，挪用公款案件10件10人，行贿案件9件9人，滥用职权案件3件3人，徇私枉法案件10件11人，巨额财产来源不明案件2件2人等。在办理移送审查起诉的职务犯罪案件中共提前介入56件，自行补充侦查10件。

【刑事执行检察】 2021年，邵阳市检察机关办理减刑、假释提请中审查、暂予监外执行提请审查案件342件，减刑、假释案件提请后审查279件，减刑、假释案件出席庭审335人次，减刑、假释、暂予监外执行裁（决）定审查案件339件，对减刑、假释、暂予监外执行不当情形，书面提出纠正82件，已纠正109件（含上年积存）。在刑事执行检察中提出检察建议51件，采纳建议54件（含上年积存）；对违法情形发出纠正违法通知书58件，已纠正58件。发现监外执行（社区矫正）人员脱管113人，漏管100人，对监外执行不当情形书面提出纠正240件，已纠正240件，监督收监执行11人。

依法全面履行临场监督执行死刑职责；对财产刑执行监督984人，已执行财产刑793.85万元；对强制医疗执行不当情形书面提出纠正8件，已纠正8件。受理刑事被执行人及其近亲属控告举报8件，办理6人，受理申诉10件，办理2人。办理重大案件侦查终结前讯问合法性案件26件27人。

进一步规范社区矫正检察，对社区矫正机构没有按照《中华人民共和国社区矫正法》相关规定处理违反社区矫正规定的矫正对象的违法行为，发出纠正违法通知书4份、检察建议书8份、纠正脱（漏）管223人。

【司法工作人员职务犯罪侦查】 2021年，邵阳市检察机关规范线索的受理、审查、交办等工作流程，运用一体化模式，整合办案力量，对涉及司法工作人员相关职务犯罪案件，落实《关于加强和完善监察执法与刑事司法衔接机制的意见（试行）》的要求，在案件管辖、线索移送、信息查询、情况通报等方面与监委沟通衔接，共同探讨，确定侦查、调查分别进行、同步推进的工作思路，形成惩治司法腐败的工作合力。全年受理司法工作人员相关职务犯罪案件线索59件，立案侦查7件12人，其中副处级以上要案3件3人。

【民事行政检察】2021年，邵阳市检察机关受理民事裁判结果监督案件176件，审结167件，提出再审检察建议18件，提请抗诉28件，提出抗诉7件；受理行政裁判结果监督案件36件，审结33件，提请抗诉2件。受理民事行政审判程序违法监督案件197件，提出检察建议190件，采纳检察建议190件。受理民事行政执行活动监督案件320件，提出检察建议316件，采纳检察建议315件。受理支持起诉案件305件，办结321件（含积存），支持起诉323件（含积存），其中支持农民工起诉268件，采纳支持起诉意见278件（含积存）。办理综合治理类检察建议65 件，提出检察建议65件，采纳67件（含积存）。受理复查纠正案件2件，办结5件（含积存），其中维持原不支持监督申请决定4件、其他处理1件。

【公益诉讼检察】2021年，邵阳市检察机关受理公益诉讼案件线索926件，其中民事公益诉讼案件线索156件、行政公益诉讼案件线索770件。立案863件，立案总数占受理线索总数的93.2%，其中民事公益诉讼116件、行政公益诉讼747件。当年发布民事公益诉讼诉前公告87件，制发行政公益诉讼诉前检察建议725件，通过行政公益诉讼诉前检察建议督促行政机关纠正违法或履行职责727件（含积存）。提起公益诉讼47件，其中民事公益诉讼起诉46件、行政公益诉讼起诉1件，法院当年作出一审裁判43件（含积存），判决支持43件。

以邵阳被列为全国首批土地执法查处领域加强协作配合试点市为契机，立案土地资源保护领域案件204 件，督促修复耕地、补植复绿212.27 亩，为耕地保护注入司法动能。打造资水流域生态链，将全市10个资水流经县区全部纳入资水流域生态圈，加强与外地检察机关和相关职能部门协作配合，就加强长江支流（资江夫夷水段）生态环境和资源保护跨区划协作等问题与广西桂林检察机关签订《关于建立长江流域省界断面（资江夫夷水段）生态环境和资源保护跨区划协作机制的框架协议》，有效解决“上下游不同步，左右岸不同行”问题，形成全流域、跨区划保护合力。

【控告申诉检察】2021年，邵阳市检察机关接受群众信访970件，除去重复信访、地址不明等无法回复的情形应回复657件，实际回复657件，回复率达100%。推进司法救助，办理司法救助案件36件，向申请人发放司法救助总金额64.07万元。受理民事监督案件195件、行政监督案件22件，受理刑事申诉案件65件，受理阻碍辩护人依法行使诉讼权利案件5件。审查办理国家赔偿案件6件，举行公开听证活动2次。开展信访积案清理活动，妥处赴省进京涉法涉诉信访，清理化解38件5年以上重复信访积案。

【案件管理】2021年，邵阳市检察机关案件管理部门受理案件5550件，对288件案件发出口头提示或流程监控通知。市检察院案管部门下发《全市各基层检察院检察业务运行情况的通报》9期、《案件质量管理月分析报告》9期、《全市检察业务数据季度态势分析》3期和《季度案件质量问题清单》2期，发布案件程序性信息8653条、重要案件信息267条、法律文书3723 份。组织人民监督员活动144次。接受律师网上辩护与代理预约492人次，市院接待律师129人次，对3件涉案物品进行入库和监管。全市检察机关常规评查案件1068件。其中，市检察院案管办组织开展常规评查案件2次，评查案件165件。洞口县检察院注重日常评查与重点评查相结合，编写并通报4期案件质量评查报告。市检察院组织全市检察机关对2018年以来不捕、不诉、改变定性、撤回起诉及无罪判决等重点案件进行交叉评查。两级检察院共对各自单位办理案件进行评查5188件，发现问题案件745件；异地交叉评查案件115件，发现问题案件59件。对出现问题较严重的61人进行批评教育、扣发司法办案绩效奖、提醒谈话、诫勉谈话等处理。落实人民监督员制度，开展人民监督员活动144次。

【检务督察】 2021年，邵阳市检察机关全面开展执法督察工作，制定下发《邵阳市人民检察院司法责任追究操作程序规定》。全年受理34件执法督察案件（含去年结转6件），办结21件，下发有关通报8个，处理46人次。同时协助配合省院办理执法督察案件2件。办理违反“三个规定”案件11件，处理处分11人。督促落实执行“三个规定”等重大事项填报，填报“三个规定”等重大事项529件，同比增加522.3%，其中市院72件，基层院457件。开展巡察工作。配合政治部做好省院巡视整改；完成对邵东、洞口、城步、绥宁、新宁的巡察反馈；完成对邵东、城步等8个基层院巡察整改督察，并对基层院内控制度情况开展专项督察，对8个基层院内控制度建立、执行、完善情况进行全面督促，并拟写督察报告。

【检察技术】2021年，邵阳市检察机关整合检察技术资源，优化检察技术工作职能，推动检察技术工作一体化发展，进一步提高各项检察工作中检察技术办案参与度和覆盖面。办理案件142件，其中技术性证据审查案件139件、技术协助案件1件、司法鉴定案件2件。

强化智慧检务应用体系建设。统一业务应用系统 2.0 上线，完成统一业务应用系统 2.0 办案主流程和能力开放平台的卷宗识别、图像识别、实体识别、文本解析等 4 个系统的运行应用、电子签章和身份认证系统的运行应用、统一业务应用系统 2.0 的 8 个办案辅助软件运行应用以及检察官绩效考核、案件管理、案件评审和案件数据分析等4个系统运行应用。落实电子检务工程建设，完成司法办案、检察办案、队伍管理、检务保障、检察决策支持、检务公开和服务平台等六大平台的运行应用。

（张京军）

法 院

【概况】 2021年，邵阳市法院受理各类案件82813件，结案78336件，同比分别上升9.48%和11.1%。其中，市中院受理案件7237件，结案6921件，同比分别上升11.13%和8.28%。

邀请代表出席重要会议、旁听庭审、见证执行70余人次。落实检察长列席审判委员会制度，邀请检察长列席审委会27次，审结抗诉案件29件，深化司法公开，全市法院公布裁判文书61077篇，开展庭审网络直播26240场次，举办公众开放日38场，700余人走进法院“零距离”感知司法。

是年，全市法院7个集体、10名个人获省级以上表彰表扬，其中市中级人民法院（以下简称市中院）民一庭被评为全国法院先进集体，15人获评最高法院“荣誉天平奖章”。

【刑事审判】 2021年，邵阳市法院审结刑事案件6498件，其中市中院审结1243件。常态化开展扫黑除恶斗争，研究制定《关于全市法院巩固扫黑除恶专项斗争成果助推我市长治久安的意见》，一审判决认定黑恶势力犯罪29件125人，判处五年以上有期徒刑的54人，重刑率达43.2%；推进“黑财清底”和积案清零专项执行行动，2021年之前受理的案件全部清零，两级法院执结涉黑恶案件21件，执行到位1.35亿元，黑财到位率93.27%。审结毒品犯罪案件1425件，潘某松等跨国贩毒一案判处14名毒贩死刑、死缓，林某伟强奸、引诱他人吸毒、容留他人吸毒案入选最高人民法院2021年十大毒品（涉毒）犯罪典型案例。审结贪污、贿赂、渎职等案件66件。依法审理群众关心的电信网络诈骗、严重暴力伤害、侵害未成年人犯罪、危害食品药品安全犯罪案件1121件。规范减刑、假释、暂予监外执行工作，办理减刑假释案件439件，其中裁定准予减刑415件，倒查1990年以来的减刑、假释案件和暂予监外执行案件44561件。

【民商事审判】 2021年，邵阳市法院审结各类民商事案件31823件，其中市中院审结2822件。研究制定《关于为“五好园区”建设提供司法服务和保障的实施意见》，发布保护民营企业发展典型案例3次，开展送法进民企活动12次。深化破产积案清理活动，市中院受理破产案件12件，审结8件。开展金融案件专项审执活动，全市法院审结一审金融案件83件。开展“环境资源审判利剑专项行动”，绥宁法院成立环境资源审判专业合议庭，全市法院审结涉环境资源保护案件401件。加强知识产权司法保护，推进“知识产权审判提速提质深化年”活动，全市法院审结知识产权案件539件，审结教育、医疗、交通等涉及群众切身利益的纠纷案件2580件，审结劳动争议、社会保险等纠纷案件1040件。

【行政审判】 2021年，邵阳市法院审结行政诉讼案件2221件，其中市中院审结717件。按照最高法院统一部署，2019年5月1日起，全市基层法院一审行政案件分别由北塔区法院和武冈市法院集中管辖，破解行政诉讼“主客场”难题。注重保护行政相对人的合法权益，对47件行政行为违法、显失公平的案件判决撤销或确认违法。支持“放管服”改革，助推行政机关规范执法行为，市中院为重点工程建设提供法律意见5次，就行政机关履职存在的问题发送司法建议4次。出台《关于服务保障邵阳市承接产业转移示范区建设的十条措施》，妥善审理征地拆迁等案件，支持产业园区、道路交通和城镇化建设，保障重大项目、重点工程顺利推进。坚持“依法赔偿、合理补偿”原则，市中院审结国家赔偿案件18件，决定赔偿4件，赔偿金额102万元。

【执行工作】 2021年，邵阳市法院创新优化执行方式，建立执行联席联动机制，执结各类案件21073件，执行到位45.46亿元。进一步提升执行活动规范化水平，制定《关于执行款物管理工作的规定实施细则》，建立规范执行案款管理的长效机制，开展“三查一整改”执行案款专项整治，排查两级法院近三年执行案件4793件，涉及执行案款7.916亿元。集中开展涉民生等四大类专项执行行动，为500多名农民工追回工资1523万余元，为民营企业执行5.27亿元。强化执行威慑，发布失信被执行人4530人次，限制高消费15160人次，拘留247人次，以拒执罪判处刑罚10人。

【司法为民】 2021年，邵阳市法院完善诉讼服务中心功能配套，持续提升群众在线办理各项审判执行活动的体验感，增强群众对法院工作的满意度。到基层人民法庭开展诉源治理调研13次，推动人民法院与当地党委、政府创建“无讼”乡村、社区的对接，构建党政主导的诉源治理机制。通过委派或委托特邀调解组织、调解员参与调解各类案件20090件，调解成功13328件。推进涉法涉诉信访积案化解“两年攻坚”行动，对上级领导机关交办的34件重复访案件实行两级法院院领导包案化解的“双包制”，成功化解信访积案15件。建立救助回访机制，邀请代表委员回访核实救助资金落实及被救助人现实生活情况，其中市中院发放司法救助款196万元。市中院联合市司法局录制典型案例，通过“村村响”广播平台在农村、社区进行播放，教育引导群众。

【司法改革】 2021年，邵阳市法院推进以审判为中心的刑事诉讼制度改革，落实罪刑法定、疑罪从无和证据裁判原则，依法宣告6人无罪。

准确适用认罪认罚从宽制度，做到刑事案件律师辩护全覆盖，协调司法行政机关提供法律援助1185人次，对4924名认罪认罚的被告人依法从宽处理。深化繁简分流机制改革，全市法院组建速裁团队32个，速裁快审审结民事、行政案件21551件，一审民商事案件平均审理时间缩短至37.8天。制定各类人员权责清单，规定各类人员职责和权限，建立科学的审判权、执行权运行机制。建立“四类案件”发现、甄别和监管机制及审判流程管理机制，压实院庭长把关案件质量责任。完善案件质量评查和错案责任追究机制，修订案件质量评查标准，健全案件质量评查法官库制度，出台《关于错案责任认定和追究的实施细则（试行）》，严格区分和追究案件质量责任、违法违纪责任，促使“让裁判者负责”规定落实落细，全市法院一审案件服判息诉率排名全省前列。

【教育整顿】 2021年，邵阳市法院开展政法队伍教育整顿。两级法院对照三大环节、四项任务，开展顽瘴痼疾整治、自查自纠、组织查处、建章立制。领导班子成员带头主动填报自身存在的问题，推动全市两级法院488名干警主动向组织说明问题，占干警总人数的38.21%。制定《邵阳市法官与律师交往行为“负面清单”》等19项新规。针对违规饮酒陋习以及庭审和诉讼服务作风纪律等突出问题开展整治，对131名干警作出处理，立案查处违纪违法干警55人。市中院教育整顿成果获中央督导组和省委常委、政法委书记李殿勋肯定，教育督查、上下联动、例会协商“三项制度”落实等做法先后被市委、省高院、最高法院工作简报推介。

（王　奥）

司法行政

【依法治市】 2021年，邵阳市司法局提请召开市委全面依法治市委员会第三次会议和市委全面依法治市工作会议，编制《法治邵阳建设规划（2021—2025年）》，出台《2021年全面依法治市工作要点》，压实法治建设第一责任人职责，健全全面依法治市体制机制。出台《关于深入学习宣传贯彻习近平法治思想 推进全面依法治市的实施意见》，推动各地区各部门深入学习宣传贯彻落实，把习近平法治思想贯穿全面依法治市全过程、各方面。推进法治政府建设示范创建活动，开展法治政府建设督察。完善社会重要领域立法，提请市人大常委会审议地方性法规草案4件。规范性文件管理，依法审查市本级政府规范性文件28件、县市区报备政府规范性文件86件、市政府合同送审稿32件、市政府涉法事务送审件12件，出具书面审查意见书11份、提出具体条款修改意见100余条。参与政府合同起草、修改、谈判及政府协调会议、专题会议、论证会议等50余次。全面落实行政执法“三项制度”，对市直行政执法单位152本案卷进行评查。完成行政复议体制改革，全市行政复议案件总量较上年增加一倍，达430件，办结408件，受理数和办结数全省排名第二。持续推进全民普法，“推广邵阳市开展市（村）民法治学校建设工作经验”被写入湖南省“七五”普法规划，在全省推行。

【人民调解】 2021年，邵阳市司法系统坚持和发展新时代“枫桥经验”，发挥人民调解在矛盾纠纷多元预防化解中的基础性作用，开展春节、清明、“两会”、“为民办实事”等几次矛盾纠纷大排查活动和“迎建党百年、护和谐稳定”矛盾纠纷排查化解专项活动，探索出一套“主动上门、背包服务、就地普法”的洞口县“背包调解”工作法，年底被《法治日报》推介。全市调处各类矛盾纠纷1.86万件，化解疑难复杂案件852件，调处成功率达97.43%，调解协议涉及金额2.09亿元。

【社区矫正】 2021年，邵阳市全面贯彻落实《中华人民共和国社区矫正法》，市本级及12个县市区均成立社区矫正委员会，武冈市、邵东市、隆回县、新宁县、邵阳县、绥宁县均设立社区矫正管理局。推进智慧矫正试点建设，武冈市、邵阳县完成“智慧矫正中心建设”并通过省司法厅验收，其中武冈市于7月份通过司法部“智慧矫正中心建设”验收。开展社区矫正案件交叉评查，组成13个社区矫正案件交叉评查专班，分两批对全市12个县市区2016年以来减刑、假释、暂予监外执行案和2018年以来的社区矫正案件进行全面“体检”。开展执法规范年考核评比，提升社区矫正执法公信力。

【戒毒管理】 2021年，邵阳市司法局指导双清区石桥街道在立新社区成立全市首个社区戒毒(康复)工作站，派驻专门力量帮助该站通过采取教育戒治、精准帮扶、后续照管等措施，构建“资源整合、部门联动、机制保障、全员管控、区域覆盖”的社会化延伸工作体系，开创戒毒康复指导社会化延伸工作新局面。推进市强制隔离戒毒所改扩建工程，总投资概算为1556.78万元，年内市财政局安排国债资金1000万元用于该项目建设并完成验收，经验做法获省戒毒管理局推广。

【公共法律服务】 2021年，邵阳市司法局组织律师与重点民营企业和中小微企业“面对面”开展法治体检77次，举办“企业法律顾问工作研讨会”“携手送法金百汇”“尊法守法、携手筑梦”等集中体检活动，为亚洲富士电梯股份有限公司、湖南九盛食品有限公司等80余家企业提供上门法律咨询，解答涉企法律问题180余个。推动建立“万所联万会”“党建引领、助力千企”服务民营企业工作机制，精准对接服务产业链和产业项目，全市60家律师事务所与市工商联所属150余家商会、53家重点企业开展工作对接，推进民营企业法律服务，连续三年被评为邵阳市重点工业企业“真情结对、精准服务”专项行动优秀服务责任单位。组建公益法律服务团，为农民工追回欠薪近150万元。全面开展“法治惠民·我为群众办实事”实践活动，推出便民利民措施11项。推进重点民生实事法律援助项目实施，办理法律援助业务8644件，办理总量及完成比例均为全省第一。提供法律咨询8948人次，“12348”热线服务5057人次。全市办理司法鉴定业务1.15万件，减免鉴定费用25.38万元；办理公证案件3.8万件，减免费用22.14万元；办理仲裁业务210件。整合法学专家、律师、政法干警及基层法律服务工作者等资源，健全公共法律服务体系，落实“一村（社区）一法律顾问”制度，完善村（社区）法律顾问工作机制，村（社区）公共法律服务站（点）实现全覆盖，公共法律服务实体、网络、热线平台规范运行、深度融合，优化法治产品和服务供给。

【普法与依法治理】 2021年，邵阳市坚持普法与依法治理并举实现整体推进，全市16个集体、15名个人获全国、省“七五”普法和依法治理创建表彰，市司法局获评全省“七五”普法先进单位。科学编制法治宣传教育第八个五年规划。以建党100周年党史学习教育为契机开展党内法规学习宣传。市县联动举办“12·4”国家宪法日集中宣传活动，落实宪法宣誓制度，宪法宣传覆盖宾馆、景区。全市15.6万名国家工作人员网上学法考法，中小学校法治副校长制度质效提升，实施乡村“法律明白人”工程，组织开展“落实‘谁执法谁普法’责任制、百家单位万名干部进社区”“法律七进”及“村村响”普法广播等普法活动，宣传《中华人民共和国民法典》等法律法规6100余场次。落实加强社会主义法治文化建设实施意见，把法治文化建设纳入法治建设总体规划和考核体系，增强法治文化产品多元有效供给和传播影响力。选树“最美公益普法个人”“十佳精准普法创新案例”。推进法治文化阵地建设，建成青少年法治教育实践基地15个、法治文化公园（广场、长廊）40个，创建第八批全国民主法治示范村（社区）4个。投入专项资金扶持基层法治文艺队伍建设和法治文艺活动开展。

（蒋 凯）

仲 裁

【概况】 2021年，邵阳仲裁委员会受理各类仲裁案件200余件，案件标的总额超过2.6亿元，调解结案105件，案件平均审结时间为100天，没有仲裁案件被人民法院不予执行。制定《邵阳仲裁委员会国有资产案件仲裁审批流程办法》，规范争议标的额100万元以上的国有资产仲裁案件，从立案到结案均由仲裁委员会副主任（政府办副秘书长）、常务副主任（政府办秘书长）、主任（常务副市长）逐级审批。制定《邵阳仲裁委员会仲裁员指定办法》，规范仲裁员的指定程序，每年年初召开首席仲裁员及仲裁员推选会议，从办案能力、法律功底、职业操守等方面推选出一批优秀仲裁员，用于仲裁案件仲裁员的推荐人选。秘书处成立5人仲裁员会商拟推荐小组，会商人员对仲裁员的性格特点、办案策略和技巧，以及与当事人、代理人、当事人选定的仲裁员之间的关系等情况综合考虑，最终拟推荐出仲裁员及首席仲裁员呈送仲裁委领导作为指定仲裁员的参考。

推进仲裁工作融入基层社会治理，加强与北塔区道路交通事故人民调解委员会和市医疗纠纷人民调解委员会合作力度，利用各自优势共同调处交通事故纠纷、医疗事故纠纷，快速有效解决双方当事人之间的矛盾。5月市人大就仲裁法的贯彻实施和市仲裁工作的开展情况进行调研。针对仲裁案件效力及执行中存在的问题，加强与市中级人民法院的沟通协调，市中级人民法院进一步完善对申请撤销和不予执行仲裁裁决案件中的审查机制，明确审查标准。推动市政府领导参与仲裁案件的调解，在办公用房、案件调解、财政经费拨付、合同修改等方面对秘书处给予支持。年内有5名副秘书长主持仲裁案件的调解，调处数件重特大仲裁案件。9月份市仲裁委秘书处与市市场监督管理局就知识产权纠纷方面达成合作备忘录，参与调解知识产权纠纷。

（杨小雨）

邵阳军分区

【概况】 2021年，邵阳军分区加强思想政治引领，学习贯彻党的十九届六中全会精神和习近平总书记在庆祝中国共产党成立100周年大会上的重要讲话，组织4个专题党委中心组带机关理论学习，组织民兵学习宣讲，普及党的理论、巩固党心民心。以庆祝建党百年为主线，开展两项主题教育和党史学习教育，开展“我为群众办实事”活动。

发挥党管武装作用。协助落实党管武装原则制度，举行宣布人武部党委第一书记党内任职大会，协调军人子女按意愿入学入托，安排随军家属入编上岗。组织全市“爱我国防”演讲比赛和国防知识抢答赛。出动官兵和民兵3000余人次，执行火箭残骸回收、抢险救灾、应急救援、疫情防控等非战争军事任务。协调投入资金640余万元，新建帮扶产业47项、基础设施25项，助力13个联点村乡村振兴。

聚焦练兵备战。采取集中训、个人练、强化训、定期考相结合的方法狠抓“四类人员”集训比武。组织民兵教练员、专业骨干、专武干部、对口保障民兵分队训练和联训联演，完成基干民兵训练、专武干部培训、民兵骨干集训、抗洪抢险联合演练。

深化国防动员准备。按“四例三率”标准要求编组民兵队伍。完成年度两次征兵任务，大学生和大学毕业生比例排名全省第三，连续第二年被省评为征兵工作先进单位。军地联合展开国防动员潜力调查，全省潜力调查数据会审排名第二。

夯实基层建设基础。推进“四个秩序”规范建设，提升正规化建设水平。加强基层武装阵地建设，军地联合开展基层武装部“星级达标”考评，全市“星级达标”比例达97.1%，其中12个基层武装部达到“五星”标准。

提升综合保障效益。80%以上经费用于保障战备训练。开展后勤重点行业领域整肃治理、巡视巡察反馈问题整改。组织枪弹大清查、武器弹药调整存储，完善仓库基础设施、改善住用条件，落实人武部副部长驻库值班，调整组建市民兵装备仓库。开展资产大清查，做好疫情防控、营院整治、被装发放、体检等服务保障工作，全市征兵被装适体率98%。

强化安全稳定。开展“百日安全”活动、“军车交通安全月”活动，组织“翻墙”问题防范纠治、网赌网贷清查、微信泄密专项清理整治。坚持“周分析、月检查、季讲评”和风险评估、形势分析等安全制度，围绕12个方面65项内容整治安全隐患，组织3次综合检查、4次安全讲评，纠治问题隐患。

4月，邵阳军分区邀请全军一级战斗英雄史光柱走进市委党校、党政机关和10余所大、中学校开展“听红色故事、学百年党史”主题党史军史宣讲活动，培养家国情怀和心系国家安危的大局意识。6月4日，组织市民兵应急营点验，出动人员310人、装备25台（套），宣布任职命令、明确组织活动制度、总结部署工作、开展安全形势教育，强化应急营官兵责任意识和国防观念。6月28日至7月1日，开展庆祝建党100周年“学党史、感党恩、跟党走”党史知识竞赛活动，邵阳军分区机关、12个县市区人武部共13支参赛队伍，每支代表队3名选手。10月14日至11月9日，联合市委组织部组织全市新任职专武干部进行封闭式培训，完成4个专题33个科目的学习训练，考核成绩优良率达88%。10月26—27日，组织人武部主官、参谋人员、专武干部、基干民兵比武考核；11月1—28日组织封闭式集训。组织参加湖南省军区“四类”人员军事训练比武活动，获专武干部想定作业第一名、基干民兵无人机侦察与投送第二名。12月，举办“2021—强军杯”篮球比赛，军分区机关、县市区人武部、市委宣传部、市退役军人事务局和中国农业银行邵阳分行共16支队伍参加比赛。

【军分区党委全体扩大会议】2021年1月15日，邵阳军分区党委召开第十四届六次全体（扩大）会议。会议传达学习上级党委会议精神，分析总结2020年工作，研究部署2021年任务。军分区司令员张道义作《聚焦练兵备战、硬实基础支撑，以优异成绩庆祝建党一百周年》工作报告。政治委员周爱国作“跨越新征程、奋发新作为，在新起点上全面推进军分区建设”讲话。市委书记、军分区党委第一书记龚文密出席并讲话。会议要求，做好新年度工作，要坚持举旗铸魂，强化政治建军；坚持聚焦打仗，抓实动员准备；坚持创新发展，提高工作质效；坚持全面从严，确保部队稳定。

【防汛抢险骨干集训暨联训联演】2021年4月19—30日，邵阳军分区联合邵阳市应急管理局组织防汛抢险骨干集训暨联训联演。全市应急分队骨干和市应急管理局救援队员参加，采取理论授课、讲解示范、实装操作、综合演练的方式进行，组织8个共同课目和5个专业课目的训练与考核，开展抗洪抢险行动军地联合演练。参训人员通过联训联演，掌握了防汛抢险的基本理论和相关装备的操作技能，提高了遂行防汛抢险任务行动能力。

【抗洪抢险】2021年5月12—13日，邵阳地区连续强降雨，多处出现险情。邵阳军分区指导所属部队加强防汛备勤，主动参与抢险救灾。5月12日，绥宁县长铺乡枫香学校被淹，12名师生被困，县人武部部长熊巍带领民兵应急分队，出动橡皮艇2艘，第一时间赶赴现场，经过2个小时的营救，成功解救被困师生。5月13日，新宁县人武部组织应急分队到金石镇四和村成功营救被洪水围困的放牛老人。

【首届“爱国拥军、心系国防”国防主题知识抢答赛】2021年6月25

2021年4月29日，邵阳军分区组织全市防汛抢险骨干集训暨联训联演
（邵阳军分区 供图）

日，邵阳军分区在市委礼堂举办首届“爱国拥军、心系国防”国防主题知识抢答赛。各县市区国防教育委员会，省驻邵阳单位、市直党政机关、驻邵阳高校、驻邵阳部队各联合组成1支代表队参赛，每支代表队共5人。经现场抢答竞赛，驻邵阳部队代表队获一等奖，新邵县国教委代表队、大祥区国教委代表队获二等奖，绥宁县国教委代表队、市退役军人事务局代表队、双清区国教委代表队获三等奖。

【基层人民武装部星级达标考评】 2021年11月2—13日，邵阳军分区联合市委组织部、市人力资源和社会保障局组成军地联合考评组，采取资料查阅与电话核实相结合、现地检查与询问了解相结合的方式，抽查复评6个四星级武装部均能达到四星级标准、考评16个申报五星的基层武装部，有12个评定为五星级基层武装部、4个评定为四星级基层武装部。通过考评复评，全市五星级基层武装部12个、四星级基层武装部82个、三星级基层武装部104个、达标基层武装部6个，其中三星级以上占97.5%、四星级以上占46.1%，超额完成2021年全市“基层武装部全面建设三星级以上不低于80%，四星级以上不低于30%”的建设目标。（张小博）

2021年6月25日，邵阳市首届“爱国拥军、心系国防”国防主题知识抢答赛在市委礼堂举行
（邵阳军分区 供图）

综合监督管理

宏观经济管理

【概况】 2021年，邵阳市发改系统抓分析研究，当好党委政府参谋。有序推进全市“十四五”专项规划编制，牵头编制乡村振兴、全市综合交通等9个专项规划；定期调度36个专项规划。编制和组织实施年度计划，按季度定期向省发改委汇报全市经济运行情况，跟踪经济运行中的新情况、新问题，加强对宏观经济走势、工业经济运行、投资、出口等方面热点难点问题分析研究，提出可操作性对策建议，形成调研报告10余篇，其中保供稳价、优化营商环境等部分调研成果报市委、市政府决策参考。

抓产业发展加快转型升级步伐。实施重点产业项目建设“1125”工程▲，实施制造强市“一二三”工程▲，邵阳经开区升级为国家级经济技术开发区，全市入园企业3100家，其中规模企业数1280家，实现规模工业总产值751.6亿元，同比增长22.74%，规模工业增加值155.29亿元，累计增加12%。全市重点产业项目193个，年度计划投资320.49亿元，完成投资350亿元，为计划的109.21%。推进实施北塔特色文化集聚区、服务业“双百”工程和生产性服务业补短板工作，推进省级农村产业融合示范园建设；组织申报农业、水利、林业等各类项目；推进犬木塘水库项目建设；对小水电清理整顿，开展“回头看”市级核查。

抓项目建设扩大有效投资。在老旧小区改造、教育、医疗、养老、生态保护和修复、藏粮于地藏粮于技专项、农业产业发展、畜禽粪污资源化利用、绿色发展和生态文明等领域分口径共申报2021年中央及省预算内资金30亿元。地方政府专项债方面，全市实施地方政府专项债项目68个。推进一批重大基础设施建设。其中，交通方面，邵永高铁完成可研审查；邵阳火车南站改扩建工程施工进入第二阶段；新邵县通用机场选址方案通过专家评审；新白高速正式开工建设，新新、永新、城龙高速按计划推进建设。能源方面，推进农网改造和城网建设，建成雅中—江西 ±800千伏特高压直流输电工程（邵阳段），“气化邵阳”二期建设永州—邵阳县支线、邵东—双峰支线开工建设；推进新能源建设，新邵、邵东、洞口3个生活垃圾焚烧发电项目开工建设，开展武冈生活垃圾焚烧发电项目前期工作，新建充电桩近1500个，邵阳磨石储能电站建成投产，有序推进城步儒林储能电站建设。

抓重大改革释放发展活力。进一步深化供给侧结构性改革，有序推进“放管服”改革，开展市级党政机关和国有企事业培训疗养机构改革，印发《邵阳市党政机关和国有企事业培训疗养机构改革联席会议制度》。出台《邵阳市关于加强个人和市场主体合法权益保护工作的意见》《邵阳市个人诚信分管理办法（试行）》等系列文件，印发《邵阳市公共信用信息平台网络安全管理暂行办法》。完成市公共信用信息平台二期项目建设。加强信用信息归集共享，市直各相关部门和各县市区实现互联互通，完善和简化红黑名单管理、联合惩戒以及信用修复工作流程，增加信用信息应用场景。全市范围内依法必须招标的房屋建筑和市政基础设施施工、勘察、设计以及交通、水利等均实现全程电子化交易；加强对评标专家的管理。

抓社会民生提升人民福祉。支持文化教育卫生体育等社会事业领域基础设施项目建设，争取社会发展类中央预算内资金2.1亿元。履行价格监管职能，密切关注CPI指数。有序开展农业水价综合改革。推进核定燃气有关价格工作，全面开展易地扶贫搬迁后续扶持项目资金申报及安置区安全生产、消防安全及脱贫后风险专项排查等。推进巩固易地扶贫搬迁成果同乡村振兴有效衔接。出台《邵阳市塑料污染行动计划（2021—2025年）》。开展能源消耗总量和强度“双控”工作。推进长江经济带生态环境突出问题整改销号。加强粮食调控和市场监测，确保粮食市场稳定有序。推进粮油轮换出库，完成储备油轮出任务100%。加强老旧仓房设施维修和升级。

▲“1125”工程：每年实施推进100个重点项目，拉动投资1000亿元，年新增税收20亿元，实现产值500亿元。

▲“一二三”工程：2020—2022年，全市累计新增规模工业企业1000家以上，累计完成工业投资2000亿元以上，实现规模工业总产值3000亿元以上。

【固定资产投资】 2021年，邵阳市固定资产投资同比增长8.2%，其中国有投资下降8.7%、非国有投资增长15.1%、民间投资增长13.2%。第一产业完成投资额同比下降9.3%，第二产业完成投资额增长17.5%，第三产业完成投资额增长5.1%。全市工业投资同比增长17.3%，其中工业技改投资增长38.9%。高新技术产业投资增长39.7%，其中信息传输、软件和信息技术服务业投资同比增长57.3%，科学研究和技术服务业投资同比增长17.2%，计算机、通信和其他电子设备制造业投资同比下降32.1%。全市基础设施投资同比增长53.2%，民生工程投资增长4.3%，生态环境投资增长36.1%，房地产开发投资增长14.8%。全年新开工5000万元及以上重大项目310个，同比下降22.1%。

【产业和园区经济】 2021年，邵阳市举行3次重大项目集中开竣工活动，集中开竣工5000万元以上重大项目169个，总投资701亿元，其中开工项目145个、总投资438亿元，竣工项目24个、总投资263亿元。实施“高新技术企业倍增计划”，新培育和引进高新技术企业224家；推动“个转企、企升规、规改股、股上市”，新增规模工业企业103家；培育专精特新“小巨人”企业69家；维克液压在深交所上市。截至年底，全市园区企业达3262家。其中，规模以上工业企业1367家，技工贸总收入3390.29亿元，同比增长16.85%；规模工业企业主营业务收入2436.90亿元，同比增长15.09%；规模工业增加值562.21亿元，同比增长11%；上缴税金80.43亿元，同比增长2.25%；固定资产投资503.99亿元，同比增长15.48%。邵阳经开区晋升国家级经开区，作为全省唯一的园区代表在省政府全会作经验交流；邵东经开区获省政府真抓实干激励表彰；邵东经开区、隆回高新区获评省“五好园区”先进单位。

【农业经济】2021年，邵阳市争取中央及省预算内投资11.43亿元，主要包括新宁县畜禽粪污资源化利用整县推进项目（续建）中央预算内投资1940万元、新邵县等6个县市藏粮于地藏粮于技专项（高标准农田项目）9294万元、犬木塘水库工程8亿元、秀水水库工程(续建）3000万元、大圳灌区续建配套项目3000万元、主要支流治理9630万元、湘桂岩溶地区石漠化治理6594万元。协调推进重大项目建设，其中犬木塘水库枢纽工程一期围堰形成，省级农村产业融合发展示范园、高标准农田建设、畜禽粪污资源化利用、湘桂岩溶地区石漠化治理、大灌区续建配套等一批重大农林水项目有序推进。牵头开展乡村振兴规划编制，统筹推进农业、水利、林业部门专项规划，其中印发专项规划4个。

【工业经济】2021年，维克液压公司上市，实现本土上市企业“零”的突破。实施制造强市“一二三”工程，全市七大工业新兴优势产业链产值占全市制造业总产值的73.2%。发制品获批省级先进制造业产业集群，中电彩虹（邵阳）盖板玻璃项目第二条生产线良品下线，邵虹基板玻璃第一条生产线即将点火，三一专用车、电子信息产业园、雀塘产业园等一批重大产业项目加快推进。邵阳经开区特种玻璃研究院建成运行，国家数控系统工程技术研究中心投入使用，邵东智能制造研究院通过工信部两化融合贯标认证，新增技术创新“破零倍增”中小企业110家。

【服务业经济】2021年，邵阳市第三产业完成增加值1266.5亿元，增长8.6%。三次产业结构比为16.6：31.9：51.5，经济结构持续优化。卫生健康支出72.51亿元，增长6.6%。全市房地产开发企业333户，完成投资276.8亿元，增长14.8%。完成社会消费品零售总额1382.4亿元，增长14.4%，全市限额以上批发零售法人企业1318户，完成零售额518.1亿元，增长15.1%。实现进出口总额240.3亿元，下降8.7%；实现出口额234.3亿元，下降9.2%。完成邮电业务总量66.5亿元（采用2020年不变价），增长31.9%。年末金融机构本外币各项存款余额3586.8亿元，比年初增加288.6亿元、增长8.8%。年内人均接受文化场馆服务达1.5次；全市有5家文化馆被评定为国家一级文化馆、8家文化馆被评定为国家二级文化馆，上级别率达100%。

【铁路、机场建设】2021年，邵阳市推进铁路、机场、高速公路建设。邵永高铁完成可研报告编制、审查、鉴修等前期工作，以及地质灾害危险性评估、社会稳定风险评估意见等可研批复前置要件。邵阳火车站改扩建工程完成原有站房拆除和基础工程，启动地面主体工程建设。编制《“十四五”及展望到二〇三五综合交通运输体系规划》，规划构建“三横七纵”铁路网前期工作，争取利用“十四五”国家铁路网规划中期调整契机，纳入国家铁路网规划并尽快启动前期工作。联合湘黔赣沿线市州，共同推进兴永郴赣铁路前期工作，争取“十四五”期内开工建设，以实现邵阳“县县通铁路”目标。邵阳市中心通用机场和新宁崀山通用机场完成选址论证，报军方批复。同时，为深化低空空域管理改革，充分利用低空空域资源，全市规划布局329个直升机起降点。

【能源建设】2021年，邵阳市发电总装机容量365.6万千瓦，有火力发电厂11座、发电装机容量141.1万千瓦，其中煤电厂1座、发电装机容量132万千瓦，生物质发电厂3座、发电装机容量4.7万千瓦，沼气发电厂2座、发电装机容量0.8万千瓦，水泥厂自备电厂5座、发电装机容量3.6万千瓦。水电装机容量88.2万千瓦，风电装机容量123万千瓦，光伏发电总装机容量18.5万千瓦。全年总发电量116亿千瓦时，全社会用电量113.3亿千瓦时。

继续推进电网建设三年行动计划，220 千伏绥宁、邵东城东输变电工程，110 千伏邵阳县蔡桥、五峰铺、隆回高坪变进展顺利。220 千伏云水输变电工程，110 千伏隆回横板桥、司门前、洞口山门等竣工投产。全市 35 千伏及以下电网建设工程，新邵言栗输变电，洞口西中、腊树、醪田，邵阳县鹅冲、黄亭市，隆回三阁司、西洋江，绥宁红岩，城步五团扩建；洞口山门、隆回司门前配套线路工程全部竣工投产。推进“气化邵阳”邵阳—隆回—洞口—武冈—新宁、永州—邵阳、邵东—双峰 3 条天然气长输管线建设，建成邵阳—隆回段长输管道。

推进清洁能源项目，建成屋顶分布式光伏电站 5.7 万千瓦、集中式光伏电站 5 万千瓦，全面完成 818 个贫困村建成总规模 7.8 万千瓦的光伏扶贫电站建设任务。省乡村振兴局、省能源局对光伏扶贫电站进行验收，市发改委和市乡村振兴局被评为全省光伏扶贫先进单位，邵阳县和隆回县列入国家整县分布式屋顶光伏试点项目。建成城步长安营、龙排山，三一金坪、金石桥一期、金石桥二期等共计 25 万千瓦，推进城步风车坳、华能江口等共计 20 万千瓦风电项目建设。新邵、邵东、武冈、洞口生活垃圾焚烧发电项目落地，其中新邵、邵东、洞口项目开工建设。完成全市充电设施专项规划，出台《邵阳市充电基础设施建设三年行动计划》，累计建成充电桩近3500台座，实现县县建有充电站。

【招投标、公共资源管理】2021年，邵阳市出台《工程建设项目现场复核管理规定》《邵阳市招标代理机构及从业人员监督管理办法》，营造公平、竞争、有序的市场环境，促进招标代理行业向规模化、规范化发展。推进信息化建设，对接全省工程建设电子化交易平台，部署完成市政、交通、水利、工业、代建等工程建设类项目模块集成，实现全流程电子化交易和不见面开标。远程异地评标系统与全省各市州交易中心连接畅通、运行良好。同步升级建设智慧门禁系统并部署相应的智能系统，通过人脸识别、指纹识别和二代身份证扫描三种验证方式，关联当天开展的公共资源交易项目，实现评审专家身份认证和统一管理，进一步保证评标区与外界的物理隔离，加强评标过程的安全保密性。

开展全市工程建设领域专项整治行动。加强诚信体系建设，完成市公共信用信息平台二期项目建设，健全联合惩戒部门常态化会商机制，进一步完善工程建设领域诚信体系；开展超概清查整改，进一步清查超概算政府投资工程项目，梳理上报超概算项目21个；开展政府投资项目规避招标问题专项整治，摸底清查梳理上报应当招标项目484个；开展招标代理机构的检查，抽取公开招标的70多个项目，对相应的代理机构进行检查。通过自查整改、交叉检查、专家评查、调查处理等工作，对违法违规行为依法处理，对检查情况进行通报，彻底整治“中介不中”违法乱象。

【优化经济发展环境】2021年，邵阳市研究出台《邵阳市优化营商环境攻坚行动方案》，形成坚持党委领导各方参与的督办落实机制、企业首办容缺机制、公职人员服务履职差评机制等优化营商环境三项机制。将优化营商环境工作任务实行清单管理，纳入对县市区、市直单位的绩效评估，增强硬性约束，推动各项工作任务落实。强化测评监管，筛选一批影响带动力强的企业设立优化营商环境监督测评点、聘请20名企业家为省优化经济发展环境监督测评员，为进一步改善营商环境建言献策，搭建民营企业合法权益维权平台，突出以监督促落实、促规范、促服务。畅通投诉渠道，查处各类举报案件。采取直接查办一批、重点督办一批、转办交办一批的方式，及时曝光损害经济发展环境的典型案例，年内完成10件省优化办交办和督办的投诉事件。开展营商评价，审核报送全市4150份企业样本清单、6大指标的部门调查问卷，完成主观评价、55个损害营商环境问题线索交办、全省优化营商环境满意度测评等。

【社会事业】2021年，邵阳市社会领域争取中央预算内资金20897万元。其中，教育强国专项242个（含2个农村义务教育中小学集中改厕项目），资金13407万元；卫生专项3个，资金2550万元；社会兜底项目1个，资金800万元；城企联动普惠养老项目4个，资金3740万元；调整下达城企联动普惠养老1个，资金400万元。省预算内项目2个，资金1860万元。2021年下达邵阳市中央预算内投资项目经国家重大建设项目库调度，县市开工率100%。推动一批重点民生项目建设，其中芙蓉学校建设任务全面完成，邵阳工业职业技术学院（暂名）、市十七中学、市妇幼保健院、邵阳学院附属第一医院医疗综合楼等项目进展顺利，市中医医院、市第三人民医院等重点项目前期工作进展迅速。落实国家关于积极应对人口老龄化的相关工作要求，启动《“一老一小”整体解决方案》编制。

【湘西地区开发】2021年，邵阳市争取湘西地区开发项目资金7323万元，其中大湘西地区文化生态旅游精品线路建设专项资金1390万元、湘西地区重大产业项目专项资金2830万元、大湘西地区茶叶及天然饮用水公共品牌建设项目专项资金473万元、易地扶贫搬迁后续产业扶持及就业扶持项目资金2630万元。项目资金按照“引进大项目、发展大产业、培育内生动力、服务脱贫攻坚”思路，重点支持市重大产业项目等特色优势产业培育和发展、精品旅游项目建设、茶产业和天然饮用水公共品牌建设、非物质文化遗产保护传承、旅游产品开发、易地扶贫搬迁后续扶持项目奖补，促进邵阳市产业优化升级，拉动社会投资，促进财政增税、带动群众就业和农民增收。

【易地扶贫搬迁后续扶持】邵阳市“十三五”时期完成易地扶贫搬迁任务89545人，建成安置住房23698套，房屋建筑面积224万平方米，累计完成投资54亿元。其中建设集中安置区241个（500人以上安置区32个），集中安置13555户50771人，集中安置占比56.7%。2021年工作中心全面转向易地扶贫搬迁后续扶持工作，通过开展集中安置区安全生产管理、房屋安全和地质灾害排查、消防安全整治、返贫风险排查、搬迁群众后续帮扶政策落实落地，完成迎国检、省检、市检及市发改委对县市区易地扶贫搬迁后续扶持考核工作。

【以工代赈】2021年，邵阳市争取以工代赈示范项目资金及财政预算内资金3885万元，以工代赈项目通过支持欠发达地区农村基础设施补短板建设，拓宽群众就业增收渠道，充分发挥“赈”的作用，通过吸纳群众务工、发放劳务报酬，让更多低收入群众实现就地就近就业，通过参与农村中小型基础设施工程建设，激发其增收致富的内生动力。同时按照国家发改委等九部委工作部署，在农村基础设施建设领域推广以工代赈模式。

【物流业管理】2021年，邵阳市进一步提高物流标准化、专业化、组织化程度，促进多种组织形式、多层次的物流企业群体、多样化服务模式的服务主体成长，提高服务水平，增强配套能力，不断提高大型超市商品统一配送率，完善城乡共同配送和物流服务体系。湖南省自然堂中药饮片有限公司、湖南鸿利药业股份有限公司、邵阳步步高食材供应链管理有限公司被列为年度物流标准化支持项目。邵阳友阿国际广场获批全省绿色商场，并被推荐为国家级绿色商场创建单位。12月28日，《邵阳市“十四五”现代物流发展规划》正式对外发布，着力构建“通道+枢纽+网络”的现代物流体系，打造区域性物流中心城市，提出“一核两翼多节点”的架构布局。市发改委牵头组建市物联协会，建立行业自律机制，发挥行业协会的桥梁和纽带作用，规范境内物流、采购分销与生产资料流通市场，促进全市物流与采购业的高质量发展，提升为政府、企业和会员的服务能力。启动邵阳东货场大宗货物物流园、邵阳综合保税（B型）物流中心项目、白云现代物流园、邵阳经开区物流园、大祥区高铁物流园项目、邵东市星沙物流园二期工程等大型物流园区前期工作。争取省预算内基建投资物流发展专项项目2个，资金360万元。截至年底，全市新增冷链物流设施336处、库容156276立方米，其中预冷库195个、库容52942立方米，低温库34个、库容13171立方米，高温库75个、库容45819立方米，气调库4个、库容1851立方米。

【社会信用体系建设】2021年，邵阳市公共信用信息共享交换平台归集信用数据1779万条，全市社会信用信息共享交换平台全面建成，实现覆盖各市直单位、各县市区的信用信息共享交换体系。建立完善重点行业领域“红黑名单”制度，全年发布各类红名单2888条、黑名单17088条，并通过“信用邵阳”网站对全社会公布。市社会信用体系建设领导小组各成员单位对20万余个市场主体进行信用核查超68.8万次，其中有效信用核查反馈50.7万次，实现守信联合激励395次，失信联合惩戒1166次，形成全市信用联合惩戒格局。邵阳市获评全省社会信用体系建设综合考核优秀单位。

【长江经济带绿色发展】2021年，邵阳市争取重大区域发展战略（长江经济带绿色发展方向）生态环境突出问题整改、湿地保护和修复、协同推进生态优先绿色发展工程等中央预算内资金12300万元，支持邵东测水河整治、洋溪桥污水处理厂外水体黑臭问题整改、江北污水处理厂问题整改、绥宁花园阁湿地修复、邵东桐江河治理等项目。争取生态文明污染治理和资源利用专项资金2650万元，支持新邵生活垃圾焚烧发电项目和邵阳市医废处置中心提质扩能项目。争取长江经济带和洞庭湖绿色发展、循环经济发展和资源综合利用等专项省预算内资金1050万元。

开展长江经济带生态环境突出问题整改，推进洋溪桥污水处理厂外水体黑臭明显、邵东流泽镇中益村矿涌水污染问题整改销号，按时序推进江北污水处理管道溢流问题整改。落实中央环保督察组第二轮环保督察交办的各项问题，完成长江保护法、两高等问题整改销号。落实“洞庭清波”专项行动，开展项目督查。组织拍摄邵阳市长江经济带生态环境警示片，披露生态环境问题 21 个。

深入生态环境突出问题整改现场，督促污染防治攻坚行动。开辟污染防治项目审批绿色通道。争取国家省里资金支持污染防治项目。出台《邵阳市塑料污染行动计划》，建立健全塑料制品生产、流通、使用、回收处置等环节的管理制度，在各领域开展塑料污染治理，支持可降解塑料制品生产和园区循环化改造。

推进城镇污水处理设施建设和生活垃圾焚烧发电设施建设，对中央预算内投资项目实施一月一调度。开展“政府＋国企”的水生态环境综合整治，引进水电八局、湖南建工集团、湖南轨道交通集团等参与邵阳市城镇污水处理设施建设，推进全市城镇污水处理设施建设四年行动计划。促进垃圾分类，推进生活垃圾收转运设施建设，启动新邵、邵东、洞口、武冈 4 座生活垃圾焚烧发电项目建设。

对全市“两高”（高耗能、高排放）项目进行全面摸排，对涉煤项目拉网式排查，遏制“两高”项目盲目发展。严格“两高”项目准入门槛，新建项目必须符合有关行业规划布局和能耗双控要求，对没有实施节能审查的项目实行叫停整改。控制煤炭消费总量，对涉煤企业进行全面摸排，新增用煤项目节能审批要求一律报省发改委审查。推进能源、工业、交通、公共机构、建设等领域节能。开展省级园区区域节能，对重点用能单位和“两高”企业实施节能监察。完成单位生产总值能耗下降任务，全年下降 4.3%。

（肖人蜚）

【价格管理】 2021年，邵阳市居民消费价格温和上涨0.2%，涨幅比全省低0.3个百分点，实现年初预期调控目标。全市价格监测机构跟踪监测粮、油、肉、蛋、菜、果、奶等重要民生商品价格变化情况。其中市价格认证和监测事务中心坚持“日监测、日报告、周分析”制度，报送价格监测数据3万多条，常规分析材料12篇、市场巡视调查52篇、专项调查分析5篇。面对汛情和点状散发新冠肺炎疫情，市发改委及时协调农业农村、商务等部门开展重要民生商品储备等工作；执行稻谷最低收购价政策，保护粮农种粮积极性；针对生猪价格快速下跌、蔬菜价格上涨等问题，组织开展专题调研和分析，向省发改委、市政府提出调控措施建议。

重点领域价格改革。2021 年，邵阳市按照省发改委部署，推进重点领域价格改革。推进电价改革政策落地，贯彻落实国家、省出台的全面放开燃煤发电电量上网电价、扩大燃煤发电市场交易电价上下浮动范围、取消工商业目录销售电价、推动工商业用户全部进入电力市场、进一步完善峰谷分时电价等政策。落实天然气上下游价格联动机制，联动调整县市采暖季非居民用气价格，有效疏导上下游价格矛盾，保障全市燃气供应。启动县市配气价格核定，规范燃气工程安装收费。推进农业水价综合改革，调整市农业水价综合改革联席会议制度，由常务副市长担任召集人，制定《关于推进邵阳市农业水价综合改革的实施方案》，完成2个大型灌区供水成本监审和87.82万亩改革任务。贯彻落实国家“双减”政策，制定全市义务教育阶段课后服务费收费标准和管理办法、全市义务教育阶段学科类培训收费管理办法、《邵阳市幼儿园收费管理实施细则》。启动全市殡葬价格成本监审。健全完善绿色环保价格机制。继续执行高耗能、高污染行业惩罚性、差异性阶梯电价政策。完成“邵阳市生活垃圾处理收费”“邵阳市市级污水处理收费”等情况调研。加快调整污水处理费标准，市城区和所有县市全部达到污水处理费最低收费标准。

降费减负。2021年，邵阳市推进降费减负工作。全面清理规范城镇供水供电供气供暖行业收费，预计每年可减轻用户负担约2869万元。降低部分公证和司法鉴定服务收费，平均降幅超过25.4%，预计每年减负400万元以上。降标4项、免征1项行政事业性收费，根据成本下移3次降低疾控机构新型冠状病毒核酸检测收费标准。

价格基础建设。2021年，邵阳市发改委开展成本调查监审，依法依规完成中型灌区农业水价、城区燃气价格补贴、义务教育课后服务收费、义务教育阶段学科类培训收费、殡葬服务收费等成本监审项目，成本核减幅度在30%左右，核减成本总额近1亿元，为提高政府价格决策的科学性提供支撑。开展价格认定，承办同级纪检监察、司法、行政等国家机关提出的价格认定事项，全年完成价格认定案件1174件，为司法和行政执法工作顺利开展提供保障。

（李卫忠）

【粮食宏观调控】 2021年，邵阳市为确保全市粮油“保供稳价”，适时抛售储备粮，组织48家粮油加工企业和应急加工企业合理安排加工生产，其中省市级加工龙头企业8家，日加工能力达1600吨，确保全市粮油市场货源充足，价格平稳，供应有序。抓好粮食收购，全市投入1000余万元，对粮食收储网点进行维修改造，改善仓库储粮条件。全年总购进粮食71.8万吨，承储省级储备粮3.75万吨，市及县市区储备粮6万吨、成品粮储备0.57万吨，市级食用储备油0.21万吨。同时按规定开展储备粮轮换，完成储备粮轮换收储任务20947吨，其中省级储备粮4737吨、市级储备粮3000吨、县级储备粮13210吨。开展市场监测，完善应急保障体系。全市有国家价格直报点2个、省价格直报点3个，每周向国家局和省局上报市场价格情况和粮食行情变化情况；同时对社会粮食供需平衡情况进行调查，调查农户276家、城镇居民94家。全市上报应急加工企业67家、应急供应网点224个、应急配送中心15个、应急运输企业24家。做好军粮供应。开展“粮油科技进军营”，定期走访慰问部队；推动军民融合军粮供应工程项目建设，完成洞口区域配送中心、北塔区域配送中心军粮工程建设，为部队提供优质粮油和优质服务，质量满意率、应急保障率、保密安全合格率均达100%。

【粮油产业发展】 2021年，邵阳市申报2022年省粮油千亿产业项目4个，即洞口县申报“优质粮油工程”示范县项目、湖南浩天米业有限公司申报“优质粮油工程”省级示范企业项目、邵阳县邵阳茶油产业研究发展促进中心申报产业联合体打造湖南好粮油公用品牌项目、湖南贵太太茶油科技股份有限公司申报粮食科技研发应用推进节粮减损项目，项目总投资近1亿元。通过组织企业参展、帮助开拓市场等措施推动粮油产业发展。年内组织市内粮油加工龙头企业参加全国、全省粮油名优特新产品展示展销会，参加国家、省放心好粮油产品评选，组织全市省、市龙头粮油企业参加“世界粮食日”展示展销等活动，强化品牌意识和市场意识，扩大邵阳粮油品牌影响。全市114家涉粮企业粮油加工产值达104.89亿元。

【粮食流通监管和粮食专项整治】 2021年，邵阳市加强粮食质量安全监管。粮食收购继续推行先检后收，分仓储存，对验收入库粮食和销售出库粮食实行粮食必检制度，对库存粮食定期进行质量监测，完成粮食检测样本1525个。开展粮食流通“亮剑2021”专项执法行动、2021年全市政策性粮油库存检查、2021年全市政策性粮食销售出库专项监督检查等，发现全市政策性粮食总体上数量真实、质量良好、轮换计划执行良好、财政补贴资金及时到位，未发现重大风险隐患。开展粮食购销领域腐败问题专项整治巡察，在落实粮食购销监管职责方面，发现问题26个，全市19家政策性粮食承储企业通过自查，发现问题39个，地方粮食和储备行政管理部门检查发现问题40个。全市涉粮问题专项巡察发现问题474个，向市县反馈问题453个，同时按照整改工作要求有序进行整改。

（蒋能全 谢林浩）

国有资产监督管理

【概况】 2021年，邵阳市国有资产管理委员会（以下简称邵阳市国资委）加强平安建设。出台相关安全生产整治行动工作方案，召开国资委系统安全形势分析会；开展每月不低于2次安全生产检查；组织“安全生产月”、法律“五进”活动；全年接待群众各类来信来访192件1500余人次，接访企业改制、职教幼教和征地拆迁、超期安置、安置地移交等诉求问题194件，息访率达100%。

完成企业职工老旧住房“改扩翻建”工作任务。对所属企管公房全部进行危房鉴定，委托3家设计公司对工程项目按扩改翻建设要求进行设计，协调解决项目实施中的各种矛盾，完成项目的工程概算编制及招投标。原玻璃厂、原水轮机厂、原面粉厂、原宝庆化工厂、原湘印机、原棉纺厂6个项目建设全部完成并验收，共解决2052户企业困难职工住房问题，此项工作获中央、省、市相关媒体多次报道。

【国有资产（产权）处置转让】 2021年，邵阳市国资委根据《企业国有资产交易监督管理办法》（国务院国资委、财政部第32号令）的有关规定，依法依规按程序开展国有资产（产权）处置工作。对资产处置单位申报的相关资料进行审核，下发同意处置转让的经济行为批准文件6个。在评估核准（备案）基础上，坚持“应进必进”原则，对市本级各类国有资产（产权）一律实行统一进入市公共资源交易中心公开挂牌，竞价转让，做到公开、公平、公正，确保国有资产保值增值，实现国有资产变现值最大化。截至年底，将市开拓水利水电监理公司的1台公车、市城市建设投资经营集团有限公司（以下简称市城投公司）的17台公车资产、原邵阳神风动力制造有限责任公司的机械设备进入市公共资源交易平台拍卖转让，共计评估价2012.91万元，成交价2267.8万元。

【国有资产归集监管】 2021年，邵阳市国资委作为门面及门面租金管理不规范问题提级整改牵头单位，对市直行政事业单位的门面等经营性资产进行清理登记，建立门面等经营性资产的台账。督促指导市城投公司在市财政局的组织下，先后与市机关事务局、市委办、市交通运输局、市交警支队签订44间门面、宝庆山庄、华龙宾馆、公路宾馆、友谊宾馆的资产转让协议，转让金额5亿元，有效做大市城投公司资产，同时完成国有资产处置任务。

【化解政府隐性债务】 2021年，邵阳市国资委以中央、省、市化解政府隐性债务的政策文件为依据，坚持严禁新增政府隐性债务原则，明确工作流程和资料申报等事项，简化审批程序，严格把关融资贷款利率原则不能超过7%，严禁踩底线、闯红灯。全年为市本级平台公司办理融资、发债、担保、抵押、反担保等业务共下发批文或股东签章审批57个，批复融资金额161.73亿元，其中市城投106.07亿元、市宝投35.4亿元，市国投9.27亿元，赛双清公司11亿元。按照市委、市政府化债工作领导小组要求，申报年度化解存量债务的资产处置计划计6.85亿元，其中市国投公司4.85亿元、市城投公司2亿元。到年底，市国投公司的二宗化债处置的资产和市城投的一宗化债处置资产已审批同意处置，进入评估收储处置阶段。

【“数字邵阳”平台建设】 2021年，为防范化解政府性债务风险，支持市城投公司市场化转型，按照市人民政府2021年第23次常务会议纪要相关精神，邵阳市国资委负责开展“数字邵阳”项目特许经营权有偿授予、协议出让工作，并代表市人民政府与市城投公司（邵阳市城兴科技发展有限公司）签署特许经营权协议出让合同。年内完成中介机构选定、资产评估报告核准和“数字邵阳”特许经营权转让协议的签订，以评估价29.67亿元出让给市城投公司，年底已上缴市财政26亿元。

（范　嵘）

国企改革

【概况】 2021年，邵阳市对标对表国家、省关于深化国企改革三年行动方案的要求，编制《邵阳市国企改革三年行动实施方案（2020—2022年）》并于8月30日正式下发。市国资委按照方案要求，督促指导市属国有企业加强现代企业管理制度建设、建立完善法人治理结构、完善市场化经营机制、加强党的领导，全面提升企业治理能力和治理体系建设水平。推进市属国企改制扫尾工作，验收合格18户。完成省属企业原黄金机械厂历史遗留问题的处理。截至年底，全市除已在改制扫尾的企业外，有国有企业40户。

【市属国企改制扫尾】 2021年，邵阳市国资委筹措改制资金1.53亿元，其中用于煤炭改制企业资金1080万元、商务局改制企业资金1400万元、工改办改制企业资金1.2亿元。多措并举，加快改制企业验收进度。针对煤炭改制企业人员和党员移交工作进度慢的问题，协调相关单位和县市区，移交人员1816人、党员224名；创新资产移交办法，改制企业以资产现状将未处置的资产移交给市国投公司，加快未验收企业资产移交进度；以“捆绑打包”形式，一揽子解决因多种原因未启动的肖家冲、短陂桥、新东煤矿3矿的水电改造问题，3矿水电改造全面启动；重新启动市啤酒厂的改制工作；对已验收企业的主要负责人进行档案审查，函请市委组织部、市人社局对其进行工作安排，激发未验收企业的工作积极性。开展改制企业社保接续工作。对市属国有改制企业的协保、病养人员进行摸底清理，组织协调市人社局、市养老保险处、市税务局、市国投公司等单位召开联席会议，专题研究应对办法，确定由市国投公司设立专项账户，筹集协保、病养人员养老保险单位部分资金，代收协保、病养人员养老保险个人部分，通过税务系统续缴协保、病养人员养老保险。年内市国投公司筹集资金1460万元，2300余名协保、病养人员通过专项账号完成年度续保。截至年底，全市市属国有改制企业验收合格18户，完成市委、市政府下达的考核指标任务。

【重组整合市属国有企业】 2021年，邵阳市除已在改制扫尾的企业外，还有40户国有企业，其中停产多年或运转不正常或企业无资产、无资金、无营业执照的24户，正常运转的16户。有集体企业19户。为贯彻落实市委、市政府关于国企改革的决策部署，优化调整市属国有资本布局结构，整合优势资源，做大优势产业，邵阳市国资委组织专门工作组对企业发展前景进行分析研判，在充分调研的基础上，对尚在正常运转的16家企业进行重组整合，并于9月制定市属国有企业重组整合方案，由市城投、市宝城投、邵阳路桥为整合主体分别组建城发集团、产发集团和交发集团，其中产发集团组建已进入企业注册、组织机构设置、清产核资阶段。

【国有企业治理能力和治理体系建设】 2021年，邵阳市国资委健全董事派出制度，加强企业监事会工作指导，督促董事会依法履职，落实经理层权责，全面落实党对国企的领导。市城投、市国投等企业党组织领导、董事会决策、经理层执行、监事会监督的组织架构初步形成。调研市属国有企业混合所有制改革工作，引导企业加大混改力度，引进央企、省企和优秀民营企业，实现市属国有资本与各类资本的合作共赢。督促各市属国有企业从组织构架、管理制度、劳动用工等各个方面进行改革，建立完善现代企业管理制度。

（范　嵘）

经济体制改革

【党政机关和事业单位培训疗养机构改革】 2021年，邵阳市启动党政机关和国有企事业单位培训疗养机构改革。成立改革联席会议制，由市政府常务副市长担任召集人，市发展和改革委员会为联席会议办公室，发布《关于做好全市党政机关和国有企事业单位培训疗养机构改革工作的通知》，联合市委编办、市国资委等部门对全市党政机关和国有企事业单位培训疗养机构现状进行调查摸底，并召开联席会议，准确界定改革对象，甄别涉改机构、改革方式，明确全市13家涉改机构清单，其中撤销12家、保留1家。按时向省委、省政府报送机构改革信息，并对有改革任务的县市区下达通知，保质保量完成改革工作。

【市场准入负面清单制度】 2021年，邵阳市健全全面落实市场准入负面清单联席会议工作机制，配合国家开展《市场准入负面清单（2021年版）》修订工作，加强对"违规设立的市场准入事项、市场准入环节违规设立的隐形门槛"进行全面清理整顿，维护"全国一张清单"的统一性、权威性。采取主动公开的方式，通过市政府、各县市区政府和各部门门户网站公开发布《市场准入负面清单（2021年版）》相关内容。各部门可依托全国一体化政务服务平台建设，进一步梳理清单所列事项措施的管理权限、审批流程、办理要件等，实现清单事项"一目了然、一网通办"，不断提升市场准入透明度和便捷性。

【供给侧结构性改革】 2021年，邵阳市以推进要素化市场配置改革为重点持续深化供给侧结构性改革。制定《邵阳市构建更加完善的要素市场化配置体制机制的工作落实清单》，对全市土地、劳动力、资本、技术、数据等要素市场进行全面梳理。坚持目标导向、结果导向，着力保障市场主体平等获取生产要素，推动要素配置依据市场规则、市场价格、市场竞争实现效益最大化和效率最优化，消除各类隐性壁垒，让各类要素自主有序流动，健全要素市场运行机制。清单对标对表分解省实施意见27项工作任务，根据邵阳市实际情况提出109条具体举措。

【全面深化改革】 2021年，邵阳市制定全市年度全面深化改革任务共27大项，170小项。其中由市发展和改革委员会承担的有21小项。该委每季度调度改革进展，年底形成汇报材料，完成由其牵头的深化"放管服"改革、深入推进工业园区投融资体制改革、完善重要民生商品价格调控机制、工程建设项目招投标体制改革、投资项目并联审批、容缺审理和承诺改革等重大改革任务。完成《邵阳市全面深化改革"十四五"规划》编制。

【国有企业混合所有制改革】 2021年，邵阳市国投公司有对外投资公司5家，其中财信资产管理（邵阳）有限公司主营资产收购管理与处置，邵阳万宇棚改造有限公司主营棚户区改造，邵阳市湘诚国丰城市服务有限公司主营物业管理，鼎智中电（邵阳）智慧城市科技有限公司主营大数据基础设施服务，海南中宝工贸发展总公司主营土石方工程。市城投公司下属3家子公司实施混改。其中，邵阳市宝庆新能源有限责任公司经营范围包含零售汽油、柴油、新能源开发等业务，邵阳中油城市新能源投资有限公司新能源项目投资开发加油加气站的建设、管理，销售石化产品，润滑油等业务；邵阳美好城市运营管理有限公司经营范围包含城市运营管理、城市运营智能化技术的研究开发、物业管理、城市旧城改造、酒店管理、停车场管理服务等业务。

（肖人蜚）

自然资源和规划

【概况】 2021年，邵阳市自然资源和规划系统通过第三次全国国土调查，查清市域185.54万个地块的地类、面积、分布、权属和土地利用状况，发布市本级、大祥区、新邵县、邵阳县、新宁县、绥宁县、武冈市、洞口县、城步苗族自治县成果数据。全市累计完成土地出让收入156.3亿元，其中市本级93.26亿元，同比增长6.9%，邵东市、隆回县年内土地收入均超过10亿元。市规划设计集团年产值超过1亿元。完成“十四五”基础测绘规划文本编制，更新1：500地形图。测绘事项实现全流程“多测合一”，平台累计办理测绘事项566个，排名全省靠前。开展两次应急测绘演练，提升应急保障服务能力。卫星应用技术走向市场，承接全市水稻、烟草种植监测业务，协助市审计局开展异地自然资源资产离任审计，并入选省卫星应用课题遴选名单。开展“四微”调研活动，邵阳市自然资源和规划局获全省优秀组织单位。“邵阳自然资源和规划”微信公众号影响力在全省自然资源系统排名前三。《中国自然资源报》《中国矿业报》《湖南日报》《邵阳日报》对市自然资源工作进行推介。梳理政务服务事项106项，电子政务平台办结事项411个。市档案馆纳入全市省特级档案馆规划建设。市规划馆成立专门机构管理。

是年，耕地保护、用地保障、矿业权管理、不动产登记、执法督察等重点工作多次获省自然资源厅通报表扬，市自然资源和规划局被评为“省级文明单位”、湖南省脱贫攻坚先进集体、全省自然资源部门重点业务工作考核先进单位，邵阳市耕地保护、自然资源管理工作双双获省政府真抓实干督查激励奖。

【规划编制】2021年，邵阳市全面推进国土空间规划体系建设，落实规划管控要求。市委常委会会议、市政府常务会议专题研究国土空间规划工作，市县两级均成立党委书记任主任的国土空间规划委员会，市级召开国土空间规划委员会会议7次。推进总体规划编制，科学谋划永久基本农田、生态保护红线、城镇开发边界“三条控制线”，全市国土空间总体规划形成规划大纲，规划成果报省审批。统筹推进专项规划编制，确定67个专项规划编制任务，其中总体城市设计、耕地保护、矿产资源、国土综合整治和生态修复5个专项规划先行启动。分步推进村庄规划编制，征选26名村庄规划志愿者，完成全市省级以上历史文化名城名镇名村保护规划和传统村落保护情况摸底，村庄规划编制纳入全市乡村振兴七大专项行动，完成845个村庄规划编制，4个村庄规划获省级奖项，武冈市古山村村庄规划获评全省国土空间规划案例一等奖。推进城乡风貌管控，启动白马、桃花、雪峰、犬木塘4个片区规划设计。开展城市体检，市本级修改4个街区控规，调整17个局部地块规划，发放工程规划许可证60个。城步苗族自治县出台县城规划区个人建房规划管理办法，武冈市出台城市更新管理若干规定。

【保障合理用地需求】2021年，邵阳市对重点项目采取“一个项目、一名领导、一个专班、一直督办”的“四个一”方式精准服务，批回新增建设用地项目152个2.09万亩，保障邵阳经开区、犬木塘水库、永新高速、城龙高速、“三一国家汽车实验场”等国家、省、市重点项目建设用地。调整修改过渡时期乡镇规划，为286个村级综合服务平台、污水处理设施、扶贫车间、产业发展项目用地提供规划服务，批准集体建设用地2223亩。审批村民建房农用地转用1316亩，8000余农户建房合理用地得到保障。

【实现耕地占补平衡】2021年，邵阳市实事求是推进永久基本农田核实整改，按时提交耕地保护专项规划和耕地保护一张图编制成果。全年土地开发和增减挂钩项目新增耕地8121亩，落实耕地占补平衡，确保项目用地受理报批。邵东市在保障自身占补平衡指标基础上，归还历年欠账指标1800亩。新邵县耕地全程一体化保护经验获省自然资源厅肯定。

【节约集约用地】2021年，邵阳市强化土地调控，市土地储备中心收储土地1765亩。全面落实“净地”出让，修订《邵阳市集体土地征收及房屋拆迁补偿安置办法》，建设“阳光征拆、数字征拆”平台，全方位监控征地拆迁项目运行状态，市本级完成征地3033亩，房屋拆迁6.9万平方米。全市出让土地2.9万亩，实现土地出让价款115.44亿元。处置闲置土地1.12万亩，处置率85%；处置批而未供土地1.07万亩，处置率40.35%，均超额完成部、省下达指标任务。

【绿色转型】2021年，邵阳市推进矿业转型发展与生态保护修复。推进砂石土矿和露天开采矿山综合整治，坚持“总量减少、体量做大、审批提级、引进大企”四项原则，采取断然措施，严格控制新设小型砂石土矿，年内关闭退出106家，砂石土矿总量减少至109个，超额、超计划完成省定163个工作目标；邵阳县砂石土矿专项整治成为全省砂石土矿整治工作县域样本，被《中国矿业报》专题报道。推动矿业绿色发展。清理退出保护地矿业权13个；出台采矿权延续、变更、注销登记实施办法，缩短登记许可时间，提高登记质量，全年颁发采矿许可证28个；5个矿山纳入省级绿色矿山建设名录。开展矿区环境治理。生态修复土地519亩；邵东市流泽镇中益村长江经济带生态突出问题整改销号；中央第六生态环境督察组通报的邵阳县长阳矿区问题，矿山关闭拆除并复垦复绿，矿涌水质明确好转；推进历史遗留矿山核查，成果质量抽查准确率排名全省第四。

【执法监察】2021年，邵阳市自然资源和规划系统开展“双清零”行动，推动交办违法问题整改清零、确保新增问题“零增长”。“三地两矿”月清到位，省自然资源厅累计交办邵阳市违法用地845宗2910.76亩，全部实现立案、查处月清月结；交办非法开采27宗，全部查处结案；大祥区前三季度卫片违法占用耕地面积及比例为零。推进违法用地整改。国家耕地保护督察反馈的113个问题全部通过省级复核；省级督察反馈的1217个问题全部整改到位；年内省下发邵阳市1832个农村乱占耕地建房图斑全部整改清零。新邵县代表全省顺利通过部级农村乱占耕地建房问题整改实地核查。新宁县违法用地整改获省自然资源厅通报表扬，隆回县、洞口县、邵阳县出台史上最严耕地保护追究问责措施。加强协同执法。邵阳市是全国自然资源主管部门与检察机关在土地执法查处领域加强协作配合试点的两个地级市之一，全市自然资源部门通过两法衔接平台共向检察机关移送案件719件，检察机关立案209件，发出检察建议书147件，行政机关整改到位137件，检察机关起诉4件。试点举措被《人民日报》、《自然资源报》头版头条、“学习强国”学习平台、《检察日报》《湖南日报》等国家级、省级主流媒体推介。

【保安惠民】 2021年，邵阳市自然资源和规划系统推动房地产办证信访突出问题化解，全市化解156宗，惠民69062户，工作举措获自然资源部推介。推行“交房即交证”改革，市本级实现新建商品房交房即交证工作常态化，实施交房即交证项目27个，惠及业主超万户，做法获省委改革办、省委办公厅肯定。推进不动产登记提速增效，95%的不动产登记实现“最多跑一次”，所有不动产登记实现3天办结，不动产数字管理技术入选“湖南基层改革探索100例”。开展安全生产“三清三查三到位”百日行动，以安全隐患清底、项目审查清仓、问题整改清零的“三清”为目标，通过卫星监测天眼查、执法巡查实地查、无人机巡航随时查等手段，做到行业责任到位、工作措施到位、追究问责到位。全市立案查处危险行业违法用地39宗。与市气象局签订战略合作协议，紧盯全市2668个地质灾害隐患点、119所存在地灾隐患的中小学校，对80处重点隐患点普适型监测、全天候监控，成功预警地质灾害10起，均无人员伤亡。落实领导带班接访制度，化解信访积案15件，武冈市局、新宁县局获评省自然资源厅信访工作先进集体；依法处理应诉案件33件，受理信息公开74件，办理网络问政事项59起。

（刘敬涣）

财 政

【概况】 2021年，邵阳市完成一般公共预算收入193.88亿元，增长14.51%。其中，地方收入118.50亿元，增长12.49%；上划中央收入62.20亿元，增长18.97%；上划省收入13.19亿元，增长12.73%。完成一般公共预算支出583.87亿元，同口径减少1.08%。市本级完成一般公共预算收入44.21亿元，下降17.45%。其中，地方收入32.62亿元，增长0.07%；上划中央收入10.88亿元，降低40.13%；上划省收入0.71亿元，下降74.4%。完成市本级一般公共预算支出84.27亿元，同口径增长13.71%。地方财政收入占地区生产总值的比重为4.81%，税收收入占地方财政收入的比重为64.11%。

【财源培植】 2021年，邵阳市实施财源建设工程，出台《邵阳市财源建设工程服务“三高四新”战略实施方案》，构建党委领导，政府主导，财税主抓，部门联动，社会参与的财源建设新格局。全市全口径税收完成159.1亿元，同比增长14.8%，增幅居全省第二位；税收占国内生产总值比重为6.46%，较上年同期提高0.3个百分点，提升幅度居全省第三位；获全省财源建设绩效评价第一档。全市园区缴税73.9亿元、同比增长26%，亩均10.7万元，增长24.1%，其中邵阳经开区缴税26.8亿元，增长24.6%，亩均15万元，增长19.7%。强化财税征管，落实减税缓税政策，抓实财政收入，实现“两增一降”。全市地方财政收入完成118.5亿元，增长12.5%，增幅居全省第三位；地方税收完成76亿元，增长15.1%，增幅居全省第一位；非税占比35.89%，下降1.44个百分点。破解土地出让难题，全市土地出让收入完成163亿元，增长7.8%，其中市本级完成93.7亿元（含基本盘、化债盘、产业盘土地收入），增长16.1%。

【服务经济发展】 2021年，邵阳市财政支持产业兴邵战略。市财政统筹安排园区建设资金28.9亿元，推进湘南湘西承接产业转移示范区建设，重点扶持邵虹玻璃、湘窖酒业、三一专汽、鑫鹏科技、富士电梯等一批新兴财源企业发展，邵阳经开区晋升国家级经济技术开发区。支持实体经济发展。落实中央减税缓税降费政策，减轻企业负担，激发市场主体活力；及时拨付各类涉企资金3亿元，推动企业转型和发展，维克液压成功上市；管好用活高新技术信贷风险补偿基金和贷款贴息专项资金，发挥中小担保公司作用，运用“潇湘财银贷”，帮助企业解决融资难题。统筹做好“六稳、六保”工作。加强中央直达资金支付管理，中央直达资金145亿元，支付率达98.8%，超省定标准；筹集预算内基建资金13亿元，推动一批交通、水利、老旧小区改造、保障性安居工程、应急救灾、公共卫生等重点项目建设；推广政府和社会资本合作(PPP)模式，促进产业、金融、民间资本深度融合；安排稳外贸、促消费等专项资金，助力进出口企业渡过难关。推进乡村振兴。市财政安排农业专项资金2亿元，推进巩固脱贫攻坚成果和乡村振兴战略有效衔接；落实各项强农惠农政策，促进农民持续增收；筹措资金，推进省级田园综合体试点项目建设；追加犬木塘水库建设预算0.8亿元。

【风险防范】 2021年，邵阳市守住“三保”底线，足额安排“三保”预算361.8亿元，压减一般性支出和非急需、非刚性、非重点支出5.3

亿元，优先统筹用于“三保”支出。同时落实省委“1+5”文件精神，提高基层干部待遇，安排村、社区干部待遇资金5.1亿元。严控政府债务风险，坚持高位推动、科学谋划、精准推进化债工作。开展“强化债、防风险、保先争优”攻坚行动，截至年底，全市累计化解隐性债务216.3亿元，为计划任务的143%，市本级化解91.6亿元，为计划任务的164.3%，超额完成2018年上报中央的化债计划任务；实行“一债一策”工作机制，持续推进“六个一批”，全市落实化债融资超120亿元；加强专项债券项目和资金规范管理，2019—2020年专项债券资金使用进度提高约32个百分点，“停、缓、调、撤”工作经验在全省推介。守住库款红线，争取省财政厅对邵阳市库款调度的支持，清理财政暂付款，盘活存量资金，全市收回结余结转资金9.6亿元，有效缓解财政支出资金压力，健全库款预测预警监控管理机制，确保市本级库款系数不低于0.3。

【改善民生福祉】2021年，邵阳市民生支出462.9亿元，占一般公共预算支出的79.4%。坚持就业优先、防疫优先，筹措资金2.1亿元促就业形势稳定，投入防疫资金10.8亿元支持疫情防控；低保标准、救助水平和残疾人“两项补贴”标准逐年提高；医保基金规模达55.6亿元，其中各级财政补助37.5亿元。支持科教文体事业发展。教育支出111.9亿元，科技支出6.7亿元，巩固落实义务教育经费保障机制，落实中小学教师工资待遇，持续改善办学条件，16所芙蓉学校全部投入使用，科教强市稳步推进；投入9.2亿元推动全国文明城市创建、支持公共文化设施免费开放、促进旅游产业稳定恢复、推进体育强市建设等。支持平安邵阳建设。多渠道筹集资金6.7亿元，支持公安消防基层基础建设、交通顽瘴痼疾整治、信访维稳、禁毒反电诈、社区矫正等工作，全面提高全市治安防控能力。支持改善生态环境质量。拨付节能环保资金12.5亿元，支持河长制、林长制落实落地，推进乡镇污水处理设施建设，农林生态保护等工作。

【财税改革】2021年，邵阳市财政强化预算约束和绩效管理。全面推进“零基预算”改革，同步编制“四本”预算，构建全口径政府预算体系；加快完成预算管理一体化系统建设，5月底实现新系统全面正式上线运行。全面实施预算绩效管理，市直绩效目标申报实现预算单位全覆盖，项目资金绩效评价总额突破10亿元，首次对政府专项债券项目进行评价，评价金额达73亿元。

深化“放管服”改革。推进行政审批事项清理规范，编制并公布财政部门权责清单及行政事业性收费和政府性基金清单，实行动态管理；启动公安系统电子退付改革，开出湖南省市州第一张电子非税收入退付书，实现非税收入全流程电子化，解决缴费退费多次跑、排长队等难题；完成全市会计职称考试和注册会计师考试，举办全市首届财会知识大赛。

深化重点改革。以争取真抓实干督查激励奖为抓手，推进财政管理工作上台阶，支持隆回县获评先进；出台《邵阳市市直行政事业性国有资产管理暂行办法》，市本级处置盘活国有资产6.2亿元支持政府化债；加快建立现代政府采购制度，推进政府采购电子卖场，全市交易渗透率为全省第二位，交易额为全省第五位；加强财政投资评审，市本级财评金额突破90亿元，审减率达14.7%。开展全市惠民惠农财政补贴资金“一卡通”问题、扶贫项目、乡村振兴项目等监督检查，牵头开展干部职工借用公款长期未归还和投融资平台公司突出问题提级整改，确保财政资金规范高效安全运行。

（唐　鑫）

税　务

【概况】2021年，邵阳市税务系统组织各项收入283.5亿元。其中，税收收入完成159.07亿元，同比增长14.8%，增幅排名全省第二，省、市政府口径地方级收入增幅均排名全省第一；社会保险费完成109.75亿元，增长51.31%；非税收入完成7.55亿元，增长63.8%；其他收入（工会经费和职业年金）完成7.13亿元，增长2.46倍。全年新增减税降费11.47亿元。

市税务局获全市党史知识竞赛第一名、“学习强国”党史学习达人挑战赛第一名，代表全省总工会

2021年10月21—22日，市财政局牵头举办全市首届财会知识竞赛
（市财政局 供图）

参加全国党史知识竞赛总决赛获铜奖，党史学习教育经验被市委党史学习教育简报刊发推介。组织全市系统开展“我为纳税人缴费人办实事”实践活动，100余个党支部累计走访企业3900家，解决“急难愁盼”问题1142个。

是年，4个基层局获6项国家级荣誉，市税务局驻村扶贫工作队获评“湖南省脱贫攻坚先进集体”，2名基层领导干部分获“全省税务系统优秀县税务局长”“全国税务系统百佳税务所长”称号。

【优化税收营商环境】2021年，邵阳市税务系统落实减税降费政策。全年预计新增减税降费12亿元，办理增值税留抵退税2.5亿元、出口退（免）税25.53亿元，办理煤电企业“减、退、缓”和制造业中小微企业缓税1.44亿元。开展“我为纳税人缴费人办实事暨便民办税春风行动”，发布214项“非接触式”办税缴费业务清单，拓宽“非接触式”办税和“一次不跑”范围，全市网上办税申报率达99.16%。加大发票和税务Ukey“网上申领、邮寄配送”力度，免费邮寄发票3.56万户（次）。推进“12366”与“12345”热线归并，实行“7×24小时”人工服务。深化“银税互动”，帮助3949户（次）企业获贷款17.67亿元，纾解小微企业融资难融资贵难题。落实省局10大类20项“放管服”改革举措，全市新办企业发票申领、企业开办涉税环节办理时间压缩至2小时以内，税务注销时限压缩至1.42天。建立“互联网+不动产交易纳税平台”，全市增量房交易窗口办税时间从10分钟缩减至2分钟，存量房交易窗口办税时间从25分钟缩减至5分钟，市区增量房交易实现“掌上办税”。落实“双随机、一公开”监管，用好“信用+风险”动态监管体系，减少对市场主体的干扰。

【税收征管改革】2021年，邵阳市税务系统进一步深化税收征管改革，推进执法、服务、监管、共治贯通联动。对标落实“四精”要求，细分26项工作任务、185项改革措施，新邵县税务局被国家税务总局确定为全国“精诚共治”直报联系点。完成财产和行为税“十税”合并申报，实现增值税、消费税与附加税费整合申报。优化出口退税系统，推进专票电子化试点工作，进一步完善股权转让所得个人所得税核验机制，夯实资源和环境税收管理基础。发挥市级稽查局、跨区域稽查局稽查作用，非税划转、“三张报表”、出口退税管理等经验在全省系统推广，成品油行业税收精准监管做法获市政府肯定推介，个税汇算清缴工作获省局表扬性批示，市税务局获评“全省税务系统个人所得税改革先进单位”。

【社保非税划转】2021年，邵阳市税务系统完善税费一体化管理机制，将社保费征收服务融入税收征管服务体系。拓展缴费渠道，形成线上、掌上、实体多方缴费渠道，线上缴费率达90.67%，纾解灵活就业人员参保缴费难题，市税务局获评“全省助残先进集体”。坚持“政府主导、税务主责、部门协作、形成合力”，做好规范流程、协同协调、职责分解等基础工作，在完成8项非税收入项目征管职责划转的基础上，稳步推进国有土地使用权出让收入等7项新非税收入项目划转、征收。

【法治税务建设】2021年，邵阳市税务系统全面实施行政执法“三项制度”，落实10项“首违不罚”清单，推行6项税务证明事项告知承诺制度。与全市法院系统协作，进一步优化不动产司法拍卖涉税事项办理。通过控源头、化苗头、疏堵头，高效化解各类涉税争议。加强税收法治文化建设，市税务局选送作品获湖南省第三届法治文化大赛优秀奖，是全省系统唯一获奖单位；新邵县税务局获评“湖南省依法治理创建活动先进单位”。

（伍洋波）

审 计

【概况】2021年，邵阳市审计机关完成审计项目352个，查出主要问题金额373.17亿元，其中违规金额3.60亿元、损失浪费金额0.66亿元、管理不规范金额368.91亿元；审计发现侵害人民群众利益0.26亿元；出具审计报告和专项审计调查报告415篇。审计处理处罚金额68.31亿元；移送处理事项42件，移送处理人员11人。审计促进整改落实有关问题资金12.15亿元；促进拨付资金到位0.8亿元；审计后挽回（避免）损失7.83亿元；核减投资额7.81亿元。审计提出建议742条，被采纳656条；提交审计信息484篇，被批示、采用289篇次；向社会公告审计结果41篇。研究制定《全市审计业务电子数据采集报送管理办法》，选派10余人次参加审计署、省审计厅的培训，组织全市审计机关参加中国审计数字在线网的各种网络专题培训班学习。

是年，邵阳市审计局获评全省审计宣传通联先进单位。

【政策落实跟踪审计】2021年，邵阳市完成对新邵县、隆回县、武冈市3个县市的政策落实情况跟踪审计和邵阳县的现场审计，发现涉农资金闲置、重点项目进展缓慢、项目前期工作拖沓等问题，其中16个问题被省审计厅审计报告采用。

【财政审计】2021年，邵阳市审计机关对全市322个单位开展财政类审计，延伸审计单位490个，查出主要问题金额372.20亿元，发现预算编报不真实不完整、未按规定征收缴纳收入、资金滞留闲置等问题。其中，2020年度市本级预算执行审计查出主要问题金额91.14亿元，发现侵害人民群众利益问题2个。

【重点民生资金和项目审计】2021年，邵阳市审计机关统筹开展光伏扶贫项目专项审计调查，涉及发改、乡村振兴、国网电力等单位，延伸审计46个乡镇137个电站，发现部分工程造价超标、项目验收不完善、项目效益不佳、收益核算不规范、资产未确权到村集体、项目管护未到位等问题。同时配合“清廉医保”专项整治，对全市222家乡镇卫生院及社区医疗服务中心开展专项审计，发现问题1061条，涉及金额6619.45万元，向纪委监委移送案件线索7件。

【公共投资审计】 2021年，邵阳市审计机关抽查市本级和县市区的重大项目62个，查出问题35个，整改到位28个。其中市本级政府投资建设项目审计节约政府建设资金3.24亿元。

【资源环境审计】 2021年，邵阳市审计机关完成资源环境审计项目13个，其中市审计局完成对洞口县莼溪森林公园管理处主任的自然资源资产审计，发现主要问题6个，如污水和垃圾处理不到位、擅自占用林地开展项目建设等。

【国有企业和金融机构审计】 2021年，邵阳市审计机关对3家融资平台公司政府性债务及公司资产债务情况的专项审计调查，揭露各类问题58个，提出审计建议6个。

【经济责任及专项资金审计】 2021年，邵阳市审计机关对97名干部开展经济责任审计，查出主要问题金额8.75亿元。其中，市本级开展领导干部经济责任审计项目11个，审计市管领导干部16人，查出问题金额3.8亿元。组织对市交通运输局及其二级机构和市燃气公司的国有资产审计调查。

【问题整改】 2021年，邵阳市通过“纪审”“巡审”“财审”联动以及审计与国资委联动等机制，对整改落实情况开展督查，审计反映的大部分问题得到有效整改。其中市本级预算执行审计整改率达87%，经济责任审计查出问题整改率达78.7%。

（李莉莉）

统计工作

【概况】 2021年，邵阳市统计工作贯彻落实习近平总书记关于统计工作重要讲话指示批示精神和党中央、国务院和省委、省政府关于统计改革发展的系列重大决策部署。市委常委会会议、市政府常务会议组织4次学习；市委办公室派出专项督察组，督查推动全市各级各相关部门党委（党组）进行学习贯彻。对12个县市区地方党委、政府、统计部门和发改、工信、商务等相关经济部门学习贯彻落实情况进行实地调研，并通报调研情况，下发督查通报，提出整改要求，限期整改到位。

全市各级各部门各单位做好国家统计督察配合保障工作，对照统计督察工作全流程、各领域，开展“千人进千企”活动，推动企业统计台账规范化建设，并全面进行回头看，查找漏洞排查隐患，列出问题清单，倒排时间销号管理；履行统计法定职责，落实防范和惩治统计造假弄虚作假责任制，同时做好统计督察初步反馈问题立行立改工作。

做好统计网络舆情引导、监测与应急处理，制定《网络舆情信息发布流程》《邵阳市统计局网络舆情应急处理预案》《邵阳市统计局重大舆情应急管理办法》。加强正面宣传，《邵阳日报》、邵阳电视台正面报道统计工作20起，省统计局采纳信息32篇，国家统计局和中国信息报采纳信息文稿1篇，市委、市政府采纳统计政务信息20条。对2017年以来中央、省委、市委意识形态工作专项巡视巡察交办的整改任务进行全面“回头看”，对“回头看”发现的3个小项问题全部整改到位。

【统计法治工作】 2021年，邵阳市持续推进统计执法监督规范化建设，进一步完善《邵阳市统计局关于统计机构负责人和统计人员防范和惩治统计造假弄虚作假责任制实施办法》《邵阳市统计局统计数据管理和评估办法》等制度文件。利用“中国统计开放日”“12·4”宪法宣传日和“12·8”《中华人民共和国统计法》颁布纪念日等开展多种形式的统计法治户外宣传活动；通过实地核查数据、调研等机会，发放统计宣传资料、讲解统计法，让统计调查对象了解统计法律法规知识，知晓其法定权利和义务；推动统计法进党校，有针对性地开展统计法治教育，强化全市各级领导干部统计法治思维。开展“双随机”统计执法检查，市本级对2个县市区进行统计巡查和“双随机”抽查16家企业，对企业统计工作不够规范的行为进行问题交办，并责令限期整改。

【统计监测分析】 2021年，邵阳市统计局不断提高经济运行分析的精准度和指导性，对重要行业、重点领域、重要骨干企业重点关注，准确把握全市经济发展的“形”与“势”、“数”与“据”、“谋”与“策”。每月、每季度在省经济社会数据反馈后，通过专业数据查找问题和差距，第一时间对国内生产总值核算指标的影响因素进行深度分析，形成促进全市经济发展的专业分析意见建议，呈报给市主要领导决策使用，实现早监测、早分析、早预警。全年撰写统计分析研究材料80多篇，党委、政府办公室采用20篇次。提升干部职工统计分析研判的专业化水平。针对日常工作中的知识短板、经验能力弱项，每月开展工作研讨会（例会），结合科室岗位特点，围绕统计改革、分析监测、方法制度等统计业务开展“学理论讲业务”，加强统计干部职工专业间互通、业务间交流，不断提升干部职工的统计服务能力。加强对县市区、市直部门的服务指导，各县市区统计部门通过关注企业经营动态，对营业收入、工资总额等重点指标开展常态化监测，通过定时沟通、定期走访等方式，分批次对重点企业进行走访和质量核查。采取分批次、分类型、分层级方式对企业统计工作进行业务培训。

【普查调查】2021年，邵阳市完成第七次全国人口普查工作。市统计局在第一时间发布全市第七次全国人口普查公报，对全市常住人口、户别人口、人口性别构成、人口年龄构成、各类受教育程度人口等人口普查主要数据进行发布和解读，并就可能出现的舆情开展有针对性的解读预案。对各县市区人口普查公报进行审核。全市常住人口656万人，居湖南第三位，城镇人口342万人，城镇化率与2010年第六次全国人口普查数据相比，提高19.32个百分点，达到52.16%，由全省第十三位跃升至第八位、中西部地区第一位。市统计局被评选为第七次全国人口普查国家级先进集体。

组织实施固定资产投资、规模工业、农林牧渔业、批发零售住宿餐饮业、房地产与建筑业、服务业、人口抽样调查工作等30多项常规调查统计，规范统计数据填报，加强调查核实，深入企业、园区等基层开展调查，强化数据质量监督，有效提升统计数据质量。

完成“人才激励政策实施情况”“庆祝建党100周年‘心中有话对党说’”“企业‘三高四新’战略落实情况”等省级民意调查项目；围绕市委、市政府中心工作开展社会治安综合治理民意调查8项，完成有效样本63115个。

【统计现代化改革】2021年，邵阳市推进法人单位和产业活动单位并重的统计改革，摸清法、产分离单位的行业分布和经营规模，提早分析预判改革影响，力求通过改革充分反映发展实际。拓展统计调查领域，开展“三新”经济核算、知识产权产品统计、新基建投资统计、服务业零售额测算、数字经济统计，做好中小企业、民营经济、文化产业增加值等衍生专业增加值的核算工作。推进统计信息化，推动建立宏观经济治理数据库，完善数据管理手段，提升统计信息化装备水平。与国土、林业、水利等部门配合开展自然资源资产负债表和全市社会资产负债表试编工作。继续开展地区生产总值核算改革，强化数据分析和趋势把握，进一步提升国内生产总值数据的匹配度。拓展部门统计联席会议机制，在原有部门统计联席会议机制的基础上，拓展部门统计数据月度联席会议，由市政府牵头，市统计局汇报全市统计指标总体运行情况，各部门就相关指标的完成情况作出分析和说明，并就下阶段如何围绕市政府工作目标做好计划和安排，形成政府综合统计为主体，部门统计相结合的大统计格局。

【基层基础建设】2021年11月，邵阳市统计局对全市统计队伍人员配备、机构编制基本情况、统计执法工作开展及人员配置情况、统计经费投入及保障情况、统计队伍年龄学历职称等情况进行全面调研，了解基层统计队伍现状和困难，并向市委、市政府领导汇报，争取对基层统计工作的进一步重视及对基层统计人员和经费保障的加强。加快基层统计规范化建设，进一步拓展基层统计示范点创建范围，巩固创建成果，在省级7个联系示范站建设的基础上，市级另选7个乡镇、街道、园区开展示范站点建设，并争取市级财政为每个站点安排专项工作经费3万元。加强基层统计培训指导。各专业全年开展业务培训会40余次，培训对象超2000人次；工业、贸易、投资等专业多次到县市区、乡镇统计站和企业一线，以座谈会、现场答疑等形式进行现场业务指导，在邵东召开工业统计现场会，在市区召开有各县市区政府分管领导、商务局局长、统计局局长参加的全市贸易统计业务培训会。推进统计数据质量监管平台建设，完成对服务器和终端电脑硬盘提速扩容、网站升级改版和国产化替代、二级等保复评等信息化建设，信息化基础设施不断完善。

【入规入统工作全省领先】2021年，邵阳市推进企业退、入库工作，全市入规入统工作全省领先。在库“四上”单位5022家，总量仅次于长沙，居全省第二位。其中工业1833家、建筑业264家、批发零售业1148家、住宿餐饮业257家、房地产业333家、规模以上服务业617家和5000万元以上投资项目法人单位570家。

（何波建　谭　玲）

统计调查

【概况】2021年，国家统计局邵阳调查队聚焦经济社会民生热点，依法独立行使统计调查、统计监督的职权，用准确翔实的数据客观反映邵阳经济社会民生发展取得的成就，完成常规调查、专项调查及统计调查分析等各项任务。邵阳调查队党务信息、政务信息、综合信息被国家统计局内网、《中国信息报》、省总队内网、邵阳市文明网等权威平台全文刊登120篇次。

全市3500余名脱贫攻坚普查工作人员完成脱贫攻坚普查，编印《邵阳市脱贫攻坚普查纪实》，获评国家贫困地区重大专项普查先进集体。在湖南调查总队对各市州队18项专业考核评比中，邵阳调查队政务管理、综合工作、劳动力调查、消费价格调查、纪检监察等8项专业获评优秀等次，统计法治、农业调查、居民收支调查等9项专业获评良好等次，综合考核成绩居全省第三位。湖南调查总队党组对湖南国调系统领导班子考核评分为满分，全省排名第一，考核等次为优秀。辖区各局队分别在农业调查、农村调查、住户监测、劳动力调查等专业考核中取得优秀或良好等次。市队获评全市社会管理综合治理先进单位、全市绩效考核优秀单位。

【住户调查】2021年，国家统计局邵阳调查队开展业务培训和基层基础工作检查，稳妥推进电子记账，推广E调查使用，推进新一轮住户调查大样本轮换工作。全体居民人均可支配收入23118元，同比增长9.7%，增速排名全省第一、大湘西区域内第一。城镇居民人均可支配收入33374元，同比增长8.2%，增速排名全省第二，在大湘西区域内增速排名第一；农村居民人均可支配收入15700元，同比增长11.2%，增速排名全省第一，在大湘西区域内增速排名第一。

【价格调查】2021年，国家统计局邵阳调查队执行国家价格调查方案和价格采集方法规定，推进消费价格指数编制工作，加强与市发改委、市商务局、市民政局等部门的联动协同，为市委、市政府推进城乡社会救助体系建设和完善重要民生商品调控机制提供监测调查服务，全年居民消费价格上涨0.2%，低于全省0.3个百分点、全国0.7个百分点。在省内14个市州中，邵阳市CPI涨幅从低到高排第七位，处于经济运行合理区间。

【劳动力调查】2021年，国家统计局邵阳调查队完成国家样本轮换与扩充，全面推进部署分县市区劳动力调查地方样本摸底与扩充，逐步建立健全全市就业失业动态监测体系，高质量完成国家统计局、湖南调查总队关于劳动力调查基础工作年度目标任务。

【农村调查】2021年，国家统计局邵阳调查队做好农产量和畜牧业基础调查，同时加强对粮食生产和畜牧业发展形势的调查，及时发现种粮农户和畜禽养殖户从事农业生产中的问题和困难，并向当地党委政府建言献策。核定全市粮食播种面积为746.7万亩，同比增加2.8万亩、增长0.37%；核定全市粮食总产量为336万吨，同比增加12万吨、增长3.72%，高于全国1.72个百分点。两项指标总量均位居全省第二，全部超额完成2021年湖南省下达的邵阳市粮食总播种面积为744万亩、总产量为325万吨的任务，为全省增加量最多、增幅最高的市州。

【专项调查】2021年，国家统计局邵阳调查队协助全国文明城市测评、省级文明城市迎检工作，派出干部参与全国文明城市网报资料任务和实地测评工作任务。开展邵阳市城管环卫工作满意度调查，为城管部门改善市容市貌，优化邵阳城市环境提供参考建议。开展邵阳市国家卫生城市工作满意率情况调查，为顺利通过国家复审提供统计调查服务。10月抽调50余名干部职工参与完成2021年度全省营商环境调查和绩效考核服务对象评估调查。

【统计监测服务】2021年，国家统计局邵阳调查队围绕党中央重大决策部署，聚焦疫情防控、居民收入、乡村振兴、扩大消费、改善民生等重点领域开展调研，加强统计监测评价和分析服务。上报重要信息66篇、季度分析材料15篇，其中编印《邵阳调查》20篇、《邵阳调查信息快报》4篇，均寄送至“四大家”主要领导，其中3篇获市领导批示，被国家统计局内网采用3篇，湖南调查总队内网单篇采用8篇。被选编入市委信息科《要情汇报》9篇，被选编入市政府《邵阳政务信息》5篇。

（贺玉龙）

市场监督管理

【概况】2021年，邵阳市市场监督管理局（以下简称邵阳市市场监管局）推进375个非公经济党组织建设，开展“党建引领、助力千企”行动，市非公综合党委被评为全国市场监管系统“小个专”党建工作表现突出单位。对损害营商环境的突出问题进行“大排查”“大整治”，集中解决市场主体反映强烈的作风顽疾，查处侵害群众利益、破坏营商环境的人和事5起，诫勉谈话6人。围绕信用监管、食品安全、特种设备安全、“12315”投诉举报受理等重点工作，组织开展各项业务培训26期、培训学员2526人，举办各类知识竞赛4场、参赛选手185人。

落实常态化疫情防控措施，对商超等重点场所实行一日一巡查一监测，加强进口冷链食品管控，实现药店、商超等重点场所进店查验100%，药店“四类药品”销售登记100%，进口冷链食品“湘冷链”赋码100%，重点人员按期核酸检测100%。

是年，市场监管局食品安全、质量发展、安全生产、平安建设、全面小康补短板等工作获市级以上表彰奖励7项。

【商事制度改革】2021年，邵阳市市场监管局推进“放管服”改革，持续优化营商环境，全市市场主体总量达38.49万户，新增市场主体6.28万户，总量居全省第五位。

推行住所申报承诺制。制定出台《邵阳市放宽市场主体住所（经营场所）登记条件的规定》，提出创新性可行性的制度设计，在全省非自贸区率先推行住所（经营场所）申报承诺制度。

推进“证照分离”改革。将中央层面设定的523项和地方层面设定的6项共529项涉企经营许可事项全部纳入清单管理，在全省率先将食品经营许可等6项经营许可事项，由优化审批服务调整为实行告知承诺，最大限度地释放市场主体创业活力，全市办理实行告知承诺涉企经营许可事项873件。

加强事中事后监管。将企业年报工作纳入年度考核，实行每周一通报，对工作推进不力的县市区实行重点督导，督查考核结果通报当地政府，全市企业年报公示率达94.59%，排全省第三位；在全省率先将“双随机、一公开”监管纳入市政府对市直部门绩效考核范畴；完善经营异常名录和严重违法失信企业名单管理，实施联合信用惩戒，有3153户企业列入经营异常名录、994户企业列入严重违法失信企业名单。

实行包容审慎监管。推出《邵阳市市场监管领域危害后果轻微违法行为首错免罚清单》，对市场监管职责范围内的77种轻微违法行为原则上免予处罚，通过教育、责令限期改正、告诫约谈等措施，促使其依法合规经营，年内发展新经济新业态市场主体1267户。

【市场安全监管】 2021年，邵阳市全面部署开展安全隐患大排查大整治和“安全生产月”活动，推进安全生产专项整治三年行动攻坚、“打非治违”三年行动和民生领域“铁拳行动”，排查食品、药品、特种设备和重点工业产品安全隐患2635处。特别是围绕药品生产、经营、消费、使用等各环节、各领域的重点难点问题开展系统治理整顿，有序开展新冠病毒疫苗流通监管及疫苗评估、农村药品安全专项整治等重点工作。全市安全形势总体向好，没有发生较大以上安全事故。

【市场秩序维护】 2021年，邵阳市组织开展打击成品油市场乱象、假冒伪劣、无照经营、虚假广告、网络欺诈、侵犯知识产权、合同霸王条款、计量作弊和传销等专项整治行动，全面部署涉企收费、医疗服务、教育收费、转供电价、水电气安装等重点领域和药品、猪肉等重点商品的价格检查，查处相关违法案件2040件，罚没2859万元。稳步提升消费处诉能力，接收咨询投诉举报45856件，较上年同期增长25.3%，均按程序进行处置，为消费者挽回经济损失1087.01万元。

【质量强市】 2021年，邵阳市先后两次邀请省内外质量和行业专家，深入18家企业开展质量诊断和质量基础提升服务，帮助企业诊断各类质量问题107个，提出改进建议125项，挖掘企业质量管理创新工作亮点20项。以“质量月”等系列群众性质量活动为载体，引导企业开展“创标、提标、对标、达标”行动，提升企业质量管理水平。推进“邵阳红”公用品牌建设，挖掘全市特色农产品资源优势。把成长性好、竞争力强的56家企业、90个品种纳入“邵阳红”公用品牌授权范围，同时将新宁野山茶、隆回魏源云雾茶、邵阳猪血丸子、新邵桂丁茶、邵阳大曲酒等特色农产品列为全市地理标志重点培育对象，落实发放农业领域地理标志商标和马德里国际商标奖励资金95.5万元。“邵阳红”集体商标注册成功。

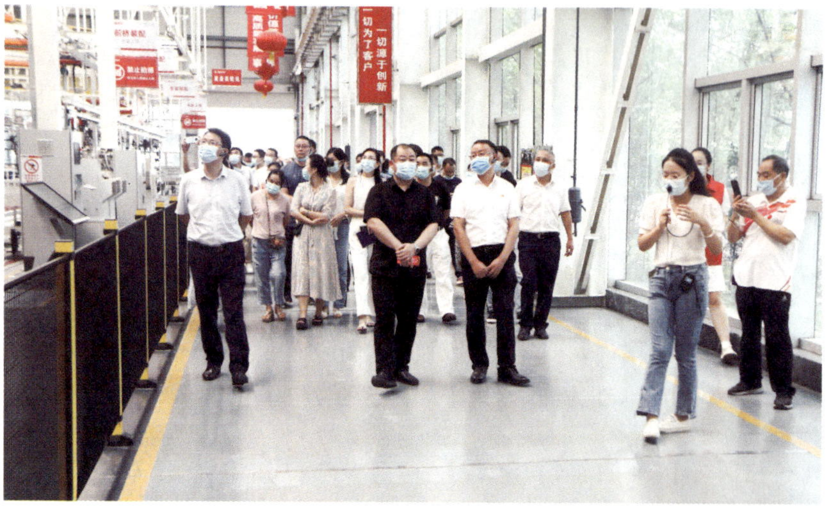

2021年9月，市市场监督管理局开展“质量月”活动。图为在三一重工开展质量标杆现场学习
（市市场监督管理局 供图）

【知识产权保护】 2021年，邵阳市市场监管局将知识产权专项经费从75万元增长至300万元，制定资助政策，投入225万元实施培育项目，引导、激发企业主动性、创造性。协助中小微企业与银行对接，缓解中小微企业“融资难”问题，全市知识产权质押融资完成4000万元。举办全市知识产权成果转化对接会，推动校企产学研深度融合，让高校高价值的知识产权走出实验室，落地转化，服务发展。全市发明专利拥有量达806件，同比增长68.5%；每万人发明专利拥有量达1.23件，同比增长34.11%，两项增速均排全省第三位。全市商标有效注册量55428件，同比增长24%，总量和增量均排全省第二位。

（刘娟娟）

应急管理

【概况】 2021年，邵阳市安全生产和自然灾害形势总体稳定。全市发生各类生产安全事故109起、死亡106人，同比分别下降9.2%、9.4%，未发生较大及以上生产安全事故，煤矿、非煤矿山、危化、烟花等直管行业实现“零死亡”。发生洪涝灾害10次、干旱3次，共有141.6万人受灾，实施紧急转移28178人，临时安置10978人，没有发生伤亡事件，没有出现因灾致贫返贫情况。

采取多种形式开展“5·12”防灾减灾日、防震减灾科普知识进社区、“安全生产宣传月”、“邵阳市2021年应急安全知识暨防灾减灾日集中宣传活动”等安全生产和防灾减灾宣传。推进乡镇应急管理能力建设、综合减灾示范社区申报以及地震台、测震台建设。城区建成避难场所53家，其中二类应急难场所7家、三类应急避难场所46家。

【安全生产】 2021年，邵阳市坚持高位推动，从严从紧压实安全责任。市安委会成立安全生产督察巡察组，对县乡基层和负有安全监管职责的部门开展督导督查，对事故多发、问题突出的县市区和成员单位开展“点穴式”安全政治巡察；进一步厘清行业监管和综合监管关系；开展“落实企业安全生产主体责任三年行动”，督促指导生产经营单位建立健全全员安全生产责任制和全过程安全管理制度；推动落实高危企业安全风险分级管控和隐患排查治理双重预防工作机制。

推进问题隐患整治行动。先后组织开展“安全生产春雷2021”、管行业必须管安全百日行动、安全生产月活动、安全生产“秋季攻势”活动、岁末年初安全生产百日大会战等专项行动，成立各级各行业安全生产检查督查组8211个，开展督导检查31356次，检查生产经营单位60110家，排查隐患40284处，其中重大隐患163处。

对标对表处置违法行为。全市立案681起，责令停产停业65起，暂扣证照11起，吊销证照22起，处罚1167.78万元。责令停产整顿企业166家，暂扣吊销证照企业41家，关闭取缔非法违法企业23家，移送司法机关25人，约谈警示485人。

【防汛抗旱】2021年，邵阳市防汛抗旱实现既定目标。防汛工作实现“不死一人、不垮一库一坝”的目标。各级应急部门领导深入一线，提前组织指挥；广大干部下沉一线，将预警信息提前传递到点、到村、到户、到人。市防汛抗旱指挥部全年组织防汛会商81次，发布会商通报14期、预警信息900余万条，启动防汛Ⅳ级应急响应2次，下达江河调度命令3个，下达水库调度命令5个。在强降雨过程中，市县两级防指根据气象雷达反射图，提前预警、靶向预警。在极端天气期间，市应急管理局、市文旅广电体育局、市水利局、市自然资源和规划局等部门坚持在市防汛抗旱指挥部的统一部署下分别派出多支督查组赴降雨较大的县及乡镇现场指挥督导应对暴雨天气安保工作，现场传达要求，现场督导落实，确保防控到位。

【森林防灭火】2021年，邵阳市发生森林火灾7起（一般4起、较大3起），处于历史低位。全市发放“禁火令”100余万份、宣传标语10万余条、宣传资料80万余份、鸣锣10万余次、发送短信200万余条、出动宣传车9700余台次。开展督查排查。重要节假日，各级森林防灭火干部职工取消休假，拦截进山火源和易燃易爆物品。市应急管理局、市林业局、市森林公安分局组成联合督查组开展督查，各县市区政府派出检查组578个2473人次，全面查摆问题。全市设立临时检查站1546个、巡查巡护人员达36万余人次、劝导入山禁炮20万余人、制止烧纸鸣炮等野外用火2.5万余起。加大问责力度。市森林防灭火指挥部办公室针对森林火险较高和火情多发频发的情况，及时下发火灾情况的通报，要求切实提高认识、加强责任落实，扭转工作被动局面。

【应急救援】2021年，邵阳市强化建设救援队伍。摸清全市专业和社会应急救援力量，制定《市级应急救援队伍管理办法（试行）》。基本形成以军分区、武警为兜底力量，消防、矿山救护、地震救援等专业队伍为突出力量，以企事业单位专兼职队伍和社会应急救援队伍为辅助力量的应急救援体系。全市共有各种应急救援队伍103支，其中专业队伍79支、社会队伍24支。全市组织各类应急演练550余场次66300余人参加，其中市县两级组织较大的应急演练20余次5500余人参演。组织“湘科集团生产安全事故应急预案演练”“雪峰使命——2021邵阳高速公路莲塘隧道事故应急救援演练”“洞口县5·14防汛救灾救援专项演练”等，进一步提升应急救援能力。年内市本级参与抢险救援15次，其中市矿山救护支队跨省参与珠海市石景山隧道“7·15”透水事故救援。5月16至6月30日，全市出动防汛救援队伍151支次，出动救援人员2794人次，疏通道路30余条。

（黄晓辉）

消防救援

【概况】2021年，邵阳市消防救援队伍深化队伍建设“实战化、智慧化、正规化”转型升级，创新“大应急”联合作战体系巩固提升救援能力，完成建党100周年等重大消防安保任务，实现“两个稳定”的总体目标。全年集体研究审议重大议题222个，推进新的工资政策落地、新的事业规划出台、新的项目建成投用。在城步、武冈挂牌成立党史学习教育基地，开设“机关夜校”，举办两期专题读书班，举办庆祝中国共产党成立100周年文艺会演、党史知识竞赛。研发队伍正规化管理三级“智慧平台”，工作经验在湖南省消防救援总队正规化建设现场会上展示和交流推介。

是年，市消防救援支队获省市级以上团体和个人奖项23项，10人当选市县“两代表一委员”，获评“全国应急管理新闻宣传暨学报用报先进单位”“2016—2020年湖南省依法治理创建活动先进单位”“全省消防救援队伍安全工作先进单位”。

【执勤备战】2021年，邵阳市消防救援支队主动适应“全灾种、大应急”能力需要，深化全员岗位练兵，建立“委员督导、机关训练、全员参训、视频督察、成绩通报、加训复考”6项练兵制度，持续固化“日训练、月考核、季比武”练兵机制，获全省火调VR项目第一名、全省通信比武第四名、防火监督岗位比武团体三等奖、全省消防职业技能竞赛优秀组织奖，联合市总工会、团市委、市应急管理局、市人社局组织全市首届消防职业技能比武。持续开展“高、地、大、化”等6大类实地、实装、实战演练，开展支队级无预案拉动8次，打造“一专多精、区域协同、快速投送”专业突击队7支、通信保障队18个。创新“大应急”联合作战体系，建立邵阳市灭火救援专家人才库，构建应急、气象、交通、水利、公安、民政等部门联动应急响应体系。统筹指挥重点单位、社区微型站、村志愿队、乡镇专职队等多种形式队伍，创建“6+6+N”执勤备战模式和“初战四联”作战模式，全年接警出动5900余次，出动车辆9300余台次，人力6.1万余人次，营救疏散被困人员2900人，同比上年接警出动上升62%、营救人员上升55%，成功处置“6·9”绥宁永利竹木制品火灾、“6·12”隆回重型槽罐车侧翻事故等急难险重任务。

【防火监督】2021年，邵阳市委、市人民政府先后5次专题研究消防工作，将消防安全统筹纳入城市安全发展大局，审议通过《邵阳市多种形式队伍管理规定》。以消防安全专项整治三年行动和建党100周年大庆为主线，推进“管行业必须管安全”消防安全百日行动、“多合一”场所等18类专项整治，排查整治2.7万家，消除隐患5.5万余处。借助创建全国文明城市，开展交通问题顽瘴痼疾集中整治行动，处罚335人次、845项次，14支青年服务突击队开展志愿服务活动220余次，累计服务时长400余小时。全面打好“基层消防上台阶”三年行动收官战，建成乡镇专职消防队156支、村、社区志愿消防队、站3630支（村3176支、社区454支），实现基层消防救援力量全覆盖，有效搭建“15分钟”灭火网，“一村一消防”工作经验在全省乡镇应急力量建设现场会推介。在全省率先推出公职人员“幸福敲门、平安到家”行动，推行“一村双员”宣传工作，打造“一村一消防打更人”品牌建设，打造3座主题公园、13座科普场馆，累计接待群众8万人次。

【后勤保障】2021年，邵阳市“十四五”消防救援事业发展规划历史上首次列入市级重点专项规划目录。累计投入6330.77万元，完成21个基础项目建设，市消防救援支队综合训练馆、经开区消防救援站、新宁崀山山岳救援站、邵阳县小型站建成并投入使用，市消防救援支队战勤保障业务用房、武冈老城区小型站、桃花新城消防站即将投入使用，隆回小型站、洞口二站实质性启动。投入4319万元采购消防车辆13台、模块箱3个、各类器材装备18614件（套），车辆装备不断升级换代。向全市队伍发放被装57304件（套），政府专职消防员、消防文员发放被装36个品种共15426件（套）。

（邓卓鹏 张众鑫）

邵阳海关

【概况】 2021年，邵阳海关监管货运量411吨；实际入库税收2222.9万元；结关进出口报关单863票，其中进口773票、出口90票；备案加工贸易手册25本，备案金额11386.3万美元；受理进出境货物检验3641批次、货值26.8亿元，同比分别增长6.2%、-8.1%；受理危包检验鉴定5679批次、887.4万件，同比分别增长49%、-4.4%；签发原产地证书2340份，涉及金额8532.2万美元。新注册企业201家，邵阳关区共有注册企业1455家；全年办结核查作业87家，查发率18.4%；开展稽查作业5家，查发率80%；全年办理案件12起，罚款4.99万元。

落实国务院关于加快推进《区域全面经济伙伴关系协定》（RCEP）落地的部署要求，开展RCEP宣讲及专题培训；指导农产品、白酒、锂电池等企业出口，实现“零”的突破；指导市环卫基础设施有限公司办理关税、增值税减免，帮助企业减免税 156 万元。

加强人员执法资质储备。报名参加总关组织的执法资质考试，全体关员均取得至少 1 项业务资质，7 名关员取得 6 项以上执法资质，人均获得业务执法资质数 4.13 项，人均执法资质数为长沙海关关区第一名。

推进文化建设“五个好”活动，收集建议 35 条，制作并推送“红色湘关”8 期，发表统计分析和调查研究论文 35 篇。启动“红色堂”和“职工书屋”，邵阳海关职工书屋被评为“湖南省直职工书屋示范点”称号。

【综合监管】2021年，邵阳海关根据《长沙海关安全生产专项整治三年行动问题隐患清单》，对隶属海关需长期坚持的13个问题制定整改措施，并报送有关材料，开展“安全生产月”系列活动，对执法领域开展全面自查，对排查出风险隐患第一时间整改到位；加强保税监管场所管理，定期对进口保税仓和出口监管仓开展视频检查，结合安全生产专项整治工作对辖区4家保税监管场所开展实地巡查，移交案件线索1条。与市市场监督管理局对接，首次开展部门间联合抽查3家。

抓好常态化疫情防控，开展安全防护培训，加强进出境动植物及产品风险监测与预警，做好进境生牛皮检验、供港澳活猪饲养场日常监管及非洲猪瘟等疫情疫病风险监控，开展外来有害生物监测、进口食品“国门守护”行动、出口食品安全抽检和风险监控，确保邵阳未发生进出口领域区域性系统性的重大安全事故。

深化全员打私。召开邵阳海关缉私工作会议，邀请缉私局法制处专家对全体关员作打私工作指导。协助召开邵阳市打击走私综合治理工作会议，推动县市区地方政府加强组织领导、统筹协调和综合保障；协助市公安局经侦支队开展打击外贸行业虚开增值税发票和骗取出口退税活动；与市邮政管理局、市烟草专卖局建立打击电子产品、香烟、高档消费品等重点涉税商品走私的工作机制；开展“国门利剑 2021”等专项行动。

【服务地方经济】2021年，邵阳海关主动服务外贸企业，持续压缩通关时间，开设快速通关“绿色通道”，推广“提前申报”“两步申报”等通关便利措施。持续深化关区行政审批改革工作，动态调整关区行政许可事项清单及服务指南，进一步落实加工贸易便利化政策，指导企业利用“金关二期”保税业务系统，简化加贸审批业务流程，提高审批效率。优化原产地证书申领，加强自贸协定优惠原产地政策宣传，指导企业运用优惠贸易协定降低出口成本，享受贸易国税收优惠，推广原产地证书“智能审核”，引导企业通过“单一窗口”自助打印原产地证书，提升办理效率。鼓励加工贸易产品内销，简化加工贸易产品内销手续，促进邵阳加工贸易企业降成本、转内销。

支持保税改革试点，与各县（市、区）就“两仓”建设审批沟通对接，联系协调长沙海关职能部门，指导邵阳县红石公司开展“两仓”设立审批及建设，隆回县永煜隆“两仓”挂牌运行。助力乡村振兴，将中药材、茶油、水果、生猪和肉制品、化工产品等相关企业作为重点服务对象，扶持中小微企业走出去，推动县域外贸发展。培育外贸主体，落实邵阳“万企闯国际”部署，开展“放管服”改革，简化备案流程和手续，引导外贸企业就地办理海关业务。加强外贸形势分析和政策研究，向市委、市政府呈报《邵阳海关要情》6期，提出政策建议14条。开展对美国、非洲、东盟的外贸企业相关贸易状况监测。

【巡视反馈问题整改】 2021年，邵阳海关对照总署巡视反馈意见指出的42个问题，逐项对照，共认领28项，自查出本关有问题表现8项，研究制定具体整改措施56项，印发《邵阳海关党委对总署党委巡视反馈意见整改方案》《邵阳海关党委落实总署党委巡视反馈意见整改工作任务分解表》，逐项明确措施内容、责任领导、主协办部门和时限要求等，其中立行立改41项，中期整改5项，已全部整改完成；长期整改10项，按要求推进。

【“现场监管与外勤执法权力寻租”专项整治】 2021年，邵阳海关加强“现场监管与外勤执法权力寻租”专项整治的对外宣传，利用“关企微信群”向外贸企业公示通报整治重点、举报途径及举报奖励措施，主动接受群众监督，拓宽宣传引导、掌握廉情的覆盖面。关党委委员与关员、协管员谈心谈话全覆盖。开展“关长接待日”活动，与派驻纪检组到有关企业及行业协会调研，与重点企业召开座谈会，开展专项整治工作宣传，听取企业意见建议，收集问题线索。对照《专项整治重点问题参考提纲》，排查出易被利用寻租的业务管理薄弱环节及问题反映集中、风险点聚集的关键岗位8个，排查廉政风险点16个，并针对各个风险点和关键岗位，制定防范措施16条。

（赵佳威）

农　业

农业农村

·综 述·

【概况】2021年，邵阳市完成农林牧渔业总产值697亿元，增长10.6%。其中，完成农业产值358.5亿元，增长4.2%；完成牧业产值263.2亿元，增长20.3%；完成林业产值20.9亿元，增长7.9%；完成渔业产值19.4亿元，增长2.9%，水产品产量9.67万吨，增长0.7%；完成农林牧渔专业及辅助性活动产值34.9亿元，增长7.0%。农业增加值408.9亿元，增长9.4%，增速均排名全省第四。农村居民人均可支配收入1.57万元，同比增长11.2%，增速排名全省第一。

重要农产品供给 全市粮食总播种面积746.7万亩，超过省定任务2.7万亩，总产量336万吨，超过省定任务11万吨，粮食生产面积和产量继续在全省保持第二位。生猪存栏470.39万头，完成省定任务的104.5%；生猪出栏683.37万头，完成省定任务的113.9%。能繁母猪存栏43.68万头。生猪存栏、出栏数量均排名全省第二。猪肉产量49.6万吨。

农业基础设施建设 全面完成39.99万亩高标准农田建设任务，完成省下达的53.98万亩高标准农田建设任务主体工程建设。到年底，全市已建成高标准农田358.52万亩（含2021年的53.98万亩）。提升农机智慧智能化管理水平，全市所有县市区都建有农机智能管理平台，大量拖拉机、插（抛）秧机安装北斗终端系统。完成农机购置补贴资金9700.92万元，受益农机户4.44万户，推广机具4.9万台。全市农机总动力521万千瓦，水稻耕种收综合机械化水平达77.71%，现代农机合作社发展到234家。推进犬木塘水库工程建设，实施81座小型水库除险加固，完成4个中小河流治理工程。提升气象防灾减灾能力，市突发事件预警信息发布系统建成使用。

巩固拓展脱贫攻坚成果 推进巩固拓展脱贫攻坚成果同乡村振兴有效衔接，全面部署、全域推进乡村振兴战略实施。全市8个贫困县市全部脱贫摘帽，1074个贫困村全部出列，114.1万名贫困人口全部脱贫，减贫人口全省最多。守住不发生规模性返贫“底线”，加强防止返贫监测帮扶，实现应帮尽帮、动态清零。全面实施乡村振兴战略“七大专项行动”，建立“一月一考核、一月一讲评、一月一通报”机制。选派各级驻村工作队1442支3984人，实现338个重点帮扶村和209个省级示范创建村全覆盖。

乡村产业发展 发展壮大茶叶、油茶、油菜、水果、中药材、南竹、草食畜牧、家禽、水产、蔬菜十大农业优势特色产业，全面推进品牌强农、特色强农、产业融合强农、科技强农、人才强农、开放强农“六大强农”行动。

乡村建设乡村治理 完成改厕4.81万户，农村卫生厕所普及率达76%。村民委员会通过村规民约制定乡村清洁管理制度、落实乡村清洁责任制的行政村比例达100%。按照“扫干净、摆整齐、讲秩序、改习惯”总目标，持续开展村庄清洁行动。全市有省级美丽乡村示范村75个、省级特色精品乡村13个。邵东市堡面前乡大羊村、隆回县岩口镇向家村、洞口县竹市镇向阳村、城步苗族自治县丹口镇花龙村、新宁县清江桥乡桃花村5个村成功申报第二批全国乡村治理示范村。在全省率先完成市县乡村四级林长制体系建设。

涉农改革 稳慎推进农村宅基地制度改革，全市202个乡镇（街道）均建立农村宅基地联审联办工作机制和“一站式”办事窗口。全面推进供销合作社综合改革，组建邵阳市供销集团。南山国家公园设立“两报告一方案”通过国家级专家评审。开展村级集体经济消薄攻坚行动，原54个村集体经济“空壳村”全部消除，提升510个经营性年收入低于5万元的薄弱村。

是年，邵阳市获评全省粮食生产安全省长责任制考核优秀单位、全省粮食生产先进市、全省耕地抛荒治理先进市。市农业农村局获评全省脱贫攻坚先进集体。

【市委农村工作会议】2021年2月18日，邵阳市委农村工作会议召开，会议以电视电话会议形式召开，各县市区设分会场。市委书记、市人大常委会主任龚文密在会上讲话，市委副书记、市长刘事青主持会议。会议强调，要抓好巩固拓展脱贫攻坚成果同乡村振兴有效衔接；要确保粮食和重要农副产品生产供应安全；要全面推进乡村振兴，加快推进农业农村现代化；要以贯彻落实《中国共产党农村工作条例》为统揽加强党对“三农”工作的全面领导。会议通报表彰2020年度农业农村工作先进县市区、2020年度全市农村人居环境整治工作先进单位和先进个人、2020年度全市实施乡村振兴战略先进单位和先进个人，武冈市、邵东市、新宁县和隆回县在会上作相关经验交流发言。

【推进“六大强农”行动】2021年，邵阳市全面推进“六大强农”行动。品牌强农方面，建立起以“邵阳红”品牌为龙头、“一县一特”品牌为支撑、农业产业化龙头企业品牌为基础的农业品牌体系。崀山脐橙品牌成功入选2021年湖南省“一县一特”优秀特色农产品。全市已有国字号冠名的农业品牌12个、湖南省农业区域公用品牌6个。特色强农方面，加快发展十大农业优势特色产业，做大做强中药材、柑橘等优势特色产业集群，邵东市和隆回县成功纳入湖南省“湘九味”中药材优势特色产业集群建设，新宁县柑橘产业集群建设稳步推进；推进现代农业产业园建设，邵东市（邵东中药材）被认定为省级现代农业产业园（续建）创建项目，8个产业园被认定为现代农业特色产业园省级示范园创建项目。产业融合强农方面，农产品加工企业发展到6912家，加工业产值1622.84亿元；拥有市级以上龙头企业360家，其中国家级5家、省级74家，产值1亿元以上的农业产业化龙头企业136家、产值超过10亿元的1家；农民合作社发展到8936家，家庭农场17284家；城步苗族自治县长安营镇成功创建国家级农业产业强镇，隆回县七江镇、洞口县古楼镇、邵阳县塘田市镇成功创建省级农业产业强镇。科技强农方面，建设农业科技试验示范基地5个，建立高标准科技示范推广基地10个，示范面积1.12万亩；开展涉农科研课题及实验62个。人才强农方面，开展农村实用人才各类培训629期，培训人员80628人，实现所有行政村全覆盖；完成高素质农民培育5844人。开放强农方面，湖南坤乾食品有限公司成功申报省高质量农业出口企业特色产业园建设项目，全市农产品出口额1.98亿美元（不含皮革、羽绒、发制品）。

（颜文彬、罗卫华）

·种植业·

【概况】 2021年，邵阳市粮食播种面积746.7万亩，粮食总产量336万吨，粮食产量和面积居全省第二位。其中，早稻面积168.39万亩，比省定任务增加4.39万亩；早稻总产量70.74万吨，增速排名全省第一位。

油料收获面积179.18万亩，总产油料21.79万吨。其中，实收油菜面积151.21万亩，总产量16.47万吨，产值49.4亿元；花生收获面积26.48万亩，总产花生果5.09万吨。蔬菜种植面积234.67万亩，总产量322.7万吨，全产业链产值180亿元。烟叶种植面积5.97万亩，总产量0.86万吨。西甜瓜种植面积27万亩，总产量40.11万吨。水果新扩橘园1.3万亩，其中脐橙新扩1万亩，宽皮橘新扩0.2万亩，蜜柚新扩0.1万亩。水果总面积141.2万亩、总产量122.7万吨，全产业链产值175.78亿元，其中柑橘面积115.29万亩、总产量110万吨。中药材种植面积95万亩，总产量22.04万吨，全产业链产值165亿元。茶园（含野生茶）面积46.92万亩，绿色防控面积8.59万亩，干毛茶产量6686吨，其中绿茶3544吨、红茶2240吨，全产业链产值65.98亿元，主要品牌有古楼云雾茶、宝庆桂丁茶、魏源云雾茶、新宁野生茶、青钱柳茶、城步峒茶等。油茶林面积205.8万亩（排名全省第五位），产量3.5万吨，全产业链产值63.8亿元。南竹面积252.3万亩，立竹5.45亿根，居全省第一位，全产业链产值48.1亿元。

【种业管理】 2021年，邵阳市围绕粮食、重要农产品稳产保供和地方特色品种提纯复壮需要，开展种业振兴行动。利用绥宁、武冈2个国家级杂交水稻制种基地的政策、规模、技术优势，做大做强水稻制种，水稻制种企业达34家，制种面积12.1万亩，制种面积和产量占全省三分之一、全国8%左右。全省杂交水稻机械化制种技术现场观摩与技术培训会连续2年在武冈市举办。全市拥有邵阳市西甜瓜、邵东市中药材（玉竹）2个国家级区域性良种繁育基地，西甜瓜种子产销量占全国种子市场的10%左右，小果型西瓜选育与推广在全国处于领先地位，种子辐射全国及东南亚部分国家和地区。市农业科学研究院启动市级种子资源库建设，新增保存资源100余份，涵盖8种农作物。开展柑橘无病毒种苗园建设和新邵县野生资源调查。

【综合服务】 深入开展植保植检工作，全市主要粮食作物病虫害专业化统防统治面积完成308.8万亩，覆盖率达43.3%；所有作物实施病虫害绿色防控面积完成561.7万亩，覆盖率41.8%。农药使用量为3953.6吨，较2020年4006.8吨减少1.3%。病虫危害整体损失率总体控制在4.3%。切实加强农药监督管理工作，全市农药门店发证率100%。积极开展农药质量抽检，省市共抽检样品45批次。巩固发展测土配方施肥，推广实施测土配方施肥技术面积1146万亩，主要农作物测土配方施肥技术覆盖率达90.8%。推进有机肥替代化肥，全年推广商品有机肥6.7万吨，应用面积47.4万亩；推广堆肥等农家肥81.1万吨，施用面积134.26万亩。稳妥有序开展农技推广工作，推广水稻农药减施增效综合防控技术、水稻机械化育秧、盘育抛秧技术、直播油菜绿色轻简高效生产技术、甜糯玉米综合利用技术、羊肚菌简易拱棚栽培技术等农业主推技术，推广面积达724.11万亩。

（颜文彬、罗卫华）

·畜牧水产业·

【概况】 2021年，邵阳市出台《关于印发〈邵阳市生猪产能调控实施方案〉的通知》《关于印发2021年生猪稳产保供任务目标的通知》等生猪调控政策文件。开展“生猪贷”项目，农担公司受理生猪贷项目202笔涉及资金2.5亿元，贷款余额2.13亿元，新增贷款0.22亿元。年底全市生猪存栏470.39万头，增长30.5%，完成省定任务的104.5%；生猪出栏683.37万头，为省定任务的113.9%。能繁母猪存栏43.68万头。生猪存栏、出栏数量均排名全省第二。出栏牛21.8万头，下降0.5%，牛肉产量2.47万吨，年末存栏50.6万头；山羊出栏79.68万只，增长14.8%，羊肉产量1.31万吨，年末存栏59.14万只；全产业链产值58亿元。家禽出笼4463.84万羽，生产禽肉6.45万吨，禽蛋1.94万吨，全产业链产值35.36亿元。水产养殖面积39.64万亩，水产品总量达9.67万吨，增长0.73%；实现渔业产值24.1亿元，全产业链产值35.36亿元。全市稻田综合种养面积30.69万亩，稻田综合种养水产品产量0.9万吨。集约化养殖1.06万立方米，产量0.15万吨，泥鳅养殖面积0.48万亩，产量0.17万吨；小龙虾养殖面积约4万亩，产量0.12万吨；湘莲种植面积0.97万亩，产量0.29万吨。

【动物疫病预防控制】 2021年，邵阳市落实落细非洲猪瘟常态化防控措施，市本级对全市13个屠宰场、9个无害化处理场（收集点）、364个生猪规模场等进行全面、持续非洲猪瘟监测，采集、检测非洲猪瘟样品2.59万份。全市屠宰场均实行非洲猪瘟自检批批检、全覆盖，自检样品11.37万份。36个临时哨卡检查生猪调运车辆1448车，生猪3.83万头，查处违规调运生猪案件9起，采集检测生猪样品636份、车辆环境样品1017份，检出非洲猪瘟阳性72份，无害化处理问题生猪1402头。强化生猪产地检疫，生猪产地检疫率80%。全面实施动物疫病强制免疫计划，牲畜口蹄疫、高致病性禽流感、小反刍兽疫免疫密度达95%以上，猪瘟、鸡新城疫的免疫密度达90%以上，规模养殖场（小区）和专业户畜禽重点病的免疫密度均为100%。经秋季集中免疫效果评估，全市口蹄疫抗体总体合格率达88.2%、H5禽流感抗体合格率达92.4%、H7禽流感抗体合格率达95.5%、小反刍兽疫抗体合格率达99.1%。

（颜文彬、罗卫华）

·农业综合管理·

【农机管理】 2021年，邵阳市围绕机耕、机插、机收、机械植保、机械烘干和秸秆综合利用等环节，提高农机社会化服务水平。截至年底，全市插秧机（抛秧机）保有量2698台套，其中高速插秧机564台套、手扶插秧机1980台套、粮食烘干机1085台套、植保飞机289架、大中型拖拉机2241台、谷物联合收割机5243台，全年完成机耕整地590.49万亩，机插秧面积264.68万亩，机械收割539.51万亩，水稻耕种收综合机械化水平77.71%，比上年度提升2.4个百分点。全年实施农机购置补贴9700.93万元(其中国补8889.33万元，省补811.6万元），受益农机户4.44万户，推广机具4.9万台。发展农机社会化服务组织，新增现代农机专业合作社10家、省级示范社7家、全程机械化综合农事服务中心2家，全市现代农机专业合作社达234家、省级示范社达27家、全程机械化综合农事服务中心4家。开展农机安全生产大检查、隐患排查整治、“打非治违”和变型拖拉机顽瘴痼疾专项整治行动，全年没有发生农机亡人事故。变型拖拉机顽瘴痼疾专项整治报废拆解变型拖拉机828台、提前报废变型拖拉机108台。配合公安交警部门开展联合执法368次，查处变型拖拉机长期脱检、逾期未报废、无牌无证上路行驶等违法行为326起。

【农产品质量监管】 2021年，邵阳市逐步构建农产品质量安全监管长效机制，358家企业、838个产品入驻湖南省身份证管理平台，252家企业入驻国家农产品质量安全追溯平台。制订出台《2021年邵阳市农产品质量安全监测计划》，协助部、省开展例行监测、监督抽查，抽样1170批次，合格率99.12%，市本级开展例行监测、监督抽查、风险监测6168批次，合格率99.4%。全市所有绿色食品、有机食品、地理标志农产品均制定生产技术规程，实行标准化生产。著名品牌、特色农产品、农产品生产基地、农产品规模生产经营企业全部实行农产品“身份证”赋码溯源管理。截至年底，全市拥有“两品一标”有效产品296个，其中绿色食品产品280个、有机食品认证产品7个、地理标志保护产品9个。

【农村经营服务】 2021年，邵阳市持续推进农村承包地“三权分置”改革，全市农村土地流转规模发展到273.74万亩，占耕地总面积的41.56%，占全市确权面积的51.69%。健全农村土地承包经营纠纷调解仲裁体系，成立农村土地承包仲裁委员会12个，仲裁委员会组成人员数226人。持续深化农村集体产权制度改革，完成2020年资产年度清查工作任务，清理核实资产117.11亿元，核实经营性资产总额16.05亿元；集体土地2666.53万亩，其中农用地总面积2478.61万亩、建设用地187.92万亩，全部录入全国农村集体资产清产核资管理系统，清查率和上报率均为100%。发展农村集体经济，全市3432个村（含涉农社区）实现经营性收入2.27亿元。促进小农户与现代化农业发展有机衔接，全市有家庭农场17284

2021年3月3日，市农业综合行政执法支队开展农资打假活动。图为队员现场检查（申兴刚 供图）

家，其中省级示范场83家、市级示范场204家。在市场监管部门注册登记的农民合作社达8936家，其中国家级示范社29家、省级示范社135家、市级示范社204家、县级示范社797家。合作社成员达45.76万户，占农户总数的30%。

【农业综合行政执法】 2021年，邵阳市农业综合行政执法支队开展农资打假“湘剑护农”、长江流域十年禁捕、渔政“亮剑2021”、防控非洲猪瘟、严厉打击私屠滥宰违法行为、粮食领域腐败专项整治、农村宅基地督查等专项整治行动。全年立案48件，罚没款34万元，受理市政府“12345”热线工单46起，受理电话举报123起，办结满意率100%。开展“湘剑护农”农资打假专项治理行动，检查发现问题57起，下达责令整改通知书52份，立案11起。建成邵阳市智慧渔政高位监控系统和智慧渔政培训中心，构建“人防+技防”的立体化防控网络，实现对邵阳城区全流域24小时不间断、全方位、实时监控。开展“渔政亮剑2021”系列专项执法行动，没收涉渔“三无船舶”10艘、背包式电鱼设备16套、各类网具1026副（根），向公安机关移交案件8起。开展防控非洲猪瘟专项行动，立（结）案3起，罚没款16.5万元。开展农产品质量安全专项整治“利剑”行动，检查发现问题18起，下达责令整改16份。开展粮食领域腐败专项整治，检查仓储、涉粮企业21家，发现问题16个，交办整改16个。支队被授予“2016—2020年全国依法治理创建活动先进单位”称号。

【农村人居环境整治】 2021年，邵阳市开展垃圾处理农户缴费制度试点，全市有2113个行政村实行垃圾处理适度收费制度，年收费总额达6578.83万元。全面推广“一村一站一员”工作机制，全市有村级回收站1925个、乡镇回收中心112个、县级分拣中心8个，形成全市统一的再生资源回收网络体系。10个县市区实现所有行政村垃圾统一运转，全市农村生活垃圾处理率达99.3%。持续开展村庄清洁行动，清理农村生活垃圾86.48万吨、村内水塘2.14万口、村内沟渠2.32万公里。累计投入8.53亿元用于农村人居环境整治，完成农村改厕4.81万户，占2021—2022年任务（6.40万户）的75.15%。总投资分别为6.54亿元、4.34亿元的新邵县、邵东市两个生活垃圾焚烧发电PPP项目建设进展顺利。全市危房改造0.34万户，拆除空心房1.23万户，清除垃圾死角5.63万处。

【“邵阳红”品牌建设】 邵阳市从2018年起实施品牌强农战略，培育和打造涵盖全市大多数特色农产品的全品类品牌——“邵阳红”，“邵阳红”产品分为生态茶饮、优质粮油、绿色果蔬、美味食品、地道中药等五大类别。2021年，在中央电视台音乐频道播出“邵阳红”品牌主题歌《天下邵阳红》；从7月10日起在湖南卫视《卫视气象站》栏目播出“邵阳红”品牌广告，持续时间一年；在湖南省优质农产品展示展销中心设立“邵阳红”展区，5月1日正式运营，40余家“邵阳红”企业的产品入驻。10月，“邵阳红”品牌通过集体商标注册审批，在27日召开的全国规范商标注册培训暨经验交流会上推介创建经验，被评为2021湖南茶叶乡村振兴十大领跑品牌。截至年底，有97家企业、198个优质产品进入品牌目录。

【美丽乡村建设】 2021年，邵阳市推进4个省级全域美丽乡村示范乡镇、27个省级美丽乡村建设示范村、10个省级特色精品乡村创建，累计整合项目建设资金7.53亿元，完成建设项目263个。坚持规划先行，37个省级美丽乡村（精品乡村）示范创建村均完成近期或中长期村庄规划设计。发展特色产业，各示范乡镇、村累计发展特色种植产业10.63万亩。改善人居环境，各创建村建立健全红白喜事理事会、村民理事会等群众组织，倡导移风易俗。各创建村村集体收入都达10万元以上，农民人均纯收入高于各自县市区农民人均纯收入的40%以上。年内新增省级美丽乡村示范村23个、省级特色精品乡村8个，全市省级美丽乡村示范村达75个、省级特色精品乡村达13个。

（颜文彬、罗卫华）

·农业科研与科普·

【农业科学研究】 2021年，邵阳市农业科学研究院依托5个国家级科

2021年5月25日，市农科院农业专家在新邵县玉辉农林“精灵果果”蓝莓园基地进行技术指导（申兴刚 供图）

研综合平台及3个省级农业产业技术体系（蔬菜、水果、旱作）湘中综合试验站，开展各项科研课题及试验62个，比上年增加23个，增长59 %。落实科研项目19个、项目资金700多万元，同比增长55.4%。获省农业丰收计划二等奖1项、在各类省级以上刊物发表论文12篇，制定各类农业技术标准8项。建立西瓜、柑橘、蔬菜、水稻、茶叶等高标准科技示范推广基地10个，示范面积1.12万亩，推广面积20万亩以上，带动农户12万户以上。选派35名科技特派员、“三区人才”科技专家联点36家农业企业，指导企业开展标准化生产、加工工艺改进及品牌创建；选派技术专家63人次深入基层开展农技服务，面对面解决农业技术难题，开展现场指导1200次，转化科技成果18项。

【农民素质教育】 2021年，邵阳市农业农村系统因地制宜开展水稻、烟叶、中药材、水果、蔬菜、油茶种植技术以及生猪、家禽等养殖技术培训，举办各类培训班260场（次），培训3.6万余人次，发放技术资料2.2万余份。建设农民田间学校23所，其中新建3所。派送“三农”干部培训人选12名，赴岳阳、长沙等地美丽乡村示范点实地开展培训学习。实施“农广助农”培训工程，培训人员310名。

（颜文彬、罗卫华）

林 业

【概况】 2021年，邵阳市完成营造林140.05万亩，为省下达任务数的124.27%；森林覆盖率稳定在61.02%，活立木蓄积量稳定在8403万立方米；天然草地面积增至30.8万亩，全省排名第三；草地综合植被盖度85.03%；全市油茶林总面积205.82万亩，全省排名第五，茶油年产量达3.5万吨，年直接产值达36亿余元；楠竹面积增至252.35万亩，立竹量增至5.61亿根，资源总量全省第一位；湿地保护率保持在72.05%；全市林业产业总产值达447亿元。

全市有国有林场36个，国有林场在岗职工2840人；林地面积223.2万亩，其中国有林地面积216.9万亩；森林蓄积量1376.2万立方米。公益林面积177.7万亩，其中国家级公益林136.6万亩。国有天然林面积66.2万亩，国有天然林蓄积量342.1万立方米。洞口县桐山国有林场被评为“全省国有林场质量管理十佳单位”，邵阳市宝庆国有林场、洞口县大湾国有林场被授予“秀美林场”称号。

全市有湿地1457.32公顷，主要分布在洞口县、隆回县、武冈市、城步苗族自治县、新宁县和绥宁县等地（占全市湿地的77.70%），湿地保护率达65.87%。

市林业局全面启动森林火灾风险普查，对全市各县市区和林场进行地毯式摸底排查，发现和整改各类隐患100余处。

【林业产业】 2021年，邵阳市林业产业总产值达483.4亿元，比上年增长8%。重点推动油茶、楠竹产业及林下经济、花卉苗木、生态旅游和森林康养等产业发展。油茶产业。新造油茶林3.92万亩，完成油茶低产林改造7.71万亩、油茶小作坊升级改造13家，油茶籽增产近30%，油茶产业产值达63.8亿元，增长19%，居湖南省第四位；获“湖南茶油”公用品牌授权企业3家，“湖南茶油产品”7个。“邵阳茶油”获国家地理标志证明，邵阳县被誉为“中国茶油之都”，获“邵阳油茶中国特色农产品优势区”称号，为国家油茶产业示范园、国家油茶标准化示范县、全国木本油料特色区域示范县。楠竹产业。建设竹林道示范路66.6公里，完成2个竹笋深加工企业生产线提质升级。竹产业产值达48.1亿元，绥宁县被誉为“中国竹子之乡”，为国家林业产业示范园区。林下经济产业。涵盖林药、林菌、林禽、林畜、林游和林产品加工等多种模式，形成“一县一业”的发展态势。年内新建成国家级林下经济示范基地1家，全市国家级林下经济示范基地9个、省级林下经济示范基地33家、省级木本药材与特色林下经济产业园5个。林下经济产值达45.44亿元。花卉苗木产业。形成以绿化苗木和以鲜切花、高档盆花为主两大花木区域布局，建成38个大中型花木生产基地、3个大中型花木交易市场和10个小型花木交易市场，建有以紫薇、金银花、玫瑰花为主题的3个省级林业特色产业园；年产花木4994.9万株（盆），年产值达68.4亿元。生态旅游和森林康养产业。利用生态良好、环境优美的森林景观，开展森林观光、休闲度假、科普教育、森林养吧疗养和乡村、民俗等森林生态旅游，推进森林康养示范基地建设。新宁崀山获评第一批省级森林康养基地，全市生态旅游和森林康养相关产业实现年综合收入78.17亿元。

【森林资源管理】 2021年，邵阳市林业局深化“放管服”改革，市政务中心林业窗口办结业务55起，“好差评”系统满意率达100%。创新服务手段，从项目可研阶段提前介入，做好政策对接，高效完成审批办结。强化森林资源监管和森林督查措施，外业实地核实疑似图斑3486个、面积4087.93公顷，核查存在破坏森林资源的图斑653个、面积498.86公顷。稳步推进“一张图”年度更新与国土“三调”数据融合。

【自然保护地管理】 2021年，邵阳市开展自然保护地整合优化。全市原有各级各类自然保护地56处，批复面积390115.74公顷，在整合优化过程中，根据专家评审投票结果，撤销8个没有保护价值的县级自然保护区，撤销面积1950.90公顷。各级各类自然保护地数量为48处、批复面积388164.84公顷、落图面积385060.32公顷，经整合优化后为35处，其中林业部门管理33处、农业部门管理2处，批复面积292062.36

公顷。

【林草融合】2021年，邵阳市系统推进林草融合。完成营造林140.05万亩，为省定任务的124.27%，其中人工造林21.66万亩、封山育林37.5万亩、退化林修复30.2万亩、森林抚育50.69万亩；完成人工种草和草地改良1.89万亩，为省定任务的115.16%。开展草原保护科研，完成南山国家公园草甸生态系统保护修复第一期2万亩，推进第二期2万亩；建设湖南省草种质资源中期储存库，收集本土野生草种质资源300余份，建立全省第一个乡土草种质资源田间保存圃（库）；推进热性草丛、山地草甸退化草地生态修复试点。

【生态保护修复】2021年，邵阳市强化生态保护修复，完成国家重点工程人工造林 7.56万亩、封山育林4.27万亩、退化林修复1.83万亩、森林抚育2.32万亩；完成生态廊道建设2.57万亩，其中9个县市完成2.12万亩、市本级完成0.45万亩，打造2个高标准生态廊道建设市级示范点。

【城乡一体绿化】2021年，邵阳市推进开展城区绿化“六进”活动，实施城乡绿化“五大行动”，28个“补天窗”“补短板”项目、4大公园18条干道绿化提质，打造银杏、桂花等一批特色主题大道；对主城区内21处、500多公顷生态良好森林以城市公园标准实施挂牌保护；率先在全国建成习近平生态文明思想教育实践基地和宣教馆。在城郊建设80公里环城林带、郊野公园、生态休闲氧吧；建成3个郊野公园、6个森林生态休闲氧吧、38个生态庄园。隆回县、绥宁县成功创建省级森林城市，全市省级森林城市总数达5个；完成美丽乡村“四旁”造林5.81万亩，建设评定绿色村庄（森林乡村、秀美村庄）2633个，推进24个森林小镇、34个国家森林村庄建设，村庄绿化率提高到44.1%；开展“送苗下乡”活动365场次、免费为群众送珍贵、绿化、果苗398万株。全市适龄公民参加义务植树 373.09万人次，完成义务植树2032.96万株，尽责率90.52%；各县市区活动组织率100%、机关企事业单位活动开展率98%。引导特定群体营造“党建林”“廉政林”“共青林”“红旗林”等各类纪念林358处，建成5个市级、36个县级、588个乡镇级、1026 个单位、2369 个小区的义务植树基地或认建认养点。

【草地资源保护】2021年，根据国土“三调”结果，邵阳市草地30.8万亩，资源数量排名全省第三，占全省草地资源比例为14%，草地综合植被盖度为85.03%，草品种“曲丹8号”苏丹草、“速丹79号”高丹草获国家草品种审定委员会审定通过，实现湖南草品种审定30年“零”的突破。完成湘中丘陵区草种资源调查，采集有开发利用价值的乡土草种资源380份，其中收集艾草、金银花、半夏3种药用植物野生资源达30多种，并完成内业数据整理。组织完成《湖南野生草类种质资源》专著编撰。

【野生动物保护、森林防治】2021年2月，由邵阳市林业局牵头，联合各相关部门开展打击破坏野生动物资源违法犯罪，加强野生动物资源及其栖息地保护，进一步巩固禁食野生动物和“十年禁渔”等成果的“清风行动”。全市累计办理野生动植物违规交易行政案件18起，移交刑事案件31起，罚款20.95万元，打击处理犯罪人员67人，刑事拘留10人。未发生案件应受未受理情况。

全市调查松林面积 486 万亩，监测普查率达 100%，枯死松树28549 株（其中 263 株为干旱、风折、雪压、火烧等致死），取样 1080 株；松材线虫病发生区域为邵东市、绥宁县、邵阳县、城步苗族自治县、武冈市、新邵县、大祥区和双清区，发生总面积 2.8863 万亩，分布在 25个乡镇（场）、716个小班，枯死松树、濒死松树 28229 株。2020 年 11 月至2021 年 4 月，全市完成枯死松木清理工作，清理 67487 株，为计划量29762 株的 226%。2021 年主要林业有害生物发生面积 53.63 万亩，危害程度以轻度为主，主要发生区域在绥宁县、洞口县、隆回县、新邵县。全市成灾面积 2.19 万亩，占全市林地面积 1983 万亩的 1.1‰。全市防治面积 19.95 万亩，其中无公害防治面积 18.89 万亩。

【林长制建设】2021年，邵阳市在全省率先完成市、县、乡、村四级林长体系建立，初步构建“一长三员”分区负责的网格化管护体系。全市有林长11623名，其中市级林长4名、县级林长218名、乡级林长1479名、村级林长9922名。相应出台八项林长制配套制度；科学划分管护网格，按照“市联县，县包乡，县、乡包村”原则，实现3504个村（社区）管护网格化全覆盖，共有各级林长11464名、监督员2094名、执法员1223名、护林员9865名，在责任区域显著位置设立林长公示牌3868块。

【林地执法】2021年，邵阳市林业系统持续开展“绿网2021”林地和林木采伐管理清理整治专项行动，检查重点疑似点440个，确定270个重点案件线索。截至年底，实现结案率100%、林地回收100%、植被和林业生产条件恢复100%，收缴罚没款2400多万元，回收林地980亩，补办使用林地行政许可48起，补缴植被恢复费820多万元，移送刑事案件30起，对16名工作人员进行问责追责。

（李 哲）

水 利

【概况】2021年，邵阳市推进国家重点水利工程犬木塘水库建设，枢纽工程一期围堰提前30天合龙、右岸主体首仓混凝土提前47天开始浇筑，灌区工程5号、3号支洞分别提前100天和75天进入主洞施工，“四个提前”跑出新的“邵阳速度”。创新河长制工作，在全省率先全面铺开上下游、左右岸联动共治工作机制，获省河长制工作简报推介。

农村供水工作实现千吨万人规模水厂水质检测和人员培训全覆盖，推进农村供水工程全覆盖。

是年，市水利局驻邵东市双凤乡山水村帮扶工作队被水利部表彰为全国水利扶贫先进集体，市水利局被省表彰为脱贫攻坚先进集体，市水利局获评省第七届“人民满意的公务员集体”，隆回县入选国家水土保持示范县，市水利局党委书记、局长伍先明被水利部表彰为全国农村饮水安全脱贫攻坚先进个人。

【水利设施建设】 2021年，邵阳市水利基础设施犬木塘水库建设完成年度投资20.01亿元。推进防汛抗旱水利提升工程建设，新邵县、邵阳县城区防洪保护圈工程完成投资100%；开工建设7个主要支流治理项目，完成4个中小河流治理工程，建成市区三里桥溪治理工程和仙人井排渍泵站项目；实施重点山洪沟治理3条。巩固拓展水利扶贫成果同乡村振兴水利保障有效衔接，建设安全饮水巩固提升工程50处，巩固和新增自来水人口约3.85万人，开展大圳灌区和5个中型灌区续建配套与现代化改造。

【水利工程运行管护】 2021年，邵阳市水库安全运行专项核查实现常态化。从上年度开始即对水库、电站安全运行实行市、县两级常态化、全覆盖检查，全年市水利局对2座大型、32座中型、333座重点小型水库及16座水电站进行安全运行专项核查，对存在安全隐患采取“一单四制”限期整改，确保水库大坝全年运行安全。落实农村供水工程维修养护，维修养护农村集中供水工程529处，落实中央及地方财政维修养护资金3795万元，受益农村人口209.93万人。实施病险水库除险加固。完成邵东流光岭、武冈威溪、邵阳县张家冲、大圳东风4座中型水库除险加固，完成投资1.5亿元；实施82座小型水库除险加固，完成投资1.28亿元。加速水利工程管理与保护范围划定。全市统一政府采购，完成340个国有大中型及重点小型水库复核管理与保护范围划定公示，完成978座小（二）型水库管理与保护范围划定。强化水利工程建设质量监管，开展质量提升专项行动，常态实施质量巡查，检查在建项目30个。

【水资源管理】 2021年，邵阳市推动水资源节约集约利用。发布《邵阳市千人以上集中供水工程饮用水水源地名录》，实施重要饮用水源地保护；印发《邵阳市主要河流控制断面生态流量方案》，落实生态流量保护；加强取用水监管，建成188处取水计量监控设施并全部纳入国控监测体系；完成28个历史超取水许可户和7个2021年度超取水许可问题整改，转换、新发取水许可电子证2206个；落实国家节水行动，完成39个节水载体和18个水利节水型单位建设。实施农业综合水价改革，全面完成六都寨灌区10万亩农业综合水价改革，同步推进年度实施的大中型灌区改造项目农业综合水价改革。为确保水利高质量发展量化指标达标，全面实施消耗总量和强度双控，强化最严格水资源管理三条红线约束，用水总量得到有效控制且增速放缓，用水效率不断提高，万元地区生产总值用水量与万元工业增加值用水量持续下降，农田灌溉水有效利用系数进一步提高。

【水生态保护和治理】 2021年，邵阳市持续推进河湖长制落实落细。出台《县乡村河长库长履职办法》，构建上下游、左右岸联动共治，建立“河（库）长+检察长”协作机制；落实14项年度省定重点任务、16个上级交办问题和10个市级河长巡河交办问题，开展“洞庭清波”专项行动；《湖南邵阳市实施五大举措推进河湖长制工作》被水利部河长制湖长制工作简报全国推介。全面强化河湖管理。常态推进河湖“四乱”规范治理，加强涉河建设项目管理；整治非法采砂，开展联合执法巡查1000余次；推进河湖岸线空间管控，全面完成流域面积50平方公里以上河道管理范围划定和流域面积1000 平方公里以上河道管理范围划定成果纳入国土空间一张图，编制重要河流岸线保护与利用规划24个。

全面强化水土流失治理。水土保持率上升至83.78%，超额完成全年任务，邵阳水土保持工作在全省河长制、水利建设考核等绩效考核中排名第一位。

巩固小水电清理整改成果。有3座小水电通过水利部绿色典型电站审核认定，获全省绿色典型电站创建工作第一名；实施2个“水美湘村”试点项目。

【水利行业发展】 2021年，邵阳市水利系统推进“十四五”水安全保障规划编制，谋划供水保障能力建设、防洪提升、主要河湖及区域生态治理保护修复、水利信息化、水利移民等5大类695项工程，计划总投资337.28亿元。增强监管服务保障，《邵阳市资江保护条例》获省十三届人大常委会第二十七次会议表决审查批准；强化源头治理，落实安全生产专项整治三年行动，8月安全综合评价获全省第一名；打击违法行为，对3起涉嫌违法的工程相关单位进行立案查处。规划实施保障进一步到位。出台《邵阳市水利局关于聚焦“三高四新”战略加快邵阳水利高质量发展的意见》，全面统筹发展和安全两个主题；推进“放管服”“互联网+政务服务”改革，政务服务事项100%纳入一体化平台办理，群众办事更加便捷省心。

（张湘锂）

湖南南山国家公园体制试点区

【概况】 2021年，南山国家公园管理局持续理顺管理体制，根据6月25日省政府专题会议精神，由“省人民政府垂直管理，委托邵阳市人民政府管理”调整为“省人民政府垂直管理，具体由省林业局管理”。

委托国家林业和草原局林产工

业设计院编制完成《南山国家公园符合性认定报告》《南山国家公园社会影响评价报告》和《南山国家公园设立方案》，并于10月27日通过中国工程院专家组评审。

组织开展行政执法、红外相机野外布设安装与实际操作等业务培训、自然资源外业调查、植物分类与摄影技术等培训6期300余人次，赴神农架国家公园、武夷山国家公园等考察学习10余次。

推进标准体系建设，构建完善“1+7”（即基础标准子体系＋生态保护、自然资源资产管理、特许经营、社会参与、科研宣教、文化传承、公园管理标准子体系）的标准体系结构，并于6月7日通过专家验收。

开展南山国家公园体制试点重点项目审计，配合省试点领导小组办公室委托的第三方会计师事务所，完成省试点领导小组第六次会议审定的试点重点项目清单中的38个项目审计。

联点乡村振兴帮扶村1个，落实资金300余万元，实施2.4公里村道路硬化工程，完成5个村组的水毁路面维修，完成5户搬迁户纳入农网改造新增项目，设立便民服务大厅并建设125平方米标准化卫生室，完成改厕任务13个，有序推进茶油林产业、200亩峒茶基地、180千瓦屋顶式光伏发电站等产业发展。

是年，南山国家公园无刑事治安案件、无吸毒、无非法宗教活动及重大安全事故发生，连续两年获评邵阳市平安建设先进单位，通过市级文明单位复核。

【化解矛盾冲突】 2021年，南山国家公园管理局对南山国家公园体制试点区内仍然存在的镇村建成区、永久基本农田等保护管理矛盾大、且保护价值不高的区域，及时进行调整优化，试点区面积由635.94平方公里调整为623.71平方公里，调出各类矛盾冲突面积12.23平方公里，其中人口密集区1.76平方公里、永久基本农田6.08平方公里、人工集体商品林1.29平方公里等。同时将原不在自然保护地范围内，划入国家公园核心保护区的经生态基流改造符合调入一般控制区条件的小水电，调整为一般控制区。

【组织范围调整论证】 2021年，南山国家公园管理局委托国家林业和草原局林产工业设计院编制完成《南山国家公园范围调整方案》，南山国家公园体制试点区在整合优化基础上，拟将绥宁黄桑国家级自然保护区、绥宁黄桑省级风景名胜区、新宁舜皇山国家级自然保护区、东安舜皇山国家级自然保护区、崀山世界自然遗产地及各保护地之间的连接区域整合纳入，范围调整后南山国家公园总面积达1315平方公里。调整优化后的南山国家公园是中亚热带森林草地湿地复合生态系统的典型代表、中国丹霞壮年期的模式地、南方丘陵山地带生态屏障的中心区域，符合国家公园国家代表性、生态系统重要性和管理可行性的设立条件。

【开展全民所有自然资源资产所有权委托代理】 2021年，南山国家公园管理局组织编制《南山国家公园全民所有自然资源资产所有权委托代理机制试点实施方案》《南山国家公园全民所有自然资源资产所有者职责的自然资源清单》，并上报省林业局和省自然资源厅。完成自然资源统一确权登记并通过自然资源部评估验收。划定各类自然资源资产所有权、使用权边界，明确各类自然资源资产的种类、面积和权属性质，有效划清全民和集体所有之间边界、居民生产生活区边界，建立自然资源基础数据矢量图层，不断完善自然资源管理“一张图”，被列入湖南省第三批生态文明改革创新典型案例。

【生态保护】 2021年，南山国家公园管理局与中国科学院、湖南农业大学、湖南师范大学、中南林业科技大学等院校合作，开展国家级重点保护珍稀植物调查、国家级重点保护动物调查和昆虫专项调查等科研监测工作，捕捉到林麝、小灵猫、白颈长尾稚等国家一级重点保护动物，黑熊、毛冠鹿、豹猫、白鹇、果子狸、红腹锦鸡、褐冠鹃隼等国家二级重点保护动物的珍贵影像资料。发现全球新物种直颚突蛉蛾，使世界蛉蛾科蛉蛾属的记录物种由7种升至8种；发现国家一级保护野生植物小叶红豆。开展生态系统评估，完成环境质量变化监测前三季度数据采集并出具评估报告，完成第四季度数据采集；完成生物多样性监测数据采集。联合城步苗族自治县相关职能部门开展野生动植物保护、秋冬季候鸟保护、白云湖水域保护等专项行动8次，出动执法人员600余人次，办理刑事案件18起、行政治安案件1起，拆除违章建筑2座约500平方米。

【补偿工作】 2021年，南山国家公园管理局巩固野生动物致害补偿成效，与中国人民财产保险股份有限公司续签《重点保护区陆生野生动物致害责任保险项目服务协议》，共向原南山国家公园体制试点区内21个村270余户农户支付野猪等野生动物致害赔款16万元。持续推进集体林地租赁补偿，完成兑付原南山国家公园体制试点区内2021年度流转补偿提标3058户22.84万亩1077.2万元。

【项目建设与储备】 2021年，南山国家公园管理局加快重点项目建设，在2020年9月南山国家公园体制试点评估验收后，按计划持续推进高山森林沼泽湿地生态系统和水域生态系统保护、南山建家坪生态移民、十万古田生态公路维修改造、主入口基础设施建设、智慧管理中心、智慧管理系统平台6个重点项目建设，总投资2.56亿元。同时，加强重点项目储备，完成“十四五”重点项目规划（包含生态保护与修复、基础设施建设、科普教育和文化传承等4大方面建设38个重大项目，总投资估算近42亿元）和2021年重点项目的申报入库工作；编制完成《中央财政林业草原生态保护恢复南山国家公园项目实施方案》，争取落实2021年中央林业草原生态保护恢复资金（国家公园补助）2934万元。同步启动草甸生态系统修复（二期）、草原生态系统定位观测研究站、双江口至报木坪村巡护道路改造升级等重大项目的可研、设计编制等前期工作。

【宣传教育推广】 2021年，南山国家公园管理局联合社区、辖区内中小学开展自然环境教育12期3000人次。通过与各级媒体加强合作，在中央电视台、《湖南日报》、湖南电视台、《邵阳日报》等媒体平台对外发布新闻信息稿件80余次。通过发挥自身网站、公众号等宣传优势，及时更新并对外发布信息100余次，宣传南山国家公园体制试点过程中机制创新、项目建设、综合执法等方面所采取的有效措施、具体做法和取得的实际成效和成功经验。通过"平安建设宣传月""宪法宣传周""长江保护法"等主题宣传活动在辖区内开展普法宣传教育；局综合处与城步苗族自治县委宣传部、城步苗族自治县文学艺术界联合会等单位进行合作举办"南山国家公园杯"书法展，与天易影城合作开展生态保护公益广告播映等活动。

（李先奇）

大圳灌区管理

【概况】 2021年，邵阳市大圳灌区管理局机关新增信息管理科室，配备正副领导职数，落实机关党委专职副书记正科实职，局机关及各二级单位均增加聘任相应专技岗位职数，理顺干部职工职务职级晋升、工勤人员技能等级考核与待遇晋升渠道。争取"十四五"大圳灌区续建配套与现代化改造项目可行性研究报告等项目经费680万元、退休人员费用及伤残民工遗留问题工作经费248万元、东风水库除险加固工程市配套资金200万元。为局属各二级单位干部职工的年终绩效奖金、偏远地区岗位津贴争取到政策支持，并将增加的费用全部纳入市财政预算。大圳灌区"新安飞虹"获批省级文物保护单位。

2021年8月7日，市大圳灌区管理局在乡村振兴驻点帮扶村——武冈市大甸镇枫木村调研指导抗旱灌溉工程建设（市大圳灌区管理局 供图）

组织开展"寻访前辈足迹，当好大圳接班人"主题教育系列活动，在全局系统举办1次"学党史颂党恩跟党走"党史知识竞赛和1次党史知识应知应会集中考试。局代表队在全市"学习强国"党史知识学习达人挑战赛中获二等奖。投入资金200多万元，为灌区内10个行政村的小型水利灌溉工程提供资金和技术帮扶并全部完工，改善10万多亩农田灌溉条件，受益群众达10万多人。

派驻工作队进驻武冈市大甸镇枫木村开展乡村振兴，引进2家企业，整合涉农资金146万元，募捐乡村振兴资金20余万元，完成新建灌溉渠道360米；帮助船田铺创建美丽院落。

【防汛抗灾】 2021年，市大圳灌区管理局推进灌区河长制工作，汛前调整局防汛抗旱领导小组成员，修订完善水库、渠道防洪预案和防汛物资器材的管理制度，对所辖水库、渠道等水利工程设施进行隐患大排查、大整改。汛期做好防汛抗灾各项基础工作，执行省、市防汛抗旱指挥部的调度指令，加强与当地政府和有关部门合作，全年未发生任何超警戒水位和紧急泄洪事件，实现不垮一库一坝防汛抗灾目标。在抵御"旱灾"时，组织成立抗旱小分队深入灌区田间地头，加强巡查，提前预判，科学调度，有效协调各方供用水矛盾，发挥大圳灌区"大水缸"的作用，有效灌溉面积达48.6万亩，较好解决边远灌区老百姓抗旱需水之急。抗旱小分队开展的抗旱保粮工作分别被央视"农业农村"栏目、湖南卫视、邵阳电视台报道。

【水资源与供用水管理】 2021年，大圳灌区年平均降水量1384毫米，总产水量约27371.4万立方米，出库总水量25436.5万立方米。在万丰隧洞进、出口引水进入总干渠水量共计2615万立方米，全年累计送灌溉、发电、居民生活用水水量共计2.8亿立方米，其中为灌区100万名城乡居民送生活用水达2700万立方米，完成水力发电上网电量6427万千瓦时。大圳灌区管理局推进水库大坝安全鉴定，完成大圳、大水江、碧田等4座中小型水库大坝安全鉴定；完成灌区工程划界，市政府按照有关程序对划界成果进行公示；完善水库基础信息，组织完成年度农田灌溉水有效系数测算分析和节水型灌区申报；推进大圳智慧灌区综合管理平台功能完善、数据修正，并在全局推广使用。加强灌区供用水管理。自上年12月与武冈市签订供水合同后，基层干部职工加密渠道巡查，及时处置巡查发现的安全隐患。11月底大圳总干渠磨石岭地段突发直径近3米的大溶洞，严重威胁武冈市30万城乡居民的生活用水，局党委临机决断、科学部署，全力抢险，提前12个小时恢复向武冈供水。

【灌区工程项目建设与管理】 2021年8月，总概算3.17亿元的大圳灌区“十四五”续建配套与现代化改造项目获国家发改委和水利部批复，市大圳灌区管理局随后推进2021年度4285万元的项目投资计划实施，至年底已完成1000多万元的工程施工任务。至2021年年底，东风水库除险加固工程完成投资5300万元，主体工程即将全部完工，该项目实际到位资金6319万元，其中中央资金5439万元，省级配套资金680万元，市级配套资金200万元。做实做细灌区水库除险加固项目前期工作，年内完成大圳、大水江、碧田、华洋4座中小型水库大坝安全鉴定工作任务，并将碧田、华洋2座水库除险加固前期初步设计上报省、市水利主管部门。

（覃显国）

气　象

【概况】 2021年2月3日，邵阳市气象局召开全市气象局长会议，局长袁智生作题为《深入贯彻十九届五中全会精神 加快推进邵阳气象事业高质量跨越式发展》的工作报告。8月24日，市气象局与市自然资源和规划局签署《共同推进地质灾害防御合作框架协议》。

开展气象创新工作，助力洞口雪峰蜜橘成功获评2021年“中国气候好产品称号”，成为2021年全国仅有的两个获此称号特色农产品之一。加强标准和管理制度建设应用，市气象局主导制定的省级地方标准（DB43/ T2065—2021）《城市公园防雷技术规范》于5月7日正式发布，8月7日正式实施。强化科技创新，投入研究经费5万元，重点解决业务发展中的关键技术问题。全市气象部门发稿330篇，其中《中国气象报》3篇，《人民日报》、人民论坛8篇。

是年，《融入地方发展新需求 推进气象科技服务高质量》项目获全省气象部门创新工作奖，市气象局获评全市安全生产和消防工作优秀单位。

【气象服务保障】 2021年，邵阳市天气复杂多变，尤其是春夏强对流天气多发频发，高温热浪、干旱严重。全市出现15次较强降雨过程，全年市气象台发布《气象专题报告》49期、《气象信息专报》23期、《重大气象信息专报》4期、《气象信息快报》6期，发布各类灾害性天气预警信号653期，发送预警信号达142.1万人次。通过实行“73631”递进式预报预警服务，为市县两级防汛工作提供决策依据。全市安装智能天气盒89套，洞口和绥宁县实现乡镇全覆盖，为市县两级防汛部门和乡镇提供及时准确的滚动天气服务和实况信息。

【气象重点工作】 2021年，邵阳市气象局争取中央和地方雷达建设资金1096万元，项目通过业务验收，雷达运行环境和探测能力明显提升；拓展资金渠道，争取市政项目资金198万元对院落环境进行提质升级；争取98万元用于市气象台全面升级；新宁气象局和新邵气象局落实280万元用于台站护坡建设和环境改善。完成省局目标管理重点任务，落实气象灾害综合风险普查经费657.37万元，其中市本级299.87万元，经费落实情况位居全省前列；争取区域站升级改造经费243.925万元，其中市本级89.55万元。市政府常务会议专题研究部署落实人工影响天气工作，同意市财政每年安排100万元工作经费，用于聘用专业技术人员、设备运行和作业保障、关键技术研发等，相关设备购置费用经财评后由市财政据实保障。全市全年公共服务总收入1760万元，比上年增长12.39%。

（王旭菲）

水　文

【概况】 2021年，邵阳市水文局辖30个水文站（位）、124个自动化报汛雨量站，对全市16个水质站点和30个行政区界断面、重点水库进行日常监测分析，对124处农村饮水供水工程开展监督性检测，检测水样248个，发布水资源质量状况通报7期。完成2020年省水文中心政治巡察各项整改。

开展农饮工程水质检测服务，检测248个千吨万人农村供水工程的出厂水和末梢水水样。开展3次突发性水污染事件应急监测。完成犬木塘工程建设对邵阳水文站影响补救方案审批，签订3年施工期水情服务合同。完成全市106座小型水库的雨水情测报系统建设查勘和方案编制。

全年召开5次安全生产专题会议，开展专项教育培训2次、专项督查3次，排查和整改一般安全隐患40处。完成2021年项目建设审计。组织业务技能培训136人次，选派42人次参加省水文中心和各类机构培训。

是年，市水文局机关党支部获评省水文系统优秀基层党组织；机关及所辖6个县区水文局成功创建节水型单位，市局被评为2021年度全市平安建设“先进单位”。1人被评为省水文系统优秀共产党员，1人被评为省水文系统优秀党务工作者。

【能力建设】 2021年，邵阳市水文局开展汛前准备，5月初完成整改完善，并在城区水文水资源局开展应急演练。改造升级测验设施，新增新宁站院内视频监控，完成30个自动测报站点设备2G升级4G改造，主汛期基本站点通畅率99%，在县区局全面普及ADCP和全站仪。提升网络安全防范能力，参加水利部、公安部和省水利厅网络攻防演练3次，对机关网络安全管理系统和大屏幕进行升级改造。深化水文技术研究，发表科研论文7篇，撰写技术分析报告2篇。

【水文测报】2021年，邵阳市水文局启动水文测报Ⅳ级应急响应2次，参加各类会商40余次，发布站（点）三天预测400余站次、雨水情预测材料138期，水情快报25次，旱情预警2次，旱情分析简报12期，水情服务信息4万余条。年内发布洪水预警19次、洪水预报5站次，预报优良率100%。其中7月2日提前12小时发布夫夷水新宁站洪水预警，提前7小时精准预报洪峰水位，与实际相差仅0.04米，峰现、退警时间与实际情况一致。

【水资源管理】 2021年，邵阳市水文局开展16个国家重要水质站点和30个行政区界断面、重点水库的日常监测分析，对134处千吨万人供水工程和42个大中型水库开展水质监督性检测。完成2020年邵阳市水资源公报及8个县级水资源公报编制。开展地下水开发利用综合规划编制，从4月起每月编制邵阳市生态流量监测通报。承办全市农村饮水安全水质检测技术培训班、水资源公报编制和用水统计调查培训班，培训各县（市、区）技术人员240余名。

（岳 榕）

工 业

综 述

【概况】2021年，邵阳市实现规模工业增加值同比增长9.9%，排名全省第五。新增规模工业企业344家，位居全省第一。完成工业投资同比增长17.3%，排名全省第五，其中技改投资同比增长38.9%，排名全省第一。实现工业用电量44.5亿千瓦时，同比增长9.8%，排名全省第七。实缴工业税收33.19亿元，同比增长16.7%，位居全省第三，其中工业增值税同比增长16.3%，位居全省第三。工业支柱产业有特色轻工业、农副产品加工业、装备制造业等。

全市规模工业企业亏损面2.5%，盈利面位居全省第一（全省为7.2%）。规模工业企业利润同比增长20.2%，位居全省第七。

推进"精准帮扶、纾困帮扶"专项行动，帮助企业解决水电气保障、融资、用工等困难问题300余个；清理拖欠民营企业中小企业账款，摸排账款32.9万元，在全省各市州中率先清偿到位。

是年，邵阳市获全省制造业高质量发展真抓实干奖励，市工业和信息化局（以下简称市工信局）连续4个月在市政府"三重点"工作考核中排名一类市直单位。邵东智能制造研究院的2个工业互联网平台项目被评为工信部"双创"平台试点示范项目（全省仅4个）。

【科技创新】2021年，邵阳市新增永锐电子、德沃普电气2个省级企业技术中心，省级企业技术中心总数达15个。打造邵阳先进制造技术研究院、邵东智能制造技术研究院、湖南特种玻璃研究院、国家数控工程技术研究分中心、数字制造装备与技术国家重点实验室分室等12个科研平台，就近转化科研成果46项，帮助企业研发科技创新成果120余项、专利500余项，7家企业获批国家级专精特新"小巨人"企业，69家企业获批省级专精特新"小巨人"企业。亚洲富士电梯、永锐电子、创亿达实业、神怡医疗4个湖南省"100个产品创新强基项目"突破关键共性技术16项，获授权发明专利10个。

2021年1月4日，湖南三一智慧新能源设计有限公司举行揭牌仪式

（申兴刚 供图）

【项目推进】2021年，邵阳市签约工业项目172个，总投资516亿元，新引进邵虹基板玻璃、国际数控产业园、杭萧钢构、富兰地刀具等一批大项目好项目。127个市重点工业项目完成投资251亿元，完成年度任务指标的112%。彩虹盖板玻璃第二条生产线建成投产，邵虹基板玻璃第一条生产线春节后点火运行，为打造中国特种玻璃谷奠定了坚实基础；三一智能生态产业园项目完成投资21亿元，预计2022年年初投产，项目建成后年产值可达300亿元；推进亚洲富士电梯二期、维克液压退城入园、湘中制药原料药生产线等升级改造项目。

【链群建设】2021年，邵阳市装备制造、显示功能材料、中医药等7大工业新兴优势产业链实现规模工业总产值1821亿元，占全部规模工业总产值的73%；规模工业企业达1377家，占全部规模工业企业的67%，培育三一专汽、彩虹盖板玻璃、拓浦精工、湘中制药、启恒环保、圣菲达服饰等链主企业80余家。加速推进先进制造业集群建设，打造发制品省级先进制造业集群，邵东小五金入选省级先进制造业集群培育对象。

【产业融合】2021年，邵阳市新建4G基站1079个，5G基站2285个，新增光缆12152皮长公里，全市行政村光纤网络通达率100%。推进两化融合，建成国家级"双创"平台试点示范项目2个、省级工业互联网平台1个、省级智能制造示范工厂2家、省级智能制造示范车间3个，共有24家企业入选省级两化融合管理体系贯标试点企业名单，三一专汽、富士电梯等12家企业完成智能化改造。培育民参军企业4家，一批产品得到推广应用，实现人均民口单位军品收入53.42元，同比增长829%，位居全省第四、二类地区第一。

【园区建设】2021年，邵阳市持续推进以邵阳经济开发区为核，以沪昆高速百里工业走廊为带，以各县市区湘商工业园区为多点的"一核一带多点"沪昆百里工业走廊建设，建成11个省级以上产业园区，其中邵阳经开区获批国家级经济技术开发区。全市园区完成技工贸总收入2975.11亿元，同比增长19.08%；完成工业企业主营业务收入2410.31亿元，同比增长19.33%；入驻企业3105家，其中规模工业企业1364家，占全市规模工业企业总数的66%；实现规模工业增加值同比增长10.5%。

【绿色发展】2021年，邵阳市单位规模工业增加值能耗同比降低5.6%；推进绿色制造体系建设，邵阳经开区、邵东经开区、隆回高新区被评为湖南省绿色园区，湖南湘窖酒业有限公司、湖南洞口辣妹子食品有限公司、湖南玉新药业有限公司、武冈市和税电子科技有限公司4家企业被评为湖南省绿色工厂，湘木豪廷木塑复合板、国彩新材料的反射保温隔热涂料、时代联合新能源的磷酸铁锂电池、漆雕氏反射保温隔热涂料等产品被认定为国家级绿色设计产品。

（陈旻阳　何琛）

机械工业

【概况】2021年，邵阳市机械工业拥有规模企业179家，规模工业总产值477.97亿元，同比增长22.6%，完成销售收入480.57亿元。

【重大产业项目建设】2021年，邵阳经济技术开发区三一生态智能产业园完成投资21亿元，完成精饰车间主钢构吊装、主排水管网等；邵阳县红石生态科技园先进装备制造配套产业项目完成投资8.9亿元，展宏机械、中环机械、正得机械，正升机械、正亿机械、国安刀具、铭欧科技等投产运行；邵阳国际数控机械产业园一期项目完成投资2.9亿元，完成G1栋厂房桩基础、A区场内补夯、一期用地内施工道路；年产600万支精密切削刀具生产线（富兰地项目）完成投资2.65亿元，1号厂房完成交付投产，2号厂房主体完成，研发楼主体、宿舍楼主楼部分进行扫尾；武冈浙商汽配阀门智能制造项目完成投资2.25亿元，11栋标准化厂房建设全部完成，招商签约入驻企业8家，其中6家完成设备购置、安装并投产；亚太宝瑞汽车内饰及轨道交通设备制造完成投资1.25亿元，建成3栋厂房主体；洞口浙江玉环汽摩零配件产业园建设项目完成投资1.2亿元，企业全部入驻投产。

（刘　彪）

冶金·有色金属工业

【概况】2021年，邵阳市30家冶金、有色金属工业企业完成工业总产值74.82亿元，同比增长49.8%，完成销售收入75.13亿元。

【重大产业项目建设】2021年，邵阳经济技术开发区湖南新龙矿业有限公司科研投入1546.83万元，主要完成精矿再磨提质增效研究与应用、金锑混浮新工艺的研究与应用、V2矿脉深部成矿规律研究、V23矿脉成矿规律及矿脉分支复合研究、测定尾矿样品中低品位锑含量的研究与应用等；新邵辰州锑业有限责任公司完成替代原火法冶炼矿浆电解新工艺制备精锑项目并于3月投产试运行；邵阳雀塘循环经济产业园投资有限公司投资中安安华（湖南）金属加工有限责任公司“年产10万吨再生铜生产线及深加工项目”；新邵县鸿远金属加工有限公司“年产10万吨再生铝改扩建项目”；邵阳鑫鹏科技有限公司“50万吨废钢加工生产线项目”。

（莫自省）

电子信息产业·软件和信息服务业

【概况】2021年，邵阳市电子信息产业实现主营业务收入94.7亿元，同比增长30%以上。其中电子信息制造规模企业96家，年内新增22家，实现年产值91.5亿元，同比增长42.6%，产值过亿元企业达30家；软件和信息服务企业17家，年营业收入3.2亿元。

【重大产业项目建设】2021年，邵阳市重大产业项目竣工投产11个、在建24个，完成工业固定资产投资64.4亿元，为年度计划的143.1%。彩虹集团（邵阳）特种玻璃公司G7.5盖板玻璃2条国际领先的特种玻璃全自动化生产线实现量产，年产盖板玻璃400万平方米，产能达5亿元。湖南邵虹特种玻璃股份有限公司G8.5+液晶基板玻璃规划建设8组16条生产线，总投资120亿元。项目于2020年9月动工，第一组生产线于2021年10月底完成设备安装。

【新型显示产业集群建设】邵阳市以“玻璃谷”建设为引领，截至2021年，陆续引进彩虹集团（邵阳）特种玻璃公司、湖南邵虹特种玻璃股份有限公司、湖南欲勤光学科技公司、湖南群辉光电科技有限公司、湖南创意达实业发展有限公司、伟奇光电、北创光电科技（邵阳）有限公司、湖南铭基高科电子有限公司、兴悦科技等10余家产业链企业，投资额达300余亿元，基本形成“中国（邵阳）特种玻璃谷”项目为核心，邵阳经开区电子信息产业园、邵东电子信息科技园为主阵地，邵阳县、武冈市、隆回县、绥宁县、洞口县多点分布发展的产业集群，产品覆盖盖板玻璃原片加工、光学镜头、视窗防护玻璃、触摸屏、显示屏、单双面及多层印制电路板等细分领域，下游客户包括华为、三星、OPPO、TCL等一大批知名品牌。

（杨焕平）

人工智能和数字产业

【概况】2021年，邵阳市数字经济增加值约700亿元，同比增长10.8%，核心产业增加值约35亿元，占GDP比重为1.4%。数字产业化规模达35亿元左右，电子信息规模企业达96家，较上年增加22家，实现产值91.6亿元，同比增长41.8%，产值过亿元企业达30家；软件和信息服务企业19家，年营业收入3.2亿元；新经济产业园新引进投资5亿元的中联云港数据中心、智贤网络等4个新一代信息技术项目；邵阳经开区入园数字产业化企业21家，实现在线交易额4亿元。

【数字基础设施建设】加速布局5G网络、数据中心、工业互联网等新型基础设施，投入建设资金8.5亿元，新增光缆1.2万皮长公里，新建4G基站1079个、5G基站2285个。截至年底，全市4G基站22702个、5G基站3672个，各乡镇开通5G基站，光缆总长18万皮长公里，实现主城区、县城核心城区5G网络连续覆盖；城域网出口带宽提升到3.37Tbps，实现千兆入楼、百兆入户、光纤入村，行政村网络通达率100%。推进电信、移动大数据中心建设、IPv6升级改造，互联网普及率进一步提升。

【推进"两上三化"】2021年，邵阳市根据《湖南省中小企业"两上三化"三年行动计划（2021—2023年）》（"两上三化"主要是指推动制造业中小企业深度"上云上平台"，实施数字化、网络化、智能化转型），实现上云企业5148家，累计"上云"企业17000余家，深度上云企业620家，完成率112.73%；上平台（工业互联网平台）企业327家，完成率121.11%，超额完成省定任务；广信科技、拓浦精工、万脉医疗3家企业获评省级"上云上平台"标杆企业，康瑄科技、富兰地工具等29家企业入选省级制造业数字化转型"三化"重点项目，万脉医疗揭榜工信部人工智能医疗器械创新任务。邵阳市工信局、邵东市科工局、洞口县科工局、邵阳经济开发区被评为2021年湖南省中小企业"两上三化"工作先进单位；邵东智能制造研究院的工业互联网平台项目先后获省工业互联网应用大赛一等奖、省人工智能创新与应用大赛优胜奖，通过省级工业互联网平台验收，赋能邵东小五金、打火机、塑胶等特色产业集群，连接设备530余台套，行业覆盖率超30%，其"小平台托起大产业"经验获省长毛伟明批示，向全省推广"邵东模式"。

（王桃容）

建材工业

【概况】2021年，全市328家建材工业企业完成工业总产值454.87亿元，同比增长6.3%，生产水泥800万吨，完成销售收入449.37亿元。重点项目湖南省云峰水泥有限公司扩改年产200万吨新型干法旋窑生产线项目竣工试生产。年内新增认定省新型墙材企业2家，省新型墙材企业达24家。新宁县金龙建筑材料有限公司投资1.2亿元的2条自动化生产线竣工投产。

【散装水泥推广】2021年，邵阳市制定《邵阳市预拌砂浆管理办法》，加大散装水泥的宣传推广和执法力度，全年完成散装水泥供应任务457.7万吨，推散率达65%，比上年增长1%。预拌砂浆推广成效明显，邵阳市广骏建材有限公司、邵东市良迅建材有限公司相继试生产。

（莫自省）

消费品工业

【概况】2021年，邵阳市消费品行业规模工业企业1304家，实现工业总产值1690.26亿元，同比（下同）增长13.5%，实现主营业务收入1550.99亿元，增长15.9%；实现税收18.75亿元，增长21.29%；实现利润71.99亿元，增长30.52%。

【医药行业】2021年，邵阳市58家医药规模工业企业累计完成工业总产值162.67亿元，增长20.36%。实现主营业务收入154.12亿元，增长19.08%；实现税收1.86亿元，增长-9.29%；实现利润7.24亿元，增长47.02%。

依托新技术、"互联网+"等手段，推动医药产业转型升级，形成中药饮片加工、化学制药、生物制品、医疗器械等主要子行业，以及湘中制药、玉新药业、松龄堂、南国药都、绿洲惠康等一批重点医药企业。湖南省湘中制药有限公司的丙戊酸钠片通过仿制药质量和疗效一致性评价。

【食品行业】2021年，邵阳市182家食品业规模工业企业累计完成工业总产值333.61亿元，增长9.35%。实现主营业务收入271.18亿元，增长12.67%；实现税收5.57亿元，增长59.17%，实现利润12.65亿元，增长56.44%。

诚信体系建设　湖南湘窖酒业有限公司、湖南天香生物科技有限公司开展食品工业诚信管理体系建设，于12月通过国家标准评价并获得证书。截至年底，全市有9家企业通过诚信体系建设评价。

白酒产业发展　12月20日，市政府出台《邵阳市打造百亿白酒产业园五年行动方案（2021—2025年）》，实施扩能延链、品牌培育、品质提升、市场开拓、人才培养、酒旅融合六大工程，支持白酒产业实现跨越式发展。龙头企业湖南湘窖酒业有限公司实现年产值30.65亿，增长27.7%，实现营业收入19亿元，增长171.4%，上缴税金3.7亿元，增长245%；邵阳地区销售收入增长40%，其中网格化销售收入882.3万元，增长26%。继续进军酱香型白酒酿造领域，将企业打造成集浓香型、浓酱兼香型、酱香型白酒酿造于一体的生产基地，总投资30亿元的2万吨酱酒二期扩建项目于10月动工建设。

【轻工行业】2021年，邵阳市987家轻工规模工业企业累计完成工业总产值1114.42亿元，增长13.90%；实现主营业务收入1048.22亿元，增长14.41%；实现税收10.47亿元，增长11.79%；实现利润48.39亿元，增长19.54%。

产业门类齐全　发制品依托阳光发品有限公司、邵阳美丽来发制品有限公司、元泰实业有限责任公司，规模企业66家，产值达88亿元。制鞋业依托邵阳连泰鞋业有限公司、邵阳县兴昂鞋业有限公司，规模企业127家，产值达91亿元。其中九兴控股在邵建设运营的3家工厂除代工生产世界知名品牌之外，有公司自有品牌，年产成品鞋800万双。打火机依托湖南东亿电气股份有限公司、邵东县环兴打火机制造有限公司，规模企业26家，产值达146亿元。全部出口欧美市场。箱包依托醇龙箱包、智多福箱包皮具，规模企业188家，产值达179亿元。体育用品和饰品依托洞口县昌冠隆体育用品有限公司、隆回县福鸿工艺制品有限公司、湖南省丰源体育科技有限公司，规模企业47家，产值达105亿元。

产业集群发展　3月，邵阳经开区发制品产业园区参加“湖南省先进制造业集群决赛”，被列为“湖南省先进制造业集群”。园区有发制品相关企业37家，其中规模企业28家。年产值达44.92亿元，其中10亿元企业1家、3亿~5亿元企业4家、1亿~3亿元企业8家，高新技术企业15家，省级专精特新“小巨人”企业4家，省级企业工程技术中心1个，获发明专利45项，实用新型和外观专利176项，有省（部）级著名商标7个、国家驰（著）名商标2个，企业自主品牌产品278个，其中“悦翔”“MERRYLIGHT”“朵梦娜”“欧妮卡”等系列品牌为国内外品牌。

【纺织行业】2021年，邵阳市纺织服装产业规模以上工业企业77家，实现规模工业总产值79.55亿元，增长22.94%，高于全市平均水平5.83个百分点；实现主营业务收入77.48亿元，增长49.3%；实现利税0.38亿元，增长44%；实现利润3.7亿元，增长126.6%；过亿元企业22家。

重点项目邵阳市宝瑞峰体育科技有限公司安踏智能制造产业基地项目总投资1.2亿元，占地面积21亩，总建筑面积2.12万平方米，新建厂房、全自动吊挂流水生产线、职工宿舍及相关配套设施，主体建设已竣工。项目全面达产后，将形成年产安踏运动服1000万套以上的规模，预计年产值达2亿元，提供约500个就业岗位。

（陈旻阳）

国网供电

【电网发展】2021年，国网邵阳供电公司落实“城网建设三年行动计划”，政企联动完成220千伏罗市、110千伏六岭、泉塘等一批重点工程；落实市委、市政府与省电力公司高层会谈成果，加快电网建设战略合作项目落地，2022年电网规划项目和资金量均创历史新高，位居全省前三。新建改造10千伏配网线路1022公里，配变1371台、容量23.5万千伏安，建成176个标准示范台区。220千伏城区罗市变，110千伏洞口山门、隆回司门前、横板桥等工程提前半年送电，农配网预安排项目提前3个月竣工。邵虹玻璃配套的220千伏世纪变电站项目，克服设计施工周期短、物资供应紧张、疫情防控等一系列难点，创下省内同类项目最快建设速度纪录。110千伏五峰铺被评为国网五好示范工地，110千伏灵官殿变电站获国网公司、省公司输变电优质工程金奖，武冈大龙村台区被评为国网百佳工程。配网工程设计竞赛获省公司团体一等奖。公司获国网特高压工程建设先进集体、邵阳市重点项目劳动竞赛先进单位，被评为省公司建设专业标杆。

【服务经济社会发展】 2021年，国网邵阳供电公司对会展中心、湘林酒店等127家一级用户和重点用户实行标准化管控，分别制定保电方案，确保用户安全可靠用电。成立以主要负责人为组长的保电工作小组，组织113支党员服务小分队、派出6个督察组，对重点保电场所开展“一对一”用电安全服务，完成庆祝中国共产党成立100周年、省委主要领导到邵阳调研等40项重大保电任务，高考保电实现“零差错、零故障、零停电、零闪动”。助力脱贫攻坚与乡村振兴的有效衔接，选派队员27人进驻城步双桥等13个帮扶村。实施农网巩固提升工程，完成农配网建设投资5.2亿元。常态化组织农产品进食堂和职工爱心订购等活动，完成消费帮扶233.27万元；“教育+就业”帮扶67名学生；实施捐赠项目13个，投入帮扶资金138.23万元。驻青山村乡村振兴工作在中央电视台《新闻联播》播出，新邵小河村扶贫典型案例被中国国际扶贫中心、联合国粮农组织等联合评为“第二届全球减贫最佳案例”（湖南省唯一获奖案例），小河村扶贫队、新宁公司分别获评全国、全省脱贫攻坚先进集体，1人获评国网公司服务脱贫攻坚先进个人。

【推动能源清洁转型】2021年，国网邵阳供电公司聚焦“碳达峰、碳中和”战略目标，加快推进能源供给多元化、清洁化、低碳化，能源消费高效化、减量化、电气化。提高清洁能源消纳比例，引入广西龙胜、步高谭等6个水电站，年上网清洁能源2亿千瓦时。推进重点领域电能替代，引导铸、锻造企业进入电力专场交易，获国网公司肯定；聚焦农业生产、公共建筑等领域，打造“电烤百合”“电气化大棚”等典型特色项目，推进“电烤烟”专项用能服务，助力烟草公司首次实现重点县烤烟“零损失”，全年完成替代电量1.32亿千瓦时。推进新能源建设，投资700万元建成屋顶光伏20个，推动充电产业布局向乡镇延伸，重点发展营运车、高速、公共交通、居民小区、低速慢充等市场，与湘运公司签约武冈城乡客运一体化充电站项目，全年建成充电桩315个，实现国网资产快充桩保有量全省第二。磨石储能站在全省率先投运。坚持电网发展与城市功能定位、重点产业发展、重大项目建设相匹配，深挖能源大数据价值，搭建“邵阳地区电力活跃指数”分析模型，开展“电力看经济”“电力大数据透视邵阳‘五一’旅游”“电力大数据看房屋空置情况”等专题研究，为市委、市政府提供决策参考。

【供电服务】2021年，国网邵阳供电公司持续压减办电环节、降低办电成本，清理取消业扩接入环节14项费用，全面推行线上办电服务，高、低压客户平均接电时长同比分别降低23.55%、40.32%，低压业扩集约、迎峰度夏保供电等工作获省公司和市委、市政府主要领导批示肯定。“三零”“三省”服务惠及客户4.8万户，为客户节约办电成本2.8亿元。对全市301万户用电客户开展两次上门走访，客户满意度提升4.89个百分点。在邵阳经济开发区打造全省唯一的“巾帼供电服务站”，组建一口对接政府和企业的“一站式”服务团队。推动服务工作重心前移，依托大型小区物业公司、村级活动中心平台建设35个供电服务网格点。在用电高峰期，落实“保民生、保安全、保重点”工作要求，统筹开展小水电流域优化调度和风电上网，精准实施有序用电31次、需求响应5次，保障居民、公共服务和重要客户用电。

（谢凯文）

邵阳经济技术开发区

【概况】邵阳经济技术开发区位于邵阳市双清区境内，核准面积16.11平方公里，实际控规面积29.18平方公里，远期规划面积60平方公里。2021年，升格为国家级经济技术开发区，更名邵阳经济技术开发区（以下简称邵阳经开区）。托管双清区高崇山镇和昭阳片区（临时）“一镇一办”，19个行政村（居），户籍人口5.96万人，常住人口8.21万人。

邵阳经开区重点发展先进装备制造、智能家居家电2个主导产业，优先发展新型显示器件特色产业，培育壮大时尚用品优势产业，率先布局新能源新材料、新经济2个未来产业。截至年末，入驻企业达700余家，其中规模以上工业企业219家、高新技术企业92家。

2021年，邵阳经开区实现技工贸总收入900亿元，完成规模工业总产值446亿元，新增规模工业企业60家，高新技术企业32家，16家企业成功申报为省级以上专精特新“小巨人”企业，“两主一特”产业聚集度提升10个百分点。完成合同引资额193亿元，新引进项目数量创新高。全口径税收同比增长30%，地方一般公共预算收入同比增长248%。

【创新引领】2021年，邵阳经济技术开发区被再次认定为国家级小型微型企业创新创业示范基地。建成省级优秀知识产权中心，获评省中小企业“两上三化”先进单位。重点建设2个特种玻璃研究院、先进制造技术研究院，为玻璃自主化生产、企业自动化改造提供技术支撑。形成锂电池的材料、生产、回收全循环绿色产业新优势，启动调规三类工业用地0.99平方公里。数字经济产业园入园企业21家。

【要素保障】2021年，邵阳经济技术开发区报批土地、供应土地均达3000亩以上，27个项目全部完成征拆扫尾。融资到位资金同比增长30%，搭建起线上线下金融服务平台，财信金控、高创投2只产业基金实现投资12亿元，4家企业成为省级上市后备企业。累计为企业招工达1.2万余人。实现道路通车8条。

【营商环境】2021年，邵阳经济技术开发区推进“一件事一次办”改革，一般工业项目审批时限压缩至最短30个工作日，36项审批事项实现系统快办秒办，企业印章刻制费用全市率先全免。全年拨付兑现政策资金9亿多元，为279家企业争取政策资金8300万元，减税降费2亿多元。开展政法机关护航“五好”园区专项行动，政法、公安、检察出台30条措施解决施工环境堵点、痛点，打击阻工闹事、非法信访等违法行为。

【招商引资】2021年，邵阳经济技术开发区围绕“两主一特”产业精准招商，推进特色“园中园”招商。全年引进各类产业项目75个，完成合同引资额186.95亿元，同比增长35%。其中，投资20亿元以上、10亿元以上项目各3个，新招引的“两主一特”产业及新兴产业链项目占比达95%以上。完成实际利用内资26.6亿元、实际利用外资102万美元、外贸进出口总额40亿元（其中进口2亿元、出口38亿元）。架通对接东盟、非洲的经贸桥梁，东盟科技产业园完成全部38栋厂房的建设，签约入驻企业40余家。

【民生实事】2021年，邵阳经济技术开发区健全防止返贫动态监测和帮扶机制，产业富民带动新增就业人口689名。完成粮食生产任务4289亩，治理受污染耕地6100亩。党史学习教育9件实事，农村改厕、残疾人两项补贴等10件民生项目全部完成。4258名失地农民社保应保尽保。8个安置小区交付完成5个，5个安置地交付3个。

【升格为国家级经开区】2021年6月17日，国务院批准邵阳经开区升级为国家级邵阳经济技术开发区，定名为邵阳经济技术开发区，实行现行国家级经济技术开发区的政策。该区致力打造具有特种玻璃核心技术的科技创新高地，引进特种玻璃下游产业链企业28家；打造以机械装备制造为主导的先进制造业高地，三一专汽建成年产值超140亿元的全球最大工程搅拌车生产基地，国机集团邵阳纺机特种化纤是国内唯一能制造高质量熔喷布生产设备的企业；打造邵阳对接“一带一路”、粤港澳大湾区和湖南自贸区的开放发展高地，发制品产业园是南方最大的发制品出口基地，与老挝、泰国等地邵阳商会共建占地500亩的东盟科技产业园是湖南省对接东盟地区的桥头堡。入驻企业达700余家，年内实现技工贸总收入900亿元，完成规模工业总产值446亿元。是全省五个被省政府表彰的真抓实干园区之一。

【维克液压上市】 2021年10月19日，邵阳维克液压股份有限公司在深圳证券交易所创业板上市（代码831807），实现邵阳市上市企业“零”的突破。公司是国内最早生产液压元件和成套液压系统的大型骨干企业，是全国液压产品种类覆盖范围广、生产工艺质量领先，并掌握自主知识产权的少数综合型知名液压企业之一。主营液压柱塞泵、液压缸、液压系统的设计、研发、生产、销售和液压产品专业技术服务，产品广泛应用于工程机械、冶金、机床、水电、风电、阀门、军工、船舶、新能源等行业。其中自主研发的电液转辙装置系列液压泵应用于高速铁路，具有超低排量、低转速、低噪声、低扭矩、高效率等优点，解决了我国高速铁路道岔转换系统可靠性难题。

【“五好”园区创建】 2021年，邵阳经开区出台《创建“五好”园区推进高质量发展三年行动计划（2021—2023年）》，实施规划引领、平台赋能、产业倍增、体制优化、形象提升五大专项行动，同步开展产业项目“百日”攻坚、征地拆迁集中攻坚、优化营商环境攻坚、融资化债攻坚四大攻坚行动。全面开展“决战四季度、决胜全年度”百日大会战，实施年度争先创优“标兵”行动实施方案、经济指标“飙红”行动实施方案、重点项目建设“冲刺”行动方案、征地拆迁“清零”行动方案、融资化债“固基”行动方案、招商引资“强链”行动实施方案、打击惩治阻工闹事“亮剑”行动实施方案七大具体攻坚行动，推进“五好”园区创建见成效，获省委副书记、省长毛伟明实地调研并对创建成效予以肯定。邵阳经开区在全省公布的2020年143家省级及以上园区综合评价中排名第四，全省产业高质量发展园区中排名第一，邵阳园区首次在省政府全会上作典型发言，邵阳经开区“五好”园区创建典型经验被省政府综合大督查通报表扬。

【重大项目建设】 2021年，邵阳经开区聚焦产业项目建设，按照“一个项目、一名联点领导、一个责任部门、一名责任人”和“扫尾达竣工一批、强力推进一批、开工启动一批、洽谈储备一批”等方式推进产业建设，先后开展产业项目建设“春雷”“百日攻坚”等五大攻坚行动。全年建设省、市重点项目41个，总投资475.78亿元，年度计划投资87.9亿元，完成投资96.7亿元，占110%。其中省“三高四新”重大产业支撑项目4个（三一生态智能产业园项目、邵虹特种玻璃项目、国际数控产业园、湘窖酒业扩建项目），完成投资56.53亿元，占年度投资的130.01%。到年底，投资200亿元邵阳历史上最大的工业项目邵虹基板玻璃将于2022年年初点火投产，彩虹邵阳第2条生产线顺利投产，三一专汽年产值达165亿元，湘窖100亿元酱酒项目开工建设，维克液压公司成功上市后退城入园，东盟产业园即将开园，比沃电子、富兰地等多个10亿元级以上项目快速建设，构架园区未来2~3年“两主一特”产业新格局。

（李　侦）

商贸流通

邵阳年鉴 SHAOYANG NIANJIAN 2022

商务

【概况】 2021年，邵阳市完成进出口总额240.25亿元，同比下降8.69%，总量和增幅分别居全省第七位和第十四位。其中，出口完成234.32亿元，居全省第五位，同比下降9.17%；进口完成5.93亿元、居全省第十位，同比增长15.64%、居全省第八位。实现社会消费品零售总额1382.35亿元，同比增长14.4%，总量和增幅分别居全省第五和第八位。实际到位内资748亿元，同比增长30.35%，高于全省2.8个百分点。实际使用外资3317万美元、居全省第七位，同比增长645.7%、居全省第一位，完成年计划的150.2%、进度居全省第三位。高技术产业实际使用外资额实现“零”的突破，达221万美元。

开展常态化新冠肺炎疫情防控，成立4个专项督查组，督促大型商超、农贸市场、加油站等重点场所和关键部位防控，加强冷链食品管控，保证市场供应充足、价格稳定。推动全市42家农贸市场提质改造，开展全市商务系统“管行业必须管安全百日行动”、安全生产“春雷2021”专项整治等活动，联合职能部门督促整改问题200余个。举办全市商务系统安全生产业务培训暨消防安全现场会。

存在问题困难：利用外资后劲乏力，大项目、高新尖项目偏少，园区用地紧张，签约项目落地难的问题依然存在；外贸发展遭遇瓶颈，随着皮草行业整体退出，打火机、发制品、箱包等行业面临发展“瓶颈”，园区、通关、物流等设施不健全；消费结构不优，传统业态占比高，限上企业培育难，消费增长压力仍然较大；商品市场基础设施滞后，大型专业市场发展不足，重大商贸流通项目不多，现代流通业发展短板明显。

【招商引资】 2021年，邵阳市商务系统围绕先进装备制造、显示功能材料、时尚用品等七大工业新兴优势产业链补链强链，采取领导带队、小分队上门、商会搭桥、邵商代理等方式招大引强，先后组团参加“中博会”、“港洽周”、“厦洽周”、中非经贸博览会等经贸活动，同步举办邵阳中非经贸产业园、邵阳对非出口产品等专场推介会，与华为、华润、怡亚通、波司登、铜锣湾、镭神科技等一批行业龙头企业完成对接。全年引进项目282个、总投资额927亿元，其中重大项目36个、总投资额241.7亿元；新注册“三类500强”企业10家，完成年计划的333%。

【对外贸易】 2021年，邵阳市商务系统面对皮草行业全面停产、外贸进出口下滑的困难局面，通过建立“一组一群”“两名录两清单”、召开专题协调会和行业协会座谈会、支持出口转内销、培育新增长点等方式稳外贸主体、拓合作市场。解决出口退税暂停、账户资金冻结等200个问题，65家外贸企业入选对非适销产品重点企业“白名单”，与邵阳市有贸易往来的国家（地区）拓展至160个。

【消费市场】 2021年，邵阳市商务系统聚焦消费升级，先后开展“迎春送福·宝庆有礼”、湘西南汽车文化节暨“邵阳红”优质农产品公共品牌推介会等促消费活动，“乐享消费 湘当韵味”2021湖南消费促进季启动仪式在邵成功举办；组织企业参加“食餐会”“电商节”等产销对接活动31场，成交额突破19亿元，形成稳定对接关系55对；起草《邵阳市传统美食品牌传承与保护条例（草案）》；参与“味道湖南”美食季评选活动获34项大奖，其中金牌菜数量居全省首位；举办全市贸易统计工作培训班，推动出台支持限上商贸流通企业培育政策措施。全年实现电子商务交易额510亿元，同比增长11%。完善流通体系，邵阳友阿国际广场获批省级绿色商场，新邵县湾田广场步行街获评首批湖南省示范步行街，推进市城区农贸市场提质改造工程。全面构建“邵阳红”网络营销体系，与神农金康电商平台签订合作协议，开展“防疫情、保供应、促消费”年货节、“电商助力·乡村振兴”直播带货大赛等活动，支持引导邵阳名优特产品入驻步步高、沃尔玛和全省1500家便利店，成功在上海、北京、浙江、福建等异地商会设立“邵阳红”产品展示柜。

【对外合作】 2021年，邵阳市商务系统突出对接粤港澳大湾区、东盟和非洲三大区域，促进企业、产品、人才“引进来”和“走出去”。与湖南—粤港澳产业转移服

2021年4月28日，由省商务厅组织开展的“乐享消费 湘当韵味”湖南消费促进季活动在邵阳启动
（市商务局 供图）

务中心签署合作协议，推动实施“湾企入邵”“湾才入邵”“湾资入邵”工程；邵阳东盟科技产业园一期建成，引进电子信息、生物科技、智能箱包等特色企业50家；在第二届中非经贸博览会上创新运用“一馆、一会、一推”形式，建立对非交流常态化机制；编制对非经贸合作规划，成立邵阳市中非经贸合作事务中心，邵阳中非经贸产业园建设纳入中非经贸深度合作先行区；启动铁路货栈查验场修建前期筹备工作。全市建成公用型保税仓7个、出口监管仓6个；对外直接投资额667万美元，同比增长93.9%，总量居片区第一位。

【“乐享消费·湘当韵味”2021湖南消费促进季】 2021年4月28日，由湖南省商务厅组织开展，主题为“乐享消费 湘当韵味”的2021湖南消费促进季活动在邵阳启动。省商务厅厅长陈恢清出席并讲话，市委副书记、市委党校校长汤立斌致辞，省委宣传部二级巡视员姚伟红，省商务厅二级巡视员王峰，市领导李万千、晏丽君等出席。省直单位相关处室负责人、市州商务主管部门负责人、邵阳市直有关部门负责人以及相关协会、企业代表参加。此次活动以“提升传统消费，培育新型消费，全面促进城乡消费”为目的，坚持“政府搭台、企业唱戏、全民共享”，兼顾城乡，联通内外，全力打造贯通全年、多元融合、模式创新、涵盖全域，具有湖南特色的常态化消费促进机制，做到“月月有活动，季季有特色，全年可持续”。现场销售岳阳十三村香菇酱、常德石门土鸡、益阳沅江芦笋等全省各市州的特色产品；举办“电商助力乡村振兴”直播带货大赛，邀请新邵县、邵阳县、隆回县及双清区、北塔区等地网红主播搭设直播间推荐当地特产；同时设有湘窖酒、宝庆桂丁茶、蓝印花布、邵阳茶油、高档箱包、跨界房车等特色展供市民乐享消费。

（石 菁）

贸易促进

【概况】 2021年，邵东市成立邵阳市第一个县级贸促会，实现邵阳贸促系统建设在县市区的重大突破。设置邵阳市会展服务中心，推进会展服务实质运作。邵东市成功举办2021第五届邵东五金机电博览会。中国国际贸易促进委员会邵阳市支会（以下简称邵阳市贸促会）组织企业参加第23届中国国际焙烤展览会、中非经贸博览会线上经贸论坛、2021长江中游城市群碳达峰与碳中和峰会、湖南国际绿色发展博览会、第十届广州食品展等展会。开展商事法律服务，通过微信、单位官网等宣传推广原产地证书相关业务服务信息，提供法律咨询服务70余次，帮助企业办理出口货物原产地证书85份。设置湖南调解中心邵阳办事处，新聘调解员6名。

【会展合作交流】 2021年，邵阳市贸促会组织扶持基地辐射广、附加值高、带动性强、成长性好的产业龙头高科技企业参加第23届中国国际焙烤展览会，其中湖南省天香生物科技有限责任公司紫珍花开展馆接待客户600余名，与432名烘焙行业的新客户建立业务联系，50多家客户意向加盟“紫珍花开”健康烘焙4.0百城万店新零售平台项目，12名客户现场签订意向加盟合作协约。组织18家企业参加2021中国国际食品餐饮博览会，协助市油茶、茶叶、红糖等特色名优特产企业“抱团”参展，打造邵阳食餐名优特品牌。组织湖南京能新能源有限公司、邵阳金拓科技开发有限公司等12家企业参加湖南国际绿色发展博览会，设计搭建邵阳特装形象馆2个、标准展位5个，投入贸促活动及展览资金80余万元，邵阳新闻联播进行专门报道。主动融入“粤港澳大湾区”农业发展产业链，组织湖南山界红糖有限公司等3家邵阳企业组织参加第十届广州食品展，设置3个展位展示邵阳特色食品食材。加强国际联络交流，组织5家企业参加中非经贸博览会线上经贸论坛，帮助企业克服疫情冲击，寻找商机。

邵东市成功举办2021第五届邵东五金机电博览会，推进五金行业技术革新、产业升级和品牌重塑，支持五金行业做大做强，发展会展经济。

【组织参加“邵阳红”公共品牌活动】 2021年4月，邵阳市贸促会组织湖南好茶山科技有限公司等3家企业参加2021年“邵阳红”进北京优质农产品展。5月组织湖南天香生物科技有限公司、湖南崀峰茶叶有限公司等5家优质“邵阳红”品牌企业参加2021年第三届“邵阳红”文化节，其中湖南崀峰茶叶有限公司获“邵阳红”第四届茶叶技能大赛奖。5月底协助新宁县举办首届手工制茶比赛暨“邵阳红”公共品牌推广活动。

（马代安）

供销合作

【概况】 2021年，邵阳市供销合作总社下辖直属公司7家，有职工1718人，其中在岗61人、下岗567人、退休1090人。全市系统销售总额263.7亿元，同比上涨22.7%，在全省系统综合业绩考核中获一等奖，被评为全省供销社系统综合改革工作先进单位。

总社按照“一村一站一员”的思路进行总体布局，建设县级分拣中心 8 个、乡镇回收中心 112 个、村级回收站 1925 个，可回收物运输车辆 103 辆，日运输量 495.5 吨，实现垃圾分类和再生资源回收网络全覆盖。

11 月 22—26 日，与市委组织部共同承办全省农产品供销合作助推乡村振兴专题培训示范班，全市 103 名驻村干部、村支部书记和乡、村供销社主任参加培训。

【农村电子商务服务】 2021年，邵阳市供销合作系统规范乡村直营、加盟体系，加快传统供销网点的电子商务改造，实现整合资源、延伸网络，做好“832平台”的运营和推广，12个县市区均开展电子商务服务，通过对传统综合服务网点进行改造升级，建设农村电商服务点1152个，实现线上线下一体化发展，有效提升农村农产品流通水平，取得良好的社会效益和经济效益。邵阳县惠民供销有限责任公司成立县级电子商务运营服务中心，建立21个乡镇服务中心、393个村级惠农综合服务社，搭建“简爱生活”邵阳电商服务平台，通过淘宝、天猫、拼多多、供销e家、简爱生活社区团购等平台，上线各类农产品600多种。洞口县供销社打造“壹品洞口”旅游商品品牌，开发“洞口供销e商城”微信小程序，在全县各乡镇村建立电商服务站点170余个，推介本地区农特产品。

【农产品冷链配送服务】 2021年，邵阳市供销合作总社优化农产品冷链物流空间布局，在武冈市、大祥区等地建设产地预冷中心、冷链集配中心等，完善冷藏、保鲜运输、仓配一体等服务。其中，武冈市百姓普惠供销农业综合服务有限公司建设县级农产品配送中心面积1.5万平方米，仓储面积1万平方米，并配备立体货架、电动叉车、拖车、恒温电子冷冻冷藏库等现代化储运设备，日配送能力达50吨；大祥区邵鑫生态农业科技发展有限公司在蔬菜种植基地建设产地冷库800平方米，年储存农产品能力0.8万吨，年配送量可达1.5万吨。

【农村快递物流服务试点】 2021年，邵阳市供销合作总社探索建立农村物流共同配送服务规范和运营机制，整合快递物流资源，统一仓储、分拣、运输、配送、揽件，以达到节约成本、方便农民群众的目的，有效解决快递进村问题。分别在隆回县、邵阳县等地开展快递进村服务试点。其中，隆回县以县供销社惠农服务有限公司为龙头，与当地16家快递、物流公司建立互利互惠合作关系，由县惠农公司将快递统一配送到村，同时将村级揽收的快递带回到县公司，形成低成本、高效率的快递物流配送体系，全县427个村级惠农服务点已全部拓展快递代办业务，快递每日配送量达数千件，公司每年补贴快递服务费达30多万元。

【社有企业改革】 2021年，邵阳市供销合作总社创新社有企业改革发展模式。6月4日成立邵阳市供销集团有限公司，市社直属7个公司作为成员单位接受管理，实行市场化运作，公司化运营，逐步打造以合作经济为根基、股权结构多元化、具有较大规模实力的企业集团。12月建成邵阳市供销文化展览馆，选址市供销集团6楼，占地面积900平方米，收集展示市社本级、12个县级社和7家直属公司的大量历史图文资料和珍贵实物，并申报“全省供销合作社传统教育基地”。

【生产、供销、信用“三位一体”试点】 2021年，邵阳代表大湘西和湘中地区成为全省生产、供销、信用“三位一体”试点市，并申报全国试点市。市委出台一系列政策支持措施，全市供销系统不断深化体制改革、创新经营机制、拓展服务领域，编制全市供销合作社“十四五”发展规划，出台邵阳市供销合作社培育壮大工程实施方案，探索供销合作社服务“三农”、谋求发展、壮大自身的新思路、新途径、新方法。

加强基层体系建设。组织体系方面，新建、改造新型乡镇基层社202家，创建全国总社基层社标杆社11家、省社基层社标杆社6家，建成村级供销社3176个；经营服务体系方面，市、县级均成立惠农服务公司和环境服务公司，发展乡镇惠农综合服务中心172家、村级惠农综合服务社3233家，形成全市统一的惠农综合服务体系；农合会体系方面，132个乡镇成立乡镇农合会，吸收74家行业协会和485家专业合作社加入联合会，市、县级农村合作经济组织联合会实现全覆盖，全市系统土地全托管面积达74.16万亩，配方施肥、统防统治、农机作业等社会化服务面积达216.9万亩次，建设新型乡镇为农服务综合体21个。

推进“联结到户、服务到户”建设。按照合作制要求和自愿原则，吸纳农户、新型经营主体加入乡、村供销合作社和农合会，建立网上供销服务信息平台，通过线上、线下，提供产前、产后服务。

开展生产、供销、信用“三位一体”试点，构建由供销社牵头，专业合作社和农商行等金融机构共同参与的“三位一体”综合合作新机制，打造为农服务综合平台。

【组织特色农产品参展】 2021年，邵阳市供销合作总社筹备“中国东盟文化旅游推广周（邵阳站）·首届湖南—东盟文化旅游美食消费季”活动，布展“邵阳供销馆”，组织11个县市区供销社、39家涉农企业共87种产品参展，集中展示展销邵阳供销合作社系统特色优质农产品。组织相关企业参展湖南（长沙）果品产业博览会和海南国际热带农产品冬季交易会，推动邵阳优质农产品走向世界。组织各县市区社报送优质果品企业参加2021年度湖南省十大果品基地品牌、湖南省十大果品区域公共品牌、湖南省十大果品流通品牌评选，上报十大果品基地品牌、十大果品区域公共品牌、十大果品流通品牌各1家。

（王 雯）

烟草专卖

【概况】 2021年，邵阳市烟草专卖局（公司）销售卷烟22.63万箱，单箱均价3.47万元；收购烟叶9.45万担，收购均价1506元/担；缴纳税金14.53亿元，同比增长6.36%；实现商业增加值23.43亿元，同比增长4.92%；园区亩均利税1184元，亩均营业收入4287元。

发挥烟叶产业增收致富重要作用，有效保障零售客户合理收益，稳定6万余人就业和收入。接续服务乡村振兴，协调资金654万元，帮扶13个村实施振兴项目33个，打造乡村振兴示范点2个。捐赠31.195万元支援邵阳市创建全国文明城市、社区公共设施建设、卫生城市复审、教育发展基金等工作，向双联单位捐赠疫情防控物资1万元。在中央媒体发布邵烟故事98篇。

7月6日，省局(公司)党组书记、局长、总经理孔祥统到邵阳调研指导卷烟工作。10月22日，市政府召开全市烟叶高质量发展推进会暨培训会，市政府办、市直相关部门主要负责人，各县分管烟叶工作的常务副县长，两烟办主任，25个产烟乡镇党政负责人，烟草有关人员等共计90余人参加会议。会议邀请湖南农业大学教授授课。

【烟叶生产】 2021年，邵阳市把稳规模、稳烟农摆在突出位置，市委、市政府多次专题调度烟叶工作，建立"常务管烟叶"和纳入市县"三重点"讲评等高位推动机制。全市种植烟叶4.5万亩，实现烟叶税3050万元，1260户烟农累计收入1.52亿元，户均种烟收入12.04万元，同比增长8%。市政府出台《邵阳市基本烟田规划建设与永久保护实施方案》，10万亩基本烟田建设与永久保护纳入全市"十四五"农业农村规划和耕地保护规划。出台《邵阳市基本烟田土地流转指导意见》和基本烟田保护工作规范，完成上图入库和保护牌树立工作，落实5年以上流转烟田3.98万亩。以"三关两熟一防"和K326特色品种为切入点，严格网格考核，实施烘烤质量提升行动，全市烘烤培训基地建成投入实践教学；协同电力部门建立"不坏一烤烟"供电保烟机制，烘烤损失率降低到3%以内。开展"管好一根烟绳、管好一个烟头"活动，稳步提高收购质量纯度。上等烟比例达69%，同比提升3.21个百分点；收购等级合格率80.87%，同比提升0.46个百分点，工商交接合格率76.18%。

【专卖治理】 2021年，邵阳市将烟草市场综治工作纳入市"平安建设"考评，市烟草专卖局(公司)联合高速交警建立打击涉烟违法犯罪机制，联合公安启动"烟警"平台建设，完善综治机制。强化跨省联动协作，与黔东南州烟草局、桂林市烟草局建立联合打击治理机制。开展"春雷""利剑""秋冬会战""打击非法经营烟叶原料""打击走私烟草专卖品"行动，精准打击"五类人员"。查获假私烟案463起、假私烟2059万支，同比增长16.69%；查获烟叶62.53吨，增长213%；申报国标网络案6起，排名全省第二；刑事打击投资合伙人6人、生产管理者2人、下游分销商75人；刑拘62人、逮捕55人、判刑50人。真烟异流治理成效明显。动态完善"三张名单"，组织"破网净源""长途客运车辆百日专项检查"专项行动，严查严打"三个一批"，查获真烟案件888起，查获真烟5086万支，同比增长27.1%；侦办真烟涉刑案件6起，位列全省第一；打击大户202户次，取缔71户。争取市政府全面禁止电子烟企业落地，开展"守护成长"专项行动，查获向未成年人销售卷烟案3起。

【营销物流】 2021年，邵阳市推进卷烟"滴灌式"货源精准投放，实施"大积分制"货源兑换，清退不适销品规23个，减投、停投12个"三偏品规"，全市卷烟供需基本平衡、市场价格总体稳定、结构较快提升。卷烟整条价格到位率100.44%，零售户卷烟综合毛利率13.48%，均位列全省第一。统筹城乡终端一体化建设，新建"湘汇636"23家、"湘村636"10家、"金昭现代"终端1851家、旅游终端15家，前背柜一体化改造14586家，推广云POS机342家。开展文明吸烟环境建设，建成吸烟棚20个、吸烟点1900个。参与"信用邵阳"建设，诚信体系建设从7月起实现客户数量、评价结果应用"两个全覆盖"。深化"在线学习课堂、直播平台应用"建设，推进营销服务转型，客户满意度提升至95.27%。建立三级品牌共育机制，推行"三讲三塑"品培方法，开展"最美陈列终端"评选，打造中高端品牌培育示范小组23个、形象街11条、示范区6个，销售中高端卷烟10.24万箱，增幅10.48%。推广数智化签收和智助烟仓送货，双智融合实现全覆盖，数智签收率达到99%以上，单箱物流费用、物流费用率、人均配送效率保持领先。

【企业治理】 2021年，邵阳市烟草专卖局编制全市系统"十四五"规划，形成"七聚七新"行动计划及29个配套子方案。设立科技创新特别奖，完善成果评价、转化和激励机制，发布五大数字化应用场景"揭榜挂帅"项目，举办科技创新暨数字化转型论坛，创新能力持续提升。6个项目课题获地厅级以上表彰，取得实用新型专利2项。自主开发管服所线上平台，上线智能客服机器人，打造考勤、会议、用车等轻应用生态系统。深化管服所建设，召开三个现场会，持续总结推广有效经验，"半小时管服圈"实现全覆盖。深化绩效改革，推进总体绩效和10个专项绩效"打擂台"，对管服所绩效考核结果强制排序。强化财务共享中心信息化建设，重构市县"双轨"审批流程，实现全领域全流程线上审批，预算"四率"有效提升。国资管理、风控做法分别在全省烟草商业系统国资会、企管会上作经验交流。建设"一中心三防御"网络安全动态防御体系，国家攻防演习取得防守不丢失分的好成绩。全年无安全事件，信访积案排查化解到位。

（唐 涛）

石油经营

·中国石化邵阳石油分公司·

【概况】2021年，中国石化销售股份有限公司湖南邵阳石油分公司（以下简称中国石化邵阳石油分公司）主动融入地方经济发展，加强企地合作，带动当地就业，增加地方税收，保安全保稳定保供应，实现全年安全环保无事故，疫情防控无感染无传染的目标，保障邵阳地区成品油市场安全平稳供应，实现经营总量完成情况排名全省系统前列且同比增长0.5%，上缴税收1974万元。

全年实现新建投营加油站4座、歇业复营加油站2座、综合改造加油站投营2座，完成10座加油站的高标号汽油改造项目。开展县域合资合作，隆回雨山服务区加油站和邵阳市区桃花加油站2座合资经营加油站开业。

推进改革，机关人员薪酬考核与挂点站经营完成情况、与垂直考核排名等考核直接挂钩，服务态度和服务质量由被服务对象打分；客户经理完全市场化，一切费用和薪酬全部与销量联动；加大年轻干部选拔培养力度，“80后干部”占比达35.9%。

召开第二次党员代表大会，选举产生新一届党委和纪委。依托已有加油站场地设立2个司机之家和2个爱心驿站，帮助长途司机和户外工作者解决“吃饭难、喝水难、休息难、如厕难”等急难愁盼问题。

【经营业务】2021年，中国石化邵阳石油分公司在油品资源保供上加强资源调度，确保春节、两会、“七一”等重要时间节点资源保供平稳有序，并顺应疫情防控要求，开发“一键加油”“加油中石化”“石化油你”等无接触式加油支付方式，为客户提供安心便捷的服务。同时，为拉动经济增长，开展持续攻坚创效、“奋斗四五六”等专项行动，在全省“比学赶帮超”评比中夺得月度和季度红旗总数36面，位列全省第二，其中零售类红旗25面。2座加油站成功实现万吨站打造计划，全年实现98号汽油零售同比增长率和倍增任务完成率全省第一名。1个县公司排名全省各县公司综合竞争力前十名，3个县公司进入全省前二十个增量县公司序列。在省公司直分销条线“奋斗四五六”专项竞赛活动中获“优胜营销管理部”称号，2名客户经理获“优秀客户经理”称号。在非油品经营上引进洗车业务，全年新增4座汽服站点，进一步提升客户进站消费体验。

【管理工作】2021年，中国石化邵阳石油分公司以安全三年整治行动为抓手，强势管控安全环保风险。以实现“零伤害、零污染、零事故、零疫情”为目标，层层推进HSE管理。各层级学习宣传贯彻《习近平总书记关于安全生产重要论述》、《总经理2号令》、新修订的《中华人民共和国安全生产法》、《湖南石油HSE体系管理手册》等重点文件，增强全员安全意识。加强承包商管理，对11家承包商进行处罚，罚款3.02万元。在6月12日隆回县一辆山西油罐车侧翻并发生泄漏的紧急抢险工作中，公司经理带队组织邵阳油库、隆回县公司参与抢险，杜绝次生事故的发生。公司所有在营库站环保手续合格率100%、环保应急预案备案率100%，已有28家加油站洗车门店加装循环水设备，全年未发生任何安全环保质量事故。

（谢　银）

·中石油邵阳分公司·

【概况】2021年，中国石油天然气股份有限公司湖南邵阳销售分公司（含湖南邵阳中油销售有限公司）（以下简称中石油邵阳分公司）开展控费增效专项行动，实现营业收入10.6亿元，上缴税费1221.6万元。解决劳动就业300余人。

【经营管理】全年销售成品油近11万吨。疫情期间紧急增调10台运输车辆，确保油品不断档。推进“打非治违”，促成市商务局牵头成立邵阳市成品油协会，并向市人民代表大会正式提议对所有加油站加油机全面安装税控装置。市政府先后4次下发专项整治行动通知，洞口县、邵东市社会加油站全面安装税控装置，在全省做出表率。

【安全管理】全市服务行业第一家全面接种新冠疫苗，整体接种率达100%，实现零感染目标。落实安全分级管控和隐患排查治理，累计整改各类隐患76项，联合稽查和安全专项检查查改问题3347项。推进培训演练实战化，“人人会使用消防器材灭火”参演人数达530人次。东风、公路、新华、聚财加油站灭火事件被多家外媒报道，获省公司奖励。

【网络开发】与市城市建设投资经营集团有限公司合资合作的第一座站永兴加油站建设项目12月正式投运。阳光加油站关停13年后正式复投，分公司加油站运营率提升至100%。宝庆东路闲置土地形成可行的盘活方案。空白区域绥宁县桐木冲加油站零投资零风险零亏损开发项目完成双方谈判，达成合作意向。

【管理改革】将原有的8个片区重新整合为4个大片区，在片区上建支部，把机关部门纳入四个支部，设专职支部书记，制定支部（片区）考核兑现办法，实现快速反应，靠前指挥。创新招聘，通过校园“直通车”招聘储备经理人，9人考取后备主管资格，5人走上管理岗位。开展加油站后备管理资格考核4期，56人报考，合格37人，提拔使用19人。鼓励持证，机关持证率同比提升4%，加油站持证率同比提升66%，大专以上学历人数提升9%。

（欧　婷）

盐业经营

【概况】2021年，雪天盐业集团股份有限公司邵阳市分公司（以下简称邵阳盐业分公司）调入各类盐24710吨，实现各类盐销售24471吨，其中中高端小包盐2381吨（松態997生态盐192吨）、工业盐8071吨。中高端盐销售结构占比达到14.5%、终端直配率68%、食盐产品均价2441元/吨，终端网点客户20148户。实现销售收入5601万元，实现利润44.07万元，净资产收益率100%。实现非盐销售收入1391万元，非盐网点650家，取得鲁花食用油、盐津铺子、好利友、达力圆、蜡笔小新等产品的经营代理权，实现物业收入215.31万元。

加强业务知识赋能培训。对一线员工开展财务、市场营销等方面的业务培训；3月对全体经营单位的干部员工开展以熟知雪天盐业小包盐产品核心卖点知识为主的业务知识考试；全年对内勤综合员开展业务培训3次。

提升精细管理运营能力。推进营销人员实名制及片区网格化管理，全年对各县（市）分公司的网建工作开展3次网点验收工作检查，对应收账款管理、中高端盐促销、营销业务指标完成等工作开展绩效考核，并强化结果运用，严格兑现奖惩，提升企业的精细化管理水平。

防范和化解资金风险。增强企业内部控制体系建设与监督，加大应收账款回收和存货管理“两金”压降工作力度，严控客户信用赊销，健全客户授信，严格考核奖惩，7—9月对账龄达三个月以上的应收账款进行全面清收催收，避免企业资金风险及企业坏账损失。

落实安全生产责任制，执行安全环保奖惩制度，每月对各单位进行一次安全隐患检查，开展安全生产月等活动，开展安全生产专项整治三年行动。

是年，邵阳盐业分公司十井铺仓库土地开发项目，合作方拟回报企业的资产主体工程于10月份完成主体竣工，进入合同约定的股权转让环节。

【实施三项制度改革】2021年，邵阳盐业分公司深化三项制度改革，激发员工内生动力，提升邵阳盐业的企业活力。制定印发《中层管理人员管理办法》《绩效考核办法》《员工薪酬管理办法》等系列规章制度，规范员工的劳动合同管理。加大干部交流、优秀年轻干部选任和竞争性选人用人力度。年初未能竞争上岗内部待岗5人；新招聘员工5人，考核未合格辞退3人。对任职2届以上的县公司经理进行异地岗位调整，提拔聘任副科级人员2人。严格动态化履责考核，强化奖罚落地。对2名业绩突出的年轻片区经理进行岗位调整，运用片区及营销人员月度评议考核成果工作机制，对2名工作不力的片区经理给予免职。实行差异化薪酬，基层各岗位核定薪酬均高于机关人员10%以上，业绩优秀的员工年度薪酬高于县公司管理层。

【中高端盐营销】2021年，邵阳盐业分公司推进营销人员实名制及片区网格化管理，助推营销方式转型，练好内功，增强终端渠道掌控力，促进中高端产品销售。各单位结合“雪天盐”展架的投放，按照“963”终端网点陈列标准升级版的要求，突出中高端盐产品陈列，提升“雪天”品牌知名度。加强对中高端盐的宣传贯彻，结合实际制定松態997生态盐、低钠盐、非碘盐三类重点盐品种的销售促销方案，推进520雪天盐业总经理直播活动、“向党献礼，冲锋战役”、松態997产品全员营销与直播联赛、重点产品营销竞赛、百日劳动竞赛等活动，利用重大节日组织开展2次生态盐系列（含礼盒）等中高端盐团购活动，销售收入100万余元，并组织员工进行全员营销，助推松態997生态盐为主打产品的中高端盐的销售。开展“包专店、包专场”活动，投入资金创建“雪天”专场形象店80个，增加食盐销售网点1.3万个，全市已有食盐销售网点2万个。以商超社区直播带货、朋友圈精准营销等新型销售方式，全方位宣传“高端盐、买雪天”的消费理念，全年开展商超中高端盐专场促销300余场，开展雪天松態997产品营销直播和地推活动场200场次，让员工成为“雪天代言人”，提升消费者对松態997生态盐等高端盐的认知。

（全凯军）

金 融

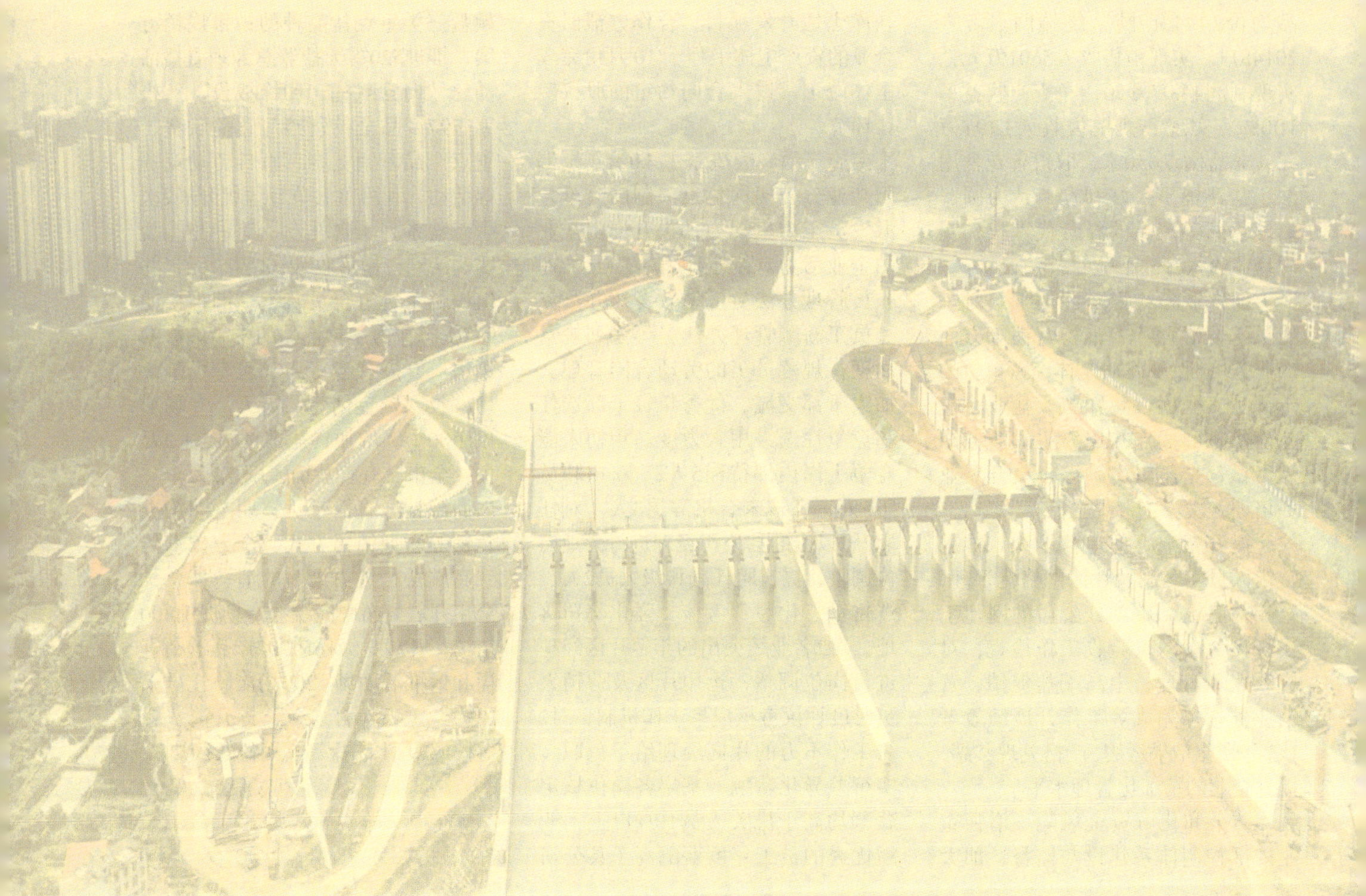

邵阳年鉴 SHAOYANG NIANJIAN 2022

综 述

【概况】 截至2021年年末，邵阳市有32家银行机构，其中政策性银行1家、国有商业银行6家、股份制商业银行4家、城市商业银行2家、地方农村商业银行10家、村镇银行9家，有银行业金融机构网点数817个；市级保险公司30家，保险机构网点279个；驻邵阳证券营业部24家；融资担保公司6家，小额贷款公司5家，典当行6家；A股上市公司1家，新三板挂牌企业2家，四板挂牌企业60家。

全市金融业实现增加值118.18亿元，占GDP比重为4.8%，较上年增加11.65亿元，增幅10.94%；金融业上缴税收14.35亿元，占全市税收比重9.02%。

银行业 年末全市金融机构本外币各项存款余额3586.8亿元，比年初增加288.6亿元，增长8.8%，其中非金融企业存款382.6亿元，下降2.2%，住户存款2782.53亿元，增长12.0%，广义政府存款418.6亿元、下降0.2%。年末金融机构本外币各项贷款余额2297.5亿元，比年初增加335.9亿元，增长17.1%，其中住户贷款1109.8亿元，增长16.8%，非金融企业及机关团体贷款1186.4亿元，增长17.3%。人民币消费贷款694.0亿元，增长19.4%；个人住房消费贷款492.1亿元，增长19.1%；房地产开发贷款56.8亿元，增长1.1%；中小微企业贷款856.2亿元，增长16.8%。

保险业 全市保费收入98.98亿元，增长4.5%，其中财产险20.82亿元，下降4.5%，寿险50.97亿元，增长5.6%，健康险24.87亿元，增长11.8%，人身意外伤害险2.33亿元，下降3.4%。各项保险赔付支出34.71亿元，增长11.2%，其中财产险14.92亿元，增长13.7%，寿险7.45亿元，下降5.3%，健康险11.63亿元，增长22.2%，人身意外伤害险0.71亿元，增长2.4%。

证券业 全年直接融资总额79.37亿元，比上年增长24.7%，直接融资占比19.11%。年末A股上市公司总市值26.64亿元。年末证券公司营业部24家，同比持平；证券交易额3657.85亿元，增长1.8%。年末期货证券营业部1家，成交金额1204.3亿元，增长126.8%。

地方金融机构 新成立邵阳县中小融资担保公司。全市融资担保公司支持企业543户，新增融资担保额25.19亿元，其中小微企业占87.95%。年末融资担保在保余额24.92亿元，融资担保责任余额放大倍数1.48，平均担保费率1.02%，代偿率1.24%。

是年，邵阳维克液压股份有限公司在深圳证券交易所创业板上市，实现邵阳市上市企业“零”的突破。邵阳市金融工作获湖南省人民政府金融工作真抓实干督查激励表扬。

【金融服务实体经济】 2021年，邵阳市推动全辖开展政银企对接活动39场，涉及园区16个，签约企业935家，金额133.94亿元，发放贷款78.6亿元。制造业贷款余额118.62亿元，比年初增加18.97亿元，同比多增11.29亿元。普惠型小微企业贷款余额336.15亿元，较年初增加53.47亿元。新兴优势产业链贷款余额122.54亿元，较年初增长25.21%，发放工业新兴优势产业链融资再贷款再贴现专项支持计划2.28亿元。支农、支小再贷款余额25.11亿元，年内累计发放6.92亿元，撬动法人金融机构新增信贷资金69.53亿元。涉农贷款新增额151.32亿元，占各项贷款增量的45.04%。对5家企业发放知识产权质押融资6笔、金额5380万元。召开全市金融服务“五好”园区座谈会，助推金融机构精准支持产业发展、实体经济，涉及合作项目61个、金额102.92亿元。成立邵阳市“专精特新”中小企业金融服务中心。举行“携手聚势 启航未来”金融助力高质量发展座谈会暨合作项目签约仪式，市政府与21家省级金融机构签订战略合作协议，签约金额6700亿元。农业保险保费收入4.74亿元，同比增长17.22%，农业保险承保生猪397.06万头、水稻等农作物2385.91万亩，为参保农户提供177.67亿元的保险保障，向7.37万户次农户支付赔款3.22亿元。

【防控金融风险】 2021年，邵阳市推进防范和处置非法集资，“防范化解涉众型金融风险及打击金融违法行为”平安建设工作排全省第一档次。2家机构退出人民银行预警名单库。武冈发展村镇银行大股东股权转让工作进入收尾阶段，收购方邵阳农商银行与代管行蒙商银行签订转让合同。收回涉徐某顺及其关联方4家机构贷款本金3.08亿元。邵阳农商行完成增资扩股，资本充足率达到并超过监管要求。天安财险接（托）管期间整体业务发展稳定。风险缓释政府性债务余额284.91亿元。推进反洗钱“利剑”专项行动，完成对70家义务机构的反洗钱分类评级，指导移送洗钱线索并立案、侦破11起，协助破获骗取出口退税、涉毒、涉诈洗钱、涉黑案件7起，其中以洗钱罪立案2起，5起案件以洗钱罪起诉，1起案件以洗钱罪宣判。

（李清雄）

金融工作

【概况】 2021年，邵阳市各项贷款余额2297.45亿元，比年初增加335.94亿元，同比增速17.13%。存贷比达64.05%，较年初提升4.58个百分点。银行机构对283个重点建设项目授信278.57亿元；新兴优势产业链贷款余额122.54亿元，较年初增长25.21%。全面落实新冠肺炎疫情期间支持民营小微企业惠企政策，累计为企业办理续贷21.14亿元、展期54.91亿元。辖内6家债委会累计为企业弱化风险金额2.92亿元、续贷金额3.68亿元。建立“主办行”制度，开展访企问需活动，累计为3697家企业发放首贷39.82亿元，向9家外贸企业授信（发放）贷款1.46亿元，续贷850万元。普惠型小微企业贷款利率降至6.43%，较年初下降0.33个百分点。对单笔500万元以下融资担保费率降至1%，单笔500万元以上降至1.2%。

市政府金融工作办公室编制邵阳市“十四五”金融业发展规划。组织开展市金融服务“三高四新”战略“行长春季行”活动，推动组织开展政银企对接活动39场，引导银行机构为283个市重点建设项目提供金融支持。召开全市金融服务“五好”园区座谈会，助推金融机构精准支持产业发展、实体经济，涉及合作项目61个、金额102.92亿元。举行“携手聚势 启航未来”金融助力高质量发展座谈会暨合作项目签约仪式，市政府与21家省级金融机构签订战略合作协议，合计签约金额6700亿元。指导兴业银行邵阳分行、绥宁湘农村镇银行开业。

是年，邵阳维克液压股份有限公司在深圳证券交易所创业板首发上市，实现邵阳市企业上市破“零”目标。市金融工作获2021年湖南省金融工作真抓实干督查激励表扬，“防范化解涉众型金融风险及打击金融违法行为”平安建设工作排全省第一档次。

【资本市场建设】2021年，邵阳市实现直接融资79.37亿元，直接融资占比19.11%。新增20家企业在湖南股交所挂牌，其中科技创新板挂牌4家。制定企业上市攻坚行动工作要点，开展走访调研，协调解决邵阳液压入园扩产、募投项目用地、环保合法证明等事项。推动广信科技进入省证监局辅导备案，彩虹玻璃等企业启动上市前期准备工作。向17家企业发放多层次资本市场奖补资金603.4万元。全市31家企业纳入省级上市后备企业。组织资本市场专家服务团队走访重点企业，开展专精特新中小企业上市融资培训、董事长资本特训营培训等活动，培训企业200余家。抢抓设立文化产业专板机遇，组织文旅类企业开展挂牌申报。推进资本市场县域工程。与湘江基金小镇签署投融合作战略框架协议。邵阳经开区与财信产业基金、湖南高新创投合作成立2只产业基金。凯通电子对接投资机构，财信产业基金明确投资3000万元，华融湘江银行“投贷联动”贷款3500万元。指导县市区推进四板挂牌企业股权融资，新增股权融资7900万元。

【地方金融监管】2021年，邵阳市加强融资担保公司、小贷公司、典当行监管，实现规范健康发展。全市地方类金融机构18家，其中融资担保公司6家、小额贷款公司5家、典当行6家、融资租赁公司1家。新成立邵阳县中小融资担保公司。市中小担保公司与新邵、城步、洞口、绥宁、新宁5个县政府签署合作协议，实现全市担保业务全覆盖。全市融资担保公司支持企业543户，新增融资担保额25.19亿元，其中小微企业占87.95%。年末融资担保在保余额24.92亿元，融资担保责任余额放大倍数1.48，平均担保费率1.02%，代偿率1.24%。

【维护地方金融稳定】2021年，邵阳市推进防范和处置非法集资，构建日常工作体系、制度保障体系、监测预警防控体系“三大体系”，建立“一通报、三纳入、一追究”考核问责机制，确保责任落实到位。开展宣传教育全覆盖专项行动、重点案件督办专项行动、风险排查专项行动、积案化解专项行动“四大专项行动”。开展宣传月集中宣传活动，在重要节点推出短信宣传，制作防范非法集资地方特色花鼓小戏《梦醒时分》，获国家处非联办肯定。组织以排查养老机构、私募基金、交易场所等重点风险领域及重点风险主体四轮涉众风险专项排查。推进风险“治重化积”，增量风险得到遏制。实现新发案件数在全省排名下降、风险存量实现同比下降“两个下降”。全年赴省进京集体访零发生。稳妥处置地方法人银行机构风险，处置包商银行破产被接管事件带来的次生风险，推进大股东股权处置。通过协同资源化债、调整还款计划、发挥商票作用，持续推动债务结构改善，有效降低债务资金成本，全市银行机构通过投放贷款、购买债券、债务置换、信托放贷、债券承销等方式向市本级平台公司提供资金支持200余亿元。

【邵阳“专精特新”中小企业金融服务中心成立】2021年12月1日，由邵阳市人民政府和湖南财信金控集团共建的邵阳市“专精特新”中小企业金融服务中心揭牌成立，将为市中小企业登陆资本市场提供更加有力的支持。市政府、湖南证监局、省工信厅、省地方金融监管

2021年12月1日，市“专精特新金融服务中心”中小企业金融服务中心成立
（市政府金融工作办 供图）

局、湖南财信金控集团领导分别为中心揭牌成立致辞。

【邵阳市“携手聚势 启航未来”金融助力高质量发展座谈会暨合作项目签约仪式举行】 2021年12月16日，邵阳市举行以“携手聚势 启航未来”为主题的金融助力高质量发展座谈会暨合作项目签约仪式，省金融管理部门和省内各大金融机构负责人齐聚邵阳，共叙友谊、共话合作、共谋发展。市委副书记、代市长华学健致欢迎词。市人民政府分别与21家省级金融机构签订战略合作协议，合计签约金额6700亿元。市各金融机构与30家园区平台公司、企业签订授信意向协议，合计签约金额157.38亿元。

（李清雄）

银行业

·中国人民银行邵阳市中心支行·

【概况】 2021年，中国人民银行邵阳市中心支行（以下简称人行邵阳支行）全辖获总行级荣誉2项，获武汉分行和长沙中心支行级荣誉20余项，6项工作在人民银行总行、长沙中心支行专业会议上交流经验。其中，“我为群众办实事”实践活动做法被《金融时报》、长沙中心支行《党建工作交流》推介，防疫工作专项监督做法被“PBC清廉金融”微信公众号推介；巡察整改监督做法被长沙中心支行《湖南金融简讯》推介。构建常态化员工异常行为监督管理机制，做法被长沙中心支行《纪检监察工作信息》推介，金融宣传工作获评全省先进单位一等奖并在全省金融宣传工作会议上作经验交流发言，会计重大事项动态报备工作获长沙中心支行重点推介。中心支行机关统一招标采购、辖内支行共同使用采购成果工作获长沙中心支行重点推介。实施闭环管理推进整改工作做法在全省内审工作会议中作经验交流。

【助力“五好”园区建设】 2021年，人行邵阳支行广泛组织银企对接走访，推动全辖开展政银企对接活动39场，涉及园区16个，签约企业935家，金额133.94亿元，已发放贷款78.6亿元。支持专精特新等重点领域，引导金融机构突出小微、绿色、外贸、科创、先进制造业等重点领域信贷支持，对5家企业发放知识产权质押融资6笔、金额5380万元，发放“三高四新”领域高层次人才贷7笔、金额3735万元。发展产业链供应链金融，向金融机构推送七大新兴优势产业链企业名录851家、核心企业68家，12月末，新兴优势产业链贷款余额122.54亿元，较年初增长25.21%，比各项贷款增速高8.08个百分点，发放工业新兴优势产业链融资再贷款再贴现专项支持计划2.28亿元。

【支持乡村振兴】 2021年，人行邵阳支行用好用足货币政策工具。截至12月末，支农、支小再贷款余额25.11亿元，全年累计发放6.92亿元，撬动法人金融机构新增信贷资金69.53亿元。其中，迅速落实新增3000亿元支小再贷款政策，已发放3.11亿元，支持小微企业653户。同时，运用延期和信用两项优惠政策新工具，撬动法人金融机构实施延期还本付息32.16亿元，发放信用贷款3.28亿元。支持县域特色产业发展，打造“一县一特”品牌。支持邵东廉桥药材特色小镇、隆回金银花、武冈食品加工、新宁脐橙、洞口茶旅、绥宁楠竹、城步奶业等县域特色产业发展，邵东廉桥特色小镇做法被金融时报推介。全年全市涉农贷款新增额151.32亿元，占各项贷款增量的45.04%。会同市农业农村局、乡村振兴局、财政局等多部门联合印发全市“十四五”时期金融支持巩固脱贫攻坚成果与全面推进乡村振兴、金融支持新型农业经营主体实施方案两个文件。

【利率和金融市场管理】 2021年，人行邵阳支行加强利率监测管理。加强对法人银行指导，督促建立内部转移定价FTP机制，将LPR嵌入FTP之中。加强存款利率自律管理，开展异地存款监测，做好利率报备监测分析系统上线工作。督促法人银行机构做好定价行为和合格审慎评估，3家村镇银行申报全国自律机制基础成员一次性通过。强化金融市场管理。抓实抓细金融市场风险监测与预警，对全市银行市场成员同业拆借和债券交易业务进行监测。强化商业承兑汇票信息披露，确保全市43家商票企业完成注册并披露信息，注册率排名全省第一位。推进跨境人民币业务增量扩面。筛选重点辅导企业名单，编制业务拓展重点企业名单，确定主办银行，开展业务辅导；开展“增量扩面”专项行动，推送重点企业名单，推动跨境人民币结算使用获新进展。

【综合管理】 2021年，人行邵阳支行加强信贷调控和宏观审慎评估。开展月度信贷调控工作，精准摸排、预测法人机构每日、月度、季度、年度新增贷款，加强逆周期调节和引导。发挥MPA调节引导作用，引导法人机构加大对实体经济的支持力度。稳妥推动房地产贷款调控政策落地。审定上报9家超上限法人机构调降方案，组织编报2021年度房地产金融管理计划。对法人机构房地产信贷进行月度和季度监测，督促超集中度机构落实过渡期调整方案。12月末，全市房地产贷款增速12.79%，较年初下降12.09个百分点，房地产贷款新增65.53亿元，同比少增33.93亿元。

【金融稳定工作】 2021年，人行邵阳支行强化金融风险监测评估，开展央行评级、综合评价、压力测试、资产质量真实性核查等工作，紧盯高风险及7级机构风险变化，及时主动进行风险提示，推动2家机构退出总行预警名单库。助推存量风险事件处置。推动武冈发展村镇银行大股东股权转让工作进入收尾阶段，收购方邵阳农商银行与代管行蒙商银行签订转让合同；加大涉徐某顺及其关联方风险化解工作力度，截至12月末，涉事4家机构收回贷款本金3.08亿元。缓释地方政府性债务风险。截至四季度末，邵阳市落实“六个一批”风险缓释措施涉及政府性债务余额284.91亿元，减轻2021年剩余到期政府性债务偿付压力81.64亿元。创新开发资产质量评估核查系统，获总行批示进行全国推广试用。启动“一行一策”精准帮扶，护航农商行防风险、稳经营、促发展。

【反洗钱】2021年，人行邵阳支行强化监管，完成对70家义务机构的反洗钱分类评级，对8家义务机构开展上门业务辅导、6家义务机构实施监管走访、3家机构进行高管约谈、1家机构开展现场检查。推进反洗钱“利剑”专项行动，配合开展打击“骗取出口退税和虚开增值税专用发票”、扫黑除恶、反电诈、禁毒等专项行动，指导移送洗钱线索并立案、侦破11起，协助破获骗取出口退税、涉毒、涉诈洗钱、涉黑案件7起，其中以洗钱罪立案2起、5起案件以洗钱罪起诉、1起案件以洗钱罪宣判。

【外汇管理与服务】2021年，人行邵阳支行支持涉外经济发展，促进对外开放。推进跨境金融区块链平台试点，全年发放出口应收账款融资316笔、金额7976万美元，融资规模位列湖南省地级市前列。建立外汇局、银行、企业三方季度联席会议机制，督导全市12家外汇指定银行新增国内外汇贷款5.24亿美元，同比增长9.8%，平均贷款利率低于4%。落实便利化政策，优化服务方式。推广“互联网+政务服务”平台，建立外汇服务群众评价机制，率先在全省实现外汇行政许可业务100%网上办理，业务办理数量在全省地级市位列第一。强化外汇市场监管，防范资金风险。加强“汇警”联动，联合公安机关打击地下钱庄、跨境赌博等外汇违法违规行为，向公安机关移送1条可疑线索，相关成效获省分局发文通报表扬；创新外汇非现场检查方法，引入机器算法对“通过地下钱庄进行骗补骗税的犯罪团伙”进行精准打击，在全省外汇非现场检查分析竞赛中获第二名。加强调研分析，协助省分局开展FDI、加密货币、地下钱庄等全国性专题分析，其中两项报告获国家外管局局长批示。加强国际收支统计现场核查，获评全省国际收支统计现场核查先进单位，并在全省做《银行结售汇统计非现场核查方法创新》经验分享。

【依法行政和金融消费者权益保护】2021年，人行邵阳支行推进法治央行建设，完善执法检查和行政处罚体制，推进“查处分离”。提升金融消费者投诉处理质效。组织各银行业金融机构建立投诉纠纷处理协同机制，及时转办、督导投诉63起，办结率和满意率100%。发挥第三方调解组织即湖南省金融消费纠纷人民调解委员会邵阳市工作室的作用，全年通过金融消费纠纷调解“总对总”平台成功调解金融消费纠纷11笔，指导新宁县开展县域金融消费纠纷调解试点。支行被评为“邵阳市消费者权益保护先进单位”，有关做法被《金融时报》《中国金融家》推介。有效开展金融知识普及教育。开展“3月金融消费者权益保护日”“6月守住钱袋子”等宣传活动；联合银保监会邵阳分局、市金融办推动全市1271个金融机构网点对纳入“一村一机构”的责任社区和行政村落实主办责任制，相关做法被《金融时报》推介。开展银行业金融机构开业管理工作，全辖新设金融机构3个，变更人民银行金融服务与管理体系信息机构7个。

【金融统计与研究】2021年，人行邵阳支行开发的基础数据报文辅助系统在全国推广运用，相关做法被《金融时报》推介。推动地方金融组织统计制度在5月份实施，联合六部门印发《金融支持邵阳市绿色低碳发展的实施方案》，会同市金融办建立全市绿色产业项目库。开展《金融供给对乡村振兴的影响效应》重点课题研究，撰写各类调研材料64篇，被上级行内刊及地方党报党刊采用26篇。

【支付结算监管和服务】2021年，人行邵阳支行配合打好“反电信诈骗”攻坚战，在全省平安建设考核中涉案银行卡治理工作排名第五位，涉案账户数从年初全省第三名降至第十名。推进移动支付便民工程和农村支付环境建设，全省首创的公租房缴费系统上线试运行，云闪付App新增绑卡量居全省地市第二位，公交日均交易笔数居全省地市第一位。牵头组织经办银行开展社保卡专项清查及整改，配合开展医保清查、教育“双减”、根治拖欠农民工工资工作。

【管理政府钱袋子】2021年，人行邵阳支行加强邵阳经开区国库建设，支持邵阳经开区升级为国家级园区，配合邵阳经开区开展库款管理、出口退税以及地方留成收入分成参数设置等工作。举办“国债微课堂竞赛”，开展“国债恢复发行40周年”宣传活动；开展邵东县30家小微企业税负减免及企业运行情况的跟踪监测。支持财政完成财政预算管理一体化系统上线、非税收入汇缴入库电子化改革等工作，执行各项财税政策，落实个税综合汇缴退税。加快国库信息化建设，推动完成国库退库、更正、免抵调库业务电子化上线。

【征信服务】2021年，人行邵阳支行深化农村信用体系建设，推广应收账款融资服务平台，通过人民银行中征应收账款融资服务平台，全市累计办理应收账款质押融资488笔，金额197.02亿元，成交笔数居全省第一。推广云闪付查询，全市使用云闪付查询个人信用报告次数及“信之风”征信宣传志愿者注册人数居全省前列。推动实现住房公积金系统数据升级纳入征信二代系统。协助开展人大代表、政协委员提名人选征信审查，进行信用审查3万余人次。

【货币发行管理】2021年，人行邵阳支行保障现金充足供应。办理出入库业务，满足人民群众需求。全年累计开展发行基金调拨40次，金额147亿元，投放现金159.49亿元、回笼173.65亿元。确保库房库款安全。完成库区隔离改造，开展发行库问题清零专项行动，压实查库职责，开展库房文化建设、业务竞赛、技能比武等活动，规范发行库管理。优化货币流通环境和筑牢反假货币三道防线，联合公安加强假币打击力度，筑牢群众识假、银行堵假、公安打假三道防线。创建节约型机关，经长沙中心支行节能办验收通过。落实安全生产责任制，做好发行库、网络机房、机关办公楼等要害部门和发行基金押运的安全保卫及应急值守工作，全辖人民银行系统安全稳定。

【金融科技应用】2021年，人行邵阳支行推广“金融网点通”手机App，为群众提供便利的金融信息服务。应用金融业机构信息共享系统开展金融机构信息管理。开发湖南省人民银行预算矩阵式信息管理系统（三期），助力人民银行预算管理。率先在全省开展办公自动化系统上收试点，试点经验在全省推广。建设业务网桌面云系统，开展桌面云研究和应用。指导武冈发展村镇银行制定贷款利率企业标准工作得到总行《科技简报》推介。指导金融机构做好利率报备监测分析系统建设。

（罗　宏）

·邵阳银保监分局·

【概况】2021年，中国银行保险监督管理委员会邵阳监管分局（以下简称邵阳银保监分局）紧扣“三高四新”战略，全力支持邵阳经济持续恢复和高质量发展。通过召开银企专场对接座谈会、洽谈会、金融助力“五好”园区建设座谈会等方式，推进银企资金对接。年末全市制造业贷款余额118.62亿元，比年初增加18.97亿元，同比多增11.29亿元，较年初增速19.04%，高于各项贷款平均增速1.97个百分点；制造业中长期贷款较年初增速高于各项贷款平均增15.38个百分点。

是年，邵阳市获评2021年省政府表彰的“金融服务‘三高四新’和防范化解金融风险成效明显的市”。

【助推乡村振兴】2021年，邵阳银保监分局聚焦“三农”主体，助推乡村振兴高质量发展。截至年末，辖内同口径涉农贷款余额1106.64亿元，同比增加151.33亿元，增速15.84%。农业保险保费收入4.74亿元，同比增长17.22%，农业保险承保生猪397.06万头、水稻等农作物2385.91万亩，为参保农户提供177.67亿元的保险保障，向7.37万户次农户支付赔款3.22亿元。

【破解融资难融资贵问题】2021年，邵阳银保监分局聚焦小微企业，着力破解融资难融资贵问题。单列普惠型小微企业信贷计划，按月监测、按季通报、按年度考核评价，压实机构主体责任，完成信贷增量计划和监管考核指标。截至年末，辖内银行机构普惠型小微企业贷款余额336.15亿元，较年初增量53.47亿元，信贷计划完成率121.1%。法人银行普惠型小微企业贷款增速比各项贷款增速高0.23个百分点，贷款余额户数增加6459户，完成“两增”考核指标。

【金融风险防范】2021年，邵阳银保监分局守住风险底线，金融风险防范取得新突破。武冈发展村镇银行主发起行的股权转让完成，辖内高风险机构全部清零。邵阳农商行完成增资扩股，资本充足率达到并超过监管要求。天安财险接（托）管期间整体业务发展、人员思想稳定。辖内农商行涉徐某某股权和关联贷款处置率分别达99%、98%，且贷款最终无风险敞口。超资质超比例投资资产余额15.5亿元，较年初下降4.98亿元。规范股权管理，农村中小法人机构股东、股权确权率分别达96%、97%。

（陈　蛟）

·中国工商银行邵阳分行·

【概况】2021年，中国工商银行邵阳分行（以下简称工行邵阳分行）聚焦客户、存款、FTP和经济资本占用等重点指标，推进“扬长、补短、固本、强基”各项工作，经营效益大幅增长，资产质量根本好转，年度经营绩效和业务发展考评排名全省第九，较上年提升4个位次。

是年，工行邵阳分行在市委礼堂举办“庆百年风华，创时代伟业”——庆祝中国共产党成立100周年文艺会演暨“两优一先”表彰大会。参加省分行“光辉的历程”党史学习教育主题征文竞赛活动，获一等奖1个、三等奖2个。金融宣传工作获“全市金融宣传工作先进集体”一等奖；行政印章管理工作获省分行点名表扬，上报的4篇课题论文全部获奖。组织全辖青年员工开展“学党史、感党恩、跟党走”演讲比赛，举办全辖网点运营主管和客服经理业务技能选拔赛，举行“光荣在党50年”纪念章颁发仪式。表演的情景歌舞剧《薪火》获省分行庆祝建党100周年“唱支山歌给党听”文艺会演二等奖。刘友素家庭被工总行授予2021年度“中国工商银行最美家庭”称号，是湖南省分行辖内唯一获此殊荣家庭；刘守信被授予中国工商银行湖南省分行第二届“大行工匠”称号；符益衢当选“邵阳市第十七届人民代表大会代表”，为分行成立以来的第一个普通青年员工“市人大代表”。

【信贷业务】2021年，工行邵阳分行坚持金融回归本源，主动做好信贷投放工作，各项贷款有序增长，年末本外币贷款余额较年初增加19.20亿元。其中，公司贷款增加8.90亿元，增幅7.90%；个人贷款增加10.28亿元，增幅14.93%，较同期多增6.55亿元。银监口径、人行定向降准口径普惠贷款分别增加2.57亿元、2.60亿元，分别完成总行下达年度计划的107%、108%。银监普惠贷款客户较年初增加244户，超额完成年度任务。小微企业首贷户90户，首贷金额8499.5万元。完成隐性债务化解贷款投放17.15亿元，在7月23日召开的邵阳市人民政府第七次全体会议上作为金融系统唯一代表作典型发言，市长华学健高度肯定分行推进政府化债服务和为中小企业的贷款服务“两个服务”工作。12月16日省分行行长张慎出席邵阳市“携手聚势 启航未来”金融助力高质量发展座谈会暨合作项目签约仪式，并代表省分行与邵阳市人民政府签署全面战略合作协议。

【资产质量】2021年，工行邵阳分行落实资产质量管控一把手工程，清收处置不良贷款3.33亿元，完成省分行下达年度计划任务的139%。清收账销案存资产2052万元，完成省分行下达的年度计划。实现资产质量根本好转，年末不良贷款余额1.47亿元，较年初减少1.7亿元；不良率0.78%，较年初下降1.09%，创2016年以来最高水平，优于系统内及全市平均水平。贷款拨备覆盖率323.49%，优于系统内平均水平55个百分点。

【存款业务】2021年，工行邵阳分行年末各项存款较年初增长11.50亿元，其中储蓄存款增长9.72亿元、机构存款增长1.54亿元、公司存款增长0.67亿元。特别是机构存款，通过抓高层营销，抓场景建设，推进GBC联动，抓住4月1日中国工商银行总行与湖南省人民政府在长沙签署战略合作协议的机遇，先后与邵阳经济开发区、邵东市、邵阳县、新邵县分别签订200亿元、50亿元、30亿元、30亿元融资意向的战略合作协议。实现机构存款总量由同业第四位跃居第二位；增量连续三年领先。

【经营效益】2021年，工行邵阳分行营业净收入7.87亿元，同比增加1.09亿元，增幅为16.05%；实现拨备前利润5.39亿元，同比增加0.70亿元，增幅14.97%；净利润2.8亿元，同比增长3.53亿元，均超额完成年度任务。其中，净利润、营业收入、拨备前利润、中间业务收入增幅分别排名全省第一、第五、第六、第七位。邵东支行、隆回支行获省分行“县域支行工银成就集体奖（经营进步奖）”。

【大个金业务】2021年，工行邵阳分行以打造“第一个人金融银行”战略为引领，坚持转型创新，形成高质量发展新动能。年末全量客户比年初净增71876户；5万元以上客户净增5757户。存量个人商户8567户，较年初净增4242户，比上年同期多增1880户。存量代发工资单位较年初净增109户，代发工资个人客户较年初净增10496户。净增个人手机银行18.69万户，任务完成率212.6%，排名全省第四位；企业手机银行月动户2325户，任务完成率105.7%，排名全省第二位；企业网银月动户4695户，排名全省第六位。聚焦“客户”“商户”“资产”三大核心板块，推进信用卡业务向基础实、效益高、风控强方向发展，信用卡专业排名上升至全省第四位，较上年上升5个名次。

【内控外防】2021年，工行邵阳分行推进“价值创造年”主题活动，坚持严管严控，强化内控外防管理，加强重点领域管控，确保合规稳健经营，全年未发生重大风险事件。成功防范电信诈骗5起，涉案金额94.87万元，预警业务风险信息814条，涵盖私人银行、信用卡、全球信贷、网银及ATM转账、法人客户营销等业务领域。反电诈工作行动迅速、措施有效，获市公安局禁毒和反电诈指挥部领导肯定。运行管理业务获“2021年度湖南分行工银成就集体奖”。在人行反洗钱监管分类评级中被评为A级，在第七轮银行业金融机构安全评估检查中在四大国有商业银行中得分第一；获评2021年度全市银行业金融机构安全保卫工作“先进单位”。

（黄柏湘）

·中国农业银行邵阳分行·

【概况】2021年，中国农业银行邵阳分行（以下简称农行邵阳分行）各项存款时点余额430.2亿元，比年初净增23亿元，同比多增15.32亿元，日均增量16.18亿元，同比多增3.3亿元；个人存款时点余额379.22亿元，较年初净增33.45亿元，同比多增9.18亿元，余额和增量国有四大银行占比分别为37.76%、46.70%，分别提升0.64、14.92个百分点，实现“双第一”“双提升”。个人存款日均净增31.36亿元,同比多增12.75亿元，同比增幅68.66%，日均余额、增量均居四行第一。

各项贷款时点余额216.01亿元，净增36.23亿元，“四行”市场份额28.07%，较年初提升0.71个百分点；日均余额205.4亿元，较年初净增43.89亿元，增速25.47%；对公贷款净增19.56亿元，同比多增15.67亿元，完成省分行计划的196%，排全省第三。对公实体贷款余额112.9亿元，较年初净增19.56亿元；个贷、对公贷款增量系统贡献度排名较年初分别前进2、3位，实现“双进”。

营业收入11.09亿元，净利润4.95亿元，中间业务收入1.92亿元，分别完成省行序时计划的100.12%、104.68%和100.9%，其中12月末，中收“四行”市场份额33.56%，全省系统排名第二。全年综合绩效排名全省第八，较上年提升1个名次。

开展不良贷款清收“三大行动”、贷款劣变压降专项行动等竞赛活动，不良贷款余额7986万元，较年初下降2492万元，不良率0.37%，较年初下降0.21个百分点，不良率“四行”最低。开展内控案防综合治理，全行未发生重大案件风险事件，实现案件和风险“两个可控”目标。

【“深耕千乡万村、助力乡村振兴”攻坚行动】2021年，农行邵阳分行持续开展“深耕千乡万村、助力乡村振兴”攻坚行动。实施“一行一策”“一点一色”经营，指导9个县域支行创建特色网点，推广廉桥支行“惠农e贷+聚合支付+专业市场”模式，打造洞口高沙、市分行营业部、大祥支行营业部、邵阳县五丰铺等一批先进典型网点。组建58个团队深耕全市1360个行政村，率先在全省举办“惠农大讲堂”，推进农户信息建档和三资管理等新模式。采取“惠农通服务点+农银人寿保险业务咨询点”叠加模式，做大“惠农通”服务点产品引荐功能。聚焦乡村市场，整村、整行业、整市场推进实现批量获客，农户信息建档净增16508户、惠农e贷有贷客户净增5869户，分别排名全省第一和第二。营销推广“三资”平台、村级财政账户、集体经济组织账户，新开村级账户123户，排名全省第三。截至年末，乡村振兴专项考核排名全省第四；惠农e贷余额15.6亿元，较上年净增7.14亿元，原重点扶贫县贷款余额113.6亿元，较年初净增18.93亿元；县域乡村消费信贷增长率35.63%，排名全省第一；惠农有贷客户数量7087户，较年初增长6938户，县域线上法人贷款增长率85.87%，排名全省第二；村级账户开立123户，排名全省第三。

【“进百园万企”实现突破】2021年，农行邵阳分行抓实“进百园万企、助力中小微”攻坚行动，抓好重点项目和规模以上客户攻坚，做好小微企业金融服务，持续加快信贷转型发展，“进百园万企”实现突破。与全市10个园区建立良好沟通渠道，对7个园区平台公司总授信24.96亿元，贷款余额22.73亿元，与东盟产业园签订战略合作协议，“园中园”合作突破。介入邵阳经开区、邵阳市宝科园“沪昆”百里工业走廊企业和大项目，重点支持三一重能、拓浦精工、富兰地工具等一批园区高新技术企业。创新“五金贷”，重点突破批量获客。规模以上企业客户开户任务完成率114%，全省第三；普惠贷款较年初净增5.7亿元，任务完成率121.2%，全省第五，同比多增2.9亿元，增速96%；普惠有贷户净增5339户，任务完成率168%，排名全省第一，同比多增3515户，增速达77%。

【智慧银行建设】2021年，农行邵阳分行以数字化转型为驱动，加快建设高效便捷的智慧银行。加大线上渠道建设。利用扶贫一元购、新客三重礼、缴费后抽奖、医保电子凭证激活有礼等线上线下活动，促进掌银到店客户新增有效；将掌银开通作为个贷客户放款的前置条件、组织代发企业的掌银外拓营销，提升掌银渗透率。加大高频场景建设。将场景金融建设作为数字化转型的主攻领域，推广校园、医院等批量获客场景，营销智慧校园——邵阳学院招标项目落地，重点吸引教职工、学生等一大批优质客户。依托与医院合作，加快上线银医通系统。深化“智慧校园”建设，把“智慧校园”纳入“一把手”工程推动营销。截至年底，掌银月均活跃客户数271176户，全省占比6.3%，排名全省第五，新上线智慧校园场景217个、场景获客7072户，对公线上活跃客户数10179户，比年初增加2013户，数字人民币个人钱包16535个，任务完成率175.9%，排名全省第一，智迎客到店客户拉新促活率超过30%，排名全省第三，上线中心医院东院等3个“银医通”项目，与市公积金中心实现直连。

（黎小军）

·中国建设银行邵阳市分行·

【概况】2021年，中国建设银行邵阳市分行（以下简称建行邵阳市分行）辖11个部门、23个支行、38个网点，遍布全市12个县市区，员工648人。一般性存款余额461.42亿元，四行（国有四大银行）占比35.72%，排名四行第一；新增29.91亿元，新增四行占比38.52%，排名四行第一。其中，个人存款余额347.12亿元，新增28.07亿元；对公存款余额114.30亿元，新增1.84亿元。各项贷款余额281.73亿元，四行占比36.69%，新增40.33亿元，创历史性新高，新增四行占比36.43%，均排名四行第一。其中对公贷款余额135.08亿元，新增18.37亿元；个人贷款余额146.65亿元，新增21.96亿元。实现中间业务收入3.26亿元，实现账面利润8.32亿元。不良贷款余额2.62亿元，不良贷款率0.93%；逾期贷款余额3.15亿元，逾期贷款率1.12%。

是年，建行邵阳市分行被邵阳市委市政府评为“邵阳市产业发展工作先进单位”“邵阳市2021年度绩效考核优秀单位”。在总行星级网点评比活动中，1个网点获“五星”称号，4个网点获“四星”称号，6个网点获“三星”称号。

【支持重点项目和重点领域】2021年，建行邵阳市分行加大先进装备、智能制造、信息技术等先进制造业投放力度，制造业贷款余额24.23亿元，新增5.74亿元，任务完成率143.43%。聚焦新兴优势产业链，联系688家新增规模工业企业、7家国家级、69家省级专精特新“小巨人”企业，战略新兴贷款余额18.95亿元，新增2.39亿元。响应国家“双碳”政策，支持光伏、新能源等绿色产业发展，绿色金融贷款余额22.07亿元，新增4.89亿元，增速接近30%。深化“五好园区”建设，主动服务彩虹特玻、拓浦精工、德沃普电气等各类园区企业172余家，针对“五好”园区及企业投放贷款15.42亿元。全面对接社会融资需求，对接企业1467家，实地走访企业862家，收集信贷需求约82亿元。全年累计投放贷款超过121亿元。

【服务社会民生】2021年，建行邵阳市分行扶持民营和小微企业发展。普惠金融贷款余额45.40亿元，较年初新增11.22亿元，全省排名第三，增速达32.83%。民营企业贷款余额52.16亿元，新增10.08亿元。减费让利，通过延期还本、展期等多种方式为小微企业办理无还本续贷4.57亿元，为各类企业办理延期还款2.46亿元。通过直接降低贷款利率、减免各项费用等方式，为各类企业节约成本近1亿元。助力农民工工资发放，累计为106个工地安装“湘匠通”系统，实现对农民工的实时考勤和线上工资监管，为3万多户农民工发放工资17.05亿元。落实教育“双减”政策，搭建“校外培训监管平台”，配合教育部门对169户校外培训机构进行资金监管。推广“一件事一次办”政务平台，实现296件事可查、可看、可办，全市注册用户达89.9万人。

【助力乡村振兴】2021年，建行邵阳市分行开启乡村金融活客攻坚战，累计新增获客112.30万户，新增激活12.74万户，获客及激活数均居全省第一；累计激活45.30万户，排名全省第二。围绕“一县一特”产业，服务邵东廉桥中药材市场、新宁县脐橙产业链、城步油茶等行业协会，新发放贷款3.5亿元。针对省级以上文明村镇推出文明贷，文明贷贷款余额1945万元，排名全省第一。全行涉农贷款余额70.62亿元，较年初新增15.45亿元，增速达28%，其中农户贷款余额24.41亿元，较年初新增11.03亿元，增速高达82.43%。推进四化建设和业主维护。打造裕农通服务点4659户，活跃率99.95%，其中四星级服务点746户、五星级服务点539户；交易笔数达145.86万笔，交易金额4.80亿元，个人存款沉淀总额27.67亿元，新增5.2亿元；开展线上培训126场，覆盖率达100%。

【助推消费升级】2021年，建行邵阳市分行推广“建行生活”系统，累计为6.91万人提供“餐饮、出行、观影”等多种高频生活场景服务；利用“湘家和”贷款为党政机关、行政事业单位和重点企业的高信誉客群投放贷款2.15亿元。信用卡消费交易额94.09亿元，住房类贷款新增16.16亿元，经营类贷款新增1.96亿元，消费类贷款新增0.17亿元。

【数字化经营】2021年，建行邵阳市分行搭建园区、政府职能、上下游核心企业等各类生态场景平台约70余个，包括已上线10个农村产权交易平台，新增悦生活场景73户，全省排名第一。落地移植创新项目16个，敏捷创新项目61个，累计报送创意115条，在省行创新马拉松活动中获优秀组织奖、十佳创新团队奖，在省行敏捷创新竞速赛中获敏捷创新先锋个人8人、优秀项目4个、典型项目11个。

【重点产品与业务营销】2021年，建行邵阳市分行单位人民币结算账户总量2.45万户，较年初新增2941户，公司机构有效客户8067户，较年初新增1407户，系统排名第一。私行客户数量307户，较年初新增52户，完成率130%，增速20.31%，增量和增速均排名全省第一。净新增信用卡客户11883户，全省排名靠前。推广建行“财富季”活动，投资理财客户新增4.39万户，理财产品余额33.88亿元，较年初新增4.45亿元，全省排名第二，基金中收四行排名第一。手机银行用户总量达135.79万户，地市行排名第四；商户总量2.12万户，龙支付活跃客户年新增30.73万户。

【“断卡”行动】2021年，建行邵阳市分行坚持全面排查、全面宣传、有案必报、有责必究，账户管理全面加强，反电诈宣传全面铺开的“两全两必”工作要求，推行“断卡”行动。全年涉案账户合计476户，排名金融机构第四。涉案账户金融机构占比从年初的24.05%下降到年末的17.69%，累计涉案账户数量从第一下降到第四。对断卡行动落实不到位的相关人员及负责人进行积分，对屡查屡犯的问题严肃问责，问责机构5个，给予轻微违规积分处理89人次，给予扣减绩效19人，取消评优评先6人。

（阳小红）

·中国银行邵阳分行·

【概况】2021年年末，中国银行邵阳分行本外币各项存款日均余额129.91亿元，较年初新增4.80亿元；本外币各项存款四大行市场份额占比10.25%，与年初持平。本外币各项贷款时点余额81.22亿元，较年初增加15亿元；本外币各项贷款四大行市场份额占比10.57%，较年初新增0.48个百分点。不良授信余额为5958.11万元，较年初下降3755.98万元，不良率为0.73%，较年初下降0.74个百分点，不良余额、不良率创近年新低，连续实现“双降”。实现业务净收入3.5亿元，同比增长1791万元，增幅5.4%；实现拨备前利润2.2亿元，同比增长1455万元，增幅7.2%；实现净利润1.11亿元，同比增长1383万元，增幅14.2%。

【授信业务】 该行围绕产业链、县域经济、消费服务、乡村振兴、科技创新、绿色产业等加强授信项目储备及报批，多次组织全辖召开项目储备会。对工业园区企业实施“一园区一方案”批量化精准营销，加大对重点投资项目、实体经济信贷投放。建立重点项目库，采取“定项目、定机构、定时间、定责任人”四定方式推动项目落地，加快新储备项目的报批与投放，加快存量授信项目的续贷，做到应投尽投。全年累计投放大公司贷款50笔，合计金额15.93亿元，普惠贷款余额8.96亿元，较年初新增3.03亿元，普惠金融全年任务完成率达113%。个人贷款方面以楼盘按揭贷款为主攻方向，统筹营销重点开发商，加强机构指导与服务，推动转型发展，储备楼盘项目29个，其中获批20个，批复额度32.8亿元，17个项目实现接单，碧桂园·翘楚棠、乾道明德院、隆回乾道大院、武冈乾道大院等一批楼盘项目获批并逐步投放。个人住房贷款余额31.66亿元，较年初新增6.83亿元。推进

“中银E贷”“随心智贷”“启航贷”等消费金融贷款，加权有效数总额868户，余额新增3854万元。

【负债业务】 该行公司存款围绕“重点领域、重点支行、重点客户”，紧盯财政社保、烟草、棚户区改造、公共资源交易中心、园区平台公司、医院、学校等重点项目；个人存款明确代发薪业务拓展为战略重点、跨行抢滩与存量挖潜为目标，将任务细分到机构和员工。出台存款考核办法及机关揽存考核办法，激化全行员工抓存款的主动性和积极性。抓公私联动和派生存款，在续做公司和普惠贷款时联动代发薪业务，同时发挥信贷资金和金融产品带动存款增长，利用承兑汇票业务带动公司存款增长2亿元。全年实现代发资金量累计23.74亿元，较上年同期增加4.36亿元，代发单位累计311户，代发客户累计数7.41万户，较上年同期增长1.5万户，增幅25.4%。

【内控管理】 该行组织全辖开展财务管理“合规年”建设；落实“守底线、防风险、保安全”安全大检查，整治安全隐患；在全辖各网点组织开展个人数据治理PK赛，治理A3/B/C客户8200户；开展“护航行动2021内控大检查”“案件风险排查”“断卡行动”“反电诈专项行动”“社保卡专项清理核查及专项自查”等重点工作，对账户交易异常、涉案账户关联账户进行排查，排查账户达25.33万户，调整1.33万户，在客户识别方面堵截开户23笔。全行集中授权拒绝率0.21%，较上年同期下降0.02个百分点，零拒绝网点月次数130次。全辖无重大违规案件、无重大差错风险事件、无安全事故发生。

（刘小祯）

·交通银行邵阳分行·

【概况】截至2021年年末，交通银行邵阳分行对外营业综合网点3个，在职正式员工53人。各项存款时点余额37.01亿元，较年初净增4.74亿元，其中对公存款时点余额21.48亿元，较年初增加2亿元。各项贷款余额53.77亿元，较年初新增13.56亿元。

是年，交通银行邵阳分行被中国人民银行长沙中心支行评为“2022—2023年湖南省金融消费权益保护标准化网点”。

【纾困帮扶中小企业】2021年，交通银行邵阳分行加大小微企业“首贷户”的信贷投放，扩大小微企业服务覆盖面，重点做开展信贷“白户”拓展，加强线上与线下“普惠三进”组织与实施，扩大客户触角，增加首贷户。年末新发放普惠小微首贷户7户，首贷金额1233.3万元。

提升无还本续贷比例。加强有效宣导，筛选存量符合条件的客户，组织名单制对接方案，主动提供无还本续贷服务，提升优质客户黏度。同时推进无还本续贷功能线上迁移，实现线上产品无还本续贷功能。对符合条件的借款人直接线上申请，系统自动审批，高效、便捷提高无还本续贷比例。年末实现无还本续贷1644万元。

提高信用贷款占比。争取到企业法人版税融通上线，将企业版与个人版形成互补，加快推广“银税互动”系列产品，在加强引流的同时注重申请客户的跟进与服务落地。开展线上税融通存量业务续授信，加强业务跟踪和维护。

推广线上贷款产品。线上抵押贷产品企业只需在手机上进行线上申请，5分钟完成审批，最高可贷1000万，最快一周放款，贷款年利率低至3.85%，可随借随还，降低小微企业的融资成本。截至年末，该行服务的线上抵押贷小微客户186户，贷款余额6712万元。

【创新产品服务】2021年，交通银行邵阳分行通过产品创新带动业务创新。发挥线上抵押贷、线上税融通等线上产品标准化、批量化优势，落实转推介职能，增大获客力度。截至年末，线上普惠贷款累计余额8706万元，服务214户客户。紧跟总行推进新产品。10月上线线上烟户贷，不断丰富产品库，更好地为不同小微客户量身定制产品，快速满足小微企业融资需求。先行先试落地担保增额。作为湖南省首批批量担保业务合作银行，9月中旬制定“银担E贷”批量担保业务合作操作指引，规范业务流程，就“税融贷”和“交湘e贷”等产品推进批量担保业务的开展，拓宽服务中小微企业、“三农”企业覆盖长度和服务深度。截至年末，与3家担保公司开展业务合作，其中再担保体系内担保机构3家，小微客户在保余额1.07亿元，较上年同期增长22.9%。

【拓宽外部渠道】2021年，交通银行邵阳分行借力政府资源，依托“银行+”拓宽外部渠道。加强与政府部门、核心企业、人行应收账款系统的对接，推动与第三方平台合作，拓宽服务渠道和风险缓释手段。把握“数字政府”推进的热点，通过交行线上产品链接聚焦政府“数字平台”和“场景平台”，打破区域限制，获客引流，提高普惠金融服务的覆盖面。对接政府，跟踪信息，借力政策“福利”拓宽普惠业务触及面，加深与邵阳市风补基金等机构合作；加大银税互动，通过与税务局开展宣传等方式拓宽获客面，提升服务小微企业能力。

【规范收费治理】2021年，交通银行邵阳分行规范收费治理，缓解中小微企业“融资贵”。坚持“七不准”“四公开”，在信贷、助贷、增信、考核等流程，规范信贷融资各环节收费与管理，严禁出现违规收费及借贷搭售、转嫁成本、存贷挂钩等变相抬高中小微企业实际融资成本的现象，主动承担抵押物评估费、保险费、抵押登记费等，持续推动降低小微企业综合融资成本。同时加强对第三方机构合作管理，引导合作机构按照国家有关降费奖补的政策导向，主动降低小微企业融资费率。

（罗　晶）

·中国农业发展银行邵阳市分行·

【概况】2021年，中国农业发展银行邵阳市分行（以下简称农发行邵阳市分行）累计投放各项贷款31.73亿元，贷款余额161.95亿元，较年初净增5.15亿元，增幅3.28%；存款余额21.5亿元，日均存款余额25.84亿元；实现账面利润8112.91万元；不良贷款余额0.98亿元，较年初减少1.63亿元，不良贷款率0.59%，较年初下降1.07个百分点，连续第三年实现“双降”。

【信贷支农】2021年，农发行邵阳市分行保障粮食安全，支持粮食储备轮换，推动最低价收购价执行预案制定和超标稻启动收储，有效支持市场化收购，累计投放粮油贷款7.82亿元，做到“钱等粮”。扶持兴业富民产业发展。围绕地方资源，累计投放超13亿元流动资金贷款扶持特色产业发展，通过“农发行+企业+基地+农户”等方式直接带动农民增收致富。累计投放7.6亿元贷款支持旅游扶贫，通过资金扶持富民产业。推动巩固拓展脱贫攻坚成果同乡村振兴有效衔接。累计投放巩固衔接贷款28.68亿元，完成省分行下达任务的102%，年末巩固衔接贷款余额132.44亿元，较年初净增9.8亿元。累计投放农地贷款10亿元，完成省分行下达任务的143%；累计投放农业产业贷款5.14亿元，完成省分行下达任务的128%。把握邵阳推进“135”工程升级版及湘南湘西承接产业转移示范区建设时机，以“五好园区”建设为引领支持“三高四新”项目，全年累计投放园区贷款5.12亿元，支持智能制造产业园等多个类型的园区建设，支持模式在5个县市落地。支持绿色发展，投放长江大保护类贷款项目6个、金额5.02亿元，涉及改善农村人居环境、产业承接示范区建设等多个领域。支持普惠小微企业发展，累计投放普惠小微企业贷款0.97亿元，新投放小微贷款0.31亿元，通过无还本续贷、再融资等方式帮助陷入困境的2家企业缓解资金困难。用好首年优惠政策、费用减免政策，最大幅度降低企业融资成本，累计为53家企业节约利息成本1800余万元。

【综合经营】2021年，农发行邵阳市分行推进支农资金筹集。落实省分行“夏日秋收”等行动，累计营销财政性资金、债券资金等各类存款11.36亿元；累计营销农发债2.3亿元。推进银联收单，截至年末累计46家企业开通收单业务、交易金额达1.31亿元，全省系统排名第4。推进不良贷款清降，一企一策制定清收处置预案和清收目标，争取政银法企四方联动，把握清收处置主动权。全年现金清收不良贷款1085.12万元，到年末不良贷款企业较年初减少8家，不良贷款余额0.98亿元，较年初减少1.63亿元，不良贷款率0.59%，较年初下降1.07个百分点。强化主动性风险防控，对风险贷款企业一企一策制定维护方案，压缩风险贷款380万元。在全行开展集团客户风险排查、信贷风险排查等专项排查，澄清风险底数，对发现的问题进行清单式整改管理，有效防范化解潜在风险。

（潘　菁）

·中国邮政储蓄银行邵阳市分行·

【概况】截至2021年年末，中国邮政储蓄银行股份有限公司邵阳市分行（以下简称邮储银行邵阳市分行）全行资产规模672.34亿元，同比增长9.54%。各项存款余额634.24亿元，年新增51.68亿元，排全市国有银行第一位。各项贷款余额134.1亿元，排全市国有银行第四位，年新增17.7亿元，排全市国有银行第三位。全行实现收入6.35亿元，完成利润总额3.35亿元。个人储蓄存款时点余额118.47亿元，年新增8.24亿元，均排全省第一位。小额贷款结余32.27亿元，排全省第三位；小企业贷款结余10.4亿元，本年净增2.38亿元，完成计划进度158.97%，排全省第二位。消费贷结余83.63亿元，年净增10.78亿元，排全省第三位，非房类贷款结余15.21亿元，投放量排全省第二位。外汇结汇业务累计交易金额933.71万美元。

分行突出资产质量管控和重点领域风险防范化解，开展“资产质量提升年”活动，不良率（含信用卡）控制在1.17%，较年初下降0.11%，完成省行限额。推进营业场所安全管理标准化达标创建和消防安全专项治理，全年未发生资金案件、安全事故。

是年，邵阳市分行获2021年度“全省优胜二级分行”、全省“业务发展综合奖三等奖”“个人业务发展二等奖”“消费信贷发展一等奖”“交易银行发展三等奖”称号；隆回县支行获2021年度“全省十强县支行”称号。

【渠道建设】2021年，邮储银行邵阳市分行加快网点的基本建设投入，深化营业网点标准化建设，积极整改效率较低的网点。有序推进重点建设项目，完成网点装修改造立项5个。武冈市支行营运用房购置项目上报省分行，洞口县新营运用房完成装修并搬迁，市分行营运大楼建设工程稳步开展。

【服务地方经济发展】2021年，邮储银行邵阳市分行围绕市县经济特点，抓好特色产业项目，推进“一县一品”“一行一品”工程，加快信用村建设，制定全市金融支持乡村振兴综合金融服务方案。全年涉农贷款余额超68.3亿元，完成监管计划的180%。对普惠型小微民营企业贷款实行收入补贴、FTP减点优惠等，节约融资成本。截至12月末，累计向邵阳辖内个体商户及小微企业投放信贷资金67.31亿元。推进对市重点项目的资金支持，成功对国电湖南宝庆煤电、五凌电力、国电湖南新能源及三一新能源有限公司累计授信达21.2亿元。针对健康医疗、节能环保、清洁能源等民生类行业量身打造贷款产品，累计向民生项目发放贷款64.53亿元。金融助力邵阳园区先进制造、绿色产业、科技创新等企业高质量发展，共向五好园区内企业累计发放贷款9.1亿元。

（马炜萍）

·邵阳市农信系统·

【概况】2021年，湖南省农村信用社联合社邵阳办事处（以下简称邵阳市农信系统）辖1个办事处、10家农商银行，其中市级农商银行1家、县级农商银行9家，有营业网点361个，从业人员3600人，是全市业务规模最大、网点覆盖最广、从业人员最多、农村金融服务最实的银行业金融机构。截至年末，全系统存款余额1140.59亿元，较年初净增131.39亿元，增幅13.02%，存款日均余额1107.05亿元，较年初净增130.92亿元；贷款余额692.9亿元，较年初净增110.51亿元，增幅18.98%；存、贷款总量和增量均在全市金融机构中稳居首位；不良率3.37%；各项指标均达到监管要求，无一家风险机构。

【支农支小支微】2021年，邵阳市农信系统落实监管部门“两增两控”工作要求，截至年末，全市农商银行累放各项贷款895.31亿元，其中涉农贷款累放473.49亿元，占比52.89%；涉农贷款余额425.06亿元，占各项贷款比例的61.35%；小微企业贷款余额281.14亿元，新增小微企业贷款35.09亿元，占各项贷款比例的41.52%。

【普惠金融服务】2021年，邵阳市农信系统落实中央“六保”“六稳”政策，推进后疫情时代金融服务，主动让利于民，全市整体贷款利率调整至6.7%，比年初下调0.3%，全年累计让利0.70亿元。全系统纳税5.74亿元，在全省农信系统和全市所有纳税单位中纳税均排名第二位，各农商银行均为当地纳税大户。持续开展“党建共创 金融普惠”，推动全系统1707名党员为群众办“10+1”件实事，推进全员“大走访”行动，累计走访77.12万户，采集信息59.23万户，开展金融讲座或夜校862场次4万余人次参加。组织开展“走千村 惠万户”贷款有效客户拓展竞赛活动，拓展有效贷款客户3.23万户。全市建成福祥e站897个，打造“有温度的百姓银行”。

（付有为）

·华融湘江银行邵阳分行·

【概况】截至2021年年末，华融湘江银行各项存款余额176.64亿元，信用总量209.74亿元，信存比达118.74%，其中各项贷款余额162.88亿元，存贷比92.21%，贷款余额较年初增加9.69亿元，在计提拨备1.63亿元的基础上，实现净利润1.52亿元。全年缴纳各类税费1.26亿元，所有网点均通过人行标准化网点评定，分行先后获2021年市人行年度消保评估A级、年度综合评价A类、人民币流通管理工作先进单位，银保监年度消保年度评估1级等荣誉，宝庆东路支行获评省金融消费者权益保护标准化网点、新宁县支行完成四星级网点复检。获“湖南省纳税信用A级纳税人”称号。开展党史学习教育，获市银协党史知识竞赛团体一等奖、金融学会党史征文三等奖、清廉金融短视频省银协二等奖。助力乡村振兴，派驻7名专职驻村工作队队员，核拨110万元专项费用，累计向华融总公司对口扶贫单位及省消费扶贫示范中心购买农特产品16.7万元。

【公司业务内涵发展】2021年，华融湘江银行邵阳分行对接全市重大产业项目、重点基础设施项目，新增投放政务类授信23.43亿元，支持邵阳经开区标准化厂房、邵东和隆回综合康养、邵东新区智能制造园标准厂房等重点项目建设。加大产业金融、民生金融支持力度，全年累计投放产业金融贷款41.63亿元，民生行业贷款17亿元。分行班子带头走访全市146家园区重点企业，发放全市第一笔“三高四新”高端人才贷，为彩虹玻璃、亚洲富士电梯、永吉纸品等园区重点企业提供21.49亿元贷款支持，助推全市“五好”园区建设。加大邵阳中医院、邵阳脑科医院、洞口自来水公司等民生行业客户支持力度，开发上线公积金委贷、税务非税征缴、房屋维修和公积金线上缴费等系统。强

华融湘江银行邵阳分行开展庆祝建党100周年“学党史 颂党恩 跟党走”七一主题党日活动

（华融湘江银行邵阳分行 供图）

化交易银行产品运用，牵头为邵虹特种玻璃提供银团贷款，为湖南玉新药业等企业办理“票秒贴”。

【大零售转型】2021年，华融湘江银行持续推进大零售转型。围绕园区、协会、商会等平台，新增邵阳县、洞口、新宁3个县域中小担公司合作，准入园区高新技术企业融资担保、“潇湘财银贷”市区企业风险补偿基金、“专精特新”企业融资担保等合作，加大对小微企业的支持力度，落实“六稳”“六保”要求。截至年末，小微贷款总户数1725户、余额28亿元，线下客户数和余额分别占整个华融湘江银行的近四分之一和八分之一，涉农和乡村振兴相关贷款投放排名全行前列，创业贷款、银担贷等排名全市前列。建立周报月刊等机制，推进城区网点公司业务集中经营，全员做大零售。截至年末，零售管理资产达116.97亿元，较年初增加13.47亿元，其中零售存款80.7亿元，较年初增加9.41亿元，完成“百亿冲刺”任务。

【风险管理】2021年，华融湘江银行邵阳分行推进风险防化“阻击战”和“歼灭战”。建立防范新增信用风险冒泡的有效机制。树立严禁化整为零、多头授信等信贷业务“10条铁律”，培育形成“廉洁、专业、高效”的阳光信贷文化。针对防范新增冒泡，建立项目预审、利用流水分析和住房内评系统、上线无纸化、采用调审合一模板、下发授信管理意见书、独立贷后检查、纪委随时介入机制，全年召开预审会19次，审理业务192笔、64.85亿元，其中补充资料25笔，暂缓2笔，否决8笔。加强授信后管理。出台《授信业务移交责任划分暂行办法》，对存量授信业务责任人、责任范围进行认定。制定下发《结息日非正常新增逾期和欠息贷款考核办法》，对客户经理资金用途检查、日常维护检查、到期前检查情况进行考核。组织开展房地产贷款、押品等专项检查，并对新增信用风险企业进行独立贷后检查。推进存量信用风险处置。制定存量风险三年滚动处置规划，建立资产保全部，实施信用风险防化“一把手”负责和每月风险专题督导制。灵活运用清收、诉讼、打包转让等方式，多渠道、多措施化解处置存量不良资产和非生息资产，全面完成总行下达的不良贷款处置和抵债资产过户任务。加强案防、操作、声誉风险防控，开展“内控合规年”建设，配合政府和监管部门开展社保卡清理、反洗钱“利剑”专项行动、打击新型电信诈骗“断卡”行动和扫黑除恶等工作。组织开展用电、防汛、防盗等巡察，累计整改安全隐患19处，实现全年安全平稳运营。

【金融服务】2021年，华融湘江银行邵阳分行开展减费让利、金融知识进社区进校园、上门爱心服务等实事。完善工作督办机制，建立支行和业务部门重点工作周报制，强化对重点工作的跟踪督办和过程管理。实行网点服务远程视频实时督导机制，组织开展68次业务能手面对面送教上门活动，持续开展6S服务管理，提升临柜人员业务水平。加强自助设备运维管理，对外运行率高达98%以上。加大金融服务宣传，新增指路系统灯箱广告，邵阳广播电视台经济频道电台广告，续签隆回、洞口高铁候车室广告、邵阳南高铁出站口灯箱广告、地下车库灯箱广告、社区LED电子屏广告、公交车车身广告及邵东市、大祥立交桥、新宁县等高炮广告。

（钟 军）

保险业

·邵阳市保险协会·

【概况】2021年，邵阳市保险行业有30家主体保险公司，累计实现原保费收入98.98亿元，同比增长4.52%，赔付支出34.71亿元，同比增长11.22%。其中，财产险公司实现原保险保费收入30.41亿元，同比增长1.86%，赔款支出21.55亿元，同比增长15.17%；人身险公司实现原保险保费收入68.57亿元，同比增长5.74%，赔（给）付支出13.16亿元，同比增长5.31%。发展政策性农业保险，水稻完全成本保险实现产粮大县全覆盖，惠农政策进一步落实，各保险公司累计承保生猪397.06万头、水稻等农作物2385.91万亩，提供风险保障177.67亿元，向7.37万户受灾农户支付赔款3.22亿元。全市上缴税收0.77亿元，代收代缴车船税2.19亿元，安置就业人员19217人。

加强保险消费者权益保护机制建设，化解保险纠纷，发挥人民调解委员会作用，畅通保险消费投诉渠道。全年接到并处理保险消费者和保险从业人员投诉1102件，其中787件直接进入人民调解程序，成功调解530件，调解金额3415万元。

【助力乡村振兴】2021年，邵阳市保险行业贯彻落实中央全面推进乡村振兴战略部署，围绕国家发展大局，在助推新农村建设方面真抓实干，构建具有保险特色的服务版图，推动乡村全面振兴。安排专项经费及专职人员开展产业帮扶，发展规模种、养基地，协助打造电商平台，办理扶贫特惠保、特困户意外伤害保险、低保人员意外伤害保险、高龄老人意外伤害保险，“银龄”人员参保覆盖率提升2.4个百分点，“乡村振兴保”为12.5万个防贫监测对象提供18.7亿元风险保障。下沉并延伸服务网点，以“大病保险+农业保险”业务发展为抓手，织密织牢乡村振兴保险保障网，提升乡镇保险深度和保险密度，县域3077个行政村共有保险服务站（点）8035个，5家农险主体公司年内新增设10家营销服务部，三农保险服务网点在乡镇和村级实现全覆盖。

【行业自律与服务】2021年，邵阳保险协会规范营销人员管理。组织各公司学习《邵阳市人身保险业防范治理销售误导自律公约》《邵阳市人身险营销员流动自律公约》，对营销员流动实行严格限制，确保营销员依法、合理有序流动，提升保险业服务社会的标准、水平，树立保险业良好形象；严格车险市场秩序自律。针对车险市场乱象，严格自律，维护市场良好秩序，行业费用投放低于全省平均水平。加强行业能力建设。组织各保险公司开展2期舆情应急培训班，分别邀请邵阳市宣传部网信办工作人员和红网邵阳站站长进行授课，提升舆情应对能力。同时举办人民调解员培训班，对60余名人民调解员进行为期3天的技能培训，特别邀请司法局专业人员及全国金牌调解员柳绿林进行授课。邵阳保险协会被评为湖南省AAAAA级社会组织，被市发展和改革委员会、市民政局评为诚信行业。

邵阳保险业构建警保共同参与、职能互补、资源共享、互助融合的道路交通事故处理新格局。开展警保联动，有效解决“小事故大拥堵”问题，为客户提供现场理赔、保险咨询、协助报案、线路导航服务。在整治交通顽瘴痼疾行动中累计向市民赠送头盔5200顶。

（陈　蛟）

·邵阳平安人寿·

【概况】2021年，中国平安人寿保险股份有限公司邵阳中心支分司（以下简称邵阳平安人寿）拥有邵东支公司、武冈、邵阳县3个支公司及新邵、隆回、洞口3个营销服务部，内勤员工77人，寿险代理人1364人。服务网络遍布全市，向客户提供全周期人身保险产品和服务。

【业务发展】2021年，邵阳平安人寿在财务新口径下，全年累计实现保费收入6.79亿元，创经营收入7.04亿元，期缴新单保费收入1.45亿元。各项赔款和给付金额0.95亿元，同比增加0.14亿元，赔（给）付率13.45%。资产总额37.62亿元，同比增加4.55亿元，增长13.75%。

注重保障型产品销售，人寿保险实现保费收入45371万元，同比减少4147万元，减少5.45%；意外险实现保费收入2596.5万元，同比减少227.8万元，减少8.06%；健康险实现保费收入19914.8万元，同比增加757.8万元，增长3.96%。

保费收入主要以个险为主，个险渠道实现总保费58621.9万元，同比减少3876万元，减少6.20%，渠道占比86.36%；中介业务渠道实现总保费107.4万元，较上年同期同比增长20万元，增长22.88%，渠道占比0.16%；直销（电销及互联网销售）渠道实现总保费9153.3万元，较上年同期同比增长240万元，增长2.69%，渠道占比13.48%。

总赔付支出中，个银电互联网总赔付、给付支出共9469.3万元，同比增长1353.5万元，增长16.68%。其中人寿保险累计赔付、给付支出5265.9万元，较上年同比增长23.14%；意外伤害保险累计赔付、给付支出279.2万元，同比增长16.33%；健康险累计赔付、给付3924.2万元，同比增长9.03%。各项变化均属于正常风险控制范围之内。

全年缴纳税款582.5万元，同比增长-23.75%，其中代扣个人所得税等税金218.4万元。总保险金额约3158亿元，同比增加约1017亿元，增长47.54%。推广平安疫苗赠险和“E路平安”免费领取活动，合计被领取2698份。

【风险防控】2021年，邵阳平安人寿完善内部管控流程和覆盖面，推动业务管理、风险合规、审计稽核三道防线形成合力。加强内控制度建设，将风控工作常态化、制度化，确保不发生系统性风险。组织开展反诈拒赌集中宣传、反洗钱“利剑行动”专项户外宣传、防范非法集资宣传等活动，开展扫黑除恶、合规内控建设年、反洗钱利剑专项行动、反保险欺诈、案件防控落实、涉非涉稳风险排查等专项工作。全年未发生重大风险事件、重大违规事件及重大案件，未受到监管处罚。

（唐红妹）

·邵阳国寿·

【概况】截至2021年年末，中国人寿保险股份有限公司邵阳分公司（以下简称邵阳国寿）本部设12个部室，下辖9家综合性支公司、1家城区支公司和71个营销服务部，有劳动合同制员工376人，劳务派遣制员工87人，代理制从业人员6955人。是邵阳市保险行业协会会长单位、邵阳市慈善总会第三届理事会副会长单位、邵阳市第四届金融学会常务理事单位。

【业务发展】2021年，邵阳国寿累计实现总保费28.5亿元，同比增长5.2%，总保费市场份额38.12%，居邵阳寿险行业首位；累计为全市48万余名客户提供1300余亿元的风险保障，公司赔付件数48356件，满期及给付金额5.35亿元，同比增长超过20%。推广“重疾一日赔”“小额理赔秒到账”“医院理赔直付”等科技服务项目，公司全流程智能化作业率占比超88%，超90%的案件当天办结支付成功，年度累计获赔率达98.78%。其中，7月8日，洞口山门镇发生一起交通事故，车主身亡，8月10日被保险人家属报案，8月12日，邵阳国寿100万元百万如意行产品赔付金即转账至被保险人家属账户。

【风险防控】2021年，邵阳国寿强化服务网点和人员管理，提升临柜客户安全防护；推广中国人寿寿险App和“95519”客服7×24小时在线服务，简化业务办理流程，减少客户临柜。完善监督管理制度，组织全体员工签订“清廉金融文化承诺书”，对邵阳县、新宁县支公司党支部开展党委巡察，邵阳国寿接受邵阳银保监分局的现场检查，反洗钱分类评级持续保持A级，获人民银行2021年免评资格。

【提高农村保险保障水平】2021年，邵阳国寿启动保险“先进村”三年创建项目，获市乡村振兴局发文支持；在7个县域拥有105个“一村一机构”金融教育责任村，数量居邵阳保险行业之首；继续推广“防贫保”乡村振兴保障体系方案，截至年底，新邵、城步、绥宁3家单位“防贫保”业务进入承保阶段。邵阳国寿农网期交保费、短险保费分别在全省系统占比18.49%、10.4%，保持全省系统绝对量第一。

（刘　军）

·邵阳人保财险·

【概况】中国人保财险股份有限公司邵阳市分公司（以下简称邵阳人保财险）是邵阳最大的财产保险公司，在全市各县（市、区）均设有分支机构，网点遍布城乡，被誉为“家门口的保险公司”。2021年辖3个直属业务部、13个机关部室、13家区县级机构、19家区县以下营销服务部、136个乡镇服务站、1367个村级服务点。公司市场份额40.25%，承担风险责任金额超过3万亿元，处理各类赔案6.1万余件。

【服务乡村振兴】2021年，邵阳人保财险公司持续促进稳产保供，维护国家粮食安全，年内共支付农业保险赔款9820万元，受益农户2.73万户次。优化“一县一特一品牌”特色农险供给，保障金额达1.2亿元。推广扶贫特惠保、返贫责任保险、低保人群救助责任保险等，在全市启动保障对象为防贫监测对象的乡村振兴保，为返贫人员兜底。同时，直接派驻人员入村参与乡村振兴，年投入帮扶资金60余万元。

【完善保障体系】2021年，邵阳人保财险做好大病保险，有效缓解老百姓“因病致贫，因病返贫”的现实问题。发展民生保障、补充医疗等民生类保险产品。在隆回、洞口、城步、绥宁、武冈开办特困护理人员保险，累计为14698个建档立卡贫困户提供风险保障1.8亿元；在邵阳县、新宁县开办农村小额意外保险；在隆回、武冈等地开办老年人意外保险，为5万农村高龄人口累计提供7亿意外风险保障；推进巨灾保险，惠及邵阳、洞口、城步、绥宁等县47万户农户。优化民生服务模式，探索建立“一站式”结算服务模式，打通人民群众医疗费用报销的“最后一公里”。

【创新产品供给】2021年，邵阳人保财险健全应急救助机制，在全市率先推出突发公共卫生事件应急救助保险，提高处理突发公共卫生事件的能力。参与交通安全治理，在大祥区人民法院设立诉前调解中心，在大祥区交警大队设立保险交通事故调解中心，在全市建设30个交通安全劝导站和17个交通管理服务站。同时，支持全市交通安全“戴帽工程”，赠送1万余顶头盔。健全安全管理机制，在教育、食品、交通、建筑等行业领域承办一大批行业安全生产统保项目，对安全生产事故进行兜底保障。健全风险管理机制，到重要客户单位开展防灾防损检查和培训，搭建事前风险防范网；长期协办全市建筑安全施工安全事故应急救援演练会。

（邵阳人保财险办公室）

证券业

·方正证券·

【概况】2021年，方正证券邵阳邵水西路营业部（以下简称方正证券）辖6家县市营业部，拥有客户26万余人，客服辐射7个县2个区，员工及经纪人200余人，拥有邵阳近50%的市场份额。年末广义客户资产规模实现74.57亿元，新开标准户5.9万户，新增客户资产4亿元，其中高净值客户引进259户；广义代买收全国份额实现值0.777‰；实现融资融券日均规模3.91亿元，金融产品销售规模10.7亿元，期货日均权益规模1831.9万元，期权张数64.1万张，投顾业务签约资产17.74亿元。

方正证券邵阳邵水西路营业部拥有两支投资顾问队伍。配合公司发展战略及扶贫计划，多形式开展普惠金融、智富大讲堂、消费及公益扶贫。金融扶贫点挂牌县市包括新邵、邵阳县、隆回、城步、武冈、廉桥等地，与重点帮扶县签订购销合同，提升扶贫实效。

利用省级投教基地—方正证券邵阳投资者教育基地开展反洗钱、北交所教育、杜绝场外配资、杜绝非法集资、远离非法证券期货等投资者教育活动。累计服务公众达3768人次，累计接受满意度调查1328次，满意度比率达95.18%，开展投教宣传活动20场，参与人数达2425人。

【履行反洗钱义务】2021年，方正证券邵阳邵水西路营业部在组织机构建设、建立健全内控制度、宣传与培训等方面开展反洗钱工作。每季度、每半年、每年度均开展自查自纠，化解风险隐患。营业部反洗钱工作领导小组召集小组会议4次，组织开展营业部留存证件过期账户的清理和客户身份识别等工作，对营业部及二级营业部新进员工进行统一的反洗钱培训。营业部及所辖区县营业部以“客户身份识别和大额可疑交易甄别”为前提，以“系统自动取数和人工分析相结合”为基础，把握客户身份准入、交易风险判断、信息跟踪分析、数据上报四个环节，全面落实反洗钱工作。

（钟妮妮）

·国泰君安证券·

【概况】2021年，国泰君安证券

股份有限公司邵阳宝庆西路证券营业部（以下简称邵阳营业部）租地面积340平方米，年末资产总计18175.21 万元，其中固定资产总值24.69 万元，正式员工 10 人，均为本科或以上学历。设合规风控部、营运管理部、客户服务部、零售与财富管理部，业务办理大厅下设客户咨询区、业务办理区、智能服务区、客户休息区。

邵阳营业部稳步推进财富管理转型，全年实现营业收入 1390.07 万元，其中手续费及佣金净收入 1126.67 万元、利息净收入 263.15 万元；营业支出 610.89 万元，其中业务及管理费 597.98 万元；营业利润 779.19 万元。2020 年末，客户保证金余额 16407 万元，指定与托管证券市值 208452.02 万元，累计资金客户数（不含辅资金账户数）77529 户，其中机构客户数 48 户；期末沪深证券账户数（含 B 股）150026 户；融资融券客户数 910 户；IB 业务客户数 302 户，其中机构客户数 2 户。11 月 15 日北交所正式开市，邵阳营业部重点推进北交所业务，共计开通北交所客户 354 户。

（刘 响）

·湘财证券·

【概况】 2021年，湘财证券股份有限公司邵阳建设南路营业部（以下简称营业部）办公面积329平方米，有员工29人，发展客户数量超3万人，托管资产规模超10亿元。

截至年底，营业部开立资金账户 927 个，其中新开有效户（创收超过 100 元）171 个，金卡客户年末保有量（户）1213 个，百宝湘平台用户推广数达 2404 个。通过与总部配合，深化投资顾问服务，从客户的自身出发，从资讯和资产配置的角度，打造适合客户本身风险承受能力和预期收益的投资品种组合，提升客户满意度和产品配置。公募基金销售 4680.45 万元。

2021 年 3 月 15 日，湘财证券开展投资者权益保护宣传活动

（湘财证券邵阳营业部 供图）

【投资者教育工作】 2021年，营业部及时提示规则的变化和可能出现的个股投资风险。举行“3·15”投资者权益保护系列活动和“5·15”全国投资者保护宣传日活动，通过户外宣传让更多投资人了解投资规则和自身权益。3月开始每日整理晨会资讯及时送到客户手中。4—8月，及时通过电话通知和短信通知，让客户了解新三板和创业板改革带来的新业务开通方法及规则变化。与邵阳学院合作，展开青少年金融素养宣传。11月开展防非宣传活动，通过现场教育和资料发放，让客户了解和防范非法证券活动。

【合规风控及反洗钱工作】 2021年，营业部重新修订并完善营业部内控制度，每月进行合规及反洗钱考核打分，将其与全体员工的月度绩效考核挂钩，并安排专人定期自查，对发现的问题及时汇报整改。开展湘财证券风险监控管理平台、反洗钱预警系统以及实名制预警系统的预警信息处理，加强合规风控及反洗钱宣传培训，对营业部所有的规章制度、业务流程、合同协议、营销方案以及向监管部门和自律组织报送的材料等进行合规监督与审核。加强与当地人民银行等监管机构沟通，及时准确完成监管机构下达的各项工作。

（曹洁茹）

·财信证券·

【概况】 2021年，财信证券股份有限公司邵阳城北路证券营业部（以下简称营业部）营业面积1236平方米，拥有集中型客户区及10个客户室。截至年底，有客户9万余户，客户资产42.71亿元，收入4427万元，股票基金交易量575亿元，市场份额 0.1045‰，年内新开客户数3590个，有效户数608户，两融日均余额1.96亿元。

【客户服务】 2021年，财信证券股份有限公司邵阳城北路证券营业部探索以客户为中心，以投顾、金融产品销售为抓手，联系已有存量客户进行二次开发，以达到客户与公司、营业部双方共赢局面。年内开展大小投顾会议22场，实现营业部客户4.3亿元资产投顾业务覆盖；金融产品销售，固收类上亿、权益类突破千万级，丰富了客户投资品种，满足了客户多样化投资需求。

【企业服务】 2021年，财信证券股份有限公司邵阳城北路证券营业部协助公司在邵阳经济开发区举办“中小企业服务”讲座，向园区中小企业介绍金融市场基本运作，指明中小企业未来发展道路。同时协助公司与经开区彩虹玻璃、亚洲富士电梯签订辅导上市协议，并进入辅导整改阶段。

（覃 祎）

交通·邮政·通信

交 通

·综 述·

【概况】截至2021年年底，邵阳市公路总里程22615公里，占全省总里程的9.3%，全省排名第三。其中，高速公路582公里，占全省的8.2%，全省排名第四；国道709公里，占全省的8%，全省排名第四；省道2236公里，占全省的10%，全省排名第二；农村公路及专用公路19088公里（以上占比排名情况还未经省交通运输厅核定，省核定发布需2022年7月底）。

全市有货运经营户10706家（含10106家个体户）、货运车辆19681台，其中危货企业13家、危货车辆345台；客运经营户1325家（含客运企业105家），客运车辆3760台、线路1324条。全市公交企业11家，公交车1572台，全部为新能源公交车，公交线路150条，其中市区公交企业2家，线路38条，车辆803台。全市巡游出租车经营企业24家、巡游出租车2489台，其中市区6家、1100台。全市网约车平台公司7家，双证齐全的网约车1176台。全市公路货运量10314万吨，货物周转量715789万吨公里。

开展行业第三届“双十最美”评选表彰活动，陈代勇等人获评“十大最美公交车（出租车）驾驶员”，湘EX0652等车辆获评“十大最美”公交车（出租车），刘建平等人获评“十大最美”机动车驾驶员培训教练员，邵阳县交通运输局、邵阳扬子巴士有限公司获“优秀组织奖”。在市及以上媒体发稿800余篇次，组织参加“欢乐潇湘·颂歌向党”合唱比赛，获全市二等奖、市直单位一等奖。

全市交通运输系统连续三年获省政府真抓实干督查激励表彰，连续四年蝉联全省民生实事农村公路建设优胜单位，连续三年获全省交通运输系统安全生产工作先进单位，市交通运输局机关被表彰为全省信访工作先进集体、全国交通运输系统“七五”普法先进单位，市公路建设养护中心获评全省安全生产红旗单位。

【固定投资逆势增长】2021年，邵阳市交通投资完成101.07亿元，首次破百亿元大关，创历史新高。7月1日，市委副书记、代市长华学健主持召开全市高速铁路、高速公路及邵阳火车站扩改项目建设调度会，要求高质量、高标准、高效率推进项目建设；市政府将高速公路建设、交通运输真抓实干等工作纳入“三重点”工作，市政府常务会对交通运输事业发展坚持“一月一统筹”；分管市领导对高速公路建设等交通运输重点工作“一周一调度”，推动重大项目、重点工作落地落实。

全年完成高速公路建设投资71.9亿元（不含高速投资29.17亿元），为省定目标任务的185.8%，其中白新、永新、城龙、新新4条在建高速分别完成投资18.08亿元、7.97亿元、17.2亿元、28.65亿元，完成率分别达177.25%、106.3%、107.5%、110.2%。

全年干线公路建成通车83公里，完成率102.5%。开展邵阳市乡村振兴100条农村公路建设“三比三创”行动（比进度创建奋进路，比质量创建品质路，比效应创建振兴路），推进农村公路提质改造（乡镇通三级路、旅游路、资源产业路），完成农村公路提质改造426公里，完成率114%；安防设施建设870公里，完成率102.4%，稳居全省第一方阵。武冈汽车西站提质改造完工，洞口山门汽车站进入扫尾阶段，新开工建设4个站场。创新设立高速公路警务室，强化市、县、乡、村四级联动，交通重点项目建设实现“四零”工作目标。

【运输服务】2021年，邵阳市交通运输系统开展新冠肺炎疫情常态化防控。市交通运输局对武冈机场和7个高铁站、36个长途客运站、176个渡口码头、54家客运企业、11家公交企业、34家出租车企业、12家危货企业实行包干负责；局直各企事业单位、各县市区交通运输局开展摸排“敲门”行动，落实每周一报送一通报一交办；委托第三方建设交通运输疫情防控平台，实现市本级交通运输行业所有人员健康码和行程活动的实时查询和动态掌握。推动多种运输方式深度融合，完成春运、五一等重大节日假期运输保障任务，累计发送旅客1100余万人次。推进城乡客运一体化，城步成功申报创建第三批省级示范县；12月1日全市首个城乡客运一体化省级示范县——武冈市的城乡公交正式开通营运，该市投入资金7000余万元一次性回购短途班线旧车249台，首期投放纯电动新能源公交车85台，开通11条城乡公交线路，覆盖299个建制村，票价相比农村客运下降30%，并实行65周岁以上老年人免费乘车优惠政策。加强网约车平台监管，全市许可网约车平台公司11家，合规车辆1003台、驾驶员3906名，平台和车辆合规率排名全省第二。市城区新开通803路（邵州车站至经开区高崇山）、29路（三眼井到莲荷村）公交车，优化调整9路、13路等9条公交线路，开通市区至长沙等定制客运班线4条。

【平安交通】2021年，邵阳市交通运输系统完成20家企业安全生产标准化达标评价、193家企业安责险投保。推进“亮剑行动”，强化全员出动、异地交叉执法、问题销号管理等，排查隐患20441项，整改率100%，在年度交通运输安全生产“隐患清零”考核中排名全省第二；新增20万吨以下源头企业科技监管25家，检测车辆137.6万台次，查处非法改（拼）装车辆1963台次、非法超限车辆4889起；打击非法营运2051起，注销异地经营危货车辆12辆，注销驾驶人员从业资格证46本。依托全省首倡的铁路“双段长”工作制，开展隐患整治，围绕安全目标创造性开展工作，第一时间组织现场核对，第一时间制定整治清单，加大投入、限期销号，全市投入500余万元，完成13处跨铁路桥梁移交、3处人行通道（天桥）、4条2538米连接便道、74处移交、新建公路铁路并行防护栏（防撞墙）任务，提前15天完成省定目标任务，铁路隐患整治和移交工作进度名列全省第一。市县两级筹措专项资金219万元，截至6月底，全市57处需规范提升类渡口全部规范提升到位，进度全省领先。落实领导包案、坚持精准化解，9件“治重化积”、15件上级交办积案100%化解到位。

【公路水路治理】2021年，邵阳市发布实施《邵阳市“十四五”交通运输发展规划（公路水路）》；市人大常委会对《邵阳市乡村公路条例(送审稿)》进行审议。全市普通干线公路好路率97.39%，排名全省第二。市交通运输局在全市范围内开展自然灾害综合风险公路、水路承灾体普查，实现“数据填报完成率100%、数据填报合格率100%”，完成全市所辖公路5220.66公里、桥梁3640座、隧道8座等公路设施属性信息和崩塌、滑坡、泥石流、沉陷与塌陷、水毁等自然灾害风险点信息的采集、自检和填报。开展《邵阳港口总体规划》编制，完成编制单位招标并签订合同。全面推行农村道路“路长制”，11月10日在隆回县召开邵阳市农村道路交通安全“路长制”暨“戴帽工程”专项行动现场推进会。开展“四好农村路”创建570公里、创建文明示范乡镇17个；隆回县成功创建“四好农村路”省级示范县、乡道Y047线被评为“全省最具人气农村路”，代表邵阳市参加全省交通运输行业技能竞赛获公路养护竞赛第一名。4月1日零时，市交通运输局全面正式承接高速公路路政执法管理职责，由所属市交通运输综合行政执法支队具体实施，全年路、警、企三方协作，摸排涉嫌违法行为721起，消除安全隐患213处。综合执法改革落地，市县核定编制1027名，核编人员划转率93.2%，实际在岗人员到位率99.4%，经验做法被全省推介。建成造价监管平台，突出专项整治、落实挂图监督、坚持分级整改，推进监理责任倒查，实现工程质量零事故、施工安全零事故目标，在全省干线公路综合督查中名列前茅。优化营商环境，梳理政务服务清单266项，落实“一网通办”。

（石文斌）

2021年“全省最具人气农村路”——隆回县Y047乡道（市交通运输局 供图）

·公 路·

【干线公路建设】2021年，邵阳市国省干线公路大中修工程第一批计划总里程24.614公里，其中国道5.2公里、省道19.414公里，国省补助资金4559万元，其中大修工程19.414公里4261万元、中修工程5.2公里298万元，地方自筹资金2388万元，总投资6947万元，分布于邵东市、邵阳县、城步苗族自治县、新宁县4个县市。截至12月30日，完成全部大中修工程24.614公里，经省公路事务中心验收，路面平整度合格率95%，路面厚度合格率100%，大中修工程合格率100%，优良率100%，各项指标均全面超额完成省定目标任务。

【干线公路管养】 2021年，邵阳市完成国省各项养护目标。路况目标，国省干线公路经省交通运输厅检测“好路率”97.3%，高于省定目标5.3%，排名全省第二，路面质量指数（PQI）值为91.47，高于省定目标3.47%。市公路建设养护中心获评国省干线公路养护先进单位。养护工程目标，国省道危旧桥梁处置率达100%，下达的22座危桥都在批复工期内完成，工程质量合格率达100%，优良路达95%以上。国省道绿化覆盖率目标，按国省干线公路标准管养公路1376.981公里，通过市、县两级公路部门补植、补栽，适宜绿化覆盖率达100%。邵阳市国省干线公路“好路率”排名全省第二名。

市公路建设养护中心将路面小修和预防性养护工程贯穿在日常养护全过程，对于路面横缝、纵缝以及路面裂缝做到“有缝必养、应灌尽灌”。完成水泥路面局部断板修复2.76万平方米，断角处治0.94万平方米，裂缝处治3.65万米，其他修补0.27万平方米；完成沥青路面挖补2.15万平方米，面层修补4.32万平方米。实施预防性养护工程里程630.81公里，占全市国省道总里程的21.39%。

省级拨付市级养护专项切块资金1533万元，用于预防性养护及水泥路面换板896.8万元，用于交通工程小修614.08万元，用于桥隧专项养护22.12万元；省级拨付县级专项切块资金1673万元，用于日常养护301.47万元，用于小修工程、应急养护等1321.53万元。

【农村公路管养】 2021年，邵阳市完成重点民生实事新改建农村公路任务，提质改造考核里程374公里（乡镇通三级路、旅游路、资源产业路），完成426.56公里，完成率114%，完成投资10.6亿元。安防设施建设考核里程850公里，完成870.98公里，完成率102.47%，完成投资1.73亿元。危桥改造完成74座，完成投资6391万元。全市农村公路养护工作持续取得历史性突破，再次跻身全省第一方阵，连续第四年被评为全省重点民生实事农村公路建设优秀单位。

（蒋久念）

·铁 路·

【概况】 2021年，邵阳市推进邵永高铁前期工作，完成可研报告编制、审查、鉴修等，以及地质灾害危险性评估、社会稳定风险评估意见等可研批复前置要件，预计2022年下半年可开工建设。推进邵阳火车站改扩建工程，全面完成原有站房拆除和基础工程，启动地面主体工程建设，原计划完成项目总投资4亿元，实际完成投资5.14亿元。编制完成《“十四五”及展望到二〇三五综合交通运输体系规划》。

【构建“三横七纵”铁路网】 2021年，邵阳市交通运输局牵头编制《“十四五”及展望到二〇三五综合交通运输体系规划》，规划构建“三横七纵”铁路网，三横即沪昆高铁、怀邵衡铁路、兴永郴赣铁路，七纵即洛湛铁路、呼南高铁、怀邵永清广高铁（渝湘粤高铁）、张邵铁路、新湘桂高铁、怀邵桂高铁、娄邵城际。推进怀桂高铁、娄邵高铁、渝湘粤高铁（邵阳北至邵阳段）前期工作，争取利用“十四五”国家铁路网规划中期调整契机，纳入国家铁路网规划，并尽快启动前期工作。推进兴永郴赣铁路前期工作，联合湘黔赣沿线市州共同呼吁，共同发力，争取“十四五”期内开工建设，完成“县县通铁路”目标。

（石文斌）

·水 路·

【概况】 邵阳市属非水网密集地区。2021年，全市有通航河流16条，航道总里程837公里，通航总里程510公里。其中现状七级及以上航道167公里：资水干流110公里（规划四级）、邵水57公里（规划六级）；规划六级航道289公里，其中赧水138公里、夫夷水151公里；规划七级航道平溪水42公里；区域重要航道巫水122公里；通航水库6座。市境内渡口186道，其中视频监控渡口63道。在检船舶301艘，其中货船33艘、客船17艘、客渡船202艘、工程船13艘、旅游排筏36艘，主机总功率6640千瓦，总吨位8303吨。全市水路货物运输量全部暂停，客运为农村短途水路客运和水路旅游客运。2021年，根据《湖南省人民政府关于〈湖南省“一江一湖四水”水运发展规划〉的批复》，邵阳市原有的邵阳港、邵阳县港、新邵港、洞口港、新宁港、武冈港、隆回港7个港口合并为邵阳港，并降级为省内一般港口。

【水运管理】 2021年，邵阳市加强水路运输源头管控，督促水运企业落实安全生产主体责任，协调各县市区筹措渡船检修经费168万余元，聘请专业船厂技术人员完成全部175艘标准化渡船的上岸检修和换证检验。全年完成船舶检验198艘、PVC排筏检验37艘，集中开展灭失船舶注销登记工作，完成灭失船舶国籍证书注销1376艘，完成核发船舶船员证书104本。全年水路完成客运量6.54万人（邵阳县3.22万人，新宁县3.32万人），旅客周转量为68.96万人公里，其中邵阳县塘渡口因修建防洪大堤，拆除由省投资兴建的客运码头，邵阳县吉祥水路运输公司普通客船自5月起暂停运；塘田市夫夷水河段因白新高速在公司航线上修建桥梁，通航不畅，邵阳县皓龙水路运输有限责任公司普通客船暂停运；仅新宁县旅游客运继续营运。港口仅有新宁宏泰建材有限公司和宏达建材有限公司6处砂石场运营，因证书到期且未按省砂石集散中心的标准和环保要求改造到位，于2020年年底关停。全市港口货物吞吐量降为0。

（石文斌）

·民用航空·

【概况】 2021年，邵阳武冈机场开行“北京—郑州—邵阳”“重庆—邵阳—长沙”“海口—邵阳—西安”“上海—邵阳—昆明”6条航线，与北京、上海、深圳、重庆、杭州、长沙、海口、昆明、兰州、西安、南宁11个城市实现通航，全年实现旅客吞吐量30.11万人次。落实全省低空空域管理改革，全市规划邵阳市中心通用机场、邵东杨桥两顺通用机场、邵阳县通用机场、城步南山通用机场、新宁莨山通用机场、绥宁十里铺通用机场、隆回县大东山飞行营地、隆回县虎形山通用机场、洞口县通用机场、武冈通用航空基地等9个通用机场和1个飞行营地。其中邵阳市中心通用机场和新宁莨山通用机场已完成选址论证工作，待军方批复。同时，为深化低空空域管理改革，充分利用低空空域资源，全市规划布局329个直升机起降点。

（石文斌）

邮政管理

【概况】2021年，邵阳市邮政业业务收入和业务总量分别完成16.93亿元和19.60亿元，同比分别增长17.53%和31.30%；快递业务收入和业务量分别完成6.60亿元和9513.65万件，同比分别增长37.31%和70.04%。

全市邮政企业助力乡村振兴，开发新宁脐橙、洞口雪峰蜜橘、绥宁青钱柳、城步红薯等7个精品项目。农特产品销售额为7080万元，带动邮政包裹快递业务量121万件，带动邮政、EMS寄递农产品业务收入1230万元。

【行业疫情防控】2021年，邵阳市邮政快递业纳入2021年春运疫情防控综合交通管控工作专班，设立邮政快递组，由市邮政管理局牵头，市交通运输局、市卫健委、市公安局、市应急管理局等部门配合，确保党报党刊、机要通信、高考录取通知书和民生保供、抗疫及捐赠物资配送。全市邮政快递从业人员新冠疫苗接种率达99.5%。全市邮政行业未发生从业人员疫情感染和传播，未出现寄递渠道疫情外溢。

【风险防范】2021年，邵阳市邮政管理局开展安全生产专项整治三年行动集中攻坚和全市邮政快递业“管行业必须管安全百日行动”。与市公安局等六部门联合，自8月至12月开展为期5个月的寄递物流行业专项整治行动，检查快递企业142次，下发责令改正通知书18份，立案查处28起。利用大数据平台，加强与市公安、国安等部门信息共享和分工协作，支撑相关部门依法查处涉恐、涉暴、涉毒、涉枪等案件，保障节庆和重大活动期间寄递渠道平稳安全。落实“三项制度”，全市实名收寄率达99.71%。做好行业矛盾纠纷排查调处，全年行业未发生群体性事件。

【行业绿色发展】2021年，邵阳市邮政管理局开展邮政快递业重金属和特定物质超标包装袋专项检查和邮件快件过度包装和随意包装专项治理，实施生态环境行政处罚。实施行业绿色发展“2582”工程，全市行业瘦身胶带使用率达90%，85%电商快件不再进行二次包装，循环中转袋使用率达90%，全市设置的包装废弃物回收装置近450个，企业使用新能源车辆120辆。

【行业服务与人才工作】2021年，邵阳市邮政管理局推动邮政综合服务平台建设，在16个邮政普服网点开通警邮服务业务，与政务服务中心合作的政邮合作点共13个，税邮合作网点188个，县（市、区）覆盖率达100%。巩固建制村通邮成果，所有建制村实现周三班以上投递频次，建制村周打卡率稳定在98%以上。

联合市总工会等5个部门举办邵阳市邮政行业首届职业技能竞赛，1人获“邵阳市五一劳动奖章”、1人获“邵阳市技术能手”、2人获“邵阳市青年岗位能手”、1人获“邵阳市巾帼建功标兵”。实施快递从业人员职业技能培训“246”（即：用2年时间，在全国范围内开展快递从业人员职业技能培训40万人次，争取财政补贴资金总额达6亿元。）工程，培训1290人次，争取补贴金额19万元。开展快递工程技术人员职称评审，4人获快递专业技术职称。

【邮政市场管理】2021年，邵阳市邮政管理局组织开展邮政普遍服务、邮票发行等监督检查，集中开展乡镇局所专项整治“回头看”，检查190人次，下发检查通报4份，下发责令改正通知书19份。严肃纠治末端违规收费，立案处罚19起，处罚金额57万元，联合市场监督管理部门查封非法经营网点10家，开展集体约谈12次。联合市总工会、团市委开展关爱快递从业人员“暖蜂”行动，组织春节慰问、夏季送清凉、“新就业形态劳动者温暖行动”现场关爱活动。将快递小哥群体纳入全市户外劳动者服务站点范畴。推进行业工会组织建设，成立市快递行业工会联合会，全市成立9家快递企业工会组织，吸纳企业会员1200名。在市第四届培育和践行社会主义核心价值观主题教育“双十最美”评选活动中，湖南顺丰速运有限公司廉桥镇速运营业点获评“最美寄递网点”，中国邮政集团有限公司湖南省新邵县分公司1名揽投员获评“最美快递员”。

（吴巧瑶）

通 信

·中国电信邵阳分公司·

【概况】2021年，中国电信邵阳分公司（以下简称邵阳电信）综合评估（健康度评价）排名全省第五。主营收入完成11.55亿元，完成年度目标的103.42%，排名全省第四。移动用户累计净增16.12万户，完成率102.8%；宽带用户累计净增7.39万户，同比提升1.07%；ITV用户累计净增5.88万户，完成率102.2%。政企条线以云改数转为发展主线，全面聚焦DICT项目、标准化产品发展，政企行业收入完成13438.9万元，完成率110.1%，全省排名第四。

邵阳电信推进规划、预算、资源配置、过程盯盘与考核“五位一体”的预算闭环管理，实现财务预算精准管控，收入利润率15.13%，总资产报酬率11.59%。全年对违规违纪问题问责15人次，对相关部门负责人罚款2.35万元。开展17项劳动（技能/知识）竞赛。关爱员工，市本级发放各类礼金慰问金110万元，为员工发放节日福利物资413万元。

选派乡村振兴驻村干部22人，并就数字乡村业务推广及发展进行专项培训，落实对口帮扶资金57.5万元，累计投入资金80多万元开展消费帮扶；推进数字乡村，建设“可视云喇叭”，解决帮扶村防洪、防灾等应急调度通信业务需求。完成农村第六批普遍服务4G建设212个村，建设223个基站（包含9个县），项目总投资金额12597.32万元。

是年，邵阳电信获“2021年全国市场质量信用A等用户满意企业”、中国电信集团“2021年度最佳增长奖”、2021年度邵阳市制造强市建设服务创新奖，获评“邵阳市消费者权益保护先进单位”“邵阳市平安建设工作先进单位”，1人获评集团劳动模范、1人获评湖南省五一劳动奖章、4人获评邵阳市五一劳动奖章。

【机制创新】2021年，邵阳电信创新机制，深化队伍建设。在政企业务领域和政企支撑中心开展总监职务聘任试点工作，选拔聘任高级总监1人、总监3人、技术总监1人；建立分级培养机制和人才库及人才调用与激励机制，规范人才管理及使用，公司专业人才达73人，其中一级人才3人、二级人才14人、三级人才56人；引导全员学习，明确学习考证和相关奖励机制，年内通过HCIA认证20人、HCIP认证24人、HCIE认证1人、DevOps架构师3人。优化重要光缆维护机制，有效控制故障。对全市的重要光缆维护进行“机构优化、职能优化、薪酬优化”的“三优”调整，重要光缆障碍发生率大大降低，其中一干光缆障碍下降1次、省干障碍下降2次、本地网中继光缆障碍下降11次。

【客户服务】2021年，邵阳电信全面规范触点服务。开展“10分满意”引领服务提升专项竞赛，通过落实消费明白卡交付动作、加强疑似差错单稽核、民生服务等相关重点工作，提升渠道服务能力；通过装维能力提升、交付标准动作执行及工单回访管控，规范触点服务；通过竞赛传播与推广互联网服务，以便捷、高效的互联网服务持续改善客户服务体验与感知。同时针对客户抱怨、不满意原因，制定提升举措，溯源整改，修复客户感知。装维五类工单的十分满意率全面达标，其中装维工单十分满意率92.95%、政企工单十分满意率96.83%。万用户申诉率月均36件，低于全省均值，投诉处理及时率99.5%。

推进网络服务能力建设。围绕宽带和无线业务感知提升，开展FTTH用户光功率整治、对后端特别影响客户感知指标的管控、压降网络重障（群障）解决网络安全隐患、优化无线网络数字化运营等专项活动，进一步提升网络质量和安全性。转型主动维护，将影响宽带/移动网络质量的“ODN网故障户均不可用时长”“AB类小区退服时长”“宽带重复故障率”等关键指标纳入三级单位的业绩考核，促进客户感知提升。

开展“全员服务在行动”系列主题活动。客户服务条线在全省分别获“互联网服务推广组织奖”“营业服务推广优胜奖”“星级权益体验活动竞赛一等奖”“投诉处理技能竞赛三等奖”“10000号IVR服务体验活动三等奖”。

【运维建设】2021年，邵阳电信按照“云网融合”部署，推进5G建设、3千兆小区建设、云改数转基础网络建设。实现光网和移动网络服务能力大提升。全年固定资产投资完成2.919亿元，投资结转额5330万元，结转率18.3%，新增FTTH端口7.1万个，新增端口实占2.79万个，实占率39.23%，高于省公司年初5.23个百分点；无线网建设5G基站972个、第六批普遍服务基站223个，邵阳电联双方累计共享基站达5737个，无线网络规模提升20.4%。全面提高无线网络运行质量。重点针对无线接通率、UE上下文掉线率、Qos Flow掉线率、切换成功率、CQI优良率等，开展VOLTE专项建设与优化行动、多频协同专项行动等；深化4G共建共享，VOLTE掉话率由0.06%下降至0.04%，CQI优良率由93.03%提升至94.33%，用户上行平均体验速率由2.92Mbps提升至5.50Mbps。开展隐患整治，提升网络安全性。加固本地网核心骨干网络，对城域网、STN、传输波分进行扩容和整治，城域网CR成功升级为800G+1.6T平台，城域网出口达1600G；完成邵东中心机房全部整治及新宁、绥宁、武冈、邵阳县中心机房部分整治；投资416万元进行电源整治，OLT脱网率由上半年的1.4%下降到0.7%，下降幅度50%，BCD类机房的高温告警次数由上年的8347次下降到4757次，下降幅度43%。

（肖小芳）

·中国移动邵阳分公司·

【概况】2021年，中国移动邵阳分公司（以下简称邵阳移动）完成通信服务收入17.92亿元，同比增幅8.8%，高质量新增客户居全省第二位，宽带净增保持区域领先地位，实现“十四五”良好开局。

推进“我为群众办实事”活动，打造一线员工反映问题渠道，收集解决问题1000余个；开展“靠企吃企”专项整治、基层违规违法行为专项整治行动。

开展电信普惠服务，完成第六批4G电普站点180个，行政村通组光纤项目建设47个；完成中国共产党成立100周年等重大活动网络信息保障活动27次，出动应急通信保障车19台次、保障人员160人次、车辆52台次。防范治理电信网络诈骗，加强运营商之间的沟通交流及新入网管理及存量用户管理，持续加强警企联动和警示宣传。

【信息基础建设】截至2021年年底，邵阳移动开通4G基站7925个、5G基站1626个，实现全市县市城区5G连续覆盖和乡乡通5G。推动数字经济应用，围绕政府管理数字化、服务网络化、决策科学化目标，整合业务数据和信息资源，先后承接邵阳市第九期平安城市项目、乡村振兴项目、邵阳经开区大数据园区、城步南山国家公园智慧管理平台、邵阳市第十期社会治安视频监控暨雪亮工程等多个大型数字化转型项目，累计为4300余家本地重点集团单位提供信息化服务。

（刘婧文）

·中国联通邵阳分公司·

【概况】 2021年，中国联合网络通信有限公司邵阳市分公司（以下简称邵阳联通）辖12个区县市分公司，完成主营收入6.5亿元。公司聚焦智慧政务、智慧医疗、智慧教育、智慧旅游、智慧金融、互联网等重点行业布局5G行业应用，与近60家企事业单位签署5G战略合作协议，助力邵阳打造新型数字智慧城市标杆市。

强化网络建设。全年共建共享5G基站1324个，5G网络覆盖5194个小区，实现城区区域5G网络连续覆盖；双方共享4G基站2727个。建设改造千兆小区，推动光纤到户，新建端口数约10万个，持续开展宽带测速提速、老旧小区、空中线缆整治及光纤改造行动。强化网络能力保障，骨干网平均时延保持行业领先。出口带宽由200G扩容至600G，IDC机房节能15%~20%，助力“碳达峰、碳中和”的“双碳”目标。

优化客户服务。通过“高品质服务行动”，开展专项网络整治活动，建立以市场为牵引的端网业服协同联动机制，全面提升宽带资源接入能力和资源管理能力，实现宽带营销与资源能力协同发展；开展网络与信息安全及反诈骗工作，推进弥合老年人、残障人士、农村脱贫户等群体面临的“数字鸿沟”。

是年，邵阳联通获2021年度邵阳市制造强市建设服务创优奖。

【网络检测服务行】 2021年5月17日，邵阳联通召开“联通为民办实事，网络检测服务行”活动启动会，200名智家工程师为用户提供专业的上门网络检测服务。活动通过线下与线上预约的方式联合开展，用户可以在小区、商铺等活动现场直接预约或者通过中国联通App、“10010”热线、联通门店等通道进行预约，智家工程师会在用户预约后免费上门进行网络检测，为用户提供全屋网络测评及故障排查服务，并根据家庭用网需求设计家庭网络优化方案。

【三千兆网络再升级】 2021年11月，邵阳联通开展千兆网络规模化发展行动，为邵阳市市区、主要县级区域部署建设上百个10G PON万兆端口，更换大容量分布式OLT平台，提高设备承载度，通过万兆网络为客户提供千兆体验，进一步推进邵阳地区“三千兆”网络覆盖，为用户带来“千兆宽带+千兆Wi-Fi”的超速体验。

【智慧助老手机讲堂进社区】 2021年，邵阳联通走进社区开展“手机讲堂”“反电诈宣传”等活动，为老年人进行服务宣传。同时从老年客户的服务难点入手，在营业厅内配置《智能机小知识》等手机使用小手册，营业员手把手教老年人使用智能手机，并在营业厅外设置无障碍通道，在营业厅内设置老年人专席，为老年人群体提供周全贴心的通信服务。

（肖烨杰）

城乡建设与生态环境

城乡建设

·住房和城乡建设·

【概况】 2021年，邵阳市住房和城乡建设局（以下简称邵阳市住建局）围绕落实“三高四新”战略定位和使命任务，贯彻落实新发展理念，构建新型城镇化体系，城乡基础设施日益完善、城镇化水平快速提升，城乡面貌发生积极变化。全市常住人口城镇化率达53.06%。

是年，邵阳市农村危房改造工作、双清区老旧小区改造、邵东市城乡环境基础设施建设获省政府真抓实干绩效激励，市住建局通过省级文明标兵单位复查，被省委、省政府评为脱贫攻坚先进集体。

【城乡建设】 2021年，邵阳市注重规划引领，完成新型城镇化“十四五”规划编制。实施“东部城镇群”“西部生态圈”战略，初步形成以中心城区为核心、东部城镇群为骨架，县城、重点镇和特色镇合理分布、协调发展的城镇新格局。打通“断截路”、畅通“微循环”，桃花桥顺利通车，北塔路（云山路至南山路段）、五井塘路通车，白马大道（桃花桥至建设南路段）完成征地。推进城镇老旧小区改造，183个民生实事城镇老旧小区全部开工，完成投资93%，超额完成省定任务；248个非民生实事项目全部开工。争取上级补助资金44819万元。推进乡镇污水处理设施建设，32座乡镇污水处理厂全部建成通水调试，新增污水管网188.58公里，完成投资8.32亿元，争取省级奖补资金11780万元。建成垃圾中转站19座。

【农村危房改造】 2021年，邵阳市争取中央补助资金6226万元，完成农村危房改造任务3441户，竣工率100%。挂牌公布1条历史文化街区和25栋历史建筑。完成10个传统村落数字博物馆建设。《邵阳市传统村落保护条例》通过市人大常委会一审。

2021年，邵阳市持续推进农村危房改造。图为新宁崀山危房改造点
（市住建局 供图）

【建筑业管理】 2021年，邵阳市建筑业总产值达651亿元，同比增长13.3%，45家企业入规入统。推进国家装配式钢结构住宅建设试点，完成城镇新增绿色竣工面积203万平方米，占新增城镇建筑面积的66.3%，其中市中心城区达91.3%。完成城镇装配式建筑84.5万平方米。开展“危大工程”、预拌商品混凝土生产、物业小区、农村住房、人防工程和施工质量安全专项治理，推进“互联网+智慧工地”管理，在建项目100%实现实名制信息系统认证打卡，344个项目实现扬尘治理“六个百分百”，覆盖率达98%。市纪委办案中心工程项目获评“鲁班奖”，实现邵阳市“鲁班奖”零的突破。市住建局代表队在全省第一届职业技能大赛中获团体一等奖。

【房地产业】 2021年，邵阳市商品房销售面积607.3万平方米，同比增长21.4%，实现商品房销售额280.7亿元，同比增长19.9%，增速均排名全省第一。实现房地产投资276.8亿元，同比增长14.8%。启动既有住宅加装电梯，出台《邵阳市既有多层住宅增设电梯实施细则》，摸排楼栋单元6580个，加装电梯107台。提升物业管理品质，在4个物业小区开展“智慧小区”建设试点。全年归集物业专项维修资金2.81亿元，面积366万平方米。

【住房保障】 2021年，邵阳市推进保障性安居工程建设。完成棚户区改造3190套，完成年度任务的101.14%。摇号分配廉租房1841套，完成年度任务的106.85%。发放租赁补贴15829户，完成年度任务的101.56%，实现“应保尽保”。完成滨江新城等8个小区1309套安置房交付。

【人民防空】 2021年，邵阳市全面完成战备能力评估。国防动员三级指挥网第二路由完成形象进度80%，居于全省前列。完成人防工程建设“十四五”规划编制。完成830个项目结建审批。加强人防工程质量监督和安全生产。开展人防系统腐败问题专项治理“回头看”，完成87个问题清单复核，对61个问题项目开展清理追缴，追缴易地建设费1023.66万元。

【工程建设领域改革】 2021年，邵阳市住建局优化再造工程建设项目审批流程，全面落实工程建设项目审批制度改革1.0版。审批事项由71项精简到47项，审批时间压缩至40到100个工作日以内。推进区域评估和告知承诺制。优化人防、消防、建设等网上联合审图，办理联合审图347件，总审图用时由原来的80天缩减至16天。受理联合验收183次，100%实现工改平台网上办理。深化工程建设项目招投标突出问题专项整治，实施全程电子化招投标，推行网上异地评标。全年完成工程建设招标584项，中标总价97.9亿元。

（张东吾）

市区西湖大桥维修现场　（市城市管理和综合执法局 供图）

·城市管理·

【概况】2021年，邵阳市城市管理和综合执法局（以下简称邵阳市城管执法局）创新工作方法推动基层治理水平提高，真抓实干巩固创建国家卫生城市成果，多措并举推进全国文明城市创建，开展百日行动办好群众身边实事小事，安全生产实现全年零事故。因实施污水处理、垃圾处理、黑臭水体治理等城乡环境基础设施建设工作真抓实干成效明显，邵阳入围湖南2021年度真抓实干成效明显地区名单，获省政府表扬激励。

【市容环境卫生】2021年，邵阳市城管执法局开展城区市容环境卫生“大清理、大清扫、大清洗、大消杀”综合整治行动，解决影响市容环境卫生突出问题。开展利用机动车占道经营专项整治行动，摸排车载摊贩103家，发放宣传资料800余份，劝离占道经营1620余起，行政处罚15起。采用错峰巡查值守，改善校园周边市容环境。在城乡接合部开展市容秩序专项整治，取缔、处罚流动摊贩782处，规范出店经营600余起，处罚35起。组织各区对临街门店进行“门前三包”摸底宣传，签订责任书2万多份，制发门前三包责任牌1万多块，发放宣传资料2万多份。对垃圾收集容器进行整治，撤除主干道破损、老旧、设置不合理的垃圾收集容器。结合新冠肺炎疫情防控工作，组织市城区机械化清扫不低于2次/日、道路冲洒水不低于4次/日。开展以背街小巷、卫生死角为重点的专项清理，消杀保洁全天化全境化。开展环卫作业质量考核，通报区局（分局）15次，累计罚款金额67.9万元。

市城市管理和综合执法局在市城区进行环境卫生作业——抑尘

（市城市管理和综合执法局 供图）

【城市道路市政设施维护】2021年，邵阳市城管执法局开展市政设施维护提质增效行动。人行道方面，完成130.18万平方米人行道砖、路缘石、障碍桩等的更换、修补；车行道方面，完成市城区115条146.01公里主次干道日常维护和350.45万平方米水泥混凝土、沥青混凝土路面的坑洼修补；排水管网方面，完成381.47公里雨污管道的日常维护，其中清淤雨水口9957个、市政窨井14849个；城市桥梁方面，完成青龙桥、邵水桥等8座桥梁的日常维护；城区防涝方面，编制城区易涝点地图，在易涝点加装监控系统，完成易涝点改造4处，清淤雨水口3227座、检查井679座，疏通堵塞管道1220米，人工配合高压吸污车、冲洗车冲洗雨水口连接管道13670米，纵向主管冲洗2835米，清理淤泥1590吨。

【生活垃圾分类】2021年，邵阳市形成以“党委领导、政府推动、部门联动、全民参与”的生活垃圾分类工作格局。组织开展市生活垃圾分类吉祥物和LOGO征集、绘画设计大赛等主题赛事系列活动、“垃圾分类进校园”主题活动等；通过抖音、报纸等多种媒体渠道宣传普及生活垃圾分类知识；大祥区在全省首创推出生活垃圾分类手机彩铃；出台《邵阳市2021年生活垃圾分类工作考核办法》《邵阳市2021年生活垃圾分类工作实施方案》。市城管执法局对3市辖区开展督查30余次，赴县级市督查6次，下发生活垃圾分类督查通报6期，发问题交办函2次。铺开“四分类+四步骤”，实行分类流程管控，确保分类投放、收集有时有序。按照“上中下游一起抓、前中末端共推进”原则，推动示范片区创建。市城区9个街道53个社区创建生活垃圾分类示范片区，邵阳经济技术开发区生活垃圾分类覆盖范围20%以上，初步建成分类收集、分类运输、分类处理的治理体系。

【户外广告牌设置管理】 2021年，邵阳市城管执法局组织编制《邵阳市户外广告专项控制规划》，制定门店牌匾的设置技术规范和标准，组织各市辖区改造升级门头牌匾，提升城区户外广告整体形象。代拟市《关于推进城市道路“多杆合一”建设工作的指导意见（征求意见稿）》，加快推进“多杆合一”建设。对城区内户外广告设施进行全面排查，交办处理违规和不规范设置的屋顶和墙体镂空字、二楼以上广告牌（店招）、布幔广告、横竖幅、道旗等800余处。设置各类公益广告350块，城区16块大型电子屏每天滚动播放公益广告，46块高炮广告三分之一的时间或版面用于公益广告宣传。对市城区交通要道“牛皮癣”等小广告乱象，通过实施电话追呼系统，组建巡查队伍在城区主次干道进行全覆盖、日常化专项治理。

【园林绿化】 2021年，邵阳市城管执法局以“一城四园八路”▲为重点，以点带面，开展园林绿化建管提质增效行动。打造绿色体育新城。组织常规养护、补植补栽，改造路口绿化景观，打造微型园林景观小品；组织义务植树，在邵水西路风光带补栽雪松、紫玉兰等绿化树木1273株。打造四个“市民满意公园”。对城南、东塔、西苑、双清公园进行设施维修、配套完善、景观提升，增设移动公厕、新增体育健身器材、新建游步道；加强补植补栽，推进裸露地表复绿，种植肾蕨、常春藤、玉簪等苗木22.5万余株和麦冬、松果菊824公斤及草坪1130平方米。打造八条“最美绿景街道”。以邵阳大道、世纪大道等为重点，补植樟树等绿化乔木697株、红叶石楠等小灌木43.8万株，有效解决了行道树缺株断档、绿化带残缺不齐、绿地黄土裸露等问题。对宝庆东路等“八路”共1622棵行道树修枝整形，规范分枝高度，优化生长结构，改善形象效果。新增6个交通节点花卉景观，面积达2285平方米。

市城区供气管网检修　（市城市管理和综合执法局 供图）

▲“一城四园八路”：指市区体育新城，城南公园、双清公园、东塔公园、西苑公园，世纪大道、邵阳大道、邵水东路、邵水西路、建设路、宝庆路、西湖路、城北路。

【景观照明】 2021年，邵阳市城管执法局在景观照明领域开展百日行动及季节性安全检查行动，排查整改各类隐患76项。结合党史学习教育“我为群众办实事”活动，实施宝庆中路庭院灯更换、红旗路路灯灯罩损坏更换、佘湖桥东头箱式变压器维修、邵水东路和邵水西路绿化带沿线灯光被灌木遮挡的砍青扫障等项目工程。利用创建全国文明城市契机开展路灯提级整改，发现各类缺陷11363项，完成消缺11133项，确保全年月平均亮灯率在99%以上、消缺率在96%以上。

【供水供气】 2021年，邵阳市城区城镇燃气新开户居民用户17550户、非居民用户120户，销售气量7612.6万立方米，输供天然气7956.34万立方米，完成全年计划指标。建设白马大道、市府路等燃气主干管6公里，建设乾道大院、首府国际等庭院管网57公里。推动购气便民化，合作交通银行、华融湘江银行、建设银行、工商银行等开通自助购气缴费平台，推进自助购气缴费网点进超市、进小区、进社区，全面上线NB无线远传燃气表实现用户“掌上”购气。

城市供水新开户18874户，销售水量5934万立方米，其中市区5432万立方米、邵东502万立方米；水质综合合格率达100%，管网压力合格率达98.67%，完成全年计划指标；完成管网改造10公里，新建管网1.7公里；打造水宝宝、水小哥、水管家等“水家族”优质服务品牌，推出“先安装后收费”“低保用水优惠办理零跑腿”等一系列便民利民政策措施。

【生活污水治理】 2021年，邵阳市城管执法局推进2020年长江经济带生态环境警示片披露涉及的邵阳市江北污水处理厂等2个问题整改。截至年底，市洋溪桥污水处理厂外水体黑臭明显问题和江北污水处理厂闲置部分污水处理设施、大量生活污水未经处理从厂旁市政污水管网直排溪沟问题基本整改到位，剩余调蓄池工程建设计划下年度6月完成并销号。推进省级环保督察“回头看”反馈问题整改，城区3个污水处理厂提质改造工作于6月全部完成，各水厂出厂水水质均达到设计要求。同时完成“两沟”（双清区龙须沟、洋溪沟）上游控源截污工程建设、红旗河沿线截污干管清淤疏通，巩固市黑臭水体治理成效。大祥南片区雨污分流红旗渠污水处理厂调水工程实施二期雨污分流改造，枫江溪截污干管工程项目完成开工前期工作。

【渣土运输管理】2021年，邵阳市城管执法局强化渣土巡查队伍建设，设立“5+2”“白+黑”（每周7天，每天24小时）巡查模式，加大对“黑车”的打击，全年结案行政处罚案件148起、处罚金额65万余元。设立举报处理专员岗，400余起投诉案件做到100%处置。全面治理渣土处置工地设施设备和卫生状况不达标，所有渣土处置工地“十个项目达标”。每月纠正违规渣土运输60余次，平均每月责令渣土车辆回场进行清洁达13次。联合交警、交通、住建等部门每月至少2次开展“打黑查黑”（黑车、黑工地、黑消纳场）专项整治行动。完善渣土监控二级智能平台，渣土土石方量丈量、测算逐步规范专业化。

【城管行政执法】2021年，邵阳市城管执法局与市住房和城乡建设局、市自然资源和规划局联合印发《关于在全市开展小区顶楼平台“圈地占用”集中专项整治行动实施方案》，开展小区顶楼平台“圈地占用”集中专项整治行动，消除违法违规行为，净化小区环境。与市公安局交通警察支队联合开展“车窗抛物”专项执法行动，受理市民举报1800起，对1462名车主开出罚单，并通过媒体曝光处罚信息。将城管队员“见街率”专项考核纳入市对区的考核体系，实行“一周一通报”制度。开展法治培训宣传，巡回全市13个县市区和经开区，解读新修订的《中华人民共和国行政处罚法》，受训人数达1000余人；在市局机关和直属执法支队等单位开展3期“每月一讲”执法培训活动，受训近600人。提高案卷制作水平，对行政执法案卷逐一对照检查，查漏补缺，规范城管行政执法行为。参加市司法局、省司法厅、省住建厅案卷评查，送评10本案卷，合格率90%。推进执法公示制度、全过程全记录制度、重大行政执法决定法制审核制度三项制度建设。市城管综合执法支队全年查办案件16件，处罚金额6.2万元，集中办理市政府交办的城投专案78起、处罚金额1.4亿余元。

（谭　杰）

·城市建设投资经营·

【安置项目建设】2021年，邵阳市城市建设投资经营集团有限公司（以下简称邵阳城投）针对超期安置这个群众“急、难、愁、盼”的民生实事，按照“三个一批”即“交付一批、建设一批、置换一批”工作总思路，充分保障建设资金，有效化解遗留问题。重点推动已建成项目安置交付，完成屏丰、滨江、紫霞星苑一二期、雪峰南、桂花东苑5个安置小区的交付，启动财桥、集仙、砂塘、资枣三期、匡家二期、高撑三期、张家排一期、余湖8宗安置地的分配交付，化解超期安置户数882户1094套，每年可减少过渡费支出2210余万元。狠抓在建项目工程建设和扫尾，全年开工（复工）资枣三区、匡家二期、高撑三期、丰江、张家排二期、金家塘、三所一中心、蔡锷故居8个安置地项目，以及福源、星湖花苑2个安置小区项目。为安置户早日有房可居，对未动工的安置项目采取置换到已建成的项目进行安置，并进一步对安置房的位置、面积、剩余房源等情况进行详细整理摸底，结合实际拟定置换安置方案。

【城市基础建设】2021年，邵阳城投通过压缩投资、正排工序、倒排工期，在保证工程质量和施工安全的前提下，全力攻坚重点工程项目建设，推动项目早日建成。桃花桥项目按计划进行施工，实现建成通车，为加快市中心城区扩容提质，推动市中心城区东连、西扩、北融、南延助力。大祥坪停车场项目实现四周围档100%封闭、场地道路100%硬化、安全设施配备齐全，完成基坑支护桩676根、土石方外运2万立方米，其建成使用将有效缓解市中心城区“停车难”“行车难”问题。组织专业力量，调集资金和物资，完成五七学校边坡、湖口井堰塞湖等工程抢险，并做好实时监测、防汛预警。加快推进湖口井路东段、屈原路、青云路及大坡路、青山路等工程项目建设，其中邵阳市火车站客运综合交通枢纽工程配套基础设施建设项目在市委、市政府表彰2021年度邵阳市产业发展工作中被评为优胜项目。

【城市污染防治】2021年，邵阳城投把污染防治作为生态建设的基础，加快建设绿色城市。红旗河污水管修复工程完成全线污水管网疏通约1982米，碧桂园宝庆府、碧桂园龙湾、京都世纪城、爱莲池公园污水管钢内衬修复共242米。两沟清淤工程完成内源治理，龙须沟、洋溪沟、先家冲溪二次清淤共9619.2立方米。

【产业转型】2021年，邵阳城投启动新驾考中心项目，补充全市驾驶人培训及考试设施设备的空缺。启动北塔区三级综合医院项目，完善城市功能布局，建设健康邵阳。启动智慧城市特许经营权项目，实现政务资源共享互通，推进城市治理体系和治理能力现代化。推进企地融合发展，加强新能源建设。与中国石化合营的桃花加油站于12月20

日正式建成营业，与中石油合营的永兴加油站于12月开始试营业，同时云山、邵水西加油站已办理开工前相关手续。启动金融中心项目建设，打造湘中、湘西南的区域性金融中心，促进邵阳市形成金融聚集区。

（王 哲）

生态环境保护

【概况】2021年，邵阳市以改善生态环境质量为核心，持续推进蓝天、碧水、净土三大保卫战，开展生态环境问题整改，区域环境质量稳中向好。市区空气质量优良天数327天，消除重污染天气；9个市县空气环境质量首次全部达到二级质量标准；辖区内52个国控省控地表水断面、省市级交界断面水质和16个县级以上城市集中式饮用水水源达标率均为100%，水质均为Ⅱ类或以上；受污染耕地安全利用53.01万亩、严格管控1.74万亩，受污染耕地安全利用率100%。全市没有发生较大以上突发环境事件，没有因生态环境问题引发重大舆情，没有受到中央、省级领导批评性批示。

是年，城步苗族自治县、邵东市分别因环境空气质量、农村环境综合整治获省政府2021年真抓实干激励表彰。

【大气环境质量】2021年，邵阳市区环境空气监测设市化工厂、市罐头厂、市一中、市环保局、市水土所5个点位，其中市水土所为对照点。环境空气质量综合指数（实况）3.66，较上年上升1.7个百分点。环境空气中二氧化硫年均浓度为13微克/立方米，较上年相比上升8.3个百分点；二氧化氮年均浓度为20微克/立方米，较上年相比持平；可吸入颗粒物年均浓度为54微克/立方米，较上年相比上升3.8个百分点；一氧化碳年度日均值第95百分位浓度为1.2微克/立方米，较上年相比上升9.1个百分点；臭氧年度日最大8小时平均第90百分位浓度为124微克/立方米，较上年相比下降1.6个百分点；细颗粒物年均浓度为38微克/立方米，与上年相比持平。空气质量优良天数为327天，优良率89.6%；轻度污染32天，占比8.8%；中度污染6天，占比1.6%；未出现重度及以上污染天气。

城市降水设市监测站、泉塘冲、金桥村3个监测点位，其中金桥村9月开始采集数据。全年采集降水品170个，其中酸雨样品56个，酸雨频率32.9%，酸雨量占总雨量的30.4%。全市降水pH年均值为5.49，其中市监测站测点降水pH年均值为5.76，酸雨等级为Ⅰ级，年降雨量为1096.1毫米，酸雨频率为8.9%。泉塘冲测点降水pH年均值为4.86，年降雨量为770.1毫米，酸雨频率为47.9%，金桥村测点降水pH年均值为4.86，年降雨量为197.1毫米，酸雨频率为75.0%。

【声环境质量】2021年，邵阳市市区区域环境噪声，城区按照800米×800米的网格尺寸布点，设置113个监测点。城市区域环境噪声昼间平均等效声级为52.9分贝，平均等效声级超过55分贝的测点32个，占30.3%。城市区域环境噪声总体水平等级为二级，声环境质量较好。环境噪声主要来源于社会生活噪声，其次是道路交通噪声。

城市功能区噪声测点按各功能区划布设10个监测点，功能区噪声分别为1类：日间噪声47分贝、夜间噪声40分贝；2类：日间噪声49分贝、夜间噪声43分贝；3类：日间噪声54分贝、夜间噪声46分贝；4类：日间噪声58分贝、夜间噪声50分贝；功能区达标率日间为100%、夜间为95%；夜间超标时段集中在22点到1点。

市区道路交通噪声监测总路长为123.6公里，共42个有效路段，设置50个监测点，道路交通噪声昼间平均等效声级为66.4分贝，全市平均车流量1977辆/小时，城市道路交通噪声环境质量好，强度等级为一级。

【水环境质量】2021年，邵阳市水环境质量监测共设53个监测断面，地表水质监测断面46个，市级饮用水水源地4个（含1个备用饮用水水源地），县级饮用水水源地13个(含2个备用饮用水水源地），38个省控断面，15个国控断面中辖区内13个，辖区外考核邵阳市2个。全市地表水水质总体为优，均达到Ⅱ类水质，达标率为100%。

全市饮用水水源地17个，达到或优于Ⅲ类标准，水质达标率100%。市级饮用水水源地4个，3个市级在用饮用水水源地水质均为Ⅱ类，1个备用水源地隆回县木瓜山水库水质为Ⅲ类。县级饮用水水源地13个，11个县级在用饮用水水源的水质分别为Ⅰ类1个、占比9.1%，Ⅱ类7个、占比63.6%，Ⅲ类3个、占比27.3%；2个县级备用饮用水水源地水质绥宁县白岩溪为Ⅰ类、隆回县水厂为Ⅱ类。

【污染防治】2021年，邵阳市推进污染防治“夏季攻势”和三大保卫战。“夏季攻势”方面，对照省任务清单中涉及邵阳市的整治任务，集中力量推进污染防治攻坚战夏季攻势问题整改，实行一月一调度一讲评一通报，218项任务全部完成整改并销号，完成率100%。

蓝天保卫战方面，编制全市二氧化碳排放达峰行动方案和“十四五”应对气候变化专项规划；开展工业企业、非道路移动机械、老旧车辆淘汰、露天焚烧秸秆、高污染燃料禁燃控制等专项整治行动，全市86个小微站建成投运；完成7个工业窑炉治理项目、16家企业的挥发性有机物综合治理；邵东市25个冲天炉改为电炉或拆除；动态更新重污染天气应急减排项目清单。

碧水保卫战方面，推进涉铊企业环境问题排查，建立涉铊企业整治清单，10家省级核查发现的问题全部完成整治销号。开展76个乡镇级“千人以上”饮用水源保护区环境问题排查整治，划定2处“千吨万人”和75处农村“千人以上”保护区，完成江北污水处理厂、洋溪桥污水处理厂、红旗渠污水处理厂提质改造，实施邵东桐江、槎江、落水河和新邵龙山河等流域治理项目，推进洋溪沟和龙须沟控源截污、清淤疏浚及生态修复。

净土保卫战方面，对16家涉镉企业进行全面排查；加强土壤污染治理与修复，完成洞口县江口镇区域内锰矿开采遗留污染地块土壤污染风险管控项目治理；完成19座乡镇生活垃圾中转设施建设；完成60个任务村农村环境综合整治。

【环境监管】2021年，邵阳市环境保护部门严把建设项目环境准入关。依法依规依程序开展环评审批和环境影响评价，审批各类建设项目41个，发放排污许可证164份，对30余家重点管理单位进行现场核查，全面完成省定任务目标，从源头上有效控制新污染源产生。

严格环境监管执法。全市环境监管执法机构结合中央、省级环保督察，强化环境日常监管；全面推行“双随机、一公开”执法监管，将全市1524家企业纳入双随机抽查库，完成随机抽查企业2222家次，发现并查处违法问题145个，办理各类环境违法案件239件，其中查封扣押1件、申请行政拘留18件、刑事拘留2件、行政处罚218件，罚款1267.8万元。

开展环境信访调处。全年受理群众来信、来访及举报投诉1492件，受理登记率100%、按时回复率100%、群众满意率99%，实现“三率”齐升。

【区域环境综合治理】2021年，邵阳市生态环境保护局统筹推进自然生态监管与保护。对国家遥感监测报告发现涉及邵阳市舜皇山、黄桑、金童山、武冈云山的28个问题点位全部完成整改销号；推进“绿盾”问题整改销号，排查发现的54个问题有44个完成整改销号；推进生态文明创建，指导绥宁县建成省级生态文明建设示范县，授予6个乡（镇）、59个村（社区）第一批市级生态文明建设示范乡（镇）、示范村（社区）称号。

完善环境监测网络。推动机动车尾气检测站建设，有30家检测站投入使用；加强饮用水源监测能力建设，建成22家水质自动监测站；健全空气环境质量自动监测网络，市区设有5个空气自动监测站，7个县2个市都设有县级空气自动监测站，实现自动监测全覆盖并完善空气质量实时发布系统；建设重点污染源在线监控平台，对城镇污水处理厂、水泥、砖厂、造纸等重点行业重点企业外排污染物实时联网监测。

加强环境宣传教育。会同市级主流媒体开展中央生态环境保护督察“回头看”、省环保督察、污染防治攻坚战、“绿盾行动”等环保宣传报道；组织开展4次新闻发布会，网站主动公开政务信息1137条，官方微博、微信公众号分别发布文章855篇、1502篇；投入资金10余万元，开展环保征文、手抄报比赛、“绿水青山”生态环境摄影比赛等六·五环境日系列宣传活动。

（王典红）

教育·科技

教育

·综述·

【概况】2021年，邵阳市有各级各类学校 3083所，其中普通高校3所、成人高校1所、初中398所、高中77所、中等职业学校69所、特殊学校10所、小学904所、幼儿园1620所、专门学校1所，另有小学教学点877个。在校学生（在园幼儿）1379897人，其中普通高校51209人、成人高校8085人、初级中学306524人、普通高中155157人、小学570702人、中等职业技术学校84881（含普通中专）人、特殊学校6241人、学前教育196673人、专门学校425人。教职工95272 人，其中普通高校3000人、成人高校59人、初级中学15141人、九年一贯制学校9008人、完全中学4179人、高级中学5601人、十二年一贯制学校4495人、小学28903人、幼儿园19980人、中等职业技术学校4567 人、特殊学校313人、专门学校26人。

【教育督导体制改革】2021年，邵阳市重点推进教育督导体制改革。市委办、市政府办印发《关于进一步加强教育督导工作的通知》，完善机构设置，优化运行机制，加强队伍建设，落实经费保障；出台《邵阳市督学聘任与管理办法》，进一步加强对教育督导队伍的管理监督。

【新时代教育评价改革】2021年，邵阳市推进新时代教育评价改革，下发《关于印发邵阳市贯彻落实〈深化新时代教育评价改革总体方案〉部门工作安排和部门重点举措清单、负面清单的通知》《邵阳市教育评价改革试点工作方案》《乡村幼儿园园长任职条件研制及评价改革试点工作方案》，开展规章制度清理，修订、废止13个规章制度和文件。市本级试点项目——乡村幼儿园园长任职条件研制及任期评价，已形成《邵阳市乡村幼儿园园长专业发展现状调查及对策建议》《邵阳市乡村幼儿园园长任职资格标准（试行）》《邵阳市乡村幼儿园园长任期评价实施细则（试行）》讨论稿，并将广泛征求意见、选择2个县进行试点，同时对全市乡村幼儿园园长进行专业轮训。

【中高考改革】2021年，邵阳市推进中高考改革。把艺术科目纳入初中学业水平考查范围，与文化科目实现统一命题、统一印制、统一组考、统一阅卷；将艺术特长招生纳入高中自主招生范围。落实高考综合改革政策，2021年新高考首考，实行“3+1+2”模式，“3”为全国统考科目，即语文、数学、外语(含英语、俄语、日语、法语、德语、西班牙语)，由全国统一命题。“1”为首选科目，即物理、历史中的1科；“2”为再选科目，即思想政治、地理、化学、生物4科中的2科，由湖南省自主命题。考生高考文化总成绩满分750分。其中，语文、数学、外语三门统考科目每科满分150分，直接以卷面原始分数计入高考总成绩；考生选择的三门选考科目每科满分100分，首选科目直接以卷面原始分数计入高考总成绩，再选科目依据省教育厅《关于做好普通高中学业水平选择性考试成绩计入高考录取总成绩工作的通知》规定，以转换后的分数计入高考总成绩。

【职业教育改革】2021年，邵阳市贯彻落实《国家职业教育改革实施方案》，进一步优化整合邵阳市职业教育资源，集中力量成功创建湘中幼儿师范高等专科学校；将邵阳工业职业技术学院作为市重点建设项目，纳入市“十四五”规划，并争取纳入省“十四五”规划，项目于2020年11月开工建设，概算总投资12.69亿元，占地面积485亩，预计招生规模达8500人；依托邵阳市高级技工学校创建邵阳技师学院，拟建占地面积1308公顷的湖南中西部规模最大的职教新城，预计可容纳学历教育4万~5万人，每年各类技能培训5万~7万人，实现高职学院、中等职业学校资源高度共享。

【教育优先发展】2021年，邵阳市全面落实教育优先发展。市委常委会会议8次、市政府常务会议7次专题研究教育督导、基础教育、“双减”和规范民办义务教育发展、防溺水等工作。市委、市政府主要领导先后8次深入学校考察调研、现场办公，解决建设中的实际困难和问题。市委、市政府将教育工作纳入县级党委、政府绩效考核范畴，同县级主要领导的奖惩、提拔重用直接挂钩。市委教育工作领导小组全体会议3次、专题会议15次研究部署市“十四五”教育事业发展规划、基础教育、党建、“双减”、民办教育、教育评价改革、教育重点民生实事、中小学生心理健康教育、校园安全等工作。

【教育民生】2021年，邵阳市16所芙蓉学校于9月1日全部投入办学，新增校园面积32万平方米，新增学位22475个。乡镇寄宿制学校投入26522万元，完成32所乡镇标准化寄宿制学校项目建设和设备设施添置任务。邵阳市第十七中、职教新城施工建设。发展学前教育，截至年底，全市累计增加公办园学位10624个，完成省下达任务的114.24%。抓好义务教育控辍保学，秋季学期全市义务教育小学阶段辍学率为0，初中阶段控制在0.01%以内。普及高中阶段教育，秋季学期高中阶段毛入学率达91.8%，较上年提高0.3个百分点。秋季学期接纳43589名进城务工随迁子女入学就读。落实义务教育划片免试入学政策，推行公开公平的招生政策。实施特殊教育提升计划，“三残”儿童可读尽读。全面落实学生资助政策，资助学生718363人次，资助金额约6.2亿元。

【思想道德和心理健康教育】2021年，邵阳市教育系统坚持德育为先，制定《邵阳市教育系统未成年人思想道德建设工作实施方案》及《考评方案》，将德育工作与创建全国文明城市、创建文明校园、党史学习教育深度融合，推动“一校一案”，丰富教育形式和载体，开展“学习新思想，做好接班人”“少年传承中华传统美德”“扣好人生第一粒扣子”“网上重走长征路”“童心向党——红色故事我来讲”演讲比赛、“从小学党史 永远跟党走”读书征文大赛等教育活动。进一步加强中小学生心理健康教育，下发《关于加强新时代学生心理健康教育的意见》，制定《邵阳市中小学心理健康教育实施方案》《邵阳市中小学心理健康教育特色学校评比标准》，做到心理健康教育进教材、进课堂；开展1次全市中小学心理危机预防与干预培训，200余名心理健康教育骨干教师参加；建立1个中小学心理健康教育骨干教师工作坊；每年组织 1 次全市中小学心理健康教育教师专业能力竞赛，不断提升心理健康教育教师专业能力。

【教育“双减”】2021年，邵阳市开展教育“双减”工作。加强制度配套，成立“双减”工作专班，印发《邵阳市减轻义务教育阶段学生作业负担和校外培训负担实施方案》《邵阳市校外培训机构专项治理工作方案》《邵阳市推进中小学生“五项管理”工作实施方案》等系列文件。加强作业管理，作业总量明显减少，截至年底，全市1345所义务教育学校作业时间控制达标学校100%，不给家长布置作业或要求家长批改作业学校100%。实现义务教育学校课后服务全覆盖，课后服务时间全达标。课后服务内容包括指导学生完成作业、体育、艺术、阅读、科普活动、社团及兴趣小组活动等，同时拓宽课后服务渠道，协调社区、图书馆、美术馆、少年宫、青少年活动中心等校外资源为课后服务提供支持。减轻校外培训负担。采取“双随机、一公开”、联合抽查、处置投诉举报等方式，对校外培训机构违法违规行为依法予以处罚。建立“双减”工作专项督导半月通报制度，对学科类培训机构进行常态化运营监管。开展校外培训机构治理，排查校外培训机构1052家，排查存在办学资质、预收费、培训时间等违规行为培训机构600家，关停取缔无办学资质培训机构437家，清理校外培训违规广告723处。校外培训学生数量减少17534人，周课时减少8715节；学科类校外培训机构数量由411所经注销、转型后压减到114所，占比72.26%；在教育部门登记为非营利性机构的学科类校外培训机构已完成114所；校外培训机构资金监管实现全覆盖，处置退费纠纷7起，引导退费30余万元。

【人才兴教】2021年，邵阳市教育系统优化教师结构。2020—2021年间通过公开招考、赴师范院校招聘、人才引进、公开选调等渠道补充教师5389名，招录公费定向师范生3219名、特岗教师1319人；培训教师88064人次。落实“三区”教师专项计划，2021年选派91名教师到隆回县、新宁县、洞口县、武冈市乡村支教。首次开展基层中小学资深乡村高级教师和基层中小学岗位乡村高级教师评审，1273名农村教师晋升为基层中小学资深乡村高级教师。开展“师德师风建设年”活动，提升教师思想政治素质和师德水平，涌现出湖南省教书育人楷模——城步二中教师宋阳玲等先进典型。优先保障教师待遇，设立综合考核奖励的办法提高全市中小学教师工资待遇，依法确保义务教育教师平均工资收入水平不低于公务员平均工资收入水平，并建立动态调整机制和长效对比机制。进一步完善教师培训机制，增加教师培训机会，通过国培、省培、市培计划培训中小学校长、教师12990人次。

【安全保障】2021年，邵阳市教育系统落实校园常态化疫情防控工作措施，严格涉生大型活动审批管理，按省、市要求完成全市师生疫苗接种。召开7次全市性预防学生溺水工作调度会，组织全市教师走访留守儿童、单亲家庭子女、进城务工随迁子女等413123人次，组织学生观看防溺水纪录片219205场次，在全市排查出重点危险水域10143处，设置警示标志标牌59921块，市、县两级开展督查84次，现场交办并督促整改问题584个，并对洞口县“6·12”、双清区“6·14”、隆回县“8·6”学生溺水事件相关责任人进行追责问责。组织开展“管行业必须管安全百日行动”，各地召开工作部署大会、推进会22次，排查出校园安全隐患2175处。城镇各级各类学校实现视频监控高清全覆盖，全市中小学、幼儿园配备专职保安5486人；全市安防建设4个100%建设任务全面完成（邵东市中小学校视频监控与公安机关联网正在推进除外）。加强校车源头管理，推进标识标牌规范化、标准化建设。强化校园欺凌和暴力伤害防范，全市没有发生校园欺凌事件。

（陈　馨　刘春联）

·基础教育·

【学前教育】2021年，邵阳市有幼儿园1620所，其中教育部门办700所（含民转公和附设幼儿班），其他部门办2所、民办幼儿园918所（其中普惠性民办幼儿园524所）。在园幼儿196673人（含附设幼儿班）。教职工19980人，其中专任教师9728人。新增公办园学位10624个，完成省下达任务的114.24%，学前三年毛入园率达85.2%，公办园在园幼儿占比达52.7%，普惠性幼儿覆盖率达87.38%。多渠道持续增加普惠性资源供给，大力发展公办幼儿园，扶持普惠性民办园，支持和规范社会力量办园。逐步化解和消除学前教育“大班额”现象，防止出现新的无证园。全面推进科学保教，加快实现幼儿园与小学科学有效衔接。

【义务教育】2021年，邵阳市有小学927所，其中教育部门办908所、民办19所；在校学生571935人，比上年减少5193人，当年招生83603人，毕业109487人；进城务工人员随迁子女32090人，农村留守儿童203287人，进城务工人员随迁子女和农村留守儿童占小学在校生的40.04%；教职工27392人，其中专任教师26956人（不含一贯制学校）；学校占地面积1151万平方米，校舍建筑面积438.8万平方米。有初中学校391所，其中初级中学248所、九年一贯制学校143所；在校学生310733人，当年招生102306人，毕业110968人，进城务工人员随迁子女17242人，农村留守儿童108602人，农民工随迁子女和农村留守儿童占初中在校生的40%。开展“阳光”招生，制定《2021年邵阳市区小学升初中入学工作实施方案》，使用统一的平台进行报名、审核、录取，突出公开公正、阳光透明。

【高中教育】2021年，邵阳市有高中学校76所，其中高级中学33所、完全中学26所、十二年一贯制学校17所，在校学生160052人，当年招生58389人，毕业50735人。普通高中招生实施改革，市城区普通高中招生实行“知分、知线”分三批次填报志愿，进一步规范普通高中招生行为。高中阶段招生实行考生网上自主填报志愿、网上录取。坚持公开公平、阳光招生，普职协调、按招生计划录取原则。综合素质评价等级入围、文化成绩总分排序，择优录取。设立省示范性普通高中择优生、指标生、自主生类别。规范招生行为，把招生政策和各校招生简章、收费标准等情况编印成招生指南，免费发给每位学生《致家长一封信》，编制并在网上公开发布答家长问，向家长讲清楚招生政策，招生全过程接受社会监督。

【特殊教育】2021年，邵阳市有特殊学校10所，在校学生6241人；教职工313人，其中专任教师274人；学校占地面积11.39万平方米，校舍建筑面积3.5万平方米。

（陈　馨　刘春联）

·中等职业教育·

【概况】2021年，邵阳市有各类职业学校69所，其中专科层次学校2所、中等职业学校60所（公办24所，民办36所）、技工学校7所，学生93291人，教职工5283人；国家教育改革发展示范学校2所、省级示范中职学校6所、已立项省卓越中职学校建设单位3所，教职工4428人，专任教师共3444人。全市职业学校涵盖加工制造类、交通运输类、信息技术类、医药卫生类、财经商贸类、旅游服务类、文化艺术类、教育类等14个专业大类，开设71个专业。

对接国家、湖南发展战略和产业布局，整合市区公办与民办中职学校资源，规划建设涵盖本科院校、高职学院、技师学院、中等职业学校资源高度共享的湖南中西部规模最大的职教新城——邵阳工业职业技术学院（暂名），形成邵阳市职业教育与优势产业链深度融合的办学格局，该建设项目已完成累计投资额 6.7 亿元。加快标准化中职学校建设，经市政府常务会议研究通过，将邵阳交通学校合并至邵阳工业学校改扩建成楚怡中职学校，项目建设总占地面积达 556 亩，总投资 1.13 亿元。开展邵阳市中职学校技能竞赛，426 名学生参加竞赛，选拔出 308 名优秀选手代表邵阳市参加 2021 年湖南省“楚怡杯”职业院校技能竞赛，获一等奖 6 个、二等奖 19 个、三等奖 45 个。评选表彰市级“三好学生”136 名、市级“优秀学生干部”42 名、市级“优秀实习生”25 名、市级“先进班集体”45 个。经遴选推荐，40 名省“三好学生”、14 名省“优秀学生干部”、10 名省“优秀实习生”、16 个“优秀班集体”获省教育厅表彰通报。

（陈　馨　刘春联）

【邵阳市高级技工学校】2021年，邵阳市高级技工学校有教职工238人，其中，中高级职称教师132人，研究生以上学历21人，湖南省技术能手2人，邵阳市技术能手5人，邵阳市青年岗位能手4人，邵阳市五一先锋3人；年招生1876人，注册学生达5533人。设机械工程、电气工程、经营3个教学管理中心，开设五大类四个专业群共15个专业，其中重点专业9个，着重加强数控和电气精品专业建设。

教育教学　推进专业课程和工学结合一体化课程教学改革，推进活页式教学、项目式教学和模块化教学实践，逐渐凸显出以机电专业为主的学校办学特色。加大思政课程、工匠精神、德育和爱国主义教育权重，推行高考班课后服务工作。推进“校企合作，工学结合”培养模式，参加国培、省培、交流学习教师人数 20 余人。组建专业教师和学生竞赛队伍，年内组织参加省、市技能竞赛 4 次，学校获 8 个赛项一等奖、3 个二等奖、7 个三等奖，被授予“邵阳市技术能手”称号，8 人获优秀指导教师称号，学校获优秀组织奖 3 次；组织电算会计专业学生参加助理会计师资格全国统一考试，合格率 72.22%，稳居全市第一名。

改善办学条件　投资 700 余万元增加近 200 个实习工位，完成汽修专业三个一体化教室、旅游实训室、汽修技能竞赛场地建设和竞赛设备安装调试；新建云计算机房、沙盘实训室、3D 打印实训室等高标准新型实训室、学术报告厅、新图书馆、技能大师工作室等，改造多轴数控加工技术实训室、2 个汽修实习场地、1 个汽修技术比赛场地和旅游专业实习场地。调整新增教室 6 间共 300 个学生座位，新增宿舍 16 间 360 个学生床位，更换分校区 600 套桌椅。

项目建设　争取项目资金 1036.91 万元，其中市级高技能人才培训基地建设项目 75 万元、高技能人才培养补助职业能力建设项目补助资金 311.91 万元、承办技能大赛资金 350 万元、实训楼地方政府配套资金 300 万元，实训楼整体搬迁并投入使用。

（朱海玲）

·高等教育·

【概况】2021年，邵阳市有邵阳学院、邵阳职业技术学院、湘中幼儿师范专科学校3所普通高校，学校在校学生41581人（不含成人本专科学生），当年招生11310人、毕业10907人；教职工5307人，其中专任教师2313人；学校占地面积244.44万平方米，校舍占地面积129.65万平方米；成人本专科学生7474人，当年招生2858人，毕业2838人。全市唯一一所成人高校——邵阳开放大学，在校学生8583人，教职工59人，其中专任教师3人。学校占地面积4.4万平方米，校舍建筑面积13423平方米。有成人本科学生1581人、专科学生7002人，当年招生1528人，本科毕业419人、专科毕业1746人。

（陈　馨）

【邵阳学院】邵阳学院是湖南省“双一流”建设高水平应用特色学院、湘西南地区唯一一所具有研究生招生资格的本科高校。2021年，校园占地面积163.10万平方米，校舍面积92.41万平方米，固定资产14.20亿元，教学科研仪器设备原值2.91亿元，馆藏图书302.37万余册。设有21个教学学院，53个本科专业，全日制在校学生26966人。有“服务国家特殊需求人才培养项目”机械、生物与医药2个专业硕士学位类别，有省“双一流”应用特色学科6个；教育部国家特色专业建设点4个，有省级以上一流专业建设点29个，省级特色专业8个，省级综合改革试点专业4个。有直属附属医院2所，各级科研平台30余个。有教职工4324人，其中博士553人（含在读），省级优秀教学团队9个，省级优秀研究生教学团队和导师团队10余个。

党史学习教育　挖掘红色宝库，校地共建袁国平故居、姚喆故居等邵阳红色文化资源教育基地；演绎红色经典，上演舞剧《护国大将军》、歌剧《野火春风斗古城》等经典“三全育人”特色品牌；打造“传承红色基因，弘扬革命文化”红色思政课，8个案例被遴选为“省高校‘十大’育人示范案例”；组织庆祝中国共产党成立100周年文艺晚会等系列主题活动。

教学工作　电气工程及其自动化专业通过工程教育认证现场考查。12个师范类专业获教师资格证免试认定资格，免试率92.3%。1个本科专业入选国家级一流本科专业建设点，16个本科专业入选省级一流本科专业建设点。6个省级“双一流”应用特色学科通过检查。省级一流课程建设实现“大满贯”，24门课程认定为湖南省一流本科课程，学校国家级、省级一流课程总数达60门。获省级“新文科”项目2项。在师范生教学技能竞赛中获省级以上奖项18项，获奖总数位居全国第二。获湖南省普通高等学校本科教学改革研究项目25项，其中重点项目8项；获湖南省研究生联合培养基地项目1项、学位与研究生教学改革研究项目3项、研究生科研创新项目16项；继续教育教学改革研究项目2项。

科学研究　获国家自然科学基金项目3项、教育部人文社科项目3项、省社科基金项目15项（含省社科基金“十四五”重大学术和文化研究专项1项、省社科基金重大委托项目1项），省自然科学基金11项，省发改委重大项目1项，其他省级项目31项，厅级项目77项，市级项目136项，配合市科学技术局组织申报湖南省自然科学基金邵阳联合基金158项。获省社会科学优秀成果三等奖1项，申报省科学技术奖11项，5项通过初评。发表论文1000余篇，其中被SCI、EI检索206篇，出版专著34部。专利授权362项，其中发明专利51项。启动生物医药科技创新公共平台建设，推进学院高校智库建设。2个湖南省普通高等学校重点实验室、2个哲学社会科学重点研究基地通过审核认定。开展首届中国豆制品加工技术创新技术发展论坛等学术交流和学术研讨活动，承办第十三届中国音乐金钟奖湖南选拔赛。期刊获湖南省教育厅名刊培育计划品牌栏目、“第五届湖湘优秀出版物奖”。

教师队伍　签约引进博士53名，共有博士553名（含在读）。招聘辅导员16名。“动力工程团队”获湖南省第二届“优秀研究生导师团队”称号，2人获评“湖南省优秀研究生导师”。1人获评“湖南省最美思想政治课教师”。评选出10名“思考乐·师德师风模范”教师。

学生工作　获全国“三下乡”优秀组织单位、全国西部计划优秀项目办、湖南省第三届共青团改革创新大赛银奖等国家级、省级、市级荣誉276项。学生获国家与省级各类学科竞赛奖300多项，其中国家级40余项。发放国家助学金、校内奖助学金2300余万元；办理生源地信用助学贷款1925万元。设立中科曙光助学金、旱龙电子商务助学金，引进社会资金150万元。学院被评为“省高等学校征兵工作先进单位”。

招生就业　招生录取6870人，其中在湖南首选科目物理类超出500分以上557人，首选科目历史类超出500分以上1223人。录取硕士研究生85名。毕业生总数6152人，毕业生初次就业率90.38%。搭建邵阳学院就业创业云平台，精准帮扶困难群体毕业生就业。与企业共建6个创新创业实践基地。获第七届省“互联网+”大学生创新创业大赛一等奖1项，获国家大赛铜奖1项。建立省级校企合作创新创业教育基地1个、省级创新创业教育中心2个。

社会服务　推进校地共建模式，共建邵东智能制造等6个现代产业学院。成立产学研合作办、成果转化与应用中心（知识产权中心）。承办第三届邵阳市知识产权成果转化对接会，近30项专利进行转化，转化金额达500万元，横向项目进校经费4300余万元。江北校区交付附属第一医院建设使用，附一医院完成门急诊73万人次（含核酸检测人次），业务总收入6.83亿元，增长7.33%；附二医院完成门急诊24.54万人次，业务总收入3.28亿元，增长12.2%。中外合作招收11名国际学生。

（李佑丰）

【邵阳职业技术学院】 2021年，邵阳职业技术学院占地面积39.39万平方米，总建筑面积18.11万平方米，在职教职工437人，在籍在校学生11533人。三年制自主招生计划2200人，报考人数6497人，创历史新高。落实就业“一把手工程”，组织毕业生双选会110个，签订意向协议1020人次，毕业生初次就业率达89.6%。

教学工作 深化校政合作，共建“邵阳市大祥区社区教育学院”“邵阳市企业人才培育基地”；与大汉师创等6家公司新建教学实践基地；推进现代学徒制试点改革，“1+X”技能认证试点工作取得阶段性成果。推进基于信息技术的混合式教学模式改革，60个课程实现线上线下混合教学；累计建设校级以上数字化教学资源库数42个，数字资源总容量达208GB，在湖南省思政课数字化教学资源评选中获三等奖1项。在建云教材35本，累计出版云教材28本，4本教材被评为全国性优秀教材。培养双师型教师，228人次参加学院技能比武培训、下企业实践和企业专家到校培训等。

组织学生153人参加邵阳市创新创业大赛，入选19项，获一等奖2项。新增智能打印屋、驾考理论学社2个创业孵化基地。校内成立大学生创新创业基地1个。学生在全国、全省技能大赛获奖46项，比上年增幅21.05%。参加湖南省职业院校技能竞赛获三等奖以上26项、同比增幅23.8%，其中一等奖2项、增幅100%，二等奖10项、增幅11.11%。获奖面扩大，18个赛项获奖、增幅28.57%，12个专业获奖、增幅20%，占全部专业的52.17%。

科研工作 横向技术服务到款额39.97万元，创历史新高，比上年增长388.63%。横向技术服务产生的经济效益43.13万元，技术交易到款额48.73万元。实用新型专利授权2项，获软件著作权21项。立项市级课题26项，省级课题4项。公开发表论文100余篇，出版专著3部。

社会服务 结对帮扶“中心路社区”，支持经费5万元；开展“书法展”，每周志愿服务3次以上。助力乡村振兴，与市委组织部合作开办“村干部学历提升班”，招收学员168人；选派优秀党员干部3人组成工作队赴武冈市天鹅村开展乡村振兴；与大祥区政府共建“邵阳市大祥区社区教育学院”、与邵阳市工业和信息化局共建“邵阳市企业人才培育基地”，协同培育一批产教融合领军人才、产业教授、湖湘工匠和技术能手，助力产教融合型县市区、产教融合型企业建设。学院被评为湖南省十大“乡村振兴人才培养优质校”

队伍建设 制订人才引进计划，新引进教师、辅导员、校外兼职教师、企业高层次人才155人。实施“双培工程”，开展省、市、院级培训563人次。组织专业教师技能大考，过关率100%。安排42名专业带头人、骨干教师参加国培，5名教师参加省培，培训人数增幅14.63%。院长段雪梅获黄炎培职业教育奖“杰出校长奖”。

重点工程建设 投资6000万元的综合实训楼工程开工建设，完成电力扩容和食堂供气工程。完成“智慧邵职”“邵职信使”搭建，建立数字教学资源库等。通过云课堂、智慧职教等实施混合式教学。推进企业微信审批和服务，“三化两端一平台”经验上报省教育厅。开展“你选书我买单”活动，师生借阅读物逾1万册。学院“智能云一体化”教学模式和人才培养质量评价工作成为全国典型，被《中国教育报》予以报道。创建君子文化示范校，开展全院性的君子文化大型活动7次，邵阳市君子文化研究会落户学院，学院成为“湖南君子文化践行基地”。

（曾广喜）

【湘中幼儿师范高等专科学校】 2021年，湘中幼儿师范高等专科学校教学仪器设备总值1.6亿元，馆藏图书近70万册，专业实训室及专用教室100余间，拥有一流的多媒体、语音、科学等现代化教学设施，在籍学生9300余人、教职员工493人。

师资建设 学校坚持内培外引，全面实施“人才强校”战略。公开招聘、引进高层次人才19名。教师中有教授11名，副高专业技术职务教师125人，双师型教师89人，具有硕士学位教师107人，博士研究生在读5人。先后组织教师近200人次参加高校教师教学能力与“金课”建设专题培训、湖南省职业院校教师素质提高计划等培训。遴选学校专业带头人14名、学科带头人12名、青年骨干教师22名，推荐3名青年教师为湖南省青年骨干教师培养对象。推行青年教师导师制，遴选青年教师导师43名。

专业建设 学校开设16个专业，其中“小学教师培养与发展专业群”获批湖南省高职教育一流特色专业群培育项目，学校被授予“全国职业院校传统技艺传承与示范基地”；启动首次精品开放课程立项申报，批准校级精品开放课程1项，成功立项省级精品课程2项。组织开展学校教师教学技能竞赛，选送师生参加各种比赛。其中，邱玉函教学团队获2021年湖南省职业院校教学能力比赛一等奖；在省大学生田径运动会中，获冠军1个、亚军2个、季军2个；在湖南省职业院校技能竞赛中，获1枚金牌、4枚银牌、4枚铜牌；在2021年湖南省高职高专信息素养大赛中，获一等奖6个、二等奖3个、三等奖2个，被评为优秀组织奖。

科研成果 出版湘中幼专学报第

2期。组织各类课题申报53项，成功立项39项，其中湖南省教育科学“十四五”规划课题4项，对2019年前立项课题进行督促检查。举办2021年学校科技活动周活动，承办邵阳市2021年科技活动周启动仪式、邵阳市首届科普讲解大赛和邵阳市优秀科普作品评选活动等。学校获全市科技推广周活动市二等奖1个、三等奖3个、优秀奖7个，获优秀组织奖。

招生就业　学校有三年制高招大专、五年制初招公费大专两种学制，面向湖南各地州市及周边省市招生，获“2021年度湖南省最受考生青睐高职院校”称号。年内招收新生2428名，其中公费定向师范生681人。学生毕业1753名，毕业生初次就业率达91.4%，其中学前教育专业学生供不应求。

服务社会　完成“国培计划”“省培计划”中小学校长、教师培训任务，开设班级71个，培训6097人次。组织全市24批次普通话测试，完成社会考生测试人数6751人次。服务中小学教师管理工作，完成教师资格认定、教师资格面试、中小学教师职称评审、教师资格学分登记、中小学教师师德师风建设等相关工作。承办各种国家级考试10余次。

是年，学校获评湖南省文明高校、湖南省脱贫攻坚先进集体、邵阳市脱贫攻坚集体记功、邵阳市文明标兵单位、邵阳市平安建设先进单位。

（高荣博）

【邵阳开放大学】 2021年12月6日，经邵阳市人民政府批复，邵阳广播电视大学更名为邵阳开放大学。有学院路、西湖路2个校区，占地面积4.4万平方米，校舍建筑面积1.34万平方米，建有专门的教学培训楼，培训场地3万多平方米，有数字化实训中心、云平台实训室等多个实验实训室。在全市建有9个县级开放教育工作站。在编教职工59人，其中副高以上职称13人、中级以上职称23人。40年来累计向社会输送本专毕业生5万余人，中专毕业生0.3万余人，非学历教育50万人次。

学校拥有网络多媒体教室4个，云教室1个，双向视频会议室1个，网络监控考场2个，初步形成适应社会成员终身学习支持服务系统，实现省、市开放大学高速互联。有图书1万余册，计算机200台，教学科研仪器设备资产值约300万元。

科研工作　市级以上课题结题2个，教师在省级以上中文期刊发表论文9篇，取得专利1项，教师论文《诗词中的红色基因与德育实施路径》获湖南省社科联主办的“庆祝中国共产党成立100周年”征文活动二等奖。

“创优提质”工作　贯彻国家开放大学学历教育“创优提质”战略，规范学校教育教学全过程管理，把好招生入口关、教学中间关、考试终点关。全面清理整顿教学站点，加大新生审核力度，规范教学站点的公示工作；加强管理督查，把教育教学过程量化与教师绩效考核挂钩，多次组织教学管理人员培训，全面落实新生入学、面授教学、听课评课各个环节；分别召开县级站点、原合作办学单位、全体教工大会考试工作专题会议，落实国开、省开对考试工作要求。

教师队伍建设　打造“师德师风上台阶、专技水平呈上升、年龄结构呈梯度、学历结构逐提高、职称结构呈合理”的教师队伍；开展“师德师风建设年”系列活动；落实意识形态工作进课堂，将意识形态工作纳入任课教师和班主任的考核体系，与绩效挂钩。

转型发展　为解决学校不属高校、不靠中小学的矛盾和定位不清晰问题，经市政府第23次常务会议研究，明确邵阳开放大学列入邵阳市人民政府所属高等学校，同属高等专科学校一级。为完善系统办学体系，11月15日市教育局下发《关于做好县级开放大学更名等有关工作的通知》，明确武冈市广播电视大学更名为武冈市开放大学，缺位的县（市）区在教师进修学校或职业中专等加挂“XX”（县市域名）开放大学的牌子，明确编制、职责、人员。安排专人负责，分片包干的模式，加大事业单位培训项目的推广力度；市财政局将社区教育经费纳入2022年市财政预算，2021年拨付教育附加专项银行贷款利息。

是年，学校获市“平安校园”“园林式单位”称号，连续五年被评为市综合治理先进单位，连续两年被评为绩效考核一等奖，被湖南开放大学评为资源管理和系统办学先进单位。

（肖泽杨）

科学技术

【概况】 2021年，邵阳市全社会研究与试验发展（R&D）经费投入28.03亿元，同比增长33.79%（全省平均增速14.17%）；投入强度为1.25%，同比增长27.55%（全省平均增速8.59%）；有研发活动的规模以上工业企业679家，同比增长79.16%；基础研究支出3965.52万元，同比增长56.43%；研发人员9073人，同比增长41.17%；财政科技投入为5.66亿元，占财政支出比重为0.97%。

是年，邵东智能制造技术研究院的科技创新工作获省长毛伟明肯定性批示；邵阳市获2021年度湖南省人民政府真抓实干督查激励科技投入产出奖；413名科技创新人才获“宝庆人才卡”人才称号。

【科技创新主体培育】 2021年，邵阳市高新技术企业数量达456家，较上年增长147家，增速排名全省第二位。培育一批高成长性的科技型中小企业，入库科技型中小企业518家，同比增长52.35%，增速排名全省第六位。全市高新技术产业增加值524.77亿元，同比增长22.9%，增速排名全省第四位。湖南科瑞生物制药有限公司“植物源胆固醇”项目获科技部举办的全国颠覆性技术创新大赛优胜奖（全省6家获奖企业之一）。10月19日，高新技术企业——邵阳维克液压股份有限公司在深圳证券交易所创业板上市（维克液压），实现邵阳市上市企业“零”的突破。

【技术攻关】2021年，邵阳市向上争取科研项目88个，其中国家级8个、省级80个，资金合计2240万元；争取省级研发奖补资金2918.83万元。邵阳纺织机械有限公司“干法纺成套设备”、湖南邵虹特种玻璃股份有限公司“基板玻璃”2个项目列入湖南省“100个”重大科技创新项目。彩虹集团（邵阳）特种玻璃有限公司自主研发生产的高铝硅盖板玻璃CG01和锂铝硅盖板玻璃CG21两个系列产品，打破国外高端盖板玻璃技术垄断。

【平台建设与成果转化】2021年，邵阳县工业集中区升格为省级高新技术产业开发区，全市省级高新区达2家。备案2家省级新型研发机构；省级引智基地和省级科技企业孵化器各新增1家，均达到4家；备案3家省级众创空间，达到9家；有国家级众创空间1家、国家级星创天地7家、国家级农科园1家。

技术合同成交额达25.32亿元，超过全省平均增速103.75%。组织第四届邵阳市创新创业大赛，推荐22家企业参加第八届湖南省创新创业大赛，获优秀奖6项。发挥潇湘科技要素大市场邵阳分市场作用，发布企业技术需求113项。获湖南省自然科学奖3项。

【服务乡村与科技普及】2021年，邵阳市组建1166人的科技专家服务团，指导解决生产过程中遇到的问题，实现12个县市区全覆盖、科技人员联村帮扶全覆盖。发挥“三区”科技人才的智力与资源优势，推荐年度“三区”人才132人。

开展科普“进学校、进乡村、进军营、进社区”活动8场。组织参加湖南省科普讲解大赛和科普作品大赛、湖南省科学实验展演会演决赛，获一等奖1项、二等奖1项、三等奖6项，市科学技术局获优秀组织奖。

（朱俊全）

文化·旅游·体育

综 述

【概况】2021年，邵阳市新增国家AAAA级旅游景区1家、全国乡村旅游重点村镇1个，中国民间文化艺术之乡1个，第五批国家级非遗项目2个、省级非遗项目8个、省级文物保护单位12处。时隔六年再获“田汉大奖”。

设立市城区首家24小时自助书屋，建设健身服务站点，修缮东塔并对外开放。举行文旅广体系统庆祝中国共产党成立100周年暨“两优一先”表彰大会，召开系统党风廉政建设与“廉洁单位”创建推进会，开展市文旅广体行业意识形态领域风险分析研判和防范化解工作，举办宣传信息及意识形态工作培训，采购云舆情服务，确保系统意识形态领域的绝对安全。

是年，新邵县获2021年度湖南省文化和旅游真抓实干督查激励奖励。市文旅广体局获评全省文化旅游工作优胜单位、全省非遗工作先进单位、全省“宪法进宾馆(景区)”活动先进单位、全省法治进文旅场馆活动优秀组织单位、“艺心向党·云游湖南”主题活动优秀组织单位、全省广播电视公益广告大赛优秀组织机构，获湖南导游大赛最佳组织奖、湖南省竞技体育奖，获评全市文明标兵单位、平安建设先进单位、党委信息工作先进单位、机关党建宣传先进单位、“真情结对、精准服务”专项行动优秀服务责任单位。

【文旅广体市场】2021年，邵阳市先后开展全市娱乐服务场所、上网服务场所专项整治、营业性演出市场专项执法等各类专项整治行动，打击各类违法违规经营活动。全年全市文化市场综合行政执法机构出动执法人员52431人次，检查各类经营场所13663家次，立案查处文化市场领域各类行政案件432件，办结428件。成立市文化旅游广电体育安全专业委员会，召开3次全体会议，建立局安全生产工作专班，举行“管行业必须管安全百日行动”等6次专题培训，开展节假日专项督查、打非治违等10余次安全生产大检查，文旅广体行业安全稳定。

（邝 薇）

文 化

·公共文化·

【公共服务】2021年，“邵阳市以民族节庆助推公共文化建设项目”被命名为第四批国家公共文化服务体系示范项目。湖南（南山）六月六山歌节获“中国优秀当代节庆”称号。全市5家文化馆被评定为国家一级文化馆、8家文化馆被评定为国家二级文化馆。1个乡镇综合文化站和3个村（社区）综合文化服务中心获评“最美潇湘文化阵地”，隆回县虎形山瑶族乡获评中国民间文化艺术之乡，绥宁县寨市苗族侗族乡和新宁县黄金瑶族乡获评湖南省民间文化艺术之乡。印发《关于推进全市公共文化服务体系高质量发展的实施意见》，举办邵阳市公共文化服务体系高质量发展培训班，开展乡镇综合文化站专项治理，举办文艺轻骑兵送文化进社区（村）、全市少年儿童主题读书展等活动，年人均接受文化场馆服务达1.5次以上。

（邝 薇）

【湖南省新华书店邵阳市分公司】2021年，湖南省新华书店有限责任公司邵阳市分公司经营项目主要包括中外文图书、教材教辅、文化用品、电子数码、电教产品、海外产品、文化服务、教育培训及辅助服务等。辖7个（县）2个（市）9家分公司，共有97家实体门店，卖场面积约1.8万平方米。其中中心门店10家、特色书店5家、校园书店72家、社区书店2家、乡镇书店8家，网点遍布邵阳城乡，是全省新华系统图书发行网点最多的市州分公司，综合实力居全省新华书店前列。旗下的“书里书外”红旗路店曾获评全国“最美新华书店”和全国“强势品牌阅读空间”。

有序开展教材教辅发行，完成全市109万中小学生教材教辅供应，确保“课前到书，人手一册”。同时做好重点时政读物的宣传发行，发行《“三高四新”战略》3.5万册、《论中国共产党历史》等党史学习教育类图书25.4万册，党员覆盖率达83.5%。

组织3907名学生参加教育部书画等级考试，并获考级证书；协助多所学校开展寓教于乐的研学实践活动，服务学生1.8万余人次；全面参与中小学生课后服务，向43所中

2021年7月14日，“学习强国”党史知识学习达人挑战赛邵阳分赛场决赛现场

（申兴刚 供图）

小学课后服务试点学校免费提供课后服务管理平台、优质课程及教师培训。

构建优质均衡的基本公共教育服务体系，用项目带动全民阅读热潮，持续开展公益活动。承办“全民阅读·书香邵阳”活动启动仪式，开展邵阳市“学习强国”党史知识学习达人挑战赛，策划“文艺家沙龙”“品读间”“名家进校”等高品质的公益性文化活动，助力建设书香邵阳。开展“爱聚新华·书送希望”“绿书签护苗行动”等助学助教活动，组织“高考休息站”“爱心送考”等助力高考学子的志愿主题实践活动。公司被授予邵阳市“爱心单位”“无偿献血工作先进单位”“抗击新冠肺炎疫情先进集体”等称号。

（唐红艳）

【邵阳市文化馆】2021年11月18日，邵阳市文化馆被评定为国家一级文化馆。馆内设陈西川先生师生作品展览厅、爱莲百姓剧场、星耀音乐厅、数字体验馆、大型音乐排练厅、民乐排练行、舞蹈排练厅、美术工作室、视音频制作中心、艺术长廊及相关配套设施，总建筑面积9600平方米。下设活动策划部、免费开放部、少儿培训部、艺术创作部等7个部门。在编干部职工42人，其中研究生3人、大学本科学历28人、专科学历11人，高级职称（含副高级）5人、中级职称15人。

邵阳市文化馆常年推行“中国梦·邻里情”群文主题活动，包括文艺晚会、“幸福邻里情”系列活动、进社区送春联等形式。市文化志愿服务支队群文分队到社区配合开展文化进社区志愿服务活动，通过文娱表演、培训、巡讲、游艺活动等形式促进邻里和睦关系，把健康向上的文艺知识和艺术活动送到群众身边，让广大群众快乐享受到“文化惠民”带来的获得感和幸福感。

持续开展市文旅志愿服务重点项目“宝庆群艺会”“到群众最需要的地方去”文艺轻骑兵种文化进社区（村）活动。全年，市文化馆组织市优秀文艺人才及文化志愿者深入社区、农村完成十余场主题文艺演出，各县市区、乡镇（街道）的文化志愿服务小分队同步开展。

连续五年举行“名师面对面”艺术大讲堂。市文化馆从2018年开始，针对全市文化馆（站）业务干部及社会艺术团体和文化志愿者举行的专题讲座，共设立音乐、舞蹈、美术、书法、摄影、戏剧等多项课程，来自国家、省、市级的资深专业老师向全市各基层文化站工作人员、文艺爱好者讲解各个门类的文化艺术知识及创作方法。

举行建党百年系列文艺演出。6月17日上午，由邵阳市文化馆承办的“欢乐潇湘 颂歌向党”邵阳市庆祝中国共产党成立100周年合唱比赛在市文化艺术中心大剧院举行，全市12个县市区和市直单位的16支代表队参赛。6月24日晚，由邵阳市文化馆承办的“颂歌献给党”邵阳市庆祝建党100周年文艺晚会在贺绿汀大剧院举行，晚会以“建国立业 筚路蓝缕”“富国创业 执政为民”“强国兴业 开创未来”3个篇章为主线，通过歌曲、情景歌舞、戏曲、情景朗诵等表现形式，展现中国共产党团结带领中国人民从站起来，富起来到强起来的伟大飞跃，表达邵阳人民对党的感恩情怀和对党的百岁诞辰的祝福，晚会历时80多分钟并在中国微播间线上直播。

（朱捷飞）

【邵阳市博物馆】邵阳市博物馆位于市文化艺术中心A栋，承担着邵阳市历史文物的收藏、保护研究、展示教育等任务。2017年1月22日，正式建成开馆并向社会免费开放。展馆共三层，总建筑面积15000平方米，其中展示区域近6000平方米、文物库房640平方米。其中一楼为基本陈列馆，分古代邵阳、近代邵阳、现代邵阳三个部分；二楼为专题陈列馆，以“家、国、天下”为主线，分资源风物、邵商风采、名人风范三个专题；三楼为非遗陈列馆，区分序厅、邵风邵俗、邵人邵艺、邵音邵韵、尾厅5个部分，另设有2个临展厅和爱莲文化廉政教育基地。

2021年，共征集文物593件，涵盖青铜器、瓷器、书法、革命文物等类别。其中，征集青铜器、陶瓷、铁器等珍贵文物20件，包括一级文物5件、二级文物5件、三级文物10件；征集包括抗日战争时期、解放战争时期、新中国成立后等各类书籍、证章、军用器械等革命文物112件；征集全国邵阳籍书法名家廉政文化优秀作品46幅；接受私人藏家捐赠明、清、民国时期各类瓷器402件，书法瓷刻、木刻等艺术品13件，其中三级文物24件。截至年底，博物馆共有藏品4450件/套，其中珍贵文物304件/套，有一级文物6件/套、二级文物33件/套、三级文物265件/套。全年总参观

市博物馆工作人员前往涟源市接收周正初先生捐赠的印章

（市博物馆 供图）

人数达 32.2 万余人次，接待社会各界团体 200 余起。

全年举办临时展览 5 个。年初，推出由国家文物局指导的 2021 年“牛转乾坤——辛丑（牛年）新春生肖文物图片联展”线上展览；4 月，举办《众志成城 共同战“疫”》——向建党 100 周年献礼展，以图片、实物相结合的形式，全景式回顾邵阳人民的抗疫历程，展现最美逆行者们对于抗击疫情的执着奉献；5 月，联合市文体创意产业协会举办“清风廉韵——喜迎建党 100 周年廉政文化书法作品名家邀请展”，精选古今廉政文化名诗名言名句，邀请 46 名邵阳籍书法家进行创作并收藏；6 月推出“百年百展颂百年”暨红色中国百年革命文物图片联展；7 月，与市委党史研究室、市档案馆合作举办建党 100 周年档案文献与革命文物展。

年内组织工作人员参加博物馆管理、博物馆学研究、文物鉴定、陈列展览、文创研发、公共服务、讲解、考古发掘等业务培训；举办小讲解员系列培训活动。开办社会主义核心价值观实践教育活动、“探古寻今·庆元旦”写生活动、“引导青少年扣好人生第一粒扣子”专题讲座、“小小志愿讲解员”活动、“爱国情怀·端午”活动、“拼装红船梦，争做红色少年”科普研学活动、“爱国情怀·团圆中秋”主题活动等 20 余次。与全市各中小学、大学开展国庆主题讲座、纪念抗战胜利 75 周年系列活动等特色主题活动。

是年，市博物馆获湖南省爱国主义教育基地、湖南省文明窗口单位称号；馆藏的蓝釉描金带盖瓷梅瓶获湖南省网络人气出土文物精品奖；选送代表参加全市“学党史、讲故事、感党恩、跟党走”红色旅游故事讲解比赛获三等奖。

（邱玉梅）

【邵阳市松坡图书馆】 2021年，邵阳市松坡图书馆立足红色文献资源推广，传承红色文化基因，以主题荐读、经典诵读和书画展等形式，全年开展活动33项，其中线上活动7次，线下活动26次。

2 月 26 日，联合市群艺馆举办“金牛奋蹄开锦绣”元宵线上竞猜灯谜活动，小程序参与人次达 47632 人，点击率达 81313 次。

4 月 23 日，开展迎第 26 届“世界读书日”暨庆城南公园“智慧书房”24 小时书屋开放活动，围绕“智慧悦读 书香致远”主题，首次在城南公园设立 24 小时自助书屋——“智慧书房”，现场免费办证，举办红色文献推荐活动，引导广大市民多读书、读好书、用好书。

组织开展庆祝建党 100 周年系列活动。城步图书馆于 5 月 29 日举办“百年辉煌 红色经典”朗读比赛；隆回县魏源图书馆于 6 月 27 日协办“全民阅读 致敬百年”第四届“魏源杯”演讲比赛；其他县图书馆均协助各地学校开展红色经典朗诵比赛；市松坡图书馆于 9 月 19 日举行“颂歌向党 逐梦百年”经典诵读比赛；10 月 24 日举行“颂歌献给党”全市庆祝中国共产党成立 100 周年主题演讲比赛活动，并同步举行“书卷故人 图韵流芳”庆祝中国共产党成立 100 周年书画展活动。首次开启以演讲、朗诵形式与书画展相融合的文化推广方式，利用图书馆馆藏资源，馆藏书目与书画作品自成一体，全方位多角度营造书香邵阳，致敬党的百年辉煌历程。

开展送书下乡、文化惠民系列活动。7 月 16 日，市松坡图书馆到全国文艺家雪峰山创作基地开展“文化振兴 书香相伴”文化惠民捐书活动，向基地捐赠图书 2000 余册，推广红色阅读，助推乡村振兴。及时为已建立的流动服务站、爱心书屋、阅读室更换流动图书，丰富读物资源。

全年分全民阅读系列活动、关爱未成年人主题活动、志愿者服务活动、“培育和践行社会主义核心价值观”主题教育系列活动四个板块开展创文活动。

（全国祥）

·文学艺术·

【概况】 2021年，邵阳市大型现代祁剧《种子方舟》入选2020年度国家艺术基金资助项目并获第七届湖南艺术节“田汉大奖”；大型花鼓戏《豆腐西施》入围2021年度国家艺术基金资助项目复评并获第七届湖南艺术节“田汉新剧目奖”；群文类女生表演唱《山村的早晨多么美》等4个节目获第七届湖南艺术节三湘群星奖最佳作品奖；在第七届湖南艺术节斩获22个奖项，排名全省第三，取得历届最好成绩。围绕建党100周年大庆，全市文化部门创作歌曲类作品82个、歌舞类作品18个、小戏小品曲艺类作品42个；举办“欢乐潇湘 百团百角唱百年”邵阳赛区文艺院团竞演活动、“欢乐潇湘 颂歌向党”全市庆祝中国共产党成立100周年合唱比赛、“颂歌献给党”邵阳市庆祝中国共产党成立100周年文艺晚会等大型文艺活动；开展庆祝中国共产党成立100周年美术作品展、非遗宣传展、革命文物图片展、革命文物陈列展等系列主题活动。

（邝薇）

【文学精品创作】 2021年，肖仁福推出反腐长篇小说《阳光之下》，舒中民的长篇小说《网弈》在《啄木鸟》2021年第5、6期转载。范朝阳、邓润寅、袁姣素、陶永喜、周晓波等的中短篇小说在《芙蓉》《湖南文学》《湘江文艺》等刊物上发表，刘诚龙、周伟、邓跃东、肖克寒、龙章辉、谢永华等的散文在《散文》《散文选刊》《散文海外版》《人民日报》《文艺报》《文学报》《散文百家》等报刊上发表。李春龙、刘娜、雷晓宇、范朝阳、张泽欧、林目清等的诗歌在《人民文学》《诗刊》《星星诗刊》《钟山》《作家》《诗选刊》《芙蓉》《湘江文艺》等刊物上发表。陶永灿、陈静、谢长华等的儿童文学作品在《儿童文学》《少年文艺》《十月少年文学》上发表。袁姣素、袁龙、汤岚的多篇评论在《中国文艺评论》《中国文学研究》《文艺报》等权威刊物上发表。

【美术、楹联精品创作】 2021年，邵阳市8件美术作品入选湖南省庆祝中国共产党成立100周年画展，其中陈白水、马文新合作的国画作品及谢朝玲的油画作品获铜奖；陈白水、马文新合作的版画作品《百老宴》入选第二十四届全国版画展；推荐“退役不褪色”退伍军人画展作品3件，获全国三等奖1件。

邹宗德应邀担任全国楹联界唯一的核心期刊《对联》杂志编辑，主持《名家谈创作》栏目。向省楹联家协会报送“联心向党·庆祝建党100周年对联”15人共300副对联作品。主办“向家村牛天岭景区全国楹联征集大赛”，收到对联1369副，并编辑出版《大美向家——全国楹联大赛作品集》一书，收入获奖作品和佳联1300副。

【舞蹈、民间艺术精品创作】 2021年，邵阳市举办“小荷风采”少儿舞蹈会演、邵阳市第一届“舞蹈风暴”、“到群众最需要的地方去”文艺轻骑兵种文化进社区活动。《追梦者》《月嫂》《绿汀故里忆音韵》等舞蹈作品入围省艺术节决赛，其中《月嫂》作为优秀作品参加展演。

市民间文学艺术家协会国家级会员杨石生的竹雕作品《长征万里图》、唐文林的烙画作品《湖湘二十四节气系列》参加第十五届中国民间文艺山花奖·优秀民间工艺美术作品选，均入围初评（湖南省共四人入围），杨石生的作品入围终评。

（文亮晨）

2021年5月19日绥宁“四八”姑娘节，当地村民在花园阁举行“跳花树”活动

（申兴刚 供图）

·文化遗产保护·

【遗产保护】 2021年，邵阳市成功申报第十一批省级文物保护单位12处，全市省级文保单位增至89处；成功批复21处2022年度革命文物保护单位和8处古建筑文物保护单位项目计划书，核定湖南省革命文物名录第一、二批21处不可移动革命文物和52件（套）可移动革命文物；市博物馆被评定为国家三级博物馆；争取各类文物保护资金9452万元，洞口县、邵阳县、邵东市、绥宁县、武冈市相继成立文物保护中心。在邵阳经济技术开发区国际数控机械智能产业园考古发掘明代壁画墓。

（邝 薇）

【非遗保护】 2021年，邵阳市“龙山药王医药文化”“岩鹰拳”项目被国务院公布为第五批国家级非物质文化遗产代表性项目名录，自此全市国家级非物质文化遗产项目达16项；“六月六山歌节”“宝庆烙画”“八角楼皮纸制作技艺”“瑶族木偶戏”“滩里水龙灯会”“李氏八极拳”“梅山养心太极拳”“青钱柳茶制作技艺”8个项目入选第五批省级非物质文化遗产代表性项目名录，自此全市省级

宝庆烙画《湖湘二十四节气——立春》 （唐文林 供图）

非物质文化遗产项目达36项；隆回县、邵阳县、新宁县、城步苗族自治县的共6个传承传习点、涉及17个非物质文化遗产项目被纳入湖南非遗主题（研学）十大旅游线路之“梅山神韵·非物质文化遗产寻踪之旅”；竹根雕作品《山乡晨曲》获全国“金凤凰”大赛银奖；“湖南(南山)六月六山歌节”获评“中国优秀当代节庆”称号；隆回县虎形山瑶族乡（花瑶挑花）被国家文旅部命名为“2021—2023年度中国民间文化艺术之乡”，绥宁县寨市苗族侗族乡（苗族四月八姑娘节）、新宁县黄金瑶族乡（崀山峒歌）被省文旅厅命名为“湖南民间文化艺术之乡”。市非物质文化遗产保护传承研究所举办“全市非物质文化遗产保护传承工作队伍及非物质文化遗产代表性传承人培训班”，开展全市国家级、省级、市级传承人的考核评估工作，刘登雄、钟建桐被省文旅厅评选为全省优秀国家级传承人。开展蓝印花布印染技艺国家级传承人蒋良寿的数字化记录工作；启动邵阳市数字非物质文化遗产展馆筹建工作；编辑出版《邵阳非遗》图册。

【非遗展示】 2021年，邵阳市非物质文化遗产保护传承研究所举办2021年“文化和自然遗产日”宣传展示活动、庆祝建党100周年邵阳市传统美术作品展、“艺心向党 非遗唱响——湖南（隆回）庆祝建党100周年非遗音乐会”、滩头木版年画精品专题展、宝庆烙画年俗作品展等展演展示活动；组织项目参加第四届湖南非物质文化遗产新春博览会、第五届湘赣鄂皖四省非物质文化遗产联展、中国刺绣艺术大赛、第九届长江流域民族民间艺术节非物质文化遗产主题展、中国传统工艺邀请展、庆祝建党100周年湖南省非物质文化遗产系列展示活动、对口援疆19个省市非物质文化遗产展、第四届中国国际进口博览会等全国性、区域性非物质文化遗产宣传展示活动；持续开展全市非物质文化遗产工坊建设，组织项目开展非物质文化遗产产品促线上销、直播带货等活动，助推乡村振兴战略，推动文旅融合发展。

（胡 容）

附：

国家级非物质文化遗产代表性项目名录（16项）：

1. 竹刻（宝庆竹刻）
2. 滩头木版年画
3. 挑花（花瑶挑花）
4. 木偶戏（邵阳布袋戏）
5. 祁剧
6. 花鼓戏（邵阳花鼓戏）
7. 蓝印花布印染技艺
8. 竹纸制作技艺（滩头手工抄纸技艺）
9. 瑶族民歌（花瑶呜哇山歌）
10. 龙舞（城步吊龙）
11. 棕包脑
12. 丝弦（武冈丝弦）
13. 中医正骨疗法（新邵孙氏正骨术）
14. 苗族四月八姑娘节
15. 岩鹰拳
16. 传统中医药文化（龙山药王医药文化）

省级非物质文化遗产项目名录（36项）：

1. 苗族杨家将传说
2. 上堡故事
3. 祁剧目连戏
4. 邵东木偶戏
5. 花鼓戏（邵东花鼓戏）
6. 七江炭花舞
7. 石羊走马灯
8. 白仓高跷
9. 大成拳
10. 技子拳
11. 洞口墨晶石雕
12. 洞口木雕
13. 邵阳羽毛画
14. 苗族插绣
15. 宝庆瓷刻
16. 武冈卤菜制作术
17. 邵阳手工榨油术
18. 剧装戏具制作技艺（戏曲头盔制作技艺）
19. 农具制作技艺（龙骨水车制作技艺）
20. 石马江劳动号子
21. 崀山峒歌
23. 八峒瑶族跳鼓坛
23. 花瑶“讨僚皈”
24. 苗族油茶习俗
25. 花瑶婚俗
26. 六月六尝新节
27. 望星楼通书习俗
28. 茶俗（蓈溪熬茶习俗）
29. 八极拳（李氏八极拳）
30. 太极拳（梅山养心太极拳）
31. 烙画（宝庆烙画）
32. 青钱柳茶制作技艺
33. 皮纸制作技艺（八角楼皮纸制作技艺）
34. 木偶戏（瑶族木偶戏）
35. 六月六山歌节
36. 滩里水龙灯会

·新闻出版·

【邵阳日报社】 2021年，邵阳日报社围绕市委、市政府各项中心工作开展宣传，报社全媒体各平台导向正确、质量稳定、出版平安。全年《邵阳日报》投递数5.2万余份，《邵阳晚报》投递数1.2万份。加强队伍建设，通过校园招聘、招考引进12名应届大学毕业生，入编招考进编5人。

是年，《邵阳日报》推送的《有一种病毒是谣言》获2020年度湖南新闻奖一等奖，《邵阳纺机全力赶制34条熔喷无纺布生产线订单/第一条生产线已于3月15日发往江苏仪征》获2020年度湖南新闻奖三等奖，《邵阳日报》获评2021年度优秀城市融媒（党报）综合传播力TOP10，“云邵阳”客户端获评2021年度优秀城市融媒（客户端）综合传播力TOP10，《我在开满鲜花的路口等你》获评2021年度优秀城市融媒创新发展优秀融媒体作品TOP10。邵阳日报社被授予“邵阳市文明标兵单位”称号。

党史学习教育宣传 2021年,《邵阳日报》开设“奋斗百年路 启航新征程——学党史悟思想办实事开新局”“奋斗百年路 启航新征程——我为群众办实事”“奋斗百年路 启航新征程——邵阳红色记忆”“奋斗百年路 启航新征程——党史学习教育大家谈”“奋斗百年路 启航新征程——永远跟党走”等专栏，推动党史学习教育向深里走向实里走。刊发党史学习教育相关稿件800余篇。

中国共产党成立100周年宣传 2021年，《邵阳日报》推出庆祝中国共产党成立100周年重大主题报道。连续两天打破常规版式，一版、八版均采用通版的版式，7月1日通版刊发“庆祝中国共产党建党100周年”公益宣传，7月2日通版刊发庆祝大会消息及人民日报评论员文章、公益宣传，采用大红底色、大幅照片渲染欢庆氛围。开展习近平总书记“七一”重要讲话精神宣传阐释。围绕“怎么学、学什么、学出什么成效”推出《汲取百年奋斗伟力 开创更加美好未来——论学习贯彻习近平总书记“七一”重要讲话精神》等6篇本报评论员文章；“观察与思考”理论版推出4个理论专版，刊发《弘扬伟大建党精神 凝聚强大奋进力量——学习习近平总书记在庆祝中国共产党成立100周年大会上重要讲话精神体会文章选登》等专版。邵阳日报社参加由中国地市报研究会、中国地市报人编辑部联合全国100余家地方党报（传媒集团）推出的“百年奋斗路 百城访初心”庆祝建党100周年大型全媒体报道。聚焦“十四五”开局、开启新征程、迎接建党100周年主题，以“红色百城”辉煌巨变为报道对象，在全国百家党报的报纸、网站、微信公众号、新闻客户端设置“百年奋斗路 百城访初心”专栏专题，以文字、图片、视频等融媒体形式进行采写，全国百家党报同步刊播、同步推进报道。9月2日推出报道邵阳县塘田战时讲学院旧址，并在全国百家党报及其新媒体平台同步刊播、同步推进报道。

经济社会发展宣传 2021年,《邵阳日报》宣传邵阳市加大“六稳”工作力度、有效应对经济下行压力的措施成效。聚焦邵阳经开区跻身国家级经济技术开发区开展主题策划系列报道，在刊发整版综述《你好，邵阳经济技术开发区！——写在邵阳经开区晋级国家级经济技术开发区之际》的基础上，推出邵阳经开区跻身国家级经济技术开发区5篇系列报道方案，第一篇配发评论；在重要节日和重点时期开展一系列报道，围绕“3·15”消费者权益保护活动开展系列报道，围绕“6·5”环境日活动组织策划专版，围绕市政府中心工作、亮点工作开展新闻报道，策划省政府真抓实干督查激励系列报道和行业报道；围绕脱贫攻坚开设专栏《我的扶贫故事》、围绕环境治理开设专栏《蓝天保卫战》、围绕产业发展开设专栏《产业兴邵看实体》、围绕安全生产开设专栏《强执法、防事故》专栏；围绕“管行业必须管安全百日行动”安全生产组织策划重大报道，刊发文章100多篇。

媒体融合 2021年，邵阳日报社启动党报阅报栏和智慧云屏建设，市区100个点的阅报栏、110块智慧云屏建成并投入运行。加强网上传播能力建设，与人民在线签订融媒体协同发展合作框架协议。旗下的“云邵阳”客户端、邵阳新闻在线网站、官方微信、官方微博被列入国家网信办公布的互联网新闻信息稿源单位。

新媒体特色报道 2021年，邵阳日报社融媒力推新作大作，“两会”期间，“云邵阳”客户端进行4场视频直播，浏览人次920万人次，评论数超10万个。拍摄采访制作24个系列短视频，总阅读量超过800万次。策划并播出“云邵阳”第一届线上春节联欢晚会，当晚在线观看人数超过100万人，打造具有全国影响力的“优秀本土线上文艺品牌”。开设专题《奋斗百年路 启航新征程》,多形式展现党的光辉历程，专题阅读量突破800万次。推出10集系列微视频《镇馆之宝——邵阳红色档案》，总阅读量突破35万次，被“学习强国”、《人民日报》、新华网等媒体采用。绥宁苗族四月八姑娘节期间，进行现场直播27段次，发布主题系列VLOG6个，各类短视频15个，受众超过200万人次。

创建全国文明城市宣传 2021年，邵阳日报社抽调6名记者组成创文专班，推进创建全国文明城市宣传工作，《邵阳日报》每周刊发一期《创文周刊》，《邵阳晚报》每半个月出一期《创文专刊》。开设“培育和践行社会主义核心价值观”等12个专栏，主办2021年邵阳市第二届社区邻居节，为邵阳创建全国文明城市营造舆论氛围。

（曾世国）

【邵阳城市报社】 2021年，邵阳城市报社围绕市委、市政府中心工作，开设专题专栏，组织系列专题报道，讲好邵阳故事，弘扬正能量。先后推出80彩版两会报道、60版经济工作会议报道、60版党代会专刊。传统品牌栏目《民情通道》以“反映百姓心声，传递政府回音”为宗旨，重点围绕群众普遍关心的热点、难点和疑点问题，通过记者采访，让政策走进群众，让群众了解政策，搭建起政府与百姓对话沟通的平台。全年收到群众投诉、诉求130余起，报道70多次，解决问题60多件，收到群众锦旗5面。

全年发行报纸1.6万多份，同比增加1000多份，发行数量在全省乃至全国均居广播电视行业报前列，广告经营总收入280多万元。邵阳城市报社跻身省重点报刊出版物行列，获省重点出版物资助。社长肖兰被评为首届“湖南省十佳报业工作者”，记者罗中利、黎成军被评为“湖南省优秀报业工作者”。

（王周钦）

·广播电视电影·

【概况】2021年，邵阳市推进农村广播“村村响”、应急广播体系、无线数字化覆盖工程建设。绥宁县在全省率先完成应急广播体系项目建设，走在全国应急广播体系建设前列。邵阳广播电视台参加全省广播电视公益广告大赛获评优秀组织机构。召开全市安全播出工作形势研判分析会，开展安全播出大检查，实施非法卫星地面接收设施督查整治和广播电视商业广告专项整治，重点时段安全播出零事故，净化荧屏工作排名全省前列。

（邝　薇）

【新闻宣传】2021年，邵阳广播电视台围绕中国共产党成立100周年，台属各媒体开设《百年奋斗路　启航新征程》《学党史　悟思想　办实事　开新局》《永远跟党走》《主播讲党史》等专栏，营造共庆百年华诞、共创历史伟业的浓厚舆论氛围。围绕学习宣传贯彻中共十九届六中全会精神和习近平总书记重要讲话精神、湖南省第十二次党代会和邵阳市第十二次党代会精神，聚焦党史学习教育、巩固脱贫攻坚成果、乡村振兴、管行业必须管安全、政法队伍教育整顿、中央环保督察整改、疫情防控、全国文明城市创建、产业兴邵、践行社会主义核心价值观等工作，推出大量主题报道。围绕市委、市政府中心工作和阶段性工作，每天制作2个以上优质音视频，在抖音号、视频号、央视频等平台传播。其中《反电诈“土味广告”》公益短视频被央视新闻、《人民日报》、新华社、环球网、湖南卫视风芒App等中央、省级媒体转载，全网总浏览量超1000万次，获省广电局媒体监管简报推介。

【外宣上稿】2021年，邵阳广播电视台在央视发稿41条，在湖南卫视发稿246条，在其他省级以上媒体发稿300多条，走在全省各市州前列。在省第十二次党代会前期，围绕市第十二次党代会报告精神采访拍摄的《邵阳：为建设现代化新邵阳“提速换挡”》《邵阳：奋发崛起正当时》《邵阳：加快“产业兴邵”　推动经济高质量发展》3条重头稿件在湖南新闻联播播出，全方位展现邵阳发展的一系列亮点和成就，抢占省党代会前期宣传主阵地。全国道德模范提名人选彭艮凤、全国青年创业代表杨淑婷、“熊猫大侠”廖振飞的事迹在央视新闻频道播出。台党委书记、台长胡光华获湖南广播电视台通联工作特殊贡献奖，谢国雄获评湖南广播电视台十佳通联记者。

【创优评奖】2021年，邵阳广播电视台12件作品在湖南广播电视奖评选中获奖，电视社教专题《回家》获一等奖，邵阳广播电视台获评湖南广播电视宣传创优组织奖。4件作品在湖南新闻奖评选中获奖，其中电视消息《邵阳隆回：庄稼汉“组团出道”　乘风破浪奔小康》获一等奖。12件作品在湖南广播电视广告信息节目奖评选中获奖，其中一等奖2个。3件作品获全省广播电视公益广告大赛奖，3个节目获省广播电视局创新创优节目扶持。

【媒体融合】2021年，邵阳广播电视台从体制机制、平台构建、技术支撑上综合发力，加快媒体深度融合。整合资源，优化配置。成立融媒体新闻中心，在台机关增设融合发展部，打通融媒体产品生产、发布资源互通的堵点，形成更加流畅高效的生产流程和机制。全媒体联动，全介质传播。对重要主题活动，全台7大媒体平台和公众号、抖音号、视频号等15个端口进行全媒体传播；对市“两会”“双十最美”颁奖典礼等重大活动，与武陵山片区四省（市）11家广播电视台、省内13个市州广电新媒体、市内各县级融媒体中心进行大联动直播；市第十二次党代会直播出动采编播人员80多名，大屏小屏联动，报、网、端、微协同，直播浏览量达399万次，点赞303万个，评论2000多条，700多个单位在评论区打卡签到。强化媒体融合平台支撑。投资370万元建设邵阳广播电视台融合媒体平台，主要包括融媒体指挥调度中心、融合采编平台等八大部分，实现信息“一次采集、多媒体呈现、多渠道发布”，形成集约高效的内容生产体系和全媒体传播链条；“爱上邵阳”新闻客户端改版上线，完成邵阳传媒网技术升级。

【打造精品栏目、特色节目】2021年，邵阳广播电视台培育精品节目。开辟《奋斗新时代》专栏，推出《我们都是追梦人》《城市向上》等特别报道，实施巩固脱贫攻坚成果系列宣传；MV《带着幸福来见你》获省委宣传部推荐，电视专题片《红色热土　绿色发展》《邵阳这片红色热土》在全市播放；“新春走基层”“主播说党史”吸引强大流量；《主播说党史》被评为湖南省2021年广播电视创新创优扶持节目，孙洋博获全省“好记者讲好故事”比赛三等奖。优化栏目建设。经济广播实现《飞扬早高峰》《今天主播去哪里》等广播节目视频直播；品牌栏目《民情通道》为群众释疑解惑、帮助解决问题500多起，收到群众赠送锦旗9面；开办人物专访栏目《邵壮派》，开展红色电视剧展播。

【产业发展】2021年，邵阳广播电视台围绕产业发展呈现出新业态、新气象。承办系列主题活动。全年承办“学党史、颂党恩、跟党走”演讲比赛、邵阳红色故事专题宣讲活动、邵阳市庆百年华诞大型图片展、“读百年党史　讲红色故事”2021悦读邵阳语文朗读等各类主题宣传活动50多个。进一步打造少儿播音主持产业品牌。鸿臣教育开设班级数达25个、学员360名，开展“TV小记者”培训，与中国音乐学院签约声乐考级项目，成立市中小学生艺术团。发挥广电平台优势，挖掘产业发展新的增长点。《邵壮派》致力于开拓本土“老板”行业市场，《嘿！宝贝》《家装听我的》《我和我的支部》等栏目发挥广电平台优势，与商家深度合作，取得较好经济效益。广电影城、对外合作交流等稳健发展。以全国脱贫攻坚奖奋进奖获得者杨淑亭为原型，与湖南聚荣红色教育联合摄制青春励志电影《你笑得真好看》，影片拍摄获中国国际友好城市促进会支持。

（王周钦）

【城市公益电影放映】2021年，邵阳市电影公司为庆祝中国共产党成立100周年，开展“学百年党史、看红色影片”主题放映活动，精选《建党伟业》《八佰》《金刚川》等100部红色经典影片，于4—12月份巡回展映。开展公益电影进校园活动，为全市中小学、大学生放映大量爱国励志教育电影。配合市委、市政府中心工作，开展创文、“邵阳红”、扫黑除恶、观影铸魂等主题活动。为保证品牌放映质量，全年对放映员进行2次集中培训，并统一着志愿者服装。开展城市公益电影进广场、进社区、进学校、进军营、进机关等活动，全年放映广场公益电影1200余场、学生电影432场。

【农村公益电影放映】2021年，邵阳农村公益电影放映因撤乡并村计划任务场次减少至43903场。为确保放映队伍稳定，年初市电影公司组织召开全市农村电影放映工作会议，响应“让农民群众看到看好电影”号召，强化放映管理，完善监管手段，根据各县市区服务站实际，针对设备安全使用和放映员自身安全及交通安全等，因地制宜制定《农村公益电影放映安全制度》，发放至每个放映员，确保安全放映，零事故。为庆祝中国共产党成立100周年，精选500部农民群众喜闻乐见、耳熟能详的经典红色主题电影，走进基层农村开展展映展播活动。全年放映45480场，超额完成计划放映任务。

【市人民电影院综合文化中心】2021年3月29日，邵阳市人民电影院综合文化中心项目正式动工。该项目是市重点工程，拆迁时间达8年之久。7月1日项目完成主体结构封顶，9月被评为市优质主体结构工程。人民电影院影城共计10个影厅，1006个座椅，其中杜比全景声影厅为邵阳影城第一厅，可容纳观众400余人。设备全部采用4K激光放映机、进口杜比服务器、杜比全景声、JBL进口音响等进口品牌设备，由中央宣传部电影技术质量检测所检测，符合国际标准DCI认证的设备，可填补邵阳市没有五星级影院的空白。力争2022年5月1日开张。

【邵阳原生态主题电影《家在莽溪山旮旯》】2021年9月15日，邵阳本土原生态主题电影《家在莽溪山旮旯》在洞口县开机拍摄。影片由邵阳作家胡扬平编剧，以平行叙事手法，展示乡村振兴背景下，瑶乡人的悲欢离合和当地的美丽风景。所有场景将在邵阳市拍摄，以洞口县莽溪国家森林公园为主场景。由国内新锐导演磐石执导，国家一级演员李坤棉、大众电影百花奖最佳女配角奖获得者李晓红等出演。湖南楚恒文化传媒有限责任公司、湖南湘狮影视文化有限公司和邵阳市电影发行放映公司联合出品。影片将在全国所有的城市影院、国内部分农村院线、中央电视台电影频道等播出。

（石小青）

·文化市场综合行政执法·

【概况】2021年，邵阳市文化市场综合行政执法支队出动执法人员检查6780人次，检查经营场所4200余家次，处理投诉举报案件68起，责令停业整顿文化经营场所10家，查办案件93起。

开展集中执法培训活动2场次，其他培训活动3次，执法以案施训1批次，线上考试2次，参训执法人员296人次，执法人员参训比例达100%。和新邵县文化执法大队进行以案施训活动，成功查处一起网络案件。

开展扫黑除恶检查1600余人次，检查文化经营场所1140余家次，发放线索摸排表300余份。开展安全生产专项整治行动，发放安全生产宣传资料200余份，出动执法人员1629人次，检查场所918家次，排查问题隐患9处，整改问题隐患9处。

是年，支队被省文旅厅评为湖南省文化市场综合行政执法先进单位，获评湖南省“扫黄打非”优秀集体；娱乐演艺执法大队被评为湖南省文化和旅游系统扫黑除恶工作先进集体。4人获国家版权局一等奖表彰、2人获二等奖表彰。市金罗湾网吧擅自从事互联网上网服务经营活动案卷被省文旅厅评为规范案卷。

【印刷出版物市场检查】2021年，邵阳市文化市场综合行政执法支队强化对市城区57家印刷单位和41家出版发行单位的监管力度，围绕“护苗2021”“净网2021”“秋风2021”“清源2021”“固边2021”五大专项行动，集中力量开展打击涉淫秽色情低俗、暴力恐怖迷信、新闻“三假”及侵权盗版等违法违规行为；打击涉政治性、民族宗教类有害信息和出版物，确保不发生“涉非”重大事件和舆情。全年出动检查人员661人次、153车次，检查企业821家次，收缴盗版书刊、教辅读物20000余册，非法书刊150余册、非法光盘100余盘，化浆非法散页5000余公斤，查办案件15起，罚没收入21.8万余元，移送公安1起，其中3起案件获省“扫黄打非”备案查办，获省办案资金8万元，支队4人获国家打击侵权盗版有功个人一等奖、2人获二等奖。

【网吧集中整治】2021年5—8月，邵阳市文化市场综合行政执法支队组织开展网吧秩序集中专项整治，出动检查人员1200余人次，检查网吧1269家次，查办案件38起。查处网吧接纳未成年人进入营业场所，要求校园周边200米范围内的网吧搬迁整改，不配合整改的依法予以取缔。

【文化娱乐和广电市场检查】2021年，邵阳市文化市场综合行政执法支队出动执法检查人员1000余人次，检查行业场所1500余家次，处理举报投诉30余起，依法查处案件18件。首次办理1件社会艺术水平考级案件。针对性地开展电影市场、境外卫星电视传播秩序等专项整治行动6次，检查电影院、私人影院（影吧）、酒店等市场160余家次，出动执法人员480余人次，查办并办结各类案件8起。

【网络文化市场监管】截至年底，邵阳市区内注册的网络文化企业6家。处理排查核实有关网络文化市场的信访举报，处理相关线索3件。出动执法人员120人次，检查网络文化经营单位及互联网视听节目服务单位28家次，办理行政处罚3件，罚款9万元。

【旅游市场监管】 2021年，邵阳市文化市场综合行政执法支队先后开展“不合理低价游专项整治”“非法经营旅行社业务专项整治”“旅游包车服务专项整治”“旅游市场疫情防控检查”等多次专项执法检查行动，联合区文旅局、交通、公安等部门开展2次联合检查行动。出动执法人员300余人次，检查旅行社及网点596家次，抽查旅行社团队档案资料86份，现场检查旅游团队11个，研学旅行团队8个，立案查处5件。

【文物与体育市场监管】2021年，邵阳市文化市场综合行政执法支队出动执法检查148人次，检查各类文物和体育经营场所96家次。全市发生文物行政违法案件7起，其中全国重点文物保护单位1起、省级文物保护单位6起。查办体育违法案件4起、罚款2.6万元。关停3家不能办好高危险性体育项目经营许可证的游泳场馆（池）。对存在轻微违法行为的6家经营场所进行警告并下达责令整改书。

【“扫黄打非”】2021年，邵阳市文化市场综合行政执法支队研究制定扫黄打非“正道”、“新风”和护苗、净网、秋风、清源、固边五大专项行动方案。召开行业整治会议，要求出版物及印刷企业经营业主开展自查自纠；公布监督举报热线“12318”“12345”，采取市场检查与受理举报电话相结合的方式，建立政府执法、媒体监督、群众参与的长效监管机制。全年出动执法人员763人次，检查企业600余家次，收缴盗版书刊、教辅读物500余册，非法书刊300余册，责令下架各类非法有害少儿出版物211册，受理举报1起，查办案件5起，责令整改3家次。

（谭 锦）

·党史研究·

【服务党史学习教育】2021年，邵阳市委党史研究室深化党史研究，编纂出版《百年党庆 图说邵阳》一书，为全市各级党组织开展党史学习教育提供一本既系统权威，又通俗易懂的党史读物；加强党史宣传，为充分反映和宣传100年来中共邵阳地方组织领导邵阳人民取得革命和建设的伟大成就，教育引导邵阳市党员干部奋进百年路、启航新征程，与市广播电视台联合制作电视专题片《红色热土 发展新篇》，除在邵阳电视台播出外，每天在市党史陈列馆滚动播放，营造良好的学习教育氛围；用不到100天的时间，建成建筑面积约1100平方米、2万多字、500多个展板、1000余幅图片、近100件文物（实物）的邵阳党史陈列馆，7月1日揭牌使用。

【党史研究】2021年，邵阳市委党史研究室深化新民主主义革命时期、社会主义革命和建设时期党史研究。完成《中共湖南省委在邵阳的史实史料》专题征集；开展省委党史研究院《新中国成立前湘籍留苏共产党人》组稿，对贺果、雷瑜、李林、刘子载、彭述之、谭国辅、徐君虎7名邵阳籍早期留苏共产党人进行专题研究，形成专题人物稿；协助市委宣传部梳理核实断臂将军贺炳炎长征途中征战绥宁时截肢的感人事迹，形成《中国共产党人精神谱系——硬骨头精神》文稿。推进改革开放和社会主义现代化建设新时期专题研究。完成《中共湖南党委工作纪事》（2020年卷）组稿；完成《2020：邵阳党委工作纪事》征编印刷出版，全书约30万字；部署《湖南脱贫攻坚口述史》编纂以及《〈湖南脱贫攻坚口述史〉邵阳篇章》征编；与市乡村振兴局联合启动“脱贫攻坚”专题资料征集，征集稿件10余万字；与市卫健委联合启动“新冠肺炎疫情防控”专题资料征编。组织参与“红军长征在湖南”专题征集研究及长征国家文化公园（湖南段）建设相关工作。深入调查研究，向十三届邵阳市政协委员会提出“建设长征国家文化公园（邵阳段）应加强红军长征遗址遗迹保护的建设”提案。

【党史宣传】2021年，邵阳市委党史研究室围绕党史学习教育和建党100周年，深化中国共产党简史、中华人民共和国简史、改革开放简史、社会主义发展简史“四史”学习宣传教育。主要负责人先后6次参加全市党史学习教育和党的十九届六中全会精神宣讲，业务骨干多次到有关单位开展党史宣讲。落实意识形态和网络安全责任制，与市网信办合作，科学应对网上有关党史舆情，年内无党史方面负面舆情发生。与邵阳新闻网等媒体合作，持续推出《小布说党史》《初心永恒——一百年来邵阳优秀共产党员的故事》《红色邵阳党史地图》等栏目，开展红色文化宣传。

（陈秧林）

·地方志·

【概况】 2021年，邵阳市地方志

2021年12月8日，《邵阳市志（1978—2004）》稿省级评审会在湘林温德姆至尊豪庭大酒店召开，图为评审会与会人员合影（市地方志编纂室 供图）

工作全面推进。推进第二轮修志扫尾工作，《邵阳市志（1978—2004）》先后通过市级、省级评审，《邵东县志（1978—2007）》《绥宁县志（1978—2005）》通过省地方志编纂院终审；持续巩固市、县市区两级综合年鉴2020卷实现公开出版的“年鉴全覆盖”成果，市本级、12个县市区综合年鉴2021年卷年内全部公开出版，《绥宁年鉴（2020）》获第八届湖南省地方志优秀成果（年鉴类）三等奖；方志资源开发利用和理论研究成果显著，隆回县党史和地方志编纂室主任罗斌撰写的《做活年鉴开发利用 服务地方经济发展》参加第五届全国年鉴论坛评审，城步苗族自治县党史和地方志研究室编写的“一条棉裤”的故事获湖南省“红色故事”三等奖。

【《邵阳市志（1978—2004）》通过市级、省级评审】 2021年5月，邵阳市志总编室编纂完成《邵阳市志（1978—2004）》送审稿，全志共29篇，182章，320余万字。6月18日，邵阳市人民政府在邵阳市白公城宾馆组织召开《邵阳市志（1978—2004）》市级评审会议，市直相关单位、12个县市区的领导以及方志专家、文化名人、教授40余人参加会议，省地方志编纂院党组成员、二级巡视员杨盛让，邵阳市委常委、常务副市长彭华松出席会议并讲话。市级评审会收到34篇评审意见稿共5.8万字，市志总编室根据市级评审意见，用5个月时间修改完成省级评审稿。12月7—9日，省地方志编纂院在邵阳温德姆至尊豪庭大酒店组织召开《邵阳市志（1978—2004）》省级评审会。全省13个市（州）地方志编纂室主任、分管领导、评审专家，邵阳市直单位审稿人员，市志总编室编辑共80余人参加会议，邵阳市委副书记、代市长华学健等四大家领导出席会议。会议由省地方志编纂院市县志工作部副主任杨帆主持，市委常委、市政府常务副市长候选人提名人选王永红作编纂工作情况汇报，省地方志编纂院党组成员、副院长邓建平讲话，省、市州评审专家作评审发言。省级评审会收到14篇评审意见稿共4.6万字，在提出修改意见的同时，对志稿质量给予一致肯定。

【《邵阳年鉴》2021年卷全新改版】 2021年，邵阳市地方志编纂室对1998年创刊的《邵阳年鉴》进行全新改版。《邵阳年鉴》2021年卷对框架结构加以优化，打破以往按部门分类的旧框架，篇目以事业进行科学分类，合理设计；对征稿内容加以完备，比上年增加30多个供稿单位的内容；对年度特点加以突出，首次根据年度大事设立专记，共设“打赢脱贫攻坚战”“抗击新冠肺炎疫情”两篇专记；对表现形式加以丰富，首次全书随文刊登图片，存史价值和可读性增强；对印刷装帧加以提升，由专业设计公司进行新颖美观的版式设计，内页首次由黑白印刷改为全彩印刷。改版后的《邵阳年鉴》2021年卷质量全面提高，设24个类目共80万字，于2021年12月由方志出版社出版。

【部门志、乡镇志编修】 2021年，邵阳市开展部门志、乡镇志编修工作。市直单位完成《邵阳市人大志》《邵阳市人口与计划生育志》初稿，启动《邵阳市烟草志（2001—2020）》编修；双清区出版发行《双清区政协志》；隆回县启动《隆回县乡镇简志》续修工作，25个乡镇街道开展了资料征集工作，出版《隆回县金石桥镇志》《司门前镇志》《隆回县人大志》等志书；邵阳县出版《邵阳县油茶志》《诸甲亭乡志》《塘渡口镇志》《邵阳县人大志》《邵阳县公安局老干部志》等志书；洞口县完成《洞口政协志》送审稿。

【方志资源开发利用】 2021年，邵阳市地方志编纂室积极开展读志用志活动，完成邵阳市小康纪实大事记10多万字和湖南东盟投资贸易洽谈会的资料征集工作。全市地方志系统将地情知识融入课堂、推进社区、纳入党史学习教育等活动之中，武冈市党史和地方志研究室编写《武冈扶贫之路》《武冈红色故事和抗战资料选辑》，绥宁县党史和地方志研究室编写《绥宁早期革命人物》，隆回县党史和地方志研究室编写《红军长征在隆回》《隆回红色故事》《新中国建立以来隆回历次党代会资料汇编》《隆回风情》等书籍，邵阳县党史和地方志研究室编纂出版《图说邵阳县100年》，新宁县党史和地方志研究室完成古旧《新宁县志》校注本的印刷发行。同时，全市各级地方志机构利用志书和年鉴与全国相关方志馆、图书馆进行地情书籍的交流交换，不断扩大地方志资料的贮藏量。是年，邵阳市地方志编纂室赠送有关单位及各级领导《邵阳市志》《邵阳年鉴》20余套（册），与海南、湖北等地交换志书、年鉴30余套（册）。洞口县党史和地方志研究室为亿丰农林等企业申报国家项目和高沙印染申报省级非物质文化遗产保护等提供史料支持。

【邵阳市方志馆落实建设场地】 2021年8月，邵阳市机关事务局根据2020年市政府第10次、第13次常务会议精神，正式确定邵阳市方志馆建设场地，该场地位于市档案馆6楼，共5间房，使用面积454.52平方米，用于建设独立、开放、面向全社会服务的公共方志馆。邵阳市方志馆为全省首家地市级方志馆，集地情资料收藏、研究、开发利用于一体，具有藏书、展示及地情资源开发、咨询服务等多项功能，是为资政和社会公众服务的基础文化设施，填补邵阳市文化建设的一项空白。

（郭勇华）

·档案·

【概况】 2021年2月24日，邵阳市档案馆在全省率先召开党史学习教育对接研讨会暨“学史明理”专题研讨会，当天邵阳红网进行专题报道，成为全省第一个报道学习百年党史的机关单位。《邵阳日报》《中国档案报》等多家媒体对此进行报道。7月1日，配合市委党史研究室创建的邵阳党史陈列馆开馆揭牌，成为全市党史学习教育基地。编写的《姚喆的“中共七大代表证”》等4篇文章被市委《党史学习教育简报》单独采用。在新馆公共区域宣传展示社会主义核心价值观及法治、环保、安全、诚信、道德、文明等内容，并挑选历代国家领导人有关档案工作的指示、档案格言、馆藏珍贵文物等文字图片，制作30余幅档案文化展览窗。10月29日，市委常委会听取全市档案工作情况汇报，研究审议市档案馆人手、经费等事项。

加强档案馆库建设。邵东、城步、邵阳县搬迁新馆，洞口、武冈新馆竣工，新宁、新邵新馆完成主体建设，隆回新馆开工建设。开展新档案法和“6·9”国际档案日宣传，邵阳市在国家档案局组织的全国性档案法知识竞赛活动中获省优秀组织奖。

【档案接收征集】 2021年，邵阳市档案馆研究部署脱贫攻坚和疫情防控“两类档案”的归集和目录上报，汇总全市（包括县市区）“两类档案”目录数据641951条，其中脱贫攻坚档案目录数据556092条、疫情防控档案目录数据85859条。归集工作做到集中统一、及时准确、安全保密，在全省完成“数量多、质量好、覆盖全”。接收市百货公司、市百文纺织品总公司等8个改制企业2277册（件）档案进馆。向社会各界人士征集珍贵档案资料、图书100册，珍品实物档案58件，发放捐赠证书30本。

【档案保管保护】 2021年，邵阳市档案馆采购配置恒湿净化一体机、档案真空充氮杀虫灭菌消毒设备、智能密集架和实物档案柜等专业设施设备，进一步完善档案库房安全保管基础设施。对部分馆藏珍贵档案进行仿真复制，复制品用于对外展出，杜绝实物档案损毁、丢失风险。开展馆藏图书、报纸资料的整理和目录录入，整理各类馆藏资料27328册。完善档案出入库登记工作流程，做到权责分明、责任到人。加强日常管理，不定期抽查馆藏档案保管情况，定期监测库房温湿度、检查设施设备运行情况等，确保馆藏档案实体安全。

【档案查阅利用】 2021年，邵阳市档案馆开展“我为群众办实事”实践活动，进一步梳理馆藏档案查阅利用制度和工作流程并上墙公示，对查阅室全部1790本档案目录进行整理和换新，并持续开展预约查档、电话查档、延时查档等便民服务。3月25日举行“烈士照片档案赠送仪式”，将参加3次长沙抗日会战的李国重烈士的一张珍贵照片赠送给其唯一的女儿李焕群老人，人民日报客户端、湖南芒果TV、“学习强国”、《邵阳日报》、抖音等多家媒体进行宣传报道。全年接待查阅档案资料1000余人次，调档3000余卷，取证700余份。

【档案编研】 2021年，邵阳市档案馆挖掘馆藏资源，制作《镇馆之宝——邵阳红色档案背后的故事》庆祝中国共产党成立100周年系列微视频，七一前后相继在云邵阳、红网、“学习强国”等平台播出。在《邵阳日报》、红网、邵阳新闻在线等媒体发布《野鸡坪传奇》《百年巨变中河街》等档案编研文章10余篇。为落实习近平总书记关于档案工作重要批示精神，摸清馆藏红色档案资源家底，启动《百年风华——邵阳红色档案记忆（1921—2021）》编纂工作，形成初步编纂方案和大纲目录。建党百年献礼编研作品《邵阳解放》通过省委党史研究院和省委宣传部审核，并上报中宣部新闻出版局审核。国家级重点档案编研项目——《抗战档案汇编·邵阳县抗战损失调查档案汇编》上报省档案局复审。

（胡正加）

旅游

【概况】 2021年，邵阳市接待国内游客人数3290万人次，同比增长24.11%，实现旅游收入339亿元，同比增长48.81%。全市有省级以上自然保护区 4个，其中国家级自然保护区3个（黄桑国家级自然保护区、舜皇山国家级自然保护区、金童山国家级自然保护区），省级自然保护区1个（云山省级自然保护区）。有省级以上风景名胜区8个，其中国家级风景名胜区4个（南山风景名胜区、崀山风景名胜区、虎形山—花瑶风景名胜区、白水洞风景名胜区），省级风景名胜区4个（黄桑风景名胜区、武冈古城—云山风景名胜区、荪溪—蔡锷故里风景名胜区、佘湖山风景名胜区）。有红色经典旅游线路4条，红色教育基地2个，国家AAAA级以上旅游景区7家，其中国家AAAAA级旅游景区1家。

市旅游协会有会员单位119家、导游等个人会员339人，下设旅游饭店、旅游景区、旅游商品、旅行社、导游、旅游民宿6个分会。

6月，市旅游协会在市锦程职业技术学校开展导游技能培训，邀请省文化和旅游厅等业务单位3名专家授课，50余名参训人员通过考试获导游资格证书。11月，与市文旅广体局、市人社局等单位联合举办全市导游大赛，42名导游同台竞技。协助省里举办湖南省武冈春季、新邵冬季、隆回花瑶夏季乡村文化旅游节、城步六月六山歌节等系列大型活动；组织近1000名旅行社负责人到邵阳考察；举办湖南省第十期研学导师培训。

是年，市旅游协会获评国家级AAAAA社会组织、全市诚信行业协会。组织旅游商品会员单位参加省级及国家级大赛，获金牌4枚、银牌7枚、铜牌15枚，选送罗兮参加全省导游大赛获铜奖。

【文旅产业发展】 2021年，邵阳市10个省重点文旅项目完成投资17.01亿元，13个市重点文旅项目完成投资20.06亿元，争取2021年大湘西地区文化生态旅游精品线路建设项目投资补助1390万元。蔡锷故里景区创成市第六家国家AAAA级旅游景区。洞口县荪溪瑶族乡宝瑶村入选第三批全国乡村旅游重点村。新增3个湖南省乡村旅游重点村、7家省级研学旅游（示范）基地。雪峰山（国家级）山地度假文旅融合示范区在2021湖南文化旅游产业投融资大会暨重点产业项目对接活动中，现场签约30亿元。举办“学党史、讲故事、感党恩、跟党走”红色旅游故事讲解比赛，发布4条红色旅游线路，塘田战时讲学院旧址、八路军驻湘通讯处旧址等革命文物成为红色教育基地。全市红色景区共接待游客近40万人次。开展“邵阳人游邵阳”活动，推出景区半价优惠、“奇美邵阳”文旅消费一卡通、涉旅企业联盟优惠等系列优惠措施。举办“百里脐橙连崀山”第七届脐橙文化旅游节，助力乡村振兴。新邵县《聚焦旅游帮扶 打造共同富裕新样板》入选2021年全国消费帮扶助力乡村振兴优秀典型案例。

（邝 薇）

【邵阳人游邵阳活动】 2021年9月，邵阳市启动“邵阳人游邵阳”系列活动，内容包括百年辉煌·红色邵阳、美丽邵阳我的家、知行邵阳研学先行、情系家乡、家门口的健康游五大主题游，配合活动发放奇美邵阳惠游卡。活动由市委宣传部、市直机关工委、市教育局、市商务局、市文化旅游广电体育局、市总工会、团市委、市妇联等单位联合举办，活动规格高、规模大、覆盖范围广，促进后疫情时期邵阳旅游业的内循环驱动发展。

（周奕杉、吴玲、宋任予）

体 育

【概况】 2021年，邵阳市投放健身路径器材130多套，全市新建成10个多功能运动场，建成全省第一条高标准健身步道——隆回沿江步道，全市人均体育场地面积达到1.8平方米，全民健身基础设施不断完善。成功举办中国CBDL篮球发展联赛、湖南省第八届武术大赛、全省第十届老年人运动会桥牌、柔力球比赛、庆祝“建党100周年”全民健身系列联赛等群众体育比赛活动80多场次，全市经常参加体育锻炼的人数达36%。承办湖南省青少年锦标赛田径、游泳等4个项目赛事，组队参加全省青少年锦标赛22个项目比赛获金牌33枚。市体校输送的运动员邓泽文获2021年东京奥运会水球项目团体第八名、伍鹏获全国攀岩锦标赛男子速度赛冠军、刘亮获2021年全国羽毛球冠军赛男子团体金牌。在第十四届全国运动会上，邵阳籍运动员获1枚金牌、1枚铜牌；在全国第十一届残运会暨第八届特奥会上，邵阳市残疾人运动员获5枚金牌、17枚银牌、8枚铜牌；邵阳市全民健身服务中心等5家单位获评2017—2020年度全国群众体育先进单位。

（邝 薇）

【中国GBDL篮球发展联赛（邵阳站）】 2021年4月8—10日，2020—2021赛季中国篮球发展联赛（邵阳站）在市体育中心体育馆举行。广东东莞大益、浙江广厦、南京同曦、广州龙狮、新疆广汇5支CBA青年队及来自CUBA东南赛区豪强华东交通大学（特邀大学队）等6支队伍参赛，新疆广汇队以五战全胜摘得桂冠。

卫生健康与医疗

邵阳年鉴 SHAOYANG NIANJIAN 2022

卫生健康

·综述·

【卫生健康规划信息】“十三五”期间，邵阳市卫健系统中央投资工程建设项目39项，总投资约14亿元。截至2021年12月31日，39个中央投资项目已完工38项，仅绥宁县中医院整体搬迁项目因土地协调报批等原因未竣工。出台《健康邵阳“十四五”建设规划》，成立健康邵阳行动推进委员会，印发《关于健康邵阳行动的实施意见》。全市创建健康细胞671个、主题公园7个、主题步道8条。新邵县、新宁县、大祥区成功创建省级健康促进县区。武冈市、洞口县启动第七批健康促进县市建设。全市健康素养水平达22.66%。通过国家卫生城市复审，创建（复审）省、市级卫生县城（城市）4个，省级卫生乡镇2个，市级卫生乡镇5个。推进全市居民电子健康卡工程，探索“互联网+健康医疗”、医联体等领域的信息化应用，加强公立医院互联互通。实现医疗健康服务“一卡（码）通”，全市34家二级及以上公立医院完成电子健康卡受理环境改造并与省卡管平台对接，213家基层医疗卫生机构全部完成电子健康卡应用环境改造。各县市区人民医院、中医院、225个乡镇卫生院和9个市级定点医院均实现网上双向转诊，165家乡镇卫生院（社区卫生服务中心）、21家二级及以上公立医院的远程诊室完成与省级远程医疗服务平台对接。

【基层医疗卫生】 2021年，邵阳市继续全面开展“优质服务基层行”活动，全市18个机构达到省级复核评审推荐标准；162个机构达到市级复核评审基本标准。推动乡镇卫生院修缮项目工程，全面完成任务4.89万平方米，覆盖12个县市区44个乡镇卫生院(社区卫生服务中心)。分批次有序开展2021年基层卫生人才能力提升项目，计划投入277.14万元，培训基层医务人员512名，其中乡镇卫生院和社区卫生服务中心骨干全科医生17名、骨干人员68名、乡村医生427名。开展家庭医师签约服务，全市常住人口签约率达35.91%。全面实现乡村医疗卫生机构和人员“空白点”动态清零，建制乡镇卫生院至少有 2 名注册的（助理）全科医师，村（社区）卫生室至少有 1 名合格的乡村医生或派驻医生。全市乡镇卫生院（社区卫生服务中心）实现中医药服务基层全覆盖，做到有人员、有场地、有设备、有服务。

【家庭医师签约服务】 2021年，邵阳市共组建家庭医生团队1686个，常住人口签约247.14万人，签约率35.91%。全市建档立卡脱贫人口25.99万户，93.35万人，其中脱贫不脱策25.99万户，93.35万人，做到应签尽签。推进信息化签约服务，已在8个县市区推广应用信息化系统，通过电子化签约、手机App签约服务、健康一体机检查数据直接导入档案、预签约、双向转诊、定位签约、签约实时拍照上传等功能，把基层医务人员从纸质签约台账造册工作中解放出来，把更多的时间和精力花在签约服务上，同时通过信息化手段筛选出重点人群并完成随访服务、开展线上转诊工作以及开放居民查阅档案功能，进一步提高居民获得感。

【人口监测与家庭发展】 2021年，邵阳市总人口858.8万人，出生4.98万人，出生率5.80‰，死亡人口266997人，死亡率3.11‰，自然增长率2.69‰；男孩2.69万人，女孩2.29万人，出生人口性别比117.3。全市办理生育登记3.43万例，其中一、二孩生育登记3.28万例，占比95.7%。三孩生育登记0.15万例，占比4.3% 。出台《邵阳市卫生健康委员会关于印发〈促进3岁以下婴幼儿照护服务发展的实施方案〉的通知》，明确工作目标、工作内容、保障措施和部门责任。全市3岁以下婴幼儿照护托位数达到7674个，21家托育机构完成备案。各县市区均建成至少1家普惠性托育机构。

【奖励扶助】 2021年，邵阳市进一步落实农村部分计划生育家庭奖励扶助、计划生育家庭特别扶助和城镇独生子女父母奖励“三项制度”以及独生子女保健费政策，保障计划生育家庭的合法权益。全市确认农村奖扶对象54739人，新增对象2612人；确认特扶对象3337人（伤残家庭1176人、死亡家庭2161人），新增216人（伤残家庭76人、死亡家庭140人）；确认手术并发症对象1889人（二级7人、三级 1882人），新增 60人（三级 60人）；确认符合条件的独生子女保健费对象2253人，因子女年龄超过14周岁等不符合条件原因退出对象1183人。全市发放农村部分计划生育家庭奖励资金5254.95万元；发放特别扶助资金2970.02万元（伤残家庭818.5万元、死亡家庭2151.52万元）；发放手术并发症资金612.88万元（二级3.11万元、三级609.77万元）；发放独生子女保健费54.08万元。全市城镇独生子女父母奖励工作累计录入信息10.7万条，较上一年度新增约0.81万人，2021年度发放城镇独生子女父母奖励资金约1.03亿元，累计发放约6.13亿元。推动优先便利医疗服务定点医院扩面，全市拥有计划生育特殊家庭定点医院28个，市级定点医院从2家增加到6家。

【卫生健康综合监督】 2021年，邵阳市卫生健康监督执法办案1242件，罚没金额509.55万元。推进医疗废物在线监管和食品及公共场所从业人员健康体检电子健康证办理。全市已有5家医疗机构实现院内医疗废物在线监管信息化监管并接入省卫健委医废监管平台，实现2个县市从业人员健康体检电子健康证办理。出台《关于进一步健全完善医疗卫生行业综合监管工作机制的通知》，推进医疗卫生行业综合监管工作落实落地。根据工作需要定期或不定期召开会议，研究贯彻国家、省、市有关医疗卫生行业综合监管的工作部署和要求。推动全市各级各单位聚焦突出问题，综合运用管理、执法、信用评价等方式，加强协调联动、强化社会共治，创新监管方式、提升监管效能、形成监管合力，推进工作落实。全面推行“双随机、一公开”抽查机制，完善抽查清单，健全检查人员名录库，加强事中事后监管。坚持以问题为导向，全方位多层次分期分批开展卫生监督人员业务知识和执法技能培训，不断增强卫生监督人员的执法监督水平，提高卫生监督执法队伍的规范化建设水平。

（黄东升）

·公立医院综合改革·

【医药卫生体制改革】2021年，邵阳市实行“三医联动”，高位推进医药卫生体制改革。市、县两级均成立政府主要领导为组长的高规格医改领导小组和公立医院综合改革真抓实干工作领导小组，明确1名副职统一归口管理医疗、医保、医药工作，并将医改重点任务完成情况作为全市全面深化改革和绩效考核的重要内容。建立“全市医改每半年一调度、一督导，办公室联席会议每月一调度、一统计”工作机制，市委、市政府主要领导多次专题调度、现场调研，解决公立医院综合改革过程中遇到的重大问题、实际困难。建立科学的财政投入保障机制，明确公立医院的重点项目建设和大型设备购置、公共卫生服务等投入由政府主导负责。全年市本级财政累计投入1.67亿元，对公立医院六项投入落实到位。市第三人民医院、市中心医院东院回购、市妇幼保健院整体改扩建、市中医医院岐黄综合大楼、12个县市区疾控中心标准化建设等一批重点项目建设加快推进。

【管理制度改革】2021年，邵阳市建立规范章程，推进管理制度改革。探索以公立医院管理委员会为主要形式的政府办医体制，加快构建现代医院管理制度。加强公立医院党的建设和行业党建工作，全市城市公立医院全面实行党委领导下的院长负责制。对公立医院资产、财务、人事、薪酬、绩效考核、政府投入等实行统一决策，将内部人事管理、绩效分配等经营管理自主权下放给医院。截至年底，全市所有三级医院均实行公立医疗机构绩效考核，并建立考核评价指标体系，全市二级及以上医院均完成章程制定。

【薪酬制度改革】2021年，邵阳市注重公平合理，稳步推进薪酬制度改革。成立市公立医院薪酬制度改革领导小组，制定下发《邵阳市公立医院薪酬制度改革试点工作实施方案》，组织召开全市公立医院薪酬制度改革试点工作动员大会，同时市人社局、市财政局、市卫健委等多次召开部门会议，就全市薪酬制度改革有关问题进行协调安排。截至年底，全市公立医院薪酬制度改革已全面铺开，薪酬制度改革对于充分调动全体医护人员的积极性，平衡收支合理分配成效明显。

【调整医疗机构布局】2021年，邵阳市委、市人民政府针对市城区医疗机构建设与城市发展不匹配问题，重新规划布局，加快医疗集团建设，打造区域医疗中心。规划组建市中心医院医疗集团，以已有市中心医院作为医疗集团总部，主要负责疑难杂症、急危重症病人的救治。回购市中心医院东院51%的股份，组建市中心医院医疗集团东院，建设糖尿病、高血压等慢性疾病治疗中心，同时承担双清区人民医院职能，将医院所在社区卫生服务中心纳入医疗集团管理。利用市第二人民医院整体搬迁至北塔区项目，组建市第三人民医院，建设一所包括公共卫生治疗中心、康养中心、公共卫生物资储备基地在内的三级甲等综合性医院，同时承担北塔区人民医院职能。利用市中西医结合医院中医药传承创新项目，建设国医堂、中西医结合医养中心，打造中西医结合旗舰医院，同时承担大祥区人民医院职能。

【规范医保管理】2021年，邵阳市落实药品集中带量采购制度改革，截至11月20日，超额完成年度采购任务，基金预付100%到位，货款及时结算率90.32%，排名全省前列。药品价格回归合理水平，5批国家组织的218个中选药品集采价格平均降幅达50%以上；国家集采冠脉支架均价下降700元；湖南省抗菌药物专项集采154个中选品种平均降幅35%；省级联盟新冠肺炎核酸试剂集采均价由120元/人份下降到13.08元/人份，降幅达89%。

推进医疗服务价格改革。下发《邵阳市公立医疗机构医疗服务项目价格规范调整工作方案》，落实《湖南省医疗服务价格目录（2020）》，规范公立医疗机构新增医疗服务项目申报，加强特需医疗服务项目管理，开展价格常态化监测。

落实居民基本医疗保险待遇。实现基本医疗保险全覆盖，全市总参保人数702.15万人，参保率106.97%；特殊困难人群全部参加城乡居民医疗保险，参保资助118.03万人、金额19162.06万元。按政策落实基层卫生机构规范化管理的“两病”患者医保待遇，高血压居民待遇享受人数39.16万人、完成率102.80%，糖尿病待遇享受人数12.25万人、完成率117.41%。

入组医保新平台运行稳定。9月上线国家医疗保障信息平台，推广应用全国统一的医保信息业务编码标准。全市1669家医药机构接入医保新平台，结算医疗费用78.74万人次，结算金额达65554万元。截至10月，全市医保电子凭证注册227.16万人，激活率32.51%，排名全省第三。

强化医保监管。制定下发《邵阳市基本医疗保险异地就医管理办法》，进一步规范基本医疗保险异地就医管理流程，市内病人外流情况减少，医保控费成效初显。实现全市所有医院（2909家）、药店（1277家）监管稽查全覆盖，按期完成省交办4个线索案件的查处。

【坚持医防结合】2021年，邵阳市坚持医防结合，倾力补齐公卫短板。加大公卫投入保障，"十三五"中央预算内投资项目竣工率达97.44%。先后投入1.8亿新建（改建）新宁、隆回、新邵、北塔疾控中心，添置设备898台套；建设57家达标PCR实验室，检测PCR由1台增加到84台；投入200万元改造市120急救中心急救指挖系统。隆回县投入1200万元，对县人民医院院前急救系统进行规范改造，改造成果成为全省县级医院院前急救成功典范。

落实公益机构编制保障。落实基层医疗卫生机构为公益性一类事业单位的政策，有7个县市明确基层医疗卫生机构为公益一类事业单位。同时，各县市区采取放宽年龄限制、优化考核方式、降低开考比例或不设开考比例形式，公开招聘584人充实到基层医疗卫生人才队伍。

加强应急物资保障。建立完善全市应急物资保障目录，及时调整补充替换各类应急物资。各类医疗机构按照平战结合要求，先后投入400余万元，储备防护服、口罩、隔离衣、消杀用品等物资420余万件（套、个），同时采用合同式储备方式，与相关企业签订购销合同，确保平战转换时应急产品跟得上、用得着。

【打造"智慧医疗"】2021年，邵阳市推进"互联网+"建设，全面推进信息互联互通。全面推进电子健康卡"多码融合"普及应用，开展"互联网+医疗健康"便民活动，推动实现医疗健康服务"一码通"。截至11月底，全市互联互通医院上传数据的准确性为67.79%、关联性为81%、完整性为84.61%、及时性为93.40%；全民健康档案调阅系统对接率为91.17%；全市36家二级及以上公立医院完成应用环境改造34家，完成率95.04%；基层医疗卫生机构完成电子健康卡应用环境改造率87.79%；全员人口个案信息覆盖率达到96%。同时，推进"互联网+健康"信息化建设，完善家庭医生签约服务管理，全面推进签约服务电子化。做好贫困人口、重点人群和重点疾病的签约管理，对"两病"（高血压、糖尿病患者）病人每季度上门服务一次。全市家庭医生签约服务率达36.8%，家庭医生签约服务知晓率为84.34%、服务率为86.22%、群众满意度为95.18%。

【推进中医院发展】2021年，邵阳市推进中医医联体建设。中医医院与17家单位建立医联体，并牵头组建市中医肿瘤专科联盟，同时托管陈家桥乡卫生院建立紧密型医联体。定期派驻专家团队配合各成员单位开展中医医疗特色诊疗，协助完善医疗管理、医疗安全和医疗服务。截至11月底，已在各县级医院会诊病例516例、手术指导234例，上转病人9587例、下转病人5214例，帮助新建3个新学科，接收受援医院进修医务人员88人，在县级医联体单位开展义诊活动50场、服务人群21423人次。依托专科联盟，先后帮助绥宁、隆回等县建立肿瘤科室。

加快中医院建设覆盖。全市建成以中医类医院为主体、其他类医院中医药科室为骨干、基层医疗卫生机构为基础、中医门诊部和诊所为补充，覆盖城乡的中医医疗服务网络。所有县市实现二甲中医院全覆盖，95%的公立综合医院均设置中医药科室，205家乡镇卫生院和社区服务中心均具备开展与其功能相适应的中医药服务能力。

拓展医养结合功能。市中医医院与北塔区民政局合作成立市中医医院医养中心北塔院区，为北塔区首家集医疗、养老、护理、康复、保健、急救于一体的非营利性二级中医医院，整合中医医疗、康复、养老和护理资源，为老年人提供治疗阶段的住院、康复期护理以及稳定期的安宁疗护一体化的中医药健康养老服务。年内医疗区门诊人次约4000人次，出院人次约800人次，健康养老区及失能失智区年入院人次约60人次，年总收入约800万元。

（黄东升）

·疾病预防控制·

【传染病防控】2021年，邵阳市传染病疫情总体平稳。面对国内不同时间出现的多点散发新冠肺炎疫情，落实"外防输入，内防反弹"防控策略。全面加强基层防控，群防群控、专群结合，对重点人员和场所加强核酸检测，坚持"人""物"同防；同时加强疫情监测预警，严格组织摸排。截至12月31日，已连续681天无新增本土确诊病例和本土无症状感染者报告。

稳步推进结核病、艾滋病等重大传染病防治。推进重大传染病防治改革试点。全市接诊可疑肺结核患者24784人，影像学检查24423人，影像学检查率98.5%；病原学检测24158人，初诊病原学检测率97.5%。发现活动性肺结核病人5214例，其中病原学阳性病人2853例，病原学阳性占活动性患者的55.1%。同期2020年登记的活动性肺结核病人5706例，治疗成功5343例，治疗成功率93.6%。登记病原学阳性结核病病人2972例，治愈2626例，治愈率88.3%；累计报告艾滋病感染者和病人6731人，现存活4682人，累计为5195名艾滋病人提供免费抗病毒治疗，符合抗病毒治疗条件的病人治疗比例达96.6%。

提高传染病报告质量，加强预警与监测。全市累计报告甲乙丙类传染病24149例，报告发病率367.93/10万，较上年同期减少1.59%；死亡率2.56/10万，上升8.04%。网络直报传染病报告卡25425张，报告及时率99.92%、审核及时率99.97%、综合率99.96%，超过国家、省"大于99%"的要求，无重卡。

【免疫规划】2021年，邵阳市新冠病毒疫苗工作与常规免疫规划工作共同开展，扎实构建人群免疫屏障。规范开展新冠疫苗接种。全市累计接种新冠病毒疫苗1156万剂次，其中第一剂次509.4万剂次、第二剂次502.5万剂次、第三剂次53.2万剂次、加强针接种90.8万剂次，全程接种率99.8%；18岁及以上人群加强免疫接种90.8万剂次，加强针接种占比74.0%；60岁及以上人群接种覆盖率91.2%；3~11岁人群第一剂累计接种77.8万剂次，接种完成率84.0%，第二剂累计接种73.5万剂次，接种完成率79.3%。

完善预防接种责任事故补偿机制。继续实行预防接种责任保险，有效减轻政府、接种单位预防接种事故的调处、赔偿压力；强化冷链建设，完成13个疾控中心和277个接种门诊的冷链设备更新和疫苗冷藏车装备，确保疫苗储存和运输安全。

全面开展疫苗接种培训，做好保障工作。全市各接种单位和县级疾控中心共培训1657人。建设完成新冠疫苗接种点280个、接种台995个，其中接种台大于10个的大型接种点12个、接种台187个。兼顾儿童常规免疫。全市完成常规儿童接种110.785万剂，接种量达95%以上。开展4轮新冠疫苗接种和NRA评估工作督导，指导基层规范接种疫苗，做好世卫组织疫苗监管体系评估准备工作。

【精神卫生】2021年，邵阳市卫健委加强与公安、综治等有关部门的信息共享与沟通配合，对全市精神卫生工作建立月分析排名通报和约谈机制。持续加强严重精神障碍患者的管理，为进一步提高社区患者的管理治疗质量，强化基层帮扶工作机制，累计为38516名严重精神障碍患者建立健康档案，并提供随访管理、危险性评估、服药指导等服务。全市严重精神障碍在册患者数达34509人，患者患病率4.73‰，规范管理率95.08%，面访率95.05%，服药率94.82%，规律服药率80.95%，精神分裂症服药率96.86%，精神分裂症规律服药率81.39%，知情同意无随访患者人数降低至288人，无身份证患者比例降至0.05%，迁入待处理人数341人，失访患者391人。

【学校卫生】2021年，邵阳市卫健委通过与教育部门建立学校卫生联动机制，进一步加大对学校卫生工作的督导检查和技术指导力度，全市各级各类学校晨午检、因病缺勤登记与追踪、消毒、预防接种证查验、新生入校体检等工作进一步落实、规范。组织市直各中小学校、各县市区教育局或学校的卫生工作人员参与新冠肺炎、学校常见传染病防控专业知识的培训。对县市区36所中小学及民办学校开展为期一周的新冠肺炎防控、生活饮用水食品安全工作业务指导。配合市卫生计生综合执法局对22所学校开展学校教学和生活环境卫生、教室采光和照明双随机监测抽样检测工作。有序开展学生常见病和健康影响因素监测与干预工作。

【公共卫生监测】2021年，邵阳市规范公共卫生监测，抓严食品安全、饮水卫生工作。完成食品化学污染物及有害因素监测样品7大类137个样品，样品采集完成率100%，上报网络数据信息2109条，录报完成率100%。采集食品微生物及其致病因子监测样品4大类128个样品，样品采集完成率100%，检测完成率100%。报告食源性疾病病例4526例、食源性疾病事件51起；监测野生蘑菇中毒病例153例，死亡病例1例。同时按照《2021年邵阳市城市生活饮用水监测实施细则》要求，开展城乡生活饮用水水质监测工作，市、县两级每季度均在政府网站对水质信息进行公示。截至12月31日，全市完成城市饮用水水质样品监测438份，检测14892项，所检测项目监测结果达标率100%；农村饮用水水质样品监测1602份，检测54468项，达标率88.8%，监测任务完成率190.3%。

【尘肺病救治救助】2021年，邵阳市落实农民工尘肺病救治救助工作。全市共救治救助农民工尘肺病患者2514人，3974人次，超额完成省里下达的1618人的救治救助任务数。全市第一批3个尘肺病康复站建设项目（武冈市司马冲镇、武冈市文坪镇、邵阳县蔡桥乡卫生院）成功通过省卫健委的竣工验收，已为223名尘肺病患者开展康复服务，累计服务1023人次，患者满意度100%。第二批康复站建设项目7个，中央投资385万元，中央执行率100%。各乡镇卫生院明确工作班子，确定专门工作力量，均按照省里的工作方案和要求完成尘肺病康复站建设，等待省里验收。

【国家职业病防治监测】2021年，

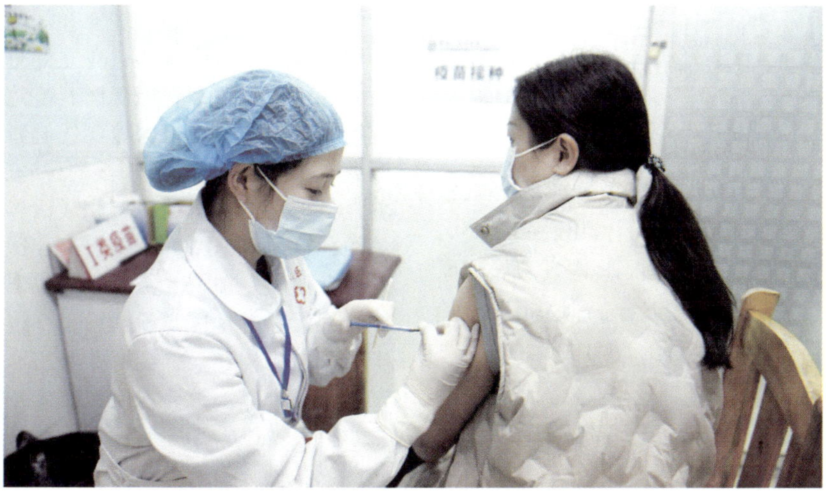

2021年1月25日，邵阳市民接种新冠病毒疫苗　（申兴刚 供图）

邵阳市全面完成国家职业病防治监测项目。完成调查工作场所职业病危害因素监测项目企业163家；随访尘肺病患者6175例；尘肺病主动监测点共监测508人（新邵265人，武冈243人），尘肺病监测哨点医院共完成接尘劳动者尘肺病筛查458人，发现尘肺样改变9人；开展职业健康体检个案录入，完成采集和录入职业健康核心指标信息个案例8799例。医疗卫生机构医用辐射防护监测完成226家医疗机构的基本情况和诊疗频次调查，共有放射工作人员1628名。完成新邵县大新镇卫生院、隆回县周旺中心卫生院和邵阳县岩口铺镇卫生院3家医疗机构3台DR机的性能和防护效果检测。非医疗机构放射性危害因素监测完成25家非医疗卫生机构用人单位的基本情况调查，3家单位的职业健康管理情况调查和工作场所放射性危害的现场检测。

（黄东升）

·妇幼健康服务·

【概况】 2021年，邵阳市辖区活产数44948人，住院分娩率99.99 %，死亡孕产妇5例，孕产妇死亡率11.12/10万，5岁以下儿童死亡208人，死亡率4.63‰，创历史新低。其中，婴儿死亡率2.56‰，新生儿死亡率1.38‰；剖宫产率33.41%。

【儿童健康服务】 2021年，邵阳市落实0~6岁儿童保健服务管理，儿童健康管理率93.69%，新生儿访视率95.51%；印发《关于促进3岁以下婴幼儿照护服务发展的实施方案》，每个县市区至少建成1个普惠性婴幼儿照护服务机构并纳入托幼机构卫生保健管理；儿童眼保健和视力检查覆盖率92.96%，异常人数5128人，异常率1.29%；新生儿死亡评审8例，可避免死亡3例，创造条件可避免死亡5例；儿童营养改善8个项目县共发放营养包32.21万盒，发放率45.82%。

【出生缺陷防治】 2021年，邵阳市完善网络体系，建有出生缺陷防控中心和质量控制中心，防治成效明显，围产儿数42903人，出生缺陷339例，总发生率为79.02/万；机构活产数42701人，出生缺陷283例，发生率为66.27/万；新筛四病筛查41936人，筛查率98.21%，串联质谱多种遗传代谢病筛查31369人，筛查率73.46%，确诊轻度HPA 2例、先天性甲状腺功能减低症19例、先天性肾上腺皮质增生症6例、葡萄糖6磷酸脱氢酶缺乏症98例、其他遗传代谢病10例；产前筛查41228人，风险人群干预率48.46%。无创检查4481人，阳性67人（21三体24人、13三体5人、18三体7人、其他异常31人）。羊水穿刺191人，羊穿诊断阳性28人（21三体19人、18三体5人、其他染色体异常4人），终止妊娠28人；地贫筛查9823人次，筛查阳性2110人次，阳性率21.48%；孕产妇艾滋病、梅毒和乙肝孕早期检测率分别为85.35%、85.36%、85.36%，辖区艾滋病感染孕产妇抗病毒用药率92.31%，所生儿童预防用药率100%，梅毒感染孕产妇治疗率98.23%，规范治疗率86.73%，所生儿童预防性治疗率97.32%、随访率95.96%；乙肝感染孕产妇所生新生儿乙肝免疫球蛋白注射率100%、早期诊断率100%、随访率100%。

【免费检查】 2021年，邵阳市“两癌”免费检查10.16万人次，宫颈癌早诊率97.74%，检出宫颈癌前病变及宫颈癌531人，其中宫颈癌49人，随访率100%，治疗率99.81%；乳腺癌早诊率88.89%，检出乳腺癌前病变及乳腺癌62人，其中乳腺导管原位癌2人，浸润性导管癌60人，随访率96.88%，治疗率100%。免费产前筛查任务数3.5万人，完成3.56万人，完成率为101.57%，阳性干预率为81.26%。

（黄东升）

·老龄健康·

【老年友好型社会建设】 2021年，邵阳市加快推进老年友好型社会建设，营造孝亲敬老的社会环境。开展老年友善机构创建活动。围绕老年友善文化、老年友善管理、老年友善服务、老年友善环境建设四个方面，不断改善老年人就医环境、优化服务流程，推动老年医学学科建设、提升服务能力。全市125家医疗机构建设成为老年友善医疗机构，占比40.5%。开展老年友好型社区创建活动。大祥区北正街社区、双清区龙皇桥社区、北塔区资新社区开展参与国家老年友好型社区创建活动。3个社区成功创建为全国老年友好型示范社区。开展“实施积极应对人口老龄化国家战略，乐享智慧老年生活”敬老月活动。各级老龄办广泛发动社会各界送文艺、送健康、送服务进农村、进社区、进敬老院，共开展健康知识讲座260余次，发放宣传单15万余份，接受健康咨询36万余人次，免费义诊13万余人次，送慰问金320万余元、送药物价值30万余元。5个集体获第三届全国“敬老文明号”称号，4人获第三届全国“敬老爱老助老模范人物”称号。

【老年健康服务】 2021年，邵阳市加快推进老年健康服务体系建设，增强老年健康获得感。加强和规范老年医养签约健康服务，建立健全医养签约协作机制，明确医养签约健康服务内容，丰富医养签约健康服务方式。全市12个县市区的175家养老机构与医疗卫生机构完成医养签约，签约率达100%。提升老年医疗服务能力。加快二级及二级以上综合性医院老年医学科建设，推进安宁疗护机构建设。全市共有27家二级及二级以上综合医院设置老年医学科，占比64.28%；隆回县魏源医院成功创建为省首批“安宁疗护标准化病房”试点单位。

【老年健康教育“三进活动”】2021年，邵阳市推进老年健康教育进青春课堂、进老年大学、进社区课堂“三进活动”。举办老年健康宣传周和世界阿尔茨海默病日等活动。2021年老年健康宣传周期间，全市共组织举办健康知识讲座180余场，开展43次街头集中宣传，印发老年健康核心信息12万余份。开辟老年绿色就医通道。印发《关于做好优化老年人就医便利服务工作的通知》。为优化老年人就医流程，各级医疗机构在挂号、缴费等环节实行老年人优先政策，增设老年人优先就医窗口，95%以上医疗机构开辟老年人就医绿色通道。加快推进医养结合发展，不断满足老年人健康养老需求。

【医养结合服务】2021年，邵阳市部署开展医养结合服务质量三年提升行动。印发《邵阳市医养结合机构服务质量提升行动实施方案》，1月组织专家分两组对全市16家医养结合机构的医疗服务质量进行全面督导，组织全市每季度开展医养结合监测工作，不断提升医养结合机构医疗服务质量。加快推进城乡医养结合服务工程建设。各县市区开展城企联动普惠医养结合项目申报，争取到4个国家城企普惠医养结合项目，资金近4000万元。实施社区医养结合能力提升工程。基层医疗机构利用富余医疗资源开展老年康复和护理服务，先后建成康馨医养服务中心等一批社区（乡镇）医养结构服务机构，一站式解决养老、护理、就医、保健养生及康复难题，实现社区养老与基本医疗有效对接。加快医养结合和老年医学人才储备。推动实施老年医学人才培训项目，组织医护人员参加国家、省专业人才线上线下培训，举办老龄健康专业知识培训和医养结合优质案例实践竞赛等活动，开展多种形式培训，加强医养结合管理和服务人员队伍建设。全年培训医养结合医护人员1021人次。

【“银龄安康”工程】2021年，邵阳市推进“银龄安康”工程，打造成为“政府支持、社会赞扬、群众满意、老人安康”的民心工程。创新保障机制，丰富服务产品。突破投保年龄上不封顶、时间空间、住院津贴保障等限制，均可享受任何时间和任何地点的意外伤害保险保障，解决老年人意外住院护理费用不能由医保支付的难题；拟制保费50元、200元、500元三种保险服务产品；“五类特困老年人”由政府、保险公司各出资50%承保，其他适龄老人可以根据自身需求购买保险服务产品。

创新管理模式，规范市场运作。建立联席会议制度、信息通报制度，公布举报电话，依法加强监督管理，杜绝强制投保、拖赔惜赔、无理拒赔等损害老年人合法权益的行为。督促承保保险公司做到一人一保单，保险凭证及时发放到位，确保老年人的知情权和受益权。

创新合作方式，搭建公益平台。将政府、保险公司和社会力量吸纳到行动中，通过搭建为老人服务的“政府显关爱、企业献爱心、子女尽孝心”三大平台，共同构筑老年人风险防范体系。

创新服务内容，提高老年人满意度。设立报案理赔绿色通道，老年人理赔案例优先于其他客户办理理赔，1000元以下小额赔款，材料齐全无需调查的3天支付；1万元以内理赔案件，材料齐全无需调查的7个工作日内处理完毕。全市共有参保老年人25.97万人，覆盖率21.86%；收取保费880万元，其中政府出资470万元为17.79万名特困老年人购买老年人意外伤害保险；理赔案件数1662件，理赔金额458万元，理赔率52.1%。

（黄东升）

·健康促进·

【国卫复审】2021年，邵阳市上下联动，全面迎接国家卫生城市复审。根据《国家卫生城市考核命名与监督管理办法》，2020年是邵阳市的国卫首次复评年，由于新冠疫情原因，复审时间推迟至2021年。为巩固国家卫生城市成效，做好国卫复评迎检工作，确保国卫复审顺利通过，市委、市政府成立以市长为组长的国卫复审迎检工作领导小组，指导国卫复审迎检监督工作有序开展。邵阳市爱国卫生运动委员会办公室（以下简称市爱卫办）做好相关协调工作，保证上下联通、渠道畅通。同时加强“创卫”督导，指导县、市区的省（市）级文明卫生乡镇（村）、文明卫生单位的创建和复审工作，对武冈、隆回、绥宁等县、市卫生城市复审（创建）开展调研指导。5月，国家暗访组对邵阳市国卫工作进行复审暗访验收，全市城市整体卫生水平明显提升，达到《国家卫生城市标准》要求。

【病媒防制】2021年，邵阳市开展病媒防制，切断病毒传播途径。为加强市病媒生物防制工作及迎接邵阳市病媒生物两项复查，印发《关于印发〈邵阳市病媒生物防制（蚊、蝇类）C级达标复查工作实施方案〉的通知》《关于开展第33个爱国卫生月活动暨春季病媒生物防制工作的通知》《关于我市迎接病媒生物防制（蚊、蝇类）C级达标复查工作的通知》《关于城区病媒生物防制工作检查情况的通报》《关于开展秋季病媒生物防制工作的通知》等文件。市城区公共区域病媒生物防制继续实行政府公开招标，采取市场化运作，市、区病媒生物防制工作实现无缝对接，进一步完善病媒生物防制长效管理机制，鼠虫传媒疾病得到有效控制，市城区病媒生物（鼠类、蜚蠊、蚊虫、蝇类）密度控制水平均达到国家C级标准，病媒生物防制工作进入全省前列。10月份顺利通过病媒生物防制（蚊、蝇类）C级达标两项复查。完成对新邵县病媒生物（鼠类）密度控制水平复查达标验收。

【健康邵阳行动】2021年，邵阳市加快推进健康邵阳行动，相继发布《关于健康邵阳行动的实施意见》《关于成立健康邵阳行动推进委员会的通知》《关于印发健康邵阳行动（2021—2030年）的通知》《关于成立健康邵阳行动推进委员会专项行动工作组的通知》《关于成立专家咨询委员会的通知》《关于对新宁县卫生健康局等304家单位予以命名的通知》《关于公布邵阳市健康科普专家库第一批成员名单的通知》等系列文件，完善组织机构和工作制度。开展无烟党政机关、无烟医疗卫生机构及无烟学校创建，制定《关于加快推进全市无烟党政机关建设的实施意见》，要求实现全市无烟党政机关覆盖率2021年年底达到70%，2022年年底达100%的目标；2021年年底前实现所有公共卫生机构、二级及以上医院全面建成无烟医疗卫生机构，2022年年底前实现所有医疗卫生机构全面建成无烟医疗卫生机构的目标。截至2021年12月底，全市完成党政机关覆盖率达70%的目标，所有公共卫生机构、二级及以上医院全面建成无烟医疗卫生机构。11月底，市爱卫办联合辖区3所普通高校及市教育局安排部署无烟学校的创建工作，12月初完成“高校控烟巡展”活动。

【爱卫月活动】2021年4月27日，市爱卫办组织大祥区、双清区、北塔区、邵阳经开区爱卫区办及市卫健、疾控、环保等20多个部门及市直有关医疗卫生单位在城南公园开展第33个爱卫月集中宣传活动，活动现场通过设置咨询台、发放卫生宣传资料、摆放宣传展板等形式，对新冠肺炎疫情防控知识以及各项卫生知识进行集中宣传，11家医疗卫生单位以及各区卫健局为市民提供免费义诊及健康咨询3600余人次，多家病媒生物防制专业公司现场提供病媒生物防制相关知识宣传咨询2200余人次，发放病媒生物防制宣传资料5000余份、病媒生物防制药物8500余份。

【卫生创建、细胞建设、健康细胞建设】2021年，市爱卫办推进和指导各县市区开展卫生城镇创建工作。4月，完成对隆回县金石桥镇、虎形山瑶族乡省级卫生乡镇工作的代省验收工作，完成隆回县滩头镇等5个乡镇市级卫生乡镇创建工作的评审验收。6月，完成武冈市、隆回县省级卫生县城（城市）巩固工作市级初评和推荐工作；受省爱卫办委托，完成对绥宁县省级卫生县城省调研整改情况的暗访，并及时将暗访情况汇报给省爱卫办。11月，武冈市、隆回县以90分以上的高分通过省级卫生县城（城市）复查评审验收。12月，绥宁县以90.2分的高分成绩通过省级卫生县城评审验收。截至年底，全市新创建省级卫生县城1个、省级卫生乡镇2个、市级卫生乡镇5个，省级卫生村33个、市级卫生村75个；成功创建国家卫生县城1个（新邵县）、省级卫生城市（县城）4个（武冈市、隆回县、洞口县、绥宁县）、市级卫生县城4个（邵阳县、绥宁县、城步苗族自治县、新宁县）；成功创建省级卫生乡镇5个、市级卫生乡镇10个，省级卫生村175个、市级卫生村664个，省级文明卫生单位377个、市级文明卫生单位265个，邵阳市无烟党政机关885个、无烟医疗卫生机构286个；建城区共建设健康社区、健康步道、健康食堂（餐厅）、健康主题公园、健康小屋等健康支持性环境56个，健康促进机关、健康促进医院、健康促进学校、健康促进企业、健康促进社区、健康促进村等健康促进场所672家。

（黄东升、付喜娟）

·医政管理·

【医疗质量和院感防控督查】2021年，邵阳市12个县市区以县市区为单位，均集中开展全员核酸检测实战演练，提升应对全民核酸检测的处置能力。市卫生健康委员会在全市范围进行8轮新冠肺炎病毒院感防控和医疗质量专项督查督导，重点对医务人员院感防控知识、新冠肺炎诊疗方案掌握情况，个人防护情况，消毒隔离措施，核酸检测情况，预检分诊、发热门诊区域布局，医疗器械、医疗废物处置、医疗质量十八项核心制度执行等情况进行督查督导，对发现的问题及时指出，提出整改意见。通过督导督查，全市各级各类医疗卫生机构院感防控工作和医疗服务明显提升。

【医疗质量管理】2021年，邵阳市医疗卫生系统重点抓“诊断学”“急诊医学”的学习，注重抓临床一线医师的过关。重点查一线临床医师，查一线医师首诊负责制，查入院病例，现场床旁核查病史、体格检查书写的真实性，查一线医师分析病情的能力、思路，查一线医师的基础知识，查一线医师的床旁交班；床旁核查上级医师的查房质量；查危重病人、手术病例的讨论；查会诊的质量；查死亡病历的教训。各医疗卫生机构将日常医疗工作与“学史增信”主题教育结合起来，以学党史为动力，增强医疗发展自信，推动诊疗水平、医疗质量提高。

【医疗服务管理】2021年，邵阳市医疗卫生系统全面推行6S精益化管理。全市二级及以上公立医疗机构护理工作已全面推行6S管理，进一步改善就医环境、优化诊疗流程、规范科室管理。将医疗核心制度落实与6S管理相结合，强化医疗行为的规范化与同质化。实施高血压规范化诊疗与管理提升工程。三级综合医院全面开设高血压专科门诊，县级综合医院全面开设高血压专病门诊，乡镇卫生院全面开设高血压规范门诊，强化村卫生室血压监测点职能，逐步实现高血压患者动态管理与综合随访干预，提高患者规律服用、抗高血压药物及对治疗的依存度。推进重点专科建设。持续推进胸痛、卒中、创伤、危重孕产妇和危重新生儿救治“五大中心”

建设；稳步推进肿瘤科、心血管内科、呼吸内科、肾病内科、普外科等重点专科建设。市本级、县级人民医院已完成卒中、危重孕产妇和危重新生儿救治“三大中心”建设，已建立市胸痛中心联盟，推进创伤中心建设；县级人民医院肿瘤科、心血管内科、呼吸内科、肾病内科等专科建设已独立设科，大部分通过省卫生健康委员会的验收。年内全市共向省卫生健康委申报119个临床重点专科。

【护理管理】2021年，邵阳市医疗卫生系统创新护理服务方式，启动“互联网+护理服务”。指导邵东市人民医院开设PICC护理、胃管护理、伤口换药、压疮护理、导尿管护理等8个“互联网+护理服务”项目，有效解决群众“护理难”问题。全市各级医院遵循以人为本、结构合理、动态调整的原则配置临床护理人员，增加人员数量，优化人才结构，三级医院大专以上学历占比达95%以上。加大护士专科培训和进修学习力度。各医院定期组织护理短训，选派护理骨干参加湘雅医院、湖南省人民医院、湖南省肿瘤医院等医院的进修或专科护士培训，选送护理骨干参加国家级、省级、市级继续教育培训，培养伤口造口、静脉治疗、血液透析、ICU护士等20个专业专科护士1000余名。同时实施护士分层管理，根据层级进行排班、理论和操作培训、考核。对新招聘护理人员组织规范的岗培及科室轮岗培训，提高专科知识与技能操作水平。结合实际组织应急演练、教学查房、病案讨论，提高护理人员的应急能力及处理疑难问题能力。全面深化“以患者为中心”的服务理念，持续推进优质护理。组织市级专家组对全市二级及以上公立医院优质护理工作进行全面复核，市二级及以上公立医院优质护理服务已覆盖医疗机构全病区，并覆盖到门（急）诊、血液净化中心（室）、手术（部）室、产房、消毒供应中心等非住院部门。委托市护理学会组织全市首届护理创新大赛，评选护理产品创新项目12个、护理管理创新项目6个、护理技术创新项目7个、中医精神卫生类创新项目7个。

【平安医院建设】2021年，邵阳市有序推进医疗行业平安建设，维护正常医疗秩序，构建和谐、稳定、安全的医疗环境，印发《邵阳市卫生健康委员会关于做好2021年平安医院建设工作的通知》，对平安医院建设工作进行具体部署。10月印发《关于做好当前平安医院建设重点工作的通知》，对平安医院建设工作进行再部署。对医疗机构“三防四室”建设做出具体要求，推进全市二级及以上公立医院和部分规模较大的医院完善“三防四室”建设，并安装“一键式”报警系统，与公安报警系统联网；市内三级综合医院按要求安装安检门。重点人群的涉医矛盾纠纷得到有效化解，特别是市中心医院、邵阳学院附属第一医院、邵阳学院附属第二医院、市中医医院、市中西医结合医院周围的“医托”问题得到根本解决。

【医学考试】2021年，邵阳考点护士执业资格考试2472人，总科次4944科次，全部采用人机对话考试；中初级专业技术资格考试5245人，其中初级士421人、初级师2208人、中级2616人，机考3578人、纸笔考试1667人，总科次18347科次，其中纸笔考试5808科次、人机对话考试12539科次。“两考”考试合格人数及合格率分别为：“护考”通过人数1337人，通过率54.1%；“卫考”通过人数3172人，通过率60.5%。

（黄东升）

·药政管理·

【业务培训】2021年，邵阳市为贯彻落实国家基本药物制度，巩固完善市基本药物制度实施成果，提高各级卫生健康行政部门、医疗机构药政管理水平，将2021年作为业务培训年。要求全市各级卫生健康药政部门、各医疗机构进行层层培训，每个县市区确保培训到每一个单位，每个单位培训到每一个药政从业人员。5月，举办全市基本药物制度师资与药政管理培训班，320余人参加培训。

【基药配备管理】2021年，邵阳市创新基药代购方式，加强基药配备管理。规范全市所有乡镇卫生院和村卫生室必须网上采购药品。按“药品采购流程”进行药品采购、配送。严格控制基药、非基药的比例。实行以县市区为单位补充议价采购50种常用药品（辅助性用药原则上除外），补充采购金额不得超过本单位网采总金额的8%。在助推基药代购工作中，要求部分经验丰富的基层药房主任利用自有业务往来的医药公司的价格报表等，因地制宜制作好包含价格等在内的能供参考的基药目录，方便村医去挑选40多种基药；要求所有乡镇（中心）卫生院、街道社区医疗服务中心药物设置带量采购专柜，贴好蓝色基药标签，让村医自行选择后由乡镇（中心）卫生院、街道社区医疗服务中心采取调拨等方式配给村医。

【药事管理】2021年，邵阳市加强药事管理，规范合理用药。组织培训学习《湖南省基层医疗卫生机构药事管理规定》，要求各级医疗机构做到严格控制激素使用率、严格控制无指征使用抗菌药物、严格控制抗菌药物联合使用、严格控制抗菌药物、严格控制抗病毒药物联合使用5个“严格控制”，以及严禁使用三联（包括三联）以上抗菌药物，严禁使用第四代头孢菌素类、碳青霉烯类的新型B—内酰胺类抗菌药物，严禁联合使用中成药针剂等药品3个“严禁”，基层医疗卫生机构的临床用药明显规范，激素使用率、抗菌药物使用率等明显下降，杜绝三联以上抗菌药物使用和中成药剂连用现象，杜绝第四代头孢等高档抗生素的采购使用，规范基层的临床用药，提升基层医疗质量。

【资金管理】2021年，邵阳市落实各级财政补助资金。严格按照上级有关实施国家基本药物制度的政策要求，督促基层对基药补助经费足额及时拨付到位。完善乡村卫生服务一体化管理，强化卫生院财务监管，实行基层医疗卫生机构药品集中支付，统一管理制度，做到专款专用，进一步规范基层医疗卫生机构的财务管理，保障经费统筹安排，合理使用。

【药品监测】2021年，邵阳市增加药品监测哨点，及时上报短缺信息。全市哨点由44个增加到138个。同时进一步明确监测程序、范围、时限等工作要求，及时收集短缺药品信息。建立短缺药品清单管理，及时应对处置。综合分析本辖区疾病谱变化、重点人群临床用药需求、突发事件应急保障需要等情况，建立短缺药品特别是常用低价药清单管理。组织开展本辖区短缺药品清单内药品临床综合评价，不断优化清单，实现短缺药品清单动态管理。强化综合监测预警，完善短缺药品储备。加强供需对接调剂，保障短缺药品供应。健全会商联动机制，提高保障供给能力。

（黄东升）

·中医药事业·

【"方便看中医、放心用中药"行动】2021年，邵阳市全面推进"方便看中医、放心用中药"行动。开展"中药饮片及药事质量管理"专项督查，组织专家对全市公立中医医院、部分基层医疗机构及中医诊所共60家医疗机构的专项督查工作。组织全市医疗机构开展"百千支名中医下基层"活动，39名省市级名中医组建28支名中医团队参加活动，346名医务人员提供服务7026人次，指导新冠肺炎疫情防控机构数89个。开展"千名医师讲中医"活动，组织中医药专家672人开展宣讲382次。组织中医师"义"服务，提供服务456次，累计28941人受益。推进三级公立中医医院和符合条件的二级公立中医医院纳入全国公立中医医院绩效考核范围；持续推进三级中医医院对口帮扶及医联体、县域医共体建设。每个三级中医医院均牵头成立医联体，市中医医院牵头与洞口县等17家医疗机构成立医联体，组建邵阳市肿瘤专科联盟；市中西医结合医院牵头与新宁县、城步苗族自治县中医院、塘田市镇卫生院、严塘镇卫生院、长乐乡卫生院等组建医联体。二级中医医院均牵头组建县域医共体。

【中医人才队伍建设】2021年9月，邵阳市举办全市中医医院医师及青年护士"三基"知识竞赛。推进全市中医类别助理全科医生培训。全市中医类别助理全科医生培训基地管理人员及单位中医内科等专业方向从事临床且具有中医临床带教经验的专业技术人员共26人参加2021年中医类别助理全科医生师资培训班，完成全部培训课程且经考核合格；34人参加贫困地区基层医疗卫生机构本土化人才培养；10人参加中医类别全科医师转岗培训项目。推动中医药事业传承发展。组织开展全市传统医学师承和确有专长人员医师资格考核报名，189人通过报名（其中老专长47人、新专长142人）；组织第三、四批湖南省老中医药专家学术经验继承人何茂顺等4人参加学术经验继承集中理论培训。加强基层人才培养，提升基层医疗服务能力。组织开展全市定向免费医学的招录，录取10人；组织全市11家公立中医医院对全市205家社区卫生服务中心和乡镇卫生院以及部分村卫生室、社区卫生服务站医务人员开展基层中医适宜技术培训，确保中医适宜技术推广培训全覆盖，进一步提升基层中医药服务能力，组织175场次培训适宜技术人员4117人。鼓励各级各单位申报湖南省中医药科研课题计划项目，全市获批湖南省中医药科研课题计划立项项目5项，其中重点课题1项、一般课题4项。

（黄东升）

·卫生健康宣传教育·

【"文明健康 绿色环保"大型宣传活动】2021年4月，邵阳市在城南公园举行"文明健康 绿色环保"大型宣传活动，共11家市直医疗单位、三区卫健局和5家病媒生物防制公司全程参与。市直各医疗单位现场给市民群众开展义诊和健康咨询，病媒生物防制公司向市民提供病媒生物防制相关知识宣传咨询并免费发放病媒生物防制药品。通过宣传标语、宣传展板、宣传手册、设咨询台以及发放倡议书等方式，宣传"文明健康、绿色环保"的主题内容及爱国卫生运动的目的及意义。此次活动共提供健康咨询1000余人次，测量血压600余人次，测量血糖120余人次，发放宣传资料80余种6000余份，摆放宣传展板50余块，病媒生物防制专业公司现场发放多箱病媒生物防制药品。

【健康教育】2021年，邵阳市卫健委成立第一批42名健康科普专家库。加强医院健康教育，二级以上医疗机构设立健康教育科负责健康教育，所有的医疗卫生机构均有专（兼）职人员负责健康教育。全市有74家二级以上医院创建成健康促进医院，利用自身健教阵地和病友会等载体开展健康教育。

开展重点人群健康教育，采取上门服务、医院就诊、电话随访等方式对居民进行有针对性的个体化的健康教育，采取咨询、讲座、义诊等方式为居民进行健康知识普及，全市各级医疗卫生机构举办健康教育讲座 5493 次、参加人数 32.8 万人次，举办健康教育咨询活动 4456 次，参加人数 20 余万人次。

开展健康促进县区创建，推进

健康促进单位及健康环境建设。新邵县、新宁县、大祥区通过省级健康促进县区建设评估验收，武冈市、洞口县启动第七批健康促进县区建设项目；全市创建健康促进学校271家、健康促进医院74家、健康促进单位109家、健康促进企业39家、健康促进社区49个、健康促进村148个，健康促进家庭280651户，健康主题公园7个、健康主题步道（一条街）8条。

完成居民健康素养监测。洞口县开展国家级居民健康素养监测，大祥区开展省级健康素养监测，经省市级复核，监测合格率达100%。根据监测数据显示和省级复核结果，全市居民健康素养总体水平达23.68%。

【技能培训】2021年，市爱卫办进一步加强全市各级爱卫工作人员的技能培训。4月组织县、市区爱卫工作人员一行赴陕西汉中参加国家组织的"关于新形势下爱国卫生工作暨国家卫生城市（县城、乡镇）创建复审培训班"。5月根据国家卫生城市标准，结合国家卫生城市暗访工作的特点，组织相关国卫专家分行业、分项目、分重点部位、分区域等举办6期"邵阳市国家卫生城市工作业务培训班"。10月通过线上方式对各县市区进行"无烟党政机关建设"相关知识的培训。

（黄东升）

·计划生育·

【机构改革】2021年，邵阳市各级计划生育协会贯彻落实中央、省委关于群团组织改革的决策部署，推进市、县、乡三级计生协改革。年底，完成市本级机构改革，内设机构由1个增加到2个，编制由4个增加到6个，经费由原40万元增加至60万元；洞口县、邵东市出台改革方案和"三定"方案，增加编制，全市8个县市均保持原有级别不降低。各乡镇（街道）、村（社区）计生协组织机构3809个，其中乡镇级207个、村级3589个、社区13个，协会会员54万余人，志愿者8万余人。

【为群众办实事】2021年，邵阳市各级计划生育协会组织动员近7000名计生协工作人员、10万名会员和志愿者直接参与新冠疫情联防联控和群防群治工作，发放防疫宣传资料22万余份，上户排查中高风险地区对象11万余人次，宣传劝导群众完成新冠疫苗接种，募集到善款及物资160多万元，化解纠纷1.2万余起。5月28日，市计生协会联合省人口健康福利基金会、省妇幼保健院、省肿瘤医院以及市辖三区计生协会等18家单位在市区城南公园举办"知党史、感党恩、跟党走"主题宣传暨"我为群众办实事"义诊服务活动。开展"小善举·大爱心"募捐生育关怀活动，筹集帮扶款39.23万元，救助本系统特困职工127人。开展计划生育家庭保险工作，争取省级财政项目经费，向省计生协申报计生家庭贷款贴息、"三结合"等项目4个，项目专项资金59万元，扶助计生困难家庭就业、创业。为597人次计生特殊家庭发放住院护理补贴99.82万元，为计划生育特殊家庭5180人购买健康保险77.7万元，理赔金额172.19万元，理赔率达221.6%；计生家庭意外伤害保险保费达77.51万元，理赔金额62.8万元，理赔率达81.02%，并协调市医保局为计生特殊家庭办理特殊门诊绿色通道。全市开展生育关怀活动资金达430多万元，受益计生群众达1.5万余人次。

（莫雪明）

医疗保障

【概况】2021年，在全省医保基金运行分析评比中，邵阳市职工医保与居民医保综合评分均跃居各市州第一位；基金监管工作进入全省前三强；DIP付费通过国家医保局评估验收。

城镇职工医疗保险　全市参保人数61.34万人，医保基金总收入21.47亿元，总支出16.78亿元，当期结余4.69亿元，累计结余42.94亿元（含个人账户13.51亿元）。

生育保险　市本级生育住院人数1309人，发生生育医疗费用1042万元，比上年度减少0.7%，生育基金支出239万元，比上年同期减少4%。其中，异地生育人数185人，生育医疗费用127万元，比上年同期增长7%，生育基金支出34万元。全年为产假期满共1338人支付生育津贴待遇费用4629万元，比上年同期减少10%。

城乡居民医疗保险　全市参保人数645.78万人，参保率达107.73%，医保基金总收入55.32亿元，同比增长4.91%，总支出51.37亿元，当期结余3.95亿元，累计结余30.50亿元。

大病保险　推进第二轮城乡居民大病保险承办服务，大病保险筹资标准为65元/人。报销比例提高到60%以上，年度补偿限额统一为30万元；贫困人口起付线降低50%，报销比例较普通人口报销比例提高5个百分点，达到65%以上，取消特困人口、低保对象、返贫致贫人口大病保险封顶线。

是年，邵阳市医疗保障局（以下简称市医保局）志愿者服务队获评2021年度"全市最佳文明实践志愿服务组织"，市医保局首次与市卫健委联袂获省委、省政府真抓实干奖。

【困难人群医疗救助】2021年，邵阳市落实脱贫人口全面参保。特殊困难人群基本医疗保险参保率达100%。重度残疾人、孤儿、事实无人抚养儿童给予全额资助，对低保对象给予50%的资助；对纳入民政和乡村振兴等部门农村低收入人口监测范围的困难人员、乡村振兴部门认定的返贫致贫人口给予50%资助。将脱贫攻坚期间内健康扶贫六重保障措施统一转换为基本医疗保险、大病保险、医疗救助三重保障制度。建立防范化解因病返贫致贫长效机制，通过建立依申请救助和再救助制度，对年度内发生高额医疗费用的易返贫致贫人口和因高额医疗费用支出导致家庭基本生活出现严重困难的大病患者，依申请、经审核后按次享受医疗救助待遇。

【集中整治】2021年8月开始，市医保局与市纪委监委、市卫健委、市财政局、市审计局、市公安局、市市场监督管理局等14个单位建立协作联动机制，围绕定点医疗机构、定点药店、参保人、经办机构、医药企业、政府部门等六大整治重点，围绕12个子方案在全市范围内开展为期6个月的医保基金集中整治大行动。全市经办机构、“两定”医药机构自查发现问题2001个，整改到位2001个，退缴违规资金214.19万元。《中国纪检监察报》刊发市医保基金领域典型案例。

【医药价格和招标采购】2021年，邵阳市推进国家、省（市）联盟药品、医用耗材集中带量采购。通过各类集采节约医疗成本费用约2.7亿元，减轻群众看病负担。运用激励机制，年度内拨付医疗机构结余留用款455.8万元，增强医疗机构规范集采的积极性。年内全市自查自纠并整改价格管理执行不规范问题339个；查摆价格“六要素”待完善问题148项报省；整改集采药品供应不足、配送服务不足问题164条，责令未完成约定采购量的47家医疗机构整改到位，对24家非中选产品异常采购的医疗机构进行督促整改，协调解决集采药品回款不及时问题51个。

【医药服务】2021年，邵阳市成立由分管副市长任组长的DIP付费改革试点领导小组，组建242人的DIP专家人才库，出台“5+1”制度框架，建立3114组病种目录库，构建推动DIP改革的“四梁八柱”，启动日间手术和中医优势门诊按病种付费试点。邵阳市DIP付费通过国家医保局评估验收，评为优秀，并被第一届中国CHS-DRG/DIP付费大会推介，邵阳市被评为全国12个DIP付费示范城市之一。全面推进中医药传承创新发展。开展中医优势病种门诊、住院按病种收付费管理，核定新增小儿推拿疗法等11项中医药特色明显、体现中医创新和临床价值、疗效肯定的特需中医医疗服务项目，调整中药化腐清创术等6项中医医疗服务项目价格；制定医疗保障支持中医药发展试行政策措施；医疗机构区域规划布局适当向中医医疗机构倾斜，对符合条件的各级各类中医医疗机构，及时按程序纳入医保定点管理范围。

【信息化建设】2021年，邵阳市出台《邵阳市贯彻执行15项国家医疗保障信息业务编码标准实施方案》，开展全市医保药品、医保医用耗材、医疗服务项目（三目录）及医保门诊慢特病病种、医保按病种结算病种、医保日间手术病种（三病种）6项编码标准的编码映射、政策标识、审核质控、双码测试试点工作并通过验收。动态完成全市医保疾病诊断和手术操作、医保医师、医保护士、定点零售药店、医保药师等8项信息业务编码全量维护，搭建好医保基金结算清单应用环境。截至年底，全市医保电子凭证注册2411436人，激活率34.29%，市州排名第三；完成医院、药店扫码墩铺设，1230家定点药店已使用电子凭证支付，开通个人账户全省通用及全市通用。9月28日医保新平台在邵阳上线。

【异地就医】2021年，邵阳市全面实现市内、省内、跨省3级异地联网结算。市内联网直接结算12187人次，总费用14977.4万元，基金支付9730万元。省内联网直接结算全市15024人次，总费用28197.1万元，基金支付14984.4万元。跨省联网结算全市转出结算12275人，总费用24456.5万元，基金支付11199万元。全市已实现跨省异地就医住院联网结算医疗机构76家，门诊跨省异地就医联网结算医疗机构15家。全年接听电话政策咨询和异地住院申报14760人次，其中异地就医申报2284人次，为异地定居人员办理异地安置手续431人次，审核异地就医人员申报资料符合政策2580人次，不符合政策的70人次。中心报账4349人次，总金额5403.5万元，基金支付3056万元。

【市本级医保稽核管理】2021年，邵阳市医疗保障稽核中心对市本级7家协议医院和100家协议零售药店现场监管214次，配合执行打击欺诈骗取医疗保障基金专项行动，对违规医院及药店拒付违规金额101万余元，完成16起上级交办或群众举报案件调查核实工作。

【市本级特殊门诊】2021年，为新特殊门诊申报人员建立个人档案2155份，收集整理特殊门诊申报资料7935人次，组织8次特殊门诊人员评审，评审7935人。医保系统审批特殊门诊19635人次，肾排检查76人次，批准享受普通特殊门诊1454人，大额特殊门诊648人，血液透析785人，普通特殊门诊发生54670人次，总费用1606万元，医保支出1191.5万元。审批大病保险特药使用885人次。市本级审批结算大病保险特药1546人次，费用1509万元，大病保险支付1039万元。

【市本级意外伤害】全年受理意外伤害案例1651件，实地和电话调查1651件，协调公安部门87次，开具协查函230多份，调查率达100%。查出不属于医保支付范围105件，防止医保基金流失约130万元。每月与承保公司进行理赔结算，意外伤害理赔费用1973.69万元。

【市本级参保权益】2021年精简办事流程，做好窗口经办服务。窗口工作人员完成业务受理约3.8万件，办理人员异动5.24万人次。制作发放个人IC卡7293张。协调处理新系统上线参保缴费问题1.7万余件。清理建个人账户单位1375家。核对退休人员建个人账户单位343家，退休人员2.69万人。

【市本级结算工作】按时完成已签协议各医院及药店结算工作，

结算门诊业务16.76万人次，总费用4964.06万元；住院业务3.88万人次，总费用51157.23万元，住院医保应支付费用31210.49万元；购药业务126.21万人次，总费用16987.85万元；特殊门诊业务6.62万人次，总费用2559.78万元（统筹2436.67万元）；1月1日至5月18日通过智能监管审核系统对全市42家定点医院进行电子病历审核，审核违规疑点23951条，依规对其中1851条进行处罚，共计金额27.78万元；组织专项工作小组对市本级42家协议定点医疗机构5月18日至9月30日的住院结算病历现场抽查，查处违规金额11.04万元。

【特殊人员医保服务】受理办结629笔，市直困难企业军转干部市本级定点医院住院114人次、28.11万元，结算市直困难企业军转干部异地住院13人次、支付补助资金6.33万元。为失独人员维护修改其权益标志125人次。完成新中国成立初期退休老干部医保铺底人数的核实和个人账户铺底112人、铺底金额89.6万元。

（曾　丹）

医疗机构

【邵阳市中心医院】2021年，邵阳市中心医院完成门急诊量109.42万人次（含体检），同比增长（下同）14.86万人次，增幅15.72%；完成出院病人数9.91万人次（含血透），增长0.67万人次，增幅7.26%；完成手术量5.87万台次，增长1.27万台次，增幅27.65%；病危病人床日数占比17.63%，下降1.74%；平均住院日为7.21天，下降0.21天；病床使用率达84.29%，上升2.07%；病床周转次数42.67次，上升2.12次。东院完成门诊量19.81万人次（含体检），增长5.48万人次，增幅38.28%；出院病人数2.02万人次，增长0.44万人次，增幅27.37%；完成各类手术3743人次，

邵阳市中心医院医疗集团东院（2021年）　（刘小康　供图）

增长965人次，增幅34.74%。连续十年挺进全国地市级医院百强行列。

建立常态化疫情防控组织体系。派出医护人员支援张家界阻击疫情，成立感染预防与控制科，增设专职院感人员，加强院感管理；有序推进新冠疫苗接种，建设全市首家“方舱式”新冠疫苗接种点，最高单日接种量达1200剂次，全年累计接种疫苗54783人次，为全市10个疫苗接种点派遣医护人员4500人次，所有保障点均未出现一例严重医疗不良事件，全年核酸检测29.58万人次；加强防控物资储备，建立医用物资储备库，医疗物资药品储备量满足60天满负荷运转需求。

医院房颤中心通过国家专家组检查，胸痛中心通过省级检查，心电中心全院铺开。泌尿外科通过国家临床重点专科建设项目立项。专病门诊自22个增加至38个。成立全市首个乳腺癌诊疗MDT、腹部肿瘤MDT、淋巴瘤MDT、小儿外科MDT、口腔－头颈肿瘤MDT，乳甲外科入围MDT规范诊疗能力国家级大赛。推进分级诊疗，探索建设上下联动、共享共赢的医联体模式，医联体单位自38个增加至43个、专科联盟自27个增加至29个。获批省自然立项3项，省卫健委课题立项13项，市科技局立项22项。发表论文88篇，其中SCI论文9篇。推进医教研协同发展，申报立项省级继续教育项目4个、市级继续教育项目34个；新增导师10人。与遵义医科大学合作，成为该校的“研究生联合培养基地”。培训员工145期3656人次。

设立医技检查一站式集中预约平台，实现“一站式预约、信息化排序、多科室检查”等功能，落实急诊绿色通道，优化急危重症患者的住院流程，缩短患者办理手续的时间，推进分时段预约诊疗、公众号预约健康人群核酸检测等项目。开设静疗治疗门诊、淋巴水肿门诊、伤口造口门诊、助产士门诊等护理专科门诊。开展应急基本救治技能培训1000余人次，862名志愿者获省“现场救护第一目击者资质合格证书”。开展健康义诊和健康讲座51次，受益12425人次。推进医养康养相结合的养老服务体系建设，医院成为邵阳市首批老年友善医疗机构。

提高急危重症和疑难复杂病诊疗水平。心血管内科完成湘中地区首例心腔内超声房颤“一站式”手术、邵阳地区首例成人肺动脉瓣狭窄球囊扩张成形术和右位心合并主动脉狭窄的室间隔缺损封堵术；泌尿外科团队完成邵阳首例儿童巨大多发性肾上腺嗜铬细胞瘤切除术；肾内科为重症SLE患者实施邵阳首例DNA免疫吸附与血液透析串联治疗；脊柱外科完成邵阳首例UBE（单

侧双通道脊柱内镜技术）；泌尿外科完成邵阳市第一例3D腹腔镜下输尿管膀胱再植术；介入血管外科完成首例髂总动脉瘤切除+Y型人工血管置换术，填补邵阳地区此类手术的空白；重症医学中心成功救治医院首例确诊“嗜肺军团菌”重症肺炎患者。

（孟天笑）

【邵阳学院附属第一医院】 2021年，邵阳学院附属第一医院成为湖南省现代医院管理制度试点单位。医疗保障双清区4个成人疫苗接种点及北塔区所有社区的儿童疫苗接种点，完成院内外接种疫苗16.98万剂，核酸检测13.12万人次。发出推文、新闻报道、软文、科普等291篇，拍摄产科、妇科、儿童康复科等重点科室宣传视频并投放相应渠道，处理网络舆情22起。完成医疗综合楼主体建设，改造升级第一住院楼，改善外科病人住院环境；启动江北院区建设，拟在北塔区已规划的120亩医疗用地上建设三级甲等医院。签收送外审工程项目11个，完成审计项目10个，送审金额1812万元，审定金额1537万元，审减金额275.6万元，核减率15.21%。开展安全生产大排查累计12次，对危化品仓库、检验科进行专项整治，排查各类隐患151处，组织消防知识培训4次。

五大中心建设 推进危重孕产妇救治中心、危重新生儿救治中心、卒中中心、胸痛中心、创伤中心“五大中心”建设。通过国家标准版胸痛中心验收，全年完成急诊PCI 360例，院急诊PCI占邵阳市区的70%，急性心肌梗死患者的救治双绕率达50%，门球时间平均达65分钟，血管再通率达95%以上，溶栓最短时间12分钟，心内科平均住院时间从8天下降至6天，加入湖南省胸痛质量控制中心，牵头成立邵阳市胸痛联盟。成功申报国家卒中中心，开展静脉溶栓、动脉溶栓、机械取栓、血管内支架植入及颈动脉内膜剥离等全部技术，年静脉溶栓数量约80例，较上年上升200%，DNT平均时间约35分钟，最短时间19分钟，居全国前列，年底迎来首次国家级验收。建立创伤中心紧急救治工作机制，优化救治流程，接诊救治创伤病人1200人次，其中重症创伤病人250人次，抢救成功率高达95%；依托急诊科建立创伤中心院内联络群及院外联络群（邵阳急救群），院外联络群人员涵盖全市500名急诊急救及创伤相关医师，平均每天均有2~3个急诊病人通过此微信群转运到院救治，其中创伤患者占30%，实现“病人未到，信息先到，医生未到，治疗先到”的先进诊疗模式。危重孕产妇救治中心接诊400人次危重孕产妇，成功救治率达100%，占全市70%。加入省妊高症多学科协同专病联盟，牵头成立邵阳市妊高症多学科协同专病联盟；新生儿科接诊900名危重新生儿，成功救治率达99.5%，开展新生儿亚低温治疗，降低新生儿脑出血的死亡率，加入省早产儿甲状腺功能低下干预联盟。

质量安全管理 开展科室质量与安全活动，实行行政大查房及联合督查日制度；医务、护理每月召开医疗质量与安全委员会，对医疗、护理医疗质量与安全情况进行通报和点评，并针对重点问题进行分析、整改；业务职能部门组织参与临床科室质量安全会60场次。开设干眼门诊、助产士门诊；普外科、NICU、神经内科开展护理服务新项目，在全市“首届护理创新大赛暨护理新技术新进展”大赛中，4个项目获奖；强化护理培训，三基理论、护理技能操作培训合格率高于95%。

重点学科建设 完成24个市级重点学科申报，申报19个省级（市州级）重点学科。耳鼻喉科挂牌湖南省耳鼻咽喉腔镜临床技术示范基地，儿康申报湖南省儿童康复临床技术示范基地；呼吸与危重症医学科完成国家“PCCM”项目验收并获国家项目组授牌，开展支气管镜下呼吸介入技术，冷冻和支架植入为邵阳地区首例；眼科开展干眼门诊，加入省糖尿病视网膜病变分级诊疗与全病程管理联盟，启动医院糖尿病视网膜病变及眼底病筛查，眼科与内分泌科、全科医学科建立糖尿病视网膜病变诊治MDT小组，作为主席单位建立邵阳市眼底病联盟；成立VTE的领导小组及各个专业小组，选择神经内外科、呼吸内科、心内科、肿瘤科、骨科、普外科、妇产科作为VTE防治的试点科室，对VTE高危患者进行综合评估，降低术后VTE的发生率；通过邵阳市老年友善医疗机构的验收，并被推选至省级老年友善医疗机构；建立骨科快速康复病房，促进骨折患者的早期运动；与市残联签订合作协议，以市残联新大楼项目为依托建设残疾人康复中心。

门诊服务 落实首诊医师负责制，加强危急值处理；推行门诊优质服务，在门诊大厅设立导诊、咨询、预约、便民等多种形式的服务，建立、完善病人投诉处理机制，处理投诉及纠纷100余次；在门诊一楼儿保中心内设立母婴室，增设打包台、饮水机；开辟就诊“急救绿色通道”，导诊人员为年老体弱、行动不便的就诊患者提供挂号、轮椅、平车护送等服务；在门诊一楼、四楼设置备用担架，对危急重症患者立即护送到急诊科进行救治。

药品监管 对辅助用药重点清理，对不合理用药进行处罚与通报。医院药占比24.96%，住院抗菌药物使用率53.12%，使用强度36.47DDD，较上年有所下降，均控制在国家卫健委要求范围之内。

医疗新技术、新项目 开展医疗新技术、新项目48项，开展病例数达1330例（其中手术、治疗新技术414例）。对上年度开展的新技术新项目进行评定，对开展较好的项目进行奖励。

教学工作 制定《优秀教研室、优秀带教科室及优秀教师评选办法》《邵阳学院附属第一医院教师课堂教学竞赛章程》等文件，规范教学管理，提高临床教师教学积极性；组织开展院级教学竞赛，组织74名教师赴省内外参加培训12次，加强教师的课程思政、教学信息化、人才培养模式、临床教学等方面的能力培养；开展理论教学改革，组织各教研室申报省级及校级教学改革课题，其中《基于SPOC的混合式教学模式在（全科医学概论）教学中的应用研究》获校级教改课题立项；完成本科理论教学工作量3478学时，见习教学工作量5214学时。接收各高等院校实习生435人，组织实习生参加学术大讲座10次，组织内科学教研室开展疑难及典型病例报告会4次，组织实习生座谈会1次，开展实习绩效检查3次。

住培工作　2020年12月获批国家级第三批住培基地，获批内科、外科、妇产科、儿科、全科五个专业基地。完成住培生招录63人，制定并下发院级住培管理制度18项，制定所有住培生三年的轮科计划；完成院级住培师资培训，筛选临床科室43人次具有教学经验的师资外出或线上参加国家级或省级住培师资培训，建立院级297人的住培师资库，完成186人院级住培师资培训（含基层实践基地、协同单位部分师资）。

科技兴院　与桂林医学院签订研究生联合培养协议，遴选硕士生导师2人；与南华大学应用解剖与生殖医学研究所联合申报省科教协同研究生创新基地；筹建生物样本库（含基础实验室）建设。推荐申报省科学技术进步奖1项，国家自科基金项目2项、省自然科学基金类面上项目1项、青年基金项目2项、科卫联合基金项目1项、邵阳联合基金23项、创新平台项目23项、省卫健委课题9项、省教育厅课题11项，市科技局项目14项；推荐3个科普项目申报，其中2项获省科技厅立项资助。推荐1人参加省科普演讲竞赛、2个视频参加省科普作品竞赛，推荐11个视频在市卫健委抖音平台推送。

学生管理　7月负责接收临床医学本科专业6个年级（含毕业生）、36个班级共1141名学生，并承担学生管理工作。9月完成老生返校及新生报到相关工作。

人才建设　招聘医学及管理人才93人，其中博士生1人、硕士研究生21人、本专科毕业生71人。开展职称评聘改革，将医疗科研、教学等作为职称申报的重要评价指标，完成26名高级、95名中级、39名初级专业技术人员职称聘用。

对口支医　对口武冈市人民医院、城步苗族自治县人民医院支医20人，派至火车站乡卫生院13人次，开展业务理论培训、技能操作培训80余场次，接诊患者5080余人次，开展手术380余台次，会诊200余次，指导科室开展疑难病例讨论38次，三级查房80余次，帮助医院完成700余份病历环节质控、终末质控，并与城步苗族自治县人民医院五官科及放射科签订医联体合作模式协议，成功将适宜技术推广至基层医院。

医联体合作　与双清区疾控中心合作“双清区中小幼学生近视眼调查”项目，服务0.9万人次；联合儿康开展“双清区中小幼学生健康体检”项目，服务对象2.6万人次；组织双清区乡村医生培训，编辑《双清区乡村医生培训资料汇编》；组织妇科、乳甲外科进行妇女病普查普治800人次；加强与绥宁县人民医院合作，推广耳鼻咽喉头颈外科微创基地。全年走访县级（含中医院）医院15家，乡镇卫生院21家。推行志愿服务义诊进学校、社区、基层医院，开展急救培训、保健知识讲座、院感培训等活动22场。

远程会诊　完成远程病例会诊200余例、病理会诊52例、远程静态心电图29486人次、HOLTER 187人次、动态血压200人次、远程CT 20287人次，远程DR 9260人次，共计会诊59474人次。

（肖　倩）

【邵阳学院附属第二医院】邵阳学院附属第二医院始建于1984年，是一所集医疗、教学、科研、康复、预防和保健于一体的国家三级综合性医院。2021年，医院占地面积87亩，总建筑面积8.6万平方米，资产总值5.33亿元。有编制床位712张，可开放床位1200张；在职职工1000余人，其中博士、硕士83人，双师型教师374人；设置30个临床科室、11个医技科室、20个职能科室和17个教研室。甲状腺疾病专科、肾内科为省级临床重点专科，其中甲状腺疾病专科被省科技厅授予“湖南省甲状腺疾病防治临床医疗技术示范基地”；骨科、普外科、口腔科、神经内科、内分泌科、呼吸内科、心血管内科、康复科、检验科为市级重点学科。

年内完成总收入3.57亿元，较上年（下同）增加4245.69万元；完成门急诊24.54万人次，增加1.74万人次；出院病人2.43万人次，增加0.23万人次；手术6311台次，增加823台次。出院患者手术、微创手术、四级手术占比分别为27.59%、13.80%、20.69%。

“三甲”创建　2021年，邵阳学院附属第二医院以“三甲三升”项目为平台推进创建工作，完成核心制度和法律法规汇编成册，落地落实多部门巡查和夜查房等常态化督查机制，开展示范性三级查房、基本技能操作规范化培训、核心制度专项督查活动，邀请市级专家开展三甲创建诊断性评估。

学科建设　2021年，邵阳学院附属第二医院肾内科通过省级重点专科建设验收，骨科分为脊柱与骨肿瘤外科、关节与创伤外科，急救中心分为急诊科与重症医学科，新建胸外科和中医科，完成口腔科和核医学科的改造工程。

智慧医院建设　2021年，邵阳学院附属第二医院启动医院信息化建设项目，完成结构化电子病历系统、检验系统、数据集成平台等系统建设，医院电子化结构病历通过国家

邵阳学院附属第二医院俯瞰图　（周光生 供图）

四级验收和省卫健委三甲信息化评审，互联互通基本达四级甲等水平。

宣传和基层服务 2021年，邵阳学院附属第二医院在微信公众号、抖音号上发表作品191件，在省级媒体发表宣传稿件28篇，出刊4期院报，在全国科普大赛中获冠军1项、三等奖1项，在省级科普大赛中获特等奖2项、三等奖4项；开展下基层坐诊帮扶活动261期、送健康公益活动37次、公益讲座55场。

教学科研 2021年，邵阳学院附属第二医院承担医学类1463名学生的管理工作，完成总课时1.57万时；参加学校各类教学竞赛获一等奖2项、二等奖4项，参加省第三届技能创新创业大赛获三等奖，参加中国大学生医学技术技能大赛获区赛团体三等奖；立项课题38项。

新冠疫情常态化防控 2021年，邵阳学院附属第二医院新建发热门诊，增设2处核酸采样点，组建核酸采样突击队，全年开展核酸检测10万余次，职工新冠疫苗接种完成率100%，为邵阳学院全体师生和社区居民接种疫苗4.3万剂次，完成医疗保障工作700余人次。

（周光生）

【邵阳市疾病预防控制中心】 2021年，邵阳市疾病预防控制中心，设科室24个，在编职工198人，其中高级职称39人、中级职称62人。办公及业务用房1.34万平方米，其中实验室0.6万平方米。

抓紧抓实新冠疫情防控工作，落实“外防输入、内防反弹”总策略和“动态清零”总方针，发挥专业优势，提供技术支撑，精准精细开展流调溯源，推进疫苗接种，加强核酸检测，从快从速强化预警提示，科学有效处置全市所有疫情。

以控制麻疹为重点开展免疫规划，保证各类疫苗报告接种率均在90%以上，有效防治疫苗针对性传染病，维持无脊灰状态；科学应对人感染H7N9禽流感疫情、手足口病疫情、布鲁氏病疫情及食物中毒等各类传染病暴发疫情及突发公共卫生事件，开展重点传染病监测和结核病、艾滋病及皮肤病防治，落实艾滋病防治各项措施，加强传染病网报管理、巡查和应急培训。

是年，获评省级文明窗口单位和市级文明单位、“十三五”期间艾滋病性病综合防治工作先进单位、湖南省“十三五”结核病防治规划先进集体、2019—2020年度全国麻风病防治管理信息系统工作先进集体。

（杨 义）

【邵阳市妇幼保健院】 2021年，邵阳市妇幼保健院占地面积1.2万平方米，业务用房面积0.87万平方米，固定资产3180万元。全市孕产妇死亡率11.12/10万，5岁以下儿童死亡率4.63‰，各项妇幼卫生工作指标均达到省卫健委年初下达的年度妇幼卫生量化考核指标。2月医院通过产前诊断技术服务校验，4月获“健康促进医院”称号，12月通过三级妇幼保健院创建省级专家现场评审，成为集预防、保健、医疗、康复、教学、科研、计划生育服务于一体的三级妇幼保健机构。

母婴安全保障 明确将母婴安全控制工作纳入卫生健康重点考核指标，开展母婴安全管理专项督导及辖区孕产妇妊娠风险专项质控，加强红色预警孕产妇个案追踪和环节管理，提升孕产妇和新生儿救治能力。健全红色预警及危急重症孕产妇转诊三级网络，及时掌握辖区高危孕产妇动态。

省、市民生项目 完成农村适龄妇女“两癌”免费检查及孕产妇孕中期免费产前筛查项目。农村适龄妇女“两癌”免费筛查任务数9.8万余人，完成筛查10.2万人，完成率103.39%；孕产妇孕中期免费产前筛查完成3.6万人，完成率101.57%。

出生缺陷防控 强化组织领导和部门协调，建立政府主导、部门配合、群众参与的出生缺陷防治机制，全面落实出生缺陷三级干预和出生缺陷儿救治。依托“八免两救助”公共卫生项目，打造“健康教育+基因筛查+精准干预+科学随访+健康保险”为一体的工作格局，实行全免费检测精准服务。全市婚前医学检查率94.96%，叶酸服用率98.40%，新生儿疾病筛查率98.07%，新生儿听力筛查率97.68%。

妇幼健康服务 与公安部门建立协作工作机制，组织开展出生医学证明专项督查，规范废证率管理及真伪鉴定，全年出生医学证明废证率仅为0.05%。预防艾滋病、梅毒及乙肝母婴传播，规范艾滋病孕妇所生儿童的追踪随访管理，制定《邵阳市艾滋病感染孕产妇所生儿童重点案例评审方案》，全市孕产妇艾滋病、梅毒、乙肝病毒检测率分别为100%、99.99%、100%。开展国家、省级儿童营养项目调查，8个营养改善项目县发放营养包32.8万盒。

临床医疗 儿科开展中医特色服务项目如小孩推拿、穴位贴敷等。产科引进气压泵预防产科血栓，规范孕产期的VIE评分及治疗，引进产后盆底康复项目。检验科开展无创Pro产前筛查、新生儿地中海贫血筛查、耳聋基因筛查及诊断、G6PD基因诊断、新冠核酸检测。儿保科0~6岁智力残疾儿童康复项目通过市残联专家验收。

（黎 叶）

区县市情

大祥区

【概述】 大祥区地处邵阳市西南部。2021年，辖1个镇、2个乡、11个街道，土地总面积214.66平方公里。年末户籍人口32.14万人，常住人口36.23万人；人口自然增长率5.12‰。年内最高气温37.9℃，最低气温-3.4℃；年降水量1178.3毫米。森林覆盖率32.9%，水质综合达标率100%，空气质量优良率89.8%。洛湛高速铁路、沪昆高速公路经过区境。全区有红色旅游经典景区1个，国家AAAA级旅游景区蔡锷故里文化博览园1家。全国重点文物保护单位有蔡锷故居、宝庆古城墙等2处，省级文物保护单位4处。

全年地区生产总值210.9亿元，同比（下同）增长8.7%。地区生产总值增速居全市第三名、三区第一名。三次产业结构比为3.6 ∶ 35.8 ∶ 60.6。财政总收入5.41亿元，增长-10.29%，其中地方一般公共预算收入3.04亿元，增长-15.78%；一般公共预算支出13.2亿元，增长-7.85%。

全年农林牧渔业总产值16.23亿元，增长11.8%；粮食播种面积10.47千公顷；全年粮食总产量5.99万吨，增长1.1%。农产品区域品牌：宝庆朝天椒、粮安野香米、神骏黑木耳、召伯蜜柚等。

全年规模以上工业总产值184.3亿元，增长10.75%；其中规模以上工业增加值48.4亿元，增长10%。有省级以上工业园区1个。工业支柱产业：非金属矿物制品业、农副产品加工业。建筑业总产值94.5亿元，增长15.3%。

全年固定资产投资同比增长0.2%，其中高新技术产业投资增长-70.2%，全年1亿元以上签约项目7个。

全年社会消费品零售总额105.3亿元，增长14.4%。实际到位外资4000美元，引进省外境内资金73.34亿元。进出口总额13.3亿元，增长-51.23%。

全年接待国内外游客281万人，增长181%；旅游收入21.066亿元，增长24.34%。

城镇居民人均可支配收入36278元，增长8.7%；农村居民人均可支配收入25230元，增长10.9%。

2021年，大祥区成功创建“国家农业产业融合发展示范区”“省级美丽乡村建设示范区”，获评“全省长江禁捕退捕工作考核先进区”“全省垃圾分类工作‘进度快、有创新’区”，成功申报全省唯一市辖区“国家数字乡村试点地区”。老旧小区改造典型经验做法、交通问题顽瘴痼疾集中整治工作在全省推介，分别获省住建厅、省政府真抓实干激励奖。“宝庆朝天椒”成功登记为国家地理标志产品。蔡锷故里文化博览园获评国家AAAA级旅游景区、湖南省对台交流基地。板桥乡退役军人服务站、大祥区工商联分别获全国退役军人服务保障先进单位、全国“五好”县级工商联称号。资江邵阳大祥段在2021年度湖南“美丽河湖”中排名第15位。

2021年11月23日，省国家数字乡村试点阶段性评估专家组一行在大祥区数字乡村大数据中心现场评估
（大祥区史志研究室 供图）

【老旧小区改造】 2021年3月，大祥区探索创新老旧小区改造大祥模式，通过从“零星改造”到“成片改造”、“单一改造”到“综合改造”、“只建不管”到“共建共管”三个转变，因地制宜打造一批老旧小区改造“样板工程”。全年，开工民生实事工程56个，完工40个，3个示范项目创新案例被省住建厅采纳。大祥区老旧小区改造典型经验做法在全市推广，获省住建厅真抓实干激励奖，被新华网、《湖南日报》、《邵阳日报》等主流媒体宣传推介。

【交通问题顽瘴痼疾集中整治】 2021年7—11月，大祥区开展整治交通顽瘴痼疾 “亮剑行动”，采取点、线、面结合“三项机制”，聚焦“七大类”重点问题开展整治：集中排查隐患路段；集中整治货车超限超载行为；全面治理源头企业；集中整治高风险车辆和驾驶人；深入推进“戴帽工程”；严厉整治非法运营车辆；全面取缔马路市场。整治以来，全区未发生一起较大以上交通安全事故，交通事故发生率同比下降41%，交通亡人事故同比下降60%。该行动在全省推介，获省政府真抓实干激励奖。

【“数字乡村”建设】 2021年11月，大祥区在成功申报国家数字乡村试点地区的基础上，顺利通过省级数字乡村试点阶段性评估验收。大祥区积极探索网格化平台与乡村治理深度融合，建立“互联网+党建”新模式，同步推进“互联网+政务服务”在区、乡、村三级全覆盖，提升乡村治理智能化、精细化、专业化水平，形成乡村振兴内生动力。

（夏海亚　赵紫因）

双清区

【概述】 双清区位于邵阳市区东北部，东临邵东市，南、西隔邵水与大祥区为邻，西北隔资江与北塔区、新邵县毗邻，素有邵阳市“东大门”之称。邵水与资江相汇于资江南路东头南江嘴，形成双清揽胜之势，为古宝庆八景之“双清秋月”，区名因此而来。辖区东西直线距离17.8公里，南北直线距离14.3公里。总面积139.6平方公里，其中陆地126.81平方公里，占总面积90.84%。2021年年末，双清区户籍人口26.45万人，常住人口31.95万人。

全年实现地区生产总值192.17亿元，同比增长7.2%（按可比价计算）。其中，第一产业完成增加值4.97亿元，增长6.1 %；第二产业完成增加值94.41亿元，增长4.6%；第三产业完成增加值92.79亿元，增长9.9%。三次产业结构比为2.6 ∶ 49.1 ∶ 48.3。

全年全区共投入资金1131.5万元完成15项重点民生实事项目，其中增加公办幼儿园学位、孕产妇免费产前筛查、农村适龄妇女和城镇低保适龄妇女“两癌”免费检查、康复救助残疾儿童、强化职业培训、乡村“雪亮工程”建设、乡村公共部位安防设备、办理法律援助案件超额完成目标标务。

全年农林牧渔及服务业总产值11.94亿元，增长7.6%（按不变价计算）。其中，农业总产值4.01亿元，下降2.6%；林业总产值55.8万元，增长0.3%；牧业总产值3.5亿元，增长21.1%；渔业总产值2954万元，下降3.7%；服务业总产值4.13亿元，增长6.2%。

有规模以上工业企业237家，全年完成规模工业总产值411.6亿元，增长17.73%；全年实现工业增加值56.32亿元，增长7.1%。规模以上工业企业中，大中型企业增加值比上年增长16.4%，国有控股企业增加值比上年增长24.6%，非公有制企业增加值比上年增长12.2%。规模工业企业实现主营业务收入322.62亿元，增长12.1%；实现利润15.5亿元，下降3.5%。

具有资质等级建筑企业32家，全年全区建筑业实现增加值38.1亿元，增长1.0%，占第二产业比重40.4%。实现建筑业产值230.19亿元，增长7%，房屋建筑施工面积1978.87万平方米，增长15.6%，其中当年新开工面积166.53万平方米，下降72.9%。全年竣工面积313.26万平方米，增长11.8%。

全年批发和零售业增加值16.48亿元，增长5.1%；交通运输、仓储和邮政业增加值11.57亿元，增长5.8%；住宿和餐饮业增加值1.19亿元，增长12.8%；金融业增加值7.02亿元，增长5.9%；房地产业增加值6.55亿元，增长6.5%；信息传输、软件和信息技术服务业增加值7.66亿元，增长18.7%；租赁和商务服务业增加值3.15亿元，增长11.1%。全年规模以上服务业企业营业收入比上年增长32.7%。

全年社会消费品零售总额146.65亿元，增长14%。其中限额以上批发零售住宿餐饮企业发展到94家，实现零售总额109.81亿元，增长13.04%。按销售单位所在地分，限额以上零售额中城镇实现额为109.69亿元，增长13.1%。按消费形态分，餐饮收入零售额为3560.1万元，增长43.84%；商品零售额为109.46亿元，增长12.96%。

全年完成固定资产投资（500万元以上项目）140.09亿元，增长8.2%。其中，按产业分：第二产业投资89.91亿元，增长33%；第三产业投资50.15亿元，下降18.8%。民间固定资产投资96.27亿元，下降9.5%；房地产开发投资36.76亿元，下降14.2%。

全年实际利用外资25万美元，实际到位内资78.7亿元，增长30%。实现外贸进出口总额45.35亿元，下降1.7%。其中进口总额3.4亿元、出口总额41.9亿元。

全年实现财政总收入50914万元（不含经开区），增长14.4%，其中一般预算收入28126万元，增长12.7%。全年公共财政预算支出12.31亿元。其中，一般公共服务支出28236万元，公共安全支出1705万元，教育支出24326万元，科学技术支出800万元，社会保障和就业支出20651万元，卫生健康支出15663万元，节能环保支出966万元，城乡社区支出9543万元。

全区普通高中在校学生435人，初中在校学生3961人，小学在校学生23495人，幼儿园在园幼儿12002人。小学适龄儿童入学率、毕业生升学率均达100%。全区平均受教育年限10.9年。

年末有各类卫生机构157个，其中公立医院和卫生院5个，卫生防疫防治机构1个，妇幼保健机构1个；卫生和计划生育综合监督执法局1个。有执业医师和执业助理医师351人，注册护士391人。

年末参加城镇职工基本养老保险33013人，同比增加3123人；参加城乡居民基本养老保险63884人，增加3667人。参加失业保险4029人，增加220人，领取失业保险金922人。参加基本医疗保险16.47万人，其中参加职工基本医疗保险2.27万人、参加城乡居民基本医疗保险14.2万人。

全体居民人均可支配收入35073元，增长8.9%。其中，城镇居民人均可支配收入达37131元，增长8.6%；农村居民人均可支配收入达25621元，增长10.8%。

2021年，双清区高质量发展、落实扩投政策措施、城镇老旧小区改造等3项工作获省政府真抓实干激励表彰；“纾困增效”工作在全省会议上作典型发言。

【双清区推动高质量发展获省政府表彰】 2021年，双清区坚持抓实产业、抓牢科技、抓好民生，推动经济社会高质量发展。打造以三一专汽、邵阳纺织机械等为骨干的先进装备制造产业集群和具有国际先进水平的“中国特种玻璃谷”；引导智能家居制造、时尚用品、中医药、资源循环利用等产业转型升级，形成一批具有双清特色优势的产业集群、领航企业和拳头产品。全年产业投资占固定资产投资比重达67.9%，较2020年上升14.7个百分点，制造业增加值占地区生产总值比重为45.9%。实施优化创新生态、创新主体增量提质、创新平台建设等计划，提升科技创新水平。邵阳纺织机械纤维干法纺成套设备的研发与应用、特种玻璃G8.5超薄玻璃基板研发纳入全省100个重大科技攻关项目；科技创新发展专项资金从1000万元增长至3000万元，打造院士、博士科研工作站、省级以上技术研发平台19家，带动全区各类市场主体研发费用投入达到近10亿元，每万人有效发明专利拥有量连续五年位居全市第一。高新技术企业数105家，较上年增加30家。开展“我为群众办实事”实践活动，解决百姓的操心事、烦心事、揪心事。居民人均可支配收入较上年增加3542元，达35742元；投资1.6亿元的市昭阳学校投入使用，投资1.24亿元新建2所小学和4所幼儿园，投资3.38亿元对市第十七中学进行重建；投资0.3亿元的石桥街道社区卫生服务中心投入使用。双清区推动高质量发展获省政府表彰，企业纾困增效工作作为全省唯一区县（市）代表作会议典型发言,邵阳维克液压股份有限公司在深圳证券交易所创业板上市，实现全市上市企业“零”的突破。

【双清区老旧小区改造获省政府表彰】 2021年，双清区老旧小区改造获省政府真抓实干激励表彰。2021年，该区以打造“十五分钟生活圈”促“水电路气网梯安治”大升级，确定面貌改观、房屋修缮、基础设施改造、居住秩序升级4个大方面18个小项具体改造内容。吸纳外地“精致街区改造”“海绵城市”创建经验做法，从加强项目推进调度、严格执行改造清单、引导群众全程参与、尽快攻克改造难点、同步推进管线改造、着力跟进后续管理6个方面明确具体措施。通过社区背街小巷“白改黑”、完善照明、管线提标、拆除违章违建、植绿补绿、新建停车场和休闲健身活动区域等措施，打造有完善设施、有整洁环境、有配套服务、有长效管理、有特色文化、有和谐关系“六有”文明共享社区。截至年底，全区已开工老旧小区108个，占总任务数的35.5%；完工老旧小区102个，占总任务数的33.6%。

【双清区获省政府落实扩投资政策措施成效明显的市、县市区表彰】 2021年，双清区完成固定资产投资140.09亿元，同比增长8.2%，获省政府落实扩投资政策措施成效明显的市、县市区表彰。

全年实施重点建设项目60个、完成投资49亿元，其中市重点建设项目16个、完成投资24.5亿元，为年度计划的114%。邵阳市木材公司棚户区改造、220千伏云水输变电工程、邵阳友阿广场二期工程等项目集中开工建设，形成“立项一批、开工一批、推进一批、建成一批”的重大项目推进机制。完成产业投资95.1亿元，占投资总量的67.9%，同比增长38.2%。其中，完成工业投资89.91亿元，同比增长33%；高新技术投资占产业投资的比重达40.2%；全区民间投资完成96.27亿元，占全部投资比重为68.7%，主要集中在制造业，占民间固定资产投资比重超九成。

（姚　蓓）

2021年9月14日，邵阳市第十七中学重建项目开工仪式举行

（双清区史志研究室 供图）

北塔区

【概述】 2021年，北塔区辖陈家桥镇、状元洲街道、田江街道、新滩镇街道、茶元头街道，土地面积84.4平方公里，耕地面积3.53万亩。年末户籍人口10.23万人，常住人口13.16万人；人口出生率7.5‰，人口自然增长率4.2‰。年内最高气温37.9℃，最低气温-2.7℃，平均气温17.4℃，年降水量1485毫米。

全年全区实现地区生产总值57.64亿元，同比（下同）增长7.5%。三次产业结构比为6.87∶33.83∶59.3。人均地区生产总值46825元，增长36.69%。一般公共预算收入2.72亿元，增长20.87%。其中，地方一般公共预算收入1.36亿元，增长15.64%；一般公共预算支出7.73亿元，增长17.14%。

全年农林牧渔业总产值7.13亿元，增长7.6%；粮食播种面积2.8千公顷，增长4.2%；全年粮食总产量1.82万吨，增长9.96%。农产品区域品牌：北塔蔬鲜。农业机械化水平61.5%。

全年工业增加值15.61亿元，增

2021 年 7 月 18 日，北塔区李子塘村首届黄桃文化旅游节开幕
（北塔区融媒体中心 供图）

长 4.2%；其中规模以上工业增加值 13.61 亿元，增长 4.9%。工业支柱产业：制酒业、非金属矿物制品业、橡胶和塑料制品业。建筑业增加值 19.52 亿元，增长 16.3%。

全年固定资产投资较上年增长 3.23%，1 亿元以上投资项目 6 个。

全年社会消费品零售总额 25.31 亿元，增长 14.7%。实际到位外资 20 万美元，引进省外境内资金 31.25 亿元。进出口总额 8.73 亿元，增长 -47.2%。

全年接待国内外游客 148 万人，增长 61.75%；实现旅游收入 13.99 亿元，增长 57.19%。

城镇居民人均可支配收入 33218 元，增长 8.9%；农村居民人均可支配收入 22969 元，增长 10.9%。

全区实施制造业改造升级工程，高新技术企业占规模工业企业比例达 29%，君志达、中恺玻璃被评为全市专精特新“小巨人”企业。实施市场主体倍增工程，全年净增市场主体 1930 户，新增“四上”企业 28 家，有效注册商标 1501 件，同比增长 88%。创建全省唯一的特色文化服务业示范集聚区金字招牌，服务业增加值占 GDP 比重达 59.5%。广厦文创园成功引进 100 余家品牌入驻，其中酷贝拉被认定为全省研学旅游（示范）基地。成功举办湘窖封坛北塔专场活动和李子塘首届黄桃文化旅游节。13 个省、市重点项目完成投资额 11.8 亿元，完成比例 109.14%。成功签约引进吾悦广场、馨美科技、光伏发电等投资过亿元项目 6 个，合同金额 67.2 亿元。

持续巩固脱贫攻坚成果，消除返贫致贫风险 108 户 232 人，稳定脱贫人口就业 1401 人，就业率 83%，没有发生规模性返贫。推动乡村产业抱团发展，投入产业帮扶资金 2390 万元，组建精品水果、蔬菜等产业联合体 4 个，建立农超销售联盟，果蔬日均销售额超 10 万元。实施“六大强农”行动，经验做法在《湖南日报》市州版头条报道推介。推进美丽乡村建设，改造农村无害化厕所 1436 座，完成年度任务 107%；拆除“空心房”1.3 万平方米，完成年度任务 146%；完成望城坡、陈家桥等 3 个污水集中处理示范点建设，建成贺井、苗儿等乡村振兴示范村 4 个，李子塘村获评省级“特色精品乡村”。

优化城乡交通路网，改善环境综合质量，提高城乡宜居品质。全年，投资 3500 余万元维修更新市政设施；投入 2640 万元完成资兴路至龙源路段排水工程和崀山路、酒园路、青云路防洪排涝工程建设；投入 1.9 亿元改造城镇老旧小区 19 个，惠及居民 5652 户；打通了资江北路（望江楼段）、资兴路等 4 条 10 余年未能畅通的“肠梗阻”道路；完成大应公路提质改造，实施农村公路提档升级工程，完成安防设施建设 7.2 公里，农村公路“好路率”达 86.82%；采取“定路、定人、定责”的网格化运作模式，城市管理工作连续四年被评为全市先进；完成长江经济带生态环境警示片和中央环保督察反馈问题整改，污染防治攻坚战“夏季攻势”完成率长期排全市第一名；落实河长制，在全市率先建成“智慧渔政”监测系统，实现重点水域禁捕“四个百分百”。

推动重点领域改革，持续优化服务。梳理权力清单，将 121 项行政权力和公共服务事项下放至乡、村两级；政务大厅进驻办理事项达 109 项，“一件事一次办”平台发布可办事项 296 项；探索推进“极简审批”，减少企业群众跑腿次数 87% 以上，企业开办环节压缩至 3 个流程，登记时间压缩至 1 个工作日。持续落实减税降费政策，全年减税降费 2.1 亿元，办理留抵退税 1263.8 万元、出口退税 8488.4 万元。出台《关于加快北塔区现代服务业发展的实施意见（试行）》等规范性文件，提供政策支撑。搭建政银企合作平台，落实到位资金 11.3 亿元，缓解企业融资压力。拓展邵酒“网格化”销售模式，村（社区）合作社销售额近千万元，相关经验在全市推广。

社会治理效能提升，全年调解矛盾 312 起，调解协议涉及金额 660 万元。成功化解信访积案 17 件，化解率 100%，信访总量、越级访量、集体访明显下降。开展禁毒和反电诈人民战争，外流贩毒保持为零；创新开展“无毒无诈无黑恶社区（村）”示范创建，创建经验在全市推广。落实“三位一体”防溺水宣传防护，实现学生“零溺亡”。继续实行安全生产区长值周巡查和安全隐患挂牌公示制度，开展“管行业必须管安全”百日行动、打非治违等专项行动。

全年民生支出 5.51 亿元，占公

共预算支出比例的70.41%。农村转移就业劳动者培训、困难残疾人家庭无障碍改造、城市低保等23件民生实事兑现到位。城乡低保、残疾人“两项补贴”、特困人员救助实现应保尽保、应补尽补，发放临时救助资金389万元，惠及困难群众2331人。街道和社区养老服务设施实现全覆盖，区、乡、村三级养老服务网络全面形成。严格落实医保政策待遇，医保补偿支出6954万元。创新开展“就业超市”试点，实现“一站式”就业服务。义务教育“双减”工作成效初显，城乡学校课后服务覆盖率、师生参与率均达100%，状元中学《诚实守信》思政课入选“部级精品课”。实施超期安置三年行动计划，完成80户264套安置分配交付任务。

【撤乡设镇】 2021年5月14日，经湖南省人民政府批准，省民政厅批复，同意撤销北塔区陈家桥乡，成建制设立陈家桥镇。行政区划变更后，其隶属关系、行政区域范围和镇人民政府驻地不变，辖7个村、7个社区。5月26日，北塔区举行陈家桥“撤乡设镇”揭牌仪式。

【“一件事一次办”改革】 2021年，北塔区推进“一件事一次办”和“放管服”改革，全面提升政务服务水平，打造现代化精美北塔政务服务品牌。北塔区“一件事一次办”改革，获2021年湖南省政府真抓实干激励表彰。

【创建省平安先进县市区】 2021年，北塔区开展市域社会治理现代化试点，实现政府治理和社会自我调节、居民自治良性互动。坚持和发展新时代“枫桥经验”，健全基层矛盾排查化解机制，以信访“三无”创建为抓手，信访总量、集体访明显下降。首度获评湖南省平安建设先进县市区。

（谢国斌　范时钢）

邵东市

【概述】 邵东市地处湖南省中部，邵阳市东大门，衡邵走廊，位于北纬26°56′～27°28′、东经111°32′～112°05′。2021年，全市土地总面积1778.47平方公里,耕地面积60.22千公顷，其中水田41.2千公顷、旱土19.02千公顷。辖18个镇、4个乡、3个街道、1个国有林场，有518个村民委员会、62个居民委员会（社区）。年末总户数432087户，总人口1320244人,常住人口101.7万人，其中城镇人口58.34万人，城镇化率为57.72%；人口出生率6.33‰，自然增长率0.82‰。

2021年，年平均气温18.3℃，最高气温35.2℃，最低气温-5.2℃。全年降水总量1130.5毫米，全年日照总时数1483小时。主要矿产资源有煤和石膏。有国家二级保护动物18种、国家二级保护植物15种，森林覆盖率40.2%，水质综合达标率100%。

全年实现地区生产总值685.2亿元，按可比价计算同比（下同）增长9.4%；第一、二、三产业增加值分别为59.5亿元、251.9亿元、373.8亿元，分别增加8.9%、9.6%、9.3%，三次产业结构比为8.69∶36.77∶54.55。一般公共预算收入31.42亿元，增长10.52%，其中地方一般预算收入19.1亿元，增长7.36%；一般预算支出72.61亿元，增长1.6%。

全年农林牧渔业总产值102.59亿元，增长11.1%。耕地总面积54.65千公顷。农业支柱产业：粮食、蔬菜、生猪。主要产品产量：粮食45万吨、蔬菜53.16万吨、禽蛋0.65万吨，水产品2.46万吨，出栏生猪82.41万头、羊3.2万只、牛2.8万头，肉类0.75万吨。有市级以上农业产业化龙头企业59家，其中省级以上9家；农民专业合作社1525家，其中省级以上示范社19家。农业机械总动力89.79万千瓦，农业机械化水平为78.3%。

全年完成规模以上工业增加值251.18亿元，增长16.6%。工业支柱产业有打火机业、服装和鞋及纺织业、五金机械业、皮具及配件业、中药材，其中打火机业累计产值143.14亿元、服装和鞋及纺织业累计产值61.30亿元、五金机械业累计产值283.99亿元、皮具及配件业累计产值177.16亿元、中药材行业累计产值133.40亿元。建筑业增加值50.6亿元，增长9.2%。

全年固定资产投资较上年增长10.6%。

全年社会消费品零售总额308.1亿元，增长14.3%。进出口总额122.5亿元，增长12%，其中进口2.2亿元，增长31.7%，出口120.3亿元，增长11.7%；主要出口产品品类有五金、皮具箱包、打火机等。实际利用境外资金369.4万美元，实际到位省外境内资金121.3亿元，增长

邵东市区　（刘海 供图）

13.3%。

全年接待国内外游客176.78万人次，增长-10.84%；旅游收入22.65亿元，增长-2.11%。有省级风景名胜区1个（佘湖山风景名胜区），国家A级旅游景区2家（怡卉园、翰林山庄）。

年末境内公路通车总里程6140.8公里，较上年增加73.66公里，其中高速公路84公里，与上年持平。全年电信业务总量1.84亿元，移动业务总量2.83亿元，联通业务总量1.09亿元，邮政业务总量2.26亿元。

年末有高新技术企业119家，新增52家。有学校295所，其中小学224所、普通初中61所、普通高中8所、中等职业学校2所；公办幼儿园75所，幼儿入园率85%。小学适龄儿童入学率100%，小学升初中入学率100%，高中阶段毛入学率达93.23%。

有全国重点文物保护单位1处（荫家堂）、省级文物保护单位11处，省级以上非物质文化遗产保护项目2个（邵东木偶戏、邵东花鼓戏），艺术表演团体18个，文化馆1个，公共图书馆1个，档案馆1个。有医疗卫生机构778个，其中疾病预防控制机构1个、医院15个、卫生院29个（含分院），病床5189张，每千人医生数1.98名、床位数5.61张。有公共体育场地1157个。

全年新增城镇就业6696人，城镇失业率在2.84%以内。城镇居民人均可支配收入41009元，农村居民人均可支配收入28071元，分别增长8.5%、11.3%。

2021年，邵东市获评全国县域治理能力百强县（市），列全国服务业百强县（市）第73位；获评全国县域经济与县域综合发展百强县(市)，列第78位。获评全国产粮大县、全国生猪调出大县、全省油料产出大县。“邵东黄花菜”通过国家农产品地理标志认定，“邵东玉竹”获评中国特色农产品优势区，天宏药业填补了全市国家级农业龙头企业的空白。堡面前乡大羊村获评“乡村治理全国示范村”。德沃普电气成功申报国家级“小巨人”企业，5家企业获批省级“小巨人”企业。邵东花鼓戏列入省级非遗项目。

【邵东跻身全国县域经济与县域综合发展百强县排名第78位】 2021年12月6日，全国县域经济专业智库社会组织——中郡研究所发布《2021县域经济与县城发展监测评价报告》，邵东市跻身全国县域经济与县域综合发展百强县(市)，位列第78位。

2021年，出台《实施创新驱动战略加快发展实体经济的意见》《促进民营经济高质量发展实施办法》等政策，优化营商环境，深化股东式服务，设立产业引导基金20亿元、创投基金4亿元、过桥担保资金1亿元、工业发展资金1亿元，解决企业用地、用工、融资、转型发展等方面难题，共兑现企业厂房租赁、研发创新、设备升级等各类补贴资金超过3亿元。对接前沿科技，率先在全省县级层面组建智能制造研究院。围绕轻工行业的自动化、智能化、数字化升级以及人工智能，开展技术研发、成果转化、企业孵化、人才培养等工作，推动传统产业转型升级，打造东亿电气、亿利金属等一批智能制造示范企业，全市160余家传统企业实现“机器换人”。至年底，全市拥有国家级科技平台3家，省市级科技平台9家，博士工作站1家，国家级众创空间星创天地、科技企业孵化器1家。抓住湘南湘西承接产业转移示范区建设机遇，推行“政府引导、市场主导”的新型工业地产模式，在全省率先建设湘商产业园，带动仙槎桥五金工业园、黑田铺印刷工业园、廉桥医药科技工业园、团山中小企业创业园快速建设，形成“1+4”工业园区发展格局，打造湖南省标准化厂房建设的“邵东样板”。是年，湘商产业园建成标准化厂房260万平方米，获“全球湘商十大最具投资价值园区”“湖南省双创示范基地”称号。

【邵东市获“湖南省森林城市”称号】 2021年1月22日，邵东市被湖南省人民政府授予“湖南省森林城市”称号。邵东市委、市政府把创建省级森林城市与创建全国卫生城市、全国文明城市放到同等高度，作为全市经济社会高质量发展的重要内容，成立创森指挥部，市委副书记挑担挂帅。硬性规定机关单位每人每年植树20棵以上，农村人均1棵。2019—2021年，全市有35万人次的干部群众参加义务植树活动，栽植各类树苗180万株。

编制《邵东市省级森林城市建设总体规划（2018—2027年）》，确立“建设湘中生态屏障，打造湘中生态名城”的定位，按照“一城、二水、三山、四路、多镇、众村”的建设格局，建成具有邵东特色的山、水、路、城与森林相融合的省

2021年3月，邵东市干部职工义务植树15000株 （邵东市史志研究室 供图）

级森林城市，全面实现生态宜居、产业发达、文化丰富、农民增收、山清水秀的发展目标。全市采取“封山育林”“城区绿化提质”等绿色生态措施，先后实施九大工程（“四边五年”绿色行动工程，每年完成新造林1000公顷，新增封山育林666.67公顷，城区绿化攻坚工程，城区年均新增公共绿地20公顷，打造20个花园式小区；绿色通道建设工程，对境内高速、国道、省道及县城主干道高标准打造森林景观；水岸绿化工程；生态恢复工程，实施石漠化综合治理，矿山实施复绿治理及湿地恢复；森林资源保护工程，对全市1627株古树名木挂牌保护；秀美村庄建设工程，在交通干线、城乡接合部周围打造200个生态良好、富有特色的秀美村庄；林业产业提质工程；森林文化建设工程）。

2019—2021年，共投入创森资金3.6亿元。至2021年年末，全市共完成新造林11.33千公顷，封山育林14千公顷，种植各类苗木1000余万株，全市森林覆盖率40.2%，城镇绿化覆盖率42.2%，市区人均公园绿地面积11.3平方米。

【乡村振兴】 2021年，邵东市将巩固拓展脱贫攻坚成果同乡村振兴有效衔接，立足打火机、箱包、五金、中药材等传统优势产业，把特色轻工产品下游产业链向乡村转移。同时，充分利用60万名走南闯北的邵商劲旅优势，开展“迎乡贤建家乡、改陋习树新风、兴产业振乡村”活动，号召乡贤回乡创新创业，品博光电、亮国科技、润天药业、宁庆航空航天等由乡贤投资的重点骨干企业相继落地并投产。

（金彪南　宁少俊）

新邵县

【概述】 新邵县地处北纬27°15′～27°38′、东经111°8′～111°50′，位于湖南省雪峰山脉东侧，资江中上游，邵阳盆地和新（化）涟（源）盆地之间，境内寸石镇花桥村是湖南省地理中心。东邻涟源市、邵东市，南接邵阳县、邵阳市双清区和北塔区，西毗隆回县，北连新化县、冷水江市。2021年，全县辖13个镇、2个乡，土地总面积1762.34平方公里。人口出生率7.74‰，自然增长率-1.92‰。年内气温最高38.2℃、最低-5℃；年降水量1200.6毫米。人均水资源1950立方米，森林覆盖率57.98%。

新邵县地处湖南省第二成矿富集地带，矿藏资源极其丰富，是湖南省“有色金属之乡”，发现矿种34种，已查明资源储量矿种7种，其中能源矿种1种，金属矿种4种，非金属矿种3种。属中亚热带大陆性季风气候，四季分明，春秋短，冬夏长。

2021年，新邵县人民政府有政府工作部门28个，行政编制819名（含政法专项编制398名）；机关事业单位1个（县城市管理和综合行政执法大队），编制26名；挂牌机构4个；政府直属事业单位2个（新邵县供销合作社联合社、新邵县土地房屋征收服务中心），事业编制55名。

全年实现地区生产总值176.83亿元，同比（下同）增长7.1%。第一、二、三产业增加值分别为37.78亿元、51.63亿元、87.42亿元，分别增长7.6%、1.7%、10.1%。一、二、三产业比为21.4∶29.2∶49.4。地方财政总收入13.08亿元，增长12.9%；一般公共预算收入8.05亿元，增长11.9%。

全年落实粮食种植面积48.8千公顷、实现粮食总产量31.5万吨，分别增长0.3%、3.9%。油料种植面积9.69千公顷、总产量1.7万吨，分别增长10.4%、3.9%。水果总产量8万吨，增长0.7%。蔬菜种植面积12.98千公顷、总产量23.5万吨，分别增长1.7%、4.9%。全年出栏肉猪78.3万头，增长28.9%；出栏牛2.5万头，增长0.8%；出栏羊9万只，增长15.1%。禽蛋产量2500吨，与上年持平。水产品产量11110吨，增长1%。建成高标准农田5.3万亩，县级万亩核心示范区4个，治理耕地抛荒0.79千公顷。发展中药材、蔬菜、休闲农业“一特两辅”农业产业，各类生产基地26.93千公顷；创建省、市农业特色产业园3个。全县农产品加工企业达505家，其中国家级及省级龙头企业6家。实现销售收入99.07亿元，实现利税1.13亿元。新增农田有效灌溉面积2.26千公顷，新增节水灌溉面积126公顷。全县农作物遭受自然灾害面积1.85千公顷，成灾面积1.05千公顷。全年化肥施用量（折纯）14708吨。全年开工各类水利工程8处，水利工程投入资金1.19亿元，水利工程完成土石方37360万立方米，治理水土流失面积6.3平方公里。年末全县拥有农业机械总动力25.88万千瓦，农村用电量30133万千瓦时。2021年，新邵县被评为第三批湖南省中药材种植基地示范县、湖南省农产品质量安全县。

全年全部工业增加值较上年增长4.0%，其中规模以上工业增加值增长3.0%。按门类分，采矿业增长5.1%，制造业增长3.8%，电力、热力、燃气及水生产和供应业增长4.6%。年内新增规模以上工业企业34家。至年底全县独立核算规模以上工业企业有156家。全年规模以上工业实现营业收入219.19亿元，增长8.7%。规模工业实现利税17.84亿元，其中实现利润总额14.11亿元。规模工业产销良好，产品销售率98.5%。全县按照“五好”园区标准，推进“一区三园”建设，新邵经开区被列入全省22个产业高质量发展园区；雀塘循环经济产业园中安安华10万吨再生铜资源化利用、启恒环保科技5万吨废轮胎绿色高效利用等项目顺利投产；坪上高铁新城引进华登塑胶制品有限公司，人均高技术产业实际使用外资在全市率先破“零”。

全年建筑业总产值23.33亿元，增长16.4%。资质等级内建筑业企业实现利润总额1.15亿元。房屋建筑施工面积160万平方米，增长3.0%。房屋建筑竣工面积102万平方米，增长8.5%。

全年固定资产投资完成107.6亿元。其中，工业投资50.62亿元，基础设施投资15.63亿元，民生投资7.93亿元，生态投资2.36亿元，高新技术产业投资2.9亿元，工业技改投资6.89亿元，房地产开发投资19.53亿元。按产业分，第一产业投资3.61亿元，第二产业投资50.62亿元，第三产业投资53.37亿元。

全年实现财政总收入13.08亿元，增长12.9%。其中，一般公共预算收入8.05亿元，增长11.9%；上划中央收入4.01亿元，增长18.6%；上划省级收入1.02亿元，增长0.6%。全年一般预算支出50.46亿元，增长2.2%。其中，一般公共服务支出5.9亿元，增长8.4%；教育支出9.7亿元，增长3.7%；社会保障和就业支出6.89亿元，下降11.6%；医疗卫生支出7.23亿元，增长13.1%；农林水事务支出7.32亿元，增长0.5%；城乡社区事务支出1.51亿元，下降7.1%；交通运输支出1.76亿元，下降12.9%；资源勘探电力信息等事务支出2.15亿元，增长150.3%。

全年税收入库10.23亿元，增长12.9%。按税收体制分，中央税4.08亿元，省级税0.88亿元，县级税5.27亿元。

全年实现社会消费品零售总额104.91亿元，增长14.1%。其中，限额以上法人企业零售额27.23亿元，增长7.0%。按销售单位所在地分，城镇93.14亿元，增长14.1%；乡村11.77亿元，增长13.8%。按消费形态分，批发和零售业单位销售额86.87亿元，增长13.4%；住宿和餐饮业单位销售额18.04亿元，增长17.8%。湾田广场步行街被评为首批“湖南省示范步行街”。

全年实际利用内资85.85亿元，增长36.9%，其中工业实际利用境内省外资金35.57亿元。实际利用外资2745万美元，增长624.0%。引进亿元以上项目8个。全年完成外贸进出口总额161731万元，其中出口161062万元，进口669美元，分别增长27.1%、26.6%、43.6%。

全年共接待国内游客392.65万人次，实现旅游收入27.5亿元。白水洞研学基地多功能厅、白云岩游客接待中心完工；青龙首峡谷获评国家AAA级旅游景区，新邵被正式认定为湖南省全域旅游示范区。成功举办“策游潇湘、‘营’出花YOUNG”湖南文旅推广等活动。

全年改造老旧小区20个、棚户区880户，建成城市公园2个，沙湾大桥前期工作基本完成。年内全县7座乡镇污水处理厂顺利通水运行，建设美丽乡村示范创建村44个，南岳村、白云铺村获评省级美丽乡村示范创建村。

年末全县公路里程2572.8公里。年内新建和提质改造农村公路30.5公里，大坝至清水、白云铺至白云岩公路改造基本完成。全年公路货物周转量28.7万吨公里，增长4.7%；旅客周转量10.2万人公里，增长5.9%。全年邮电业务总量37104万元，固定电话用户8671户，移动电话年末用户48.59万户。电话普及率为80.7部/百人，计算机互联网络用户51.14万户。

年末全县金融机构各项存款余额244.87亿元，增长7.9%。其中，单位存款31.02亿元，下降17.2%；住户存款213.85亿元，增长12.8%。年末全县金融机构各项贷款余额168.5亿元，增长17.6%。其中，短期贷款47.71亿元，增长38.0%；中长期贷款112.16亿元，增长9.9%。银行存贷比连续23个月排名全市县级第一位。

年末全县有高新技术企业82家。全年高新技术产业实现产品产值90.8亿元，增长22.4%。专利申请120件，签订技术合同29项，技术合同成交金额1.94亿元。广信科技变压器绝缘纤维材料被认定为全省制造业单项冠军产品，科瑞生物“植物源”胆固醇技术入围科技部“颠覆性技术创业大赛”决赛。

年末全县拥有艺术表演团体6个，文化馆1个，公共图书馆1座。全年放映农村公益电影5242场。有县级电视台1个，电影院2个。原创花鼓小戏《书屋情深》获湖南省第七届艺术节银奖。中共湘西南特委旧址录入第十一批省级文物保护单位名录。

年末全县拥有各类学校304所，其中高中10所、职业中学3所、初中39所、小学162所、幼儿园89所、特殊教育1所。年末在校学生115651人，其中在校高中学生、职业中学学生、初中学生、小学学生、幼儿园幼儿、特殊教育学生分别为15197人、3579人、27807人、48951人、20044人、173人。小学适龄儿童入学率、毕业生升学率均为100%。有各类民办学校79所，民办学校在校学生16752人。改扩建小规模学校、寄宿制学校“两类学校”19所，巨口铺镇芙蓉学校建成投入使用，酿溪镇四小、新航中学教学楼扩建主体完工。

年末全县有卫生机构30个，其中医院27个、妇幼保健计划生育服务中心1个、疾病预防控制中心1个、卫生计生综合执法局1个。有床位3968张，卫生技术人员3481人，其中执业医师和执业助理医师1282人、注册护士1651人。全年全县坚持疫情防控常态化，全力推进疫苗接种，年内实现零发生、零感染、零输入。推进紧密型医共体建设，乡镇卫生院和村卫生室建设达标率100%。

全县有体育场9个，体育馆2座，运动场724个。全年开展全民健身项目9次，全民健身运动参加人数22.4万人。新建农民体育健身工程的行政村1个。残疾人健儿许能在全国第十一届残运会暨第八届特奥会夺得3金1银。

全体居民人均可支配收入20941

元，增长9.7%。城镇居民人均可支配收入32924元，增长7.9%。农村居民人均可支配收入14831元，增长11.2%。全体居民人均消费支出15538元，增长10.0%。城镇居民人均消费支出19141元，增长8.2%；恩格尔系数为33.8%；人均拥有房屋面积99.2平方米。农村居民人均生活消费支出13701元，增长11.2%；恩格尔系数为35.5%；人均拥有房屋面积91.8平方米。

年末全县参加基本医疗保险人数为724088人，其中城乡居民基本医疗保险人数为685940人、职工医疗保险人数为38148人。参加生育保险职工人数为22507人。参加城镇基本养老保险职工人数为45736人，参加新型农村社会养老保险人数为457942人，参加工伤保险职工人数为45902人，参加失业保险职工人数为24000人，领取失业保险金职工人数270人。城镇人口登记失业率为3.3%，失业人员再就业人数2981人。

城镇低保对象月人均补助376.9元，保障对象达3588人，全年共发放城镇低保金1830.5万元；农村低保对象月人均补助240.2元，享受农村最低生活保障人数18357人，全年共发放低保金5206.8万元。销售社会福利彩票1744万元。

年末就业劳动力23.95万人，新增就业人员1.25万人，其中城镇新增就业人员4988人，失业人员再就业人数2981人。

全年全县选派驻村工作队171个，安排联村科级干部242名，实现413个村(社区)帮扶力量全覆盖。健全防止返贫动态监测和帮扶机制，对1607户3827名防返贫监测对象实施精准帮扶，无一人返贫致贫。

【新邵县真抓实干工作在全省表现突出】 2021年，全县共获得四项（县商务局负责的打造内陆改革开放高地和对外投资、县农业农村局负责的农村人居环境整治、县文旅局负责的公共文化服务和县信访局负责的信访“三无”创建)省政府真抓实干督查激励表彰，在全市排第二位。

【雀塘循环经济产业园再生资源综合利用生产线项目被省人民政府通报表扬】 2021年，雀塘循环经济产业园纳入湖南省第一批工业固体废物综合利用示范基地，再生资源综合利用生产线项目作为全市唯一县级省重点建设项目被省人民政府通报表扬，先后得到中央政治局委员、全国人大常委会副委员长王晨和省委书记张庆伟、省长毛伟明、原省委书记许达哲等各级领导的充分肯定。

邵阳雀塘再生资源循环利用生产线项目由邵阳雀塘循环经济投资股份有限公司、中安安华（湖南）金属加工有限公司、湖南众科新材料公司、新邵县鸿远金属加工有限公司等企业投资运营，项目选址湖南省新邵县雀塘镇，占地面积384亩，总建筑面积15万平方米，总投资12亿元。项目依托邵阳雀塘再生资源产业园一期建设，秉承“创新、协调、绿色、开放、共享”五大理念，按照园区化、绿色化、循环化、协同化、高值化的总要求进行投资、建设和运营。建设内容包括10万吨废塑料、10万吨废轮胎、10万吨再生铝、10万吨再生铜、20万吨废钢铁等资源化利用生产线项目；10万吨塑料玻璃钢化粪池和垃圾分类回收桶及塑胶板材生产线项目；配套商务服务中心一个、再生资源实物交易中心一个。

项目于2019年年底正式启动，2021年年底全面建成投产。实现就业5000人。2020年，雀塘产业园实现产值30亿元，实现税收1.75亿元。2021年完成技工贸总收入50亿元、工业总产值35亿元、税收2.83亿元。

【白水洞村被评为2021年全国文旅系统唯一一个消费扶贫助力乡村振兴优秀典型案例】 2021年12月1日，国家发改委办公厅下文，新邵县被文旅部推荐为“聚焦旅游帮扶 打造共同富裕新样板”2021年全国消费帮扶助力乡村振兴唯一的优秀典型案例。

白水洞村位于武陵山片区，毗邻国家AAAA级旅游景区、国家地质公园新邵白水洞景区，距新邵县城7公里，面积23.11平方公里，有5445人，建档立卡贫困户187户615人。通过5年时间的脱贫攻坚，白水洞村依托紧邻白水洞景区的优势，走上了以发展“休闲、观光、农事体验、研学旅游”为主要内容的乡村旅游之路，突出乡村旅游消费业态，以消费帮扶为旅游扶贫的核心内容，取得明显成效。村民年均收入从不足10000元增长至21682元，村级集体经济收入从负债10万元发展到盈利10.2万元。该村2017年顺利脱贫出列，被评为湖南省美丽乡村建设示范村、全省乡村旅游

2021年12月29日，中安安华（湖南）金属加工有限公司举行10万吨再生铜资源化利用项目竣工点火仪式 （刘湘霞 供图）

重点村，并成功举办2019年湖南省冬季乡村文化旅游节。

【新邵县成功创建全国健康促进县】2021年9月，新邵县成功创建全国健康促进县。自2019年以来，通过设置健康教育宣传栏、“卫生健康说”，在新邵电视台播放公益广告，开通“健康促进”微信公众号，利用各种主题宣传日发放健康教育资料等宣传方式，向群众发出健康促进县创建倡议，传播健康理念、宣传健康促进知识，全面提高全县人民群众创建全国健康促进县知晓率和参与度。

全县先后建设健康促进村（社区）90个，健康促进机关49个，健康促进学校146所，健康促进企业38家，健康促进医院13家，健康示范家庭119户，健康公园2个，健康步道3条，健康自测点20个，全县413个村（社区）及基层医疗卫生机构均配置有血压、血糖、身高、体重、胸围等自测设备，为广大群众提供便捷的自测服务。

（吴 科 刘湘霞）

隆回县

【概述】 2021年，隆回县辖18个镇、5个乡（其中少数民族乡2个）、2个街道；有513个行政村，42个居委会，17个社区居委会。土地总面积2867.67平方公里，耕地面积67.25千公顷。年末户籍总人口128.79万人,常住人口100.08万人，年平均气温18.2℃，年降水量1302.5毫米，年内最高气温38.4℃，最低气温-3.6℃。空气质量达标率92.1%，地表水质达标率100%。获评全国水土保持示范县、全国粮食生产先进集体、全国绿化工作模范县、全省平安建设先进县、全省农村人居环境整治提升先进县等荣誉和称号。

全年实现国内生产总值（GDP）255.94亿元，同比（下同）增长9.5%。其中，第一产业增加值52.42亿元，增长9.7%；第二产业增加值69.43亿元，增长10.3%；第三产业增加值134.07亿元，增长9%。第一、二、三产业结构比由2020年的21.5 ：25.63 ：52.87调整为20.48 ：27.13 ：52.39。

全年完成农林牧渔及服务业总产值97.37亿元，增长11.3%。其中，农业总产值56.73亿元，增长5.1%；林业总产值2.79亿元，增长13.8%；牧业总产值32.92亿元，增长21.8%；渔业总产值2.67亿元，增长35.7%；服务业总产值2.24亿元，增长6.9%。农作物播种面积139.3千公顷，增长1.66%，其中粮食播种面积72.16千公顷，增长0.61%；粮食总产量52.65万吨，增长4.24%；全年农作物受灾面积7238.2公顷，成灾面积2112.3公顷，绝收面积1465.5公顷。年出栏50头以上的生猪养殖场1873个；年出栏50头以上的肉牛养殖场76个；年出栏100头以上的肉羊养殖场35个；年存栏1万羽以上的蛋鸡场8个，年存栏5万只以上的肉鸡场1个。特色产业规模不断扩大，以金银花、龙牙百合为主的中药材产业链和以辣椒为主的富硒农产品产业链快速发展，全县各类农产品生产基地达120多万亩；新增市级龙头企业13家，全县有国家级龙头企业1家，省级龙头企业10家，市级龙头企业42家，农民合作社发展到1106家，其中国家级农民示范合作社3家，省级农民示范合作社17家，家庭农场402家，其中省级示范家庭农场12家；新获得有机食品、绿色食品认证产品7个，新增9家企业21个产品纳入“邵阳红”农产品公用品牌名录，全县有“两品一标”认证52个、湖南省著名商标5个、“邵阳红”区域公共品牌39个、省级区域公用品牌1个。

全年实现工业总产值257.68亿元，增长20.9%，实现规模工业增加值增长12%。年内新增规模以上工业企业42家，年末达212家。规模以上工业企业完成总产值219.36亿元，增长21.1%；完成销售产值215.45亿元，增长20.74%；利润总额8.6亿元，增长18.2%；利税总额12.92亿元，增长12.87%。规模工业企业产品产量：水泥68.88万吨，下降13.9%；机制纸7.28万吨，增长11.6%；鞋3246.5万双，增长36.9%。

全年全社会固定资产投资同比增长18.2%。其中，第一、第二、第三产业投资占比分别为3.4%、48.3%、48.3%。

全年完成建筑业总产值36.08亿元，增长19.2%。全县具有资质等级建筑企业16家，全年实现建筑业增加值12.88亿元，增长10%。开工建设投资项目395个，其中当年新

隆回桃洪镇赧水两岸风光　（苏继锅 供图）

开项目224个，完成投资196.9亿元，增长18.9%。全年开工建设5000万元以上投资项目98个，其中本年新开工项目38个，完成投资124.59亿元，增长29.9%。全年房地产开发投资14.56亿元，增长8.6%。商品房销售面积73.97万平方米。

全年财政总收入16.25亿元，增长7.78%，其中地方一般预算收入10.42亿元，增长11.69%，财政总收入占GDP的比重为6.35%。公共财政支出66.47亿元，下降5.35%。其中，农林水事务支出13.06亿元，增长0.22%；教育支出16.5亿元，增长2.78%；医疗卫生支出10.04亿元，增长2.21%；社会保障和就业支出9.24亿元，下降0.68%。年末金融机构存款余额457.44亿元，比年初增加46.93亿元，其中城乡居民储蓄存款383.91亿元，比年初增加45.74亿元。各种贷款余额236.39亿元，比年初增加46.06亿元，其中中长期贷款余额158.63亿元，比年初增加25.58亿元。全年保费收入52028万元，各项赔款和给付支出17549万元。

全年实现社会消费品零售总额166.84亿元，增长14.3%。其中，限额以上实现48.42亿元，增长16.1%；限额以下实现118.42亿元，增长13.5%。实际到位省外境内资金62.3亿元，增长36.3%，实际利用外资44.5万美元。引进亿元以上重大投资项目12个，合同引资73.66亿元，其中500强企业1家。进出口总额完成13.83亿元，下降24.9%，其中出口13.82亿元，下降20.4%。自营外贸进出口企业92家，有进出口实绩的企业42家。

全年旅游业接待396.37万人次，实现旅游收入43.02亿元。湘窖洞藏酒庄成功创建成国家AAA级旅游景区。

全年邮政业务总量1.38亿元，下降18%，函件2.17万件，报刊期发数468.4万份，报刊流转额1247.76万元，集邮10.64万枚。

年末有各类学校691所，在校学生279110人，其中中等职业教育在校学生9291人，普通高中在校学生82390人，初中及小学在校学生157086人，幼儿园在园幼儿30343人。公办幼儿园占比达51.69%。全年完成发明专利申请量121件，累计专利申请量4626件。

年末拥有文化站25个，公共图书馆1个、藏书13.33万册，文化馆1个，县级广播电台1座，电视台2座，中、短波广播发射台15座，有线电视用户26.2万户，乡及乡级以上农村有线广播站数25个。全年完成县文旅云平台建设，完成“戏曲进乡村”演出176场。全县体育事业经费投入141.7万元，拥有体育场地1481个，其中体育馆11座，运动场1389个，游泳池13个，各种训练房81个。举办县级以上运动会9次，达到国家体育锻炼标准人数39.58万人。获得省级比赛奖牌1枚。

全年全县卫生经费21.73亿元，有卫生机构772个（含村卫生室），床位数6581张，其中农村医院床位1412张。卫生技术人员5969人，其中医生2174人，护师、护士3025人。

全体居民可支配收入19170元，增长10.7%。城镇居民人均可支配收入30654元，增长7.8%，人均生活消费支出20432元。农村居民人均可支配收入14092元，增长11.9%，人均生活消费支出13326元，下降2.6%。

全县重点民生实事18项全部完成。参加基本养老保险人数93.63万人，参加失业保险人数3.13万人，参加工伤保险人数5.35万人，参加生育保险人数2.74万人，参加城乡居民基本医疗保险参保人数105.12万人。全县五项保险累计总参保209.96万人次。年内新增就业5498人，失业人员再就业2612人，全县共建成123家就业帮扶车间，吸纳就业7412人。享受救济的城乡困难户28224人次，城镇低保人数3041人，农村低保人数28285人。全年销售社会福利彩票2946.7万元。

【获评全国水土保持工作示范县】 隆回县属水力侵蚀为主的南方红壤丘陵区，是湘资沅中游国家级水土流失重点治理区。近年来，县委、县政府加强组织领导，组建县水土保持委员会，配备专技人员，编制《隆回县水土保持规划（2016—2030年）》，坚持“预防为主、保护优先、全面规划、综合治理、因地制宜、突出重点、科学管理、注重效益”水保方针，以小流域为单元，推进山、水、林、田、湖综合规划的工程措施、植物措施和保护性耕作措施相结合，实施丘陵山区水土保持综合治理模式。全面禁止25°以上陡坡开荒种地，以植树造林、封山育林、退耕还林为重点，提高植被覆盖率，减少自然灾害以及人为对山林植被的破坏带来的水土流失。至2021年，坡耕地治理度达65%，森林植被大幅增加，生态效益明显提高，全县金银花种植面积达22万亩，年总产量达1.2万吨，全产业链总产值达30亿元；油茶栽培总面积12万亩，全产业链总产值过十亿元。共认证无公害农产品15个、绿色食品5个，全县以金银花、烤烟等为主的特色产业初步形成。是年，成功获评全国水土保持工作示范县。

【中国共产党隆回县第十三次代表大会召开】 2021年7月28—30日，中国共产党隆回县第十三次代表大会在县城召开。选举产生第十三届县委领导班子，选举刘军为县委书记。

【十七届隆回县人民代表大会召开】 2021年10月26—28日，隆回县第十七届人民代表大会在县城召开。选举县第十七届人民代表大会常务委员会主任、副主任、委员，县人民政府县长、副县长，县监察委员会主任，县人民法院院长，县人民检察院检察长以及隆回县出席邵阳市第十七届人民代表大会代表。曾梅林当选为县第十七届人民代表大会常务委员会主任。

【新新高速公路隆回段启动征地拆迁工作】 2021年11月20日，新新高速公路隆回段建设征地拆迁动员大会召开。新新高速公路主线总长192.3公里，隆回境内主线全长73.39公里，经过金石桥、羊古坳、七江、六都寨、荷香桥、三阁司、花门等7个乡镇（街道）。全线按照双向四车道高速公路标准建设，同步建设羊古坳—虎形山、县城2条连接线。根据规划设计方案，全县需要征用正线土地9040余亩、其他临时用地1500亩，拆迁房屋400余栋。

【村级建筑劳务服务公司成功组建】 2021年，隆回县落实《关于进一步加快发展壮大村级集体经济的意见》，创新发展壮大村级集体经济“一二三四”法，即每个村（社区）成立一个村级建筑劳务服务有限责任公司，由村集体经济合作社与隆回县隆利建筑工程有限公司（县重点建设项目事务中心的全资公司）两个股东分别持股90%、10%，把握规范管理、合理分配、风险防范等三个关键，抓好建筑施工、劳务输出、服务创收、其他经营等四大板块。坚持边试点、边总结、边推广，出台《关于成立村级建筑劳务服务有限公司的指导意见》及操作指南、经营管理、考核奖励等配套办法，全县572个村（社区）全部成立村公司，试点村实现增收超5万元，南岳庙镇新家桥村、六都寨镇芙峰村等21个村集体经济超10万元。

【社会保障专项整治】 2021年，隆回县开展人社部风险排查整改、全省防风险堵漏洞专项整治整改、全省养老保险待遇核查“回头看”整改，完成率均为100%。城乡居民养老保险、企业基本养老保险、机关事业养老保险存在违规问题数据分别完成整改1834条、51条、18条，分别追回资金250.02万元、39.12万元、39.68万元；养老保险待遇核查“回头看”完成整改总卡数17475张，追缴死亡人员违规领待多发人数39775人3265万元，其中城乡居民养老保险39613人3169万元，企业灵活就业人员162人96万元。

【污水处理系统工程PPP项目正式签约】 2021年3月17日，隆回县污水处理系统工程PPP项目完成招标工作。24日，隆回县污水处理系统工程PPP项目与湖南轨道产业投资有限公司、湖南建工交通建设有限公司和湖南省交通规划勘察设计院有限公司组成的联合体正式签约。项目的新建内容主要包含隆回县城西污水处理厂和岩口镇、周旺镇、三阁司镇、高平镇、罗洪镇、鸭田镇、羊古坳镇、荷香桥镇、七江镇、司门前镇、南岳庙镇、横板桥镇、西洋江镇13个建制镇污水处理厂及城区、乡镇配套管网；存量内容为县高新区工业园污水处理厂。项目采用“TOT＋BOT”方式实施，总投资6.48亿元。

【省级卫生县城复查通过】 2021年，隆回县委、县政府出台实施方案、考核办法及相关行业专项整治方案，抽调精干力量成立县省级卫生县城复查指挥部办公室并实行集中办公。坚持每月一督查一讲评一调度，每季度一奖惩，加强督导指导，确保责任落实落地。全县各级各部门严格对标对表、补短强弱、扎实整改，扎实开展省级卫生县城复查工作，县城内环境卫生整改提升，基础设施有效改善，交通秩序井然有序，市容市貌整体改观，常态长效机制健全，整体水平大幅提升。6月中旬通过市级省级卫生县城复查初评；11月下旬通过省级卫生县城复查现场评审，顺利通过省级卫生县城第二次复查。

【电子商务进农村示范县项目全面建成】 2021年，面积为2059平方米的隆回县级电商公共服务中心建成，具备电商孵化、展示展销、线下体验、人员培训、包装设计、营销策划、产品展示、数据采集、统计分析等功能。服务中心硬件配备齐全、制度完善、支撑服务配套到位，园区进驻电商企业32家，累计送展龙牙百合、金银花、辣椒酱、柴火腊制品、木版年画等单品152个。乡村电商服务站点硬件设备铺设完成，315个站点已经全部建设完成并投入运营。三级物流体系建设完成县级仓储中心租赁、装修、基本硬件设备的配备，新增县级仓储租赁700平方米，滩头和七江分仓已建设完成并投入运营。乡村站点配送线路打通路线12条，每天配送1次。对全县特色产品企业进行调研和产品整合，完成溯源入网企业8家产品40款，完成产品标准化建设30款和精品网货打造8款，制定产业产品标准文件6个，分等分级标准与电商流通标准，为农产品相关企业安装可视化设备6家，为企业提供环境传感设备安装2家，完成农食产品快检室建设和运营同时进行农产品检测服务30批次，开发网货产品300款。公共品牌包装设计（企业8家，单品30个）、对接产品销售渠道3家，组织开展召开品牌发布会1场、公共品牌农产品销售大赛1场、农产品展销推广会1场、农产品销售对接会9场和电商沙龙活动10场。完成培训总人数13606人次，其中普及培训288期，培训8436人次（含政府机构工作人员培训1066人次）；电商技能培训48期，培训5170人次。通过培训带动创业就业392人。

（张柏雄）

洞口县

【概述】 洞口县位于湖南省西南部，邵阳市西部，北纬26° 51′ 38"～27° 22′ 23"、东经110° 8′ 40"～110° 57′ 10"。2021年，洞口县辖20个乡镇（其中3个瑶族乡）、3个街道和1个管理区，有334个行政村、30个社区。全县总人口89.25万人。

全年地区生产总值204.99亿元，同比（下同）增长8.6%；第一、二、三产业生产总值分别为63.98亿元、50.65亿元、90.36亿元，三次产业结构比为31.2 ∶ 24.7 ∶ 44.1。一般公共预算收入11.68亿元，其中地方一般公共预算收入7.67亿元，增长16.1%，财政支出57.09亿元，增长7.7%。

全年粮食播种面积73.33公顷，农林牧渔业总产值112.95亿元，增长10%。粮食总产量49.12万吨，出栏生猪117万头，牛肉产量0.27万吨，羊肉产量0.2万吨，生猪存栏量80.48万头，牛存栏5.47万头，羊存栏11.09万只。农业机械化综合水平75.6%，获全省“平安农机”示范县称号。全县农产品加工企业发展到641家，其中规模以上加工企业40家、省级龙头企业7家、市级龙头企业23家。农产品加工企业中年产值过亿元的23家，过3亿元的10家，过5亿元的5家；规模以上农产品加工企业产值191.68亿元，与农业产值比达188.8%，全县农产品转化率约71%。

全年工业总产值222亿元，增长8.0%；工业利润总额同比增长7.9%，利税总额同比增长10.7%。规模工业主要产品产量：水泥376.8万吨，机制纸及纸板1.14万吨，日用玻璃制品1.6万吨，茶叶3863吨，罐头1.28万吨，电子元件23940.7万个。工业主导产业：鞋帽轻工业、体育用品业、绿色食品业、新型建材业、新兴电子业。新增规上工业企业23家。高新技术企业64家，总产值107.51亿元。有工业园区企业212家，园区技工贸总收入180.83亿元，同比增长16%。建筑业增加值21.26亿元，同比增长17.4%。

全年社会消费品零售总额117.76亿元，下降14.4%。进出口总额2.33亿元，下降50.9%，其中进口额2016万元，下降26.4%，出口额21251万元，下降52.3%。实际利用境外资金30.4万美元。

全年接待国内外游客130万人次，同比增长3%；入境旅游收入12.8亿元，增长6%；有省级风景名胜区1个；国家A级以上旅游景区7家，其中国家AAA级旅游景区6家、国家AA级旅游景区1家。

境内高速铁路48.35公里、高速公路78公里。全面推行县、乡、村三级“路长制”，全县管养公路总里程2126.96公里，其中国道115.59公里、省道139.51公里、县道330.6公里、乡道436.05公里、村道1105.21公里。全年新建5G基站255个、4G基站45个、新增通光纤村9个。全县7143个自然村光纤通达率98.65%；4G信号覆盖率99.65%；实现县城区域及重点乡镇驻地5G网络全覆盖；全县“上云企业106家、上平台企业30家”。

全县有中小学校277所。其中，小学216所（含教学点111个），初中36所，九年一贯制学校14所，高中5所（完全中学1所），十二年制学校1所，特殊教育学校1所，职业高中4所（其中民办3所）。有幼儿园255所。其中，民办幼儿园115所，公办幼儿园16所，小学公办附设园124所。全县有在校学生128440人、在园幼儿22820人，在职教职工7251人。

有全国重点文物保护单位4处14个点：洞口宗祠建筑群[黄氏宗祠、廖氏宗祠、金塘杨氏宗祠、谭氏宗祠、王氏宗祠、钟氏宗祠（钟元帅庙）、曾氏宗祠（曾八支祠）、曲塘杨氏宗祠、潘荣公祠、尹定公祠、肖氏宗祠]，黄埔军校第二分校十四军官总队旧址——尹氏宗祠并入第七批国保单位黄埔军校第二分校旧址，蔡锷公馆，湘西雪峰山抗战旧址——陆军七十四军抗日阵亡将士纪念塔。有省级文物保护单位9处45个点。有国家级非物质保护遗产1个（棕包脑舞），省级非物质文化遗产保护项目4个，市级非遗保护项目13个。有艺术表演团体33个（含民营剧团15个），文化馆1个，公共图书馆1个（3个24小时自助图书馆），博物馆（纪念馆）1个，档案馆1个。有医疗卫生机构468个。其中，医院18个、妇幼保健计划生育服务中心1个、疾病预防控制机构1个、皮肤病和性病防治所1个、社区卫生服务中心3个、乡镇卫生院21个，社区卫生服务站13个、村卫生室336个、诊所74个。执业医师（执业助理医师）2434人，每千人医师数3.6名；核定床位数3077张，实际开放床位数3899张。

全年新增城镇就业5198人，城镇失业率为2.33%。全体居民人均可支配收入22006元，其中城镇居民人均可支配收入33082元，农村居民人均可支配收入14577元。城乡居民参保人数56.5万人，参保率100%。农村低保对象18567户24820人，年发放农村低保金7235.31万元；城市低保对象4073户5836人，年发放城市低保金2888.12万元；城乡特困供养对象3577户3586人，年发放城乡特困供养金2050.94万元。

【“全国先进基层党组织” 雪峰街道工委】 2021年6月，洞口县雪峰街道工委被授予“全国先进基层党组织”称号。雪峰街道成立于2016年，是洞口县城的东大门。2021年，雪峰街道面积78.4平方公里，人口7.38万人,辖16个行政村、2个社区，街道党工委辖党总支1个，党支部25个，党员1240人。党工委多次被评为市县组织工作先进单位、全市平安建设（综治工作）先进乡镇（街道）、全市春运安全先进单位；2020年，雪峰街道双联村党总支获评全国抗击新冠肺炎疫情先进集体和全国先进基层党组织；双联村新老村干荣退交接仪式，被省委组织部作为2021年新春第一课重要内容向全省党员直播。

科学谋划发展 2021年，街道党工委确定“城镇扩容兴街、商贸物流活街、乡村振兴靓街”发展思路，全面启动脱贫攻坚与乡村振兴有效衔接，加快城乡融合发展，推进“雪峰高铁新城”特色小镇建设。

强化推进组织建设 全面推进党支部“五化”建设，创建达标率100%。创新开展党建“微课堂”，选储优秀年轻村级后备力量54名。落实省委“1+5”文件精神，推进基层公共服务“一门式”全覆盖。2019年，党工委在省委组织部的政治建设考察中获得充分认可。

顺利通过脱贫攻坚 全街道有建

档立卡贫困人口1055户3548人，有4个省级贫困村。雪峰街道创新实行驻村帮扶工作队、结对帮扶责任人和村支两委三支队伍“三线合一”管理模式，开展“户帮户、亲帮亲，互助脱贫奔小康”“亲邻回乡扶志扶智”等活动，并建立建档立卡贫困户App平台系统，积极助力脱贫攻坚。2019—2020年，街道顺利通过脱贫攻坚省级实地考核和国家第三方评估；2020年，在省委组织部脱贫攻坚专项考察中，街道党工委书记及双联村、民丰村第一书记等3人被纳入省、市委组织部“四个一批”名单范围。

营造宽松建设环境　雪峰街道按照“五包一”模式，积极发挥领导和党员表率作用，调处各类建设矛盾。至2021年，雪峰街道共为县经开区、站前区、怀邵衡铁路等指挥部征地6937亩，拆迁房屋167座，迁坟2200冢，调处大小矛盾1203起，没有出现因征地拆迁引发上访案件。

联防联控，共战疫情　2020年疫情期间，雪峰街道采取“班子成员联村、驻村干部（辅警、村医）包村、村组干部包组、网格员包院落（小区）、志愿者包户”网格化管理模式，通过微信群、发放告知书、张贴通告标语、村村响等形式，广泛宣传疫情防控知识。对湖北（武汉）等重点地区返乡人员开展地毯式摸排，对洞口县高铁站增派专门力量全天候值班值守。2020年3月，雪峰街道疫情防控工作受到市委表彰。

创新社会治理新模式　推行“支部＋协会”治理模式，村（社区）成立移风易俗协会、禁毒禁赌协会、矛盾调处协会、环境卫生治理协会、尊老爱幼协会等5个协会，由党员、入党积极分子、村级后备干部为协会骨干，开展“大恳谈、大走访、矛盾纠纷大化解”和“带着板凳进村”活动，全面实行干部“一线工作法”。雪峰街道连续四年被评为全县信访工作先进单位。

【2021年洞口县自然资源管理工作获省政府真抓实干督查激励奖】　2021年，洞口县坚持高效发展、防治并重、服务群众，将经济、社会、生态等各方面需求统一纳入自然资源管理工作中，推进土地节约集约利用、国土空间规划编制、违法用地整改、矿业转型发展和不动产登记等工作高质量发展。

创新制度，土地利用补短板　将国有土地及其土地上的房屋征拆职能从住建局划转自然资源局土地储备中心；县土地储备中心扩编招考专职工作人员27名；持续开展“净地”行动，盘活存量土地资源，提高土地利用效率。全年对2009—2018年批而未供土地处置率38%，超出省自然资源厅规定的35%；闲置土地处置率93%，远超省厅规定的65%。发挥“多规合一”的规划引领作用，严格管控涉及基本农田、生态脆弱、不符合两规区域的用地项目，聘请全国一流规划设计单位推进“一江两岸三洲”“高铁新城”等重点项目城市设计。以“三线”划定为基础，落实国土空间规划编制，推进“多规合一”实用性村庄规划编制，2021年全县完成128个村庄规划编制工作。

限时办结，整治违法除顽疾　县自然资源部门与监察机关开展联合专项行动试点工作，实施建设现场特派员制度和违法用地黑名单制度，对农村违法占用耕地建房、公职人员违规建房和县园艺场违法建房、项目超容开发建设等问题开展专项清查整治。全县项目违法用地整治、农村乱占耕地建房问题整改处置、土地卫片执法整改处置均限时办结，月清“三地两矿”工作全市排名第二。引导群众规范建房，2021年全县违法用地整治省级督查反馈问题整改率82.86%，农村乱占耕地建房问题整改率97.26%。坚持绿色发展，推进矿业转型发展，全面完成砂石土矿专项整治，原有的砂石土矿58家，已关闭注销45家。

化难解困，服务民生　积极化解房地产办证历史遗留问题，历年积累的16个矛盾项目全部化解启动发证，已发证4551本，发证率82.16%。2021年10月启动“交房即交证”改革试点。

（谢定局　袁清怡　姚川石）

绥宁县

【概述】　2021年，绥宁县辖9个乡（其中8个少数民族乡）8个镇，土地总面积2927.01平方公里，其中耕地面积26.08千公顷、水田24.65千公顷、旱地1.43千公顷。年末总人口38.01万人，其中城镇人口11.9万人，城市化水平41.29%，人口出生率7.3‰，人口自然增长率-1.4‰。年内最高气温38.9℃，最低气温-3.3℃，年降水量1396.2毫米。

全年全县完成国内生产总值（GDP）108.37亿元，同比（下

2021年10月10日，洞口县“交房即交证”首个试点小区（华杰壹城小区）举行现场颁证仪式

（邓永康　供图）

同）增长7.4%；三次产业结构比24:26.4:49.6。财政总收入3.22亿元，增长14.19%；一般公共预算收入2.09亿元，增长17.07%。社会消费品零售总额54.58亿元，增长14.9%。固定资产投资（不含农户）较上年增长9.4%。新增学位4105个，增加公办幼儿园学位2382个。增设两轮车位1856个，改建卫生厕所2943座，增加病床位500多张。全体居民人均可支配收入18076元，增长9.6%。

稳定粮播面积20.66千公顷，粮食总产实现"十连增"。依托龙头企业和制种大县财政奖励，制种面积4.67千公顷，召开全国制种现场会、全省制种技术推广会。茶油、茶叶、东山红提、绥宁花猪等农产品走出大山，成为百姓增收的重要产品。油茶林面积16.86千公顷，全年油茶籽产量5091吨。引进新五丰等企业，生猪产能恢复至省、市前列。袁家团楠竹产业园获评"国家木竹产业示范园"，关峡湘商产业园建成标准化厂房15.5万平方米。园区技工贸总收入87亿元，高新技术企业13家，省级以上龙头企业2家。

成功纳入省精品旅游线路重点县范围，花园阁获批国家AAA级旅游景区，争创全国最美少数民族特色村寨5个（东山村、田心村、岩脚田村、梅口村、关峡村）。精品民宿发展壮大，插柳、上堡被评为省五星级乡村旅游示范区（点）。持续举办苗族四月八姑娘节，品牌影响力不断增强。

2021年，绥宁县被评为省防范化解政府债务风险工作优秀县。高质量通过国家脱贫攻坚普查和省际交叉考核,56736名贫困人口全部脱贫，218支工作队驻村帮扶，5600余名干部职工和贫困户结对帮扶，创造一批具有绥宁特色、在全省有影响的经验模式。县城空气质量优良天数稳定在350天以上，综合指数排名稳居全省前列。天然水域实现"四清四无"（清船、清网、清江、清河，无渔船、无渔具、无渔网、无捕捞行为），地表水达标率100%，水质排名上升至全省第三位。土壤环境质量总体保持稳定。实施"四边（路边、水边、城边、村边）五年（2016—2020年）"绿色行动，造林1733公顷，森林覆盖率达76.54%。

2021年，绥宁县完成道路运输业增加值19530万元，增长4.0%。构建高速公路、国省道、县乡道协同推进的综合运输体系。国省干线公路达到285公里。完成农村公路"窄改宽"627公里，自然村通水泥（沥青）路158公里。开通县城至寨市等公交线路，总线路达9条，投入运营车辆68台。改造绿洲广场、川石广场等小游园，沿河两岸防洪景观工程全线贯通，碧桂园、藏珑等一批园林式小区建成交房。新建改造农村供水工程187处。建设高标准农田4.73千公顷。完成高效节水灌溉和小农水重点县项目。220千伏变电站破土动工，1座110千伏和3座35千伏变电站扩容，170个村完成农网改造。新建5G基站65座，实现城镇和行政村4G覆盖、光纤通达。

2021年，绥宁县财政民生支出占比保持在70%以上，各项惠民政策全面落实，民生保障进一步加强。城乡居民常住人口医保覆盖率稳定在95%以上。工伤、生育保险待遇逐年提高，企业职工养老保险待遇实现"十六连涨"。城镇新增就业3296人，城镇调查失业率控制在5%以内。养老服务水平不断提高，城乡低保对象得到精准救助。教育水平稳步提升，合格化学校建设和薄弱学校改造全面完成，芙蓉新学校投入使用。公办幼儿园学位超过50%。义务教育大班额清零。顺利通过国家义务教育基本均衡达标验收。1000余名学生在国家和省、市各类比赛中获奖。2021年高考本科上线率达49.3%。县人民医院外科综合楼等一大批项目竣工并投入使用。实现乡镇卫生院全科医生、中医药基层服务和村卫生室全覆盖。获得省实施基本药物制度先进单位、省健康扶贫工作先进县等荣誉。获评中华散曲之乡。入选中国作协和中国摄影家协会会员人数在全市位列第一名。完成有线电视主干网络入村，实现农村广播电视户户通升级。村村建设文化小广场，优秀传统文化传承队伍日益增多。

2021年3月，举办贺炳炎硬骨头精神研讨会，筹建"贺炳炎硬骨头精神纪念馆"。制作绥宁县首幅《绥宁红色旅游地图》，组织编写绥宁红色故事《红心向党》。9月22日，绥宁党史陈列馆开馆。全年全县开展党性教育活动600余次，3万余人次参加。

2021年，全县成立企业295户，农民专业合作社89户，个体户4301户。实现基层公共服务（一门式）以及电子政务外网全覆盖。国防动员和人防工作进一步加强，连续十届获评省双拥模范县。成功争创全国民族团结进步创建示范县。全面小康、绩效评价、安全生产、城市管理、食品安全、农村集体产权制度改革、农机等40余项工作被评为全省或全市先进。

【中国共产党绥宁县第十三次代表大会】 2021年7月29—31日，中国共产党绥宁县第十三次代表大会在县城召开。会议选举佘芝云为第十三届绥宁县委常务委员会书记，夏贤钦、唐枝为副书记，11人为委员。佘芝云代表中共绥宁县十二届委员会向大会作题为《践行新发展理念 融入新发展格局 奋力建设美丽绥宁、活力绥宁、幸福绥宁》的工作报告。强调要坚持以习近平新时代中国特色社会主义思想为指引，大力实施"生态立县、人才兴县、旅游带动、特色发展"战略，团结带领全县党员干部和各族人民，解放思想、开拓创新，凝聚力量、砥砺前行，积极应对各种风险挑战，在取得脱贫攻坚全面胜利、全面建成小康社会的基础上，开启建设社会主义现代化新征程，奋力建设"三个绥宁"。刘骁璇代表中共绥宁县第十二届纪律检查委员会向大会报告纪委工作，唐枝作中国共产

2021年10月26—29日，绥宁县第十八届人民代表大会第一次会议召开
（绥宁县史志研究室 供图）

党绥宁县第十三次代表大会党代表提案审查报告。会议通过《关于中国共产党绥宁县第十二届县委工作报告的决议(草案)》《关于中国共产党绥宁县第十二届纪律检查委员会工作报告的决议(草案)》。

【绥宁县第十八届人民代表大会】 2021年10月26—29日，绥宁县第十八届人民代表大会第一次会议在县城召开，大会应到代表217名，实到代表213名，符合法定人数。会议由县人大常委会党组书记石亮明主持，县委副书记、代理县长夏贤钦代表县人民政府向大会作工作报告。夏贤钦强调要按照县党代会和县“两会”要求，聚焦生态文明、产业强县、乡村振兴、改革开放、城镇建管、财源建设和民生改善等“七项工作”，坚定不移抓招商、上项目、强产业，坚持不懈抓重点、补短板、强弱项，努力实现经济建设与富民增收协调并进，城镇提质与乡村振兴融合共进，生态保护与生活改善统筹推进。会议通过《绥宁县第十八届人民代表大会第一次会议选举办法（草案）》；审查《绥宁县2021年国民经济和社会发展计划执行情况与2022年国民经济和社会发展计划草案的报告》《绥宁县2021年财政预算执行情况与2022年预算草案的报告》。选举石亮明为县人大常委会主任，夏贤钦为县人民政府县长。

【政治协商会议绥宁县第十届委员会会议】 2021年10月24—28日，中国人民政治协商会议绥宁县第十届委员会第一次会议在县城召开。唐国瑚代表政治协商会议绥宁县第九届委员会作常务委员会工作报告，雷厚前作《政协绥宁县委员会常务委员会关于九届一次会议以来提案工作情况的报告》。会议听取和审议通过政协绥宁县第九届委员会常务委员会工作报告、提案工作情况报告，审议通过政协绥宁县第十届委员会第一次会议政治决议及其他决议。会议选举梁乐高为政治协商会议绥宁县第十届委员会主席。

【绥宁县水联公路竣工通车】 2021年6月，绥宁县水联公路竣工通车。水联公路自绥宁县水口乡新哨村至麻塘苗族瑶族乡田螺旋村，全长8.36公里，总投资4411.48万元，按四级公路标准建设，路基宽6米，混凝土路面宽5米。于2018年3月25日正式开工，由于县财政资金困难，中途停止施工。2019年3月继续开工建设，至2021年6月竣工通车。水联公路的竣工，直接受益人口达3万余人，改善了水口、麻塘两乡群众生产生活条件，加快了水口、麻塘两乡乃至全县经济社会发展，进一步完善了绥宁县公路网络。

【2021中国户外健身休闲大会（绥宁站）】 2021年12月25日，2021中国户外健身休闲大会在绥宁举办。大会由湖南省体育局主办，邵阳市文化旅游广电体育局、绥宁县人民政府承办，绥宁县委宣传部、绥宁县文化旅游广电体育局、绥宁县总工会等单位协办。大会设红色跑、健康跑、自行车骑游、巫水河冬泳4个比赛项目，共有700多名户外运动爱好者参与，蹦床世界冠军罗丹为红色跑、健康跑活动领跑。红色跑和健康跑赛道途径黄桑国家级自然保护区，自行车骑游途径曲幽谷黄桑地质公园和上堡古国。

【绥宁县“四城同创”工作成果】 2021年2月8日，湖南省精神文明建设指导委员会《关于表彰2020届湖南省文明城市、文明村镇、文明行业、文明单位、文明标兵单位、文明家庭、文明校园、文明标兵校园的决定》（湘文明委〔2021〕3号）授予绥宁县为2020届湖南省文明城市、绥宁县长铺子苗族侗族乡新水冲村为文明村镇、绥宁县人大常委会办公室为文明单位、绥宁县人民检察院为文明标兵单位、绥宁县长铺镇江口园社区隆振玉家庭为文明家庭、绥宁县长铺镇第二小学为文明标兵校园。11月22日，湖南省生态环境厅《湖南省生态环境厅关于授予第三批省级生态文明建设示范县（市、区）称号的决定》（湘环发〔2021〕39号）授予绥宁县为第三批省级生态文明建设示范县（市、区）称号。

（罗向阳）

城步苗族自治县

【概述】 2021年，城步苗族自治县辖7个镇5个乡1个场，有160个村、28个社区，土地总面积2647.07平方公里，常住人口229707人，年内出生人口1889人，出生率8.27‰；死亡人口1687人，死亡率7.38‰；全年净增人口202人，自然增长率0.89‰。最高气温37.4℃，最低气温-3.4℃，年平均气温17.9℃。年降雨量1267.9毫米，年蒸发量890.8毫米。年日照数1361.4小时。

全年全县实现地区生产总值61.43亿元，同比（下同）增长8.5%。其中，第一产业增加值13.22亿元，增长8.7%；第二产业增加值15.35亿元，增长9.9%；第三产业增加值32.86亿元，增长7.7%。三次产业增加值结构比为21.52 ： 24.99 ： 53.49。

全年农林牧渔业总产值24.8亿元，增长10.8%。其中，农业产值10.06亿元，增长5.4%；林业产值2.1亿元，增长1.3%；牧业产值11.64亿元，增长17.4%；渔业产值0.16亿元，增长11%；农林牧渔服务业产值0.84亿元，增长7.2%。粮食播种面积14.91千公顷，增长0.88%；油料种植面积2.93千公顷，增长1.03%；蔬菜种植面积5.91千公顷，增长1.03%。粮食总产量84481吨，增长3.72%；油料总产量4306吨，增长3.36%；水果总产量49108吨，增长2.04%；蔬菜总产量111731吨，增长6.4%；肉类总产量17587吨，增长24.49%；水产品总产量1014吨，增长11.67%。

全年实现工业增加值13.45亿元，增长9.6%，其中33家规模以上工业企业实现增加值5.58亿元，增长11%。全年生产乳制品1.76万吨；罐头1.51万吨；实木地板7.39万平方米；商品混凝土22.51万立方米；中成药96.42吨；精制茶53.81吨，手提包116.83万个。

具有资质等级的建筑企业7家，全年完成建筑业总产值4.55亿元，按现价同比增长18.8%；完成房屋建筑施工面积24.14万平方米，增长12.4%，房屋竣工面积9.73万平方米，增长28.9%。

全年完成全社会固定资产投资40.17亿元，增长10.1%。共组织实施5000万元以上重点投资项目28个，年内竣工重点项目15个。28个重点项目计划总投资60.19亿元，其中年内完成投资18.8亿元。具有资质等级的房地产开发企业9家，完成投资7.1亿元，增长113.8%，房屋施工面积38.24万平方米，增长105.58%。五项指标增速排全市前列，其中房地产开发投资、商品房销售面积、全社会用电量、工业用电量增速位列全市第一名，进出口总额增速位列全市第三名。

全年实现财政总收入4亿元，增长8.76%；其中一般预算收入完成2.78亿元，增长7.29%，占财政总收入的69.37%；实现税收1.68亿元，增长12.97%，占一般公共预算收入的60.51%。一般公共预算支出28.29亿元，其中教育、社会保障和就业、医疗卫生与计划生育支出分别为5.65亿元、3.91亿元、2.99亿元，分别增长0.16%、8.24%、3.35%。

年末金融机构存款余额96.33亿元，增长6.55%。其中，企事业单位存款余额7.4亿元，下降10.4%；城乡居民储蓄存款余额76.29亿元，增长9.96%，机关团体存款余额10.75亿元，下降2.89%。年末金融机构贷款余额59.7亿元，增长9.66%。贷款占存款的比例61.97%。实现保险营业收入1.84亿元，增长4.22%，各类赔款与给付额6264万元，下降23.3%。

有艺术表演团体9个，文化馆（站）14个，艺术表演场所1个，公共图书馆1个，藏书10.8万册。有高标准电影院1个，电影放映队13个，全年放映电影4012场，观众18.28万人次，收入92.24万元。有广播电视转播台1座，电视人口覆盖率100%，广播人口覆盖率95%，全县公共文化惠民提质升级，全年文化事业经费支出5938万元。

全年投入380余万元，完成老山界、高山红哨两处省级文保单位保护利用维修工程。融合推动城步老山界入选潇湘“红八景”、入选湖南省建党100周年红色旅游精品线路，带动发挥老山界、蓬瀛村、高山红哨、丹口莲花桥等红色资源聚合优势。全年培训红色旅游讲解员100余人次，挖掘红色故事30余个，共有80余家单位5000余名干部职工前往老山界、高山红哨等红色旅游景点开展党史学习教育。全年各景点接待国内外游客253.85万人次，实现旅游综合收入27.48亿元，增长21.81%。2021年，城步上榜“2021中国最美乡村百佳县市”，六月六山歌节获“中国优秀当代节庆”奖。

全年教育经费支出5.64亿元。有普通中学23所，在校学生14079人；中等职业学校2所，在校学生747人；普通小学136所，在校学生20643人；特教学校1所，在校学生162人；幼儿园49所，在园幼儿6892人。有小学专任教师1057人，普通中学教师1488人，职业学校教师83人，特教教师12人。学龄儿童入学率、小学适龄儿童升学率、初中升学率、九年义务教育巩固率均达100%，高中阶段毛入学率93.73%。

有高新技术企业7家。全年专利授权量186件，有效发明专利拥有量9项。共开展各类技术培训30场次，受训人数1200人次，培养科技示范户400户，其中种植户260户，养殖户140户。

全年卫生事业经费开支12324万元。年末有各类卫生机构20个，其中医院和卫生院17个（含4家私立医院）、疾控中心1个、皮防站1个、妇幼保健计划生育服务中心1个。有卫生工作人员1773人，卫生技术人员1264人，执业（助理）医生422人，注册护士609人。有床位1385张。城镇基本医疗保险参保单位590个，参保人数2.09万人，基本医疗保险基金总收入8271万元，其中进入基本医疗保险统筹收入5292万元，统筹支付3001万元；有22.32万人参加城乡居民基本医疗保险。急性传染病发病率2.44‰，婴幼儿死亡率1.7‰，均低于5‰，卡介苗、脊髓灰质炎、百白破、麻疹等疫苗接种率均达99.5%以上，乙肝疫苗接种率99.25%。全年大病互助基金收入289.85万元，大病医疗支出213.71万元。

全年体育事业经费支出106万元；达到国家体育锻炼标准人员22.79万人，体育场地622个，其中运动场261个，各种训练场24个，体育场馆26个；年内举办县级以上运动会9次，参加人数2.09万人次。

全体居民人均可支配收入16641元，增长10.2%；其中城镇居民人均可支配收入28867元，增长7.6%；农民人均可支配收入11424元，增长11.9%；全体居民人均消费支出15801元，增长1.6%。

基本养老保险参保人数197208人。其中，机关事业基本养老保险11879人，企业基本养老保险18853人，城乡居民基本养老保险166476人。城镇登记失业人口数1636人，城镇失业率2.84%。实现新增城镇就业人员3716人，实现城镇零就业家庭就业援助率100%。全年有139827人次享受城乡低保，共发放低保金3921万元。其中，城镇居民低保42983人次，发放低保金1636万元；农村居民低保96844人次，发放低保金2285万元。

全县用于节能与环境保护的财政支出9787万元。建成污水处理厂6个、村内垃圾及污水处理厂25处，污水集中处理率92%。工业废水排放达标率97%、废气处理率98%、废物（渣）处理率100%，工业固体废物综合利用率100%。完成中央生态环境保护督察进驻湖南向全县交办的5件信访件和全市污染防治攻坚战交办的11件的整改销号，县城空气质量优良天数比例99.1%，环境空气质量综合指标及改善幅度工作在全省真抓实干中获表扬激励，饮用水源和地表水的水质均达Ⅱ类水质标准，森林覆盖率80.3%，居全市第一名。

【城步荣登中国县域电商竞争力百强榜】 2021年2月中旬，旨在解读电子商务时代、展现县域经济发展成就的“2021中国县域电商竞争力百强榜”发布，城步苗族自治县上榜。

城步苗族自治县抢抓商务部定点扶贫机遇，推动电子商务与传统产业对接，助推脱贫攻坚战。2016—2019年，城步连续4年在全省电商扶贫考核中被评为优秀，成功创建全国电子商务进农村综合示范县。2021年，城步电商交易额6.05亿元，累计带动创业就业1.6万人，带动脱贫4000人。积极搭建电商平台，培育电商企业55家，发展淘宝店铺1300多家、微店3万多家。京东、苏宁云商、搜农坊等知名大型电商企业纷纷在城步设立县级服务中心。建成县电商公共服务中心1个、县电商物流园1个、村级电商服务站96个，在广州、长沙、济南等城市建成OTO特产馆，在淘宝、京东、搜农坊等国内知名电商平台申办特产（扶贫）馆。

城步坚持产销联动，大力推广“公司＋电商平台＋合作社＋基地＋农户”经营模式，以互联网为平台、通过线上线下一体化经营实现产销无缝对接。探索“电商＋旅游扶贫”新消费模式，通过“832”等消费扶贫平台以及商业化电商平台，承接各类消费扶贫订单。

城步注重升级营销方式，大力发展“直播电商”，开拓创新“县长直播”扶贫模式，直播间销售农产品超过500万元，带动600多户贫困户增收，受益人口超过2000人。

【城步上榜“中国最美乡村百佳县市”】 2021年4月，《小康》杂志发布“2021中国最美乡村百佳县市”榜单，城步苗族自治县上榜。

城步苗族自治县系全国五个苗族自治县之一，古为楚越相交之地，有“苗疆要区”之称，是全国生态建设示范县、全国绿化模范县。2021年，有森林面积330.8万亩，森林覆盖率80.3%。境内湖南南山国家公园是全国首批十个之一、湖南唯一的国家公园体制试点区，拥有南山国家风景名胜区、白云湖（十万古田）国家湿地公园、两江峡谷国家森林公园和金童山国家自然保护区4张国字号名片。湖南（南山）六月六山歌节已连续举办23届，成为湖南四大民族节庆品牌之一，2018年获批列入全国第四批公共文化服务体系示范项目；“城步吊龙”“油茶习俗”“贺郎歌”“中国南方杨家将故事”被列入国家、省级非物质文化遗产；丹口苗文石刻群入选第八批全国重点文物保护单位。

至2021年，城步先后获评“中国最具影响力文化旅游百强县”“中国区域休闲旅游目的地城市”“全国最具魅力生态旅游县”“中国山歌之乡”等殊荣；2018—2020年，连续三年上榜“中国最美县域榜单”。2020年，城步接待游客突破300万人次，旅游综合收入突破20亿元。

【湖南省最大电网侧储能电站在城步开建】 2021年4月29日，由长沙华能自控集团公司开发投资的湖南省最大电网侧电池储能电站——城步儒林100兆瓦/200兆瓦时储能示范项目工程奠基仪式暨现场推进会，在儒林镇杨家将村杨氏官厅举行。

城步儒林100兆瓦/200兆瓦时储能示范项目工程，是引入社会资本投资电网侧储能的有益尝试，标志着湖南省民营企业投资电网侧储能迈出新的实质性步伐。项目投产对缓解全省区域供电压力、加快当地可再生能源发展起到重要的示范作用。该项目由华能自控集团投建，建设规模100兆瓦/200兆瓦时，占地面积为29亩，投资总金额达4亿元，是国内由社会资本投资装机规模最大的电网侧储能电站。建成后将提升湘西南地区新能源消纳能力、电网调峰能力、电压质量，提高系统运行效率和电网安全稳定水平。

（刘运田）

武冈市

【概述】 1994年2月，经国务院批准，武冈撤县设市。武冈市为县级市，由湖南省直管，邵阳市代管。武冈市位于邵阳市西南部、资水上游，东北与隆回县毗邻，东与邵阳县接壤，东南界新宁县，西南与城步苗族自治县为邻，西北与绥宁县交界，北连洞口县，地处北纬26°32′42″~27°02′09″、东经110°25′26″~111°01′58″。2021年，武冈市辖11个镇、3个乡、4个街道，有315个村（社区），总面积1539.37平方公里。年末户籍总人口81.81万人，常住总人口63.9万人；人口自然增长率3.1‰。年内最高气温37.8℃，最低气温-2.5℃；年降水量1271.8毫米。

全年全市实现生产总值185.8亿元，扣除不可比因素，同比（下同）增长8.7%。其中一、二、三产业增加值分别为59.27亿元、44.41亿元、82.12亿元，同比分别增长8.7%、9.2%、8.3%。三次产业结构由2020年的33.7∶22.4∶43.9调整为31.9∶23.9∶44.2，一产业比重下降1.8个百分点，二产业比重上升1.5个百分点，三产业比重上升0.3个百分点。

全年实现农林牧渔增加值（含农林牧渔服务业）59.93亿元，增长8.7%。粮食作物播种面积67.47千公顷，各类粮食总产量46.7万吨，增长4.24%，其中水稻总产量37.65万吨，增长4.9%；玉米总产量7.14万吨，增长1.43%；油料总产量2.28万吨，增长0.9%；水果总产量13.77万吨，增长5.45%。全年完成畜牧养殖业产值38.07亿元，下降6.4%。年内出栏肉猪95万头，猪肉类总产量6.92万吨，增长30.6%。林业和渔业分别完成产值1.72亿元和2.04亿元，分别增长12.7%和14.6%，水产品总产量7095吨，下降1.4%。全市完成造林绿化1.07千公顷，林木绿化率42.66%。完成投资7167万元，建成高标准农田3.09千公顷。农民专业合作社41家。实现特色产业总产值47亿元。编制完成村庄规划58个，里仁、古山村庄规划获评全省一等奖。全年共投入乡村振兴衔接资金2.36亿元，年末农村脱贫人口90985人，脱贫户转移劳动力40908人。

工业增加值较上年增长12.1%。有规模以上工业企业106家，全年规模以上工业实现营业收入104.77亿元，增长26.1%；实现利润4.06亿元、利税5.22亿元，分别增长18.3%和16.41%。年产值超过5000万元的工业企业77家，其中过亿元的40家。全年工业园区完成工业总产值81亿元，增长26%。新招商企业25家，新开工企业24家。新建标准厂房15万平方米，投产15万平方米，签约企业25家。全年实现建筑业增加值8.08亿元，增长7.8%，资质等级建筑业企业房屋建筑施工面积234.26万平方米，增长22.5%。

固定资产投资较上年增长10.5%。年内引进航城五金、华润电力等项目16个、总投资48亿元，高科塑化、雅绮服饰等“三高四新”项目开工建设，完成产业投资39.5亿元。电网改造、农村公路提质、乡镇污水处理厂建设等基建项目顺利实施。联网直报房地产企业完成房地产开发投资18.85亿元，较上年增长12.4%。

全年社会消费品零售总额完成104.99亿元，增长14.4%。落实省政府促进消费十条政策措施，开展汽车消费节、武冈美食周等活动，出台企业提产增效硬措施，推进电子商务进农村综合示范县项目建设，电商网销额27.65亿元。全年实现外贸进出口总额1.93亿元，增长18.6%，实际利用外资1.5万美元；利用内资55.3亿元，增长36.2%。发布招商项目9个，概算总投资69.5亿元。成功引进实体产业项目15个。

以云山和古城旅游为核心，推动实施“2+N”全域旅游发展模式。建成云山智慧景区（一期）、游步道、游客服务中心、检票口等项目，积极创建国家AAAAA级旅游景区。都梁文旅小镇项目完成投资7.6亿元，启动建设狮子湖影视城文旅融合项目。推进水西门街道里仁村、辕门口街道古山村乡村旅游发展。

全年新建公路11.2公里，农村公路安保设施建设136.9公里。年末全市公路通车里程3408.6公里。全年实现公路客运量1312.03万人、旅客周转量18.33亿人公里，分别增长-34%、7.57%；货运量1896.22万吨、货物周转量9.14亿吨公里，分别增长2.7%、-4.1%。全年机场飞机起降4214次，旅客吞吐量30.25万人次。邮电业务总量4.28亿元，其中邮政1.03亿元、电信0.91亿元、移动1.76亿元、联通0.58亿元。年末拥有移动电话用户52.5万户，增长7.3%；固定电话用户2.84万户，下降21.8%；互联网宽带用户14.32万户，增长10.3%。

年末全市金融机构各项存款余额302.19亿元，增长10.18%，其中个人存款258.04亿元，增长13.51%。各项贷款余额157.15亿元，增长13.26%，其中住户贷款87.96亿元，增长14.56%，各银行实现账面损益3.37亿元。

城市建成区面积24.2平方公里；人均道路面积12.54平方米；人均公园绿地面积14.55平方米，建成区绿地率36.52%、绿化覆盖率38.36%；供水能力12.6万立方米/日，自来水普及率100%；液化气储存能力126吨、天然气供应量1367.8万立方米，燃气普及率97.9%；生活垃圾无害化处理率100%；拥有公共交通车辆106台，出租车178台。

全年实现财政总收入12.83亿元，增长14.79%。其中，公共财政预算收入8.52亿元、上划中央收入3.46亿元、上划省级收入8453万元，分别增长12.41%、18.79%、24.16%。公共财政预算支出58.27亿元，增长2.18%。

全年投入研究与试验发展(R&D)经费支出4.02亿元，授权专利258件。实施“名师”“名校长”和“基础教育质量整体提升”工程，深化教育改革，探索学校发展“共同体”和“一校多区”办学模式，促进教育公平。全市中等职业学校在校学生11988人，普通中学在校学生

2021 年 12 月 1 日，武冈市举行城乡客运一体化营运开通仪式

（武冈市史志研究室 供图）

49072 人，小学在校学生 58061 人，特殊教育学校在校学生 296 人，在园幼儿 20134 人。全市小学、初中适龄儿童入学率均 100%，小学毕业生升学率 100%。

年末有各类卫生机构 423 个。其中医院、卫生院 25 个，社区卫生服务中心（站）7 个，村卫生室 303 个；实有床位 4942 张，卫生技术人员 4075 人，其中执业（助理）医师 1581 人、在职注册护士 1922 人。年内城乡居民参保人数 67.78 万人，平均参合率 131.1%，统筹地区政策范围内住院补偿率达 75%。

全体城乡居民人均可支配收入 23017 元，增长 9.9%，恩格尔系数 19.15%；城镇居民人均可支配收入 32445 元，增长 8.2%，人均消费性支出 17712 元，增长 15.6%，人均住房面积 46.41 平方米；农村居民人均可支配收入 16356 元，增长 11.5%，人均消费性支出 16250 元，增长 6.0%，人均住房面积 54.62 平方米。年末参加基本养老保险人数 52.7 万人，参加医疗保险职工人数 4.63 万人，参加失业保险金职工人数 3.22 万人，参加工伤保险职工人数 4.52 万人，参加生育保险职工人数 2.8 万人。全市特困人员 2837 人、农村低保户 2.59 万人、城镇低保对象 4060 人，实现应保尽保；下拨临时救助金 851.8 万元、救灾款 190 万元。

饮用水源、地表水水质达标率 100%，地表水质以Ⅲ类为主；二氧化硫削减率 24%，COD 削减率 13.39%；城市污水集中处理率为 95.13%。

【武冈成为城乡客运一体化省级示范县(市)】 2021年12月1日，武冈市举行城乡客运一体化示范市创建项目营运开通仪式，首批投入使用的85台城乡新能源公交车正式运营，成为邵阳市首个城乡客运一体化省级示范县(市)。2020年5月，武冈市被确定为全省第二批、邵阳市首个县（市、区）城乡客运一体化示范县创建试点单位。共投入资金7000余万元，一次性回购249辆农村客运班车，总计投入城乡新能源公交车170台。对汽车西站提质改造，改扩建5个乡镇客运站为运输服务站、改建7个首末站，新建3个乡镇运输服务站。武冈城乡客运一体化开通后，同步实行65周岁以上老人免费乘车政策，实现农村客运票价下降30%。车辆设有专门的物流快件存储空间，借此逐步打通城乡物流双向快捷通道，推动快递进村、农产品进城。

【武冈卤铜鹅获评“味道湖南”金牌菜】 2021年11—12月，湖南省商务厅、省政府新闻办、省农业农村厅、省文旅厅、省乡村振兴局、省广播电视台等联合主办的2021“味道湖南”美食季评选活动举行，全省14个地州市的近300道美食参与角逐，活动设“味道湖南”金牌菜30道、“味道湖南”银牌菜70道，武冈卤铜鹅获评金牌菜。

古城武冈享有“铜鹅之乡”美称，铜鹅喂养历史悠久，其肉质鲜嫩细腻、口感独特，与宁乡猪、洞庭湘莲一起位列湖南“三宝”，被誉为“世之名鹅”，早在清代就列入皇家贡品。武冈卤铜鹅，精选上等鹅肉卤制，采用肉桂、丁香、八角、草果等 30 余味名贵药材，用卤鼎熬制成卤水，将原料反复浸煮、晾干，经十几道精细工序制成。

【华夏云翼首架DA40NG飞机进驻武冈】 2021年12月11日16点35分，一架DA40NG飞机在邵阳武冈机场安全着陆，缓缓驶入停机坪3号机位，华夏云翼（湖南）飞行训练有限公司首架通航飞行训练机正式进驻邵阳武冈机场。邵阳机场公司和华夏云翼国际教育科技有限公司在停机坪举行隆重的接机仪式。是年，邵阳机场公司紧抓湖南获批全国首个全域低空开放试点省份契机，落实省政府通航产业发展政策，多次沟通华夏云翼国际教育科技公司，协商在邵阳武冈机场设立飞行培训基地事宜。10月，邵阳机场公司与华夏云翼（湖南）飞行训练有限公司签署服务保障协议，该公司将邵阳武冈机场设为飞行培训主运行基地；11月，该公司完成飞行训练模拟机安装调试；12月11日，首架飞行训练机正式进驻。

【《萝卜眼里长铜钱》入选“追寻先烈足迹”优秀作品】 2021年10月，武冈红色短视频《萝卜眼里长铜钱》入选全国第二届“追寻先烈足迹”短视频优秀作品，为本届征集活动中湖南省唯一的机构推选优秀作品。《萝卜眼里长铜钱》是武冈市庆祝中国共产党成立一百周年拍摄的七部献礼影片之一，讲述一个发生在湘西南古城武冈的真实事件。1930年12月，张云逸、邓小平领导的红七军路过武冈木瓜村时，战士们饥饿难耐，在老百姓田里拔了些萝卜并在每个萝卜眼里放一枚铜钱作为报酬的故事。

（肖永姬　李建芳）

新宁县

【概述】 2021年，新宁县辖8个镇8个乡（其中少数民族乡2个），总面积2812平方公里。年末全县户籍总人口64.04万人，常住人口50.64万人，城镇化水平46.41%，人口密度为237人/平方公里。县域空气环境质量监测优良以上天数339天，空气质量达标率92.9%；森林覆盖率70.03%，国家级自然保护区面积2.17千公顷。

全年实现国内生产总值（GDP）127.19亿元，同比（下同）增长8%。第一产业完成增加值35.86亿元，增长9.3%；第二产业完成增加值30.41亿元，增长6%；第三产业完成增加值60.92亿元，增长8.1%。按常住人口计算，人均生产总值（GDP）25116元。三次产业结构比为28:23.9:48.1。

全年实现农林牧渔业总产值50.02亿元，增长11.6%。粮食总产量30.02万吨，烤烟总产量1842吨，药材总产量7004吨，柑橘类水果总产量32.7万吨。生猪出栏40.7万头，肉类总产量3.91万吨。完成高标准农田建设2.53千公顷，创建“烟稻轮作”万亩示范片1个；新建年出栏3000头以上规模养猪场32家，建成4个水肥一体化脐橙标准园，在崀山、金石、黄龙建成“百里脐橙连崀山”精品旅游线路3条。新宁县“邵阳红”优质农产品企业达9家，新增2家省级龙头企业、3个省级农民合作社示范社和1个省级百佳合作社、4家省级示范家庭农场、1家省级百佳家庭农场。新建成4个市级美丽乡村建设示范村，其中联合村、桃花村获评全国文明村，桃花村被列入全国第二批乡村治理示范村创建名单。

全年实现工业增加值24.73亿元，增长4%。其中规模以上工业增长3.1%。园区规模工业增加值占规模工业增加值比重达56.8%。全县规模以上工业实现主营业务收入80.57亿元，实现利润总额3.2亿元。工业品产销率98.95%。全年建筑业实现增加值5.69亿元，增长16.3%，占第二产业的18.58%。12家资质以内建筑业企业签订合同金额25.48亿元，增长5.6%，完成总产值24.23亿元，增长15.3%。全年商品房施工面积83.29万平方米，增长11.5%；竣工面积17.79万平方米，增长41%；销售面积26.68万平方米，增长36.6%；商品房均价4814元/平方米。

全年固定资产投资较上年增长5.8%，其中5000万元及以上固定资产投资下降1.8%，房地产投资增长49.3%，基础设施投资增长10.2%，建安工程投资增长41.7%。产业投资占固定资产投资比重51.7%，制造业投资占固定资产投资比重8.4%，工业技改投资占产业投资比重5.8%，高新技术产业投资占产业投资比重3.8%。全县有重点建设项目43个，其中市重点投资项目11个，新建项目17个，产业项目14个，总概算投资302.27亿元，年度计划总投资53.13亿元。

全年社会消费品零售总额76.26亿元，增长14.5%。批发业销售总额增长15.4%，零售业销售总额增长15.1%，住宿业营业总额增长17.2%，餐饮业营业总额增长20.1%。全年实际到位内资33.5亿元，增长36%，实际利用外资6万美元，进出口总额4.06亿元。县内有出口额的自营进出口经营权企业共72家，其中裘革企业61家，制衣企业4家，其他等7家，主要以制衣、机电产品、竹木加工产品、皮具、五金等产品为主，其中制衣产业出口额占全县出口额的92%，是新宁县外贸进出口的支柱产业。

全年实现财政总收入8.08亿元，增长13.24%，其中税收收入5.88亿元，增长12.93%，占财政总收入的60.09%。全县上划中央收入2.06亿元，增长12.98%；上划省级收入5032万元，增长6.05%。地方财政收入5.51亿元，增长14.04%。全县一般公共预算支出37.65亿元，下降9.4%。财政农林水事务支出10.33亿元，增长0.6%；财政科学技术支出2456万元；财政教育支出7.58亿元，增长1.3%；财政节能环保支出3032万元；文化体育与传媒支出4716万元；卫生健康支出5.78亿元，增长10.5%；社会保障和就业财政支出6.9亿元，增长24.4%。

年末全县金融机构各项存款余额213.83亿元，比年初增加12.69亿元，增长6.31%；其中住户储蓄存款余额189.36亿元，比年初增加20.78亿元，增长12.33%。年末全县金融机构各项贷款余额为123.41

新宁县城　　（新宁县史志研究室 供图）

亿元，比年初增加13.93亿元，增长15.73%，金融存贷比为57.71%，较上年增长4.29%。

年末拥有营运民用车辆971台，其中客车310辆，货车661台；道路运输从业人员3562人；公路通车总里程3543.19公里。年内建设农村公路安防设施30.6公里，农村公路提质改造15公里。邮政业务总量9209万元，报纸发行262.33万份，杂志发行24.16万份。电信业务总量3.04亿元。互联网上网用户12.1万户，网络电视用户4.82万户，其中农村3.55万户；移动电话用户41.1万户，其中移动公司用户22万户、电信公司用户12.2万户、联通公司用户6.9万户。

年末有高新技术产品生产企业28家，其中省认证高新技术产品生产企业19家。全年实现总产值40亿元，增加值8.86亿元，利润总额1.56亿元。专利授权总量1301件。

全县有小学49所，在校学生47652人，小学专任教师2641人；中学34所，在校学生35602人，中学专任教师2244人；幼儿园96所，在园幼儿15405人，专任教师720人。全县义务教育阶段适龄儿童入学率100%、巩固率100%。有卫生机构699个，卫生技术人员2919人，床位数3525个，总资产12.67亿元，净资产2.85亿元，总诊疗人次123.4万人次，各类医疗卫生机构总收入8.31亿元。对全县299个行政村卫生室实行6000元/年运行经费财政补助；全面完成村卫生室全科医生培训，全县有注册全科医生92名，实现了每个建制乡镇卫生院2名全科医生全覆盖目标。组建26支341人联合流行病学调查队伍。组建2085名核酸采样人员和40名采样机动人员，建立7个核酸检测实验室，每天最高核酸检测能力7240管，年内累计核酸检测数量22.8万人份。

全县有养老机构17个、农村幸福院50个、日间照料之家17个，村老年人活动中心249个，养老服务床位3900张。城镇4071人享受最低生活保障，月人均救助390元；农村11564人享受农村最低生活保障，月人均救助236.5元。城乡集中特困供养278人，城乡分散特困供养3134人，共发放资金2628.91万元。发放临时救助金906.09万元，孤儿基本生活费460.72万元，残疾人补贴1149.69万元，高龄补贴166.01万元。

全体居民人均可支配收入19884元，增长9.7%。城镇居民人均可支配收入31654元，增长8.4%，人均消费支出23843元，其中食品支出7061元；农民人均可支配收入13235元，增长11%，人均消费支出13279元，其中食品支出4388元。

新宁县成功列入"湘桂崀山文化旅游协作区"和"大湘西民族文化旅游走廊"，成为纳入《长征国家文化公园（湖南段）建设保护规划》的52个县市之一。全年接待游客499.29万人次，实现旅游总收入39.8亿元。

【巩固脱贫攻坚成果】 2021年，新宁县实现驻村帮扶全覆盖，全县共选派驻村工作队队员474名，确定监测对象1920户4926人，消除风险户1555户4450人。已脱贫人口四种慢病应签约10726人，签约率100%。完成33户农村低收入群体危房改造任务，解决了85人住房困难问题。全年共建成就业帮扶车间111个，共吸纳5389人就业，比去年增加1027人；完成职业技能培训2449人；新建成就业帮扶基地5个，开发岗位1820个；举办专场招聘会4场，达成就业意向3822人，其中脱贫劳动力702人。重点打造了5个县级移风易俗示范点，建立16个乡镇综合文化站，316个村（社区）综合文化服务中心。完成省定户厕改造3750座，村庄规划编制完成初步方案。

【推进城镇建设】 2021年，新宁县城解放路完成下水道、路基及级配石施工，完成60%的水稳层和第一层沥青混凝土工程，园艺南路与广场中路竣工并交付使用，思源学校周边道路工程竣工并交付，新一中周边道路坤一路、忠源路、华轩路铺成沥青路面并通车。城镇19个老旧小区改造全面开工建设，其中8个民生实事项目全额完成，其他11个项目全面开工，完成投资额80%。发放新增住房补贴72户，完成全年住房租赁补贴发放1250户；下马石安置房建设200套、连村安置房建设63套正在建设中。黄龙镇污水处理厂厂区的调节池、污泥池、一体化处理设备安装、厂区场地硬化及管网建设已全面完成并通水试运营调试，县城建成区面积12.45平方公里。

【新宁县农业绿色发展成功入选全国典型案例】 新宁县《健全绿色防控网，香嫩脐橙满崀山》案例成功入选2021年全国农业绿色发展典型案例，是邵阳市唯一入选案例。

2021年，新宁县以建设农业绿色发展先行先试支撑体系试点县为契机，按照控、精、准、统工作要求，积极探索农业绿色发展方式，推进农作物病虫害绿色防控。初步构建集"监控预警+生态控制+生物防治+物理防治+理化诱控+科学用药"于一体的脐橙绿色发展技术体系。通过技术示范与推广应用，带动全县8万亩脐橙达到生态种植，脐橙主要病虫害防控效果由80%提高到90%以上，化学农药使用量减少30%以上，优质果率由75%提高到85%以上，亩均增产300公斤以上。

（倪新娟 汪家荣）

邵阳县

【概述】 邵阳县地处湖南省中部偏西南、邵阳市西南部，位于北纬26°40′～27°6′、东经110°59′～110°40′。2021年，辖12个镇、8个乡、3个农林场，土地总面积2001.01平方公里。年末户籍人口105.07万人，常住人口73.11万人；人口出生率7.79‰，人口自然增长率-1.19‰。年内最高气温38.5℃，最低气温-4.2℃；年降水量1079.3毫米。森林覆盖率46.39%，水质综合达标率100%，空气质量优良率93.2%。

怀邵衡高速铁路、洛湛铁路、沪昆高速公路、二广高速公路经过县境，呼南高速铁路、白新高速公路正在建设当中。有天子湖国家湿地公园、河伯岭森林公园、鸡公岩国家石漠公园等3个风景名胜区，有金江湖（弄子生态旅游景区）、塘田战时讲学院旧址、济公岩等3个国家AAA级旅游景区。有全国重点文物保护单位1处、省级文物保护单位2处，国家级、省级非物质文化遗产保护项目分别有2个、2个，省级爱国主义教育基地3个，省级干部党性教育基地1个。

全年实现地区生产总值195.11亿元，同比（下同）增长8.6%；第一、二、三产业增加值分别为45.63亿元、61.58亿元、87.89亿元，分别增长8.3%、8.5%、8.7%，三次产业结构比为23.39 ∶ 31.56 ∶ 45.05。人均地区生产总值26316元。一般公共预算收入10.51亿元，增长18.96%；地方一般公共预算收入6.71亿元，增长21.87 %。一般公共预算支出49.70亿元，下降21.69%。

全年农林牧渔业总产值84.96亿元，增长10.3%。耕地面积52.66千公顷。主要粮食农作物播种面积69.61千公顷，扩面2.2千公顷，增幅3.19%；水稻种植面积56.6千公顷，油料种植面积19.57千公顷。主要产品产量：粮食46.74万吨、烟叶2309吨、玉米5.27万吨、蔬菜36.12万吨、中药材9339吨，油菜籽2.86万吨，西瓜6.64万吨，出栏生猪、肉牛、羊分别为91.38万头、2.22万头、6.49万只，家禽487.32万羽、水产品1.29万吨。农业特色产业有：油茶、优质稻、烤烟种植业和生猪养殖业。全年新造油茶林1.33千公顷，油茶林总面积56.74千公顷，油茶籽产量9.05万吨；烤烟种植0.88千公顷，收购烟叶2.9万担。有农产品加工企业341家，其中市级龙头企业31家；农民专业合作社1537家。兴建维修水利工程461处，水库除险加固17座，完成安全饮水工程117处，解决不安全饮水人数15.81万人。有效灌溉面积49.8千公顷，新增农田灌溉面积1.39千公顷。全县有小（1）型水库46座，小（2）型水库191座，山塘40519口。水资源总量14.17亿立方米，人均1289立方米；年末中、小型水库蓄水总量0.52亿立方米，总用水量34600万立方米。农业机械总动力59.64万千瓦。农用收割机587台。发放农机补贴1023.07万元。

全年完成工业增加值43.97亿元，增长8.3%。104家规模以上企业完成工业产值184.30亿元，增长16.7%。主要产品产量：服装554.62万件、纸制品0.80万吨、塑料制品1.98万吨、水泥137.57万吨、金属切削工具1670万件、商品混凝土156.88万立方米。新增企业入规20家；高新技术企业14家，高技术产业投资占比14.1%。纳税100万元以上的工业企业24家，纳税500万元以上的企业10家，纳税1000万元以上的企业3家。全年建筑业完成总产值47.73亿元，增长21.7%；实现增加值17.63亿元，增长9.1%。资质等级以上建筑企业完成建筑安装总产值8.41亿元，增长47.9%；房屋建筑施工面积303万平方米，下降13.6%。全社会用电量10.07亿千瓦时，增长11.05%；其中居民生活用电4.24亿千瓦时，增长3.15%；农业用电327.59万千瓦时，增长23.71%；工业用电4.13亿千瓦时，增长11.1%。全年投入6436.87万元，完成行政村电网改造638个。

全年完成固定资产投资159.15亿元，增长13.3%。89个省市县重点项目完成投资72.9亿元，其中投资亿元以上重点工程项目25个，完成投资50.4亿元。呼南高铁确定在县境设站并启动铁路定测工作，白新高速完成投资18亿元，犬木塘水库九龙岭隧道5号支洞提前110天掘进到主洞，红石生态科技园先进装备制造配套产业项目、发制品产业园、新牧农牧桥头生态养殖场、昱信电子等产业项目进展迅速。出台《招商引资优惠政策五十条》，成功引进酷客智能、崀玉建材、金塑科技、整县屋顶分布式光伏试点开发等产业项目16个，其中“三类500强”项目2个，签约项目投资总额67.5亿元。全年水利工程共投入资金1.98亿元，增长1.0%。全年交通建设总投资9.97亿元。有房地产开发公司28家。全县房地产业实现增加值20.29亿元，增长4.9%。年内商品房竣工面积34.7万平方米，增长47%；商品房期房销售面积38.45万平方米，增长48%；商品房空置12.6万平方米。

全年社会消费品零售总额131.76亿元，增长14.8%，排全市第二位。新培育限上商贸企业22家，县电商进农村仓储中心投入使用，中环国际大型商贸综合体正式运行，夫夷新园物流项目建设进展顺利，电子商务进农村综合示范县顺利通过省商务厅验收复核。实际利用外资7.8万美元；出口总额10.87亿元，下降14.81%。11家外贸企业完成外贸进出口总额10.8亿元，人均对外直接投资额实现破“零”。

全年接待国内游客152.61万人次，国内旅游收入20.03亿元，下降7.38%；过夜旅游111.37万人次。

全年金融保险业实现增加值8.10亿元，增长5.5%。年末金融机构各项存款余额278.35亿元，增长11.46%，各项贷款余额121.89亿元，增长20.61%。金融机构年末存贷比为100 ∶ 43.79，金融机构不良贷款余额2.62亿元。完成保费收入4.93亿元，增长10.48%；赔付额2.07亿元。

全年交通运输、仓储和邮政业实现增加值4.48亿元，增长3.7%。年末公路线路里程4328.62公里，其中高速公路55.16公里。全年货物周转量4.35亿吨公里，客运周转量3.66亿人公里。邮政电信业务总量4.16亿元，增长18.15%。邮政业务量9108.09万元，增长7.8%；通信业务总量3.25亿元，增长21.42%。年末拥有固定电话用户1.69万户，移动电话56.11万户。5G用户16.01万户，其中电信公司5.41万户，移动公司8.48万户，联通公司2.11万户。

年末城市建成区面积15.2平方公里，人均建成区面积107.8平方米；城市公共绿地4.33平方公里，人均公共绿地面积28.86平方米，城市绿化覆盖率38.21%；城市人均住房面积60.6平方米；城市道路71.25公里，道路面积105.69万平方米。全年城市自来水供应量1150万吨，自来水普及率100%；改造老旧小区29个，拆除违法建筑79座、违规违章户外广告582处，杨栗坳路、双楠路道路综合改造全面完成，白虎街过街天桥建成投用。

年末有高新技术产品生产企业60家，其中高新技术企业42家。全年科学研究与试验发展（R & D）经费支出4.57亿元，增长28.60%。全县发明专利拥有量53件；实用新型专利拥有量946件，外观设计专利拥有量950件。签订技术合同12项，技术合同成交金额1.65亿元。有学校167所，其中普通高中6所，初级中学47所，小学114所。在校学生99337人，其中高（职）中学生18053人，初中学生28823人，小学学生52461人。特殊学校1所，在校学生357人。公立幼儿园22所，在园幼儿16279人。适龄人口入学率100%。专职教师7034人，其中高（职）中专职教师943人，初中专职教师2520人，小学专职教师3571人。参加高考人数5247人。对非法校外培训机构专项整治，清理校外培训机构户外广告50多幅，13所校外培训机构全部纳入资金监管。新增公办幼儿入园学位1620个，建成县芙蓉学校、白仓镇芙蓉学校、思源学校3所义务教育学校。投入541万元推进16所乡镇标准化教学点建设，投资3232万元推进12所寄宿制学校建设。投资近亿元整体建成全县教育信息化“三通两平台”工程。

有文化馆1个，纪念馆5个，公共图书馆21个，艺术表演场所1个。有民间艺术表演团体38个，电影院5个，县级电影放映队5个，农村电影放映队28个，放映电影4700场次。全县有中、短波广播发射台和转播台1个，电视台1座，有线电视入户数1.77万户。建成县文化馆、县图书馆总馆及21个乡镇场综合文化站分馆；成功举办“欢乐潇湘·颂歌向党”庆祝中国共产党成立100周年全县合唱比赛、首届“夫夷百姓大舞台”群众文艺演出活动、夫夷“周周乐”系列文化活动等。有县级档案馆1个，馆藏各类档案40.63万卷（件），全年利用档案3876人次，利用档案资料8739卷次。有卫生机构38个，床位3803张。卫生技术人员2988人，其中执业医师和助理医师1135人，注册护士1326人。运动场1437个，体育馆3个，游泳池3个，各种训练房9个。参加运动会共获得市级以上奖牌58枚。全年体育彩票发行额1603.31万元。

全县18项26个省定重点民生实事项目全面完成目标任务，其中16个项目超额完成。全年新增城镇就业人员0.48万人，城镇登记失业率2.25%，下岗职工再就业0.76万人。参加失业保险2.16万人，参加工伤保险4.32万人，参加城乡居民基本医疗保险87.6万人。参加社会保险人数83.23万人，其中领取待遇人数19.11万人，社保基金支出10.81亿元。累计发放各类社会救助资金2.1亿元。全年投入专项扶贫资金3.8亿元，增长0.05%；帮助困难群众12.95万人，解决扶贫资金2.13亿元，完成脱贫人口32351户127402人，监测户2554户7508人，累计消除风险监测户1664户5475人。城镇居民人均可支配收入32574元，增长8%，农村居民人均可支配收入14682元，增长11.4%。

对全县49个乡村振兴重点帮扶村、20个乡村振兴示范创建村、160个脱贫村、5个软弱涣散村派出驻村帮扶工作队216支、628人。组建全省首家防止返贫监测和帮扶指挥中心，对脱贫村、已脱贫人口开展监测，对脱贫不稳定户、边缘易致贫户、突发困难户及时发现、及时帮扶。做好易地扶贫搬迁后续扶持工作，通过创办“扶贫工厂”，强化产业支持、就业帮扶、技能培训等措施，实现每户有一名16周岁以上劳动力就业。全面完成户籍转接和不动产登记工作，确保易地搬迁户3163户11547人在安置点稳得住、能就业，逐步能致富。下达2021年度整合资金4.43亿元，实施产业发展、环境整治、危房改造等240多个项目，其中自然村通水泥和农村道路窄改宽项目72个、小型水库除险加固工程18座、人安饮水工程15处、农村电网提质改造项目3个、建设5G通信网络基站82个。脱贫人口实现就业57120人。全年为脱贫户新投放小额贷款5636.4万元。拆除旱厕28811座，改（新）建厕所10821座；建成5个、启动建设8个乡镇污水处理厂；建成乡镇垃圾收集转运市场化、专业化运转机制，推进“一村一站一员”再生资源回收体系建设；拆除空心房5293座，全面完成农村危房改造1532户。重点打造“两村四片”，即20个乡村振兴示范创建村、49个乡村振兴重点帮扶村，新田—金江湖片区、天子湖片区、犬木塘水库沿线片区、高新技术产业开发区及邵塘大道周边村片区，将“两村四片”的89个村打造成乡村振兴样本。打造美丽庭院示范点6个，其中省政协办公厅驻村帮扶的新田村，打造出“乡村旅游”“美丽庭院”“基层治理”三大亮点，已创建成全省乡村振兴示范村、全省乡村旅游示范村。倡导乡贤捐资设立村级幸福基金，反哺家乡建设，全县建立村级幸福基金164个，募集爱心善款5100万元。

坚持每月对赧水、资水流域进行巡河巡湖，完成五峰铺镇江口亭水厂扩容扩建。推进砂石土矿整治，共关闭矿山35家，清理矿山设备35套，清理设施7.1万平方米，复垦复绿1264亩，整治工作被省自然资源厅作为典型经验向自然资源部在全国推介。全县2个集中式饮用水断面，1个地表水考核断面水质连续6年达标率100%。县城环境空气质量综合指数3.0，优良天数288天，优良率94.7%；PM2.5年均浓度为每立方米30毫克，PM10年均浓度为每立方米44毫克。共建成21条样板河流，完成人工造林13.6万亩、省级生态廊道建设1100亩，义务植树195.1万余株；推进国家森林城市创建，完成补植补造国、省、县、乡及村级公路绿化150公里，绿色水道42公里。

推行“微网格”治理模式，出台《邵阳县市域社会治理现代化“微网格”建设实施方案》，全县划分为“微网络”，构建基层治理体系“一张网”，帮助解决群众“急难愁盼”问题10230个，化解矛盾纠纷1372件。推行“以村为主”信访工作模式，共化解信访积案31件，上级交办的26件信访件全部办结。

全年，邵阳县获得全国农作物病虫害“绿色防控示范县”、国家义务教育质量监测实施“县级优秀组织单位”等荣誉或奖项5项次，获评2021年唯一新授予的省级平安县、全省粮食生产标兵县、食品安全先进县、医保乡村振兴表现突出县、省重点民生实事困难残疾人无障碍改造项目先进、河长制工作省政府真抓实干督查激励等省级荣誉或奖励26项次。

【邵阳县村级换届选举工作在全省率先高质量完成】 2021年1月26日，邵阳县419个村（社区）换届选举工作在全省率先高质量完成，共选举产生村（社区）“两委”干部2523名。其中，113名优秀青年返乡担任村党组织书记；中大专以上学历的768人，同比增加587人；平均年龄41.1岁，同比下降7.1岁。新一届村（社区）“两委”班子，呈现文化素质、交叉任职率、年轻干部比例、女干部占比提升和平均年龄下降“四升一降”态势。并依托智慧党建平台，对2523名新一届村级班子成员履职能力集中培训，其经验做法被省委组织部、湖南卫视《新闻联播》重点推介。

换届工作启动后，53名县级领导带头联系指导乡镇换届工作，21名乡镇党委书记包干选情复杂村。采取“一对一”“一对多”的方式，选派1151名党员干部，组建440个县乡督导组，深入一线开展督导，深入开展“十三必谈”活动，县直联审部门集中办公对候选人初步人选进行审核，开展换届选举风气监督和扫黑除恶专项行动，结合党员冬训、村级换届业务培训会，集中上党课600余场，发放政策纪律“明白卡”10万余张，2万多名农村党员签订了严守换届纪律的公开承诺书，营造风清气正换届氛围。

【湘西南最大天然气清洁能源供应项目——湖南邵阳天然气清洁能源综合利用项目开工建设】 2021年4月28日，总投资6.5亿元的湘西南最大天然气清洁能源供应项目——湖南邵阳天然气清洁能源综合利用项目开工建设。该项目将与湖南省天然气管网互联互通，为湖南省管网补充充足的气源，缓解邵阳周边5个地市（州）30多个县市（区）能源短缺危机。

该项目位于邵阳县城新区塘渡口镇夫夷大道东侧，主要项目工程为LNG调峰储备中心、油气电氢加注站、物流园区及LNG清洁能源车辆推广、园区管网、气化乡镇等，建设周期约为1年。项目建成后，日输气48万立方米，年输气能力达1.8亿立方米，辐射200余万户的全年用气量。可带动方圆300公里以内周边地市LNG贸易，为省内没有接通长输管道天然气的郴州、怀化、张家界、永州、湘西五个市州以及娄底、邵阳、益阳大部分县市没有管道天然气的地区提供安全、清洁、环保、优惠的LNG清洁能源，为企业及用户降低成本30%左右。

【中国共产党邵阳县第十三次代表大会召开】 2021年7月30—31日，中国共产党邵阳县第十三次代表大会在县城召开。

7月30日上午，袁胜良代表中国共产党邵阳县第十二届委员会向大会作题为《实施“三兴三区”战略，凝心聚力拼搏赶超，奋力谱写新时代邵阳县高质量发展新篇章》工作报告。大会提出未来五年奋斗目标：党的建设全面加强，经济实力显著提升，社会发展不断进步，生态环境持续改善，文化事业日益繁荣。通过五年努力，全县经济总量力争突破300亿元，年均增长超过全市平均水平，整体发展水平跻身全市三强和湘西南地区前十强。大力实施“三兴三区”战略（兴园强县、兴城活县、兴乡靓县，湘南湘西承

2021年4月28日，邵阳县天然气清洁能源综合利用项目开工建设
（邵阳县史志研究室 供图）

接产业转移聚集区、基层治理现代化建设先行区、乡村振兴奋发赶超示范区），打造四大增长极（“一城”，把高铁新城打造成为邵阳县转型发展和提升竞争力的新引擎，“一带”，推动城区沿邵塘大道与邵阳市区融城融合，带动沿线乡村振兴，打造邵塘大道经济带、生态文明观光带、乡村振兴示范带，“一湖”，将天子湖国家湿地公园打造成习近平生态文明思想实践示范基地和省内旅游目的地，“一园”，做强省级高新技术产业开发区，创建省级“五好”园区，成为县域经济发展的“火车头”）。

7月31日下午，大会以举手表决方式通过《关于中国共产党邵阳县第十二届县委工作报告的决议》《中国共产党邵阳县第十二届纪律检查委员会工作报告的决议》。

【全省首个防止返贫监测和帮扶指挥中心成立】 2021年11月17日，邵阳县成立全省首个防止返贫监测和帮扶指挥中心。县委副书记、统战部部长曾建新，县人民政府副县长刘真林出席揭牌仪式。

新成立的防止返贫监测和帮扶指挥中心由长沙市天心区援建，依托湖南省防止返贫监测与帮扶管理平台，实现县乡村振兴局、县教育局、县残联等11个部门数据共享，做到县乡村三级互联互通，形成对监测对象信息采集、分析、确认、办理、帮扶、消除的全闭环管理，大幅提升防止返贫监测效率和信息化水平。再根据监测对象致返贫风险情况，按“缺什么，补什么”原则，实行一户一策，综合运用产业、就业、教育等9项帮扶措施，实现针对性帮扶，做到早发现、早干预、早帮扶，全面实施防止返贫监测和提升帮扶工作成效。

【邵阳县创新“微网格”基层治理模式在全省推介】 2021年12月20日，《湖南日报》头版头条报道邵阳县创新基层治理方式，通过“微网格 微平台”模式提升基层治理效能的典型做法。

6月，邵阳县创新推出“微网格+微平台”模式，将党的建设、社会治理、平安建设、为民服务等融为一体，在网格化基础上插上信息化翅膀，零距离、高效率抓管理、做服务。按照每20户一个微网格标准，将全县427个村（社区）划分为13587个微网格，将辖区内人、事纳入网格进行管理。每个微网格有1名微网格长，由村（居）民小组长、党员、志愿者等担任，经培训后持证上岗，负责网格内信息收集、宣传劝导、治安巡逻、疫情防控、矛盾调处等工作。同时，按照“一户一人入群”原则，组建微网格服务工作微信群11528个，便于微网格长与村民联系。与微网格相配套，邵阳县投资200多万元，创建“邵阳县微网e家”平台，录入各村（社区）微网格基础数据，生成微网格编码。群众通过手机登录后，即可学习党的方针政策，又可随时反映问题和诉求。邵阳县还在所有村（社区）和乡镇（场）设立网格化服务管理中心，建立“源头发现、采集建档、分流交办、检查督促、结果反馈”处理流程，协调解决群众反映的微网格长无法解决的诉求和问题。实施半年来，邵阳县“双微”模式促进基层治理效能不断提升。共办理群众各类意见建议2018条，为民办实事1105件；化解矛盾纠纷和信访积案1900余件，化解率达99.1%；群众初信初访案件回访满意率居邵阳市第一。

（赵小明 刘凤田）

人 物

邵阳年鉴 SHAOYANG NIANJIAN 2022

全国“五一劳动奖章”获得者

【周志梅】 女，1978年4月出生，湖南省新邵县人，无党派人士，大学本科学历，湖南湘林人造板有限公司技术副总经理。1998年参加工作以来，扎根生产一线，任劳任怨，带领公司技术团队坚持“技术引领市场、质量创造效益”经营理念，公司规模逐步扩大，被评选为湖南省林产工业和农业产业双龙头企业。她积极探索“公司 + 基地 + 农户”林产工业新模式，闯出一条贫困山区绿色产业致富新路子，在其领导下，公司建成1.36万公顷速生丰产林基地，同时积极发展茶叶等林下经济作物，每年直接带动3000余名建档立卡贫困户脱贫致富。她主持和参与省级科研项目2项、市县级科研项目3项，申请发明专利2项，所研发的“宝庆桂丁”绿茶和红茶荣获中国茶叶流通协会“中绿杯”金奖、中部农博会金奖。2020年新冠肺炎疫情发生后，她第一时间与市工商联和光彩事业促进会联系，为奋战在抗疫最前线的医护人员捐款30万元、口罩2.2万个。 2021年被中华全国总工会授予全国“五一劳动奖章”。

【刘韦达】 1973年2月出生，湖南省双清区人，中共党员，大专学历，邵阳市自来水公司生产技术部部长。他工作上勤于思考、刻苦钻研，积累经验，破解难题；科学调度、精心指导各水厂合理开停机组，均衡供水压力；认真编制安全技术措施，积极开展危险源辨识和风险预控工作，落实“一工程、一措施”制度，确保施工安全和工程质量；遇突发爆管，及时调度，确保全市安全供水。2018年6月20日，暴雨造成邵阳经开区加压站所有设备被淹，他立即部署抢修，经48小时奋战，迅速恢复正常供水。2019年，在不停产的情况下，成功将工业街水厂、城西水厂的氯气消毒系统置换为更安全、环保的次氯酸钠发生器消毒系统。11月，只用三天时间完成工业街水厂取水泵房DN500开裂的阀门更换，为公司节约资金20余万元。2019年被授予“湖南省五一劳动奖章”，2021年被中华全国总工会授予全国“五一劳动奖章”。

【朱锦芳】 女，1969年4月出生，湖南省绥宁县人，大专学历，邵阳市资江学校高级教师。在32年的班主任工作中，她以身作则，爱生如子，把学生的点点滴滴进步作为自己最大的幸福。注重因材施教，善于发现学生的优点，用爱心浸润学生心田，与学生建立民主平等、和睦融洽、相互尊重的师生关系，成为学生的知心人。所带241班被评为“邵阳市雷锋式中队”“湖南省雷锋式中队”；所教184、203、241班参加全市小学毕业会考语文名列全市第一名。她编撰《小学低段作文坡度练笔教程》《古诗文“1 + X”拓展阅读教学》等校本课程，发表20多篇教育教学论文，参与的四个省规划课题获省一等奖，主持湖南省“十三五”规划课题资助课题《“1+X”拓展阅读教学的研究实践》。2020年新冠肺炎疫情期间及暑假期间，录制40多堂语文、名著导读微课，在工作室公众号里推广。2021年被中华全国总工会授予全国“五一劳动奖章”。

【刘　诚】 1994年3月出生，湖南省邵东市人，高中学历，邵东隆源中小企业创业中心特助。他致力于协助董事长打造隆源中小企业创业园、东盟产业园、斫曹扶贫车间等基地，全程参与基地企业的施工建设、招商引资和协调金融行业，为推动本地劳动就业做出突出贡献，被邵阳市委、市政府授予“产业发展突出贡献奖”。作为箱包行业领头人，注重开展技能竞赛、技术创新，促进企业技能水平提升，在组织企业内部劳动技能竞赛的同时，推动和组织行业技能竞赛，积极参加创新创业大赛。2019年组织集团公司参加“创青春”全国青年创新创业大赛，斫曹扶贫车间项目获商工组优秀奖，并获“创青春”湖南青年创新创业大赛二等奖。2019年组织园区箱包基地企业开展隆源创业园第一届智能箱包设计制作竞赛，他带领各企业负责调研智能箱包前景，制定竞赛的工艺要求和方案，同时全程免费提供箱包设计中需要用到的太阳能板、指纹解锁器、USB接口等，为行业发展挖掘众多的设计制作人才，在园区掀起创新革新热潮。2021年被中华全国总工会授予全国“五一劳动奖章”。

全国优秀共青团员、共青团干部

【杨淑婷】 女，苗族，1991年4月出生，城步苗族自治县人，湖南七七科技股份有限公司总经理。2013年先后经营淘宝网店，创建网络工作群，带领200余名残疾人网上就业。2014年成立城步万红花卉专业合作社，帮扶1386人，其中贫困户1086人、残疾人59人，每年为贫困户分红82.5万元，每户增收1.2万元/年。自2016年以来，先后参加各类公益、教育扶贫活动，公益捐赠金额累计62万余元。2020年，因新冠肺炎疫情由外销转内销，通过阿里公益的帮助自创品牌“七语七诗”，3月设计推出第一款七语七诗男女款胸包，9月12日参加网红主播的公益扶贫直播带货，以3秒的神速销售包包1.2万个，成为当晚爆款。先后获“湖南省百名最美扶贫人物”“湖南省自强模范”“湖南省向上向善好青年”“全国脱贫攻坚奋进奖”“全国三八红旗手”“全国扶贫先进个人”等称号。2021年5月被共青团中央、中华全国青年联合会授予“中国青年五四奖章”。

【柳鑫珹】 1996年4月出生，邵阳市中西医结合医院护士，湖南第一批支援黄冈医疗队队员，大别山区域医疗中心ICU重症病房危重症患者一线救治人员。2020年1月26日，他主动请缨，参加援鄂抗疫医疗队，到达黄冈大别山区域医疗中心后，主动要求进入重症医疗组，和同事们连续奋战50多天，与病毒“贴身搏斗”。在他的精心护理下，所负责的危重患者全部转危为安。2021年4月获“全国优秀共青团员”称号。

【姚旻孜】 女，1986年9月出生，邵阳学院附属第一医院团委书记。新冠肺炎疫情发生以来，她带领青年医务人员坚守岗位、迎难而上，做到“发热病人早筛查、新冠肺炎患者零死亡、医务人员零感染、县市区及企业人员核酸检测全承接”。她创新基层团组织设置，推行党、团、业务大融合模式，落实支部书记“双带头”制度，4名团支部书记全部从党总支青年委员中产生，并推选10名业务骨干担任团支部委员，以党建带团建，团建促党建夯实基础，为医院的高效运转提供组织保障。2021年4月，入选“2019—2020年度湖南省青年岗位能手”拟评人选名单，同月获“全国优秀共青团干部”称号。

其他先进人物

【全国道德模范提名奖获得者彭艮凤】 女，1961年出生，隆回县花门街道排头村村民。1985年，24岁的彭艮凤嫁给隆回县花门街道排头村村民范海长，成为范家大媳妇。自此，她20多年如一日，无微不至地照顾年迈的父亲、公婆、丈夫的大伯和二叔五位老人，让每一位老人舒心安享晚年，直至高龄后安然离世。2005年11月，彭艮凤的小叔子在建筑工地意外受伤致下身瘫痪，大小便失禁。她义无反顾地担负起照顾小叔子的重任，为其抹澡上药、端屎倒尿，精心照顾，至今已十六载。彭艮凤孝老爱亲的“平凡”故事在十里八村传为佳话。2012年被评为湖南省孝亲敬老之星，2015年9月获“湖南省孝老爱亲模范”称号，2015年10月获全国道德模范提名奖。2021年11月获第八届全国道德模范孝老爱亲提名奖

【全国“最美公务员”获得者焦劲松】 1969年8月出生，隆回县人，中共党员，邵阳市卫生健康委员会党委委员、副主任。为提升全市医疗服务水平，他对全市二级及以上医院的服务能力进行专题调研，从日常制度、病历规范入手，纠治一批反面典型，解决部分医院管理松散、制度不落实等问题。他积极推进分级诊疗和医联体建设，在其推动下，全市3家县级人民医院成功创建三级综合医院、3家医院被湖南省卫生健康委设置为三级医院、1家医院获批三级专科医院，实现所有县市区二级甲等及以上综合医院全覆盖，二级以上医院均实行6S管理，完成市级医院“五大中心”（胸痛、卒中、创伤、危重孕产妇救治、危重儿童和新生儿救治）和县级医院“三大中心”（卒中、危重孕产妇救治、危重儿童和新生儿救治）建设，获省市县省级临床重点专科119个，完成医联体备案118家、医师多点执业869名，医院规范化管理、资源合理化布局、平台等级化创建和就医环境明显改善，全市医疗服务能力显著提升。在汶川抗震救灾、禽流感疫情处置、新冠疫情期间，他以办公室为家，白天奔波于各县市区了解救治进展，夜晚赶回市区召集专家进行救治方案研讨，同时24小时为民众提供医疗救治咨询服务。始终用实际行动诠释着共产党人的责任与担当。2021年11月，被中共中央宣传部、中共中央组织部授予“最美公务员”称号。

【全国妇联系统劳动模范获得者王冠华】 女，中共党员，1963年2月出生，高中文化，邵阳市大祥区蔡锷乡蒋河村党总支书记、村主任、妇联主席。从1996年6月任原齐心村妇联主任起，25年间，她一直奋斗在基层妇联工作一线，敢想敢干、务实重干、团结善干，全心全意服务群众，倾心为妇女儿童办实事。2021年12月，获2021年度全国妇联系统劳动模范称号。

（刘伟军）

【全国“扫黄打非”先进个人获得者康鹏】 苗族，1988年7月生，绥宁县长铺镇人，中共党员，大学文化，长铺水陆派出所副所长、三级警长（主持水口派出所工作）。2021年，他在水口派出所主持工作期间，侦破“11·10传播淫秽物品牟利案”，涉案金额近10亿元，从川、渝、浙、沪、粤等省市抓获犯罪嫌疑人30余名，其先进事迹被人民网、《人民公安报》等中央、省、市媒体报道。2021年被全国“扫黄打非”工作小组评为2021年度全国“扫黄打非”先进个人。

（罗向阳）

逝世人物

【刘启后】 笔名老后，男，湖南隆回人，1944年8月出生，大专文化，1963年7月参加工作，1987年加入中国共产党。中国民俗摄影协会主席团执行委员、博学会士，中国摄影家协会会员，中国艺术摄影学会会员，中国老摄影记者联谊会理事，湖南作家协会会员。曾任第七届、第八届县人大代表，第一届、第二届县政协委员。2021年9月1日晚因遭遇意外不幸逝世，享年78岁。

1976年开始，他全身心投入民俗文化的发掘、抢救、保护、传承工作中，进行近400次深入考察，累计行程30余万公里，用镜头和笔记录下当地濒临失传的滩头年画、呜哇山歌、花瑶挑花等民俗文化，倾其所有，不遗余力地将这些民间技艺推出大山、推向世界。收集整理出版了《花瑶女儿箱》《神秘的花瑶》《花瑶的石头会唱歌》《我的父亲母亲》等多部书籍，搜集到2000多幅瑶山传统挑花图样，收集记录整理呜哇山歌3000多首，在《人民日报》《人民画报》等海内外上百种刊物上发表过几百件摄影作品，17次获全国性大奖。他主动提供多年积累的第一手珍贵资料，协助隆

回县政府成功申报首批国家级非物质文化遗产“花瑶挑花”“呜哇山歌”“滩头年画”。

2014年，70岁高龄的刘启后和老伴一起，从事梅山文化的资料收集和整理。寻访梅山巫傩文化中的法师200多位，收集手抄经书1000余件，采访了3000多位高龄老人，为每个人拍照并建立档案，在全国各地举办6次影展。

刘启后用45年的艰苦努力探索，把花瑶展现给世界，使世界看花瑶。连续4次应邀出席“联合国教科文组织世界民俗摄影理论研讨会”，先后获全球华人“2014十大中华文化人物”、全球艺术家联盟“摄影终身成就奖”、CSR中国文化奖2015杰出贡献人物、全国非遗保护十大新闻人物、湖南非遗保护十大杰出人物、湖南省十大道德模范人物、湖南省影协最高荣誉“主席特别提名奖”、中国艺术摄影学会“盛世群星”等称号，被冯骥才先生誉为“民间文化的守望者”。

（张柏雄）

2021年邵阳籍获二等功以上退役军人一览表

表13

姓名	性别	籍贯	政治面貌	授予年份	荣誉称号
覃 良	男	湖南武冈	中共党员	2021	94850部队二等功
周 火	男	湖南武冈	中共党员	2021	91468部队二等功
许曾亮	男	湖南洞口	中共党员	2121	66325部队二等功
王 宁	男	湖南洞口	中共党员	2121	69220部队二等功
罗会银	男	湖南洞口	中共党员	2121	69220部队二等功

统计资料

邵阳年鉴 SHAOYANG NIANJIAN 2022

统计资料

2019–2021 年邵阳市国民经济和社会发展总量指标对比表

表 14

指标名称　2021年	2020 年	2019 年	农村住户
人口与就业			
一、户籍人口（万人）			
年末总人口	816.89	822.32	825.78
男性人口	432.14	434.41	436.32
女性人口	384.75	387.91	389.46
二、就业（万人）			
从业人员数	328.2	319.72	513.48
# 职工人数		42.15	38.21
宏观经济			
一、国民核算（万元）（当年价格）			
生产总值	24615348	22397561	21313811
第一产业	4088812	3976168	3513239
第二产业	7861750	6937583	6661989
第三产业	12664786	11483810	11138583
国内支出总额			
# 最终消费			
居民消费			
政府消费			
资本形成总额			
固定资本形成总额			
存贷增加			
二、固定资产投资（万元）			
全社会固定资产投资总额			
# 国有单位			

续表 14

指标名称　2021年	2020 年	2019 年	农村住户
集体单位			
个体经济			
三、财政（万元）			
财政总收入	1938843	1693199	1689072
# 地方财政收入	1184981	1053402	1029415
财政总支出	5838712	5902346	5891409
四、物价总指数（%）			
商品零售价格总指数	101.4	101.2	102.9
居民消费品价格总指数	100.2	102.2	102.3
五、利用外资（万美元）			
实际利用外资	3316.9	39698	34056
产　业			
一、农 业			
耕地面积（千公顷）	395.12	448.81	448.81
乡村农林牧渔业从业人员（万人）		215.42	218.62
农林牧渔业总产值（亿元）	696.97	677.6	569.42
# 农　业	358.53	346.35	322.79
林　业	20.92	20.22	20.2
牧　业	263.16	262.19	180.79
渔　业	19.43	16.53	15.97
农林牧渔服务业产值	34.93	32.32	29.68
主要农产品产量			
粮食（万吨）	336	323.96	319.23
棉花（吨）	0	1	25
油料（吨）	217868	211934	192973
烤烟（吨）	8431	8909	8768
茶叶（吨）	6686	6231	5915
柑橘（万吨）	70.09	67.28	54.61
肉类总产量（万吨）			52.17

续表 14

指 标 名 称 2021年	2020 年	2019 年	农村住户
水产品（万吨）	9.67	9.66	10.44
二、工 业			
全部工业总产值（当年价格）（万元）			
总计中：规模工业			
非规模工业			
规模工业中：轻工业			
重工业			
主要工业产品产量			
原煤（万吨）	12.9	16.7	16.21
发电量（亿千瓦小时）	124.5	116.9	124.95
饮料酒（万吨）	12.1	10.4	11.37
机制纸及纸板（万吨）	49.7	53.1	67.05
水泥（万吨）	1060.2	1043.8	1094.55
独立核算工业企业财务指标			
固定资产原值（万元）			
固定资产净值（万元）			
三、建筑业（四级 及四级以上建筑业）			
建筑企业年平均人数（人）	133106	137833	132045
建筑业总产值（万元）	6511426	5746962	5210591
施工房屋面积（万平方米）	5137.02	4568.67	3955.76
竣工房屋面积（万平方米）	1724.73	1648.37	1703.51
四、交通运输			
货运量（万吨）	10805.4		20990.58
#铁 路	491	399.04	450.25
公 路	10314.4		20771.99
水 运		121.58	218.59
客运量（万人次）	3469.5	3074.19	8616.08
#铁 路	1309.7	1258.26	781.52
公 路	2122.9	3061.98	8593.53

续表 14

指标名称　2021年	2020 年	2019 年	农村住户
五、邮电通信业			
邮电业务总量（万元）	664768	4933473	3370707
函件（万件）	19.93	46.94	63.59
报刊期发数（万份）	32.64	46.91	43.92
交换机容量（万门）	664.25	876.25	851.25
电话机（万部）	28.47	30.6	32.05
水　运	6.5	12.21	22.56
城　市		16.22	16.59
农　村		12.82	13.82
移动电话（万户）	599.15	574.88	550.45
计算机互联网用户数（万户）		68.89	62.91
六、国内商业			
社会消费品零售总额（万元）	13823522	12088272	10894262
七、外 贸			
进出口总额（万美元）（海关口径）	376824	380103	375672
进口额	9306	7396	9012
出口额	367518	372707	366650
八、金融保险			
金融机构存款（亿元）	3586.8	3298.2	3011.32
#储蓄存款	2782.53	2484.06	2241.66
金融机构贷款（亿元）	2297.45	1961.51	1633.86
保险业务收入（万元）	1019398	894369	853180
保险业务支出（万元）	339425	273711	289965
教育、科技、文化			
一、教 育			
专任教师数（人）			
普通高等学校	2313	2237	2100
中等专业学校(含职业中学)	3527	3444	3122
普通中学	30541	26406	32546

续表 14

指标名称 2021年	2020年	2019年	农村住户
小　学	33011	26956	25854
在校学生（人）			
普通高等学校	51209	46081	36590
中等专业学校(含职业中学)	84881	79231	78301
普通中学	461681	457664	458070
小　学	570702	587794	592987
二、科 技			
中级技术职称以上人员（万人）			
科学事业费支出（万元）	66588	70684	47772
三、文 化			
公共图书馆藏图书册数（万册）	277.84	277	270
电视人口覆盖率（%）	99.22	99.27	99.25
广播人口覆盖率（%）	97.45	97.36	97.34
家庭、生活、环境			
一、家 庭			
城镇居民平均每户家庭人口（人）	3.1	3.23	3.55
农村居民平均每户常住人口（人）	3.3	3.4	4.31
二、婚 姻			
结婚数（对）	31561	38781	40007
离婚数（对）	8281	16898	16999
三、居住（平方米/人）			
城市居民人均居住面积	56.4	56	56
农村居民人均居住面积	72.9	73	73
四、生 活			
城市居民可支配收入（元）	33374.35	30845	29503
农村居民人均纯收入（元）	15700.41	14119	13055
城乡居民储蓄存款余额（亿元）	2782.53	2484.06	2241.66
五、工资福利			
在岗职工平均工资（元）	74514	68987	65835

续表 14

指标名称 2021年	2020 年	2019 年	农村住户
六、卫 生			
医院（个）	143	139	136
医生（人）	15905	16070	16166
护士（人）	19839	20290	20724
医院床位（张）	36563	33272	33272
七、市政建设			
自来水供应量（万立方米）			
下水道总长（公里）	670	650	630
城市煤气供应量（万立方米）	7561.6	6263	5843
石油液化气供应量（吨）	4100	4300	4280
公共汽车总数（辆）	757	560	703
营运线路长度（公里）			
绿地面积（公顷）	3236	3215	3127
八、环境、灾害			
治理污染资金使用额（万元）			
环境污染事故数（次）			
火灾发生数（次）	4047	898	935
火灾经济损失（万元）		1009	1499
交通事故发生数（次）	664	572	312
交通事故经济损失（万元）			99

注：1. 实际利用外资自 2021 年起调整为新口径，实际使用外资实际投资；
　　2. 2021 年火灾事故次数统计口径有变化

2021年邵阳市全部城镇非私营单位在岗职工平均人数一览表

表15　　单位：人

指标名称	人数
总计	363502
按国民经济行业分组	
（一）农、林、牧、渔业	2813
（二）采矿业	3554
（三）制造业	35169
（四）电力、热力、燃气及水生产和供应业	3739
（五）建筑业	68499
（六）批发和零售业	9079
（七）交通运输、仓储和邮政业	9187
（八）住宿和餐饮业	1581
（九）信息传输、软件和信息技术服务业	4554
（十）金融业	9647
（十一）房地产业	4778
（十二）租赁和商务服务业	5266
（十三）科学研究和技术服务业	4750
（十四）水利、环境和公共设施管理业	4712
（十五）居民服务、修理和其他服务业	2824
（十六）教育	74191
（十七）卫生和社会工作	40017
（十八）文化、体育和娱乐业	1239
（十九）公共管理、社会保障和社会组织	77905

2021年邵阳市全部非私营单位在岗职工平均工资一览表

表16　　　　单位：元

指 标 名 称	工资金额
总 计	74514
按国民经济行业分组	
（一）农、林、牧、渔业	55848
（二）采矿业	65925
（三）制造业	55073
（四）电力、热力、燃气及水生产和供应业	65004
（五）建筑业	56826
（六）批发和零售业	63067
（七）交通运输、仓储和邮政业	73363
（八）住宿和餐饮业	39008
（九）信息传输、软件和信息技术服务业	99399
（十）金融业	131394
（十一）房地产业	55062
（十二）租赁和商务服务业	55107
（十三）科学研究和技术服务业	68536
（十四）水利、环境和公共设施管理业	73603
（十五）居民服务、修理和其他服务业	79841
（十六）教 育	76951
（十七）卫生和社会工作	102273
（十八）文化、体育和娱乐业	61240
（十九）公共管理、社会保障和社会组织	80419

2021年邵阳市固定资产投资（不含跨区项目）增长情况表

表17

指标名称	2021年比2020年（±%）
投资总额（万元）	8.2
一、按登记注册类型分	
1、国有企业	2.9
2、集体企业	226.2
3、个体经营	-19.3
个体户	-10.1
个人合伙	-54.6
4、联营企业	723.1
5、有限责任公司	15.5
国有独资企业	-19.7
其他有限责任公司	66.8
6、股份有限公司	-52.9
7、私营企业	10.6
8、港澳台外商投资企业	-61.9
9、其他企业	-12.7
二、按构成分	
建筑安装工程	15.3
设备工器具购置	47.9
其他费用	-4
三、按隶属关系分	
中央	46.6
地方	7.4
四、房屋建筑面积（万平方米）	
施工面积	13.6
竣工面积	-21.9
# 住宅	1.8

2019—2021 年邵阳市地方财政收入构成对比表

表 18 单位：万元

指 标 名 称	2021 年	2020 年	2019 年
一、地方财政收入合计	1184981	1053410	1029415
增值税	246677	98535	219663
营业税			
企业所得税	72714	60127	61483
企业所得税退税			
个人所得税	17054	16545	18623
资源税	5445	6694	5752
固定资产投资方向调节税			
城市维护建设税	49321	39743	39221
房产税	20572	12873	15315
印花税	12647	9870	9485
城镇土地使用税	13420	10845	11565
土地增值税	93963	86689	71922
车船使用和牌照税	18188	18017	16580
农业税			
农业特产税			
耕地占用税	35614	37536	34057
契 税	169867	152532	126430
烟叶税	3049	3344	2122
国有资产经营收益			
国有企业计划亏损补贴			
行政性收费收入	66271	76754	72743
罚没收入	166840	148347	114578
专项收入	65942	59396	71135
其他收入	127397	215563	138741
二、上划中央收入	621983	522813	544517
三、上划省级收入	131878	116984	115140

2019—2021年邵阳市地方财政收入构成对比表

表19　　　　单位：万元

指标名称	2021年	2020年	2019年
支出合计	5838712	5902346	5727484
一、一般公共服务	633330	677067	762596
二、外交		0	
三、国防	6788	10848	8293
四、公共安全	200175	241903	262332
五、教育	1089737	1086454	1036950
六、科学技术	56609	70684	50602
七、文化体育与传媒	69040	89122	104544
八、社会保障和就业	765567	797532	1112104
九、医疗卫生	678741	680099	704898
十、环境保护	136089	107250	135143
十一、城乡社区事务	632458	358110	636940
十二、农林水事务	821958	882777	864248
十三、交通运输	182757	248208	37438
十四、工业商业金融等事务	195417	140284	9145
十五、其他支出	370046	512008	2251

2021年邵阳市金融机构信贷资金来源情况表

表20　　　　单位：万元

指　标　名　称	年末余额	比年初增减额
资金来源总计	34781529	3166879
一、各项存款	35868026	2885998
（一）境内存款	35855660	2885029
1. 住户存款	27825264	2984698
（1）活期存款	8369347	232831
（2）定期及其他存款	19455917	2751867
2. 非金融企业存款	3825718	-86829
（1）活期存款	2314189	-362459
（2）定期及其他存款	1511529	275630
3. 广义政府存款	4185963	-9403
（1）财政性存款	410282	-45672
（2）机关团体存款	3775680	36269
4. 非银行业金融机构存款	18715	-3437
（二）境外存款	12366	969
二、金融债券		
其中：境外发行		
三、卖出回购资产		
四、借款及非银行业金融机构拆入	0	0
五、联行往来（净）		
六、应付及暂收款	820162	11340
七、各项准备	708874	108091
八、所有者权益	1208273	225519
其中：实收资本	469668	35500
九、其他	-3823806	-164070

2021年邵阳市金融机构信贷资金运用情况表

表21　　单位：万元

指　标　名　称	年末余额	比年初增减额
资金运用总计	34781529	3166879
一、各项贷款	22974502	3359431
（一）境内贷款	22974315	3359353
1. 住户贷款	11097948	1596140
（1）短期贷款	3667615	680936
消费贷款	1458707	244318
经营贷款	2208908	436618
（2）中长期贷款	7430334	915204
消费贷款	5481164	881444
经营贷款	1949170	33760
2. 非金融企业及机关团体贷款	11864367	1751213
（1）短期贷款	2397559	386336
（2）中长期贷款	8415025	1129880
（3）票据融资	1051118	234918
（4）融资租赁	0	0
（5）各项垫款	665	79
3. 非银行业金融机构贷款	12000	12000
（二）境外贷款	187	78
二、债券投资	2477038	243894
其中：境外债券	0	0
三、股权及其他投资	68947	3426
四、买入返售资产	39150	11166
五、存放非银行业金融机构款项	0	0
六、联行往来（净）	8858879	–457281
其中：境内存放二级准备金	42360	0
七、金银占款	0	0
八、中央银行外汇占款	0	0
九、应收及预付款	176503	1153
十、投资性房地产	1	0
十一、固定资产	186510	5089

2021 年邵阳市金融机构信贷资金运用情况表

表 22　　　　单位：万元

指　标　名　称	本年累计	同比增长（%）
人寿保险业务收入与支出		
一、原保险保费收入	685703.02	5.7
（一）按险种分		
1. 寿 险	280285.3	10.3
2. 年金险	229388.11	0.4
3. 意外伤害险	9943.8	-14.2
4. 健康险	166085.81	7.7
（二）按新型产品分：寿险原保险保费		
（1）普通寿险	138132.41	21
其中：新单保费	41419.6	14.5
续期保费	96712.81	24.1
（2）分红寿险	140749.26	1.6
其中：新单保费	69735.25	15.7
续期保费	71014.01	-9.3
（3）投资连结保险	1.88	-16
（4）万能寿险	1401.74	-6.6
二、赔付支出		
1. 赔款支出	41117.39	19.1
（1）意外伤害险	3066.69	-8.3
（2）短期健康险	38050.7	22
2. 死伤医疗给付	27569.95	22.8
（1）寿 险	8761.43	6.1
（2）年金险	3022.08	17.4

续表 22

指 标 名 称	本年累计	同比增长（%）
（3）长期健康险	15786.45	35.8
3. 满期给付	41399.06	-9.1
（1）寿 险	35991.96	-7.7
（2）年金险	5195.96	-19.2
（3）长期健康险	211.13	69.1
4. 年金给付	21542.17	-4.1
（1）个人业务	20489.19	-4.6
（2）团体业务	1052.98	7.1
三、退休金	68748.32	13.5
1. 寿 险	20182.81	-28.6
2. 年金险	45617.29	49.2
3. 长期健康险	2948.22	73.2
财产保险业务收入与支出		
一、原保险保费收入合计	304138.15	1.9
1. 企业财产保险	1671.92	-38.1
2. 家庭财产保险	1022.88	27
其中：投资型家财险	4.86	-5.2
3. 机动车辆保险	141529.47	-11.1
其中：交强险	50060.91	1
4. 工程保险	677.76	-21.7
5. 责任保险	13242.74	6
6. 信用保险	55.78	-70.8
7. 保证保险	1854.51	228
8. 船舶保险	23.43	140.2

续表 22

指 标 名 称	本年累计	同比增长（%）
9. 货物运输保险	420.18	36.6
10. 特殊风险保险	30.02	1278.6
11. 农业保险	47357.52	17.3
12. 健康险	82619.14	21.2
13. 意外伤害保险	13325.02	6.6
14、其他险	307.79	-17.8
二、赔款支出合计	215483.5	15.2
1. 企业财产保险	748.55	3.2
2. 家庭财产保险	309.1	50.7
其中：投资型家财险	0.82	8524
3. 机动车辆保险	107970.67	12.4
其中：交强险	46211.24	19.1
4. 工程保险	139.7	-26.8
5. 责任保险	7521.84	21.3
6. 信用保险	0.01	-96.7
7. 保证保险	239.48	86.1
8. 船舶保险	0.02	-97.1
9. 货物运输保险	12.93	-15.3
10. 特殊风险保险	1.02	64.5
11. 农业保险	32233.13	16.2
12. 健康险	62275.62	19.2
13. 意外伤害保险	4024.05	12.5
14. 其他险	7.37	-69.2

2021年邵阳市各县（市区）农林牧渔总产值（现价）情况表

表23　　　　单位：万元

市县名称	农林牧渔业总产值	农业产值	林业产值	牧业产值	渔业产值	农林牧渔服务业产值
邵阳市	6969691.7	3585294.1	209176.7	2631621.9	194298.2	349300.8
大祥区	162318.4	61317.4	1056.2	38615.9	4309.5	57019.4
双清区	119396.7	40118	55.8	34958.2	2954	41310.9
北塔区	71358.9	28840.2	495.7	20993.8	2570.9	18458.4
邵东市	1025896.4	650665.1	5613.1	282497.3	53876.2	33244.7
新邵县	643125	297366.2	17791	274274	12332.1	41361.7
隆回县	973710.1	567338.7	27910.6	329277.8	26750	22433.1
洞口县	1129478.2	598517.3	26838.4	404271.7	36288	63562.9
绥宁县	480128	179922.7	45321	240881.5	4032	9970.9
城步苗族自治县	247977.9	100553	21015.5	116435.2	1612.4	5361.8
武冈市	854300.5	423038.4	17221.6	380718.8	20448.5	12873.2
新宁县	500150.9	269480.5	13359	191769.7	9238.2	16303.4
邵阳县	761850.7	368136.6	32498.9	316928.1	19886.5	24400.6

2021 年邵阳市规模工业增加值完成情况表

表 24　　　　单位：%、个

指标名称	比上年增长	企业单位数
邵阳市	9.9	2067
总计中：国有企业	7.5	10
集体企业股份制企业	−76.7	1
股份制企业	10.9	1949
外商及港、澳、台投资企业	6.4	21
其他经济型企业	−2.6	86
总计中：国有控股企业	9.9	43
总计中：大中型工业企业	10	113
总计中：省级及以上产业园区（含集中区）	11	1198
非公有制经济	10	2020
市　区	9.6	326
大祥区	10	58
双清区	9.9	237
北塔区	4.9	31
邵东市	1.2	735
新邵县	3	237
隆回县	12	207
洞口县	9.3	154
绥宁县	7.1	67
城步苗族自治县	11	33
武冈市	12.1	108
新宁县	3.1	96
邵阳县	8.9	104
总计中：县域工业	10	1741

注：以上数据为快报数

2021 年邵阳市交通运输主要统计指标对比表

表 25

指标名称	计量单位	2021 年	2020 年
一、公路线路到达数	公里	22614.885	22600.629
1. 高速公路	公里	582.646	582.152
2. 一级公路	公里	94	91.65
3. 二级公路	公里	1632	1566.662
4. 三级公路	公里	584.626	542.555
5. 四级公路	公里	18421.188	18487.367
二、天然河道里程	公里		
其中：通航里程	公里	837	837
其中：全年通航	公里	670	837
三、公路桥梁年末实有数	米 / 座	91766.05/3669	90642.76/3651
四、民用营业性客货车辆	辆	23443	20391
1. 营业性客车	辆	3760	3863
2. 营业性货车	辆	19683	16528
五、民用运输船舶数	艘	38	42
净载重量	吨位	3640	4202
载客量	客位	350	350
功　率	千瓦	2125.92	2435.56
六、全社会客货运输量			
货物周转量	万吨公里	715789.48	

续表 25

指标名称	计量单位	2021 年	2020 年
公　路	万吨公里	715789.48	
水　运	万吨公里	0	4224.50
货运量	万吨	10314.44	
公　路	万吨	10314.44	
水　运	万吨	0	121.58
旅客周转量	万人公里	155307.18	153840.38
公　路	万人公里	155238.22	153748.43
水　运	万人公里	68.96	91.96
客运量	万人	2129.48	3074.19
公　路	万人	2122.94	3061.98
水　运	万人	6.54	12.21
七、港口货物吞吐量	万吨	0	16.55
其中：出口	万吨	0	0
八、汽车站个数	个	60	65
其中：客运站	个	60	65
发送旅客运量	万人	6325	5572
九、铁路运输			
旅客运输量	万人	1309.7301	1258.2586
货物吞吐量	万吨	490.9583	399.0399

2020 年、2021 年邵阳市邮电业务量和邮电通信服务水平情况表

表 26

指标名称	计量单位	2021 年	2020 年
一、邮电业务总量	万元	683725.68	521719.12
邮政业务总量	万元	196032.68	144053.05
电信业务总量	万元	487692.99	377666.07
年末局用交换机总容量	万门	803.25	876.25
#年新增局用交换机总容量	万门	73	60
年末固定电话用户	万户	28.47	30.6
城市电话用户	万户	14.91	16.23
乡村电话用户	万户	12.06	12.83
公用电话部数	万部	1.5	1.55
本年新增固定电话用户	万户	0.07	0.13
年末移动电话用户	万户	599.1	587.93
其中：3G 用户	万户	1.76	13.56
4G 用户	万户	417.42	409.23
5G 用户	万户	215.73	79.91
#本年新增移动电话用户	万户	60.32	57.42
移动电话通话量	万分钟	1363046.32	1555100.87
函件收寄量	万件	19.93	46.94
报纸杂志期发份数	万份	36.63	46.91
邮政储蓄收储余额	万元	4844078.19	4353233.48
集邮业务	万枚	178.62	188.71
二、邮电通信服务水平			
设有邮政所的乡（镇）	个	166	166
定班投递邮件的乡（镇）	个	166	166
设有信筒、信箱	个	247	247
城区局内每日开箱（筒）次数	次	2	1.98
农村每周信件投递次数	次	3.57	5.13
设邮政储蓄点	处	168	168
年末国际互联网用户数	万户	77.03	68.89
通电话行政村	%	100	100

2021年邵阳市分县（市区）对外经济主要指标一览表

表27

指标名称	实际利用外资（万美元）	实际利用内资（万美元）	进出口总额（亿元）	出口总额（亿元）
邵阳市	3317	748	240	234
大祥区	2	73	13	13
双清区	25	79	45	42
北塔区	2	31	9	9
邵东市	369	121	123	120
新邵县	2744	86	16	16
隆回县	45	62	14	14
洞口县	30	67	2	2
绥宁县	1	26	1	1
城步苗族自治县	1	23	0	0
武冈市	2	55	2	2
新宁县	6	33	4	4
邵阳县	8	63	11	11

2021年邵阳市各类学校和在校学生、招生、毕业生、教职工、专任教师情况表

表28

指标名称	计量单位	普通高等学校	中等职业技术学校	特殊教育	普通中学		小学	幼儿园
					高中	初中		
学校数	所	3	69	10	77	398	904	1620
在校学生数(在园幼儿)	人	51209	84881	6241	155157	306524	570702	196673
招生数	人	12061	31527	179	56779	102589	84486	76961
毕业数	人	9599	22649	291	45063	109313	102506	94283
教职工人数	人	3000	4567	313	38424		28903	19980
专任教师数	人	2313	3527	274	35724		28189	9728

2019—2021 年邵阳市初中生和小学生升学率、辍学率对比表

表 29

指标名称	计量单位	2021 年	2020 年	2019 年
初中毕业生	人	109319	102152	98043
高中招生	人	56779	49908	49023
升学率	%	52	49	50
小学毕业生	人	102506	94851	107757
初中招生	人	102589	96289	108194
升学率	%	100	100	100
初中生辍学人数	人	63	32	37
初中生辍学率	%	0.02	0.01	0.012
小学生辍学人数	人	0	0	18
小学生辍学率	%	0	0	0.003

2021 年邵阳市高新全部企业和产品生产情况表

表 30　　　　单位：万元

指标名称	企业数（个）	高新技术产品产值	专利申请受理数（件）	发明专利（件）	有效发明专利拥有数（件）	现价增加值
高新全部企业产品汇总用总计	1195	21589860.4	1788	577	996	5247651.1
其中：大中型工业	115	9902098.7	399	166	204	2384172.8
其中：省科技厅认定的高新企业	426	13590525	1327	485	830	3152471.9
按《登记注册类型（2012）》分组						
内资企业	1178	21257424	1774	573	976	5175742.9
国有企业	2	4492.1				2156.2
联营企业	1	3393.4	9		11	814.4
有限责任公司	66	4553107.2	393	185	152	1117062.3
国有独资公司	8	1667048.6	7		2	501535.6
其他有限责任公司	58	2886058.6	386	185	150	615526.7
股份有限公司	8	490394.8	3		1	288959.3
私营企业	1096	16201050.6	1369	388	812	3764599.2
私营独资企业	14	208970.7	4		8	54768
私营合伙企业	9	135557.2	5		2	35026.5
私营有限责任公司	1048	14605975.5	1230	316	661	3420983
私营股份有限公司	25	1250547.2	130	72	141	253821.7
其他企业	5	4985.9				2151.5
港、澳、台商投资企业	9	144021.7	9	4	6	39752.1
合资经营企业（港或澳、台资）	3	42278.5	4	4	4	9397
港、澳、台商独资经营企业	5	78083.9				25150.1
港、澳、台商投资股份有限公司	1	23659.3	5		2	5205
外商投资企业	5	176240.4				23677.5
中外合资经营企业	1	107902.9				7553.2
外资企业	4	68337.5				16124.3
按湖南高新领域总计分组						
湖南高新领域总计	1195	21589860.4	1788	577	996	5247651.1
一、电子信息技术	114	1138649.9	65	24	56	468672.1
二、生物与新医药技术	197	3621439.1	254	116	240	755615.8
三、航空航天技术	10	31903.9	20	3	9	8290.1
四、新材料技术	267	5739769.8	472	174	177	1494133.6
五、高技术服务业	91	492408.1	78	14	28	127752.5
六、新能源及节能技术	33	278278.4	37	3	18	70946.2

续表 30

指标名称	企业数（个）	高新技术产品产值	专利申请受理数（件）	发明专利（件）	有效发明专利拥有数（件）	现价增加值
七、资源与环境技术	66	858742.8	38	6	53	218357.5
八、高新技术改造传统产业	275	6167912.9	597	180	297	1322202.1
九、其他	142	3260755.5	227	57	118	781681.2
按国民经济行业分类分组						
制造业	1042	18345133.5	1655	528	888	4070148.7
农副食品加工业	79	1363055.8	105	46	82	316639.9
食品制造业	22	246391.6	15	4	31	48506.4
酒、饮料和精制茶制造业	20	595713.3	13	7	10	88713.9
纺织业	18	219538.9	11	1	1	57265.6
纺织服装、服饰业	24	185469.5	3	1	5	47360.8
皮革、毛皮、羽毛及其制品和制鞋业	173	1610173.3	259	56	15	404228.4
木材加工和木、竹、藤、棕、草制品业	26	563489.3	21	4	5	140508.9
家具制造业	16	244253.5	32	24	28	39285.8
造纸和纸制品业	15	178138	6	3	21	39874.7
印刷和记录媒介复制业	19	715145.1	41	5	8	185937.6
文教、工美、体育和娱乐用品制造业	38	900552	91	37	57	197565.7
石油、煤炭及其他燃料加工业	2	12576.2	1	1	1	2389.5
化学原料和化学制品制造业	34	333258.8	32	17	44	84691
医药制造业	39	1370477.4	115	52	101	273837.4
化学纤维制造业	1	7855.7	3	1		1099.8
橡胶和塑料制品业	61	657014.1	116	22	18	156200.4
非金属矿物制品业	109	1223383.6	87	23	61	338552
黑色金属冶炼和压延加工业	3	24068.7	4	1	1	4091.6
有色金属冶炼和压延加工业	5	126076.7	16	2	2	26603.5
金属制品业	97	1745707	166	20	62	384635.7
通用设备制造业	33	595564	120	30	132	153526.5
专用设备制造业	33	668034.4	61	37	47	125381.2
汽车制造业	17	1775051	169	92	52	274038.2
铁路、船舶、航空航天和其他运输设备制造业	1	10598.9				3073.7
电气机械和器材制造业	60	921637.3	80	24	69	209050.6
计算机、通信和其他电子设备制造业	52	442013.2	58	10	28	140294.3
仪器仪表制造业	3	54061				12949.2

续表 30

指标名称	企业数（个）	高新技术产品产值	专利申请受理数（件）	发明专利（件）	有效发明专利拥有数（件）	现价增加值
其他制造业	27	1391119.2	30	8	6	280057.6
废弃资源综合利用业	15	164696			1	33788.8
电力、热力、燃气及水生产和供应业	17	308944.9	19	3	10	109913.6
电力、热力生产和供应业	11	282482.8	15	3	6	98687.5
燃气生产和供应业	1	5902.7	4		4	1357.6
水的生产和供应业	5	20559.4				9868.5
建筑业	18	2233607.9	16	5	18	654703.8
房屋建筑业	11	1849148.6	6		2	554744.4
土木工程建筑业	6	284144.2	5	5	15	73877.5
建筑安装业	1	100315.1	5		1	26081.9
批发和零售业	15	44062.4	19	1	18	35249.8
批发业	7	34606.7	16			27685.3
零售业	8	9455.7	3	1	18	7564.5
交通运输、仓储和邮政业	2	2326.9				861
道路运输业	2	2326.9				861
信息传输、软件和信息技术服务业	33	459656.3				303372.9
电信、广播电视和卫星传输服务	14	428432.1				282765
互联网和相关服务	10	21678.9				14308
软件和信息技术服务业	9	9545.3				6299.9
租赁和商务服务业	4	968.4				329.3
商务服务业	4	968.4				329.3
科学研究和技术服务业	37	56471.6	76	38	52	21585.4
研究和试验发展	2	2087.5				793.3
专业技术服务业	30	48077.9	76	38	52	18269.6
科技推广和应用服务业	5	6306.3				2522.5
水利、环境和公共设施管理业	6	12997.4			7	4256.6
生态保护和环境治理业	5	9950.9				2885.7
公共设施管理业	1	3046.5			7	1370.9
居民服务、修理和其他服务业	4	1670				769.9
机动车、电子产品和日用产品修理业	2	931.5				400.6
其他服务业	2	738.5				369.3
教 育	1					
卫生和社会工作	4	13396.5	1	1	3	7932.2

续表 30

指标名称	企业数（个）	高新技术产品产值	专利申请受理数（件）	发明专利（件）	有效发明专利拥有数（件）	现价增加值
卫 生	3	12831	1	1	3	7570.3
社会工作	1	565.5				361.9
文化、体育	6	4152.6				2094.4
广播、电视、电影和录音制作业	2	1023.4				511.7
文化艺术业	2	1789.9				966.6
其他文化艺术业	1	927.2				500.7
娱乐业	2	1339.3				616.1
游乐园	1	316.2				145.5
休闲观光活动	1	1023.1				470.6
按隶属关系分组						
中 央	9	563300.5	74	22	30	147974.1
其 他	1171	18639151	1695	554	937	4439097.2
按企业控股情况分组						
国有控股	39	3139181.8	85	21	42	1065987.2
集体控股	6	209991.1	10	4	16	55804.9
私人控股	1121	16169132	1511	461	853	3761432.6
港澳台商控股	10	181968.6	13	8	17	51555.8
外商控股	2	46314.3				
其 他	14	1831098.3	164	83	54	294573
按县市区分组						
邵阳市	1195	21589860.4	1788	577	996	5247651.1
大祥区	37	917947.3	15	3	7	274586.4
双清区	115	5146974.3	538	234	375	1243614.3
北塔区	11	642378	2	2	2	205713.3
邵东市	518	8316398.4	770	149	166	1889851.6
新邵县	83	911700.2	82	44	132	227281.6
隆回县	126	1266289.8	42	11	26	326793.6
洞口县	64	1075081.7	34	5	33	293177.1
绥宁县	29	735347.3	48	17	58	146713.3
城步苗族自治县	15	129523	22	10	40	31006.9
武冈市	93	830355.6	77	51	72	224341.5
新宁县	30	410875.7	40	12	33	88552.8
邵阳县	74	1206989.1	118	39	52	296018.7

2019—2021 年邵阳市电视、出版文化、电影事业对比表

表 31

指标名称	计量单位	2021 年	2020 年	2019 年
一、广播、电视系统从业人员	人	1527	1527	1094
二、广播电视总收入	万元	28740.54	26491.49	13911.15
其中：财政补助收入	万元	25103.52	22302.5	9658.27
事业收入	万元	3300.74	3467.77	3744.76
经营收入	万元	82.5	288.5	269.94
其他收入	万元	253.78	433.72	238.18
三、广播电视覆盖				
广播综合覆盖人口	万人	639.39	710.94	717.41
广播综合覆盖率	%	97.45	97.36	97.34
电视综合覆盖人口	万人	651.01	724.89	731.53
电视综合覆盖率	%	99.22	99.27	99.25
四、广播电视播出				
公共电视节目	套	12	12	11
公共广播节目	套	11	11	11
全年广播播出时间	时分	25012:16	22123:27	21590:22
全年电视播出时间	时分	52823:32	48258:46	45918:47
全年制作广播节目时间	时分	16157:54	15167:20	15982:21
被中央人民广播电台采用新闻类节目条数	条	17		
转播中央台节目	时分	3144:37:00	3478:37:00	2408:12:00
转播省级台节目	时分	1993:22:00	1444:57:00	1161:11:00
全年制作电视节目时间	时分	7137:25:00	8765:12:00	8530:07:00
转播中央台节目	时分	10293：25	9182:15:00	9381:58:00
转播省级台节目	时分	3685:06:00	3458:45:00	2501:39:00
被中央电视台采用新闻类节目条数	条	81		
五、电视发射机				

续表 31

指标名称	计量单位	2021 年	2020 年	2019 年
中短波转播发射台	座	1	1	
中短波发射机功率	部 / 千瓦	3/3.0	3/3.0	3/3.0
调频、电视转播发射台	座	11	11	20
其中：100 兆以上	座	11	11	20
调频发射机	部	23	23	25
其中：100 兆以上	部	23	23	16
调频发射机功率	千瓦	37.6	37.6	18.23
电视发射机	部	36	39	37
其中：100 兆以上	部	34	37	31
100 兆以下	部	2	2	6
在电视台总数中				
有线电视台	座	10	10	10
有线广播电视覆盖用户数	万户			79.21
有线广播电视实际用户数	万户			45.89
六、电视新媒体				
移动客户端 App 数量	个			3
发布信息	条			22789
点击量	万次			525.4
微信公众号	个			11
发布信息	万条			26825
点击量	万次			664.48
七、出版事业经费	万元			
报纸出版种数	种		3	
图书发行数	万册		3425.21	
图书销售总额	万元		25779.69	
公共图书藏书册数	万册	277.84	204	

2019—2021 年邵阳市体育事业对比表

表 32

指标名称	计量单位	2021 年	2020 年	2019 年
一、体育系统从业人员	人			
二、体育场地数	个	15508	15251	9746
室外运动场地	个	14313		
室内运动场地	个	1195		
1. 基础大项场地	个	931		
田径场地	个	840		
游泳场地	个	91		
2. 运动场地合计	个	14303		
其中：球类运动场	个	11131		
足球运动场	个	164		
篮球运动场	个	5750		
排球运动场	个	397		
乒乓球运动场	个	3737		
羽毛球运动场	个	945		
其他球类	个	138		
体育健身场地	个	3164		
健身房	个	285		
全民健身路径	个	2510		
健身步道	个	369		
大型体育场馆	个	8		
游泳馆	个	0		
体育场	个	1		
体育馆	个	7		
三、全年体育事业经费	万元	26932	27236.76	18514
# 事业费	万元	26932	27236.76	18514
赞助费	万元			

续表 32

指标名称	计量单位	2021 年	2020 年	2019 年
四、当年等级运动员发展人数	人	82	128	113
# 田径运动员	人	19	37	45
篮球运动员	人	3	11	4
五、当年等级裁判员发展人数	人	202	104	
其中：二级裁判员	人	202	104	
六、青少年活动组织	个	0	0	0
青少年户外活动营地	个	0	0	0
体育传统项目学校	个	0	0	0
七、体育社会团体	个	158	172	178
八、举办县以上运动会次数	人	14484	13206	11776
九、达到国家体育锻炼标准人数	人	288072		
达标率	%	36		
十、举办县以上运动会次数	次	57	40	18
参加县以上运动人数	人	10667	8921	5400
十一、参加重大国际比赛获奖	枚			
在总数中：获金牌	枚	0	0	1
在总数中：获银牌	枚	0	0	2
在总数中：获铜牌	枚	0	0	1
十二、参加全国性比赛获奖	枚			
在总数中：获金牌	枚	2	6	13
在总数中：获银牌	枚	3	4	6
在总数中：获铜牌	枚	2	4	8
十三、参加省级比赛获奖	枚			
在总数中：获金牌	枚	41	32	35
在总数中：获银牌	枚	44	45	32
在总数中：获铜牌	枚	71	46	45

2021 年邵阳市卫生机构、床位及人员数情况表

表 33

指标名称	机构个数（个）	实有床位数（张）	在岗职工（人）	卫生技术人员（人）
总 计	5662	48230	54385	42197
一、医 院	143	36563	31950	26704
综合医院	78	22417	21840	18647
中医医院	16	5413	5474	4649
中西医结合医院	4	697	773	614
专科医院	45	8036	3863	2794
口腔医院	7		220	176
眼科医院	6		379	232
耳鼻喉科医院	1		25	22
肿瘤医院	1		96	49
妇产（科）医院	2		135	79
精神病医院	13		1927	1434
皮肤病医院	1		34	22
骨科医院	2		167	139
其他专科医院	12		880	641
二、基层医疗卫生机构	5467	10762	19284	13073
社区卫生服务中心（站）	58	1211	1402	1124
社区卫生服务中心	32	1202	1326	1055
社区卫生服务站	26	9	76	69
卫生院	199	9536	9123	7723
乡镇卫生院	199	9536	9123	7723
中心卫生院	57		4590	3885
乡卫生院	142		4533	3838
村卫生室	4412		5843	1436
门诊部	33	15	335	239
综合门诊部	6		59	55
中医门诊部	4		45	21
专科门诊部	1			
中西医结合医院			7	7
中西医结合门诊部	22		224	156
诊 所	697		2212	2184

续表 33

指标名称	机构个数（个）	实有床位数（张）	在岗职工（人）	卫生技术人员（人）
卫生所、医务室	68		369	367
三、专业公共卫生机构	47	725	3017	2323
疾病预防控制中心	13		870	600
省辖市（地区）属	1			
地辖市属	5			
地级市（地区）属			196	138
县级市（区）属			218	152
县　属	7		456	310
专科疾病防治院（所、站）	6	56	141	94
专科疾病防治所（站、中心）	6	56	141	94
皮肤病与性病防治所（中心）	6	56	141	94
健康教育所（站、中心）	1		5	3
妇幼保健院（所、站）	13	669	1532	1295
# 地级市（地区）属	1		192	164
地县级市（区）属			382	313
县级市（区）属	5		218	
县　属	7		958	818
# 妇幼保健院	11	669	1508	1273
妇幼保健所	1		13	12
妇幼保健站	1		11	10
采供血机构	1		91	70
卫生监督所（中心）	13		378	261
省辖市（地区）属			24	24
地级市（地区）属	1			
地辖市属			122	87
县级市（区）属	5			
县　属	7		232	150
四、其他卫生机构	5	180	134	97
疗养院	1	180	86	68
临床检验中心（所、站）	1		10	3
其　他	3		38	26

2019—2021年邵阳市人大、市政协及工、青、妇基本情况表

表34

指标名称	计量单位	2021年	2020年	2019年
一、人大基本情况（本级）				
本届人大代表	人	538	530	535
#女代表	人	195	175	175
#少数民族代表	人	67	59	51
二、政协基本情况（本级）				
1. 本届政协委员数	人	428	422	421
#女代表	人	110	105	104
#少数民族代表	人	46	40	40
2. 政协委员提案数	件	229	188	220
3. 落实提案数	件	146	121	127
三、工会组织基本情况				
1. 工会基层组织数	个	11051	12754	12622
2. 建立职代会个数	个	2240	2566	4871
3. 工会专职人员	人	9201	9706	9706
#女性	人	5428	5668	5668
4. 工会会员数	人	1005655	1078447	1075057
#女性	人	349192	369136	369661
5. 民主选举领导单位数	个	8950	9912	9815
6. 技术革新项目数	项	862	856	624
7. 创造效益	万元	5918	5892	4957
四、共青团组织基本情况（全市）				
1. 基层团支部数	个	9609	9383	6723
2. 专职团干数	人	73	73	74
3. 共青团员数	人	213592	209487	206160
4. 发展新团员数	人	16735	17900	17347
五、妇代会基本情况（市本级）				
1. 妇代会正式代表人数	人	360	360	360
妇代会特邀代表人数	人	25	25	25
2. 妇联执委数	人	52	52	52
3. 常务委员人数	人	21	19	19
4. “三八红旗手”人数	人	46	0	41
5. 最美文明家庭	户	30	20	17

2019—2021 年邵阳市公安、检察工作情况表

表 35

指标名称	计量单位	2021 年	2020 年	2019 年
一、公安				
公安经费实际支出	万元	23803.04	26046.61	29791
1. 人民警察数	人	5007	4695	4799
其中：女性	人	703	659	679
2. 治安案件查处数	件	25445	26061	24006
3. 治安案件结案数	件	11961	11091	12052
4. 治安案件结案率	%	47	42.56	50.2
5. 刑事案件立案数	件	18908	17365	16526
6. 刑事案件侦破数	件	7192	4949	4438
7. 刑事案件破案率	%	38.04	28.5	26.85
8. 青少年犯罪人数占犯罪总人数的比重	%	16.89	15.88	16.43
其中：女性	%	1.57	1.12	2
9. 交通事故起数	起	664	572	312
10. 交通事故死亡人数	人	303	388	34
11. 交通事故受伤人数	人	278	399	416
12. 火灾事故次数	次	4047	898	935
13. 火灾事故死亡人数	人	6	3	3
14. 火灾事故受伤人数	人	5	1	2
二、检察				
1. 检察事业经费支出数	万元	3700	4408	4688
2. 检察工作人员数	人	901	683	728
其中：女性	人	381	227	233
3. 起诉人数	人	7464	6341	5861
4. 起诉率	%	83.15	77.75	82.26
5. 批捕人数	人	5351	3609	1271
6. 批捕率	%	77.43	81.99	82.11
7. 出庭率	%	100	100	100

注：2021 年火灾事故次数、治安案件结案率统计口径有变化

2019—2021 年邵阳市律师、公正、调解工作基本情况表

表 36

指标名称	计量单位	2021 年	2020 年	2019 年
一、律师工作				
律师事务所	个	60	60	56
律师工作人员	人	981	928	868
其中：律 师	人	637	847	803
# 专职律师	人	624	611	639
兼职律师	人	13	15	12
特邀律师	人	0	0	0
其他工作人员	人	83	81	65
聘请常年法律顾问单位	家	896	786	1284
刑事案件代理及辩护	件	2598	2595	2807
民事诉讼代理	件	10953	8098	6799
经济案件诉讼代理	件	3783	3810	3192
非诉讼代理	件	850	569	767
行政诉讼代理	件	512	406	758
涉外法律事务	件	0	0	37
解答法律询问	人次	20129	16790	18787
代写法律事务文件	件	3722	4457	5937
二、公证工作				
公证处	个	11	11	11
公证人员	人	29	32	30
公证文书	件	37177	29982	33463
其中：经济合同公证	件	1435	9320	10520
三、人民调解				
专职司法助理员	人	92	1040	1377
人民调解委员会	个	4024	4173	4055
调解人员	人	16288	17397	16825
四、调解各类民间纠纷				
总 计	件	16066	23259	27427
婚姻、继承、赡抚、抚育	件	2263	3306	4046
房屋、宅基地	件	1991	3298	3927
债 务	件	469	696	1013
生产经营	件	319	589	842
损害赔偿	件	2050	3115	3645
山 林	件	1550	1832	2247
坟 地	件	344	292	486
邻 里	件	4938	8224	8783
其 他	件	2142	1907	2438

附录

文件选登

邵阳市人民政府关于贯彻落实行政复议体制改革有关文件精神的意见

（邵市政发〔2021〕8号）

各县、市、区人民政府，邵阳经开区管委会，市直及部省属驻邵各单位：

为深入贯彻落实习近平法治思想特别是习近平总书记关于行政复议体制改革的重要指示精神，加快推进法治政府建设，切实发挥行政复议制度在化解行政争议中的主渠道作用，根据中央全面依法治国委员会《行政复议体制改革方案》、《湖南省人民政府关于行政复议体制改革的实施意见》（湘政发〔2021〕9号）、省委编办《关于市县两级行政复议体制改革所涉机构编制调整工作指导意见的通知》（湘编办发〔2021〕8号）精神，结合我市实际，现提出以下意见：

一、总体要求

坚持以习近平法治思想为指导，深入贯彻落实党的十九大和十九届二中、三中、四中、五中全会精神，在市委、市政府的领导下，全面落实党中央、国务院及省委、省政府关于行政复议体制改革的决策部署，坚持以人民为中心，坚持改革与法治相衔接，坚持优化协同高效，坚持问题导向，着力解决职责配置分散等制约行政复议工作发展的瓶颈问题，充分发挥行政复议公正高效的制度优势和化解行政争议主渠道作用，不断提高各级行政机关依法行政水平和公信力，推进国家治理体系和治理能力现代性，促进社会公平正义与和谐稳定，不断增进人民群众获得感、幸福感、安全感，为践行“三高四新”战略、奋力建设“二中心一枢纽”新邵阳提供有力法治保障。

二、主要措施

（一）整合行政复议职责

1. 市、县市区各级只保留一个行政复议机关，由本级人民政府统一行使行政复议职责，各级部门不再行使行政复议职责。各级司法行政部门为本级人民政府的行政复议机构，依法以本级人民政府的名义办理行政复议案件。

2. 市人民政府统一管辖以下单位为被申请人的行政复议案件：

（1）市人民政府派出机关；

（2）县市区人民政府；

（3）市人民政府部门及其派出机构（区政府辖区内的除外）；

（4）市人民政府或部门管理的法律法规规章授权的组织；

（5）受省人民政府委托管理的开发区管委会；

（6）队部在辖区的高速公路交警支队。

3. 县市区人民政府统一管辖以下单位为被申请人的行政复议案件：

（1）县市区人民政府派出机关；

（2）乡镇人民政府；

（3）县市区人民政府部门及其派出机构；

（4）县市区人民政府或者部门管理的法律法规规章授权的组织；

（5）受市州人民政府委托管理的开发区管委会；

（6）队部在辖区的高速公路交警大队；

（7）市人民政府部门在区政府辖区内设立的分局、大队或者派出机构。

4. 部省属驻邵各单位及其直属机构或者派出机构为被申请人的行政复议案件由其上一级主管部门管辖。

5. 改革实施前，政府部门已经受理的行政复议案件，由该部门继续办理至终结。改革实施后，政府部门收到行政复议申请的，应当按照本意见的管辖规定，告知申请人申请行政复议的途径，或者将行政复议申请转送有管辖权的行政复议机关。行政机关作出可能影响当事人权利义务的行政行为时，应当按照本意见的管辖规定，告知当事人申请行政复议的途径。

《行政复议法》修订后另有规定的，从其规定。

（二）落实人员配备要求，加强行政复议专业化队伍建设

1. 各级人民政府要严格落实省人民政府《行政复议

体制改革实施意见》（湘政发〔2021〕9号）确定的“事编匹配、优化节约、按需调剂”的原则，综合考虑本级人民政府行政复议案件的实际情况，根据省委编办《关于市县两级行政复议体制改革所涉机构编制调整工作指导意见的通知》（湘编办发〔2021〕8号）的要求，按照“编随事走、人随编走、双向选择、分批进人”的原则和方法配足配强行政复议人员，确保本级人民政府行政复议机构的人员配备与改革后的工作实际相适应。

2. 加强行政复议队伍专业化、职业化建设。行政复议机构初次从事行政复议工作的人员，应当通过国家统一法律职业资格考试，取得法律职业资格。每个行政复议案件至少由2名行政复议人员办理，不得安排事业编制人员或政府购买服务人员单独办理行政复议案件，不得委托或者变相委托事业单位、社会机构办理行政复议案件。配备责任心强、法律素养高的专职行政复议人员。建立行政复议执业规范，加强对行政复议人员的培训、考核和管理，不断提高行政复议队伍的政治素质和业务能力，打造革命化、正规化、专业化、职业化的行政复议专门队伍，增强行政复议人员的职业荣誉感和责任感。

3. 合理配置辅助人员。各级人民政府行政复议机关要建立完善行政复议辅助人员制度，结合工作实际，发挥办案辅助人员在案件登记、材料审查、听证、核对文书、统计分析、案卷整理等工作中的作用，使行政复议人员专注案件办理，促进改革后行政复议办案质量不断提高。配置辅助人员所需经费纳入行政复议工作经费。

（三）加强对行政复议工作的保障和规范化建设

1. 各县市区人民政府要将行政复议工作经费纳入同级财政预算予以保障。根据行政复议机构办理行政复议案件、出庭应诉等实际工作需要配备办案车辆。

2. 推动行政复议接待和办案场所规范化。各县市区人民政府要按照司法部《司法业务用房建设标准》要求，参照法院业务用房标准，按照便民原则，落实办案工作需要的接待、听证、调解、会议、档案室和立案大厅等业务用房，配齐执法记录仪、便携式计算机、打印机等办案设备，将标准化建设所需装修装饰费用、配备设备费用列入本级人民政府预算。

3. 建设“智慧复议”，加强行政复议工作信息化建设。各县市区人民政府行政复议机构要推进信息化建设，全面推广使用“全国行政复议工作平台”办案，打造互联互通的信息共享平台，建设统一规范的在线办案流程，实现数据汇聚、精准分析的在线指导监督功能。逐步在线公开行政复议决定，增强工作透明度。健全行政复议文书送达机制，采取邮政快递或者电子邮件方式送达各类行政复议文书，方便公民、法人和其他组织参加行政复议活动。

4. 成立行政复议咨询委员会。各县市区人民政府要结合工作实际，探索建立政府主导，相关政府部门、专家学者参与的行政复议咨询委员会，为重大、疑难、复杂的案件提供咨询意见，提升行政复议权威性、专业性和公信力。建立记录和保密制度，对于委员发表的咨询意见要记录备案，并予以保密。委员应客观公正、无保留地发表意见。委员的履职情况作为留任解聘、聘为政府法律顾问的重要依据。案件涉及专业问题需向政府部门了解情况、征询意见的，政府各部门收到行政复议机构的通知后，要及时安排相关人员配合。

（四）发挥行政复议监督职能

1. 完善监督机制。各县市区人民政府要充分发挥行政复议的监督功能，建立健全行政复议倒逼依法行政、推进法治政府建设的监督机制，加大对违法或不当行政行为的纠正力度，加强对行政行为所依据的规定的审查，及时纠正违反法律法规和国家政策，侵犯公民、法人和其他组织合法权益的规定。行政复议机构要建立行政复议决定、意见书、建议书执行情况的监督机制，定期向本级党委、政府报告行政复议工作情况，提请本级人民政府向下一级人民政府和本级人民政府部门通报情况。办理本级人民政府部门为被申请人的案件，要将行政复议决定抄告其上一级主管部门。行政行为违法，需要追究有关人员违纪违法责任的，及时通报同级纪检监察机关。市政府各部门要积极做好本部门依法行政工作，结合各县市区人民政府行政复议机构抄告的行政复议决定，有针对性地加强对下级部门工作的指导监督，进一步提高部门依法行政能力和水平，发挥部门在法治政府建设中的积极作用。

2. 加强工作监督。将行政复议工作开展情况作为法治政府建设的重要指标，按照《法治政府建设与责任落实督察工作规定》等有关要求，对工作不力、问题较多的，及时进行约谈、责令整改、通报批评。市人民政府行政复议机构要在本级行政复议机关的领导下，按照职责权限对下级行政复议机构的工作进行监督。要按照《中共中央关于全面推进依法治国若干重大问题的决定》要求，在行政复议工作中全面落实行政执法责任制，严格确定行政复议机构及其工作人员执法责任和责任追究机制，坚决排除对行政复议工作的干预，防止和克服地方和部门保护主义。行政复议机构及其工作人员行使行政复议权要自觉接受纪检监察机关的监督，确保行政复议权在法治的轨道上公正有效行使。

三、工作要求

（一）提高政治站位。行政复议体制改革是党中央、国务院推动法治国家、法治政府、法治社会一体化建设的重要决策部署，各部门，县市区要以高度的政治责任感、历史使命感和改革创新精神，全面落实行政复议改革各项要求，在2021年6月1日前落实机构设置、人员配备、办案场所建设等工作要求，确保改革任务顺利完成。

（二）加强组织领导。市政府成立行政复议体制改革工作领导小组，由市长任组长，分管副市长任副组长，市政府分管副秘书长及市委编办、市司法局、市财政局等相关部门负责人为成员。领导小组办公室设市司法局，具体组织开展、协调推进全市行政复议体制改革工作。市、县两级机构编制、财政、机关事务等部门要大力支持、积极配合改革，形成工作合力。

（三）严明工作纪律。改革过程涉及机构和人员编制整合调整，要严格执行政治纪律、组织纪律、机构编制纪律、财政纪律，确保政令畅通，不允许搞变通、拖延改革、干扰改革。要妥善做好职责交接，确保改革期间履行法定行政复议、行政应诉职责无缝衔接。

（四）强化宣传引导。切实做好行政复议体制改革的宣传工作，正确引导社会舆论，及时回应各方关切，妥善应对舆情风险。采取多种贴近人民群众的宣传形式做好政策解读，确保人民群众广泛知悉行政复议体制的变化，主动公开行政复议机构名称、地址、电话、行政复议指南等信息，方便人民群众找准改革后的行政复议机关和行政复议机构。

（五）开展督促检查。市司法局要建立行政复议体制改革情况总台账，对表推进各县市区政府落实改革任务。市政府督查室将对改革工作情况开展督导检查，对改革措施落实不到位的，督促及时整改，确保全市行政复议体制改革任务如期完成。

邵阳市人民政府

2021 年 5 月 26 日

关于修订印发《邵阳市市长质量奖管理办法》的通 知

（邵市政办发〔2021〕4号）

各县、市、区人民政府，邵阳经开区管委会，市直各有关单位：

经市人民政府同意，现将修订后的《邵阳市市长质量奖管理办法》印发给你们，请认真遵照执行。

邵阳市人民政府办公室

2021年4月29日

邵阳市市长质量奖管理办法

第一章 总 则

第一条 为贯彻落实《中共中央 国务院关于开展质量提升行动的指导意见》和《中共湖南省委省人民政府关于开展质量提升行动的实施意见》，大力推进质量强市战略，不断提高全社会质量意识，引导和激励全市各行各业加强质量管理，推广科学质量管理制度、模式和方法，促进质量管理创新，传播先进质量理念，提高产品、工程、服务和环境等领域质量水平，推动全市经济社会健康发展，根据《中华人民共和国产品质量法》《中华人民共和国食品安全法》《中华人民共和国农产品质量安全法》《评比达标表彰活动管理办法》等有关规定，制定本办法。

第二条 邵阳市市长质量奖(以下简称市长质量奖)是市人民政府在质量领域授予各类组织和个人的最高荣誉。

第三条 市长质量奖分为市长质量奖和市长质量奖提名奖，评选周期为2年。市长质量奖每届不超过5个组织和2名个人，提名奖每届不超过10个组织和个人。达不到奖励条件可以空缺。

第四条 市长质量奖的评审坚持科学、公开、公平、公正的原则，在组织和个人自愿申报的基础上，经相关部门推荐，严格按照程序和标准开展评审工作。

第二章 组织领导

第五条 经市长授权，邵阳市市长质量奖评审委员会（以下简称评委会）全面负责市长质量奖评审工作。评委会由市质量强市领导小组成员单位负责人组成，分管质量强市工作的副市长担任评委会主任委员。评委会主要职责是组织、推动、指导市长质量奖评审活动，审定并发布市长质量奖评审方案、评审准则、评审程序等，研究决定市长质量奖评审过程中的重大事项。

第六条 评委会办公室设在市市场监管局，由单位主要负责人兼任办公室主任。主要职责是负责市长质量奖日常管理工作，包括：

（一）起草市长质量奖的评审方案、评审准则、评审程序等；

（二）受理申报组织或个人材料，组织市长质量奖的评审工作；

（三）建立获奖单位和获奖个人的监督管理和异议处理机制；

（四）开展质量奖评审依据和评审工作的跟踪研究，及时总结、宣传、推广典型经验和成果。

第七条 评委会办公室可委托第三方机构开展市长质量奖的申请资料整理、材料初审、现场评审、顾客满意度测评等工作。受委托的第三方机构承担因评审过程产生的技术和法律责任，不得向申报组织和个人收取任何费用。

第三章 申报条件

第八条 申报市长质量奖的组织(以下称申报组织)，应当具备以下条件：

（一）拥护中央的路线、方针、政策；

（二）依法在邵阳市本级行政区域内注册登记，具有法人资格，从事生产经营3年以上；

（三）具备健全的质量管理体系，取得相关体系认证证书并运行有效，建立并已实施卓越绩效管理模式，具有显著的质量效益和突出的社会贡献；

（四）符合国家、省、市的产业、环保、质量等政策，列入国家强制监督管理范围的应取得相关证照；

（五）质量管理成效显著，产品、工程和服务质量、自主创新能力、市场竞争力等在行业内处于领先地位；

（六）具有良好的诚信记录和社会声誉，顾客满意程度高；

（七）近3年内无较大质量、安全、环保、公共卫生等事故，无违法、违规、违纪行为，无不良社会反映。

鼓励具有自主知识产权、创新能力强、主导制定国家标准或国际标准、质量管理水平先进、符合产业发展方向、成长性较强的企业和具备示范引领作用、能够带动区域经济发展、具备良好的经济社会效益的现代农业、战略性新兴产业、新型服务业等行业的单位积极申报。

第九条 申报市长质量奖的个人（以下称申报个人），应当具备以下条件：

（一）政治坚定，拥护中央的路线、方针、政策，恪守职业道德和社会公德，无违法、违规和违纪行为。

（二）有较强的质量意识和创新能力，对质量事业有高度的责任感和使命感，有较高的社会知名度。

（三）具有卓有成效的质量管理理论研究或丰富的实践经验，在履职的工作岗位或从事的工作领域为质量事业作出了突出贡献。

第十条 已获得中国质量奖、省长质量奖的组织和个人不予申报市长质量奖。获得市长质量奖（不含提名奖）的组织和个人在获奖后两届内，不得再次申报市长质量奖。

第四章 评审依据

第十一条 市长质量奖的评定依据为《卓越绩效评价准则》（GB/T19580）、《卓越绩效评价准则实施指南》（GB/T19579），评审标准内容包括领导、战略、顾客与市场、资源、过程管理、测量、分析与改进、经营结果等。

第十二条 为保证市长质量奖评审依据的有效实施和不同行业评审工作的一致性，评委会办公室根据行业、企业类别，分别制订评审实施细则。

第五章 申报与评审

第十三条 每届市长质量奖评审前，由评委会办公室在市级主要媒体和网站上发布市长质量奖的评审公告。

第十四条 符合申报条件的组织或个人，在自愿的基础上，根据市长质量奖的申报条件，在规定时间内向县市区市场监管部门提出申请，县市区市场监管部门对申报材料进行初审，并报请所在地人民政府批准后，向评委会办公室推荐。

第十五条 评委会办公室对申报材料的主体资格、推荐渠道、申报程序和材料规范性等进行审查。

第十六条 评委会办公室对通过初步审查的申报组织和申报个人征求生态环境、人力资源社会保障、税务、市场监管、应急管理、住建（人防）等有关主管部门意见。涉及国防、国家安全的涉密事项，在适当范围内征求相关部门意见。

第十七条 评委会办公室根据初步审查结果和相关部门对初步审查结果的意见，形成市长质量奖受理名单，并向社会公示；对未予受理的申报组织和申报个人，评委会办公室向申报组织或个人说明理由。

第十八条 对通过审查和公示的申报组织和个人，评委会办公室组织开展评审，评审程序包括材料评审、现场评审、市场（顾客）满意度测评、综合评价、审定和公示公告。

第十九条 评委会办公室成立材料评审组，对组织或个人提交的申报材料按照评审准则进行评分，形成材料评审报告，并按得分高低提出现场评审名单。对未进入现场评审的组织，及时反馈材料评审结果。评审组实行组长负责制。

第二十条 对通过材料评审的组织和个人，评委会办公室成立现场评审组，依据现场评审准则对组织和个人进行现场评审，形成现场评审报告。评审组实行组长负责制。

第二十一条 评委会办公室对通过材料评审的组织进行市场（顾客）满意度指数测算，形成市场（顾客）满意度测评报告。

第二十二条 评委会办公室对各专项评审组的材料评审、现场评审和满意度测评情况进行综合评价，提出市长质量奖候选名单。

第二十三条 评委会召开会议，对市长质量奖候选名单进行审议，产生市长质量奖获奖建议名单。

第二十四条 评委会办公室将市长质量奖获奖建议名单向社会公示五个工作日。对公示存在异议的组织或个人，经评委会办公室查实的，取消拟获奖资格。对公示无异议的组织或个人，按程序报市长审定后，由市人民政府公告。

第六章 奖 励

第二十五条 市人民政府对获得市长质量奖的组织和个人按规定给予奖励，并颁发证书和奖牌。

第二十六条 市长质量奖的奖励资金和评审工作经费列入市财政预算，实行专款专用。

第二十七条 市长质量奖获奖组织获得的奖金主要用于质量持续改进、标准制定、技术攻关、科技研发、人员培训以及质量管理经验的推广与宣传等，不得挪作他用。

第七章 监督管理

第二十八条 建立对获奖组织的巡访及动态管理制度。评委会办公室及有关部门有权及时了解获奖组织和个人的生产经营和质量管理等情况，督促其珍惜荣誉，不断进步。

第二十九条 获奖组织和个人可在组织和个人形象宣传中使用获奖称号，并注明获奖年度，不得出售、出租证书、奖牌或将其用于从事其他营利性活动。

第三十条 对弄虚作假，采取不正当手段骗取市长质量奖荣誉的组织或个人，由评委会办公室调查核实后，提交评委会研究并提请市人民政府撤销其市长质量奖奖项，收回奖牌、证书，追缴奖金，并向社会公告。该组织或个人不得参加下两届市长质量奖的申报。

第三十一条 获奖组织或个人在获奖后 5 年内如发生下列情形之一的，由评委会办公室调查核实并提交评委会研究，报请市人民政府撤销其市长质量奖奖项，并向社会公告：

（一）组织或个人所属组织发生了重大质量、安全、环保、卫生等责任事故的；

（二）产品、工程、服务或环境质量不稳定，经国家级或省级质量监督抽查判定为严重不合格的；

（三）产品、工程、服务或环境质量发生重大问题，被有关方面和群众投诉并查证属实的；

（四）出口产品因质量问题被国外通报或索赔，造成国家形象和产品信誉受到较大损害的；

（五）因经营管理不善，出现严重经营性亏损的；

（六）不能履行向社会推广、分享其质量工作经验和成果的义务，典型示范作用不能充分体现的；

（七）滥用市长质量奖标志、获奖称号，出售、出租证书和奖牌或将其用于从事其他营利性活动的；

（八）发生其他严重违反法律、法规行为的。

第三十二条 承担市长质量奖评审任务的工作机构、工作人员、评审人员要依法保守申报组织和个人的商业或技术秘密，严于律己，公正廉洁，严格按照有关规定、程序进行评审。

第三十三条 对在评审过程中滥用职权、玩忽职守、徇私舞弊、造成不良后果的工作机构、工作人员、评审人员，取消其评审工作资格，并提请其主管部门或所在工作单位给予纪律处分；构成犯罪的，依法追究刑事责任。

第三十四条 任何组织和个人发现市长质量奖评审存在问题的，可以向评委会办公室投诉举报，评委会办公室按照规定进行调查核实。

第三十五条 参与市长质量奖评审的人员与申报组织或申报个人有利害关系的，应当主动提出回避。评委会办公室对回避情况进行监督，对未能主动提出回避的人员可以提出回避建议。

第三十六条 接受市长质量奖现场评审的候选组织和个人，对现场评审人员和参与现场评审的其他工作人员的工作质量、纪律作风进行评价，并反馈评委会办公室。

第三十七条 申报组织和申报个人应当主动申明申报材料中涉及的商业秘密或者技术秘密。参与市长质量奖评审的有关机构和人员，应当保守知悉的商业秘密和技术秘密。

第八章 异议处理

第三十八条 任何单位或者个人对市长质量奖评选表彰有异议的，可以向评委会办公室提出，并提供有效的证明材料。

第三十九条 评委会办公室应当在法律规章规定的时限内，按法定程序对异议进行调查处理，将异议处理结果告知异议方，并向评委会通报。

第九章 推广与分享

第四十条 获奖组织应不断推进技术创新、管理创新，创造更具特色的质量经营管理新方案、新经验，带动全市质量整体水平提升。

第四十一条 各县市区市场监管部门、相关行业协会及有关部门、单位按照有关职责，组织本地区、本领域获奖组织和个人开展质量管理交流推广活动。不得借推广名义从事任何营利性活动。

第四十二条 获奖组织和个人应当发挥模范引领作用，主动分享质量管理模式和方法的实践，积极开展质量管理模式和方法推广活动。

第四十三条 获奖组织应当为其他组织了解学习其质量管理模式和方法提供便利条件。国家另有规定的除外。

第十章 附 则

第四十四条 本办法自发布之日起施行。

关于印发《邵阳市推进养老服务高质量发展若干措施》的通知

（邵市政办发〔2021〕11号）

各县、市、区人民政府，邵阳经开区管委会，市直及部、省属驻邵有关单位：

经市人民政府同意，现将《邵阳市推进养老服务高质量发展若干措施》印发给你们，请结合实际，认真抓好落实。

邵阳市人民政府办公室

2021年6月15日

邵阳市推进养老服务高质量发展若干措施

为加快推进我市养老服务高质量发展，有效满足老年人多样化、多层次养老服务需求，根据《湖南省人民政府办公厅关于推进养老服务高质量发展的实施意见》（湘政办发〔2020〕59号）精神，结合邵阳实际，特制定以下措施。

一、强化住宅小区养老服务设施配套建设。落实新建住宅小区配套养老服务设施“四同步”规定。一是同步规划。自然资源和规划部门在制定国土空间总体规划、控制性详细规划时，应合理规划养老服务设施空间布局，切实保障养老服务设施用地，新建住宅小区配建养老服务设施用房套内面积不应低于住宅总面积的2‰，且不低于20平方米，相关配建要求应纳入地块规划条件和国土出让合同。二是同步建设。自然资源和规划部门在报规报建设计方案审查阶段应核查养老服务设施是否符合规划条件要求；住建部门在施工图审查阶段应审查小区养老服务设施配置是否符合建设工程规划设计方案和国家有关标准要求；民政部门应结合老年人口现状、养老服务需求以及设施运营管理需要对设施位置、各种功能用房面积、建筑高度、建筑日照、交通组织等提出具体指导意见；建设方应按规划条件和审批方案要求与住宅小区同步建设。三是同步验收。建设单位在养老服务设施与项目主体工程同步建设到位后方可申请项目验收。对存在配套养老服务设施缓建、缩建、停建、不建和未办理移交手续等问题且未整改到位的住宅小区，建设单位不得组织竣工验收。自然资源和规划部门在规划核实与土地核验阶段、住建部门在竣工验收阶段，应邀请民政部门、街道办事处（乡镇人民政府）参与，并听取其意见。四是同步交付。在项目产权移交环节，建设单位应当按照约定的移交方式，自验收合格之日起60日内将养老服务设施以及有关建设资料全部无偿移交所在县市区人民政府，由民政部门统筹使用并履行监管职责，确保养老服务用途。老旧小区改造项目应按该规定要求同步配套养老服务设施。

二、推进闲置资源资产转化为养老机构。政府和事业单位调整腾出的办公用房、社区闲置公共服务用房、农村闲置村部和学校等闲置资源中适合开展养老服务的，优先用于养老服务设施；在不改变权属性质、确保建筑使用安全的前提下，可通过招标、委托或公开竞争方式无偿或低偿委托民办养老服务组织运营。

三、保障特困供养机构运转经费。特困供养机构要根据入住特困对象生活能力，按照自理10:1、半自理6:1、失能3:1的比例配备养老护理人员，根据机构运营规模合理配置管理人员；特困供养机构护理人员、管理人员经费按不低于3万元/人·年的标准予以保障。补贴资金纳入当地财政预算，市辖三区由市、区两级财政按6:4比例分担。公建民营的特困供养机构不享受该保障措施。

四、提高老年人福利补贴标准。年满100岁（含）以上的老年人按500元/人·月标准发放长寿保健补贴；年满90~99周岁老年人按100元/人·月标准发放高龄补贴。各县市区可根据当地实际情况将80–89周岁困难老年人纳入补贴范围，制定适度发放标准。补贴资金纳入当地财政预算，市辖三区由市、区两级财政按6:4比例分担。

五、加大基本养老服务补贴力度。年满65岁以上失能半失能低保对象按50元/人·月的标准以统一购买服务方式提供基本养老服务。补贴资金纳入当地财政预算，市辖三区由市、区两级财政按6:4比例分担。

六、推行助餐补贴。分散供养的特困老人、经济困难的重度残疾老人、高龄老人、计划生育特殊家庭老人、留守和空巢独居老人、新中国成立前参加革命工作的老人到老人助餐服务点就餐的，按4元/人·餐的标准补贴。所需费用纳入当地财政预算，市辖三区由市、区两级财政按 6:4 比例分担。

七、奖补社会力量新办养老机构。社会力量新办的符合养老机构规范标准，且经住建、食监、卫健、环保等部门验收合格的床位数 100 张（含）以上的养老机构，按每张床位 6000 元的标准给予一次性奖补；改扩建新增 50 张床位（含）以上，且符合相关规范标准的，新增床位按每张 3000 元的标准给予一次性奖补。已获得城企联动普惠养老项目支持的养老床位、利用家庭住宅改建及利用现成医疗卫生机构等设施改设的养老机构不享受一次性建设补贴。每家养老机构补贴最多不超过 500 万元。建设补贴必须在养老机构正式运营满一年以后按程序申报，当地民政、财政部门实地核准后，分两年拨付到位。补贴资金由各县（市）财政负担，市辖三区由市、区两级财政按 6:4 比例分担。

八、提高民办养老机构运营补助标准。对依法登记备案且达到消防、建筑、食品安全、医疗卫生、特种设备等法律法规和强制性标准的养老机构（含公建民营）给予运营补贴。每接收 1 名老人，除省级补贴外，各地财政根据老人健康等级（自理、半失能、失能和失智）分别给予每月 100 元、150 元、200 元运营补贴。补贴经费由县（市）财政负担，市辖三区补贴经费由市、区两级财政按 6:4 比例分担。

九、实施养老机构等级评定补助。根据养老机构等级评定结果，给予星级创建补助。评定为三星级、四星级、五星级的养老机构，在评定周期内分别一次性补助 3 万元、5 万元、10 万元，星级提升的给予差额补助。补贴经费由各县（市）财政负责，市辖三区由市、区两级财政按 6:4 比例分担。

十、实施社区养老服务运营补助。由社会专业机构或服务组织运营的社区养老服务设施，建筑面积在 200 平方米以上 300 平方米以下且正常运行的，每年给予 2 万元运营补贴；建筑面积在 300 平方米以上的，根据面积及服务规模等实际，给予 3 至 5 万的运营补贴，该项补贴与床位运营补贴不重复发放。补贴经费由各县（市）财政负责，市辖三区由市、区两级财政按 6:4 比例分担。

十一、实施连锁品牌扶持补助。在市城区或同一县域内同时运营 4 所以上（含）养老机构或社区居家养老服务中心，并实施同一服务标准、同一品牌连锁的社会组织或养老服务机构，各县（市）根据连锁数量每年给予 1 万 ~3 万元补助，市辖区内连锁品牌扶持补助经费按每年每所 3 万元标准给予补贴。补贴经费由各县（市）财政负责，市辖三区由市、区两级财政按 6:4 比例分担。

十二、实施养老护理员岗位补贴。从 2021 年 1 月 1 日起算，对取得国家养老护理资格初级、中级、高级、技师职业技能证书的，并在养老机构护理岗位连续从业满 5 年以上的在岗护理人员（非编制内），每人每月给予 300 元、400 元、500 元、600 元的护理岗位补贴，补贴经费由各县（市）财政负责，市辖三区由市、区两级财政按 6:4 比例分担。

十三、落实各类优惠政策。建设非营利性养老机构全额免征涉及的行政事业性收费以及有关基金；建设营利性养老机构减半收取行政事业性收费和基金。养老机构建设涉及的暂不能免征的行政事业性收费和服务性收费，由当地政府购买承担。政府主办和特许经营的供水、供电等经营单位，应为养老机构提供上门优质服务和收费优惠，其中用水、用电、用气等与居民用户实行同质同价，均按当地最优惠的价格执行。

本措施自 2021 年 7 月 1 日起实施。

关于印发《邵阳市深化“证照分离”改革实施方案》的通知

（邵市政办发〔2021〕20号）

各县、市、区人民政府，邵阳经济技术开发区管委会，市直及部、省属驻邵有关单位：

《邵阳市深化“证照分离”改革实施方案》已经市人民政府同意，现印发给你们，请认真贯彻执行。

邵阳市人民政府办公室
2021年11月12日

邵阳市深化“证照分离”改革实施方案

为贯彻落实党中央、国务院和省委、省政府决策部署，深化“证照分离”改革，进一步激发市场主体发展活力，根据《国务院关于深化“证照分离”改革进一步激发市场主体发展活力的通知》（国发〔2021〕7号）、《湖南省人民政府办公厅关于印发〈湖南省深化“证照分离”改革实施方案〉的通知》（湘政办发〔2021〕45号）要求，制定本实施方案。

一、工作目标

以习近平新时代中国特色社会主义思想为指导，全面贯彻党的十九大和十九届二中、三中、四中、五中全会精神，认真落实习近平总书记考察湖南重要讲话精神，落实“三高四新”战略部署，在全市范围内实施涉企经营许可事项全覆盖清单管理，按照直接取消审批、审批改为备案、实行告知承诺、优化审批服务等四种方式分类推进审批制度改革。力争2022年底前建立简约高效、公正透明、宽进严管的行业准营规则，大幅提高市场主体办事的便利度和可预期性。

二、具体任务

对标国务院、省政府改革精神，结合我市改革实践，将食品经营许可（制售类除外）、食品生产许可（限低风险类食品）、国家法定计量检定机构任务授权审批、印刷经营许可（从事特定印刷品印刷经营活动内资企业的设立、变更审批）、出版物经营审批、采矿许可审批等6项涉企经营许可事项，由优化审批服务调整为实行告知承诺，形成《中央、省级层面设定的涉企经营许可事项改革清单（2021年邵阳版）》，按以下四种方式分类实施改革。

（一）直接取消审批。在全市范围内取消69项涉企经营许可事项。直接取消审批的，不得转移至事业单位、社会组织等变相实施。行政机关、企事业单位、行业组织等各类主体，不得将已取消的许可证作为其他审批和服务事项的前提条件。在政府采购中，不得将已取消审批事项及证件作为必要条件或评分依据。（市直相关部门和各县市区人民政府负责，具体见附件，下同）

（二）审批改为备案。在全市范围内将15项涉企经营许可事项改为备案管理。审批改为备案后，原则上实行事后备案，企业取得营业执照即可开展经营。确需事前备案的，企业完成备案手续即可开展经营。企业按规定提交备案材料，有关主管部门应当场办理备案手续，备案材料不齐的，可要求补齐材料后备案，不得作出不予备案的决定。坚决防止以备案之名行审批之实。（市直相关部门和各县市区人民政府负责）

（三）实行告知承诺。在全市范围内对73项涉企经营许可事项实行告知承诺。实行告知承诺的，有关主管部门要严格按照《湖南省人民政府办公厅关于印发〈湖南省全面推行涉企经营许可事项告知承诺制实施方案〉的通知》（湘政办发〔2021〕25号）要求，科学编制告知承诺制工作规程，依法列出可量化可操作、不含模糊表述和兜底条款的经营许可条件，明确监管规则和违反承诺后果，一次性告知企业，并提供告知承诺示范文本。对因企业承诺可以减省的审批材料，不再要求企业提供；对可在企业领证后补交的审批材料，实行容缺办理、限期补交。对企业自愿作出承诺并按要求提交材料的，要当场作出审批决定。针对实行告知承诺制的涉企经营许可事项清单，分类确定核查时间、标准、方法以及是否免于核查。（市直相关部门和各县市区人民政府负责）

（四）优化审批服务。对直接取消审批、审批改为备案、实行告知承诺以外的其他涉企经营许可事项，有关主管部门要按照“一件事一次办”改革要求，综合运用下放审批权限、精简许可条件、简化审批材料、优化审批流程、压缩审批时间、延长或取消许可期限，以及取消或放宽审批数量限制并定期公布总量控制条件、企业存量、申请排序情况等方式，进一步优化审批服务，提高审批效率，鼓励企业有序竞争。鼓励各地、各部门积极探索优化审批服务的创新举措。（市直相关部门和各县市区人民政府负责）

三、具体措施

（一）建立涉企经营许可事项清单管理制度。各县市区不再制定涉企经营许可事项改革清单，严格按照《中央、省级层面设定的涉企经营许可事项改革清单（2021年邵阳版）》执行。清单之外，一律不得限制企业进入相关行业开展经营。进一步细化清单事项的事中事后监管措施，对清单之外限制企业进入特定行业开展经营的管理事项进行全面自查清理，对实施变相审批造成市场分割或者加重企业负担的行为，要严肃督查整改并追究责任。（市政府督查室、市行政审批局、市市场监管局牵头，市直相关部门和各县市区人民政府负责）

（二）开展经营范围规范化登记。根据国家市场监管总局编制的经营范围规范目录，为企业自主选择经营范围提供服务。登记机关要根据企业自主选择、申报的经营范围，明确告知企业需要办理的经营许可事项，并及时将有关企业登记注册信息推送至有关主管部门。将经营范围分为“一般经营范围”和“许可经营范围”，对不需办理许可的归入“一般经营范围”，企业领取营业执照即可开展经营，企业超经营范围开展非许可类经营活动的，市场监管部门不予处罚。有关主管部门不得以企业登记的经营范围为由，限制其办理涉企经营许可事项或者其他政务服务事项。（市市场监管局牵头，市直相关部门和各县市区人民政府负责）

（三）推进电子证照归集运用。落实国务院关于电子证照标准、规范和样式的有关要求，及时将电子证照归集至全国一体化政务服务平台、全国信用信息共享平台、国家企业信用信息公示系统，同步归集至湖南省“互联网＋政务服务”一体化平台，在2022年底前全面实现涉企证照电子化。依托全国统一、实时更新、权威可靠的企业电子证照库，实现涉企电子证照、电子认证、电子印章联动应用，实现电子证照、电子印章信息跨层级、跨地域、跨部门共享及互认互信，在政务服务、商业活动等场景大力拓展企业电子营业执照、电子印章应用，逐步减少企业纸质执照和实体印章使用需求。（市行政审批局、市市场监管局牵头，市直相关部门和各县市区人民政府负责）

（四）全面推进政务服务标准化规范化便利化。要按照“一事项一标准、一流程一规范、一审批一指南”原则，深入推进政务服务标准化建设，制定并公布准确完备、简明易懂的操作规程，全面清理“证中证”，消除隐形门槛，严禁违法增设行政许可条件。持续推进政务服务事项“全程网办”，提供申请受理、审查决定、颁证送达等全流程全环节网上服务。深化“三集中三到位”“一件事一次办”改革，进一步规范各级政务服务大厅运行管理，严格落实政务服务“好差评”制度，不断提高政务服务的效率和质量。（市行政审批局牵头，市直相关部门和各县市区人民政府负责）

四、加强监管

（一）明确监管责任。落实放管结合、并重要求，按照“谁审批、谁监管，谁主管、谁监管”原则，建立健全登记注册、行政审批、行业主管相互衔接的监管机制，压实监管责任，创新监管举措，坚决纠正“不批不管”“以批代管”“严批宽管”等问题。直接取消审批、审批改为备案的，由原审批部门依法承担监管职责。实行告知承诺、优化审批服务的，由审批部门负责依法监管持证经营企业、查处无证经营行为。实行相对集中行政许可权改革或者综合行政执法改革的地区，要强化审管衔接，明确监管责任，杜绝监管盲区和真空。（市政府督查室、市市场监管局、市司法局牵头，市直相关部门和各县市区人民政府负责）

（二）健全监管规则。各有关部门要根据改革事项清单，全面梳理监管事项，制定监管事项目录清单，明确监管主体、监管对象、监管措施、设定依据、处理方式等内容，并纳入湖南省“互联网＋监管”系统统一管理。直接取消审批的，有关主管部门要及时将新设企业纳入监管范围。审批改为备案的，要督促企业按规定履行备案手续，对未按规定备案或者提交虚假备案材料的要依法调查处理。实行告知承诺的，在核查或者日常监管中发现承诺不实的，要依法作出终止办理、责令限期整改、撤销行政许可决定，构成违法的要依法予以处罚，并纳入信用记录。下放审批权限的，要同步调整优化监管层级，确保审批监管权责统一。（市市场监管局、市司法局牵头，市直相关部门和各县市区人民政府负责）

（三）完善监管方法。对一般行业、领域，全面推行“双随机、一公开”监管，健全跨部门综合监管机制，将更多事项纳入跨部门联合抽查范围。对直接涉及公共安全和人民群众生命健康等特殊重点领域，依法依规实行全覆盖的重点监管，强化全过程质量管理。加强安全生产监管执法，严格落实生产、经营、使用、检测、监管等各环节质量和安全责任，守住质量和安全底线。充分发挥信用监管基础性作用，依法归集市场主体信用信息，探索实行市场主体信用“黑名单”制度，建立企业信用与自然人信用挂钩机制，强化跨行业、跨领域、跨部门失信联合惩戒。对新技术、新产业、新业态、新模式，要按照鼓励创新原则，落实和完善包容审慎监管措施，分类量身定制监管规则和标准，对轻微违法行为依法从轻、减轻或者免予行政处罚。深入推进“互联网＋监管”，探索智慧监管，加强监管数据共享，运用大数据、物联网、人工智能等手段精准预警风险隐患。（市市场监管局、市司法局牵头，市直相关部门和各县市区人民政府负责）

五、工作保障

（一）加强组织领导。市市场监管局、市司法局、市行政审批局牵头推进全市深化“证照分离”改革，负责做好调查研究、政策解读、协调指导、督促落实、法治保障、总结评估等工作。市直有关部门按照职责分工，负责组织本系统认领落实涉企经营许可改革事项。各县市区人民政府、邵阳经济技术开发区管委会对本地改革工作负总责，制定本地实施方案，建立健全工作机制，强化统筹协调，扎实推进改革。

（二）狠抓工作落实。各级、各相关部门要主动担当作为，强化工作举措，加强“证照分离”改革工作经费保障，加大对涉企经营许可信息化建设及电子证照推广运用的资金投入和政策支持力度。市政府将深化“证照分离”改革纳入重点工作考核内容，加大督办考核力度，确保完成改革任务。

（三）强化宣传培训。各级、各相关部门要在“互联网＋政务服务”平台和门户网站上向社会公布《中央、省级层面设定的涉企经营许可事项改革清单（2021年邵阳版）》，积极做好“证照分离”改革政策的宣传解读，及时回应社会关注，扩大政策知晓度，营造支持改革、参与改革的良好氛围。要加强培训，提升工作人员业务素质和服务意识，确保改革顺利推进。

附件：中央、省级层面设定的涉企经营许可事项改革清单（2021年邵阳版）

组织机构及领导名录

（2021 年）

中共邵阳市委

书　记：

龚文密（2021.7 免）

严　华（2021.7 任）

副书记：

刘事青（2021.6 免）

华学健（2021.6 任）

汤立斌（2021.2 任）

常委（书记、副书记不重列）

李万千（2021.9免）

张　皓（2021.2 免）

周迎春（女，2021.9 免）

李志雄（2021.9 免）

侯　文（2021.5 免）

周爱国

于金旺（2021.9 任）

曾市南

王永红

彭华松

王学武（2021.9 任）

肖拥军（2021.9 任）

仇珂静（女，2021.9 任）

龚红果（2021.9 任）

秘书长：

李万千（2021.9 免）

肖拥军（2021.9 任）

副秘书长：

赵逢春（2021.12 免）

唐宏华（2021.12 任）

李驰宇

毛文胜

赵步高

汤建武

邵阳市第十六届人民代表大会常务委员会

主　任：

龚文密（2021.8 免）

王昌义（2021.8 任代理主任）

党组书记：

王昌义

党组副书记：

刘德胜

周迎春（女，2021.9 任）

副主任：

王昌义（常务，2021.8 免）

刘德胜

赵为济（2021.5 免）

秦立军（兼，2021.4 免）

唐　渊

刘永德

罗建南（2021.1 任）

阳晓华（2021.5 任）

周乐彬（2021.5 任）

党组成员：

罗玉梅（女，2021.9 任）

吴卫红（2021.12 任）

秘书长：

禹志加

副秘书长：

张尚庚（2021.12 免）

罗玉梅（女，2021.8 任，2021.10 免）

杨博理（2021.8 任，2021.10 免）

陈智英（女，2021.11 免）

唐启前（2021.11 任）

邵阳市人民政府

市　长：

刘事青（2021.6 免）

华学健（2021.6 任代市长）

副市长：

华学健（2021.6 任）
彭华松（2021.9 免）
王永红（2021.9 提名）
谭学军（2021.12 免）
李华和
王学武（2021.4 任）
蒋志刚
肖拥军（2021.9 免）
杨卫平（2021.9提名）
仇珂静（女）
晏丽君（女）
刘亚亮（2021.9提名）

秘书长：

陈秋良

副秘书长：

肖化虎
许红梅（2021.5任）
杨一丁（2021.5免）
黄艳娥（2021.8任，2021.11免）
吴劲松（2021.8任，2021.11免）
石亮明（2021.8免）
夏　刊（2021.12免）
黄负平
张　雄
刘　昊
王满元（2021.8任）
易德钧（2021.12任）
周永红（2020.6任）

邵阳市政协第十二届委员会

主席、党组书记：

鞠晓阳

副主席、党组副书记：

李放文
周　文（2021.9任）
龚红果（兼，2021.9任）

副主席：

蒋科荣（兼）
李少华（兼，2021.5免）
郭　妤（女）
邓联日（兼）
徐桂阳（兼）
郑再堂
伍备战
蒋　伟
沈志定（2021.1任）
谭精益（2021.5任）
毛学雄（2021.5任）
杨博理（2121.9任）
赵逢春（2021.11任）

秘书长：

***（2021.12免）（2022年被双开）

副秘书长：

邓劲松（2021.12免）
陆先宏
刘贻银（2021.10任）

中共邵阳市纪律检查委员会
邵阳市监察委员会

邵阳市纪律检查委员会

书　记：

曾市南

副书记：

杨卫平（常务，2021.9免）
刘厚见（常务，2021.9任）
苏远刚
龙明主

常　委：

唐小富（2021.11免）
向树华（2021.7免）
杨桂林
李顺桥（2121.9任）
邓闽榕（2021.2任，2021.11免）
田　晶（2021.9任）
王　霖（2121.12任）

邵阳市监察委员会

主　任：

曾市南

副主任：

杨卫平（2021.10免）
刘厚见（2021.10任）
苏远刚
龙明主

委　员：

唐小富（2021.11免）
向树华（2021.8免）
杨桂林
王　霖
何再弟（2021.4任，2021.8免）
许海清（2021.11任)

曾立忠（2021.12任）

邵阳市中级人民法院

院　长：

曾鼎新

副院长：

吴纲要（常务，2021.10免）

吴青山（常务，2021.10 任）

毛学雄（2021.5免）

莫争春（2021.10免)

彭志贤

李冰寒（2021.10任）

周盖雄（2021.10任）

政治部主任：

黄智勇

派驻纪检监察组组长：

邓　忠

邵阳市人民检察院

检察长：

黄　劲

常务副检察长：

刘亦龙（常务，2021.10免）

唐志军（常务，2021.11任）

副检察长：

黄雁峰

唐志军（2021.11免）

吴青山（2021.9免）

党组成员、派驻纪检监察组组长：

肖永丰（2021.7免）

邓星洪（2021.8任）

党组成员、政治部主任：

邓星洪（2021.8免）

黄胜军（2021.8任）

党组成员：

姚柳荣（2021.9免）

各民主党派邵阳市委会
邵阳市工商联

民革市委会

主　委：

李少华（2021.6免）

丰新妹（2021.6任）

副主委：

李志文

欧阳隆俊（2021.6免）

黄四清（2021.6免）

石富东（2021.6免）

尹　青（2021.6任）

朱国强（2021.6任）

陈　勇（2021.6任）

民盟市委会

主　委：

赵为济（2021.6免）

孙清良（2021.6任）

专职副主委：

邹建山

副主委：

孙清良（2021.6免）

张三平（2021.6免）

尹子武（2021.6任）

张群慧（女，苗族，2021.6免）

邱小妹（女，2021.6任）

秘书长：

邹建山（兼）

民建市委会

主　委：

蒋志南

专职副主委：

卿　晖（2021.5免）

黄双艳（2021.5任）

副主委：

肖国球（2021.5免）

蒲秀连（2021.5免）

张宗凡

陈国雄（2021.5任）

赵理得（2021.5任）

秘书长：

刘成生

民进市委会

主　委：

徐桂阳（2021.5免）

刘承智（2021.5任）

专职副主委：

杨喜国（2021.7免）

兼职副主委：

刘承智（2021.5免）

戚雅颂（2021.5免）
黄家胜（2021.5免）
夏丹波（2021.5任）
陈博文（2021.5任）
杨喜国（2021.7任）

农工党市委会

主　委：
毛学雄
专职副主委：
赵忠明
兼职副主委：
鞠远英（2021.5 免）
龙　达
汤芳萍（女，2021.5 免）
李艳伟（2021.5 任）
龚　艳（女，2021.5 任）
秘书长：
张　程

邵阳市工商业联合会

主　席：
蒋科荣（2021.6 免）
陈博文（2021.6 任）
党组书记：
陈新高
副主席：
谢岸炀（2021.12 免）
谢华云（2021.6 免）
覃　勋
鞠科文（2021.6 任）
党组成员：
高　强
刘敏珊（2021.12 任）

市委工作机构及其部门管理机构

市委办公室

主　任：
李万千（2021.9 免）
肖拥军（2021.9 任）
副主任：
赵逢春（2021.12 免）
唐宏华（2021.12 任）
毛文胜
赵步高
汤建武
谭丁磊
江少华（2021.4 任）
派驻纪检监察组组长：
胡少华

市委组织部

部　长：
张　皓（女，2021.3 免）
王永红（2021.4 任，2021.8 免）
龚红果（2021.9 任）
副部长：
刘　刚（常务，2021.6 免）
陈英杰
陈爱民
于光庭（2021.8 任）
姚文娟（女，2021.7 免）
贺祝民（兼）
李青元（兼，女，2021.11 免）
幸红姿（兼，女，2021.11 任）
派驻纪检监察组组长：
肖玉国（2021.9 免）
唐建新（2021.11 任）

市委宣传部

部　长：
周迎春（女，2021.9 免）
于金旺（2021.9 任）
副部长：
黄光荣（常务）
林少林（2021.7 免）
姚鹏飞（兼，2021.11 免）
罗健康（2021.7 免）
陈　广（2021.7 免）
谢治辉（2021.8 任）
杨文国（2021.7 任）
唐青青（兼，2021.11 任）
派驻纪检监察组组长：
黄小斌（2021.1 任，2021.12 免）
部务会成员：
李远良

市委统战部

部　长：
曹普华（2021.1 免）
张　皓（2021.1 任，2021.3 免）
王永红（2021.3 任，2021.9 免）
龚红果（2021.9 任）

副部长：

吴承红（常务，2021.7 免）
李恒荣（常务，2021.7 任）
王文蕊
陈新高
李江晖（2021.7 免）
黄美南（2021.7 任）

派驻纪检监察组组长：

罗远发

市委政法委

书 记：

李志雄（2021.10 免）
王学武（2021.10 任）

副书记：

龙黎明（常务，2021.7 免）
夏宇宏（常务，2021.7 任）
杨如秋（2021.11 免）
金卫国
周 彦
唐贵平（2021.12 任）

政治部主任：

唐贵平（2021.12 免）
于四海（2021.12 任）

派驻纪检监察组组长：

申鹏岚

委 员：

彭国志
易明方（2021.12 免）

市委政研室（市委改革办）

主 任：

曾建新（2021.7 免）
陈海清（2021.11 任）

副主任：

孙雨晴（专职）
文英武
肖湘磊

市直机关工委

副书记：

曾秦伟（常务，2021.7 免）
尹 晖（常务，2021.7 任）
周忠良
金永辉

纪工委书记：

王炉军（2021.1 任）

市机构编制委员会办公室

主 任：

杨映林

副主任：

傅丽华（女）
尹自云
张建军

市委老干部局

局 长：

李青元（女，2021.11 免）
辜红姿（2021.11 任）

副局长：

刘 慧（女，2021.12 免）
申琼豪
吴敏艳（2021.12 任）
尹远芳（2021.7 免）

市信访局

局 长：

周永红

副局长：

刘鹏高
刘灿春
曾律玮
刘 琴（女）

市委党校（邵阳行政学院）

校（院）长：

汤立斌（兼，2021.2 任）

副校（院）长：

李小坚（常务，2021.7 免）
肖杰华（常务，2021.7 任）
郑典福
肖秋成（2021.9 免）
陈湘清（2021.11 免）
姚海波（2021.11 任）
杨小丽（2021.12 任）

教育长：

肖 凤（2021.4 免）
黄 猛（2021.11 任）

市委党史研究室

主 任：

吴波涛

副主任：

杨丽江

戴蹇吾（2021.7 任）

市委、市政府接待处

主　任：

王慧敏（女，2021.7 免）

副主任：

隆　慧

尹　清（2021.7 免）

市档案馆

馆　长：

龙毅鹏（苗族）

副馆长：

刘巧萍

徐继雄

市委巡察办

主　任：

向树华（2021.7 免）

邓闽榕（2021.11 任）

市委保密办（市国家保密局）

主任（局长）：

李福信

副主任（副局长）：

吕旭强

陈　红（女）

市委网络安全和信息化委员办公室

主　任：

姚鹏飞（2021.11 免）

唐青青（2021.11 任）

副主任：

陈文华（2021.7 任）

李顺桥（2021.10 免）

魏树威

易德钧（2021.12 免）

周一波（2021.12 任）

市人大各专门委员会及常委会工作机构、办事机构

民族华侨外事委员会

主任委员：

丰新妹（女，苗族）

副主任委员：

梁　栋（2021.4 任）

监察和司法委员会

主任委员：

申志勇（2021.8 免）

副主任委员：

黄士成

法制委员会

主任委员：

唐耀平

副主任委员：

刘金花（女）

肖建楚

财政经济委员会

主任委员：

蒋建龙

副主任委员：

曾纪永（女）

谢　宇（2021.5 任）

教育科学文化卫生委员会

主任委员：

龙飞云（女）

副主任委员：

郭炳涛

环境与资源保护委员会

主任委员：

李秀清（2021.1 任）

副主任委员：

金　艳（女）

农业与农村委员会

主任委员：

罗早林

副主任委员：

黄红禹（2021.11 免）

社会建设委员会

主任委员：

敬文阳

副主任委员：

邓玉霞（女）

常委会办公室

主　任：

禹志加（兼，2021.12 免）

吴卫红（兼，2021.12 任）

副主任：

张尚庚（兼，2021.12 免）

杨博理（兼，2021.8 任，2021.10 免）

唐启前（兼，2021.11 任）

王少锋

选举任免联络工作委员会

主　任：

邓波涛

副主任：

杨建平（2021.8 免）

研究室

主　任：

杨启帆（2021.8 免）

黄红禹（2021.11 任）

副主任：

罗志元（2021.8 免）

周卫长（2021.11 任）

预算工作委员会

主　任：

蒋建龙（2021.12 免）

王华南（2021.12 任）

副主任：

曾纪永（女）

谢　宇（2021.5 任）

法制工作委员会

主　任：

唐耀平（2021.12 免）

张尚庚（2021.12 任）

副主任：

刘金花（女，2021.12 免）

市人民政府工作部门

市政府办公室

机关党组书记、办公室主任：

陈秋良

机关党组副书记、办公室副主任：

肖化虎

副主任：

许红梅（2021.5 任）

杨一丁（2021.5 免）

黄艳娥（2021.8 任，2021.11 免）

吴劲松（2021.8 任，2021.11 免）

石亮明（2021.8 免）

夏　刊（2021.12 免）

黄负平

张　雄

刘　昊

王满元（2021.8 任）

易德钧（2021.12 任）

周永红

刘咏波（2021.3 任）

梁　栋（2021.2 免）

派驻纪检监察组组长：

易祥忠

市发展和改革委员会

主　任：

张顺华

党组书记：

车　茂（2021.7 任）

副主任：

何志红

朱绍阳

戴先平

陈功春

陈业华（2021.4 免）

派驻纪检监察组组长：

刘盛源（2021.4 免）

夏龙利（2021.12 任）

总经济师：

刘百军

市教育局

党委书记：

肖玉叶（2021.6 免）

邓　政（2021.7 任）

局　长：

肖玉叶

副局长：

刘　毅（2021.9 免）

刘运礼

廖明君

胡扬宏

肖克勤（2021.12 任）

机关党委书记：

肖克勤

派驻纪检监察组组长：
肖能刚
党委委员、总督学：
杨进琼

市科学技术局

党组书记、局长：
段邵宁（2021.11 免）
党组书记：
夏　刊（2021.11 任）
局　长：
蒋志南（2021.11 任）
副局长：
林千军
游国富
谢跃斌
蒋志南（2021.11 免）

市工业和信息化局

局　长：
谢益林（2021.6 免）
杨　平（2021.7 任）
副局长：
李世卿
李永禄
肖建华
派驻纪检监察组组长：
胡　俊
总经济师：
曾高贵

市民族宗教事务局

党组书记：
马健强
局　长：
彭泽愿
副局长：
张常红
吴小明 (2021.7 免）
龚世喜
黄四清

市公安局

局　长：
谭学军（兼，2021.1 免）
王学武（兼，2021.4 任，2021.9 免）
李长跃（兼，2021.11 任）
副局长：
龙卫平（常务，2021.9 免）
呙志勇（2021.8 任）
邓启元（2021.4 免）
朱建龙
朱邵武
肖建华（2021.4 任）
派驻纪检监察组组长：
罗海君
党委委员、政治部主任：
谢伟宏（2021.4 任）

市民政局

局　长：
刘得正
党委书记：
唐宏华（2021.7 任）
副局长：
蒋益民
刘光怀
派驻纪检监察组组长：
雷　勇
党委委员：
覃　勋

市司法局

党组书记：
李新华（2021.7 免）
黄红五（2021.7 任）
局　长：
李新华
副局长：
尹安中
曾伯华
吴善成
政治部主任：
李杰红

市财政局

局　长：
李桂楚
副局长：
李政权
陈　刚
王华南（2021.12 免）
派驻纪检监察组组长：
黄生安

党组成员：

刘昆耀（2021.11 免）

总会计师：

孙　三

市人力资源和社会保障局

局　长：

贺祝民

党组书记：

黄兆勇（2021.7 任）

副局长：

王祥国（2021.2 免）

曾玉娥（女）

胡育红

派驻纪检监察组组长：

蒋劲飞

总会计师：

赵友明

机关党委书记：

吕光华

工会主席：

殷志斌

市自然资源和规划局

局　长：

吴　韬（2021.4 免）

王大松（2021.6 任）

副局长：

彭启阳

刘宣平

蒋卓斌

李红军

派驻纪检监察组组长：

林　森

党组成员：

唐朝晖（女）

朱建湘（2021.11 免）

李延龄（2021.11 免）

总工程师：

李荣仁（苗族）

市生态环境局

局　长：

邓江南（2021.10 免）

陈名洋（2021.10 任）

副局长：

李寿云

杨开云

李忠生

金日飞

党组成员、湖南省邵阳生态环境监测中心主任：

朱鸿毅

党组成员、总工程师：

李　一（2021.1 任）

市住房和城乡建设局（人防办）

局长、主任：

王大松（2021.6 免）

曹红旗（2021.6 任）

副局长：

陈少红

唐飞云

李世太

曾志旺

罗尔赫

刘吉元（2021.11 免）

罗　雄（2021.11 免）

赵海峰（2021.11 免）

曾德生

陈志忠

副主任：

陈　晖

谢辉荣（2021.4 免）

派驻纪检监察组组长：

刘孝峰（2021.11 免）

陈　晋（2021.11 任）

总工程师：

王跃辉

市城市管理和综合执法局

局　长：

朱　敏

副局长：

徐桂阳（2021.11 免）

肖志健

彭学武

谭海艮

苏　纲

温凯新

党组成员、总工程师：

刘长军

市交通运输局

局　长：

李叶松

副局长：

陈湘伟

蒋胜利

李立新

派驻纪检监察组组长：

梁保平（哈尼族）

总工程师：

蒋和清

市农业农村局（市委农村工作领导小组办公室）

局长、主任：

肖高国

党组书记：

肖高国（2021.7 免）

李荣卫（2021.7 任）

党组副书记、副局长：

肖文胜

副局长：

周响亮（2021.4 免）

刘　勇

刘开兴（2021.11 任）

派驻纪检监察组组长：

李茂林

专职副主任：

刘文峰

党组成员：

李晓峰

刘开兴

吴求生（2021.11 免）

总农艺师：

左　保

市水利局

局　长：

伍先明

副局长：

姜卫军

杨永忠

魏粮钢（2021.3 免）

陈道文（2021.8 任）

派驻纪检监察组组长：

蒋再菊

总工程师：

孙晓明（2021.8 任）

市林业局

局　长：

刘文龙（2021.1 任）

副局长：

刘湘中

李仕刚

林业服务中心主任：

戴求同

市商务局

局　长：

许红梅（女，2021.4 免）

曾剑萍（女，2021.4 任）

副局长：

陈四平

吴伟民

陈录华

贺婷婷（女，2021.7 免）

姚　敏（苗族，2021.12 任）

派驻纪检监察组组长：

唐建新（2021.11 免）

陶新耀（2021.11 任）

市文化旅游广电体育局

党组书记：

张映梅（女）

局　长：

谢治辉（2021.8 免）

副局长：

郑小娟（女）

罗开明

曾克平

刘金雄

段光华

总工程师：

王松柏（2021.11 免）

党组成员：

赵俊杰（2021.7 免）

市卫生健康委员会

主　任：

刘晓江

党委书记：

黄海蓉（女，2021.7 任）

副主任：

田清良

陈　容（女，2021.1 任，2021.7 免）

温凯新（2021.1 免）

俞　坤

焦劲松（2021.9 任）

派驻纪检监察组组长：

朱鹏程（2021.1 免）

胡拥军（2021.5 任）

党委委员：
胡邵华（兼，2021.9 免）

市审计局
党组书记：
申建伟（2021.7 免）
黄振国（侗族，2021.7 任）
局　长：
申建伟
副局长：
李伯升
刘　喆（2021.2 退休）
宇向东（2021.9 退休）
朱良华（2021.5 任）
总审计师：
朱良华（2021.5 免）
唐湘月（2021.5 任）

市应急管理局
党组书记：
王　俊（2021.7 免）
张戈锐（2021.7 任）
局　长：
朱文敖
副局长：
谢续才
李进发
赵　韬
向国胜
党组成员：
段绍兴（2021.11 免）
总工程师：
陈小雄
政治部主任：
谢　妮

市消防救援支队
政治委员：
李孟军
支队长：
黄荣浪
副支队长：
雷志勇
曹铁牛
罗　艺
吴　非
副政治委员：
谭伟峰
政治部主任：
许名芳

市统计局
党组书记：
许登雍（2021.7 免）
杨卫东（2021.7 任）
局　长：
邓联日
副局长：
汤艳丽（女）
李　峰
何海波
党组成员、总统计师：
舒振朝
市统计调查队队长：
周志敏（2021.1 任）

市市场监督管理局
党组书记：
吴卫红（2021.12 免）
局　长：
何育新
副局长：
陈其谋
范清乐（2021.11 免）
何科能
段志远
杨光辉（2021.11 免）
曾广晖
张备清
曹建文
总工程师：
汤芳萍（女）
派驻纪检监察组组长：
姚曙光
党组成员：
刘赵云（2021.11 免）

市国有资产监督管理委员会
主　任：
阳志奇
副主任：
龙景刚
谭运祥
总经济师：
夏建国

派驻纪检监察组组长：

王　雄

市机关事务管理局

局　长：

许洪范

副局长：

雷少平

申群会（2021.2 任）

市行政审批服务局

党组书记：

贺利平

局　长：

欧阳向东

副局长：

罗　雄

肖　丽（女）

陈泽元

市退役军人事务局

局　长：

杨修文

副局长：

雷铜生

赵有志

廖洪战

欧阳清明

市医疗保障局

局　长：

黄海蓉（2021.7 免）

唐远伟（2021.7 任）

副局长：

唐足平

***（2021.12 免）（2022 年被双开）

杨　霞（2021.7 免）

肖宗杰（2021.7 任）

王师堂（2021.12 任）

市政府发展研究中心

主　任：

何志红（2021.7 免）

马文高（回族，2021.7 任）

副主任：

向更生

达继国（2021.7 免）

宁海江（2021.8 任）

市金融工作办公室

主　任：

佘芝云（2021.6 免）

谢卫东（2021.8 任）

副主任：

伍韶山

周　碑

市政协办公室及各专门委员会

机关党组

党组书记：

***（2021.11 免）（2022.4 被双开）

赵逢春（2021.11 任）

党组成员：

陆先宏（2021.12 免）

邓劲松（2021.11 免）

刘贻银（2021.7 任）

谢岸炀（2021.12 任）

戴宏伟

唐立新

梁志奇

办公室

主　任：

***（2021.12 免）（2022.4 被双开）

赵逢春（2021.12 任）

副主任：

陆先宏

邓劲松（2021.12 免）

戴宏伟

机关党委书记：

唐立新

研究室

主　任：

陈海清（2021.12 免）

袁卫东（2021.12 任）

副主任：

蒋　吉

委员学习联络委员会

主　任：

肖松海（2021.5 免）

唐曼玲（女，2021.5 任）
副主任：
何颜斌

提案委员会

主　任：
范珍萍（女）
副主任：
扈展胜（2021.5 免）

经济科技和外事委员会

主　任：
唐颂武（女）
副主任：
肖体团

农业和农村委员会

主　任：
杨　霞（女，2021.10 任）
副主任：
曾　林（2021.5 免）
向国华（2021.5 任）

人口资源环境委员会

主　任：
赵海燕（女）
副主任：
李　英（女）

文教卫体和文史委员会

主　任：
张治求
副主任：
申麒祥（2021.5 免）
刘颖彬（女，2021.10 任）

社会法制和民族宗教委员会

主　任：
谢洪军
副主任：
仇科峰（2021.5 任）

群众团体

市总工会

主　席：
刘永德
党组书记：
蔡灿辉
副主席：
赵比特
罗素云（女）
刘望德（2021.3 任）
邓莉萍（女，挂职）
胡怀生（兼职）
经审主任：
雷　虹（女）

共青团市委

书　记：
曾　艺
副书记：
贺　雄
杨　蕾（挂职）
袁金花（兼职）

市妇女联合会

主　席：
宰红姿（女，2021.11 免）
周　玲（女，2021.12 任）
副主席：
陈海洋（女）
石鲤铭（女，2021.11 任）
刘海艳（女，挂职）
吕天妮（女，兼）
谢　君（女，兼）

市文学艺术界联合会

主　席：
曾伟子
副主席：
申翊君
唐海龙

市科学技术协会

党组书记：
唐前启（2021.11 免）
姚鹏飞（2021.11 任）
主　席：
段雪梅（女，兼）
副主席：
刘武典
邓昌海（2021.7 免）
谭小武（2021.7 任）

张克军（兼）
彭引平（兼）
雷庆良（兼）
王晚秋（兼）

市社会科学界联合会

主　席：
张千山
副主席：
海　卓（回族）
李　毅

市归国华侨联合会

党组书记、主席：
周　玲（女，2021.12 免）
李仕刚（2021.12 任）
副主席：
刘　军
党组成员：
陈　屹（女）

市残疾人联合会

理事长：
唐青青（2021.11 免）
刘　慧（2021.12 任）
副理事长：
刘　华
谢　涵

中国国际贸易促进委员会邵阳市支会

会　长：
李少华（2021.2 免）
李　平（2021.8 任）
党组书记：
黄正佑（2021.7 任）
副会长：
林峻宇
苏敬华

其他正处级机构

市广播电视台

台　长：
胡光华
副台长：
杨荣干
黎　瑾
曾建斌

市乡村振兴局

局　长：
罗广洪（2021.6 免）
阳恩平（2021.6 任）
副局长：
肖洪照（2021.7 免）
吕湘翎
谢小洋
谢东海（2021.8 任）
李顺桥（挂职，2021.7 免）
尹锦明（挂职，2021.7 免）
党组成员：
邓小容（2021.8 免）

市地方志编纂室

主　任：
肖治国
副主任：
曾爱武
肖　潇

邵阳市农科院

院　长：
罗　华
副院长：
刘中阳
唐　俊
李良明
纪委书记：
谢长青

市供销合作总社

理事会主任：
汪庆春
监事会主任：
潘光明（2021.9 任）
理事会副主任：
阳海军（2021.5 免）
李　军（2021.9 任）
孙易之
蒋美凤

市公路建设养护中心

主　任：
范赞科

副主任：
彭端祥（2021.12 免）
陶永雄
谢　恺
工会主席：
夏清龙

市库区移民事务中心
主　任：
夏存良
副主任：
黄石林
邵江华

市大圳灌区管理局
局　长：
黄拥军
副局长：
范建成
刘程里
蒋兴元
纪委书记：
李　斌（2021.1 任）
总工程师：
范银贵

市住房公积金管理中心
党委书记：
蒋小燕
主　任：
王瑞虎
副主任：
江学军
柳　明
潘光明（2021.5 免）
总会计师：
杨雄良

市公共资源交易中心
主　任：
唐曼玲（女，2021.1 免）
欧阳晨光（2021.1 任）
副主任：
梁东海
蒲秀连（女）
党组成员、市政府采购中心主任：
隆林洲

邵阳日报社
社　长：
黄颂民（2021.12 免）
王乐华（2021.12 任）
总编辑：
王乐华（2021.12 免）
副社长：
匡光昭
副总编辑：
张卫民
副社长、副总编辑：
黄仁发
副处级编委：
朱长青
谢恩桂

市城市建设投资经营集团有限公司
董事长：
孙清良
党委书记：
丁　武
总经理：
范　瑾
副总经理：
夏小明
李秋明
许新华（2021.8 免）
黄国银
罗　琦
纪委书记：
吴　华
总会计师：
龚　艳（2021.5 任）

市商业企业改制服务办公室
主　任：
袁驰炳
副主任：
宋洪波
路湘玲（女）
钱雄亮

市工业企业改制服务办公室
主　任：
戴开盛
副主任：
曾展鹏

李秀成
刘建平
汤农辉
谢志伟
龙海鹰

邵阳经济技术开发区

党工委书记：
袁胜良（2021.6 免）
党工委副书记、主任：
吴名蒙
党工委副书记：
杨　平（2021.7 免）
范志锋（2021.10 任）
党工委委员、副主任：
李茂席（常务）
黄伟军（2021.7 免）
刘　长（2021.8 任）
纪工委书记、监工委主任：
米　锋
党工委委员：
刘　长（2021.8 免）

医疗卫生机构

市疾病预防控制中心

主　任：
胡邵华（2021.2 免）
朱鹏程（2021.2 任）
副主任：
肖善良
粟　兴
岳　军
纪委书记：
陈立红

市中心医院

党委书记：
张国华
党委副书记、院长：
刘天云
党委副书记：
陈毅明
副院长：
刘小勇
黄雅莲（女）
肖　谦
郑　核
工会主席：
宁绍斌
纪委书记：
陈　容（2021.2 免）
龙　腾（2021.4 任）

邵阳学院附属第一医院

党委书记：
廖旭才
院　长：
黄端阳
党委副书记：
李均祥
副院长：
吕　冬（女）
张铁群
双庆翠（女，2021.7 免）
范秀珍（女，2021.7 任）
陆曲折（2021.7 任）
赵　锐（2021.7 任）
纪检书记：
赵品清（2021.7 免）
李　颖（2021.7 任）
工会主席：
汪顺清

邵阳学院附属第二医院

党委书记、代院长：
伍石华
党委副书记：
胡杨青
副院长：
肖乐东
张根萍（女）
邓庆翠（女，2021.7 任）
李开奇（2021.7 任）
姚　罡（2021.7 任）
肖体君（2021.7 任）
纪委书记：
唐益民

大中专学校

邵阳学院

党委书记：
邓党雄（2021.1 免）
彭希林（2021.1 任）

党委副书记、校长：

彭希林 (2021.1 免)

葛金文（2021.1 任）

党委副书记：

陆步诗

副校长：

袁　曦（女，2021.1 免）

李金成

王　刚（2021.1 免）

向文江

赵敏丽（2021.1 任）

刘承智（2021.1 任）

蒋剑平（2021.4 任）

纪委书记：

张治春（2021.1 免）

李学勇（2021.1 任）

党委委员：

赵敏丽（女）

贺金莲（女，2021.4 免）

王玉林

邵阳职业技术学院

党委书记：

李小平

党委副书记、院长：

段雪梅（女）

副院长：

周　平

马昌保

刘一兵

纪委书记：

申金阳

党委委员：

刘邵忠

曾　云

湘中幼儿师范高等专科学校

党委书记：

谢景峰

党委副书记、校长：

曹才力

党委副书记：

李能华

副校长：

曾广耀（2021.11 免）

陈湘清（2021.11 任）

吕永忠

李勤敏

纪委书记：

曾宪高

党委委员、宣传统战部部长：

杨宗斌

党委委员、组织人事处处长：

肖军华

邵阳开放大学（原广播电视大学）

党委书记：

刘　毅（2021.6 免）

黄颂明（2021.11 任）

校　长：

刘先江

副校长：

曾世勇

王艳恒

金军华

纪委书记：

肖彩红

市高级技工学校

党委书记：

张远红

校　长：

陈博文（2021.12 免）

肖　炜（2021.12 任）

副校长：

易　峪

袁　晖

曾毅敏

纪委书记：

张超云（2021.1 任）

工会主席：

孙大明

部、省属派驻邵阳单位

国家税务总局邵阳市税务局

局　长：

李剑平（2021.10 免）

林　荫（2021.10 任）

副局长：

林　荫（2021.7 任，2021.10 免）

郑牧龙（2021.4 免）

刘湘和（2021.10 免）

邹华利（2021.10 免）

孙荣华（2021.3 任）

覃小满（2021.12 任）

赵文华（2021.7 任）

彭志扬（2021.12 任）

纪检组长：
彭志扬（2021.12 免）
谭海池（2021.11 任）
总会计师：
李源辉（2021.4 免）
殷　鹏（2021.11 任）
总经济师：
孙荣华（2021.3 免）
阮向军（2021.7 任）

国家统计局邵阳调查队

队　长：
刘昆怀
副队长：
刘岩松
向和群（2021.2 免）
陈旭阳（2021.7 任）
纪检组长：
陈旭阳（2021.7 免）
尹干廷（2021.7 任）

湖南省邵阳市气象局

局　长：
袁智生
副局长：
金宜喜
李福勇
纪检组长：
谢美兰（女）

中华人民共和国邵阳海关

党组书记、关长：
刘晓明
副关长：
张　振

市烟草专卖局（公司）

局长、经理：
王　昆
副局长：
汪少波
副经理：
张光利
朱　伟
纪检监察组长：
杜树坤
总会计师：
彭雨珍

国网邵阳供电公司

总经理、党委副书记：
王日中
党委书记、副总经理：
欧阳宏
副总经理：
刘建华
杨　利
赵征伟
陈超强（2021.5 任）
纪委书记：
程德刚
总会计师：
刘立华（2021.1 免）
刘招逵（2021.1 任）

湖南盐业公司邵阳市分公司

党委书记、总经理：
龚　文
党委副书记、纪委书记、副总经理：
黄　飞
副总经理：
朱欢群

湖南南山国家公园管理局

局　长：
王明旭（2021.12 任）
副局长：
张戈锐（常务，2021.8 免）
苏　海
黄俊玲

中国电信邵阳分公司

总经理：
符传剑
副总经理：
温文斌
刘展年（2021.9 免）
欧阳利民
周　亮（2021.10 任）
纪委书记：
刘鸿儒（2021.7 免）
刘效禹（2021.12 任）
总经理助理：
黄费秋
彭　灿（2021.12 任）

中国移动邵阳分公司
总经理：
周友庚
副总经理：
谢寒松（2021.9 免）
曾 利
刘 胜（2021.7 免）
何建军（2021.7 任）
朱征帆（2021.7 任）
刘松波（2021.9 任）

中国联通邵阳分公司
总经理：
陈 斌
副总经理：
罗忠礼
向勇平（2021.3 免）
唐 琳
胡 跃（2021.2 任）
派驻纪检监察组组长：
李 琦

中国石化邵阳石油分公司
党委书记：
陈文胜
经 理：
蒋雄飞
副经理：
郑伟红
刘胜强
陈 雷

中国石油邵阳分公司
总经理、党委副书记：
谭宇斌
党委书记、纪委书记、副总经理：
李宝卫
副总经理：
刘克志（2021.4 免）
石 磊（2021.4 任）

中国人民银行邵阳市中心支行
行 长：
李贤智（2021.5 免）
副行长：
左 嘉（主持工作，2021.7 任）
胡立平
陈飞雄
纪委书记：
谢流胜
工会主任：
甘再华

中国银保监会邵阳监管分局
局 长：
李文静
副局长：
谢阳春（2021.12 免）
邓向红
李中林（2021.4 任）
纪委书记：
姚元明

中国工商银行邵阳市分行
行 长：
周壮山
副行长：
贺松华
彭 合（2021.4 任）
白志刚（2021.4 任，2021.9 免）
王 浩（2021.12 任）
纪委书记、工会主任：
曾 斌
行长助理：
王 浩（2021.12 免）

中国农业银行邵阳分行
行 长：
曹 海
副行长：
黄 英（2021.8 免）
谭小兵
李孝古
纪委书记：
刘 宁（2021.2 任）

中国银行邵阳分行
行 长：
游 健
副行长：
谭清华
申 辉
朱晓报

纪委书记：
甘朝晖

中国建设银行邵阳市分行

行　长：
刘　浪
专职三级风险经理、工会主任：
谢希岳
副行长：
杨滔滔
赵　颖
张绍煌
肖明铁
派驻纪检监察组组长：
尹光惠

中国交通银行邵阳分行

行　长：
龚　艳（2021.1 免）
潘志超（2021.1 任）
副行长：
肖勇光
行长助理：
杨　晖

中国农业发展银行邵阳市分行

行　长：
向建国（2021.11 免）
刘　峰（2021.11 任）
副行长：
袁树华
李上军
陈　斌（2021.8 任）
司马钢（2021.4 免）
纪委书记：
司马钢（2021.5 免）
陈　斌（2021.5 任）

中国邮政储蓄银行邵阳市分行

行　长：
吴继峰（2021.11 免）
刘魏华（2021.11 任）
副行长、纪检书记：
吴明昭
副行长：
黄满元
李文青
尹尧军

华融湘江银行邵阳分行

行　长：
黄渊伯（2021.4 免）
孙健芳（2021.9 任）
副行长：
孙健芳（2021.4 任，2021.9 免）
杨进忠（2021.8 免）
凌小红（女）
黄　容（女）
副行长、纪委书记：
黄　容
党委委员、行长助理：
何昱璋（2021.8 任）
党委委员、行长助理、风险总监：
危正南（2021.5 任）
授信审批官：
赵维俊

省农村信用社联合社邵阳办事处

主　任：
杨长青
副主任：
许　光（2021.5 任）
党组成员：
刘健仁

区县市

大祥区

区委书记：
黄艳娥（女，2021.7免）
王　俊（2021.7 任）
区委副书记：
邓　涛（2021.3 免）
曾峤林（2021.6 任）
陈　容（女，2021.7 任）
区委常委（书记、副书记不重列）：
向　兵（2021.7 任）
谭飞鸿（2021.1 任）
贺光明
吴方定
易明方（2021.12 任）
刘文兰（2021.7 任）
周剑锋（2021.7 任）
张立名（2021.7 任）
王振波（2021.7 免）
王炉军（2021.1 免）
袁卫东（2021.12 免）

王兰鹏（2021.7 免）
黄红五（2021.7 免）
唐　枝（2021.7 免）
区人大常委会党组书记、主任：
陈小飞（2021.7 免，2021.10 免）
蔡治军（2021.7 任，2021.10 任）
区人大常委会副主任：
肖小鑫（2021.10任）
欧阳恩球（2021.10 任）
张天民（2021.10 任）
傅国卿（2021.10 任）
解　美（女，2021.10 任）
张雄燕（女，2021.10 免）
谢新华（2021.10 免）
于代会（2021.10 免）
蒲秀连（女，兼，2021.10 免）
区人民政府区长：
邓　涛（2021.7 免）
曾峤林（2021.10 任）
区人民政府副区长：
吴方定
刘文兰（2021.10 任）
夏向阳（2021.10 任）
李胜祥（2021.7 任）
刘海龙（2021.10 任）
蒋金亮（2021.10 任）
唐兴辉（2021.10 任）
夏丹波（女，2021.10 任）
李　平（女，2021.10 免）
姚茂春（2021.10 免）
肖建华（2021.7 免）
肖小鑫（2021.7 免）
罗　杰（2021.10 免）
杨玉华（女，2021.10 免）
区政协主席：
蔡治军（2021.10 免）
李江晖（女，2021.10 任）
区政协副主席：
李月华
龙　达
李恒良（2021.10 任）
李　沁（2021.10 任）
李丽珍（女，2021.10 免）
袁文军（2021.10 免）
刘成生（2021.10 免）
区人民法院院长：
张小林（2021.10 免）
刘康民（2021.10 任）
区人民检察院检察长：
唐　贤（2021.10 免）
李铁英（女，2021.10 任）

双清区

区委书记：
吴劲松（2021.7 免）
曾秦伟（2021.7 任）
区委副书记：
江　韬
刘厚见（2021.7 免）
向树华（2021.7 任）
区委常委（书记、副书记不重列）：
曾峤林（2021.7 免）
张大敏（2021.4 免）
黄美南（2021.6 免）
何美艳（女，2021.7 免）
于光庭（2021.10 免）
李谟旺
许新华（2021.7 任）
郭　皓
李跃丰
谢　旺（2021.7 任）
杨玉华（女，2021.7 任）
李　丁（2021.7 任）
邹　昊（2021.12 任）
区人大常委会主任：
刘文伟
区人大常委会副主任：
林红金（2021.10 免）
黄小东（2021.10 免）
高小平（2021.10 免）
夏红波（女）
张小平（女，2021.10 免）
车　驰（2021.10 任）
谢　攀（2021.10 任）
刘韵东（2021.10 任）
王志军（2021.10 任）
区人民政府区长：
江　韬
区人民政府副区长：
曾峤林（常务，2021.10 免）
李谟旺（常务，2021.10 任）
许新华（2021.10 任）
胡迪芬（女，2021.10 免）
李　政（2021.10 免）
谢　旺（2021.10 免）
李卫军（2021.10 免）
周上智（2021.10 免）
张立名（2021.10 免）

叶　萍（女）
岳创业（2021.10 任）
罗伟成（2021.10 任）
李　凯（2021.10 任）
汤宝莲（女，2021.10 任）
岳建国（2021.10 任）
廖　健（2021.10 任）

区政协主席：
马新祥（2021.10 免）
何美艳（女，2021.10 任）

区政协党组副书记：
曾更祥

区政协副主席：
刘建云（2021.10 任）
肖永丽（女，兼，2021.10 免）
赵理得（兼，2021.10 任）
马　林（2021.10 免）
黄一萍（女，2021.10 任）
胡益平（2021.10 免）
鞠远英（兼，2021.10 免）
岳创业（兼，2021.10 免）
杨桂婷（女，兼，2021.10 任）

区人民法院院长：
金治伍

区人民检察院检察长：
伍顺亮（2021.7 免）
马凌峰（2021.7 任）

北塔区

区委书记：
肖　平

区委副书记：
刘贻银（2021.7 免）
姚文娟（女，2021.7 任）
邓　政（2021.7 免）
杨起帆（2021.7 任）

区委常委（书记、副书记不重列）：
戴求兵（2021.1 免）
黄正佑（2021.1 任，2021.7 免）
王兰鹏（2021.7 任）
李仁明（2021.7 免）
尹锦明（2021.7 任）
袁　玲（女，2021.7 免）
朱祥国（2021.7 任）
唐　凌（侗族，2021.7 免）
岳小波（2021.7 任）
向　兵（2021.7 免）
康季华（2021.9 免）
李小明（2021.9 任）
罗　颢（2021.7 免）
张怡平（2021.7 任）
陈名洋（2021.7 免）
王永红（2021.7 任）
刘　浪（2021.7 任）

区人大常委会主任：
欧阳学（2021.7 免）
吴小明（侗族，2021.7 任）

区人大常委会副主任：
朱登国（2021.10 免）
刘顺英（2021.10 任）
唐朝宝（2021.10 免）
刘小飞（女，2021.10 任）
孙明理（2021.10 免）
郑小兰（女，2021.10 任）
刘海燕（女，2021.10 免）
刘恒忠（2021.10 任）
王春光（2021.10 免）
李泽芳（女，2021.10 任）

区人民政府区长：
刘贻银（2021.7 免）
姚文娟（女，2021.7 任）

区人民政府副区长：
陈名洋（2021.7 免）
王永红
张亚云（2021.7 免）
刘　浪（2021.7 任）
李旭斌（2021.7 免）
钟　彪（2021.7 任）
张怡平（2021.7 免）
屈可馨（女，2021.7 任）
朱祥国（2021.7 免）
李再新（2021.7 任）
刘顺英（2021.10 免）
杨旭东（2021.10 任）
李卫兵（2021.10 任）
杨香勇（2021.10 任）

区政协主席：
丁祖忠（苗族，2021.7 免）
唐　凌（侗族，2021.7 任）

区政协副主席：
叶三红（女）
杨　斌（兼）
陈国雄（兼）
陈黎明（2021.10 免）
林志森（2021.10 任）
彭国湖（2021.10 免）

文晴岚（女，2021.10 任）

区人民法院院长：

贺一清（2021.10 免）

伍顺亮（2021.10 任）

区人民检察院院长：

田　晶（女，土家族，2021.10 免）

刘晓红（女，2021.10 任）

邵东市

市委书记：

沈志定（2021.5 免）

周玉凡（2021.5 任）

市委副书记：

周玉凡（2021.5 免）

范志锋（2021.7 任，10 免）

李国军（2021.10 任）

黄振国（2021.7 免）

刘家豪（2021.7 任）

市委常委（书记、副书记不重列）

向章云

刘志伟

罗　莉

黄兆勇（2021.7 免）

李仁明（2021.7 任）

刘文龙（2021.2 免）

刘永格（2021.7 免）

陈业华（2021.4 任）

刘山鸣（2021.7 任）

彭丁峰（2021.7 任）

欧阳浪（2021.7 免）

李佑军（2021.7 任）

市人大常委会主任、党组书记：

王定松（2021.10 免）

杨肇晖（2021.10 任）

市人大常委会党组副书记：

曾庆龙（2021.10 免）

贺铁民（2021.10 任）

罗　飚

市人大常委会副主任：

曾庆龙（2021.10 免）

贺铁民（2021.10 任）

李本功（2021.10 免）

申　荣（2021.10 任）

周军亮（2021.10 免）

曾铁钧（2021.3 任）

张志红（2021.10 免）

罗中安（2021.10 任）

王卫平（2021.10 任）

市人民政府市长：

周玉凡（2021.8 免）

范志锋（2021.8 代市长）

范志锋（2021.10 免）

李国军（2021.10 任）

市人民政府副市长：

刘文龙（2021.2 免）

贺铁民（2021.10 免）

陈业华（2021.6 任）

彭丁峰

杨振明

谢伟宏（2021.6 免）

夏立坤（2021.10 任）

王智刚（2021.8 免）

唐志军（2021.10 任）

郭向荣（2021.8 免）

龙薇薇（2021.10 任）

刘书地（2021.10 任）

欧阳震（2021.10 任）

市政协主席：

申桂荣（2021.10 免）

罗健康（2021.10 任）

市政协党组副书记：

申　荣（2021.10 免）

朱石乔（2021.10 任）

市政协副主席：

申　荣（2021.10 免）

郭竞成（2021.10 免）

谢光远

周益智（2021.10 免）

朱石乔

李和平（2021.10 任）

赵俊洋（2021.10 任）

市人民法院院长：

杨红晖

市人民检察院检察长：

夏业伟（2021.8 免）

唐　杰（2021.8 任代检察长）

唐　杰（2021.10 任检察长）

新邵县

县委书记：

阳晓华（2021.4 免）

陈历贤（2021.4 任）

县委副书记：

陈历贤（2021.5 免）

贺朝晖（2021.5 任）

杨韶辉（2021.4 免）
张世杰（2021.7 任）

县委常委（书记、副书记不重列）：

曾志红
李永平（2021.8 免）
杨肇晖（2021.7 免）
邹功树
夏宇宏（2021.7 免）
汤先梧
刘　丹
刘长峰
夏业伟（2021.7 任）
李金军
仇湘中
王智刚（2021.7 任）
李繁荣（2021.7 任）

县人大常委会主任：

李永平（2021.10 免）
曾志红（2021.10 任）

县人大常委会副主任：

周后鹏（2021.10 免）
康正刚（2021.10 免）
乔立新（2021.10 免）
谢跃东（2021.10 免）
周晓明
田丰硕（2021.10 任）
周湘平（2021.10 任）
石争光（2021.10 任）
蒋文华（2021.10 任）

县人民政府县长：

陈历贤（2021.10 免）
贺朝晖（2021.10 任）

县人民政府副县长：

杨肇晖（常务，2021.10 免）
汤先梧（常务，2021.10 任）
李繁荣
戴哲建（2021.10 免）
刘山鸣（2021.10 免）
何　枫（2021.10 免）
岳小波（2021.10 免）
李卫军（2021.10 任）
伍　毅（2021.10 任）
彭　利
刘　焕（2021.10 任）
周开建（2021.10 任）
张明艳（女，2021.10 任）

县政协主席：

曾志红（2021.10 免）
邹功树（2021.10 任）

县政协副主席：

周晓荣（2021.10 免）
夏专业（2021.10 免）
田丰硕（2021.10 免）
欧阳文杰（兼）
何燕燕（兼）
陈历林（2021.10 任）
杨栋梁（2021.10 任）
刘　慎（2021.10 任）

县人民法院院长：

邓星西（2021.10 免）
陈　键（2021.10 任）

县人民检察院检察长：

焦毕毕（2021.10 免）
唐　贤（2021.10 任）

隆回县

县委书记：

王永红（2021.4 免）
刘　军（2021.4 任）

县委副书记：

刘　军（2021.4 免）
杨韶辉（2021.4 任）
车　茂（2021.7 免）
曾艳梅（2021.7 任）

县委常委（书记、副书记不重列）：

贺永亮（2021.4 免）
邓印强（2021.7 任）
刘梦林（2021.7 任）
邓闽榕（2021.2 免）
陆海涛（2021.4 任）
杨卫东（2021.7 免）
奉锡样（瑶族，2021.7 免）
吴正桂
刘世明（2021.5 任）
陈代林（2021.7 任）
胡德伟（2021.7 免）
杨方且（2021.7 任）
王　琪（2021.7 免）
阳　敏（2021.7 任）
李翠婷（2021.7 任）

县人大常委会主任：

曾梅林

县人大常委会副主任：

刘海秋
罗海波（2021.10 免）
刘汉才
彭向文

段小红
胡江南（2021.10 任）

县人民政府县长：

刘　军（2021.10 免）
杨韶辉（2021.10 任）

县人民政府副县长：

贺永亮（常务，2021.07 免）
邓印强（2021.10 任）
刘梦林（2021.10 任）
申松能（2021.10 免）
申智军（2021.10 任）
刘世明（2021.07 任）
杨喜国（2021.10 任）
宁玉光（2021.10 免）
袁愈绍（2021.10 免）
张　胤
刘浩波（挂职）
李翠婷（女，2021.10 免）
黄胜军（2021.10 免）
贺海飞（2021.10 任）
刘　琴（女，2021.10 任）

县政协主席：

彭松青（2021.10 免）
奉锡梓（2021.10 任）

县政协副主席：

黄红波（2021.10 免）
刘　芬（女，2021.10 免）
胡芒权（2021.10 免）
吴厚斌（2021.10 任）
范吉权
阳振华（兼，2021.10 免）
刘祖中（2021.10 任）
刘　玉（女，兼，2021.10 任）

县人民法院院长：

周继耐（2021.10 免）
唐保良（2021.10 任）

县人民检察院检察长：

刘建明（2021.10 免）
刘朝洪（2021.10 任）

洞口县

县委书记：

艾方毅（2021.4 免）
吴　韬（2021.4 任）

县委副书记：

周乐彬（2021.4 免）
贺永亮（2021.5 任）
贺朝晖（2021.6 免）
郭向荣（女，2021.7 任）

县委常委（书记、副书记不重列）：

欧阳晨光（2021.1 免）
曾泽群（2021.7 免）
肖杰华（2021.7 免）
欧阳佑春（2021.7 免）
邓印强（2021.7 免）
杨　俐（女，2021.7 免）
戴求兵（2021.1 任）
罗　颢（2021.7 任）
杨云龙
黄伟军（2021.7 任）
谭小勇
袁愈绍（2021.7 任）
刘　玮（2021.7 任）
唐　煜（2021.7 任）

县人大常委会主任：

李恒荣（2021.7 免）
欧阳佑春（2021.7 任主任候选人，10 任主任）

县人大常委会副主任：

吴华玉（女，2021.10 免）
彭　凯（2021.8 任副主任候选人，10 任副主任）
吴中华（2021.10 免）
甘建华（2021.10 免）
谢　雄（2021.10 免）
胡小革（2021.10 任）
戴伟建（2021.10 任）
肖谋解（2021.10 任）
张建云（党外）

县人民政府县长：

周乐彬（2021.6 免）
贺永亮（2021.6 任副县长、代县长，10 任县长）

县人民政府副县长：

杨云龙（常务）
黄伟军（2021.10 任）
罗崇雄（党外）
尹小龙（2021.10 免）
刘　玮（2021.10 免）
柳红平（2021.10 免）
李允尧（挂职）
杨苏平
蒙华宁（2021.10 任）
毛超林（女）
张纲学（2021.10 任）
伍卫彬（2021.10 任）
林　飞（2021.10 任）
肖黎明（党外，2021.10 任）

县政协主席：

孙立志（2021.10 免）

尹小龙（2021.10 任）

县政协党组副书记、副主席：

欧阳远新（10 月免）

县政协党组副书记：

郭向荣（女，兼，2021.8 月任）

县政协副主席：

王周龙（2021.10 免）

贺昌炳（2021.10 任）

刘双全（2021.10 任）

尹琪峰（党外）

蒋建德（党外，兼）

周国清（党外，兼，2021.10 免）

黄　河（党外，兼，2021.10 任）

县人民法院院长：

李　林（2021.8 免）

唐凌峰（2021.8 任院长候选人，10 任院长）

县人民检察院检察长：

李学礼

绥宁县

县委书记：

唐　渊（2021.6 免）

佘芝云（2021.6 任）

县委副书记：

罗玉梅（2021.7 免）

夏贤钦（2021.7 任）

唐宏华（2021.7 免）

唐　枝（2021.7 任）

县委常委（书记、副书记不重列）

***（2022 年被双开）

游庆康（2021.7 免）

袁　玲（2021.7 任）

唐远伟（2021.7 免）

刘骁璇（2021.7 任）

谢文远

梁恩雄（2021.7 任）

呙志勇（2021.7 免）

罗　杰（2021.7 任）

唐旭峰（2021.7 免）

肖　容（2021.7 任）

梁乐高（2021.7 免）

赵　明（2021.9 免）

熊　巍（2021.9 任）

县人大常委会党组书记：

杨文国（2021.7 免）

石亮明（2021.7 任）

县人大常委会主任：

杨文国（2021.7 免）

石亮明（2021.10 任）

县人大常委会党组副书记：

黄保昆（2021.12 免）

袁子玖（2021.12 任）

县人大常委会副主任：

黄保昆（2021.10 免）

黄先伟（2021.10 免）

苏跃中（2021.10 免）

袁子玖

罗青松（2021.10 任）

张晓霞（2021.10 免）

唐　艳（2021.10 任）

卿笃林（2021.10 任）

杨昌盛（2021.10 任）

县人民政府县长：

罗玉梅（2021.7 免）

夏贤钦（2021.10 任）

县人民政府副县长：

***（常务）（2022 年被双开）

周元彪

王世刚（2021.7 免）

周红书（2021.7 免）

戴蹇吾（2021.7 免）

刘文兰（2021.7 免）

唐　艳（2021.10 免）

梁恩雄（2021.10 任）

黄先伟（2021.10 任）

黎　军（2021.10 任）

彭遵礼（2021.10 任）

黄文勇（2021.10 任）

唐　洁（2021.10 任）

严兴武（挂职）

易志亮（挂职，2021.11 免）

周向谦（挂职，2021.12 任）

县政协党组书记：

唐国瑚（2021.7 免）

梁乐高（2021.7 任）

县政协主席：

唐国瑚（2021.10 免）

梁乐高（2021.10 任）

县政协党组副书记：

杨先光（2021.12 免）

雷厚前（2021.12 任）

县政协副主席：

杨先光（2021.10 免）

李铁军（2021.10 免）

雷厚前

伍丹丹

李卫东（兼）

县人民法院院长：

张　乐（2021.1 任）

县人民检察院检察长：

杨尊永

城步苗族自治县

县委书记：

罗建南（2021.7 免）

余勋伟（2021.7 任）

县委副书记：

杨博理（苗族，2021.7 免）

王慧敏（女，苗族，2021.7 任）

张戈锐（2021.7 免）

陈　广（2021.7 任）

县委常委（书记、副书记不重列）：

谢卫东（2021.7 免）

罗小林（苗族，2021.7 免）

阳恩平（苗族，2021.6 免）

马文高（回族，2021.7 免）

陈文华（2021.7 免）

刘书军（挂职，2021.5 免）

李　宪（2021.7 免）

肖永丰（2021.7 任）

殷继东

樊江峰

李建辉（挂职，2021.5 任）

王世刚（苗族，2021.7 任）

唐承威（苗族，2021.7 任）

马忠华（回族，2021.7 任）

周楚舜（苗族，2021.7 任）

敬校舜（2021.7 任）

县人大常委会主任：

钟胤进（2021.10 免）

李　宪（2021.10 任）

县人大常委会副主任：

杨同棠（苗族，2021.10 免）

龙帮华（苗族）

刘文革（女，苗族，2021.10 免）

陈立发（苗族，2021.10 任）

唐勤阳

徐建国（2021.10 免）

周小毛（2021.10 任）

漆小玲（女，2021.10 任）

县人民政府县长：

杨博理（苗族，2021.8 免）

王慧敏（女，苗族，2021.10 任）

县人民政府副县长：

阳恩平（苗族，2021.6 月免）

刘书军（挂职，2021.5 免）

熊雪娥（女，2021.10 免）

张晓忠（2021.10 免）

刘晨旭（苗族，2021.8 免）

邓安华（2021.8 免）

马忠华（回族，2021.10 免）

殷继东（2021.10 任）

李建辉（挂职，2021.5 任）

唐承威（苗族）

肖　勇（2021.10 任）

陈　芳（女，苗族，2021.10 任）

周祖德（2021.10 任）

银　何（2021.10 任）

杨辉刚（2021.10 任）

彭　澮（2021.10 任）

县政协主席：

黄进录（苗族，2021.10 免）

张晓忠（2021.10 任）

县政协党组副书记：

李　宪（2021.8 免）

陈　广（2021.8 任）

肖柏青（2021.8 免）

杨秀英（女，苗族，2021.8 任）

县政协副主席：

肖柏青（2021.10 免）

李良凤（女，苗族，2021.10 免）

李践生（2021.10 免）

罗景爱（2021.10 免）

杨秀英（女，苗族）

刘双丰（苗族，2021.10 任）

粟春娟（女，苗族，2021.10 任）

唐圣成（2021.10 任）

丁文锋（2021.10 任）

县人民法院院长：

蒋辉民

县人民检察院检察长：

唐　杰（2021.9 免）

舒增辉（2021.11 任）

武冈市

市委书记：

侯　文（邵阳市委常委，兼，2021.5 免）

唐克俭（2021.7 任）

市委副书记：

唐克俭（2021.7 免）

龚　畅（2021.7 任）

曹红旗（2021.7 免）

唐旭峰（2021.7 任）

市委常委（书记、副书记不重列）：

范志锋（2021.7免）
刘旭明（2021.7免）
李跃平（2021.7免）
李永宏（2021.7免）
罗　健（2021.7免）
殷绪成（2021.7免）
何再弟（2021.7任）
赵俊杰（2021.7任）
胡志军
陈学先
达继国（2021.7任）
王　琪（2021.7任）
李巧云（2021.7任）
杨建平（2021.7任）

市人大常委会主任：

刘曙光（2021.8免）
罗　健（2021.10任）

市人大常委会副主任：

邓建雄（2021.10免）
夏祥训（2021.10免）
李永宏（2021.10任）
王光宇
刘涌涛
杨孟秋
刘虎云（2021.10任）

市人民政府市长：

唐克俭（2021.7免）
龚　畅（2021.7任代理市长、10任市长）

市人民政府副市长：

陈学先（常务，2021.10任）
范志锋（2021.8免）
梁恩雄（2021.8免）
钟　彪（2021.8免）
陵建华（苗族，2021.8免）
李巧云（女，2021.10免）
毛政豪（2021.10免）
王　琪（2021.10任）
尹放平
钟　忠（挂职）
李迪武（2021.10任）
曾礼锋（2021.10任）
肖玲玲（2021.10任）
李从晓（2021.10任）
廖　丹（2021.10任）

市政协主席：

王小波（2021.10免）
殷绪成（2021.10任）

市政协副主席：

曾姝琼（女，2021.10免）
刘运合（兼，2021.10免）
谢　毅（兼，2021.10免）
黄家胜（兼，2021.10免）
张永华（2021.10免）
周永红（2021.10任）
唐文杰（2021.10任）
罗文志（2021.10任）
杨明东（2021.10任）

市人民法院院长：

李冰寒（2021.10免）
蒋志强（2021.10任）

市人民检察院检察长：

吴学田

新宁县

县委书记：

秦立军（2021.3免）
邓　涛（2021.3任）

县委副书记：

谭精益（2021.6免）
彭洪兵（2021.7任）
李荣卫（2021.7免）
谢小军（2021.7任）

县委常委（书记、副书记不重列）：

刘松荣（2021.7免）
匡立群（2021.7免）
王　超（2021.10免）
林清华（2021.7免）
刘华中
李爱铭（2021.7免，2021.12任）
王振波（2021.7任）
尹远芳（2021.7任）
曾明辉（2021.7任）
姚美春（2021.7任）
陵建华（2021.7任）
罗伟宏（2021.7任）

县人大常委会主任：

伍华珍（2021.10免）
刘松荣（2021.10任）

县人大常委会副主任：

唐吉宏（2021.10免）
文维久（2021.10免）
王岐全（2021.10免）
苏　杰（2021.10免）
兰忠明
匡丽群（2021.10任）
邓昌海（2021.10任）
达代群（2021.10任）
刘绍良（2021.10任）

县人民政府县长：
谭精益（2021.7 免）
彭洪兵（2021.10 任）
县人民政府副县长：
谢小军（常务，2021.10 免）
刘华中（常务，2021.10 任）
徐立华（2021.10 月免）
刘颖彬（2021.10 免）
肖绍荣（2021.10 免）
阳　敏（2021.10 免）
姚美春（2021.10 免）
唐　国
王振波（2021.10 任）
尹　俊（2021.10 任）
陈　静（2021.10 任）
郭华满（2021.10 任）
唐基俊（2021.10 任）
邓凯丽（2021.10 任）
县政协主席：
蒋新雄（2021.10 免）
徐立华（2021.10 任）
县政协副主席：
陈卫平（2021.10 免）
兰　平（2021.10 免）
王海昀（2021.10 免）
王礼平（2021.10 免）
尹大缓（2021.10 免）
王海林（2021.10 任）
邓艳林（2021.10 任）
彭红艳（2021.10 任）
陈燕群（2021.10 任）
林小石（2021.10 任）
县监察委员会主任：
曾明辉（兼，2021.10 任）
县人民法院院长：
吴又如
县人民检察院检察长：
龙武陵

邵阳县

县委书记：
蒋　伟（2021.6 免）
袁胜良（2021.6 任）
县委副书记：
袁玉华（2021.6 免）
夏贤钦（2021.7 免）
周玉祥（2021.6 任）
曾建新（2021.7 任）
县委常委（书记、副书记不重列）：
张世杰（2021.7 免）
王满元（2021.7 免）
尹　晖（2021.7 免）
石奇光（挂职，2021.3 免）
文立斌
许小平
曾　林
彭茂华（2021.7 任）
唐玉华（2021.7 任）
贺婷婷（2021.7 任）
刘晨旭（2021.1 任）
张　哲（挂职，2021.5 任）
周上智（2021.7 任）
县人大常委会党组书记：
刘长明（2021.7 免）
欧阳学（2021.7 任）
县人大常委会主任：
刘长明（2021.10 免）
欧阳学（2021.10 任）
县人大常委会党组副书记：
张蒲生（2022.1 免）
县人大常委会副主任：
蒋梅娥（女，兼，2021.10 免）
张蒲生（2021.10 免）
杨卫民（2021.10 免）
吴金华
李红辉
刘　铭（2021.10 任）
周纪国（2021.10 任）
邓胜利（2021.10 任）
县人民政府县长：
袁玉华（2021.6 提名免）
周玉祥（2021.10 任）
县人民政府副县长：
周玉祥（2021.10 免）
石奇光（挂职，2021.3 免）
陈道文（2021.10 免）
唐军良（2021.10 免）
李树战（挂职）
刘　铭（2021.10 免）
徐怀友（2021.10 免）
伍　毅（2021.10 免）
彭　凯（2021.10 免）
文立斌（2021.10 任）
刘晨旭（2021.10 任）
尹向锋（2021.10 任）
何　枫（2021.10 任）
姜佳良（2021.10 任）
尹　青（2021.10 任）

黄先平（2021.10任）
刘真林（2021.10任）

县政协党组书记：
李红平（2021.7免）
唐军良（2021.7任）

县政协主席：
李红平（2021.10免）
唐军良（2021.10月任）

县政协党组副书记：
曾建新（2021.8任）
曾　林（2021.8免）
伍芬东

县政协副主席：
伍芬东（2021.10免）
唐志朴（兼）
黄小健（兼，2021.10免）
朱绮华（2021.10月任）
马运华（2021.10月任）
尹业波（2021.10月任）

县人民法院院长：
蔡明清（2021.10免）
肖竹梅（2021.10月任）

县人民检察院检察长：
刘朝洪（2021.10免）
夏龙欢（2021.10任）

索 引

说明：

一、本索引把年检的条目（统计资料、表格、概况、综述、彩页除外）用主题分析方法，按首字汉语拼音字母顺序排列。

二、类目、分目、专稿标题用黑体字标明。

三、索引名称后的阿拉伯数字表示内容所在的页面，拉丁字母（a、b、c）表示栏别（从左至右分1、2、3栏）。

D

E

F

G

H

J

K

L

M

T

W

X

Y

Z